五書五經讀本

懸吐完譯

禮記 (中)

責任飜譯 成百曉
共同飜譯 李霜芽 延錫煥

전통문화연구회

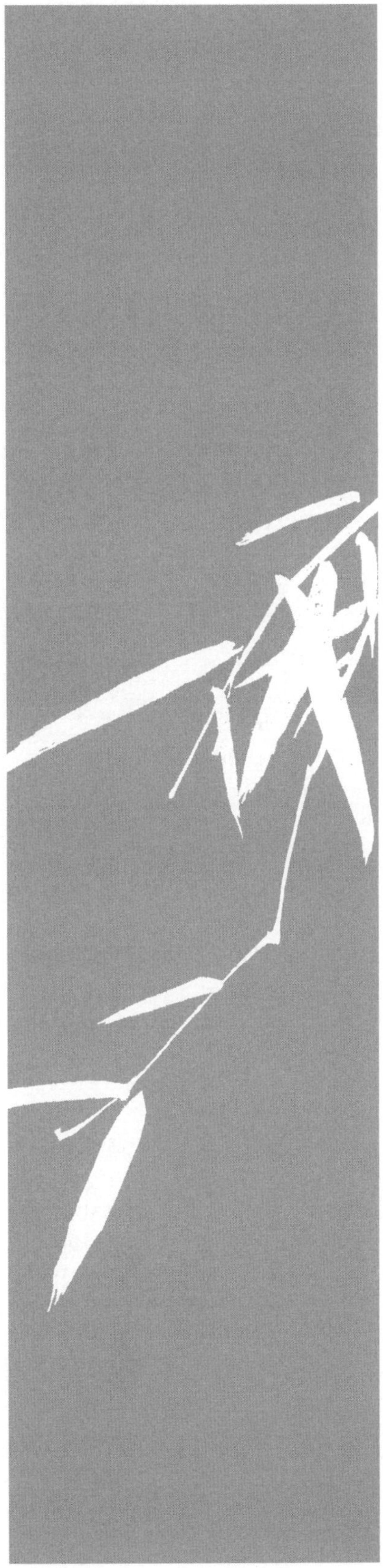

번역위원

책임번역　성백효
공동번역　이상아 연석환
기획편집　동양고전번역편집위원회
번역연구관리　남현희
윤문교정　박승주 조현석
출　판　강운숙 백준철

도서관리

홍보관리　이화춘
보　급　서원영
고전정보화　동양고전정보화연구실

目 次

《禮記》中

附 錄

《禮記》上

《禮記》下

刊行辭

經은 본래 책을 가리키는 말이다. 후대에 특별히 經을 높여 聖賢의 말씀을 담고 있는 책이라는 의미로 사용하였다. 儒學이 중국문화는 물론 동아시아 사상의 주류를 이루면서 經은 일반적으로 유학의 기본 典籍을 가리키는 용어가 되었다. 따라서 經을 읽지 않으면 유학을 이해할 수 없고, 유학을 이해하지 못하면 중국문화나 동아시아의 문화를 이해할 수 없다.

1960년대 民族文化振興과 民族中興이라는 기치를 내건 정부는 學·藝術界 指導者 50여 분을 모시고 가장 시급한 문화 사업으로 漢文古典飜譯事業에 착수하였다. 光復 후 20여 년이 지났지만 韓國學의 기본 資料이자 교과서인 四書五經의 우리말 註釋書 하나 없던 시절이었다. 그러나 한문고전번역사업에서 東洋古典(中國古典篇)은 우리 古典이 아니라 하여 번역대상에서 제외되었고, 2000년대에 들어와서야 정부에서 얼마간의 보조금을 주기 시작하였다.

본회에서는 1990년대에 이미 四書三經을 비롯한 유학의 기본 古典을 선별하여 번역하였다. 당시 逐字譯의 실력이 없이는 현대어로의 완전한 번역이 불가능하다는 생각을 바탕으로, 동양학 전공 여부를 막론하고 유학을 넘어 동양학의 기본서를 머리맡에 사전처럼 두고 볼 수 있는 번역서를 목표로 東洋古典國譯叢書를 기획·간행하였다. 우리나라 漢文讀法의 전통을 계승하고자 懸吐 방식으로 원문을 정리하고 주석까지 完譯하여, 학계에 기여함은 물론 교육과 일반교양의 필독서로도 널리 인정을 받았다.

당시 오역 없는 번역에 力點을 두었음에도 불구하고 시간이 지남에 따라 쌓인 국내외 연구 성과로 인하여 번역서의 수정도 불가피하게 되었다. 그리하여 2005년 改訂增補版 四書를 발간하기에 이르렀다. 그러나 개정증보판 사서를 발간하면서 과거 先賢들의 註釋書와 국내외의 연구 성과, 시대에 따라 변화하는 언어를 오롯이 담아내지 못한 점을 아쉬워하였다. 이후 사서 이외의 개정증보판 발간을 미루고 고민한 결과, 동양고전국역총서가 20세기 버전으로 그 생명력을 다하였으니 21세기 번역의 표준을 제시할 수 있는 고전번역서를 새롭게 만들어보자는 쪽으로 의견이 모아졌다.

본 '五書五經讀本'은 바로 그 고민을 해결하기 위해 기획하였으며, 傳統과 現代를 아우르면서 역대 국내외 연구 성과를 망라하고 연구자는 물론 동양학 열풍으로 수준이 높아진 일반 독자의 눈높이에 맞춰, 독자의 기호에 따라 연구의 기본자료 또는 교재, 입문서 등으로 다양하게 활용할 수 있는 21세기 標準飜譯書 제공을 목적으로 하였다. 따라서 국내외의 역대 註釋書를 비롯하여 동양고전국역총서 발간 이후 축적된 연구 성과를 종합하였다. 이를 위해 몇 분 안 되는 元老漢學者 또는 전공교수와 일정 수준의 소양을 갖춘 신진학자의 協同硏究飜譯을 지향하였다.

본회에서 처음 추진한 협동연구번역은 후속연구자 양성이라는 측면에서도 큰 의미를 갖는다. 번역을 통해 徒弟式 교육을 받은 신진학자는 앞으로 학계를 이끌어나갈 주역으로서 단단히 자리매김하여 우리나라 학계의 큰 자산이 될 것이다.

또 번역뿐만 아니라 古典籍 정리사업에 따라 각종 校勘·潤文·校訂 등에도 번역수준의 전공자로 구성하는 등 기획부터 출간 단계까지 심혈을 기울였다. 이는 誤謬를 최소화한 표준번역서를 목표로 어느 곳에 내놔도 그 가치를 인정받을 수 있는 名品을 만들기 위한 하나의 노력이었다.

또한 과거에는 상상할 수 없던 모바일 器機의 등장과 대중화는 출판환경과 독서형태를 변화시켰다. 이러한 변화에 발 빠르게 對應하고 시대를 先導하기 위해 '오서오경독본'을 스마트 정보화하였다. 연구자, 교수자, 초학자, 原典을 통해 고전을 읽기 원하는 독자 등 누구나 쉽고 부담 없이 접근하여 동양고전의 참맛을 느낄 수 있을 것이다.

‘오서오경독본’은 오류를 최소화하고 스마트화로 접근성을 높인 최상의 표준번역서로서 동양고전 교육의 훌륭한 밑거름이 되어 학계의 수준을 一新하리라 굳게 확신한다. 또한 지식의 국경을 허물고 있는 인터넷 환경은 그 어느 때보다도 동양고전 情報化의 필요성을 切感(例 : 八佾舞)하게 한다. 따라서 시대의 흐름에 맞춰 ‘오서오경독본’을 정보화하여 그 활용 가치를 극대화할 계획이다. 이는 본회를 넘어 대한민국이 동북아시아뿐만 아니라 전 세계 동양고전 情報와 教育의 허브로서 중추적 역할을 담당할 것이다.

飜譯은 단순히 다른 言語를 옮기는 행위가 아닌, 한 언어를 사용하는 민족의 사상과 문화 전체를 옮기는 행위인 만큼 고전번역은 과거 聖賢의 사상은 물론 그 당시의 문화와 疏通하는 행위이며, 이는 현재 자신의 문화를 이해하는 尺度라 할 수 있다. ‘오서오경독본’은 21세기 번역의 표준으로서 우리 한국 고전번역의 수준을 가늠할 수 있는 척도가 되리라 스스로 자부해본다.

‘오서오경독본’ 시리즈의 첫 출간 시점이 우연히도 전통문화연구회 창립 30주년이 되는 해이다. 30년 동안 동양고전 번역에 무던히 매진하면서 고전의 중요성을 늘 강조하였다. 이제 다시금 내놓는 오서오경독본을 보면서 고전의 맛이 늘 새롭고 無窮함을 새삼 깨달았다. 고전과 씨름하며 지낸 30년 세월을 넘어 ‘오서오경독본’이 앞으로 30년, 50년을 이어갈 고전번역의 새로운 이정표가 되기를 기대하며, 정부에서도 21세기 東北亞 시대를 인식하여 東洋古典飜譯은 물론 東洋古典情報化에도 特段의 관심을 갖기를 고대한다.

나아가 2000여 년간 한자문화를 기반으로 찬란한 문화를 꽃피운 대한민국이 21세기 東北亞 漢字文化圈에서 다시 눈부신 문화의 융성을 목표로 본회와 관련단체에서 추진하는 先進文化韓國 VISION 2030-2050을 ‘五書五經讀本’과 ‘漢文讀解捷徑’ 및 ‘東洋古典情報化’가 앞장서 이끌어 동북아 韓·中·日 三國鼎立과 世界平和에 기여하길 바란다.

2018年 10月 日

社團法人 傳統文化研究會 理事長 李啓晃

凡 例

1. 본서는 五書五經讀本의 한 책이다.
2. 본서의 底本은 丁酉字 大全本《禮記集說大全》(正祖 元年(1777) 刊, 장서각 소장본)으로 하였으며, 《禮記》의 經文을 번역하였다.
3. 原文에는 우리나라 전통 방식으로 懸吐하였다. 《禮記大文諺讀》에 근거하여 현토하되, 내용상 바꾸는 것이 더 좋거나 오류여서 반드시 바꾸어야 할 경우 金在魯의 《禮記補註》 또는 문맥에 근거하여 바꾸고, 수정 사항을 각주로 밝혀두었다.
4. 저본에 수록된 卷數와 章節의 순서에 따라 '卷數(篇數)-章數-節數'의 형식으로 일련번호를 부여함으로써 독자의 이용 및 검색에 편리하도록 하였다. 卷31 〈中庸 第三十一〉과 卷42 〈大學 第四十二〉의 경우, 원문과 번역이 생략되었지만 《禮記》의 전체 49편 체제를 遵用하기 위하여 목차상의 卷數를 부여하였다.
5. 異音, 僻字의 경우는 원문의 해당 글자 뒤에 한글로 音을 달아주었으며, 難解字와 通用字는 각 단락의 아래에 字義를 실었다. 발음은 주로 陸德明의 《經典釋文》 〈禮記音義〉에 근거하여 표기하되, 지금은 쓰지 않는 발음인 경우 현대의 발음으로 바꾸어 표기하였다.
6. 飜譯은 《禮記集說大全》에 근거하였으나 해석이 注疏와 다를 경우 譯註로 주소의 해석을 밝혀놓았다. 四書는 朱熹의 《四書集註》, 《詩經》은 朱熹의 傳, 《書經》은 蔡沈의 傳, 《周易》은 程頤의 傳을 참고하여 번역하였다. 독자의 이해를 돕기 위해 原文에 없는 내용을 저본의 註를 토대로 의미를 보충하여 번역하였다.
7. 飜譯文은 한글과 漢字를 混用하였으며, 맞춤법과 띄어쓰기는 한글 맞춤법과 표준어 규정을 따르는 것을 원칙으로 하였다.

8. 譯註는 저본의 原註 및《禮記補註》,《禮記正義附校勘記》(淸 嘉慶 20年 江西南昌府學阮元校刻本)를 참고하여 작성하였다. 이밖에 校勘, 인용문의 出典, 故事, 역사사건, 전문용어, 難解字, 難解語, 難解文, 制度 등에 관한 사항을 밝혔다.
9. 국내외 학자들의 견해 가운데 참고할 만한 異見이 있는 경우, 譯註에 간략하게 제시함으로써 독자의 이해를 도왔다.
10. 器物, 服制, 事件 등 원문 내용의 이해를 돕기 위한 圖版을 수록하였다.
11. 校勘은 원문의 誤字, 脫字, 衍字, 倒文 등을 대상으로 하였다.
12. 본서의 校勘에 사용된 부호는 다음과 같다.

( )〔 〕: (저본의 誤字)〔교감한 正字〕

〔 〕: 저본의 脫字 보충

( ) : 저본의 衍字 삭제

13. 본서에 사용한 주요 符號는 다음과 같다.

“ ”: 對話, 각종 引用

‘ ’: “ ” 안에서 再引用, 强調

「 」: ‘ ’ 안에서 再引用, 强調

( ): 원문에서는 讀音이 특수한 글자나 僻字의 音
번역문에서는 간단한 譯註

〔 〕: 번역문의 이해를 돕기 위한 原文의 漢字나 句節
譯註에서 인용한 原文

《 》: 書名

〈 〉: 篇章名, 作品名, 補充譯

○ : 저본에 사용된 단락 구분 표시 遵用

字義 : 字義 표시

禮記

中

曾子問[1] 第七

7.1.1 曾子가 問曰하사되 君薨而世子生커든 如之何잇고 孔子가 曰하사되 卿大夫士가 從攝主[2]하야 北面於西階南[3]이어든 大祝이 裨冕[4]하고 執束帛하야 升自西階호되 盡等이요 不升堂하야 命毋哭하며 祝이 聲[5]三하고 告曰호되 某之子生할새 敢告하노이다하고 升奠幣于殯東几上[6]하고 哭降하거든 衆主人과 卿大夫士와 房中이 皆哭호되 不踊하고 盡一哀反位하야 遂朝奠이어든 小宰升擧幣하나니라

曾子가 묻기를 "군주가 돌아가시고 〈아직 장례를 지내지 않았는데〉 世子가 태어나면 어떻게 해야 합니까?" 하니, 孔子께서 다음과 같이 말씀하셨다.

---

1 이 편은 대체로 曾子(曾參)와 孔子 간의 禮에 대한 問答으로 이루어져 있다. 저본의 金華應氏의 설에 따르면 曾子가 篤實하고 매우 醇厚한 자품으로 專心하여 지킴이 요약된 학문을 하였으니, 혹시라도 평소에 講明하지 않다가 갑자기 일을 당하면 精微하게 대처하지 못하고 중요한 관건에 맞게 대응하지 못할 것임을 알았으므로 喪禮와 祭禮, 吉事와 凶事가 뒤섞여 가지런하지 않은 일들을 하나하나 뽑아서 공자에게 물었다. 이에 공자가 각각의 경우를 분석하여 의심스러운 것을 결단하여 대답해서 權道를 아는 자로 하여금 법도를 잃지 않고 변고를 잘 처리할 수 있게 한 것이다.

2 攝主 : 군주가 죽었을 경우 군주를 대신하여 국사를 주관하는 上卿을 이른다.

3 北面於西階南 : 정현의 주에 "아침저녁으로 哭하는 자리를 바꾸는 것이다." 하였는데, 공영달의 소에 따르면 서쪽 계단의 남쪽에서 하는 것은 장차 殯에 고하려 하여 빈의 자리에 가까이 한 것이다.

4 裨冕 : 진호의 주에 따르면 천자와 제후는 六服에 大裘가 上이 되고 그 나머지는 裨服(비복)이 되니, 裨衣를 입고 冕冠을 썼기 때문에 '비면'이라고 한 것이다.

5 聲 : 주소에 따르면 噫歆의 소리로, 신에게 흠향의 뜻을 알리기 위하여 내는 헛기침이나 歎聲을 이른다.

6 奠幣于殯東几上 : 주소에 따르면 殯의 동쪽에 几筵을 설치하는 것은 조상 또는 임금의 뒤를 잇는 것을 밝힌 것이다. 殯의 궤연은 아침저녁으로 奠을 올리기 때문에 항상 두고 제거하지 않는데, 지금 다시 특별히 궤를 빈의 동쪽에 설치한 것이다.

"卿 · 大夫 · 士가 攝主를 따라 서쪽 계단의 남쪽에서 북향하고 서면 大祝이 裨衣(비의)를 입고 冕冠을 쓰고 束帛을 잡고서 서쪽 계단을 통해 올라가되 계단은 다 올라가서는 堂에는 오르지 않고서 〈고해야 할 일이 있어서 마땅히 고요해야 하므로〉 상주들에게 곡하지 말라고 명한다. 祝이 세 번 噫歆(희흠)의 소리를 내고서 아뢰기를 '夫人 아무개 씨의 아들이 태어났으므로 감히 고합니다.' 하고 당으로 올라가서 폐백을 殯의 동쪽 几筵 위에 올리고서 곡하고 내려오면 〈군주의 친족인〉 여러 주인과 경 · 대부 · 사와 방 안에 있는 부인들이 모두 哭을 하되 踊을 하지 않으며, 한 차례 곡하여 슬픔을 다하고 〈아침저녁으로 곡하는〉 자리에 돌아와 마침내 朝奠을 하면 小宰가 올라가서 폐백을 들고 나와 양쪽 계단 사이에 묻는다.

字義 薨 : 죽을 훙　裨 : 次等예복 비　冕 : 면류관 면　奠 : 제물올릴 전　殯 : 빈소 빈
踊 : 뛸 용

7.1.2 三日[7]에 衆主人과 卿大夫士가 如初位하야 北面이어든 大宰大宗大祝이 皆裨冕하고 少師奉子以衰(최)하야 祝이 先[8]이어든 子從하고 宰宗人이 從하야 入門이어든 哭者止하며 子升自西階하야 殯前에 北面이어든 祝이 立于殯東南隅하야 祝이 聲三하야 曰某之子某가 從執事하야 敢見(현)이어든 子拜稽顙하고 哭하며 祝宰宗人과 衆主人과 卿大夫士가 哭하고 踊三者가 三[9]이요 降東反位하야 皆袒이어든 子踊[10]하며 房中이 亦踊三者三이요 襲衰杖하고 奠出하거든 大宰가 命祝史하야 以名[11]으로 徧告于五祀[12]山川하나니라

7　三日 : 정현의 주에 따르면 3일은 새로 태어난 아들을 업고 가는 날이다.

8　祝先 : 공영달의 소에 따르면 祝官은 신을 접하는 것을 주관하므로 먼저 나아가는 것이다.

9　哭踊三者三 : 《禮記大文諺讀》에 '哭踊三者'로 되어 있으나, 문맥에 의거하여 '哭'자와 '者'자 다음에 현토하였다.

10　子踊 : 공영달의 소에 따르면 아들을 받든 소사가 踊을 할 때에 〈대축 · 태재 · 종인 · 중주인 · 경 · 대부 · 사〉 또한 겉옷 소매를 벗으므로 아래에 '최복을 껴입고 喪杖을 짚는다[襲衰杖]' 한 것이다.

11　以名 : 공영달의 소에 따르면 〈內則〉과 《春秋左氏傳》을 살펴보면 3개월이 되어서야 비로소 이름을 짓는데, 지금 아들을 업고 가는 3일에 인하여 바로 이름을 지은 것은 상사가 급하고 촉박하여 예를 간략하게 해야 하므로 3개월을 기다릴 겨를이 없어서이다.

12　五祀 : 일상생활과 관련이 있는 다섯 종류의 신으로, 宮中을 맡은 신인 司命, 門戶를 맡은 신인 中霤(중류), 城門을 맡은 신인 國門, 길을 맡은 신인 國行(국항), 죽은 뒤에 후손이 없어서 厲鬼(여

군주가 별세한 뒤 3일째에 여러 주인과 경 · 대부 · 사가 〈아들이 태어났을 때의〉 처음의 자리와 똑같은 데에서 북향을 하고 서 있으면 太宰와 太宗, 太祝이 모두 裨衣를 입고 冕冠을 쓴다. 少師가 衰服을 〈아들에게 입혀〉 아들을 받든다. 그리하여 祝이 먼저 올라가면 아들이 따라가고 宰와 宗人이 뒤따라 문에 들어가면 곡하는 자가 멈춘다. 아들이 서쪽 계단으로 올라가 殯의 앞에서 북향하고 서 있으면 축이 빈의 동남쪽 귀퉁이에 선다. 축이 세 번 噫歆 소리를 내고 고하기를 '부인 아무개 씨의 아들 아무개가 집사들을 따라 감히 뵙니다.' 하면 아들을 받든 사람이 절하고 이마를 조아리고 곡을 한다. 축과 재 · 종인과 여러 주인과 경 · 대부 · 사가 곡을 하고 세 차례에 걸쳐 세 번 踊을 하고 동쪽으로 내려와 〈아침 저녁으로 곡하는〉 자기 자리로 돌아와서 모두 겉옷 소매를 벗으면, 아들을 받든 사람이 용을 하며 방 안에 있는 부인들도 세 차례에 걸쳐 세 번 踊을 한다. 〈아들에게〉 衰服을 입히고 지팡이를 짚고 朝奠을 마치고 나오면 태재가 축과 史에게 명하여 왕자의 이름으로 五祀와 산천의 신에게 두루 고한다."

字義 衰 : 상복 최 隅 : 모퉁이 우 稽 : 조아릴 계 顙 : 이마 상 袒 : 소매벗을 단
襲 : 껴입을 습 徧 : 두루 변

7.2 曾子가 問曰하사되 如已葬而世子生이어든 則如之何잇고 孔子가 曰하사되 大宰大宗이 從大祝而告于禰(녜)하고 三月에 乃名于禰[13]하고 以名으로 徧告호되 及社稷宗廟山川하나니라

증자가 묻기를 "이미 군주의 장례를 지냈는데 세자가 태어나면 어떻게 합니까?" 하니, 공자께서 말씀하셨다. "太宰와 太宗이 太祝을 따라 아버지 사당에 고하며, 3개월이 되면 비로소 아버지 사당에서 이름을 짓고, 그 이름을 가지고 사직과 종묘, 산천의 신에게 두루 고한다."

字義 禰 : 아버지사당 녜 稷 : 오곡신 직 廟 : 사당 묘

귀)가 된 公厲를 이른다.(《禮記》〈祭法〉)

13 告于禰(녜)……乃名于禰 : 공영달의 소에 따르면 장례 지낸 뒤에는 신으로 섬기므로 평상적인 예를 따라 3개월에 비로소 뵙고서 마침내 이름을 짓는 것이다.

7.3.1 孔子가 曰[14]하사되 諸侯가 適天子할새 必告于祖하고 奠于禰하며 冕而出視朝하며 命祝史하야 告于社稷宗廟山川[15]하고 乃命國家五官而后行호되 道而出하나니라 告者가 五日而徧하나니 過是면 非禮也[16]니라 凡告에 用(牲)〔制〕幣[17]하나니 反亦如之니라

공자께서 말씀하셨다. "제후가 天子國에 갈 적에 반드시 할아버지의 사당에 고하고 아버지 사당에 奠을 올리며, 면류관을 쓰고 나와 조회를 보며, 祝과 史에게 명하여 사직과 종묘 · 산천의 신에게 고한다. 이에 국가의 다섯 명의 대부에게 명한 뒤에 길을 떠나되 路祭를 지낸 뒤에 출발한다. 고하는 것은 5일 안에 다 끝내야 하니, 5일을 넘기면 예가 아니다. 무릇 고할 때에는 制幣를 사용하는데, 돌아와서도 또한 이와 같이 한다.

7.3.2 諸侯가 相見할새 必告于禰[18]하고 朝服而出視朝하며 命祝史하야 告于五廟[19]와 所過山川하며 亦命國家五官하고 道而出하며 反必親告于祖禰하고 乃命祝史하야 告至于前所告者하고 而後에야 聽朝而入하나니라

제후들끼리 서로 만나볼 때에는 반드시 아버지 사당에 고하고 〈君臣間이 아니므로〉 朝服을 입고 나가 조회를 보며, 祝과 史에게 명하여 다섯 사당과 지나갈 산천의 신에 고하며, 또한 국가의 일을 맡은 다섯 명의 대부에게 명하고, 路祭를 지낸 뒤에 출행한

14 孔子曰 : 공영달의 소에 따르면 물음이 없이 '孔子曰'이라고 칭한 것은 모두 기록한 자가 물은 말을 잃어버린 것이다.

15 命祝史 告于社稷宗廟山川 : 주소에 따르면 조묘에 고하고 아버지 사당에 전을 올리고 나서 갈 때 임하여 또 종묘에 두루 고하는 것은 효도하고 공경하는 마음이다.

16 過是 非禮也 : 정현의 주에 따르면 이미 고하였으면 감히 오래 지체하지 못하기 때문이다.

17 (牲)〔制〕幣 : 진호의 주에 "희생과 폐백이다." 하였는데, 본서에서는 "제후의 예에 희생을 사용할 수 없으므로 '牲'은 마땅히 '制'가 되어야 하니, '制幣'는 1丈 8尺이다. 아랫글에 '폐백과 짐승 가죽과 玉笏로써 고한다.〔幣帛皮圭以告〕'라고 했기 때문에 제후가 희생을 쓰지 않음을 아는 것이다. '제폐'는 고대에 제사 지낼 때 바친 繒帛으로, 帛의 길이와 너비가 모두 정해진 제도가 있으므로 '제폐'라 한다. 《儀禮》 〈旣夕禮〉에 '예물로 제폐를 사용하되, 검은색과 옅은 진홍색의 비단 5필을 바친다.〔贈用制幣 玄纁束〕'라고 보인다." 한 주소의 설에 따라 번역하였다.

18 諸侯……必告于禰 : 정현의 주에 따르면 길이 가까워서 혹 할아버지에게는 직접 고하지 않아도 되기 때문에 아버지 사당에만 고하는 것이다.

19 五廟 : 〈王制〉 29장에 "제후는 5廟이니, 2昭, 2穆과 太祖의 사당을 합하여 5廟이다."라고 보인다.

다. 돌아와서는 반드시 친히 할아버지와 아버지 사당에 고하고, 이에 축과 사에게 명해서 전에 고한 신들에게 돌아왔음을 고한다. 그 뒤에 조회를 보고 들어간다."

7.4 曾子가 問曰하사되 竝有喪커든 如之何잇고 何先何後잇고 孔子가 曰하사되 葬은 先輕而後重하고 其奠也는 先重而後輕이 禮也라 自啓及葬히 不奠[20]하며 行葬에 不哀次[21]하며 反葬에 奠而後에 辭於殯하고 遂脩葬事하니라 其虞也에 先重而後輕이 禮也라

증자가 묻기를 "〈부모 혹은 조부모의〉 상이 함께 있으면 어떻게 해야 합니까? 어느 분을 먼저 하고 어느 분을 뒤에 합니까?" 하니, 공자께서 대답하셨다.

"장례는 〈친족 관계나〉 지위가 〈가볍거나〉 낮은 사람을 먼저 하고 〈친족 관계나〉 지위가 〈중하거나〉 높은 사람을 뒤에 한다. 奠은 〈봉양하는 일이므로〉 지위가 높은 사람을 먼저 하고 지위가 낮은 사람을 뒤에 하는 것이 예이다. 〈葬禮는 情을 빼앗는 일이므로 가벼운 분을 먼저 하기 때문에〉 어머니의 殯을 열 때부터 장례에 이르기까지는 아버지의 빈에 奠을 올리지 않고 장례를 행할 적에 喪次에서 슬퍼하지 않는다. 장례하고 돌아와서는 아버지의 빈소에 제전을 올리고 그런 뒤에 손님들에게 빈을 열 시기를 말하고 마침내 아버지의 장사를 준비한다. 虞祭는 〈중한 분을 먼저 봉양하는 奠의 종류이므로〉 지위가 높은 분을 먼저 하고 낮은 분을 뒤에 하는 것이 예이다.

字義 虞 : 우제 우

7.5 孔子가 曰하사되 宗子는 雖七十이라도 無無主婦니 非宗子면 雖無主婦라도 可也[22]니라

---

20 不奠 : 공영달의 소에 따르면 아버지에게 奠을 올리지 않음을 이르니, 아침저녁으로 새로운 전으로 바꾸지 않음은 예전에 올린 전이 그대로 있기 때문이다.

21 不哀次 : 정현의 주에 따르면 喪次에서 슬퍼하면 殯에 있는 분(아버지)에게 가볍게 하는 것이 되기 때문에 상차에서 슬퍼하지 않는 것이다.

22 孔子……可也 : 진호의 주에 따르면 이것은 大宗으로서 자식이 없거나 혹은 자식이 어린 자를 이르니, 만약 자식이 있고 며느리가 있어서 전하여 계승할 자가 있는 경우는 70세에 장가들지 않

공자께서 말씀하셨다. "〈宗子는 宗中의 남자들을 밖에서 거느리는 예를, 宗婦는 종중의 여자들을 안에서 거느리는 예를 빠뜨릴 수 없기 때문에〉 종자는 비록 70세가 되어도 主婦가 없을 수 없으니, 종자가 아니면 비록 주부가 없더라도 괜찮다."

7.6.1 曾子가 問曰하사되 將冠子할새 冠者至하야 揖讓而入이어든 聞齊衰(자최)大功之喪하고 如之何잇고 孔子가 曰하사되 內喪則廢하고 外喪則冠而不醴하며 徹饌而埽하고 卽位而哭이니 如冠者가 未至어든 則廢니라 如將冠子而未及期日하야서 而有齊衰大功小功之喪이어든 則因喪服而冠하나니라

증자가 묻기를 "장차 자식에게 冠禮를 하려 할 적에 〈賓과 禮를 도와줄 사람인〉 冠者가 이르러 揖하고 사양하고서 들어왔는데, 〈주인이〉 齊衰와 大功의 喪을 듣게 되면 어떻게 해야 합니까?" 하니, 공자께서 말씀하셨다. "문안(집안)의 상일 경우에는 〈사당은 대문의 안에 있어서 吉 · 凶을 한 장소에서 할 수 없기 때문에〉 관례를 폐한다. 문밖(집밖)의 상일 경우에는 〈상이 다른 곳에 있기 때문에〉 관례를 하되 〈흉한 일을 만났기 때문에〉 醴酒를 진설하지는 않으며, 음식을 치우고 청소한 다음 자리에 나아가 곡을 하는데, 만약 관자가 오지 않았으면 〈이러한 예를〉 폐하고 하지 않는다. 만약 장차 자식에게 冠禮를 하려 하다가 期日이 되기 전에 자최와 대공 · 소공의 喪이 있으면 喪服을 입고 冠을 씌운다."

字義 揖 : 읍할 읍 讓 : 사양할 양 齊 : 상복 자 廢 : 폐할 폐 醴 : 단술 례 饌 : 음식 찬
埽 : 쓸 소

7.6.2 除喪하고 不改冠乎잇가 孔子가 曰하사되 天子가 賜諸侯大夫冕弁服於大廟어시든 歸設奠할새 服賜服하나니 於斯乎[23]에 有冠醮[24]요 無冠醴니 父沒而

아도 된다.

23 歸設奠……於斯乎 : 《禮記大文諺讀》에는 "歸設奠할새 服하나니 賜服於斯乎에"로 되어 있으나, 진호의 주에 의거하여 토를 수정하였다.

24 醮 : 공영달의 소에 따르면 술을 따르기만 하고 酬酢함이 없는 것을 이른다.

冠할새 則已冠하고 埽地而祭於禰하며 已祭而見(현)伯父叔父하고 而後에 饗冠者하나니라

〈증자가 묻기를〉 "그러면 상을 마치고 나서 다시 관례를 하지 않습니까?" 〈하니,〉 공자께서 말씀하셨다. "천자가 〈관례할 나이가 된〉 제후 · 대부에게 冕服과 弁服을 太廟에서 하사하시거든 〈군주의 명을 영화롭게 여겨〉 돌아와서 〈곧바로〉 종묘에 祭奠을 진설할 적에 하사한 의복을 입으니, 이때에 〈의복을 받은 사람에게만 예를 하기 때문에〉 관례의 醮禮만 있고 〈여러 사람과 수작하는〉 관례의 醴禮는 없다. 아버지가 돌아가신 뒤에 관례를 할 경우에는 〈상을 치르고 나서 관례를 할 수 있는 참최복이니, 상을 치르고 나서〉 관례를 마친 뒤에 땅을 掃除하고 아버지 사당에 제사 지내며, 제사를 마친 뒤에 백부와 숙부를 뵙고 그런 뒤에 冠者에게 燕饗을 베푼다."

字義 弁 : 모자 변 醮 : 술따를 초 饗 : 잔치할 향

7.7 曾子가 問曰하사되 祭가 如之何어든 則不行旅酬[25]之事矣잇고 孔子가 曰하사되 聞之호니 小祥者는 主人이 練祭而不旅하고 奠酬於賓이어든 賓이 弗擧가 禮也니라 昔者에 魯昭公이 練而擧酬行旅하니 非禮也라 孝公이 大祥에 奠酬弗擧하니 亦非禮也니라

증자가 묻기를 "제사는 어떠한 경우에 旅酬의 일을 행하지 않습니까?" 하니, 공자께서 말씀하셨다. "내가 들으니, 小祥에는 주인이 練祭(小祥祭)를 지내고 여수를 하지 않으며, 술을 권하는 잔을 손님에게 올리거든 손님이 들어 마시지 않는 것이 예라 하였다. 옛날 〈春秋時代〉 魯나라 昭公이 연제를 지내고서 수작하는 술잔을 들고 여수를 행하였으니 예가 아니요, 〈노나라〉 孝公이 大祥에 수작하는 잔을 올리고 들지 않았으니 또한 예가 아니다."

字義 旅 : 무리 려 酬 : 술권할 수 練 : 練服 련

---

25 旅酬 : 진호의 주에 따르면 正祭가 끝난 뒤에 제사에 참여했던 친족이나 빈객들이 술잔을 들어 술을 마시고, 서로 공경의 예를 표하며 술잔을 권하는 의례이다. 大祥에는 여수를 할 수 있다.

7.8.1 曾子가 問曰하사되 大功之喪에 可以與(예)於饋奠[26]之事乎잇가 孔子가 曰하사되 豈大功耳리오 自斬衰以下에 皆可하니 禮也라 曾子가 曰하사되 不以輕服而重相爲乎잇가 孔子가 曰하사되 非此之謂也라 天子諸侯之喪엔 斬衰者가 奠하고 大夫는 齊衰者가 奠하고 士則朋友가 奠하고 不足이어든 則取於大功以下者하고 不足이어든 則反之니라

증자가 묻기를 "자기에게 大功의 喪이 있을 적에 남의 〈殯에서 殷奠을 올리는〉 饋奠하는 일에 참여할 수 있습니까?" 하니, 공자께서 말씀하셨다. "어찌 대공의 상 뿐이겠는가. 斬衰 이하가 모두 괜찮으니, 이것이 禮이다."

〈공자는 服 입는 사람을 근거하여 말씀하였는데〉 증자가 〈또 이 뜻을 깨닫지 못하고〉 묻기를 "〈다른 사람이 이것을 보고〉 자신의 복을 가볍게 여기고 남을 위하여 올리는 궤전을 중히 여긴다고 말하지 않겠습니까?" 하니, 공자께서 말씀하셨다. "이것을 말한 것이 아니다. 〈초상에 주인은 너무 슬퍼서 奠을 잡을 겨를이 없기 때문에 친히 전을 올리지 않으므로〉 천자와 제후의 상에는 斬衰服을 입는 신하들이 전을 올리고, 대부는 齊衰服을 입는 신하들이 전을 올리고, 士는 친구들이 전을 올린다. 〈그런데 士의 경우〉 執事할 사람이 부족하면 대공복 이하에서 취하고, 그래도 부족하면 다시 대공복 이상으로 올라가서 〈앞 사람 중에서 집사한 자를〉 취함을 말한 것이다."

대공복大功服

참최斬衰

字義 與 : 참여할 예　饋 : 음식올릴 궤　斬 : 斬衰服 참

26 饋奠 : 진호의 주에 따르면 殯에서 殷奠을 올리는 것이다. 대부는 초하루와 보름에 모두 은전이 있고 士는 오직 매달 초하루에 있는데, 예가 성대하므로 執事者가 많다.

7.8.2 曾子가 問曰하사되 小功에 可以與於祭乎잇가 孔子가 曰하사되 何必小功耳리오 自斬衰以下가 與祭하나니 禮也니라 曾子가 曰하사되 不以輕喪而重祭乎잇가 孔子가 曰하사되 天子諸侯之喪祭也엔 不斬衰者가 不與祭하고 大夫는 齊衰者가 與祭하고 士는 祭에 不足이어든 則取於兄弟大功以下者니라

증자가 묻기를 "소공복을 입었을 적에 〈우제나 졸곡제의〉 제사에 참여할 수 있습니까?" 하니, 공자께서 말씀하셨다. "어찌 소공복 뿐이겠는가. 斬衰 이하는 제사에 참여할 수 있으니, 이것이 禮이다."

증자가 말씀하기를 "喪을 가볍게 여기고 제사를 중히 여김을 말하는 것이 아니겠습니까?" 하니, 공자께서 말씀하셨다. "천자와 제후의 초상과 제사에는 참최복을 입지 않는 자는 〈庶人이기 때문에〉 제사에 참여하지 않고, 대부는 齊衰服을 입는 자가 제사에 참여하고, 士는 제사에 〈참여한〉 인원수가 부족하거든 형제로서 대공 이하인 자 중에서 〈그 부족한 인원을〉 취한다."

소공복小功服

자최齊衰

7.8.3 曾子가 問曰하사되 相識에 有喪服[27]이어든 可以與於祭乎잇가 孔子가 曰하사되 緦라도 不祭니 又何助於人이리오

증자가 묻기를 "서로 아는 사람 중에 〈제사가 있을 적에〉 자기가 상복을 입고 있을 경우 그 제사에 참여할 수 있습니까?" 하니, 공자께서 말씀하셨다. "〈가벼운〉 緦麻服을 입어도 〈자기 종묘에〉 제사 지내지 않는데, 또 어찌 남의 제사를 도와줄 수 있겠는가."

字義 緦 : 시마복 시

---

27 相識 有喪服 : 《禮記大文諺讀》에는 "相識이 有喪服"으로 되어 있으나, 정현의 주에 '자기에게 상복이 있는 자가 알고 지내는 자의 제사를 도울 수 있겠는가?〔己有喪服者 可以助所識者祭否〕'라고 한 것에 의거하여 토를 수정하였다.

7.8.4 曾子가 問曰하사되 廢喪服하고 可以與於饋奠之事乎잇가 孔子가 曰하사되 說(탈)衰與奠이 非禮也니 以擯相[28]은 可也니라

증자가 묻기를 "상복을 벗고서 바로 남의 〈殯의〉 饋奠하는 일에 참여할 수 있습니까?" 하니, 공자께서 말씀하셨다. "상복을 벗고서 바로 궤전에 참여하는 것은 〈슬픔을 잊음이 너무 빠르므로〉 예가 아니지만, 擯相은 〈가벼운 일이므로〉 괜찮다."

字義 說 : 벗을 탈(=脫) 擯 : 인도할 빈 相 : 도울 상

7.9.1 曾子가 問曰하사되 昏禮에 旣納幣有吉日하야 女之父母가 死커든 則如之何잇고 孔子가 曰하사되 壻가 使人弔니라 如壻之父母가 死커든 則女之家가 亦使人弔호되 父喪이어든 稱父하고 母喪이어든 稱母니 父母가 不在어든 則稱伯父世母니라 壻가 已葬이어든 壻之伯父가 致命女氏曰호되 某之子[29]가 有父母之喪이라 不得嗣爲兄弟[30]일새 使某致命[31]이라하여든 女氏가 許諾호되 而弗敢嫁가 禮也니라 壻가 免喪이어든 女之父母가 使人請호되 壻弗取하여든 而后에 嫁之가 禮也니라 女之父母가 死어든 壻가 亦如之니라

증자가 묻기를 "혼례에 이미 納幣를 하고 혼인 날짜를 정했는데 신부의 부모가 돌아가시면 어떻게 합니까?" 하니, 공자께서 말씀하셨다. "신랑 집안에서 사람을 보내어 조문해야 한다. 신랑의 부모가 돌아가셨다면 신부의 집에서도 사람을 보내어 조문해야 한다. 그런데 상대방의 아버지가 돌아가셨으면 이쪽의 아버지 이름을 들어 조문하고, 상대방의 어머니가 돌아가셨으면 이쪽의 어머니 이름을 들어 조문하며, 부모가 不在中이면 伯父와 世母(伯母)의 이름을 들어 조문한다.

---

28 擯相 : 예를 돕는 것을 이르는바, 擯은 내빈을 인도하는 것이고, 相은 상주를 도와서 빈을 접대하는 것이다.

29 某之子 : 진호의 주에 따르면 '某'는 백부 자신을 칭한 것이다.

30 兄弟 : 진호의 주에 따르면 부부는 동등하기 때문에 형제의 의리가 있으니 '형제'라고 말한 것은 친하게 여긴 것이다. '부부'라고 말하지 않은 것은 아직 혼인을 이루지 않음이 혐의스러워서이다.

31 使某致命 : 진호의 주에 따르면 여기의 '某'자는 바로 使者의 이름이고, '致'는 '致仕'의 '致(되돌려 줌)'와 같으니, 혼인할 것을 허락하는 명령을 되돌려 줌을 이른다. 《禮記補註》에 따르면 '致命'은 다만 그 命을 전달함을 이른다. 본서에서는 《예기보주》의 설에 따라 번역하였다.

신랑 될 사람이 장례를 마치고 나면 〈그래도 喪期가 아직 많이 남았으니〉 신랑 될 사람의 백부가 〈여자를 다른 곳으로 시집가게 할 수 있도록〉 여자의 집에 혼인의 명령을 전달하기를 '아무개의 아들이 부모의 喪이 있어서 계속하여 兄弟(夫婦)가 될 수 없으므로 아무개를 시켜 명을 전달합니다.' 하면 여자의 집에서는 이를 허락하나 감히 다른 데로 시집보내지 않는 것이 예이다. 신랑 될 사람이 상을 벗으면 여자의 부모가 사람을 시켜서 혼인할 것을 청하되 신랑 될 사람이 여자를 데려가지 않은 뒤에야 다른 데로 시집보내는 것이 예이다. 여자의 부모가 죽으면 신랑 될 사람도 이와 같이 한다."

字義 壻 : 사위 서　稱 : 일컬을 칭　嗣 : 이을 사　諾 : 승낙할 락　嫁 : 시집보낼 가

7.9.2 曾子가 問曰하사되 親迎하야 女가 在塗하야서 而壻之父母가 死어든 如之何잇고 孔子가 曰하사되 女가 改服하고 布深衣縞總하야 以趨喪이니 女가 在塗하야서 而女之父母가 死커든 則女가 反이니라

증자가 묻기를 "親迎을 하여 여자가 남자의 집으로 오는 도중인데, 신랑 될 사람의 부모가 죽었으면 어떻게 해야 합니까?" 하니, 공자께서 말씀하셨다. "여자는 신부의 옷으로 갈아입고 삼베로 만든 深衣와 백색의 生明紬로 상투를 묶고 喪에 달려가야 하니, 여자가 시집으로 가는 도중에 여자의 부모가 죽었으면 여자는 〈자기의 본집에 있는 것이 아니므로 부모의 상에 기년복의 상을 치르기 위해 삼베로 만든 심의와 백색의 생명주로 상투를 묶고〉 자기 집으로 돌아간다."

字義 塗 : 길 도(=道)　縞 : 흰명주 호　總 : 묶을 총　趨 : 달려갈 추

7.9.3 如壻가 親迎하야 女가 未至하야서 而有齊衰大功之喪이어든 則如之何[32]잇고 孔子가 曰하사되 男不入하야 改服於外次하며 女入하야 改服於內次하고 然後에사 卽位而哭이니라

---

32 如壻……則如之何 : 공영달의 소에 따르면 신랑의 집으로 가는 도중에 시댁의 자최와 대공의 喪을 들으면 혼례를 폐하는 것이다. 만약 신부가 이미 揖하고 사양하여 대문에 들어왔으면, 內喪이면 폐하고 外喪이면 혼례를 행한다. 혼례는 관례보다 중하므로 〈雜記〉에 "대공복을 벗을 때가 되면 아들을 관례할 수 있고, 소공복을 벗을 때가 되면 아내를 취할 수 있다.〔大功之末 可以冠子 小功之末 可以取妻〕" 한 것이다. '내상'은 大門 안의 상사를 이르고, '외상'은 대문 밖의 상사를 이른다.

〈증자가 말씀하였다.〉 "만일 신랑 될 사람이 親迎을 하여 여자가 이르기 전에 자신의 집에 齊衰나 대공의 상이 있으면 어떻게 해야 합니까?" 하니, 공자께서 말씀하셨다. "남자는 들어가지 않고서 外次에서 〈친영할 때의〉 옷을 〈深衣로〉 갈아입고, 여자는 문에 들어가서 內次에서 〈친영할 때의〉 옷을 〈심의로〉 갈아입은 뒤에 자리에 나아가 곡을 한다."

심의전도深衣前圖

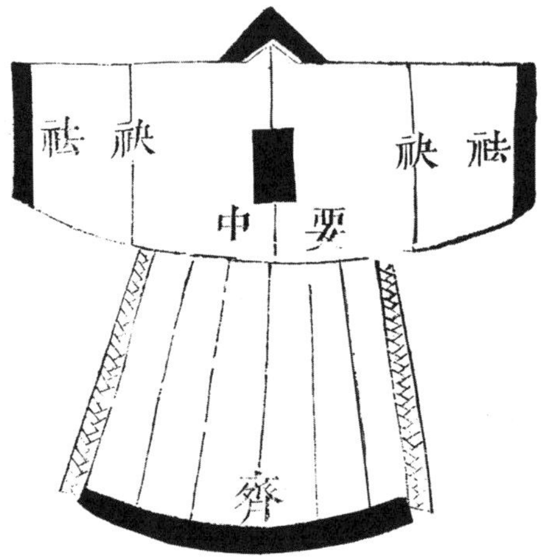

심의후도深衣後圖

7.9.4 曾子가 問曰하사되 除喪則不復昏禮乎잇가 孔子가 曰하사되 祭過時하면 不祭[33]가 禮也니 又何反於初리오

증자가 묻기를 "〈자최나 대공의〉 상복을 벗었으면 다시 혼례를 하지 않습니까?" 하니, 공자께서 말씀하셨다. "〈제사는 중하고 혼례는 가벼우니〉 제사도 때가 지나면 지내지 않는 것이 예이니, 〈가벼운 혼례를〉 또 어찌 처음으로 돌아가 행할 수 있겠는가."

7.9.5 孔子가 曰하사되 嫁女之家가 三夜를 不息燭은 思相離也요 取婦之家가 三日을 不擧樂은 思嗣親也니라 三月而廟見(현)[34]에 稱來婦也하고 擇日而祭於

33 過時 不祭 : 공영달의 소에 따르면 四時의 떳떳한 제사는 때가 지나면 지내지 않는 것이다. 만약 喪祭거나 禘祭와 祫祭면 비록 때가 지났더라도 오히려 추후에 제사 지낸다.

34 三月而廟見(현) : 《禮記補註》에 "《儀禮》 〈士昏禮〉에서 亡者가 된 시부모를 사당에서 뵙고 祖廟에는 미치지 않았던 것은, 옛날 宗子의 법이 행해져서 종자의 집이 아니면 별도로 祖廟를 세울 수가 없었기 때문이다."라는 《朱子語類》의 내용을 소개하였다.

禰[35]하나니 成婦之義也니라

공자께서 말씀하셨다. "딸을 시집보내는 집이 사흘 밤을 촛불을 끄지 않는 것은 서로 이별할 것을 생각해서 잠을 이루지 못하기 때문이고, 며느리를 데려오는 집이 3일 동안 음악을 연주하지 않는 것은 어버이를 이을 것을 생각해서 感傷하는 마음이 들기 때문이다. 〈신부가 시집와서〉 3개월이 되어 사당에서 뵐 적에 〈와서 며느리가 되었다는 의미로〉 '來婦'라 칭하고, 〈이것은〉 날짜를 가려 〈행한 것이니, 같은 날에 또〉 아버지 사당에서 제사 지내니, 이것은 며느리의 義를 갖추는 것이다."

字義 息 : 끌 식 燭 : 촛불 촉 離 : 이별할 리

7.9.6 曾子가 問曰하사되 女가 未廟見而死어든 則如之何잇고 孔子가 曰하사되 不遷於祖하며 不祔於皇姑하며 壻가 不杖하며 不菲(비)하며 不次하고 歸葬于女氏之黨은 示未成婦也니라

증자가 묻기를 "여자가 사당을 뵙지 못하고 죽었으면 어떻게 해야 합니까?" 하니, 공자께서 말씀하셨다. "靈柩를 선조의 사당으로 옮기지 않고 〈아직 사당을 뵙지 않았기 때문에〉 신주를 皇姑(시할머니)에 祔廟하지 않는다. 신랑은 〈자최 기년복을 입되〉 喪杖을 짚지 않고 짚신을 신지 않고 喪次에서 슬퍼하지 않으며, 女氏의 黨(친정 집안)으로 돌아가 장례하니, 이는 아직 며느리가 되지 않았음을 보이는 것이다."

字義 遷 : 옮길 천 皇 : 클 황 菲 : 짚신 비

구柩

35 擇日而祭於禰 : 진호의 주에 따르면 며느리가 시부모를 사당에서 뵙고 아버지 사당에 제사 지내는 것은 바로 같은 때의 일이니, 사당을 뵌 뒤에 다시 날짜를 택하여 제사 지내는 것은 아니다.

7.9.7 曾子가 問曰하사되 取女호되 有吉日而女死커든 如之何잇고 孔子가 曰하사되 壻가 齊衰而弔하고 旣葬而除之하리니 夫가 死커든 亦如之[36]니라

증자가 묻기를 "여자에게 장가들려고 길일을 정했는데 여자가 죽으면 어떻게 해야 합니까?" 하니, 공자께서 말씀하셨다. "신랑 될 사람이 齊衰服을 입고 가서 조문하고 이미 장례한 뒤에는 복을 벗을 것이니, 신랑 될 사람이 죽었을 때에도 여자 또한 이와 같이 한다."

7.10.1 曾子가 問曰하사되[37] 喪有二孤하며 廟有二主가 禮與잇가 孔子가 曰하사되 天無二日하며 土無二王하고 嘗禘郊社에 尊無二上하니 未知其爲禮也로다

증자가 묻기를 "상에는 두 상주가 있고 사당에는 두 神主가 있는 것이 예입니까?" 하니, 공자께서 말씀하셨다. "하늘에는 두 해가 없고 땅에는 두 왕이 없으며, 〈중한 제사인〉 嘗祭와 禘祭, 郊祭와 社祭에 〈각각〉 높이는 신이 둘이 없으니, 〈상에 두 상주가 있고 사당에 두 신주가 있는〉 이것이 예가 되는 줄 알지 못하겠다.

字義 嘗 : 가을제사 상 禘 : 종묘제사 체 郊 : 천지제사 교 社 : 토지신제사 사

7.10.2 昔者에 齊桓公이 亟(기)擧兵할새 作僞主以行하고 及反하야 藏諸祖廟하니 廟有二主가 自桓公始也니라

옛날에 齊나라 桓公이 자주 군대를 일으킬 때에 〈새 사당에 遞遷할 신주를 齊車(재거)에 싣는 것은 높이고 받드는 바가 있음을 보이는 것인데〉 거짓 신주를 만들어 갔다가 돌아와서는 이것을 선조의 사당에 보관하였으니, 사당에 두 신주가 있는 것은 환공으로부터 비롯되었다.

字義 桓 : 굳셀 환 亟 : 자주 기 藏 : 보관할 장

---

36 夫死 亦如之 : 진호의 주와 정현의 주에 따르면 만약 남편 될 사람이 죽었으면 여자는 참최복을 입고 가서 조문하고 이미 장례한 다음 상복을 벗는다. 《禮記補註》에 "참최에는 3월의 복이 없기 때문에 자최복을 입고서 장례한 뒤에 복을 벗는 것은 자최 3월의 복이다."라는 《禮記類編》의 설을 소개하였다.

37 하사되 : 《禮記大文諺讀》에는 "하사든"으로 되어 있으나, 토의 일반적인 용례에 의거하여 수정하였다.

7.10.3 喪之二孤는 則昔者에 衛靈公이 適魯하사 遭季桓子之喪하사 衛君이 請弔하신대 哀公이 辭不得命하사 公이 爲主어시늘 客이 入弔할새 康子가 立於門右하야 北面이니 公이 揖讓하사 升自東階하사 西鄕이어시늘 客이 升自西階하야 弔한대 公이 拜興哭이어시늘 康子가 拜稽顙於位한대 有司가 弗辯也하니 今之二孤는 自季康子之過也[38]니라

喪에 상주가 둘이 된 까닭은 다음과 같다.

옛날에 衛나라 군주인 靈公이 魯나라에 갔다가 〈노나라 대부인〉 季桓子의 상을 만나고서 위나라 군주가 조문할 것을 청하자, 노나라 군주인 哀公이 〈자신이 상의 主人이 되는 것을〉 사양하였으나 〈영공에게 그 사양함을〉 받아들이는 명을 얻지 못하여 애공이 주인이 되었다. 그런데 客인 영공이 들어가 조문할 적에 〈계환자의 아들인〉 季康子가 〈직접 주인의 예를 행하기 위해〉 문의 오른쪽에 서서 북향하니, 애공이 〈계강자에게 주인이 되는 것을〉 揖하여 사양하고 동쪽 계단으로 올라가 서향하거늘 객인 영공이 서쪽 계단으로 올라가 〈애공에게〉 조문하였다. 영공이 절하고 일어나 곡하자, 〈哭을 하고 踊을 해야 할〉 계강자가 〈주인인 애공이 객에게 해야 할 예인〉 절을 하고 자리에서 이마를 조아렸다. 그런데 有司가 이것을 분변하여 바로잡지 않았으니, 지금 초상에 상주가 둘이 있는 것은 계강자의 잘못으로부터 비롯되었다."

字義 衛 : 나라이름 위 靈 : 신령 령 適 : 갈 적 遭 : 만날 조 鄕 : 향할 향 顙 : 이마 상
辯 : 분변할 변

7.11.1 曾子가 問曰하사되 古者에 師行할새 必以遷廟主[39]로 行乎잇가 孔子가 曰하사되 天子巡守하실새[40] 以遷廟主로 行하사 載于齊(재)車는 言必有尊也니라 今也에 取七廟之主하야 以行하나니 則失之矣니라

---

38 今之二孤 自季康子之過也 : 진호의 주에 따르면 위에서는 '齊나라 桓公으로부터 비롯되었다.〔自桓公始也〕'고 말하고, 여기에서는 '비롯되었다.〔始〕'고 말하지 않고 '허물〔過〕'이라고 말한 것은 공자와 康子는 동시대의 인물이기 때문이다. 靈公은 季桓子보다 먼저 죽었는데 經文에 '靈公'이라고 잘못 쓰여 있으니, 실제는 그의 손자인 出公 輒일 것이다.

39 遷廟主 : 진호의 주에 따르면 체천할 신주는 또 '公禰(공녜)'라고도 한다.

40 하실새 : 《禮記大文諺讀》에는 '이실새'로 되어 있으나, 일반적인 용례에 의거하여 수정하였다.

증자가 묻기를 "옛날에 군대가 출동할 적에 반드시 〈새 사당에〉 遞遷할 신주를 가지고 갔습니까?" 하니, 공자께서 말씀하셨다. "천자가 巡守할 적에 체천할 신주를 가지고 가서 이것을 〈신주를 모시는 수레인〉 齊車에 실은 것은 '반드시 높일 분이 있음'을 말한 것이다. 지금 일곱 사당의 신주를 취하여 가니, 이는 잘못이다.

字義 巡 : 돌아다닐 순　載 : 실을 재　齊 : 재계할 재

7.11.2 當七廟五廟에[41] 無虛主니 虛主者는 惟天子가 崩하시며 諸侯가 薨하며 與去其國과 與祫祭於祖에 爲無主耳니 吾聞諸老聃(담)[42]호니 曰호되 天子가 崩하시며 國君이 薨커시든 則祝이 取群廟之主하야 而藏諸祖廟가 禮也[43]니 卒哭成事而后에 主가 各反其廟니라

七廟와 五廟에는 신주를 비우는 일이 없는데, 신주를 비우는 경우는 오직 천자가 죽거나 제후가 죽었을 때, 또는 그 나라를 떠나거나 祖廟에서 祫祭를 지낼 때에만 신주가 없다. 내가 老聃에게 들으니, '천자가 죽거나 國君이 죽으면 祝이 여러 사당의 신주를 모아서 선조의 사당에 보관하는 것이 예이니, 卒哭을 하여 제사를 지낸 뒤에 그 신주들이 각각의 사당으로 다시 모셔진다.' 하였다.

字義 崩 : 죽을 붕　祫 : 合祀할 협
聃 : 老子의 이름 담

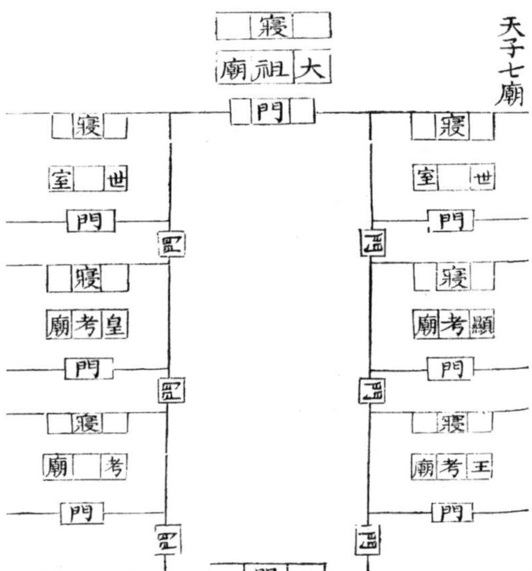

천자칠묘天子七廟

---

41 當七廟五廟에 : 《禮記大文諺讀》에 '當七廟에 五廟'로 되어 있으나, 진호의 주와 주소에 의거하여 토를 수정하였다. 《禮記補註》에서는 '當'자에 대해 옛 주와 지금의 주에 해석한 것이 없다고 하여 이것을 '於'자의 뜻으로 보았다.

42 老聃(담) : 정현의 주에 따르면 '老聃'은 옛날 장수한 자의 칭호이니, 공자와 동시대 인물이다.

43 天子……禮也 : 진호의 주에 따르면 천자가 죽고 제후가 죽었을 때에 여러 신주를 모두 선조의 사당에 모으는 것은 상복을 입는 3년 동안 제사를 지내지 않기 때문이다.

7.11.3 君이 去其國할새 太宰가 取群廟之主以從이 禮也니라

군주가 그 나라를 떠나갈 적에 〈감히 그 선조를 버리지 못하므로〉 太宰가 여러 사당의 신주를 모시고 따라가는 것이 禮이다.

7.11.4 祫祭於祖할새 則祝이 迎四廟之主[44]하나니 主가 出廟入廟에 必蹕이라하믈 老聃이 云하더라

'太祖의 사당에 祫祭를 지낼 적에 祝이 네 사당의 신주를 맞이하여 〈태조의 사당으로〉 들이니, 신주가 사당에 들어오고 사당에서 나갈 적에는 〈신성한 신주를 더럽히지 않도록〉 반드시 辟除를 한다.' 하였으니, 이것은 老聃이 말한 것이다."

字義 蹕 : 길치울 필

7.11.5 曾子가 問曰하사되 古者에[45] 師行할새 無遷主어든 則何主잇고 孔子가 曰하사되 主命[46]이니라 問曰하사되 何謂也잇고 孔子가 曰하사되 天子諸侯가 將出에 必以幣帛皮圭[47]하야 告于祖禰하고 遂奉以出하야 載于齊(재)車以行하야 每舍에 奠焉而后에야 就舍하며 反必告하며 設奠卒하고 斂幣玉하야 藏諸兩階之間이오사[48] 乃出이니 蓋貴命也니라

증자가 묻기를 "옛날에 군대가 출동할 적에 체천할 신주가 없으면 무슨 신주를 썼습

44 祫祭於祖……迎四廟之主 : 진호의 주에 따르면 제후는 五廟인데, 협제를 지내게 되면 고조, 증조, 祖, 父의 신주를 맞이하여 太祖의 사당에 들어간다. 공영달의 소에 따르면 천자가 祫祭를 지내게 되면 여섯 사당의 신주를 맞이하니, 지금 '네 사당의 신주를 맞이한다.(迎四廟之主)'고 한 것은 제후의 경우를 말한 것이다.

45 에 : 《禮記大文諺讀》에 '에되'로 되어 있으나, 일반적인 용례에 의거하여 수정하였다.

46 主命 : 진호의 주에 따르면 이미 폐백과 옥을 가지고 祖廟에 고했으면 이 幣帛과 皮圭를 받들기를 祖宗의 명을 받드는 것처럼 하므로 '主命'이라 한 것이다.

47 幣帛皮圭 : 《禮記補註》에서는 이에 대해 정현의 주와 공영달의 소에는 분명한 해석이 없으나 아마도 幣帛과 가죽일 것이라고 하였다.

48 이오사 : 《禮記大文諺讀》에 '코사'로 되어 있으나, 일반적인 용례에 의거하여 수정하였다.

니까?" 하니, 공자께서 말씀하셨다. "主命을 하였다."

증자가 묻기를 "무엇을 말하는 것입니까?" 하니, 공자께서 말씀하셨다. "천자와 제후가 장차 출행할 적에는 반드시 폐백과 皮圭를 사용하여 할아버지와 아버지 사당에 告由하고, 마침내 이 폐백과 피규를 〈神으로 여기기 때문에〉 받들고 나가서 齊車에 싣고 가서 매번 머무는 곳에 祭奠을 진설한 뒤에 관사로 나아간다. 돌아와서는 반드시 사당에 고유하며 제전을 진설하는 것을 마치고 폐백과 피규를 〈감히 무례하게 대해서는 안 되기 때문에〉 거두어서 두 계단의 사이에 묻고서 출발하니, 이것은 선조의 명령을 귀하게 여기는 것이다."

字義 斂 : 거둘 렴

7.12.1 子游가 問曰호되 喪慈母호되 如母[49]가 禮與잇가 孔子가 曰하사되 非禮也니 古者에 男子가 外有傅하고 內有慈母하더니 君命所使教子也어니 何服之有리오

子游가 묻기를 "〈諸侯國 군주의 자식의 경우, 자식이 없는 첩으로서 어미가 없는 첩의 자식인 자기를 길러준〉 慈母를 위해 상복을 입되 자기를 낳아준 어머니와 같이 〈삼년복으로〉 하는 것이 예입니까?" 하니, 공자께서 말씀하셨다. "예가 아니다. 옛날 〈국군의 경우〉 아들이 밖으로는 師傅가 있고 안으로는 자모가 있었으니, 자모는 군주가 명하여 자식을 가르치게 한 사람이니, 무슨 복이 있겠는가?

字義 慈 : 사랑할 자　傅 : 스승 부

7.12.2 昔者에 魯昭公이 少喪其母[50]하고 有慈母가 良하더니 及其死也하야 公이 弗

---

49 喪慈母 如母 : 《禮記補註》에 따르면 《孔子家語》에는 '喪慈母'의 앞에 '諸侯之世子' 다섯 글자가 있다. 이에 따라 의미를 보충하여 번역하였다.

50 昔者……少喪其母 : 정현의 주에서는 이 단락의 내용이 國君을 근거한 것이기는 하나, 그 국군이 昭公은 아닌데 어느 공인지 모르겠다고 하였다. 공영달의 소에 따르면 《孔子家語》에 '효공이 자모 중에 훌륭한 사람이 있었다.〔孝公有慈母 良〕' 하였으니, 정현이 '어느 공인지 모르겠다'고 말한 것은 《공자가어》를 보지 못했거나, 아니면 王肅이 뒤에 《공자가어》에 보충한 것을 정현이 보지 못했을 것이다. 《禮記補註》에서는 "소공은 공자 당시의 군주로, 공자는 군주의 잘못을 드러내지 않는 분이시기 때문에 이 이하는 공자가 한 말이 아닐 것이다."라는 權近의 설을 소개하였다.

忍也하사 欲喪之어시늘 有司가 以聞하야 曰호되 古之禮에 慈母가 無服하니 今也에 君爲之服하시면 是는 逆古之禮而亂國法也니 若終行之하시면 則有司가 將書之하야 以遺後世하리니 無乃不可乎잇가 公이 曰하사되 古者에 天子가 練冠以燕居라하시고 公이 弗忍也하사 遂練冠하야 以喪慈母하시니 喪慈母가 自魯昭公으로 始也니라

옛날 노나라 昭公이 어려서 어머니를 잃고 훌륭한 慈母가 있었다. 자모가 죽자 소공은 차마 예대로 하지 못하여 상복을 입고자 하니, 有司가 아뢰기를 '옛날의 예에 자모에게는 복이 없습니다. 이제 군주께서 그를 위하여 복을 입으신다면 이는 옛날의 예를 거슬러 國法을 혼란하게 하는 것입니다. 만약 끝내 이것을 행하신다면 유사가 장차 이것을 책에 써서 후세에 물려줄 것이니, 不可하지 않겠습니까.' 하였다. 공이 말씀하기를 '옛날 〈庶子로서 천자가 된〉 천자가 〈정실의 어머니가 살아 계시면 자신의 어머니의 상에 시마복을 입지 못하고 더 낮추어〉 練冠을 쓰고서 사사로이 거처했다.' 하고는 공이 차마 예대로 〈시마복을〉 하지 못하여 연관을 쓰고서 마침내 상복을 입었으니, 자모의 상에 복을 입는 것은 노나라 소공 때부터 시작되었다."

시마복緦麻服

字義 逆 : 거스를 역 遺 : 남길 유

7.13.1 曾子가 問曰하사되 諸侯가 旅見(현)天子할새 入門하야 不得終禮하야 廢者는 幾잇고 孔子가 曰하사되 四니라 請問之하신대 曰하사되 大廟가 火와 日食하며 后之喪과 雨霑服失容이어든 則廢하나니 如諸侯가 皆在而日食이어든 則從天子救日호되 各以其方色與其兵하고 大廟가 火어든 則從天子救火호되 不以方色與兵[51]이니라

---

51 如諸侯……不以方色與兵 : 진호의 주에 따르면 東方의 제후는 靑衣를 입고, 남방의 제후는 赤衣를 입으니, 나머지 지방의 제후도 이와 같이 방위에 맞는 옷을 입는다. 동방은 戟을 사용하고 남방은 矛를 사용하고 서방은 弩를 사용하고 북방은 楯을 사용하고 중앙은 鼓를 사용한다. 日食은 바로 陰이 陽을 침해하는 것이므로 五行의 방위 색깔을 바르게 하여 눌러 이기는 것인데, 불을 끄는 것은 이 義와는 무관하다.

증자가 묻기를 "제후가 여럿이 천자를 뵐 적에 궁궐 문에 들어가 예를 마치지 못하고 폐하는 경우는 몇 가지입니까?" 하니, 공자께서 말씀하기를 "네 가지이다." 하셨다. 증자가 그 내용을 묻자, 공자께서 말씀하셨다. "太廟에 화재가 났거나 日食이 있거나 后妃의 喪이 있거나 비가 옷을 적셔서 용모를 잃으면 폐한다. 만약 제후가 모두 모였는데 일식이 일어나면 천자를 따라 일식을 救하되 각각 방위에 맞는 색깔의 옷을 입거나 병장기를 잡는다. 태묘에 화재가 발생하면 천자를 따라 불을 끄되 방위에 맞는 색깔의 옷을 입거나 병장기를 잡는 것은 하지 않는다."

字義 旅 : 무리 려 霑 : 적실 점

7.13.2 曾子가 問曰하사되 諸侯가 相見호되 揖讓入門하야 不得終禮하야 廢者는 幾잇고 孔子가 曰하사되 六이니라 請問之하신대 曰하사되 天子가 崩하시며 大廟가 火커나 日食이어나 后夫人之喪이어나 雨霑服失容이어든 則廢니라

증자가 묻기를 "제후들끼리 서로 만나볼 적에 읍하고 사양하고 문에 들어가서 예를 마치지 못하고 폐하는 경우는 몇 가지입니까?" 하니, 공자께서 말씀하기를 "여섯 가지이다." 하셨다. 증자가 그 내용을 묻자, 다음과 같이 대답하셨다. "천자가 죽거나 〈제후 본국의〉 태묘에 화재가 발생하거나 일식이 있거나 后妃나 夫人(제후국의 小君)의 상이 있거나 비가 의복을 적셔 용모를 잃으면 폐한다."

7.13.3 曾子가 問曰하사되 天子가 嘗禘郊社五祀之祭[52]에 簠簋를 既陳[53]이어든 天

---

52 嘗禘郊社五祀之祭 : 진호의 주에 따르면 '嘗祭', '禘祭'는 종묘의 제사이고, '郊祭', '社祭'는 천지의 제사이다. 여기에서는 '五祀'라고 말하고, 〈祭法〉에서는 '七祀'라고 말했는데, 先儒들이 이미 '〈제법〉은 근거할 것이 못 된다.'고 하였다.

53 簠簋 既陳 : 정현의 주에 "'既陳'은 일찍 일어나서 犧牲과 祭器를 진열할 때를 이른다." 하였고, 공영달의 소에 "아랫글에 '제사 지낼 때가 되어 일식이 일어난다(當祭而日食)' 하였으니, 여기의 簠와 簋를 이미 진열한 때는 제사 지낼 때가 되지 않은 것이다." 하였는데, 《禮記補註》에는 "주와 소의 설명은 옳지 않은 듯하다. '보와 궤를 이미 진열하였다.(簠簋既陳)'는 것은 제사 지낼 때가 됨을 이른다. 증자는 이미 '천자가 崩했거나 후비의 상이 있으면 비록 제사 지낼 때가 되었더라도 또한 폐해야 한다.'고 들었다. 그리하여 다시 생각하기를 일식과 太廟의 화재는 다소 가벼워서 그대로 제사를 행해야 한다고 여겼으므로 곧바로 이 때의 제사는 어떻게 해야 하느냐고 물은 것이다. 아랫글의 '이

子가 崩커시나 后之喪이어든 如之何잇고 孔子가 曰 廢니라

증자가 묻기를 "천자가 嘗祭와 禘祭, 郊祭와 社祭, 五祀에 〈제사할 때가 되어〉 簠와 簋를 진열한 뒤에 천자가 죽거나 후비의 상이 있으면 어떻게 해야 합니까?" 하니, 공자께서 말씀하셨다. "제사를 폐해야 한다."

字義 簠 : 제기이름 보
簋 : 제기이름 궤 陳 : 늘어놓을 진

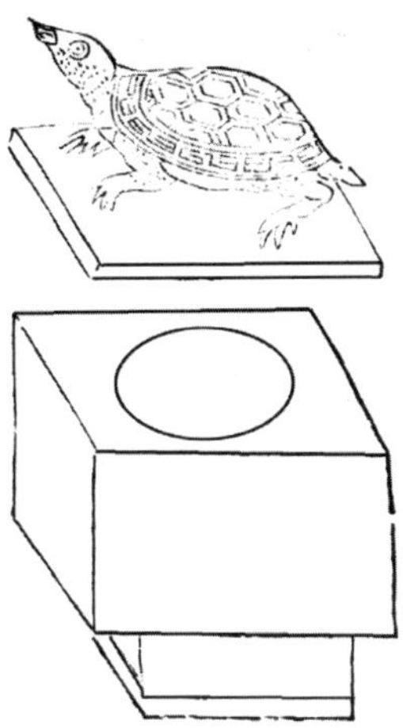
보簠

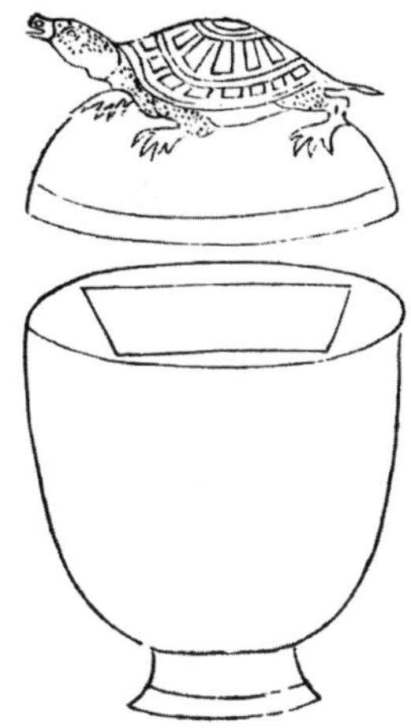
궤簋

7.13.4 曾子가 問曰하사되 當祭而日食이어나 大廟가 火어든 其祭也가 如之何잇고 孔子가 曰하사되 接(첩)祭而已矣[54]니 如牲至未殺이어든 則廢[55]니라

증자가 묻기를 "제사 지낼 때가 되어 일식이 있거나 太廟에 화재가 발생하면 그 제사를 어떻게 해야 합니까?" 하니, 공자께서 말씀하셨다. "빨리 제사 지낼 뿐이니, 만일 희생이 이르렀으나 잡지 않았으면 제사를 폐한다.

字義 接 : 빠를 첩(=捷) 牲 : 희생 생

미 진설했다(旣陳)'와 '이미 진설했다(旣設)'는 것 또한 모두 제사 지낼 때가 되었을 때의 일이다." 하였다. 본서에서는 《예기보주》의 설에 따라 의미를 보충하여 번역하였다.

54 接祭而已矣 : 정현의 주에 "제사를 접할 뿐이고 尸童을 맞이하지는 않는다." 하였는데, 공영달의 소에 "시동을 맞이하는 예는 그 절차가 두 가지가 있다. 제사 지내는 초기에 시동을 室의 동남쪽 모퉁이에 맞이해서 灌禮를 행하고 관례가 끝난 뒤에 나가서 희생을 맞이하니, 이때에 시동을 室戶 밖에서 맞이하고 희생을 잡아 피와 털을 올려 朝踐의 예를 행하고 생고기와 삶은 고기가 담긴 俎를 시동의 앞에 진설하는 것이 첫 번째이다. 그런 뒤에 물러가 희생의 고기를 합하여 삶고 다시 시동을 맞이하여 실의 동남쪽 모퉁이에 앉히고 饋孰의 예를 행하는 것이 두 번째이다. 정현의 주에서 '시동을 맞이하지 않는다.' 한 것은, 곧바로 堂 위에서 조천을 행하고 끝나면 그쳐서, 다시는 시동을 맞이하여 들이지 않는 것이다. 이는 종묘의 제사를 말한 것이니, 郊祭와 社祭에 분명한 글이 없으나, 시동을 맞이하지 않는 것 또한 이때를 말한 것이다." 하였다.

55 牲至未殺 則廢 : 《禮記補註》에 따르면 윗글에서 이미 '제사 지낼 때를 당하였다.(當祭)' 하고, 여기서 '희생이 이르렀으나 잡지 않았으면 제사를 폐한다.(牲至未殺 則廢)' 하였으니, '일찍 일어나서 희생과 제기를 진설하였다.(夙興 陳饌牲器)'는 것 이후는 모두 '제사 지낼 때를 당함'이 되는 것이다.

7.13.5 天子가 崩하사 未殯이어든 五祀之祭를 不行하고 旣殯而祭호되 其祭也에 尸入하야 三飯不侑(유)[56]하며 酳(윤)不酢而已矣니라 自啓하야 至于反哭히 五祀之祭를 不行하고 已葬而祭하되 祝이 畢獻而已니라

천자가 승하하여 아직 殯을 하지 않았으면 五祀의 제사를 지내지 않는다. 〈오사는 外神이므로 자기의 사사로운 상으로써 오랫동안 그 제사를 폐할 수 없으니〉 빈을 한 뒤에 〈오사의〉 제사를 지내되 제사에 尸童이 들어와 세 번 밥을 먹고서 〈배부르다고 하면 천자의 시동에게 정해진 15飯을 채우도록〉 더 권하지 않으며, 술로 입을 헹군 뒤에는 〈주인에게 권하는 여러 가지 절차가 없으므로〉 술을 따라 권하지 않고 그만둔다. 〈주인은〉 빈을 열고부터 반곡에 이르기까지 오사의 제사를 지내지 않고, 장례를 지낸 다음 〈오사의〉 제사를 지내되 축이 올린 술잔을 다 마시고 그만둔다."

字義 侑 : 권할 유 酳 : 입가실 윤 酢 : 술잔 돌릴 작 畢 : 마칠 필 獻 : 바칠 헌

7.13.6 曾子가 問曰하사되 諸侯之祭社稷에 俎豆가 旣陳이어든 聞天子가 崩커시나 后之喪이어나 君薨커나 夫人之喪하고 如之何잇고 孔子가 曰하사되 廢니라 自薨하야 比至于殯하며 自啓하야 至于反哭히 奉帥(솔)天子[57]니라

증자가 묻기를 "제후가 사직에 제사 지낼 적에 俎豆를 진설한 뒤에 천자의 訃告를 듣거나 后妃의 상을 당하였거나 군주가 죽거나 〈군주의〉 부인의 상이 있다는 말을 듣고서 어떻게 해야 합니까?" 하니, 공자께서 말씀하셨다. "〈사직의 제사를〉 폐하여야 한다. 제후가 죽었을 때로부터 빈소에 이르기까지와 빈소를 열고부터 반곡에 이르기까지 천자의 예를 받들어 행한다."

字義 俎 : 고기 담는 제기 조 豆 : 제기 두 薨 : 죽을 훙 帥 : 따를 솔

---

56 其祭也……三飯不侑(유) : 진호의 주에 따르면 천자, 제후의 제례가 없어져서 그 상세한 내용은 알 수 없으나 先儒가 말한 대부, 士의 제례로 미루어 보건대 士의 제사에 시동이 9飯을 하고 대부의 제사에 尸童이 11반을 하니, 제후는 13반이고 천자는 15반임을 알 수 있다.

57 自薨……奉帥(솔)天子 : 진호의 주에 따르면 이 단락은 제후가 이미 殯을 하고 사직 혹은 오사에 제사 지내는 경우는 천자가 빈을 한 뒤에 오사에 제사 지내는 예와 같고, 장례를 지낸 뒤에 사직이나 오사에 제사 지내는 것도 천자가 장례한 뒤에 오사에 제사 지내는 예와 같음을 말한 것이다.

7.13.7 曾子가 問曰하사되 大夫之祭에 鼎俎가 旣陳하며 籩豆를 旣設하고 不得成禮하야 廢者는 幾잇고 孔子가 曰하사되 九니라 請問之하신대 曰하사되 天子가 崩커나 后之喪이어나 君薨커나 夫人之喪이어나 君之大廟가 火커나 日食이어나 三年之喪이어나 齊衰어나 大功이어든 皆廢니 外喪은 自齊衰以下엔 行也니라 其齊衰之祭也는 尸入三飯不侑하며 酳不酢而已矣요 大功엔 酢而已矣요 小功緦엔 室中之事而已矣[58]니 士之所以異者는 緦不祭[59]니 所祭가 於死者에 無服이어든 則祭니라

증자가 묻기를 “대부의 제사에 鼎과 俎를 진설하고 籩과 豆를 진설하고도 예를 이루지 못하여 폐하는 것은 몇 가지가 있습니까?” 하니, 공자께서 대답하기를 “아홉 가지이다.” 하셨다. 그 내용을 묻자, 다음과 같이 대답하셨다.

“천자가 죽거나 후비의 상을 당하거나 군주가 죽거나 〈군주의〉 부인의 상을 당하거나 군주의 太廟에 화재가 발생하거나 일식이 있거나 삼년상이 나거나 齊衰나 대공의 상이 있을 경우에는 모두 폐하니, 대문 밖의 상은 자최 이하부터는 제사를 지낼 수 있다. 자최복으로 제사 지낼 적에는 尸童이 자리에 들어가 세 번 밥을 먹으면 더이상 권하지 않으며, 술로 입을 헹군 뒤에는 권하지 않고 그만둔다. 대공복에는 권하기만 하고 그만두며, 小功服과 緦麻服에는 방 안의 일만 하고 그만둔다. 士가 대부와 다른 것은 시마복에도 제사 지내지 않는 것인데, 제사 받는 대상이 죽은 자에게 복이 없으면 제사 지낸다.”

정鼎

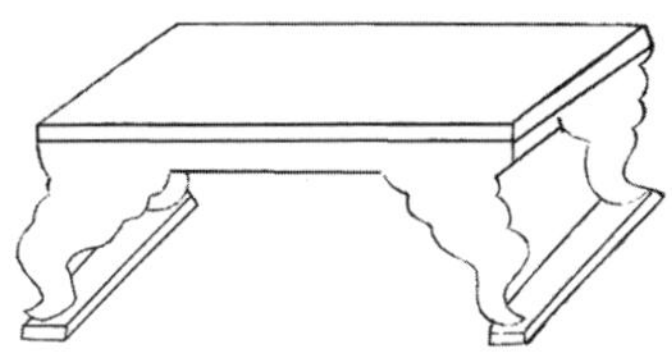
조俎

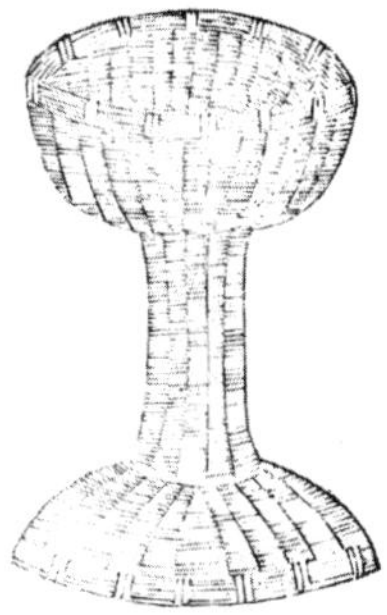
변籩

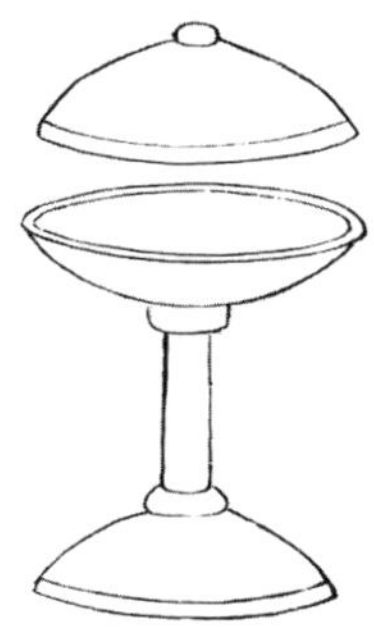
두豆

字義 鼎 : 솥 정 籩 : 제기 변 緦 : 시마복 시

58 室中之事而已矣 : 진호의 주에 따르면 모든 尸童은 방 안의 아랫목에 있고, 祝은 방 안의 북쪽 행랑〔北廂〕에 있으면서 서향을 하고, 佐食은 방안의 문 서쪽에 있으면서 북향을 하는데, 다만 방 안에서 주인과 主婦와 손님이 시동, 축, 좌식 등 세 사람에게 술잔 올리는 것이 끝나면 그만두는 것이다.

59 士之所以異者 緦不祭 : 주소에 따르면 士는 또 시마와 소공을 더하므로 예를 이룰 수 없는 경우가 열한 가지이다.

7.14 曾子가 問曰하사되 三年之喪에 弔乎잇가 孔子가 曰하사되 三年之喪에 練하고 不群立하며 不旅行하야 君子는 禮以飾情이니 三年之喪而弔哭이 不亦虛乎[60]아

증자가 묻기를 "삼년상을 치르는 중에 남에게 조문합니까?" 하니, 공자께서 말씀하셨다. "삼년상에는 練祭를 지내고 나서도 〈어버이를 향한 슬픔을 잊을까 염려하여〉 여럿이 서 있지 않으며 여럿이 다니지 않는다. 그리하여 군자는 〈삼년상에 衰服을 입고 絰을 하고 지팡이를 짚는〉 예로써 〈지극히 애통한〉 情을 꾸미니, 삼년상에 남에게 조문하고 곡하는 것이 〈나의 어버이를 향한 슬픔을 잊고 남의 상에 대한 슬픔을 꾸미는 것이니〉 虛禮가 아니겠는가."

字義 飾 : 꾸밀 식 練 : 소상제 련

7.15 曾子가 問曰하사되 大夫士가 有私喪하야 可以除之矣에 而有君服焉이어든 其除之也가 如之何잇고 孔子가 曰하사되 有君喪服於身이어든 不敢私服이어니 又何除焉이리오 於是乎에 有過時而弗除也[61]하나니 君之喪服을 除而后에 殷祭가 禮也[62]니라

증자가 묻기를 "대부와 士가 사사로운 상이 있어서 복을 벗을 때가 되었는데 군주의 상이 있으면 사사로운 상의 상복을 벗는 것을 어떻게 해야 합니까?" 하니, 공자께서 말

---

60 三年之喪而弔哭 不亦虛乎 : 진호의 주에 따르면 증자가 이미 공자에게 이 말씀을 들었는데 〈檀弓 下〉에서는 도리어 '어머니의 喪을 당하여 齊衰服을 입었는데 子張에게 가서 곡을 했다.〔以喪母之齊衰 而往哭於子張〕'고 기록하였으니, 〈단궁〉의 기록은 일 꾸미기를 좋아하는 자들이 꾸며낸 말일 것이다.

61 有君喪服於身……有過時而弗除也 : 《禮記補註》에 "반드시 초상에 아버지의 복을 만들되 군주의 복이 끝난 뒤에 아버지 복을 입어서 3년을 마쳐야 하는 것은 의심할 것이 없다. 그런데 진호의 주에 '처음 죽었을 적에도 오히려 성복을 못한다.' 하였으니, 공자의 뜻은 이렇지 않았을 것이다. '감히 사사로운 복을 입지 못한다.〔不敢私服〕'는 것은, '군주의 복을 중하게 여겨서 감히 항상 사사로운 복을 입지는 못한다.'는 뜻일 것이다."라는 金長生의 설을 소개하였다.

62 君之喪服……禮也 : 진호의 주에 따르면 군주의 복을 벗어야 비로소 어버이를 위하여 大祥과 小祥의 제사를 행해서 효심을 펼 수 있으니, 그 예가 크기 때문에 '성대하다〔殷〕' 한 것이다. 가령 이 달에 군주의 복을 벗었으면 바로 다음 달에 소상제를 행하고 또 다음 달에 대상제를 행하며, 만일 어버이의 상에 소상을 지낸 뒤에 군주의 상을 당했으면 다른 때 군주의 복을 벗은 뒤에 오직 대상제만을 행하는 것이다.

씀하셨다. "〈당초에〉 군주의 상복을 입고 있으면 감히 사사로운 상의 복을 입지 않으니, 또 어찌 사사로운 상의 복을 〈당초에 입을 수가 없는데 나중에〉 벗을 수가 있겠는가. 이에 때가 지나고 나서도 상복을 벗지 않는 경우가 있는 것이니, 군주의 상복을 벗은 뒤에야 부모의 상에 성대하게 제사 지내는 것이 예이다."

字義 殷 : 성대할 은

7.16 曾子가 問曰하사되 父母之喪을 弗除可乎잇가 孔子가 曰하사되 先王이 制禮하되 過時弗擧가 禮也니 非弗能하야 勿除也라 患其過於制也[63]니라 故로 君子가 過時不祭가 禮也[64]니라

증자가 묻기를 "부모의 상에 기한을 채우고 나서 상복을 벗지 않는 것이 괜찮습니까?" 하니, 공자께서 대답하셨다. "先王이 예를 만들 적에 때가 지나면 거행하지 않는 것이 예였다. 이는 능히 하지 못하여 상복을 벗지 않는 것이 아니고, 그 禮制보다 지나칠까 근심해서이다. 그러므로 군자가 때를 지나면 제사 지내지 않는 것이 예이다."

7.17.1 曾子가 問曰하사되 君薨旣殯하야서 而臣有父母之喪이어든 則如之何잇고 孔子가 曰하사되 歸居于家하야 有殷事어든 則之君所하고 朝夕엔 否니라

---

63 曾子……患其過於禮也 : 정현의 주에 따르면 증자가 終身의 근심이 있기 때문에 이렇게 물은 것이다. 공자의 답변은 '禮를 제정하여 백성들에게 中道에 맞는 예를 행하게 하였으니, 정해진 때를 지나면 예가 될 수 없음'을 말한 것이다. 《禮記補註》에서는 "진호의 주에서는 庶子로서 벼슬하는 자는 비록 군주의 복을 벗더라도 다시 추후에 부모에게 제사 지내지 않는 것으로 말하였는데, 경문에는 이미 이러한 뜻을 볼 수 없고 정현의 주도 그렇지 않은 듯하니, 이는 단지 공영달의 소를 따라 잘못된 것이다. 증자는 공자께서 '때가 지나고 나서도 상복을 벗지 않는다.〔過時不除〕' 하셨기 때문에 다시 '어버이 상의 外除는 자식이 차마 못하는 바이니, 설혹 마땅히 복을 벗어야 할 기한에 복을 벗지 않더라도 또한 괜찮겠습니까?〔親喪外除 人子所不忍 設或不除於當除之限 其亦可乎〕'라고 물은 것이다. 이는 연고 없이 상복을 벗지 않는 자를 가리킨 것이다." 하였다. '외제'는 부모를 위하여 상복을 입고 있는 사람이 비록 상기가 다 되어 상복을 벗었더라도 마음속으로는 그대로 슬픔을 간직하고 있는 것을 이른다.

64 君子……禮也 : 진호의 주에 따르면 四時 제사의 경우 봄 제사 때를 당해 혹 사고로 제사를 중지하고 폐하게 되면 여름에 이르러 오직 여름철의 제사만 행하고 다시 봄 제사를 뒤미쳐 보충하여 지내지 않는 것과 같다.

증자가 묻기를 "군주가 죽어 빈을 한 뒤에 신하에게 부모의 상이 있으면 〈신하는〉 어떻게 해야 합니까?" 하니, 공자께서 말씀하셨다. "〈신하는〉 돌아가 집에 거처하되 〈朔望과 薦新의 奠을 올리는〉 성대한 제사가 있으면 임금의 처소에 가서 제사에 참여하고 아침과 저녁에는 〈곡하러〉 가지 않는다."

7.17.2 曰하사되 君既啓하야서 而臣有父母之喪이어든 則如之何잇고 孔子가 曰하사되 歸哭而反하야 送君[65]이니라

〈증자가〉 묻기를 "군주가 이미 별세하여 〈葬送을 하기 위해〉 빈소를 열고 나서 신하에게 부모의 상이 있으면 〈신하는〉 어떻게 해야 합니까?" 하니, 공자께서 말씀하셨다. "〈신하는〉 집으로 돌아가 〈어버이의 상에〉 곡하고, 돌아와서 군주를 장송한다."

7.17.3 曰하사되 君未殯하야 而臣有父母之喪이어든 則如之何잇고 孔子가 曰하사되 歸殯하고 反于君所하야 有殷事則歸하고 朝夕엔 否니 大夫는 室老가 行事하고 士則子孫이 行事[66]니라 大夫內子가 有殷事어든 亦之君所니 朝夕엔 否[67]니라

〈증자가〉 묻기를 "군주가 아직 殯을 하지 않았는데 신하에게 부모의 상이 있으면 〈신하는〉 어떻게 해야 합니까?" 하니, 공자께서 말씀하셨다. "〈신하는〉 돌아가 빈을 하고

---

65 君既啓……送君 : 진호의 주에 따르면 윗 구절과 이 구절은 모두 군주의 상과 어버이의 상을 상대하여 말했으니, 만약 신하가 부모의 상이 있어 殯을 한 뒤에 인군의 상이 있으면 군주의 처소에 돌아갔다가 부모의 상에 성대한 제사가 있으면 집에 돌아오고 아침과 저녁에는 또 항상 군주의 처소에 있는다. 만약 부모의 상에 葬送을 하기 위해 殯을 열고 나서 군주의 상이 있으면 또한 군주의 처소에서 곡하고 돌아와 부모를 장송하는 것이다. 아랫글에 '인군이 아직 殯을 하지 않았는데 신하가 부모의 상을 당한 것〔君未殯而臣有父母之喪〕'도 부모의 상에 아직 殯을 하지 않고서 군주의 상을 당한 것과 아울러 미루어 알 수 있다.

66 君未殯……行事 : 진호의 주에 따르면 대부나 士가 군주의 처소에서 성대한 제사를 할 때에 혹 아침저녁으로 항상 군주의 처소에 있으면 親喪의 朝夕奠을 빠뜨리게 된다. 그러나 奠을 폐할 수는 없으니, 대부는 높기 때문에 室老로 하여금 그 일을 대행하게 하고, 士는 신분이 낮기 때문에 자손이 攝行하는 것이다.

67 大夫內子……朝夕否 : 정현의 주에 따르면 남편의 군주가 이미 빈을 했을 때에 시부모의 상이 있는 자를 말한 것이다. 참고로, 《禮記補註》에 "이 열네 글자는 마땅히 '君薨既殯' 조항의 아래에 있어야 한다."라는 《禮記類編》의 설을 소개하였다.

군주의 처소에 돌아오되, 성대한 제사가 있으면 집에 돌아가 지내고 아침과 저녁에는 돌아가지 않는다. 대부는 〈家相의 우두머리인〉 室老가 제사를 代行하고 士는 자손들이 奠을 올리는 일을 대행한다. 대부의 〈適妻인〉 內子도 성대한 제사가 있으면 또한 군주의 처소로 가는데, 아침과 저녁에는 가지 않는다.

字義 殯 : 빈소 빈

7.18 賤不誄貴하며 幼不誄長이 禮也니 唯天子가 稱天以誄之[68]하나니 諸侯가 相誄는 非禮也[69]니라

천한 자가 귀한 이의 誄文(제문 또는 애도사)을 짓지 않으며 어린이가 어른의 뇌문을 짓지 않는 것이 예이다. 오직 천자만이 하늘을 칭하여 뇌문을 지으니, 〈대등한 지위의〉 제후끼리 서로 뇌문을 짓는 것은 예가 아니다."

字義 誄 : 애도할 뢰

7.19 曾子가 問曰하사되 君이 出疆하되 以三年之戒하사 以椑(벽)從하시나니 君薨이어든 其入엔 如之何잇고 孔子가 曰하사되 共殯服[70]이어든 則子가 麻弁絰하며 疏衰菲(비)杖하고 入自闕[71]하야 升自西階[72]하고 如小斂이어든 則子가 免(문)而從柩하야 入自

---

68 唯天子 稱天以誄之 : 공영달의 소에 따르면 제후와 대부는 그 위에 오히려 높은 분이 있어서 그들을 위하여 시호를 지을 수 있지만, 천자는 다시 천자보다 높은 분이 없으므로 오직 천자를 위하여 시호를 지을 때에는 남쪽 교외에서 하늘에 고하여 마치 하늘의 명함이 있는 듯이 하여 감히 자기 마음대로 할 수 없음을 보이는 것이다.

69 諸侯相誄 非禮也 : 공영달의 소에 따르면 다만 천한 자가 귀한 자를 위하여 誄文을 짓지 않을 뿐만 아니라 대등한 사이에 서로 뇌문을 짓는 것도 해서는 안 된다. 참고로, 《禮記補註》에 "'賤不誄貴'로부터 여기까지 한 단락은 맥락이 위의 단락이나 아래의 단락과 서로 이어지지 않으니, 여기에 있는 것이 맞는지 의심스럽다." 하였다.

70 共殯服 : 정현의 주에 따르면 殯을 할 때에 주인이 입을 옷을 장만하여 주인이 도착하기를 기다리는 것이니, 그 나머지 빈을 하는 일도 모두 구비한다. 《禮記補註》에 따르면 이는 군주의 상이 아직 본국으로 돌아오지 않았는데 본국의 유사가 미리 빈을 하는 의복을 장만하여 기다림을 말한 것이다.

71 入自闕 : 《禮記補註》에 따르면 '闕'은 바로 殯宮 문 서쪽 담장의 허문 곳이니, 〈단궁〉에 이른바 '毁宗'이라는 것이다.

72 升自西階 : 진호의 주에 따르면 靈柩가 밖으로부터 와서 빈객과 유사함이 있으므로 손님이 올라

門하야 升自阼階[73]하나니 君大夫士가 一節也니라

증자가 묻기를 "군주가 국경을 나갈 적에 〈즉시 돌아오지 못하거나 밖에서 죽을까 염려하여〉 삼년상을 대비하여 棺을 가지고 따르게 하니, 군주가 죽으면 들어올 때 어떻게 해야 합니까?" 하니, 공자께서 대답하셨다. "〈군주의 상이 아직 본국으로 돌아오지 않았는데 본국의〉 有司가 〈미리〉 빈을 할 적에 〈빈을 하는〉 상복을 마련하고 기다리면 〈주인인〉 효자가 〈靈柩를 따라 도중에 있어서 아직 성복하지 못했으니〉 삼베로 만든 弁에 環絰을 하며 거친 상복을 입고 짚신을 신고 喪杖을 짚고 殯宮의 담장을 허문 곳으로부터 들어와서 서쪽 계단으로 당에 올라간다. 만일 小斂을 했으면 효자가 〈머리에 麻弁을 쓰지 않고 몸에 거친 상복을 입지 않고, 오직 머리에〉 免을 하고 〈몸에는 베로 만든 深衣만 입고〉 영구를 따라서 문을 통해 들어와 〈동쪽 계단인〉 조계로 올라가니, 군주와 대부 · 士가 예절이 이와 똑같다."

字義 疆 : 지경 강 椑 : 널 벽 共 : 이바지할 공(=供) 麻 : 삼 마 弁 : 모자 변 絰 : 環絰 질
疏 : 거칠 소 菲 : 짚신 비 闕 : 허물 궐 免 : 머리 묶을 문 柩 : 널 구

7.20.1 曾子가 問曰하사되 君之喪에 旣引이어든 聞父母之喪하고 如之何잇고 孔子가 曰하사되 遂니 旣封(폄)而歸요 不俟子니라

증자가 묻기를 "군주의 상에 發靷을 하고 나서 부모의 상을 들었으면 어떻게 해야 합니까?" 하니, 공자께서 말씀하셨다. "그대로 〈군주를 葬送하는 예를〉 수행해야 하니, 〈신하는〉 下棺한 뒤에 즉시 돌아오고 〈주인인〉 효자가 돌아갈 때까지 기다리지 않는다."

字義 封 : 하관할 폄(=窆) 俟 : 기다릴 사

7.20.2 曾子가 問曰하사되 父母之喪에 旣引及塗어든 聞君薨하고 如之何잇고 孔子가 曰하사되 遂니 旣封(폄)하고 改服而往[74]이니라

가는 西階에 나아가 올라가는 것이다.

73 入自門 升自阼階 : 진호의 주에 따르면 어버이가 棺에 있지 않다 해서 오히려 살아계신 부모를 섬기는 예로 섬기는 것이다.

74 改服而往 : 공영달의 소에 따르면 만약 평상시 吉祭를 할 때에 군주의 상을 들었으면 관을 벗고

증자가 묻기를 "부모의 상에 발인한 뒤에 길에 이르러 군주가 죽었다는 소식을 들으면 어떻게 해야 합니까?" 하니, 공자께서 말씀하셨다. "그대로 〈부모를 장송하는 예를〉 수행해야 하니, 하관한 뒤에는 복을 바꾸어 입고 군주의 상에 가야 한다."

7.21.1 曾子가 問曰하사되 宗子가 爲士요 庶子가 爲大夫어든 其祭也에 如之何잇고 孔子가 曰하사되 以上牲으로 祭於宗子之家[75]호되 祝이 曰 孝子某가 爲介子某하야 薦其常事라하나니라

증자가 묻기를 "종자가 士가 되고 서자가 대부가 되었으면 제사 지낼 적에 어떻게 해야 합니까?" 하니, 공자께서 말씀하셨다. "上牲(대부의 제물인 小牢)으로 〈사당이 있는〉 종자의 집에서 제사 지내되 祝이 아뢰기를 '〈종자인〉 孝子 아무개가 〈서자인〉 介子 아무개를 위해 〈해마다 일정하게 지내는 제사인〉 常事를 올린다.'라고 한다.

字義 薦 : 올릴 천

7.21.2 若宗子가 有罪하야 居於他國하고 庶子가 爲大夫어든 其祭也에 祝이 曰孝子某가 使介子某로 執其常事라하나니 攝主는 不厭祭하며 不旅하며 不假(하)하며 不綏(타)祭하며 不配[76]하나니라

笄와 纚(머리를 싸는 비단 끈)를 하는데, 지금 신하가 부모의 상이 있어서 장례 행차가 도중에 있으면 먼저 머리에 免(문)을 한다. 갑자기 군주의 상을 듣고서 만약 계와 쇄를 하면 평상시 길할 때와 똑같게 되어 머리에 꾸밈이 없을 수가 없어서 括髮을 하는 것이다. 〈雜記〉에 '상여를 따를 때와 반곡하는 경우가 아니면 길에서 免을 하지 않는다.〔非從柩與反哭 無免於堩〕' 하였기 때문에 장례 때에 문을 함을 아는 것이다. '免'은 冠을 벗고 머리끈으로 머리를 묶는 것이다.

75 以上牲 祭於宗子之家 : 정현의 주에 따르면 祿을 귀하게 여기고 宗을 중하게 여기는 것이다.

76 攝主……不配 : 진호의 주에 따르면 介子는 마땅히 제사를 주관할 자가 아니므로 '攝主'라 한 것이니, 그 예가 宗子보다 생략된 것이 다섯 가지가 있다. 만약 제례의 선후를 가지고 말한다면 '不配', '不綏祭', '不假', '不旅', '不厭祭'라 해야 하는데, 여기서 거꾸로 말한 것에 대해 "攝主는 正主(宗子)가 아니기 때문에 역으로 진열하여 뜻을 나타내었다."라는 舊說이 있지만 진호는 이것 또한 기록한 자의 오류일 것으로 보았다. 진호의 주에서 본래 순서에 맞추어 해석한 것을 아래에 보인다.

'不配'는 제례를 처음 행하여 尸童이 아직 들어오지 않았을 적에 祝이 神에게 고하기를 '孝孫某가 오는 丁亥日에 歲事를 皇祖 伯某에게 올리고 某妃로서 某氏에게 배향한다.' 하니, '氏'는 '姜氏'와 '子氏' 같은 따위인데, 이제 섭주는 감히 예를 구비하지 못해서 다만 '세사를 황조 백모

만약 종자가 죄가 있어서 다른 나라에 있고 서자가 대부가 되었으면 제사 지낼 때에 祝이 아뢰기를 '〈종자인〉 효자 아무개가 〈서자인〉 개자 아무개를 시켜서 常事를 집행하게 한다.'라고 하니, 攝主는 厭祭를 지내지 않으며, 旅酬를 하지 않으며, 복을 내리는 말을 하지 않으며, 墮祭(고수레)를 하지 않으며, 配를 하지 않는다.

字義 攝 : 겸할 섭 厭 : 배불리 먹을 염(=饜) 假 : 복내릴 하(=嘏) 綏 : 제사이름 타(=墮)

7.21.3 布奠於賓이어든 賓이 奠而不擧[77]하며 不歸肉하나니 其辭于賓[78]曰호되 宗兄宗弟宗子가 在他國하야 使某辭[79]라하나니라

에게 올린다.'라고만 말하고, '모비로서 배향한다.'라고는 말하지 않는 것이다.

'不綏祭'의 '綏'자는 마땅히 《周禮》를 따라 '墮(무너트리다)'가 되어야 하니, '덜고 훼손한다.'는 뜻이다. 시동과 주인이 모두 墮祭(타제)가 있으니, 주인은 黍稷과 牢肉을 덜어내어 豆 사이에 고수레를 하고, 시동은 채소 절임·서직·肺를 취하여 豆 사이에 제사한다. 이것이 이른바 '타제'이니, 이제 시동은 옛날처럼 타제를 지내나 주인은 섭주이기 때문에 타제를 지내지 않는 것이다.

'不假'의 '假'자는 마땅히 '嘏(가)'가 되어야 하니, '福'이나 '慶事'를 이른다. 시동이 11飯을 마친 뒤에 주인이 시동에게 술을 따라 입을 헹구게 하면 시동이 이것을 마시고 주인에게 답례하는 술을 따라 권한다. 이를 마치면 축에게 명해서 주인에게 복을 내리기를 '皇尸가 工祝에게 명하여 무궁한 다복을 너 효손에게 전하여 내려주어 너로 하여금 하늘에서 福祿을 받게 하노니, 농지에서 농사가 잘되고 眉壽가 만년을 누려서 폐하지 말고 계속 이어가라.'고 한다. 그러면 주인이 재배하고 머리를 조아리는데, 지금 또한 正主(宗子)를 피했기 때문에 복을 내리는 말을 하지 않는 것이다.

'不旅'는 旅酬하지 않는 것이니, 제5장에 자세히 보인다.

'不厭祭'의 '厭'은 '싫을 때까지 먹는다.'는 뜻이니, 신이 흠향함을 이른다. '厭祭'는 陰厭과 陽厭이 있으니, '음염'이란 시동을 맞이해 오기 전에 축이 술잔을 따라 올리고 주인을 위하여 신에게 말씀을 드려 흠향하기를 권면하는 것이다. 이때에는 室의 동남쪽 모퉁이의 그늘지고 고요한 곳에 있기 때문에 '음염'이라고 말한다. '양염'이란 제사 지내고 시동이 알아서 일어난 뒤에 佐食이 시동에게 올린 俎를 거두어서 실의 서북쪽 귀퉁이에 다시 진설하는 것이다. 이때는 문의 밝은 곳을 얻기 때문에 '양염'이라 한다. 이 예를 만든 뜻은 신이 저기에 있는가 여기에 있는가를 알지 못해서 모두 행여 신이 흠향하여 배불리 드시기를 바라는 것이다. 여기서 '厭祭를 하지 않는다.'고 말한 것은 陽厭을 하지 않는 것이니, 선후의 차례로써 알 수 있다.

77 奠而不擧 : 공영달의 소에 따르면 이는 바로 旅酬를 하지 않는 일인데 거듭 말한 것이니, 이하로는 다시 賓禮 중에 빠진 것을 별도로 논한 것이다.

78 辭于賓 : 정현의 주에 따르면 이것은 宿賓을 하는 말인데, 《禮記補註》에 "제례에 숙빈이 있는데, '宿'은 '肅'으로 읽으니 '나아간다.'는 뜻이다. 賓을 나오게 해서 제삿날에 마땅히 와야 함을 알리는 것이다." 하였다. '宿賓'은 의식을 행하기 하루 전에 賓으로 청한 사람에게 다시 나아와 참석해 주기를 거듭 확인하는 절차인데, 빈은 의식을 주관하는 主禮者이다. (《儀禮》〈士冠禮 特牲饋食禮〉)

79 宗兄宗弟宗子……使某辭 : 진호의 주에 따르면 만약 높고 낮음이 같지 않아서 혹 할아버지나 아버지의 항렬이거나 아들과 손자의 항렬인 경우에는 '宗子'라고만 한다.

奠을 손님에게 펼쳐놓거든 손님은 올리기만 하고 〈주인의 형제들에게 권하려고〉 들지 않으며 〈주인을 대리하는 섭주이므로 손님에게〉 祭肉을 선물하지 않으니, 손님에게 말하기를 '宗兄 · 宗弟 · 宗子가 다른 나라에 있어서 저로 하여금 말하게 하였습니다.' 한다."

7.22 曾子가 問曰하사되 宗子가 去在他國하고 庶子無爵而居者는 可以祭乎잇가 孔子가 曰하사되 祭哉인저 請問其祭는 如之何잇고 孔子가 曰하사되 望墓而爲壇하야 以時祭니 若宗子가 死어든 告於墓而後에 祭於家[80]니 宗子가 死커든 稱名하고 不言孝호되 身沒而已니라 子游之徒[81]가 有庶子가 祭者가 以此하니 若義也라 今之祭者는 不首其義하나니 故로 誣於祭也니라

증자가 묻기를 "종자가 본국을 떠나서 다른 나라에 있을 적에 관작이 없으면서 본국에 머무는 서자가 제사 지낼 수 있습니까?" 하니, 공자께서 대답하시기를 "제사 지낼 수 있다." 하셨다.

〈증자가〉 묻기를 "제사를 어떻게 합니까?" 하니, 공자께서 말씀하셨다. "〈비천한 서자는 사당에서 제례를 행하지 못하고〉 墓를 바라보는 곳에 壇을 만들어 철 따라 제사를 지낸다. 만약 종자가 죽으면 墓에 告由한 뒤에 집에서 제사 지내니, 종자가 죽으면 〈종자의 適子가 있더라도 제사를 주관할 수 없기 때문에〉 서자가 〈'아들 아무개〔子某〕'라고〉 이름만 칭하고 '효자 아무개〔孝子某〕'라고 말하지 않는데, 자기가 죽으면 이렇게 하는 것을 끝낸다. 子游의 무리가 서자가 제사 지낼 경우에는 이대로 하였으니, 이것은 義를 순히 따른 것이다. 지금 제사 지내는 자들은 〈제사의〉 意義를 먼저 찾지 않으니, 그러므로 제사에서 속이는 것이다."

字義 爵 : 관작 작　壇 : 단 단　誣 : 속일 무

---

80 告於墓而後 祭於家 : 공영달의 소에 "庶子의 집에서 제사 지내는 것이다." 하고서 "宗子의 집에서 제사 지내는 것이다."라는 혹자의 설도 소개하였다.

81 子游之徒 : 《禮記補註》에 "이 장에서 말한 '子游의 門徒'를 가지고 살펴보면, '昔者'라는 말이 들어간 여러 장의 내용은 모두 공자의 말씀이 아닌 것이 더욱 분명하다. 공자가 예를 말씀하실 적에 어찌 자유의 문도를 인용하여 증명하셨겠는가. 게다가 이미 '자유의 문도'를 말씀하시고, 이어서 아래에 '지금 제사 지내는 자들은 그 의의를 먼저 찾지 않는다.〔今之祭者 不首其義〕'라고 말씀하셨다. 그렇다면 이른바 '今'이라는 것은 자유의 문도의 뒤에 있는 것이니, 이것은 의심의 여지없이 기록한 자가 스스로 자신의 때를 가리켜 말한 것이다."라는 권근의 설을 소개하였다.

7.23.1 曾子가 問曰하사되 祭必有尸乎잇가 若厭祭亦可乎[82]잇가 孔子가 曰하사되 祭成喪者는 必有尸하고 尸必以孫이니 孫幼어든 則使人抱之하고 無孫이어든 則取於同姓이 可也니라 祭殤호되 必厭[83]은 蓋弗成也일새니 祭成喪而無尸는 是는 殤之也니라

증자가 묻기를 "제사에는 반드시 尸童이 있어야 합니까? 厭祭처럼 하는 것도 괜찮습니까?" 하니, 공자께서 말씀하셨다. "成人의 초상을 제사 지내는 경우는 〈시동으로 神의 威儀를 형상해야 하므로〉 반드시 시동이 있어야 하고 시동은 반드시 손자로 하니, 손자가 어리면 남을 시켜 손자를 안게 하고, 손자가 없으면 〈손자와 항렬이 같은〉 同姓의 손자를 취해 오면 된다. 殤을 제사 지내되 반드시 염제를 하는 것은 〈나이 어릴 때 죽어서〉 成人이 되지 않았기 때문이니, 성인의 초상을 제사 지내면서 시동이 없는 것은 〈제사 지내는 대상을 성인의 위의가 없는〉 殤으로 여긴 것이다."

字義 殤 : 일찍죽을 상

7.23.2 孔子가 曰하사되 有陰厭하며 有陽厭[84]하니라 曾子가 問曰하사되 殤不(祔)〔備〕祭[85]어시니 何謂陰厭陽厭이잇고 孔子가 曰하사되 宗子가 爲殤而死어든 庶子가 弗爲後也[86]요 其吉祭에 特牲하며 祭殤호되 不擧[87]하며 無肵俎[88]하며

---

82 若厭祭亦可乎 : 《禮記補註》에 "'厭祭를 지내는 것처럼 한다'는 것은 염제하는 예처럼 하여 시동이 없음을 말한 것이다."라는 徐志修의 설을 소개하였다. 염제에 대한 설명은 앞의 21.2章의 주 참조.

83 祭殤 必厭 : 《禮記補註》에 따르면 이는 殤에게 제사하는 예가 厭祭에 그침을 말한 것이고, 殤에만 홀로 염제가 있고 成人은 염제가 없음을 말한 것은 아니다.

84 有陰厭 有陽厭 : 《禮記補註》에 "정현의 주에 '殤에게 제사 지내는 예에 陰에서 厭祭하는 것이 있고 陽에서 염제하는 것이 있다.〔祭殤之禮 有於陰厭之者 有於陽厭之者〕' 하였으니, 참으로 정밀하다. 진호의 주에 이른바 '제사의 시작〔祭之始〕'과 '제사의 끝〔祭之終〕'이라는 것은 殤에게 제사할 때에도 염제 이외에 별도로 正祭가 있는 듯하니, 정밀하지 못하다."라는 서지수의 설을 소개하였다.

85 殤不(祔)〔備〕祭 : 정현의 주에 따르면 '祔'는 마땅히 '備'가 되어야 하니, 음이 비슷하여 잘못된 것이다. 공영달의 소에 따르면 〈喪服小記〉에 '殤과 후손이 없는 자는 할아버지를 따라 부식한다.〔殤與無後者 從祖祔食〕' 하였는데, 지금은 '상은 부제하지 않는다〔殤 不祔祭〕'라고 하여 〈상복소기〉와 어긋나므로 '祔'가 마땅히 '備'가 됨을 알 수 있다.

86 庶子 弗爲後也 : 진호의 주에 따르면 族人 중에 그와 형제 항렬이 되는 자가 있으면 그를 대신하여 제사 지내는 예를 주관하는 것이다.

無玄酒[89]하며 不告利成[90]이니 是謂陰厭이라

공자께서 말씀하시기를 "陰厭이 있고 陽厭이 있다." 하셨다. 증자가 묻기를 "殤은 제사를 구비하지 않는데 어찌 음염을 하고 양염을 한단 말입니까?" 하니, 공자께서 말씀하셨다. "종자가 殤으로 죽었으면 서자는 그의 후사가 되지 않고, 〈卒哭한 이후〉 그의 吉祭에 〈殤에는 特豚(작은 돼지 한 마리)을 올리는데 종자를 높이기 때문에〉 성인의 제물인 特牲(돼지 한 마리)을 올린다. 殤이 된 자에게 제사 지내되 〈시동에게 肺脊을 올려 고수레하는 예가 없기 때문에〉 폐척을 들지 않고, 肵俎가 없고 玄酒가 없으며 利成을 고하지 않으니, 〈祖廟의 아랫목 음침하고 어두운 곳에서 厭祭하기 때문에〉 이것을 '음염'이라 이른다.

字義 特 : 하나 특 牲 : 희생 생 肵 : 도마 기 俎 : 도마 조

7.23.3 凡殤與無後者를 祭於宗子之家호되 當室之白하고 尊(준)于東房하나니 是謂陽厭이라

일반적인 殤과 서자로서 자손이 없는 자를 〈이 두 사람이 만약 종자의 대공 안에 드는 가까운 친척이면〉 종자의 집에서 제사 지내되 집의 밝은 곳에서 제사를 지내고 동쪽 방에 술동이를 놓으니, 이것을 '양염'이라 이른다."

字義 尊 : 술동이 준(=樽)

---

87 不擧 : 《禮記補註》에 "注疏에는 '擧'자 다음에 '肺'자가 있고, '肺脊을 들지 않는 것'으로 해석하였으며, 진호의 주에도 또한 그러하다. 그런데 지금 경문에는 '肺'자가 없으니, 틀림없이 잘못하여 글자가 빠진 것이다." 하였다. 본서에서는 《예기보주》에 따라 의미를 보충하여 번역하였다.

88 無肵俎 : 진호의 주에 따르면 시동이 먹은 나머지를 肵俎에 돌리니, '肵'는 공경한다는 뜻이다. 주인이 시동을 공경하여 俎를 진설하는데, 이제 기조가 없는 것은 시동이 없기 때문이다.

89 無玄酒 : 진호의 주에 따르면 '玄酒'는 물이다. 아주 오랜 옛날 술이 없을 때에 물로 예를 행하였으니, 후대의 왕이 제사 지낼 때 현주를 진설하는 것은 옛날 도를 중히 여겨서인데, 지금 殤에게 제사 지낼 때의 예가 소략하므로 현주가 없는 것이다.

90 不告利成 : 진호의 주에 따르면 '利'는 기름〔養〕과 뜻이 같으니, 共養하는 예가 이미 이루어짐을 말한다. 평상시 제사에는 주인이 시동을 섬기는 예를 마치고 나가서 문밖에 서 있으면 祝이 동향하여 주인에게 利成을 고하고 마침내 시동을 인도하여 나가는데, 지금은 또한 시동이 없기 때문에 이 예를 폐한 것이다.

7.24 曾子가 問曰하사되 葬引이 至于堩(긍)하야서 日有食之어든 則有變乎잇가 且不(부)乎잇가 孔子가 曰하사되 昔者에 吾從老聃(담)호되 助葬於巷黨[91]하다니 及堩하야 日有食之어늘 老聃이 曰호되 丘아 止柩就道右하야 止哭以聽變하라하고 旣明反而後에아 行하야 曰禮也라하더니 反葬而丘가 問之曰호되 夫柩는 不可以反者也니 日有食之에 不知其已之遲數(속)[92]이니 則豈如行哉리오 老聃이 曰호되 諸侯가 朝天子할새 見日而行하고 逮日而舍奠하며 大夫使할새 見日而行하고 逮日而舍하나니 夫柩는 不蚤出하며 不莫(모)宿이니 見星而行者는 唯罪人과 與奔父母之喪者乎인저 日有食之하니 安知其不見星也리오 且君子가 行禮호되 不以人之親으로 痁(점)患[93]이라하더니 吾聞諸老聃云호라

증자가 묻기를 "장례할 적에 發靷하는 도중에 일식이 있으면 떳떳한 예에 변동이 있습니까? 아니면 〈변동이 없도록〉 그만두어야 합니까?" 하니, 공자께서 말씀하셨다. "옛날에 내가 老聃을 따라서 巷黨에서 장례를 도울 적에 도중에 일식이 있자, 노담이 말하기를 '丘(공자의 이름)야, 靈柩를 멈추고 길의 오른쪽(동쪽)에 나아가서 곡을 멈추고 〈해가 본래대로〉 변하는 것을 살펴라.' 하고, 밝음이 회복된 뒤에 영구를 메고 가게 하고서 말하기를 '이것이 예이다.' 하였다. 장례하고 돌아와서 내가 그 분에게 묻기를 '영구라는 것은 돌아올 수가 없는 것입니다. 일식이 있을 적에 일식이 끝나는 것의 더디고 빠름을 알지 못하니, 어찌 그대로 가는 것만 하겠습니까?' 하니, 노담이 말씀하기를 '제후가 천자에게 조회할 적에 해를 보고 길을 가고 해가 지기 전에 〈館舍에〉 머물러 〈모시고 간 신주에〉 奠을 올리며, 대부가 사신 갈 적에 해를 보고 길을 가고 해 지기 전에 멈추는 법이다. 영구는 너무 일찍 나가지도 않으며 너무 늦게 유숙하지도 않는 것이니, 별을 보고 가는 경우는 오직 죄인인 경우와 부모의 상에 달려가는 경우일 것이다. 일식이 있으니, 어찌 별을 보지 않음을 장담하겠는가. 또 군자가 예를 행하되 남의 어버이에게 위태롭고 망하게 될 걱정을 끼치지 않게 한다.' 하였다. 나는 이 말을 노담에게 들었노라."

字義 堩 : 도로 긍 柩 : 널 구 聽 : 살필 청 數 : 빠를 속 蚤 : 일찍 조(=早)

---

91 巷黨 : 정현의 주에 따르면 黨의 이름이다.

92 已之遲數(속) : 정현의 주에 따르면 '已'는 그침이다. '數'은 速(빠름)으로 읽는다.

93 不以人之親 痁(점)患 : 진호의 주에 따르면 남의 어버이에게 위태롭고 망하게 될 걱정을 끼치지 않게 함을 이른다. 참고로, 《禮記補註》에서는 '痁(걱정)'은 '阽(위태로움)'자로 보는 것이 낫다고 하였다.

7.25 曾子가 問曰하사되 爲君使而卒於舍어든 禮에 曰호되 公館엔 復하고 私館엔 不復이라하니 凡所使之國에 有司所授舍가 則公館已어시니 何謂私館不復也잇고 孔子가 曰하사되 善乎라 問之也여 自卿大夫士之家曰私館이요 公館과 與公所爲[94]曰公館이니 公館復이 此之謂也니라

증자가 묻기를 "군주의 사신이 되어 館舍에서 죽으면 예에 '公館에서는 復을 하고 私館에서는 復을 하지 않는다.' 하니, 무릇 사신 간 나라에 有司가 장만해준 관사는 공관인데 어찌 '사관에서는 복을 하지 않는다.'고 했습니까?" 하니, 공자께서 말씀하셨다. "훌륭하다, 너의 물음이여! 卿 · 大夫 · 士의 집에서 마련해준 것을 '私館'이라 하고, 국가의 관사 및 公이 명령하여 마련해 준 것을 '公館'이라 하니, '공관에서 복을 한다.'는 것은 이것을 이른다."

字義 館 : 집 관

7.26 曾子가 問曰하사되 下殤은 土周로 葬于園할새 遂輿機而往은 塗邇故也[95]니라 今엔 墓遠하니 則其葬也에 如之何[96]잇고 孔子가 曰하사되 吾가 聞諸老聃호니 曰호되 昔者에 史佚[97]이 有子而死하니 下殤也러니 墓遠이어늘 召公이 謂之曰하사되 何以不棺斂於宮中고 史佚이 曰호되 吾敢乎哉아 召公이 言於周公하여시늘 周公이 曰하사되 豈不可리오하신대 史佚이 行之하니 下殤에 用棺衣하야 棺이 自史佚始也니라

증자가 묻기를 "〈8세에서 11세까지 어린이의 상인〉 下殤에는 흙벽돌로 주위를 빙 둘러

---

94 公所爲 : 진호의 주에서 "이것은 人君이 만든 離宮이나 別館을 이른다."는 일설도 소개하였다.

95 遂輿機而往塗邇故也 : 진호의 주에 따르면 '機'는 시신을 싣는 도구이니, 나무로 만든다. 모양이 牀과 같은데 다리가 없으니, 노끈을 가지고 가로와 세로로 동여매어 높이 들고서 벽돌을 빙 두른 곳에 가서 관에 넣어 장례하니, 이는 길이 가깝기 때문이다.

96 今墓遠……如之何 : 진호의 주는 機를 사용하지 않았다면 墓에 갈 때에 마땅히 사람을 써서 棺을 들고 가야 하는지, 마땅히 수레를 사용하여 관을 싣고 가야 하는지를 물은 것으로 보았다. 참고로, 《禮記補註》에서는 "지금은 묘에 장례하니, 길이 멀어서 관에 넣지 않고 길에 그대로 가지고 가는 것이 불가하므로 마땅히 관을 써야 하는가의 여부를 알고자 한 것이다. 만약 마땅히 수레를 사용해야 하는가의 여부를 물었다고 한다면 이에 대한 공자의 대답에 어찌 수레를 사용하는 일을 논함이 없었겠는가."라는 서지수의 설을 소개하였다.

97 史佚 : 周나라 초기의 어진 史官으로, 尹逸이라고도 한다. 太公·周公·召公과 함께 四聖이라 일컬어졌던 인물이다.

동산의 가운데에서 장례합니다. 이때 마침내 시신을 틀에 실어서 가는 것은 길이 가깝기 때문인데, 이제 묘〔장지〕가 머니 그 장례를 어떻게 지내야 합니까?" 하였다. 공자께서 말씀하셨다. "내가 老聃에게 들으니, '옛날 史佚에게 아들이 있었는데 죽으니, 下殤이었다. 묘지가 멀었는데 召公이 사일에게 말하기를 「어찌 집안에서 관에 넣지 않는가?」라고 하니, 사일이 말하기를 「제가 어찌 감히 할 수 있겠습니까.」 하였다. 소공이 주공에게 묻자, 주공이 말씀하기를 「어찌 불가하겠습니까.」라고 하니, 사일이 그것을 행하였다.'라고 하였으니, 하상에 〈집에서〉 棺과 壽衣를 사용하여 棺斂한 것이 사일로부터 시작되었다."

字義 輿 : 실을 여 佚 : 편안할 일

7.27.1 曾子가 問曰하사되 卿大夫가 將爲尸於公할새 受宿矣[98]而有齊衰內喪이어든 則如之何잇고 孔子가 曰하사되 出舍於公館하야 以待事[99]가 禮也니라

증자가 묻기를 "경 · 대부가 장차 군주의 제사에서 시동이 될 때에 엄숙히 〈시동이 될 사람에게 나아가 제삿날을 알려서〉 오게 하라는 명을 받았는데, 齊衰服을 입어야 하는 대문 안의 喪이 있으면 어떻게 해야 합니까?" 하니, 공자께서 말씀하셨다. "나가 公館에서 머무르며 군주의 제사가 끝나기를 기다렸다가 상가에 가서 곡하는 것이 예이다."

7.27.2 孔子가 曰하사되 尸가 弁冕而出이어든 卿大夫士가 皆下之하거든 尸必式하나니 必有前驅니라

공자께서 말씀하셨다. "〈군주의 선조 중에 대부나 士가 된 분이 있어서〉 시동이 〈대부나 사가 착용하는〉 弁이나 冕을 하고 나올 경우 경 · 대부와 사가 모두 수레에서 내리면 시동이 반드시 경례를 하니, 이때에는 반드시 〈행인들을 辟除하는〉 先驅가 있다."

字義 驅 : 앞잡이 구 式 : 경례할 식

---

98 受宿矣 : 진호의 주에는 "미리 재계하는 것이다."라고 하였는데, 《禮記補註》에서는 《儀禮》 〈特牲饋食禮〉와 〈少牢饋食禮〉에 모두 '宿尸'가 있는데, 그 주에 "'宿'은 마땅히 '肅'이 되어야 하니, '肅'은 나아감〔進〕이다." 한 것을 근거로 시동이 될 사람에게 나아가 제삿날을 알려서 오게 하라는 명을 받는 것으로 보았다. 본서에서는 《예기보주》의 설에 따라 의미를 보충하여 번역하였다.

99 待事 : 진호의 주에 따르면 제사가 끝나기를 기다린 뒤에 喪家에 돌아가 곡하는 것이다.

7.28.1 子夏가 問曰하사되 三年之喪에 卒哭하고 金革之事를 無辟(피)也者가 禮與잇가 初有司與잇가 孔子가 曰하사되 夏后氏는 三年之喪에 既殯而致事하고 殷人은 既葬而致事[100]하더니 記에 曰호되 君子는 不奪人之親하며 亦不可奪親也라하니 此之謂乎인저

자하가 묻기를 "부모의 삼년상에 卒哭을 하고서 〈군주가 명하면〉 金革(전쟁)의 일을 피하지 않는 것이 원래의 예입니까? 아니면 처음에 〈그 일을 피하지 않도록〉 유사가 억지로 시키는 것입니까?" 하니, 공자께서 말씀하셨다. "夏后氏는 삼년상에 殯을 하고 나면 일을 내놓았고, 殷나라 사람은 장례를 마치고 나면 일을 내놓았다. 기록에 '군자는 남의 어버이 상에 슬퍼하는 마음을 빼앗지도 않으며 자신의 어버이를 잃은 슬픔을 빼앗기지도 않는다.'라고 하였으니, 이것을 말한 것일 것이다."

字義 辟 : 피할 피(=避) 致 : 돌려줄 치 奪 : 뺏을 탈

7.28.2 子夏가 曰하사되 金革之事를 無辟(피)也者가 非與잇가 孔子가 曰하사되 吾가 聞諸老聃호니 曰호되 昔者에 魯公伯禽이 有爲爲之也[101]니 今以三年之喪으로 從其利者는 吾弗知也로다

자하가 묻기를 "전쟁의 일을 피하지 않는 것은 잘못입니까?" 하니, 공자께서 대답하셨다. "내가 老聃에게 '옛날 魯公 伯禽이 이유가 있어서 이 일을 하였다.'라고 들었으니, 지금 3년상 중에 이익을 좇는 것은 〈매우 옳지 않으니〉 나는 알지 못하겠다."

字義 禽 : 날짐승 금

---

100 殷人 既葬而致事 : 《禮記補註》에서는 장례를 끝마칠 때까지 기다렸다가 이후에 일을 내놓지 않았을 것이기 때문에 이 말이 사실인지 의심스럽다고 하였고, 공영달의 소에 '殷나라 사람은 점점 문식을 하여 어버이를 그리워함이 더욱 깊다.'라고 한 것은 잘못된 설명이라고 보았다.

101 昔者……有爲爲之也 : 진호의 주에서는 "魯公이 졸곡을 하고서 전쟁의 일에 종사한 것은 徐戎의 難에 東郊가 개통하지 못하여 부득이하게 정벌한 것이니, 이유가 있어서 한 것이다." 하였다. 또 "'利'는 '例'가 되어야 한다."는 일설을 근거로 이유 없이 3년의 상을 가지고 伯禽의 예를 따라 용병하는 것은 매우 잘못임을 말한 것으로 보기도 하였다.

文王世子[1] 第八

8.1.1 文王之爲世子에 朝於王季호되 日三[2]하더시니 鷄初鳴而衣服하사 至於寢門外하사 問內豎之御者曰하사되 今日에 安否는 何如오하여시든 內豎가 曰호되 安하시다하여든 文王이 乃喜하시며 及日中하야 又至하사 亦如之하시며 及莫(모)하야 又至하사 亦如之하더시다

문왕이 세자가 되었을 적에 〈父王인〉 王季를 뵙되 하루에 세 번씩 하셨는데, 닭이 처음 울면 옷을 입고서 寢門 밖에 이르러 그 날 당번을 맡은 內豎(환관)에게 "오늘 부왕의

---

1 공영달의 소에 따르면 정현이 "'文王世子'라고 명명한 것은, 문왕이 세자의 禮를 행하기를 잘한 것을 기록하였기 때문이다." 하였다. 편 안에 모두 5節이 있는데, '文王之爲世子'부터 '文王之爲世子也'까지 제1절이 되고, '凡學世子'부터 '周公踐阼'까지 제2절이 되고, '庶子之正於公族'부터 '不翦其類'까지 제3절이 되고, '天子視學'부터 '典于學'까지 제4절이 되고, '世子之記'부터 편의 끝까지 제5절이 된다.

權近은 〈문왕세자〉의 경문을 재배열하고 다섯 개의 작은 篇으로 나누었는데, 《禮記正義》의 分節과는 다르다. 그는 이 편이 '文王之爲世子'로 시작하는데도 불구하고 '文王世子'를 篇名으로 삼은 것에 근거하여 '周公踐阼', '教世子', '凡學', '世子之記'를 작은 편들의 제목으로 보았다. 제1편은 '文王之爲世子'부터 '武王九十三而終'까지인데 그 내용은 본래 경문의 배열순서와 같으며, 별도의 제목은 없다. 제2편은 '成王幼不能莅阼'부터 '文王之爲世子也'까지와 '仲尼曰昔者'부터 '世子之謂也'까지를 합하여 한 편으로 만들었는데, '世子之謂也'의 밑에 있는 '周公踐阼'를 '成王幼 不能莅阼'의 앞으로 옮겨와 제목으로 삼았다. 제3편은 '凡三王教世子'부터 '不翦其類也'까지인데 그 내용은 본래 경문의 배열순서와 다르며, '一獻無介語可也'의 밑에 있는 '教世子'를 분리하여 바로 그 다음에 이어지는 '凡三王 教世子' 이하의 제목으로 삼았다. 제4편은 '凡學世子及學士'부터 '典于學'까지인데 그 내용은 본래 경문의 배열순서와 다르며, '凡學(斅)' 두 글자를 제목으로 삼았다. 제5편은 '世子之記曰'부터 '然後亦復初'까지인데 그 내용은 본래 경문의 배열순서와 같으며, '世子之記'를 제목으로 삼았다. (《禮記淺見錄》 卷7 〈文王世子〉)

2 文王之爲世子……日三 : 진호의 주에 따르면 세자가 부모를 뵐 적에 오직 아침과 저녁 두 번 문안하는 것이 예인데 지금 문왕이 하루에 세 번 하셨으니, 이는 보통 사람보다 뛰어난 聖人의 행실이다.

안부가 어떠하신가?" 하고 물으시면 내수가 "편안하십니다."라고 대답하면 문왕이 그제야 기뻐하셨다. 점심 무렵에 이르러 다시 가서 또한 그와 같이 하셨으며 저녁 무렵에 이르러 다시 가서 또한 그와 같이 하셨다.

字義 鷄 : 닭 계 寢 : 잘 침 豎 : 내시 수 御 : 시중들 어 喜 : 기쁠 희 莫 : 저물 모(=暮)

8.1.2 其有不安節이어시든 則內豎가 以告文王하여든 文王이 色憂하사 行不能正履하시다가 王季復膳하여시든 然後에사 亦復初하시며 食上이어시든 必在視寒煖之節하시며 食下어시든 問所膳하시고 命膳宰曰하사되 末有原하라 應曰 諾이라한 然後에야 退하더시다

〈왕계가〉 편안하지 않은 때가 있거든 내수가 문왕에게 고하면 문왕이 얼굴에 근심하는 기색을 띠고 길을 다닐 적에 걸음을 바르게 하지 못하셨다. 그러다가 왕계가 음식 드시는 것을 회복한 뒤에야 처음의 얼굴빛을 회복하셨다. 밥상을 올릴 적에 반드시 음식의 차갑고 따뜻한 절도를 살펴보셨으며, 밥상을 물리거든 잡수신 바를 물으시고 膳宰(요리사)에게 명하시기를 "남은 찬을 다시 올리지 말라." 하시어 선재가 "네. 그렇게 하겠습니다."라고 대답하면 그런 뒤에야 물러가셨다.

字義 履 : 밟을 리 膳 : 먹을 선 末 : 말 물 原 : 거듭 원 諾 : 대답할 락

8.2 武王이 帥(솔)而行之하시고 不敢有加焉하더시니 文王이 有疾이어시든 武王이 不說(탈)冠帶而養하사되 文王이 一飯이어시든 亦一飯하시며 文王이 再飯이어시든 亦再飯하더시니 旬有二日이어시늘 乃間[3]하시니라

武王은 〈문왕이 행하신 것을〉 그대로 따라 행하시어 감히 더함이 있지 않으셨으니, 문왕이 병이 나시면 冠과 띠를 벗지 않고 받들어 간호하셨는데, 문왕이 한 번 밥을 드

3 間 : 공영달의 소에 따르면 병이 위중할 때에는 병이 항상 몸에 있어서 짧은 시간의 빈틈(少間空隙)이 없으나, 병이 덜해지고 나서는 병이 항상 몸에 있지 않아 빈틈이 있게 되니, 병이 낫는 것을 이렇게 말하는 것이다.

시면 〈무왕〉 또한 한 번 밥을 드셨으며, 문왕이 두 번 밥을 드시면 〈무왕〉 또한 두 번 밥을 드셨으니, 열이틀이 지나자 마침내 병이 나으셨다.

字義 帥 : 따를 솔 說 : 벗을 탈(=脫) 間 : 병 나을 간

8.3 文王이 謂武王曰하사되 女何夢矣오 武王이 對曰하사되 夢에 帝與我九齡하더시이다 文王이 曰하사되 女가 以爲何也오 武王이 曰하사되 西方에 有九國焉하니 君王이 其終撫諸[4]신저 文王이 曰하사되 非也라 古者에 謂年齡이라하더니 齒亦齡也니 我가 百이요 爾九十이니 吾與爾三焉호리라하시니 文王은 九十七에 乃終하시고 武王은 九十三而終[5]하시다

〈문왕이 병이 나은 뒤에 무왕이 마침내 잠을 편안히 주무셨다. 그러므로〉 문왕이 무왕에게 이르시기를 "너는 무슨 꿈을 꾸었느냐?" 하셨다. 무왕이 대답하기를 "꿈에 天帝가 저에게 아홉 개의 이〔齡〕를 주셨습니다." 하였다. 문왕이 말씀하기를 "너는 그 꿈을 어떻게 생각하느냐?" 하셨다. 무왕이 대답하기를 "서방에 아홉 나라가 있는데, 군왕께서 끝내 그들을 소유하실 것입니다." 하였다. 문왕이 말씀하시기를 "아니다. 옛날에 나이를 '齡(年齡)'이라 일렀는데, '齒(年齒)' 또한 '齡'이다. 나는 100세요 너는 90세를 살 것이니, 내가 너에게 3년을 더 주겠다." 하셨는데, 문왕은 97세에 돌아가셨고 무왕은 93세에 돌아가셨다.

8.4 成王이 幼하사 不能涖阼어시늘 周公이 相하사 踐阼而治[6]하더시니 抗世子法於

---

4 君王 其終撫諸 : 정현의 주에 따르면 '撫'는 '有(소유함)'와 같다. 《禮記補註》에 "문왕이 살아계셨을 때에 일찍이 '王'이라고 칭한 적이 없었는데, 여기에서 '君王'이라고 말하였으니, 이는 기록한 자의 잘못이다."라는 권근의 설을 소개하였다.

5 非也……九十三而終 : 진호의 주에 따르면 사람의 年齒의 길고 짧음은 처음 태어날 때 그 기운을 받는 것이니, 문왕이 비록 자기 아들을 사랑하였더라도 자기의 나이를 줄여 아들에게 보태줄 수 없다. 好事家가 이 말을 지어내고 그 이치를 연구하지 않았는데, 기록하는 자가 그 말을 믿고 감히 비평하지 않은 것이다.

6 周公相 踐阼而治 : 《禮記補註》에 "진호의 주에 '阼階에 임하는 일을 이행하였다.〔踐履其臨阼之事〕'라고 한 것은 문리상 온당하지 못하니, 마땅히 소주의 嚴陵方氏의 설을 바른 것으로 보아야

伯禽은 欲令成王之知父子君臣長幼之道也시니 成王이 有過어시든 則撻伯禽하사 所以示成王世子之道也니 文王之爲世子也러라

成王이 어려서 〈임금이 설 수 있는〉 阼階(동쪽 계단)에 군림하지 못하시자, 周公이 성왕을 도와서 조계를 밟고 올라가 다스리셨다. 그런데 世子의 법을 들어 자기의 아들인 伯禽에게 가르쳐서 성왕으로 하여금 父子 · 君臣 · 長幼의 도리를 알게 하고자 하셨으므로 성왕이 예법에 과실이 있으면 백금의 종아리를 치셨다. 이로써 성왕에게 세자의 도리를 보여주신 것이니, 이것은 문왕이 세자였을 때 행했던 예이다.

字義 涖 : 임할 리 踐 : 밟을 천 阼 : 동쪽섬돌 조 撻 : 때릴 달

8.5.1 凡學(효)世子及學(효)士호되 必時니 春夏엔 學(효)干戈하고 秋冬엔 學(효)羽籥[7]호되 皆於東序니라

무릇 세자를 가르치고 〈人才로 선발되어 太學에 올라온〉 士를 가르치되 반드시 계절에 따라 하였으니, 봄과 여름에는 창과 방패를 잡고 추는 武舞를 가르치고, 가을과 겨울에는 꿩의 깃털과 피리를 잡고 추는 文舞를 가르쳤는데, 모두 東序(태학)에서 하였다.

字義 學 : 가르칠 효(=斅) 籥 : 피리 약 序 : 학교 서

8.5.2 小樂正이 學(효)干하거든 大胥가 贊之하고 籥師가 學(효)戈[8]하거든 籥師丞이

한다."라는 《禮記類編》의 설을 소개하였다. 저본의 소주에 엄릉 방씨의 설에 따르면 '涖阼'는 조정에 임하는 것이다. '阼'는 주인이 일삼음이 있는 계단이므로 적자가 조계에서 冠禮를 행하여 아버지를 대신함을 드러내니, 선왕의 正體를 계승한 군주가 조정에 임하여 정사를 행함을 '이조'라고 이르는 것이 또한 마땅한 것이다. '涖'는 지위로써 임함을 말하고 '踐'은 발로 밟음을 말한다. 성왕은 군주이기 때문에 조계에 있는 것을 '涖'라고 말하였고 주공은 도왔을 뿐이기 때문에 조계에 있는 것을 '踐'이라고 말하였으니, 이는 輕과 重을 구별한 것이다.

7 春夏……學(효)羽籥 : 진호의 주에 따르면 창과 방패는 武舞가 되기 때문에 陽氣가 발동하는 때인 봄과 여름에 가르치니 일이 있음을 보인 것이고, 꿩의 깃털과 피리는 文舞가 되기 때문에 陰氣가 엉기고 고요할 때인 가을과 겨울에 가르치니 安靜함을 보인 것이다.

8 小樂正……學(효)戈 : 주소에 따르면 여기의 '籥師學(효)戈'는 《周禮》 〈春官 籥師〉에 '약사는 國子에게 깃을 잡고 춤을 추며 피리 부는 것을 가르침을 관장한다.〔籥師掌教國子舞羽吹籥〕'라고 한

贊之하며 胥가 鼓南[9]이니라

〈樂官인〉 小樂正이 방패로 춤추는 법을 가르치면 〈악관인〉 大胥(태서)가 이것을 돕고, 〈악관인〉 籥師가 창으로 춤추는 법을 가르치면 약사와 〈악관인〉 丞이 이것을 도우며, 태서가 북을 쳐 〈周南〉과 〈召南〉의 곡조를 맞춘다.

字義 贊 : 도울 찬

8.5.3 春誦하고 夏弦이어든 大師가 詔之瞽宗하며 秋學禮어든 執禮者가 詔之하며[10] 冬讀書어든 典書者가 詔之니 禮在瞽宗이요 書在上庠[11]이니라

것이니, 이는 약사가 이미 창을 잡고 춤을 추는 법을 가르치고서 또 피리 부는 것을 가르치는 것이다. 여기서 '小樂正學(효)干'은 《周禮》에 樂師가 국자에게 小舞를 가르친 것을 가리키니, 그렇다면 六舞를 모두 가르친 것이므로 가을과 겨울의 때에 또한 깃과 피리를 가지고 가르침을 아는 것이다.

'小舞'는 어렸을 때에 배우는 춤으로, 20세에 관례를 행하고 성인이 되어 黃帝의 雲門과 大卷, 堯의 咸池, 舜의 大韶, 禹의 大夏, 湯의 大濩(대호), 武王의 大武 등에 맞추어 추는 大舞에 상대되는 것이다. 《주례》 〈春官 樂師〉에 "악사는 국학의 정사를 관장하여 국자에게 소무를 가르친다. 무릇 소무에는 불무, 우무, 황무, 모무, 간무, 인무가 있다.〔樂師掌國學之政 以教國子小舞 凡舞 有帗舞有羽舞有皇舞有旄舞有干舞有人舞〕" 하였다.

9 胥鼓南 : 진호의 주에 따르면 《周禮》에 '旄人이 세자에게 남쪽 오랑캐의 음악을 가르칠 때에 大胥(태서)가 북을 쳐서 그 곡조를 맞춘다.〔旄人教國子南夷樂之時 大胥則擊鼓 以節其音曲〕' 하였으므로 여기에서는 태서가 북을 쳐서 남쪽 오랑캐의 음악에 맞춘 것이다. 先王이 음악을 만든 것이 지극하고 성대한데도 오히려 먼 남쪽 오랑캐의 음악을 가지고 사람들을 가르치는 것은 영토에 외국이 없음과 오랑캐가 다 복종함을 보인 것이고, 이것을 종묘의 가운데에서 연주함은 성대함을 과시한 것이다. 남쪽 오랑캐의 음악만 들었지만 나머지 세 방위의 음악도 다 가르치고 익혔음을 알 수 있다. 《禮記補註》에서는 "《주례》의 '오랑캐의 음악을 가르침을 관장한다.〔掌教夷樂〕'는 것은 바로 旄人의 직분이니, 또한 大胥가 북을 치는 일은 없다. 게다가 맨 처음 세자를 가르치면서 바로 오랑캐의 음악을 함께 가르친다면 雅樂을 어지럽히는 단서를 열어놓음이 없을 수 있겠는가. 혹자가 말하기를 '〈周南〉과 〈召南〉은 자신을 닦고 집안을 바르게 하는 要訣이니, 〈주남〉과 〈소남〉의 시를 노래로 부르며 북을 쳐서 절주를 맞추면 風教가 멀리 펴지고 오래갈 것이다.' 하니, 이 말이 이치가 있어서 따를 만하다."는 楊梧의 설을 소개하고, 진호의 주가 비록 옛 주에 근본을 두었다 하더라도 楊梧의 설이 낫다고 보았다. 그리고 《詩經》의 '以雅以南'에 "'南'은 〈주남〉과 〈소남〉이다."라는 주희의 주도 소개하였다. 본서에서는 《예기보주》의 설에 따라 의미를 보충하여 번역하였다. 《시경》의 〈주남〉과 〈소남〉은 修身齊家하여 德의 감화로써 治國하고 平天下하는 大道를 서술한 작품이다.

10 詔之하며 : 《예기대문언두》에는 '詔之하야'로 되어 있으나, 앞뒤 문맥을 살펴 수정하였다.

11 禮在瞽宗 書在上庠 : 진호의 주에 따르면 周나라가 천하를 소유함에 禹, 夏, 殷, 주나라의 태학

봄에 〈歌樂의 篇章을〉 입으로 외고 여름에 〈詩章의 音節을〉 현악기로 연주하면 大師(태사)가 이것을 〈殷나라의 태학인〉 瞽宗에서 가르치며, 가을에 예를 배우면 예를 집행하는 자가 가르치며, 겨울에 《書經》을 읽으면 《서경》을 맡은 자가 가르치니, 예는 고종에서 익히고 《서경》은 〈虞나라의 태학인〉 上庠에서 익힌다.

字義 瞽 : 맹인 고 庠 : 학교 상

8.6 凡祭와 與養老乞言과 合語之禮를 皆小樂正이 詔之於東序[12]니라

모든 제사와 노인을 봉양하면서 훌륭한 말을 청함과 合語의 예를 모두 小樂正이 東序에서 가르친다.

8.7 大樂正이 學(효)舞干戚과 語說하고[13] 命乞言호되 皆大樂正이 授數하여든 大司成이 論說在東序니라

大樂正이 방패와 도끼로 춤추는 것과 合語의 말을 가르치고 훌륭한 말을 청하도록 명하는데, 모두 대악정이 〈篇章의〉 수를 〈지정해〉 주면 大司成이 東序에서 〈이 가르침을 받은 자들의 덕성을 수양한 깊이와 재능의 우열을〉 평론한다.

8.8 凡侍坐於大司成者는 遠近이 間三席이면 可以問이니 終則負牆이요 列事未盡이어든 不問이니라

을 겸하여 세웠다.

12 凡祭……詔之於東序 : 진호의 주에 따르면 '祭'가 한 가지 일이고, '養老乞言'이 한 가지 일이고, '合語'가 한 가지 일이다. '양로걸언'은 양로의 예를 행할 때에 행할 만한 좋은 말을 이 노인에게 청함을 이른다. '합어'는 제사와 양로와 鄕射禮, 鄕飮禮, 大射禮, 燕射禮로부터 旅酬의 때에 이르기까지 모두 先王의 법으로 의리에 부합하는 것을 서로 고해줌을 이른다. 그 사이에 각기 威儀와 容節의 절차가 있으니, 小樂正이 이 모두를 東序의 안에서 가르쳐야 한다. '旅酬'는 正祭가 끝난 뒤에 제사에 참여했던 친족이나 빈객들이 술잔을 들어 술을 마시고 서로 공경의 예를 표하며 술잔을 권하는 의례를 이른다.

13 語說하고 : 《예기대문언두》에는 '語說과'로 되어 있으나, 앞뒤 문맥을 살펴 수정하였다.

무릇 대사성을 모시고 앉는 자는 거리를 세 자리 정도 띄우면 〈질문하기 편한 거리이므로〉 질문할 수 있으니, 질문이 끝나면 벽을 등지고 앉고, 〈스승이〉 하실 말씀을 아직 다 끝내지 않았으면 〈방해가 되지 않도록〉 질문하지 않는다.

字義 牆 : 담 장

8.9 凡學은 春에 官이 釋奠于其先師[14]하나니 秋冬에 亦如之[15]니라

무릇 〈《禮》·《樂》·《詩》·《書》를〉 배울 때에는, 봄에는 가르침을 관장하는 관원이 〈前代에 이 일을 밝게 익힌 스승인〉 先師에게 釋奠의 예를 행하니, 가을과 겨울에도 이와 같이 한다.

8.10 凡始立學者가 必釋奠于先聖先師호되 及行事하야 必以幣[16]니라

무릇 〈제후가〉 처음에 〈奉爵을 받았을 때에 천자의 명으로〉 태학을 세우는 자는 반드시 〈周公, 孔子 등의〉 先聖과 先師에게 釋奠을 올리되, 〈석전하는〉 일을 거행할 적에는 반드시 폐백을 사용한다.

8.11 凡釋奠者는 必有合也니 有國故[17]어든 則否니라 凡大合樂엔 必遂養老니라

---

14 釋奠于其先師 : 정현의 주에 따르면 《周禮》〈春官 大司樂〉에 '무릇 도가 있는 자와 덕이 있는 자로 하여금 가르치게 하여, 죽으면 樂의 宗祖로 삼아 고종에서 제사를 지낸다.〔凡有道者有德者 使敎焉 死則以爲樂祖 祭於瞽宗〕'라고 하였으니, 이것이 先師의 종류를 이른 것이다. 漢나라로 말하자면 《禮》에는 高堂生이 있고, 《樂》에는 制氏가 있고, 《詩》에는 毛公이 있고, 《書》에는 伏生이 있으니, 이들을 각각 선사로 삼을 수 있을 것이다.

15 秋冬 亦如之 : 정현의 주에 따르면 여름을 말하지 않았는데 여름은 봄을 따른다는 것을 알 수 있다.

16 及行事 必以幣 : 진호의 주에 따르면 처음 태학을 세우고서 釋奠의 예를 행할 때에는 폐백을 사용하고, 四時의 일반적인 석전에는 폐백을 사용하지 않는다.

17 必有合也 有國故 : 《禮記補註》에 "아랫글을 가지고 살펴보건대 '有合'은 마땅히 '合樂'의 뜻이 되어야 하며, '國故'는 마땅히 喪事와 凶札(기근과 전염병)의 따위가 되어야 한다."라는 《儀禮經傳通解》의 설을 소개하였다.

무릇 석전하는 자는 반드시 음악을 合奏함이 있으니, 나라에 변고가 있으면 합악하지 않는다. 〈평상시 합악할 경우에는 노인을 봉양하는 예가 없으나〉 무릇 크게 합악할 경우에는 〈군주가 학교를 보러오니〉 반드시 노인을 봉양하는 예를 행한다.

8.12 凡語于郊者는 必取賢斂才焉하나니 或以德進하며 或以事擧하며 或以言揚하며 曲藝를 皆誓之하야 以待又語니 三而一有焉이어든 乃進其等호되 以其序[18]하야 謂之郊人[19]이라하야 遠之호되 於成均엔 以及取爵於上尊(준)也니라

무릇 郊學에서 學士의 재능에 대해 평가할 경우에는 반드시 賢德이 있는 자를 취하고 재능 있는 자를 수렴하니, 혹은 도덕으로 등용하고 혹은 事功으로 천거하고 혹은 언어로 드날리며, 〈취할 만한 도덕과 사공과 언어가 없이〉 작은 재주를 가지고 있는 자들을 모두 경계해서 다시 평가할 때를 기다리게 하는데, 〈도덕 · 사공 · 언어〉 세 가지 일을 들어 말할 적에 한 가지 일이라도 좋게 여길 만한 것이 있으면 동등한 자들 가운데에서 바로 뽑아 올려주되 차서 대로 한다. 그래서 이를 일러 '郊人'이라고 하여 〈俊士와 選士에 비할 수 있는 士類가 아니기 때문에〉 소원히 하는데, 成均에서는 〈천자가 술을 마실 때에〉 堂 위의 술동이에서 술잔을 취할 수 있도록 해준다.

字義 爵 : 술잔 작

8.13 始立學者는 旣興(흔)器用幣하고 然後에 釋菜호되 不舞하며 不授器[20]하고 乃退儐于東序하야 一獻無介語[21]가 可也니 敎世子니라

---

18 乃進其等 以其序 : 공영달의 소에 따르면 만약 세 가지 일을 말함에 한 가지라도 선함이 있으면 큰 무리 가운데에 나아가는데, 여전히 무리와 하나가 될 수 없으면 그로 하여금 그 무리 가운데에 참여하여 스스로 높고 낮은 차서를 정하게 하는 것이다.

19 謂之郊人 : 공영달의 소에 따르면 國子와 學士는 벼슬하기 전에 모두 俊士와 選士가 되는데, 작은 재주와 기예를 가진 자는 벼슬하기 전에 똑같이 준사와 선사가 될 수 없고 다만 '郊人'이라고 명명할 뿐이니, 여전히 郊學에 있음을 말한 것이다.

20 釋菜 不舞不授器 : 정현의 주에 따르면 釋菜는 그 禮가 가볍다. 釋奠에는 춤을 추니, 춤을 추면 손에 잡는 기물을 준다.

21 無介語 : 《禮記補註》에 "釋菜를 행할 때에 말을 해서는 안 되니, 예는 엄숙함을 숭상해서이다."

태학을 처음으로 세운 경우에는, 이미 기물에 희생의 피를 바르고 폐백을 사용하여 기물이 완성됨을 告由하고, 그러한 뒤에 釋菜를 행하되 춤을 추지 않으며 〈춤을 추는 자에게 손에 잡는〉 기물을 주지 않고, 이에 〈손님을 접대하는〉 儐을 東序로 물러가게 하여 〈처음 태학을 세울 때에는 일을 제대로 준비할 겨를이 없기 때문에 임시적으로 酬酌의 번거로움이 없도록〉 一獻만 행하고 〈명령 전달을 도와주는〉 介가 없고 〈合語의 예가 없도록〉 말함이 없는 것이 예에 맞으니, 이것이 세자를 가르치는 방법이다.

字義 興 : 피칠할 흔(=釁) 儐 : 인도할 빈 獻 : 바칠 헌

8.14 凡三王이 教世子하사되 必以禮樂하시니 樂은 所以修內也요 禮는 所以修外也니 禮樂이 交錯於中하야 發形於外하나니 是故로 其成也에 懌하야 恭敬而溫文이니라

대저 〈夏 · 殷 · 周〉 三代의 왕들은 세자를 가르치되 반드시 禮 · 樂을 가지고 하셨는데, 악은 〈쌓여있는 사특함을 녹여 없애도록〉 내면을 닦는 것이고 예는 〈공경하고 엄숙한 威儀를 이루도록〉 외면을 닦는 것이니, 예와 악이 〈그 가르침이〉 중심에서 교차하여 〈수양한 것이〉 외면에 발현된다. 그러므로 〈예와 악의 가르침이〉 이루어짐에 즐거워서 공손하고 경건하면서도 온화하고 文雅한 모습이 나타나게 된다.

字義 錯 : 어긋날 착 懌 : 기뻐할 역

8.15 立太傅少傅하야 以養之는 欲其知父子君臣之道也니 太傅는 審父子君臣之道하야 以示之하고 少傅는 奉世子하야 以觀太傅之德行而審喩之하나니 太傅가 在前하고 少傅가 在後하며 入則有保하고 出則有師라 是以教喩而德成也하나니라 師也者는 教之以事而喩諸德者也요 保也者는 愼其身하야 以輔翼之而歸諸道者也니라 記에 曰호되 虞夏商周가 有師保하며 有疑丞하니 設四輔及三公[22]은 不必

라는《儀禮經傳通解》의 설을 소개하였다.

22 四輔及三公 : 진호의 주에 따르면 '師, 保, 疑, 丞'이 '四輔'이다. 또 "앞의 疑와 뒤의 丞과 왼쪽의 輔와 오른쪽의 弼을 '사보'라고 한다."는 一說을 소개하였다. 저본의 소주에 長樂陳氏의 설에 따

備라 唯其人이라하니 語使能也라

太傅와 少傅를 세워 세자를 기르는 것은 父子 · 君臣의 도리를 알게 하려고 해서이다. 태부는 부자 · 군신의 도리를 살펴서 시범을 보이고, 소부는 세자를 받들어 태부의 덕행을 살펴서 자세히 타이르는데, 태부는 앞에 있고 소부는 뒤에 있으며, 들어가면 保가 있고 나오면 師가 있다. 이 때문에 세자가 가르치는 바를 깨닫고 덕을 이루는 것이다. 師는 일을 가지고 가르쳐 덕을 깨닫게 하고, 保는 자기 몸을 삼가 세자를 輔翼해서 道로 돌아가게 한다. 옛 기록에 이르기를 '虞 · 夏 · 商 · 周는 師 · 保가 있고 疑 · 丞이 있었으니, 이들 四輔와 三公(太師 · 太傅 · 太保)을 설치함에 굳이 인원을 모두 구비할 필요가 없다. 오직 그 적임자를 둔다.' 하였으니, 유능한 사람을 가려 부림을 말한 것이다.

字義 傅 : 스승 부 喩 : 깨우칠 유 虞 : 나라이름 우

8.16 君子가 曰(德이니)[23] 德成而敎尊하고 敎尊而官正하고 官正而國治하나니 君之謂也니라

군자가 말하였다. "세자의 덕이 이루어지면 〈관원에 대한 세자의〉 가르침이 높아지고, 가르침이 높아지면 관원이 바루어지고 관원이 바루어지면 나라가 다스려지니, 〈이는 세자가〉 군주가 됨을 말한 것이다."

8.17.1 仲尼가 曰하사되 昔者에 周公이 攝政하사 踐阼而治하실새 抗世子法於伯禽은 所以善成王也라 聞之曰호되 爲人臣者가 殺其身하야 有益於君이어든 則爲之니

르면 '師'와 '保'를 '三公'이라 하는데 그 수를 채우면 '傅'가 포함되고, '疑'와 '丞'을 '四輔'라 하는데 그 수를 채우면 '輔'와 '弼'이 포함된다.

23 君子曰(德이니) : 《禮記補註》에 "진호의 주의 뜻은 이 네 글자를 한 句로 삼은 듯하다. 여기의 '德'자는 傳寫하다가 들어간 衍字인 듯하다. 《의례경전통해》에도 이 경문이 실려 있는데 역시 '德'자가 없다." 하였다. 《禮記大文諺讀》에도 진호의 주에 따라 '君子가 曰德이니'로 되어 있으나, 번역에서는 《禮記補註》를 따라 '德이니'를 뺐다.

況于其身하야 以善其君乎여 周公이 優爲之시니라

중니께서 말씀하셨다. "옛날에 주공이 섭정하여 阼階를 밟아 다스리실 적에 세자를 가르치는 법을 들어 伯禽에게 보인 것은 成王을 선하게 하려고 해서였다. 내가 들으니 '신하된 자는 자기 몸을 죽여서라도 군주에게 유익함이 있으면 그것을 한다.' 하였다. 하물며 자기 몸을 굽혀서 군주를 선하게 함에 있어서랴. 주공이 충분히 이것을 하실 만하다."

字義 攝 : 대신다스릴 섭 抗 : 들 항 于 : 굽힐 우(=迂)

8.17.2 是故로 知爲人子한 然後에 可以爲人父며 知爲人臣한 然後에 可以爲人君이며 知事人한 然後에 能使人이니 成王이 幼하사 不能涖阼하시나 以爲世子인댄 則無爲也니 是故로 抗世子法於伯禽하사 使之與成王居하야 欲令成王之知父子君臣長幼之義也니라 君之於世子也에 親則父也요 尊則君也니 有父之親하며 有君之尊한 然後에 兼天下而有之니 是故로 養世子는 不可不愼也니라

이 때문에 자식이 해야 할 도리를 안 뒤에야 아버지가 될 수 있고, 신하가 해야 할 도리를 안 뒤에야 군주가 될 수 있고, 남을 섬길 줄 안 뒤에야 남을 부릴 수 있는 것이다. 成王이 어려서 阼階에 군림하지 못했는데, 세자가 행해야 할 도리를 배우려고 해도 배울 만한 곳이 없었다. 이 때문에 세자의 법을 들어 伯禽에게 보여서 성왕과 함께 거처하게 하여 성왕으로 하여금 부자 · 군신 · 장유의 의리를 알게 하고자 하신 것이다. 군주가 세자에게 있어서 親屬으로 말하면 아버지요, 尊貴함으로 말하면 군주인데, 아버지의 친함이 있고 군주의 존엄함이 있은 뒤에야 천하를 겸하여 소유할 수 있으니, 이 때문에 세자를 기름을 〈마음을 다하고 도리를 다하여〉 신중히 하지 않을 수 없는 것이다.

8.17.3 行一物而三善皆得者는 唯世子而已니 其齒於學之謂也라 故로 世子가 齒於學이어시든 國人이 觀之하고 曰호되 將君我而與我齒讓은 何也오 曰호되 有

父가 在則禮然[24]이라하나니 然而衆이 知父子之道矣니라 其二曰호되 將君我而與我齒讓은 何也오 曰호되 有君이 在則禮然이라하나니 然而衆이 著於君臣之義也니라 其三曰호되 將君我而與我齒讓은 何也오 曰호되 長長也라하나니 然而衆이 知長幼之節矣라 故로 父在어시든 斯爲子요 君在어시든 斯謂之臣이라 居子與臣之節은 所以尊君親親也니라 故로 學(효)之爲父子焉이며 學(효)之爲君臣焉이며 學(효)之爲長幼焉이니 父子君臣長幼之道가 得而國治니라 語에 曰호되 樂正이 司業하고 父師가 司成[25]이라 一有元良[26]이면 萬國이 以貞이라하니 世子之謂也라하니라

〈백성들과 年齒를 따져 사양하는〉 한 가지 일을 행함에 사람들로 하여금 〈父子 · 君臣 · 長幼의〉 세 가지 善을 모두 얻게 할 수 있는 자는 오직 세자뿐이니, 세자가 學宮(태학)에서 〈함께 배우는 자들과〉 연치를 따짐을 이른다.

그러므로 세자가 학궁에서 연치를 따질 경우 나라 사람들이 그것을 보고 '장차 나에게 군림할 분인데 나와 연치를 따져 사양함은 어째서인가?'라고 물으면 어떤 사람이 해명하기를 '세자의 위에 아버지가 살아계시므로 처하는 곳에 따라 사양의 예를 행함이 당연하다.'라고 대답한다. 그리하여 여러 사람들이 부자간의 도리를 알게 된다.

두 번째로 말하기를 '장차 나에게 군림할 분인데 나와 연치를 따져 사양함은 어째서인가?'라고 하면 해명하기를 '세자의 위에 군주가 살아계시므로 처하는 곳에 따라 사양의 예를 행함이 당연하다.'라고 대답한다. 그리하여 여러 사람들이 군신간의 의리를 밝게 아는 것이다.

---

24 有父 在則禮然 : 《禮記大文諺讀》에 "有父라"로 되어 있으나, 《禮記補註》에 "'有父'의 아래에 《禮記大文諺讀》의 토는 잘못되었으니 마땅히 〈主格의〉 'ㅣ'토가 되어야 한다." 라고 한 것에 의거하여 토를 수정하고 번역하였다.

25 樂正司業 父師司成 : 저본의 소주에 新安王氏의 설에 따르면 '樂正이 학업을 맡음〔樂正司業〕'은 앞 장에 이른바 '大樂正이 篇章의 수를 가르쳐 준다.〔大樂正授數〕'는 것이고, '父師가 成德을 맡음〔父師司成〕'은 이른바 '太傅와 少傅와 保가 있고 師가 있어서 세자의 덕을 이룬다.〔太傅少傅有保有師 以成世子之德〕'는 것이다.

26 一有元良 : 정현의 주에 "'一'은 한 사람이다. '元'은 큼〔大〕이다. '良'은 善함이다. '貞'은 바름〔正〕이다." 하였고, 공영달의 소에 "이는 세자가 크게 선함이 있으면 萬邦이 바루어짐을 말한 것이다." 하였다. 참고로, 《禮記補註》에서는 "《孔子家語》의 王肅의 주에 「'一'은 天子를 이른다.」 한 것은 《書經》 〈商書 太甲下〉의 글이다. '一有'는 다른 책에 '一人'으로 되어있으니, 이는 바로 천자를 이른 것으로, '元良'은 애당초 태자를 이른 것이 아니다. 古人이 經을 인용함이 대부분 이와 같으니, 이제 다만 글을 따라서 봄이 옳을 것이다."라는 《의례경전통해》의 설을 소개하였다.

세 번째로 말하기를 '장차 나에게 군림할 분인데 나와 연치를 따져 사양함은 어째서인가?'라고 하면 해명하기를 '어른을 어른으로 섬기는 도리를 드러낸 것이다.'라고 대답한다. 그리하여 여러 사람들이 장유의 예절을 알게 되는 것이다.

그러므로 아버지가 살아계시면 자식이 되는 것이고, 군주가 살아계시면 신하라고 이르는 것이니, 자식과 신하의 입장에서 행해야 할 예절은 군주를 높이고 어버이를 친애하는 것이다. 그러므로 부자된 도리를 가르치며 군신된 도리를 가르치며 장유된 도리를 가르치는 것이니, 부자 · 군신 · 장유의 도리가 분명해지면 나라가 잘 다스려진다. 옛말에 이르기를 '樂正은 세자의 학업을 맡고 父師는 세자의 덕업의 성취를 맡는다.' 하였고, 또 《서경》에 이르기를 '한 사람이 크게 선량하면 萬國이 바루어진다.' 하였으니, 세자를 말한 것이다.

8.17.4 周公이 踐阼[27]하시니라

주공이 阼階를 밟으셨다.

8.18.1 庶子之正於公族者[28]는 教之以孝弟睦友子愛하야 明父子之義와 長幼之序니라

서자로서 公族을 다스리는 자는 공족들에게 효도와 공경, 화목과 우애, 사랑함을 가르쳐서 父子의 의리와 長幼의 차례를 밝힌다.

8.18.2 其朝于公에 內朝則東西北上이니 臣有貴者나[29] 以齒니라 其在外朝하여는

---

27 周公踐阼 : 진호의 주에서는 "이것은 마땅히 衍文이 되어야 한다."는 石梁王氏의 설을 소개하였는데, 정현의 주에서는 "이 또한 이상의 일들에 대해 제목을 단 것이다." 하였다.

28 庶子之正於公族者 : 진호의 주에 따르면 '서자'는 司馬의 屬官이다. 《周禮》 〈夏官 諸子〉에 '서자가 국자의 쉬를 다스린다.〔庶子掌國子之倅〕' 하였는데, '倅'는 보좌관이고, '국자'는 공, 경, 대부, 士의 아들이니, 그 아버지의 다음이 된 자이다.

29 나 : 《禮記大文諺讀》에 '라'로 되어 있으나, 앞뒤 문맥을 살펴 토를 수정하였다.

則以官이니 司士가 爲之[30]니라 其在宗廟之中하여는 則如外朝之位니 宗人授事호되 以爵以官[31]이니라

〈公族의 사람이〉 公(제후)에게 조회할 적에 〈正廳인〉 內朝에서는 西方에 서서 〈얼굴은〉 동향을 하고 북쪽을 〈尊者의〉 상위로 하니, 〈모두 똑같이 同姓의 신하여서 昭穆의 長幼로 차례를 삼으므로〉 신하 중에 신분이 귀한 자가 있더라도 〈서열은〉 年齒를 따른다. 外朝에서는 〈異姓의 신하와 뒤섞여 나열하게 되므로〉 관직을 따라 서열하니, 〈朝見하는 位次를 정하는 일을 담당하는 司馬의 관속인〉 司士가 이것을 맡는다. 宗廟 가운데에 있을 적에는 외조의 위차와 똑같이 하니, 宗人이 사람들에게 일을 맡겨주되 품계와 직책에 맞게 한다.

字義 爵 : 벼슬 작

8.19 其登[32]餕하며 獻하며 受爵은 則以上嗣[33]니라

〈堂 위에〉 올라가서 〈제사 지낸 음식을 먹는〉 餕을 하며, 〈술잔을 올리는〉 獻을 하며, 술잔을 받는 차례는 嗣(嫡子 중에서 연장자)를 上으로 한다.

字義 餕 : 대궁먹을 준 爵 : 술잔 작

---

30 其在外朝……司士爲之 : 정현의 주에 따르면 '外朝'는 路寢 문밖의 뜰이다. 공영달의 소에 따르면 여기에서는 '사사가 이것을 맡는다.(司士爲之)' 하였는데 윗글의 內朝에서 '서자가 이것을 맡는다.(庶子爲之)'라고 말하지 않은 것은, 그 글이 '庶子之正於公族者' 구절에 이어져 있어서 서자가 이것을 맡음을 알 수 있기 때문에 말하지 않은 것이다.

31 以官 : 정현의 주에 따르면 예컨대 司徒는 소를 받들고 司馬는 양을 받들고 司空은 돼지를 받드는 것이다.

32 登 : 공영달의 소에 따르면 尸童이 남긴 음식을 먹을 때에 당상에 올라가고, 시동에게 술잔을 올릴 때에 당상에 올라가고, 시동에게 술잔을 받을 때에도 당상에 올라가니, 여기의 '登'자는 이 세 가지 일을 포괄한다.

33 受爵則以上嗣 : 번역은 진호의 주를 따른 것인데, 정현의 주에는 "'上嗣'는 군주의 적장자를 이른다. 대부의 嗣子는 이러한 禮가 없으니, 이는 군주의 예를 피한 것이다." 하였다. 공영달의 소에 따르면 이는 천자와 제후 및 士의 아들이 행하는 예이다. 《禮記補註》에 따르면 이 단락이 이미 윗글에 있는 종묘의 일과 이어졌기 때문에 정현의 주에서 '군주의 적장자'라고 풀이한 것이다.

8.20 庶子가 治之호되 雖有三命이나 不踰父兄[34]이니라

서자가 〈公族이〉 내조에서 조회하는 것을 다스리되 비록 三命의 높은 官爵(上卿)이 있더라도 작위가 없는 부형의 位次를 넘지 않게 한다.

字義 踰 : 넘을 유

8.21.1 其公大事엔 則以喪服之精麤로 爲序[35]하나니 雖於公族之喪이라도 亦如之호되 以次主人이니라

公의 大事(喪事)에는 그 상복의 고움과 거칢에 따라 차서를 정하니, 비록 公族의 喪이라도 또한 이와 같이 하되 〈주인으로 하여금 상주가 되게 하도록 주인보다 높은 부형들의〉 位次를 주인의 아래에 있게 한다.

字義 麤 : 거칠 추

8.21.2 若公이 與族으로 燕[36]인댄 則異姓으로 爲賓하고 膳宰로 爲主人[37]하며 公이 與父兄으로 齒하며 族食은 世降一等[38]이니라

---

34 庶子治之……不踰父兄 : 공영달의 소에 따르면 이 句는 8.18.2의 '臣有貴者 以齒' 아래에 이어야 하니, 竹簡이 빠졌을 것이다.

35 其公大事……爲序 : 주소에 따르면 군주를 위하여 비록 모두 斬衰服을 입지만 그 庶子官이 차서를 정할 적에는 반드시 本服의 輕함과 重함을 따른다.

36 燕 : 진호의 주에는 '燕食'이라고 하였는데, 《周禮》〈大行人〉에 "신하가 직접 빈객과 더불어 아침과 저녁을 함께 먹으면 이것을 燕食이라 이른다.〔其臣下自與賓客旦夕共食 則謂之燕食也〕"라고 한 것과 《주례》〈天官 膳夫〉에 "왕의 연식에는 朝餐에서 남긴 희생의 고기를 올리고 왕의 食前의 제례를 돕는다.〔王燕食 則奉膳贊祭〕"라고 한 것처럼 고대에 제왕·대부·士·서인이 일상적으로 먹는 午餐이나 晩餐을 가리키는 '연식'이 아니라 잔치를 베풀어 여러 사람과 음식을 먹는 宴會를 말하는 것으로 보인다.

37 異姓……爲主人 : 진호의 주에 따르면 집안사람들은 같은 할아버지의 후손들이므로 빈객의 도리로 멀리할 수 없지만 손님들 입장에서는 신분이 높은 군주를 감히 대등한 예로 상대하지 못하니, 공을 대신하여 賓과 주인을 세워 집안사람들이 이들과 대등한 예로 연회를 즐길 수 있도록 한 것이다.

38 族食 世降一等 : 공영달의 소에 따르면 가령 본래 자최 기년복의 형제이면 1년에 네 번 會食을 하고, 대공복의 종형제이면 1년에 세 번 회식을 하고, 소공복의 재종형제이면 1년에 두 번 회식을 하고, 시마복의 삼종형제이면 1년에 한 번 회식을 하니, 이것이 代數에 따라 한 등급씩 낮추

만약 公이 집안사람들과 燕食을 하게 되면 異姓 가운데 한 사람을 賓으로 삼고 膳宰를 주인으로 삼으며, 공이 부형들과 〈연식을 할 적에는〉 年齒를 따지며, 집안사람들과 연식을 할 적에는 代數에 따라 한 등급씩 낮춘다.

8.22.1 其在軍하여는 則守於公禰[39]니라

軍中에 있을 적에는 〈군주를 따라간 庶子官이〉 공의 遞遷한 神主를 지킨다.

8.22.2 公이 若有出疆之政이어시든 庶子가 以公族之無事者로 守於公宮호되 正室로 守太廟[40]하고 諸父는 守貴宮貴室하고 諸子諸孫[41]으로 守下宮下室이니라

공이 만약 〈천자를 朝覲하거나 제후들과 會同하는 일로〉 국경을 나가는 정사가 있게 되면 庶子官이 公族 중에 일이 없는 자로 〈종묘, 宮室 등의〉 公宮을 지키게 하는데, 〈卿이나 대부가 된 자의 적자인〉 正室에게는 태묘를 지키게 하고, 〈경이나 대부인〉 諸父에게는 〈존귀한 분의 사당인〉 貴宮과 貴室(路寢)을 지키게 하고, 〈경이나 대부인〉 諸子와 諸孫에게는 〈어버이의 사당인〉 下宮과 下室(燕寢)을 지키게 한다.

8.23.1 五廟之孫이 祖廟未毁[42]어든 雖爲庶人이나 冠取妻에 必告하며 死必赴하며

는 것이다.

39 守於公禰 : 진호의 주에는 '禰'를 체천하다는 뜻의 '祧'로 읽어야 한다고 보았다. 주소에 따르면 '公禰'는 行主이다. '행주'는 遷主(遞遷한 신주)인데, 이를 '禰'라고 부른 것은 친한 이를 친하게 여기는 뜻에서 붙인 말이다. 본서에서는 주소에 따라 번역하였다.

40 守於公宮……守太廟 : 《禮記大文諺讀》에 "守於公宮하고"로 되어 있으나, 공영달의 소에 "'守於公宮'은 총괄하여 말한 것이고 '正室守太廟' 이하는 각각 그 구별을 말한 것이다." 한 것에 의거하여 토를 수정하였다.

41 諸父……諸子諸孫 : 공영달의 소에 따르면 諸兄과 諸弟를 말하지 않은 것은, 제형은 諸父에 포함되고, 제제는 諸子와 諸孫에 포함되기 때문이다.

42 五廟之孫 祖廟未毁 : 정현의 주에 따르면 실제로는 四廟의 자손들인데 '五廟'라고 말한 것은, 아마도 顯考가 맨 처음 分封된 군주의 아들인 것이다. 《禮記補註》에 "현고는 바로 高祖이니, 〈祭法〉에 보인다. 여기서 맨 처음 분봉된 군주를 오대조로 삼은 것은, 만약 오대조가 이미 체천된 것이라면 '未毁'라고 이를 수 없기 때문이다." 하였다.

練祥則告니라

五廟를 받드는 〈제후의〉 손자는 祖廟가 아직 遞遷하지 않았거든 비록 자신이 〈녹을 받는 벼슬이 없는〉 庶人이 되었더라도 〈親이 다하지 않았기 때문에〉 冠禮를 하거나 아내를 취할 때에 반드시 군주에게 고하며, 죽으면 반드시 부고하고 練祭와 大祥祭를 지낼 때에 군주에게 고한다.

字義 毁 : 제거할 훼 赴 : 부고할 부 練 : 누일 련

8.23.2 族之相爲也에 宜弔不弔하며 宜免(문)不免이어든 有司罰之니 至于賵(봉)賻承(증)含[43]하야 皆有正焉[44]이니라

집안사람들끼리 서로 위할 적에는 〈6代 이후 친속의 상에〉 마땅히 조문해야 하는데 조문을 하지 않거나 〈5대 이후 친속의 상에〉 마땅히 袒免해야 하는데 단문을 하지 않으면 〈예를 폐하는 것이므로〉 有司가 벌을 주니, 〈車馬를 보내는〉 賵과 〈財貨를 보내는〉 賻와 〈의복을 보내는〉 襚와 〈珠玉을 보내는〉 含에 이르러서도 모두 〈親疏에 따라〉 바른 예가 있게 한다.

字義 賵 : 부의할 봉 承 : 줄 증(=贈)

8.24.1 公族이 其有死罪어든 則磬于甸人하고 其刑罪어든 則纖剸호되 亦告(국)于甸人[45]하나니 公族은 無宮刑이니라

---

43 賵(봉)賻承(증)含 : 진호의 주에서는 경문의 '承'자에 대해 별다른 설명 없이 "'襚'는 의복으로 보내는 것이다.〔襚以衣服〕"라고 하였는데, 원문의 '承'에 音註를 '贈'으로 달아놓은 것에 대해서는 자세하지 않다. 정현의 주에 따르면 賵과 賻와 含과 襚는 모두 喪事에 보내는 물건이다. 거마를 '봉', 포백을 '부', 주옥을 '함', 의복을 '수'라 하니, 총괄하여 '贈'이라 한다. '증'은 보내다는 뜻의 '送'과 같다. 참고로, 《禮記補註》에서는 "일설에 '경문의 「承」자는 마땅히 「襚」자가 되어야 하니, 정현의 주에서 별도로 「襚」자를 첨가한 것은 불필요한 것이다.'라고 하니, 그 뜻이 매우 통한다."라는 楊梧의 설을 소개하였다.

44 皆有正焉 : 진호의 주에 "親疏에 따라 각각 바른 예가 있다." 하였는데, 《禮記補註》에서는 "禮대로 하지 않는 자를 有司가 법도로써 바로잡음을 이른다."라는 《禮記類編》의 설을 소개하였다. 본서에서는 진호의 주를 따라 번역하였다.

45 告(국)于甸人 : 진호의 주에 "刑法의 책을 甸人의 관원에게 끝까지 다 읽게 하는 것이다. 《漢書》

공족 중에 죽을 죄를 지은 자가 있으면 〈공족을 죽이는 것을 숨기기 때문에 市朝에서 처형하지 않고 郊野를 관장하는 관원인〉 甸人에게 보내어 교수형을 하고, 형벌 받을 죄를 지은 자가 있으면 바늘로 刺字를 하고 발을 자르는데, 또한 전인에게 보내어 죄상을 남김없이 밝히고 죄상을 적은 문서를 읽은 뒤에 형벌을 가하니, 공족에게는 〈族類를 끊지 않기 위해〉 宮刑이 없다.

字義 磬 : 목맬 경 甸 : 교외 전 纖 : 찌를 섬(=殲) 剸 : 벨 단 告 : 국문할 국(=鞫)

8.24.2 獄成이어든 有司가 讞(얼)于公호되 其死罪則曰호되 某之罪가 在大辟(벽)이라하고 其刑罪則曰호되 某之罪在小辟이라하여든 公이 曰宥之하라하야시든 有司가 又曰호되 在辟이라하고 公이 又曰하사되 宥之하라하야시든 有司가 又曰호되 在辟이라하나니 及三宥하야 不對하고 走出하야 致刑于甸人이어든 公이 又使人追之曰하사되 雖然이나 必赦之하라하야시든 有司가 對曰호되 無及也라하고 反命于公하야든 公이 素服[46]不擧하고 爲之變하시며 如其倫之喪하며 無服[47]하고 親哭之[48]니라

獄事가 이루어지거든 有司가 公에게 형벌을 의논하는데, 죽을 죄이면 아뢰기를 "아무개의 죄가 大辟(死刑)에 해당됩니다." 하고, 〈肉刑의〉 형벌을 받을 죄이면 아뢰기를 "아무개의 죄가 小辟에 해당됩니다." 한다. 공이 말하기를 "용서하라." 하면 유사가 또다시 아뢰기를 "죄에 해당됩니다." 하고, 공이 또다시 말하기를 "용서하라." 하면 유사가 또다시 아뢰기를 "죄에 해당됩니다." 하니, 군주가 세 번째 "용서하라." 하고 나서

에 국가의 옥사를 매번 '鞫獄'이라 하였으니, '鞫'은 '다한다'는 뜻이다."라는 皇氏(皇甫侃)의 설을 인용하였다. 정현의 주에 따르면 '告'는 '鞫'으로 읽으니, 문서를 읽고 법을 적용하는 것을 '鞫'이라고 한다.

46 公素服 : 《禮記補註》에 "지금 傳文을 살펴보면 '素服' 아래에 '居外不聽樂' 다섯 글자가 빠졌다." 라는 《의례경전통해》의 설을 인용하였다. 이에 따라 글자를 보충하여 번역하였다.

47 無服 : 정현의 주에 "同姓이면 〈제후의 상에 입는〉 緦衰를 입고서 조문한다. 지금 '服이 없다.' 한 것은 가서 조문하지 않는 것이다." 하였다. 《周禮》 〈春官 司服〉에 의하면 천자에게는 세 가지 衰服이 있으니, 三公이나 六卿을 위해 입는 錫衰와 제후를 위해 입는 緦衰와 대부나 士를 위해 입는 疑衰인데, 제후 역시 이 세 가지 최복을 사용하였다.

48 親哭之 : 《禮記補註》에 "지금 傳文을 살펴보면 이곳의 아래에 또한 '於異姓之廟' 다섯 글자가 빠졌으니, 마땅히 보충해야 한다."라는 《儀禮經傳通解》의 설을 소개하였다. 이에 따라 글자를 보충하여 번역하였다.

유사가 대답하지 않고 달려 나가서 甸人에게 보내어 형을 집행한다.

공이 또다시 사람을 보내어 말하게 하기를 "비록 그렇더라도 반드시 용서하라." 하면 유사가 대답하기를 "이미 늦었습니다." 하고는 공에게 형벌을 집행한 것을 復命한다. 그리하면 공은 素服을 입고 바깥에 거하여 음악을 듣지 않으며 盛饌을 들지 않는다. 그리고 형을 받은 자를 위해 常禮를 변하며, 〈親疏의 차등에 맞게 치르는〉 親屬의 喪과 똑같이 하되 〈친히 그 상에 가지 않기 때문에〉 弔服을 입지 않고 〈異姓의 사당에 조문하는 자리를 만들고 소복을 입고〉 친히 哭을 한다.

字義 讞 : 의논할 얼 辟 : 사형에 처할 벽 宥 : 용서할 유 追 : 쫓을 추 赦 : 용서할 사

8.25.1 公族이 朝于內朝는 內親也요 雖有貴者나 以齒는 明父子也요 外朝以官은 體異姓也요 宗廟之中에 以爵爲位는 崇德也요 宗人이 授事以官은 尊賢也요 登餕受爵을 以上嗣는 尊祖之道也요 喪紀를 以服之輕重爲序[49]는 不奪人親也요 公與族燕則以齒而孝弟之道가 達矣요 其族食을 世降一等은 親親之殺(쇄)也요 戰則守於公禰는 孝愛之深也요 正室로 守太廟는 尊宗室而君臣之道[50]가 著矣요 諸父諸兄으로 守貴室하고 子弟로 守下室한대 而讓道가 達矣니라

공족이 내조에서 군주를 뵙는 것은 친족을 안으로 들어오게 하는 것이고, 비록 신분이 귀한 자가 있더라도 연치를 따르는 것은 부자간의 윤리를 밝히는 것이다. 외조에서 관직의 서열을 따름은 異姓의 신하를 예우하는 것이고, 종묘의 안에서 爵位에 따라 위차를 정하는 것은 덕이 있는 이를 높이는 것이다. 宗人이 일을 맡겨주되 직책에 따르는 것은 어진 이(능력 있는 이)를 높이는 것이고, 堂 위에 올라가서 〈제사 지낸 음식을 먹는〉 餕을 하고 술잔을 받는 자를 〈할아버지의 뒤를 이은 자인〉 上嗣로 삼는 것은 선조를 높이는 도리이다. 喪禮를 상복의 輕重에 따라 차례에 맞게 하는 것은 남의 親疏의

---

49 喪紀 以服之輕重爲序 : 《禮記大文諺讀》에 "喪紀를 以服之호되"로 되어 있으나, 《禮記補註》에 "'喪紀' 두 글자가 한 구가 되고 '以服之輕重爲序' 일곱 자가 한 구가 되어야 하는데, 지금 《예기대문언두》에는 '喪紀以服之' 아래에 토를 달았으니 잘못되었다."라고 한 것에 의거하여 토를 수정하였다.

50 正室……尊宗室而君臣之道 : 공영달의 소에 따르면 신하는 감히 庶賤의 사람으로서 군주가 소중히 여기는 바를 지키지 못하니, 이는 군신의 도가 밝게 드러난 것이다.

등급을 빼앗지 않는 것이고, 공이 공족과 잔치하게 될 때 연치를 따름은 孝悌의 도리가 베풀어지는 것이다. 종족들과 회식할 때에 代數에 따라 한 등급씩 낮추는 것은 친척을 친애함이 대수에 따라 줄어드는 것이고, 나가서 싸우게 될 경우 〈庶子官이〉 公의 遞遷한 신주를 지키는 것은 효도와 사랑이 깊은 것이다. 〈경이나 대부가 된 자의 적자인〉 正室로 하여금 태묘를 지키게 함은 宗室을 높임에 군신의 도가 드러나는 것이고, 諸父와 諸兄으로 하여금 貴室(路寢)을 지키게 하고 자제로 하여금 下室(燕寢)을 지키게 함에 사양하는 도가 시행되는 것이다.

8.25.2 五廟之孫이 祖廟가 未毁어든 雖及庶人이나 冠取妻에 必告하며 死必赴는 不忘親也요 親未絶而列於庶人은 賤無能也요 敬弔臨賻賵[51]은 睦友之道也니 古者에 庶子之官이 治而邦國이 有倫하고 邦國이 有倫而衆이 鄕方矣니라

五廟를 받드는 손자가 할아버지의 사당이 아직 遞遷하지 않았거든, 비록 서인이 되었더라도 〈親이 다하지 않았으므로〉 冠禮를 하거나 아내를 취할 때에 반드시 고하며, 죽으면 반드시 부고하는 것은 친척을 잊지 않는 것이다. 친속 관계가 끊어지지 않았는데 서인에 나열시키는 것은 무능한 사람을 천하게 여기는 것이고, 조문과 부의를 공경히 하는 것은 친족과 화목하고 우애롭게 지내는 도리이다. 옛날에 서자의 관직이 다스려짐에 나라에 질서가 있고, 나라에 질서가 있음에 여러 사람이 禮敎를 따르게 되었다.

字義 赴 : 부고할 부

8.25.3 公族之罪를 雖親이나 不以犯有司의 正術也는 所以體百姓也요 刑于隱者는 不與國人慮兄弟也[52]요 弗弔하며 弗爲服하며 哭於異姓之廟는 爲忝祖하야

---

51 敬弔臨賻賵 : 공영달의 소에 따르면 이는 앞 문장의 '마땅히 조문해야 하는데 조문하지 않거나 마땅히 袒免해야 하는데 단문하지 않음(宜弔不弔 宜免不免)'과 '〈車馬를 보내는〉 賵과 〈財貨를 보내는〉 賻에 반드시 바른 예가 있게 한다.(賵賻 必有正焉)'는 일들을 반복하여 풀이한 것이다.

52 不與國人慮兄弟也 : 진호의 주에 "'與'는 '許(許與)'와 같다." 하였는데, 《禮記補註》에서는 "〈군주의 친척을〉 여러 사람과 함께 버리는 것이 아니다.(非與衆棄之)"라는 소주의 方氏 설이 옳고, 공영달의 소도 이와 같다고 하였다. 본서에서는 《예기보주》의 설에 따라 번역하였다.

遠之也요 素服居外하며 不聽樂하야 私喪之也는 骨肉之親을 無絶也요 公族無宮刑은 不翦其類也니라

公族의 죄를 비록 군주의 친척이라 하더라도 有司의 떳떳한 법을 범하지 못하는 것은 〈군주의 친척도〉 백성과 一體로 대하기 위해서이다. 〈公族을〉 隱僻한 곳에서 형벌하는 것은 國人들이 〈군주의〉 형제의 잘못을 생각하지 않게 하는 것이다. 조문하지 않고 조복을 입지 않고 異姓의 사당에서 곡하는 것은 선조를 욕되게 했기 때문에 그를 멀리하는 것이다. 소복을 입고서 밖에 거처하고 악을 듣지 아니하여 사사로운 喪으로 여기는 것은 骨肉之親을 끊는 이치가 없기 때문이다. 공족에게 궁형이 없는 것은 族類를 끊어지게 하지 못하기 때문이다.

字義 隱 : 숨을 은 忝 : 더럽힐 첨 翦 : 끊을 전

8.26.1 天子가 視學하실새 大昕鼓徵은 所以警衆也[53]니 衆至然後에 天子가 至하사 乃命有司하야 行事하야 興秩節하야 祭先師先聖焉[54]하시나니 有司가 卒事하고 反命하나니라

천자가 학교를 시찰할 적에 처음 날이 밝았을 때 북을 쳐서 學士들을 부르는 것은 여러 사람들을 경계하기 위한 것이다. 여러 학사가 이른 뒤에 천자가 이르시어 〈詩, 書, 禮, 樂을 가르치는 교관인〉 有司에게 명하여 일을 행하고서 떳떳한 예절을 일으켜 先師와 先聖에게 제사하게 하시니, 유사가 일을 끝마치고 復命을 한다.

字義 昕 : 새벽 흔 徵 : 부를 징

8.26.2 始之養也엔 適東序하야 釋奠於先老[55]하고 遂設三老五更群老[56]之席位

---

53 天子……所以警衆也 : 진호의 주에 따르면 이것은 여러 듣는 이를 警動시켜서 일찍 이르게 하려는 것이다.

54 乃命有司……祭先師先聖焉 : 정현의 주에 따르면 친히 제사 지내지 않는 것은 천자가 학교를 시찰함은 예를 보려는 것일 뿐이지 저들을 위하여 제사하려는 것이 아니기 때문이다.

55 釋奠於先老 : 진호의 주에 따르면 '先老'는 선대에 三老와 五更(오경)이 되었던 자들이다. 정현의 주에 따르면 친히 釋奠을 행하는 것은 천자 자신이 일삼을 바이기 때문이다.

56 三老五更群老 : 진호의 주에 "'삼로'와 '오경'은 각각 한 사람이고, '군로'는 일정한 숫자가 없다. 蔡邕은 '「更」은 마땅히 「叟」가 되어야 하니, 삼로는 세 사람이고 오경은 다섯 사람이다.' 하였는

焉이니라

처음 학교를 세우고 노인을 봉양할 적에는 〈천자가〉 東序에 가서 先老에게 〈친히〉 釋奠을 올리고, 마침내 三老와 五更, 群老의 자리를 마련한다.

8.26.3 適饌하야 省醴와 養老之珍具[57]하고 遂發咏焉하고 退修之以孝養也니라

〈천자가〉 음식을 마련하는 곳에 가서 단술과 노인을 봉양하는 珍羞를 장만하는 것을 살펴보고, 마침내 〈삼로와 오경을 맞이하는〉 음악을 연주하여 詩를 노래하고, 물러가서 孝誠으로 〈그들을〉 봉양하는 禮를 닦는다.

字義 饌 : 음식차릴 찬 咏 : 읊을 영(=詠)

8.26.4 反하야 登歌淸廟[58]하고 旣歌而語하야 以成之也니 言父子君臣長幼之道하며 合德音之致[59]니 禮之大者也라

〈三老와 五更이〉 자리로 돌아가거든 〈樂工이〉 올라가서 〈淸廟〉를 노래하고, 노래한 다음 좋은 말을 해서 〈노인을 봉양하는 禮를〉 이룬다. 이는 부자 · 군신 · 장유의 도리를 말하며 德音의 극치에 부합하는 것이니, 예의 큰 것이다.

데, 이 말이 맞는지는 모르겠으나 이들은 모두 연로하고 일을 많이 경험하고 致仕한 자들이다." 하였다. 참고로, 《禮記補註》에서는 "《資治通鑑》의 주에 '三老'는 하늘과 땅과 사람의 일을 아는 자이고, '五更'은 五行이 번갈아 교대함을 아는 자이다."라는 金長生의 설을 소개하였다.

57 珍具 : 《禮記補註》에 "'珍'은 〈內則〉에서 말한 八珍 중에 '淳熬' 따위를 이른다."라는 《儀禮經傳通解》의 설을 소개하였다. '팔진'은 고대에 여덟 가지의 조리 방법으로, 〈內則〉에 실려 있는 것은 淳熬(준오), 淳毋(준모), 炮(포), 擣珍(도진), 漬(지), 熬(오), 糝(삼), 肝膋(간료)이다. '준오'는 〈내칙〉에 따르면 달인 젓갈을 陸稻(육도)로 지은 밥 위에 얹고 기름을 부은 것이다.

58 淸廟 : 《詩經》 〈周頌〉의 편명으로 文王의 덕을 칭송한 樂章이다.

59 合德音之致 : 공영달의 소에 따르면 부자와 군신과 장유의 도리를 말하고, 문왕의 도덕의 음성을 합하여 모으니, 이는 이치의 지극함이다. 《禮記補註》에서는 "'德音'은 아마도 '善言'을 이른 듯하니, '合德音'은 바로 윗글에 이른바 '合語'이고, '致'는 바로 '덕음의 극치'이다." 하였다. 본서에서는 《예기보주》의 설에 따라 번역하였다.

8.26.5 下管象하며 舞大武[60]하고 大合衆以事하야 達有神하며 興有德也[61]니 正君臣之位와 貴賤之等焉하니 而上下之義가 行矣[62]니라

堂 아래에서 관악기로 〈象〉을 연주하고 〈大武〉에 맞추어 춤을 추며 學士들을 크게 모아 〈養老의〉 일을 행하여서 神明이 있음을 밝게 통달하고 〈문왕과 무왕의〉 德이 있음을 일으키니, 君臣의 지위와 貴賤의 등급이 바로잡혀 上下의 義가 행해지는 것이다.

8.26.6 有司가 告以樂闋이어든 王이 乃命公侯伯子男及群吏하사 曰하사되 反하야 養老(幼)于東序[63]하라하시나니 終之以仁也니라

유사가 음악이 끝났다고 아뢰면 왕이 이에 공·후·백·자·남의 제후와 여러 관리에게 명하여 이르기를 "너희들 나라로 돌아가서 동서에서 노인을 봉양하라." 하니, 이는 仁으로써 끝마치는 것이다.

字義 闋 : 끝날 결

---

60 下管象 舞大武 : 진호의 주에 "'下管象'은 堂 아래에서 관악기로 〈象〉의 곡을 연주하는 것이고, '舞大武'는 뜰에서 〈大武〉의 춤을 추는 것이다. 〈상〉은 文王의 춤이니, 《시경》 〈周頌 維淸〉이 바로 象舞의 樂歌이고, 〈대무〉는 《시경》 〈周頌 武〉의 악가이다. 〈주송 무〉에 '殷나라를 이겨서 사람을 죽이는 것을 막았다.[勝殷遏劉]'라고 하였고, 〈유청〉에 '征伐'을 말하지 않았으니, 그렇다면 〈상〉은 결코 '武舞'가 아니다." 하였다. 본서에서는 진호의 주에 따라 번역하였는데, 참고로 《禮記補註》에서는 〈明堂位〉에 '堂 아래에서는 관악기로 〈象〉을 연주하며, 衮冕을 착용하고서 〈大武〉에 맞추어 춤을 춘다.' 한 것에 대한 정현의 주에 '〈象〉은 《시경》 〈周頌 武〉를 이른다.' 한 것을 인용하여 정현의 주가 진호의 주와 다르다고 하였다.

61 達有神 興有德也 : 공영달의 소에 따르면 '達有神'은 그 음악에 맞추어 노래를 부르고 춤을 춰서 上天이 周나라 왕실에 命을 내려준 것에 神明이 있음을 밝게 통달함을 이른다. '興有德'에서 '興'은 문왕과 무왕에게 훌륭한 덕이 있음을 발하여 일으켜서 學士들로 하여금 앞에서 노래를 부르고 뒤에서 춤을 추게 함을 이른 것이다.

62 正君臣之位……行矣 : 주소에 따르면 《시경》 〈주송 청묘〉와 〈주송 무〉을 말미암아서 한 말이다. '堂 위에 올라가서 〈청묘〉를 노래로 부름'은 문왕의 시이고, '당하에서 관악기로 〈상〉을 연주함'은 무왕의 시이다. 君父의 시는 당상에 있고 臣子의 시는 당하에 있으므로 君臣의 지위와 貴賤의 등급을 바로잡을 수 있는 것이다.

63 養老(幼)于東序 : 진호의 주에 "石梁先生은 이 글에서 '幼'자를 지워버렸다. 공영달의 소에는 이 글자의 뜻이 있으나 정현의 주에는 없으니, 아마도 잘못된 本에 이 '幼'자 하나를 끼워 넣은 듯하다."는 馮氏의 설을 인용하였다.

8.27 是故로 聖人之記事也에 慮之以大하며 愛之以敬하며 行之以禮하며 修之以孝養하며 紀之以義하며 終之以仁[64]하시니 是故로 古之人이 一擧事而衆이 皆知其德之備也하나니 古之君子가 擧大事호되 必愼其終始어니 而衆이 安得不喩焉이리오 兌(열)命에 曰호되 念終始典于學이라하니라

이 때문에 聖人이 〈前代의 養老의〉 일을 기술할 적에 〈孝悌의〉 大道로써 생각하며, 공경으로써 사랑하며, 禮로써 행하며, 효도로 봉양하는 道로써 닦으며, 義로써 기강을 세우며, 仁으로써 끝마친다. 이 때문에 옛사람이 한 번 양로하는 일을 거행함에 사람들이 모두 그 덕의 구비됨을 알았던 것인데, 옛날의 군자는 큰일을 거행함에 반드시 그 끝마침과 시작함을 삼갔으니, 사람들이 어찌 깨닫지 않을 수 있겠는가. 《서경》〈說命(열명)〉에 "처음부터 끝까지 항상 學에서 생각한다." 하였다.

字義 兌 : 기뻐할 열(=悅)

8.28.1 世子之記[65]에 曰호되 朝夕에 至于大寢之門外하야 問於內豎曰하사되 今日에 安否는 何如오하여시든 內豎가 曰호되 今日에 安하시다하여든 世子가 乃有喜色하시고 其有不安節이어시든 則內豎가 以告世子하여든 世子가 色憂不滿容하고 內豎가 言復初라한 然後에 亦復初하나니라

세자를 가르치는 옛 기록(世子之記)에 다음과 같이 말하였다.

"세자가 아침과 저녁에 大寢 문밖에 이르러서 內豎에게 묻기를 '오늘 문왕의 안부가 어떠하신가?' 하면 내수가 '오늘 편안하십니다.' 라고 대답한다. 그리하면 세자가 이에 기뻐하는 기색을 띠었다. 문왕이 편안하지 못한 때가 있거든 내수가 이것을 세자에게 고하면

---

64 慮之以大……終之以仁 : 저본의 소주에 馬氏의 설에 따르면 '孝悌의 大道로써 생각함'으로부터 미루어서 '효도로 봉양하는 道로써 닦음'에 이르면 군주와 신하가 또 구분이 없게 되는 혐의가 있으므로 義로써 기강을 세워 上下의 분수를 정하는 것이다. 義로써 기강을 세움은 높임을 지극히 하는 것인데 또한 친함을 지극히 하지 않을 수 없으므로 仁으로써 끝마치는 것이다.

65 世子之記 : 진호의 주에 "옛날에 세자에게 父王을 섬기는 예를 가르친 내용이 담긴 篇이다. 이 節은 문왕, 무왕이 세자가 되었을 때 常人과 달랐음을 요약하여 드러낸 것이다. 石梁王氏가 말하였다. '옛날 세자의 예가 없어졌으니, 이는 그 기록 가운데 한 節을 남긴 것인데, 小戴(戴聖)가 〈문왕세자〉 편의 끝에 붙인 것이다.'" 하였다.

세자가 얼굴빛에 근심하여 〈衣冠 등의〉 용모를 〈아름답고〉 성대하게 하지 않았고, 내수가 '임금님께서 처음을 회복하셨습니다.'라고 고한 뒤에야 세자 또한 처음을 회복하였다.

8.28.2 朝夕之食이 上이어시든 世子가 必在視寒煖之節[66]하며 食下어시든 問所膳羞하야 必知所進하야 以命膳宰한 然後에야 退하시며 若內豎가 言疾이어든 則世子가 親齊(재)玄[67]而養이니라

父王의 아침과 저녁에 밥상이 올라가거든 세자가 반드시 음식의 따뜻하고 차가운 정도를 살펴보았고, 밥상을 내오면 임금이 드신 음식을 물어서 반드시 드신 바를 알고 선재에게 '잡수시고 남은 것을 두 번 다시 올리지 말라.'고 명한 뒤에 물러갔다. 만약 내수가 '임금께서 병환이 있으십니다.'라고 말하면 세자가 친히 齋戒할 때 입는 검은 옷을 입고 봉양하였다.

字義 在 : 살필 재

8.28.3 膳宰之饌을 必敬視之하시며 疾之藥을 必親嘗之니 嘗饌이 善則世子가 亦能食하시고 嘗饌이 寡어시든 世子가 亦不能飽[68]하사 以至于復初하신 然後에 亦復初니라

선재가 음식을 만드는 것을 세자가 반드시 공경히 살펴보며 부왕이 병환이 있어 올리는 약을 반드시 친히 맛보니, 음식을 많이 드셨으면 세자 또한 음식을 잘 먹고, 음식을 적게 드셨으면 세자 또한 배불리 먹지 않았는데, 어버이가 처음을 회복함에 이른 뒤에야 세자 또한 처음을 회복하였다."

字義 飽 : 배불리먹을 포

---

66 世子必在視寒煖之節 : 《禮記大文諺讀》에 '世子必在하야'로 되어 있으나, 《禮記補註》에 "윗글의 '在視寒煖之節'에 대해 정현의 주에서 '「在」는 살핌〔察〕이다.' 한 것을 근거해보면 '必在'의 아래에서 구를 뗀 《예기대문언두》가 잘못인 듯하다." 라고 한 것에 의거하여 토를 수정하고 번역하였다.

67 齊(재)玄 : 진호의 주에 따르면 이것은 재계할 때 착용하는 검은 緇布冠을 쓰고 玄端服을 입는 것이다.

68 世子 亦不能飽 : 진호의 주에 따르면 문왕이 한 번 드심에 무왕 또한 한 번 드시고 문왕이 두 번 드심에 무왕 또한 두 번 드신 것에 비하면 다른 것이다.

禮運[1] 第九
예운 제9

9.1.1 昔者에 仲尼與於蜡(사)[2]賓이러시니 事畢하고[3] 出遊於觀之上[4]하사 喟然而嘆하시니 仲尼之嘆은 蓋嘆魯也러시다 言偃이 在側하야 曰호되 君子는 何嘆이시니잇고 孔子가 曰하사되 大道之行也와 與三代之英을 丘가 未之逮也나 而有志焉호라

옛날에 仲尼께서 臘享 제사의 손님으로 참여하셨는데 제사가 끝나고 〈廟門 밖으로〉 나와서 〈雉門의〉 觀 위에서 노니시면서 크게 한탄하셨으니, 중니의 한탄은 아마도 魯나라를 한탄하신 것일 것이다. 言偃(子游)이 곁에 있다가 말하기를 "군자께서는 무엇을 한탄하십니까?" 하니, 공자께서 말씀하셨다. "〈堯 · 舜 시대의〉 大道가 행해짐과 〈夏 · 殷 · 周〉 三代의 훌륭한 신하의 일을 내 미처 보지 못했으나, 거기에 뜻이 있노라.

字義 蜡 : 납제사 사 喟 : 탄식소리 위 嘆 : 탄식할 탄 偃 : 사람이름 언 逮 : 미칠 체

---

1 진호의 주에 "이 편은 五帝·三王의 禮樂의 沿革과 음양의 조화가 유통하는 이치를 기록하였으니, 子游의 문인이 기록한 것에서 나온 듯하다. 중간에 격언이 있으나 편 머리의 大同과 小康의 말은 孔子의 말씀이 아니다.〔此篇 記帝王禮樂之因革及陰陽造化流通之理 疑出於子游門人之所記 間有格言 而篇首大同小康之說 則非夫子之言也〕" 하였다. 공영달의 소에서는 "'禮運'이라 이름 붙인 것은 오제와 삼왕이 서로 變易한 것과 陰과 陽이 순환하는 道를 기록하였기 때문이다."라는 정현의 설을 소개하였다.

2 蜡(사) : 정현의 주에 "'蜡'는 '찾음'이니, 한 해의 12월에 만물을 모아서 神이 있는 곳을 찾아서 歆饗을 하도록 제사를 지내고, 또한 종묘에 제사를 지내는 것이다." 하였는데, 공영달의 소에 따르면 만약 총괄하여 말하면 '蜡를 행한다.'라고 하며, 나누어 말하면 百神에게 제사를 지내는 것을 '蜡'라 하고, 종묘에 제사 지내는 것을 '息民'이라 한다. 아래의 문장에서 '밖으로 나가서 觀의 위에서 노닌다.〔出遊於觀之上〕' 하였기 때문에 '蜡'가 종묘에 제사 지내는 것임을 알 수 있다.

3 하고 : 《禮記大文諺讀》에는 '하시니'로 되어 있으나, 문맥을 살펴 토를 수정하고 번역하였다.

4 出遊於觀之上 : 공영달의 소에 따르면 《春秋公羊傳》 何休의 주에 '천자는 兩觀인 闕門을 두고 제후는 臺門을 둔다.〔天子兩觀 諸侯臺門〕' 하였으니, 제후는 궐문을 둘 수 없는 것이다. 魯나라는 천자의 예를 사용할 수 있었기 때문에 궐문을 둘 수 있었던 것이다.

9.1.2 大道之行也에 天下를 爲公하야 選賢與能[5]하며 講信修睦하더니 故로 人이 不獨親其親하며 不獨子其子하야 使老有所終하며 壯有所用하며 幼有所長하며 矜(환)寡孤獨廢疾者가 皆有所養하며 男有分이요 女有歸하며 貨惡(오)其棄於地也언정 不必藏於己며 力惡(오)其不出於身也언정 不必爲己니 是故로 謀가 閉而不興하며 盜竊亂賊이 而不作이라 故로 外戶而不閉니 是謂大同이라

大道가 행해질 때에는 천하가 公正하여 어진 이와 능한 이를 가려 뽑으며 信義를 강론하고 화목을 닦았다. 그러므로 사람들이 자기의 친한 이를 친애할 뿐만이 아니요, 자기 자식을 사랑할 뿐만이 아니었다. 그래서 노인은 생애를 잘 끝마칠 수 있고 장성한 이는 쓰일 곳이 있었다. 그리고 어린이가 자라는 바가 있고 홀아비와 과부, 고아와 독신자와 廢疾을 앓는 자가 모두 부양받을 수 있게 하였으며, 남자는 직분이 있고 여자는 시집갈 곳이 있게 하였다. 〈민생의 생활을 윤택하게 하는〉 재화가 땅에 버려지는 것을 싫어할지언정 굳이 자기만 〈재화를〉 보관하여 가지려 하지 않았고, 〈민생을 도울 수 있는〉 힘이 자기에게서 나오지 않음을 싫어할지언정 굳이 자기만을 위해서 〈힘을〉 사용하려고 하지 않았으니, 이 때문에 〈간사한〉 꾀가 막혀 일어나지 않았고, 盜賊과 亂賊이 일어나지 않았으므로 바깥문을 닫지 않았다. 이것을 '大同'이라 이른다.

[字義] 矜 : 홀아비 환(=鰥) 藏 : 감출 장 謀 : 꾀 모

---

5 選賢與能 : 공영달의 소에 따르면 앞에서는 천자의 지위를 사사롭게 전하지 않음을 밝히고, 여기에서는 제후의 지위를 대대로 세습하지 않음을 밝힌 것이다. 제후국은 대대로 세습하지 않고 오직 현명하고 능력 있는 자를 선발할 뿐이니, 예컨대 四凶을 물리치고 十六相을 등용한 따위이다. '十六相'은 '八元'인 伯奮, 仲堪, 叔獻, 季仲, 伯虎, 仲熊, 叔豹, 季貍(계리)와 '八愷'인 蒼舒, 隤敳(퇴애), 檮戭(도인), 大臨, 尨降(방강), 庭堅, 仲容, 叔達을 합하여 부르는 말이다. '相'은 돕는다는 뜻으로 '신하'라는 의미로 쓰였다.

'十六相'은 '十六族'이라고도 하는데, 高辛氏의 후손 중 재주가 특출하였던 8명의 자손인 '八元'과 高陽氏의 후손 중 재주가 특출하였던 8명의 자손인 '八愷'를 합하여 부르는 말이다. '元'은 '善'의 뜻으로 '잘한다'는 의미인데, 자신이 담당한 일을 잘 처리하여 공적을 세웠기 때문에 붙여진 명칭이다. '愷'는 '凱'로도 적는데 '和'의 뜻으로, 자신이 담당한 일에 대해 조화를 잘 이루며 공적을 세웠기 때문에 붙여진 이름이다. 이들은 舜임금을 통해 堯임금에게 등용되어 신하가 되었는데 큰 공적을 이루어 氏族을 하사받게 되어서 '십육족'이라고도 부른다.(《春秋左氏傳》〈文公〉)

9.1.3 今엔 大道가 旣隱[6]하야 天下를 爲家하야 各親其親하며 各子其子하며 貨力을 爲己[7]하며 大人이 世及以爲禮하며 城郭溝池以爲固하며 禮義以爲紀하야 以正君臣하며 以篤父子하며 以睦兄弟하며 以和夫婦하며 以設制度하며 以立田里하며 以賢勇知하며 以功爲己니 故로 謀用是作하야 而兵由此起하나니 禹湯文武成王周公이 由此其選也[8]시니 此六君子者가 未有不謹於禮者也라 以著其義하며 以考其信하며 著有過하며 刑仁하며 講讓하야 示民有常하시니 如有不由此者면 在埶者가 去하야 衆이 以爲殃이라하나니 是謂小康이라

이제 大道가 이미 숨겨져 천하를 자기 집으로 여기기 때문에 각각 자기 어버이를 친애하고 자기 자식을 사랑하며, 재화와 힘을 자기 것으로 만들고 大人(벼슬아치)들이 벼슬을 대대로 세습하거나 아우에게 미치게 하는 것을 禮로 여기며, 성곽과 溝池로써 견고함을 삼고 禮義로써 紀綱을 삼는다. 이로써 군신간을 바로잡고 부자간을 돈독히 하고 형제간을 화목하게 하고 부부간을 화합하게 하며, 제도를 만들고 田地와 宅里를 세우며, 용맹과 지혜를 어질게 여기고 功을 자기 것으로 삼는다. 그러므로 간사한 꾀가 이로써 일어나 兵亂이 이로써 일어나니, 禹王과 湯王, 文王과 武王, 成王과 周公이 이 때문에 뽑히셨는데, 이 여섯 군자 중에 예를 삼가지 않은 분은 있지 않았다. 이로써 義를 드러내고 信을 이루셨으며, 허물이 있는 자를 드러내고 仁을 본받고 遜讓하는 도리를 講說해서 백성들에게 떳떳한 법이 있음을 보여주셨다. 만일 이것을 따르지 않는 자가 있으면 〈따르지 않을 것을 주장하는〉 권세 있는 자가 폐출되어 〈천하의〉 사람들이 〈따르지 않는 자들을 두고〉 재앙을 일으킨다고 말하였으니, 이것을 '小康'이라 이른다."

字義 隱 : 숨을 은 溝 : 도랑 구 殃 : 재앙 앙 埶 : 형세 세(=勢)

---

6 今大道旣隱 : 《禮記補註》에 "'大道之行也'와 '今大道旣隱' 이 두 節은 기록한 자가 맨 첫 장에 있는 공자의 말씀을 말미암아서 견강부회한 것이다."라는 權近의 설을 소개하였다.

7 貨力爲己 : 《禮記補註》에 따르면 이는 윗문장의 '굳이 자기에게 보관하려 하지 않고, 굳이 자기를 위하려고 하지 않았다.〔不必藏於己 不必爲己〕'와 정반대이다.

8 謀用是作……由此其選也 : 공영달의 소에 "'由'는 '씀'이고, '此'는 '禮義'를 이른다. 禹임금과 湯임금 등이 예의로써 훌륭한 다스림을 이룰 수 있었기 때문에 '예의를 써서 선발되었다.〔由此其選〕'라고 한 것이다." 하였는데, 《禮記補註》에서는 "이 단락의 '用是作', '由此起', '由此其選'이 모두 하나의 뜻으로 전부 '大道旣隱' 이하를 가리켜 말한 것이다. 간사하고 거짓됨과 공격하고 다툼이 이를 말미암아 나오고, 우임금과 탕임금과 文王과 武王의 훌륭한 다스림이 또한 이를 말미암아 특별히 드러남을 말한 것이다." 하였다. 본서에서는 《예기보주》의 설에 따라 번역하였다.

9.2 言偃이 復問曰호되 如此乎禮之急也잇가 孔子가 曰하사되 夫禮는 先王이 以承天之道하시며 以治人之情이니 故로 失之者가 死하고 得之者가 生하나니 詩曰호되 相鼠有體어늘 人而無禮아 人而無禮는 胡不遄死오하니 是故로 夫禮는 必本於天하며 殽於地하며 列於鬼神하며 達於喪祭射御冠昏朝聘하니 故로 聖人이 以禮示之하시니 故로 天下國家를 可得而正也니라

言偃이 다시 묻기를 "이와 같이 禮가 급한 것입니까?" 하니, 공자께서 대답하셨다. "예는 선왕이 하늘의 道를 받들고, 사람의 情을 다스린 도구였다. 그러므로 예를 잃는 자는 죽고 예를 얻는 자는 사니, 《시경》〈鄘風 相鼠〉에 이르기를 '쥐를 보건대 四體가 있으니, 사람으로서 예가 없단 말인가. 사람으로서 예가 없는 이는 어찌 빨리 죽지 않는가.' 하였다. 이 때문에 예는 반드시 하늘에 근본하고 땅을 본받으며 귀신에 나열되고, 초상과 제사, 활쏘기와 말몰이, 관례와 혼례, 朝會와 聘問에까지 미친다. 그러므로 聖人이 예의 功用을 천하의 사람들에게 보인 것이니, 그러므로 〈예는〉 천하와 국가를 바로잡을 수 있는 것이다."

字義 相 : 볼 상 鼠 : 쥐 서 遄 : 빠를 천 殽 : 본받을 효(=效) 聘 : 찾아갈 빙

9.3.1 言偃이 復問曰호되 夫子之極言禮也는 可得而聞歟잇가 孔子가 曰하사되 我欲觀夏道호리라 是故로 之杞호니 而不足徵也요 吾得夏時焉하며 我欲觀殷道호리라 是故로 之宋호니 而不足徵也요 吾得坤乾[9]焉호니 坤乾之義와 夏時之等을 吾以是觀之하노라

言偃이 다시 묻기를 "夫子께서 힘을 다해 禮를 말씀하시는데, 자세한 전말을 들을 수 있겠습니까?" 하니, 공자께서 말씀하셨다. "내가 夏나라의 道를 보고자 하였기 때문에 〈하나라의 후예인〉 杞나라에 갔는데 충분히 징험할 수가 없었고, 하나라의 曆法을 얻었으며, 내가 殷나라의 도를 보고자 하였기 때문에 〈은나라의 후예인〉 宋나라에 갔는데 충분히 징험할 수가 없었고, 坤乾의 《易》을 얻었을 뿐이다. 곤건의 《역》의 意義와 하나라 때의 역법 등을 내가 이 때문에 볼 수 있었다.

字義 杞 : 나라이름 기

---

9 坤乾 : 진호의 주에 따르면 《歸藏》 가운데 殷나라의 《易》을 이른다. 《周禮》〈春官〉에 '太卜이 三易의 법을 맡았는데, 첫째 《連山》, 둘째 《귀장》, 셋째 《周易》이다.'라고 보인다.

9.3.2 夫禮之初는 始諸飮食하니 其燔黍捭(벽)豚하며 汙尊(와준)而抔(부)飮하며 蕢桴(괴부)[10]而土鼓가 猶若可以致其敬於鬼神[11]이니라

禮의 발생은 음식에서 시작되었다. 기장 쌀을 굽고 돼지고기를 자르며, 웅덩이를 술동이로 삼아 손으로 떠 마시며, 진흙으로 북채를 만들고 북을 만들어 두드린 것으로도 오히려 귀신에게 공경을 지극히 할 수 있었다.

字義 燔 : 구울 번 黍 : 기장 서 捭 : 자를 벽 汙 : 물웅덩이 와 尊 : 술동이 준(=樽)
抔 : 움킬 부 蕢 : 흙덩이 괴 桴 : 북채 부

9.3.3 及其死也하야 升屋而號하야 告曰皐某아 復하라하고 然後에아 飯腥而苴(저)孰하나니 故로 天望而地藏也니 體魄則降하고 知氣在上[12]이니 故로 死者는 北首하고 生者는 南鄕하나니 皆從其初니라

사람이 죽으면 〈魂氣가 위에 있기 때문에〉 지붕에 올라가 〈죽은 사람을〉 불러 고하기를 '아무개는 돌아오라.' 하고,〈이와 같이 해도 살아나지 않으면〉 그런 뒤에 〈죽은 자의 일을 행하여〉 생쌀로 飯含을 하고 익은 고기를 싸서 遣奠에 올린다. 그러므로 하늘을 바라보고 〈초혼을 하고〉 땅에다 〈體魄을〉 묻으니, 체백은 내려가고 智氣는 위에 있기 때문이다. 그러므로 죽은 자는 머리를 북쪽으로 하고 산 자는 〈그 거처가〉 남쪽을 향하니, 모두 상고 시대의 始初의 예법을 따른 것이다.

字義 皐 : 고복할 고 腥 : 날음식 성 苴 : 쌀 저 孰 : 익힐 숙(=熟) 魄 : 넋 백
鄕 : 향할 향(=向)

---

10 蕢桴(괴부) : 정현의 주에 "'蕢(괴)'는 '凷(괴)'로 읽어야 하니, 그 소리가 유사한 데에서 기인한 오류이다. 이는 흙을 뭉쳐서 북채를 만드는 것을 이른다." 하였고, 진호의 주도 이와 같다. 참고로, 《禮記補註》에서는 "《孔子家語》의 주에 '풀을 묶어서 방망이를 만든다.〔束草爲椎〕' 하였으니 본래 글자대로 읽는 것도 좋을 듯하다." 하였다.

11 猶若可以致其敬於鬼神 : 공영달의 소에 따르면 '若'은 '如'이다. 이는 오히려 이처럼 한다면 또한 귀신에게도 공경함을 다 할 수 있음을 말한 것이니, 귀신들은 제사를 지내는 자의 덕을 흠향하는 것이지 맛있는 음식을 흠향하는 데에 목적이 있지 않기 때문이다.

12 知氣在上 : 저본의 소주의 "'知氣'는 神識(정신과 지혜)과 魂氣를 이르고, '위에 있음〔在上〕'은 올라가서 하늘에 있음을 이른다."라는 임천 오씨의 설은 '知'를 '智'로 본 것이다. 참고로, 尹鑴는 "知는 마땅히 平聲으로 보아야 한다. '知'는 知覺이고, '氣'는 魂氣이다." 하였다.(《白湖全書》 권42 〈讀書記 讀禮記〉)

9.3.4 昔者에 先王이 未有宮室이라 冬則居營窟하시고 夏則居橧(증)巢하시며 未有火化라 食草木之實과 鳥獸之肉하며 飮其血하고 茹(여)其毛하며 未有麻絲라 衣其羽皮하더니 後聖이 有作하사 然後에 修火之利하야 范金合土하야 以爲臺榭宮室牖戶하며 以炮(포)以燔하며 以亨(팽)以炙(적)하며 以爲醴酪(락)하며 治其麻絲하야 以爲布帛하야 以養生送死하며 以事鬼神上帝하니 皆從其朔[13]이니라

옛날에 先王이 아직 궁실이 없었기 때문에 겨울에는 흙을 파내거나 흙을 쌓아 만든 토굴에서 살고 여름에는 섶으로 만든 집에서 살았다. 그리고 아직 火食이 없었기 때문에 초목의 열매와 날짐승이나 들짐승의 고기를 〈조리하지 않고〉 먹었으며, 짐승의 피를 마시고 그 털도 먹었으며, 삼〔麻〕과 生絲가 없어서 짐승의 깃털과 가죽을 입었는데, 후세에 聖人이 나오신 뒤에 불의 이로움을 이용하여 쇠를 鑄造하고 흙을 빚어 틀을 만들어서 궁실과 창문을 만들었다. 그리고 고기를 물건으로 싸서 굽거나 불에 직접 구우며 솥에 삶고 꼬치에 끼워 구웠으며, 〈불을 이용하여〉 단술과 식초를 만들고 삼과 생사를 다스려 삼베와 명주를 만들어 산 사람을 봉양하고 죽은 사람을 葬送하며 귀신과 上帝를 섬겼으니, 이는 모두 그 〈끝마친 뒤의〉 시작함〔朔〕을 따른 것이다.

字義 橧 : 섶으로만든집 증 茹 : 먹을 여 范 : 주조할 범(=笵) 榭 : 정자 사 牖 : 들창 유
炮 : 싸서구울 포 亨 : 삶을 팽(=烹) 炙 : 구울 적 酪 : 식초 락

9.3.5 故로 玄酒가 在室하고 醴醆(잔)이 在戶하며 粢醍(제제)는 在堂하며 澄酒는 在下[14]하며 陳其犧牲하며 備其鼎俎하며 列其琴瑟管磬鍾鼓하며 修其祝嘏(가)하야 以

13 皆從其朔 : 진호의 주에서는 '朔'을 '처음〔初〕'의 뜻으로 보았는데, 저본의 소주에는 "단서를 열어 놓는 시초를 '初'라 하고 끝마침을 이어서 시작함이 있음을 '朔'이라 한다. 그러므로 천지의 시초를 또한 '초'라고 할 수 있는 것이고, 한 달의 시작을 특별히 '朔'이라고 하는 것이다. 이 때문에 禮의 시초를 말하면 '모두 그 처음을 따른다.〔皆從其初〕' 하고, 후세에서 만듦을 말하면 '모두 그 朔을 따른다.' 하는 것이다."라는 長樂陳氏의 설이 인용되어 있다. 참고로, 《禮記補註》에서는 이 장락진씨의 설과 더불어 "'朔'은 바로 '晦朔(그믐과 초하루)'의 '朔'이다. 混沌이 처음으로 열린 태곳적 세상에 人文이 아직 열리지 않았는데, 후대의 왕이 처음으로 예를 제정한 뒤에 문명이 비로소 드러나게 되었으니, 이것이 마치 달이 그믐이 되었다가 朔이 있는 것과 같은 것이다."라는 權近의 설도 좋다고 하였다.

14 玄酒在室……澄酒在下 : 진호의 주에 따르면 태고 시대에는 술이 없어서 물을 가지고 예를 행하였는데 후대의 왕들이 옛날을 중히 여겼으므로 이것을 높여서 '玄酒'라 하였다. '醆(잔)'은 곧 《周

降上神과 與其先祖하야 以正君臣하며 以篤父子하며 以睦兄弟하며 以齊上下하며 夫婦가 有所니 是謂承天之祜니라

그러므로 玄酒가 방 안에 〈북쪽 벽 가까이에〉 있고 〈하룻밤 묵은 술인〉 醴齊와 〈잘 익어 빛깔이 하얀 술인〉 盎齊가 문에 있고, 醍齊가 堂 위에 있고 맑은 술이 堂 아래에 있다. 희생을 진열하고 솥과 도마를 구비하며 거문고와 비파와 피리와 石磬과 鍾과 북을 진열하고 〈주인이 신에게 아뢰는 글인〉 祝辭와 〈시동이 주인에게 복을 내리는 말인〉 嘏辭를 잘 만들어 天上에 있는 신과 선조를 내려오게 한다. 이로써 군신간을 바루며 부자간을 돈독히 하며 형제간을 화목하게 하며 상하간을 고르게 하며 부부간에 方所가 있게 하였으니, 이것을 일러 '하늘의 복을 받는다.'고 한 것이다.

字義 醆 : 맑은술 잔 粢 : 술 제(=齊) 醍 : 맑은술 제 澄 : 맑을 징 犧 : 희생 희 磬 : 경쇠 경 鍾 : 쇠북 종 嘏 : 축복하는말 가 祜 : 복 호

9.3.6 作其祝號요 玄酒以祭[15]하며 薦其血毛하며 腥其俎하며 孰其殽하며 與其越(활)席[16]하며 疏布以冪(멱)하며 衣其澣(한)帛하며 醴醆以獻하며 薦其燔炙이요 君與夫人이 交獻[17]하야 以嘉魂魄이니 是謂合莫이라 然後에아 退而合亨(팽)[18]하야 體其犬豕牛

禮》의 '盎齊'로, '醴齊'와 '앙제'는 후세에 만들었기 때문에 천하게 여기니, 비록 방 안에 진열하나 약간 남쪽으로 방문 가까이에 둔다. '粢醍(자제)'는 바로 《주례》의 '醍齊'인데, 술이 완성되었을 때 붉은색을 띠는 것이니, 이것을 또 낮추어 堂 위에 진열한다. '澄酒'는 바로 《주례》의 '沈齊(침제)'인데, 술이 완성되었을 때 찌꺼기가 가라앉은 것이니, 다시 堂 아래에 둔다.

《儀禮》〈士冠禮〉의 '玄酒'에 대한 정현의 주에 "새로 길은 물이다. 비록 지금은 사용하지 않지만 여전히 진설하는 것은 옛날을 잊지 않기 위해서이다." 하였다.

15 作其祝號 玄酒以祭 : 진호의 주에 "《주례》에 의하면 祝號에는 여섯 가지가 있으니, 첫 번째는 '神號'이고 두 번째는 '鬼號'이고 세 번째는 '祇號'이고 네 번째는 '牲號'이고 다섯 번째는 '齍號(자호)'이고 여섯 번째는 '幣號'이다. '축호를 만든다.[作其祝號]'는 것은 귀신과 희생과 옥에 대한 아름다운 칭호의 말을 만드는 것이다. '신호'는 '호천의 상제[昊天上帝]'와 같은 것이고, '귀호'는 '황조백 아무개[皇祖伯某]'와 같은 것이고, '기호'는 '后土地祇'와 같은 것이고, '생호'는 〈희생용 소의 별칭인〉 '一元大武'와 같은 것이고, '자호'는 '稷(기장)'을 '明粢'라 하는 것과 같은 것이고, '폐호'는 '幣(폐백)'를 '量幣'라 하는 것과 같은 것이니, 祝과 史가 이것을 칭하여 귀신에게 고한다. 매번 제사 지낼 때마다 반드시 玄酒를 진설하나 실제 현주를 잔에 따르지는 않는다." 하였다.

16 與其越(활)席 : 《禮記補註》에 따르면 '與其越席'은 《孔子家語》에 '掍席以坐'로 되어 있으나, 王肅의 주에 '掍(활)'과 '越(활)'은 똑같다고 하였으니, '越席'은 부들을 잘라서 만든 자리이다.

17 君與夫人交獻 : 진호의 주에 따르면 첫 번째는 군주가 올리고 두 번째는 부인이 올리고 세 번째

羊[19]하며 實其簠簋籩豆鉶羹(형갱)[20]하야 祝以孝告하며 嘏以慈告하나니 是謂大祥이니 此禮之大成也라

〈上古의 예에 따라〉 祝號를 만들어 玄酒로 제사 지내며 〈희생을 잡을 때에〉 희생의 피와 털을 〈신에게〉 올리며, 〈희생의〉 날고기를 도마〔俎〕에 〈담아서 尸童에게〉 올리고 〈中古의 예에 따라 뼈가 붙은〉 고기를 익혀서 올린다. 부들자리를 깔고 성긴 삼베로 덮으며, 빨고 물들인 비단옷을 입으며, 〈朝踐에 피와 날고기를 올릴 때에는〉 醴酒를 바치고 〈饋食에 익은 음식을 올릴 때에는〉 醆(盎齊)을 바치며, 구운 고기와 산적 고기를 올리는데, 임금과 부인이 술잔을 교대로 올려 혼백을 즐겁게 하는 것을 '合莫'이라고 한다. 그런 뒤에 물러나 고기를 합하여 삶아서 개와 돼지, 소와 양의 뼈를 부위별로 나눈다. 그리고 簠簋와 籩豆, 鉶羹을 채워서 올린다. 그리하여 〈신에게 고하는〉 祝辭는 孝誠으로써 고하고 〈복을 내리는 말인〉 嘏辭는 사랑으로써 고하니, 이것을 '크게 선하다.'고 하는 것이니, 이것은 예가 크게 이루어진 것이다."

형鉶

字義 腥 : 날고기 성　孰 : 익힐 숙(=熟)　薦 : 올릴 천　越 : 부들자리 활　冪 : 덮을 멱
澣 : 빨 한　莫 : 적막할 막　簠 : 제기이름 보　簋 : 제기이름 궤　籩 : 제기이름 변
鉶 : 국그릇 형　羹 : 국 갱　祥 : 선할 상

는 군주가 올리고 네 번째는 부인이 올리는 것이다. 이 위로 '孰其殽'까지는 中古의 禮를 본받은 것이다.

18 然後退而合亨(팽) : 진호의 주에 따르면 먼저 올린 데친 고기는 아직 完熟한 것이 아니고, 지금 비로소 물러가 얼마 전에 데친 고기를 가져다 먹을 수 있도록 다시 합하여 끓여 익히는 것이다. 또 尸童의 俎에는 오직 오른쪽 牲體만을 올리니, 그 나머지 올리지 않은 것과 왼쪽 생체 등을 또한 솥 안에 넣어 삶으므로 '合亨(합팽)'이라고 한 것이다.

19 體其犬豕牛羊 : 진호의 주에 따르면 희생의 대소와 삶아진 정도에 따라서 뼈를 부위별로 귀하고 천한 것으로 나누어서 여러 俎를 만들어 시동에게 바치고 여러 빈객, 형제 등을 대접하는 것을 이르니, 이것은 제사의 끝에 향연하는 여러 俎이고, 시동 앞에 있는 正俎는 아니다.

20 簠簋籩豆鉶羹(형갱) : 진호의 주에 따르면 '簠'는 안은 둥글고 외면이 네모지니 쌀과 좁쌀을 담는 그릇이고, '簋'는 밖은 둥글고 안은 네모지니 찰기장과 메기장을 담는 그릇이다. '籩'과 '豆'는 모양과 제도가 똑같으니, 대나무로 만든 것을 '변'이라 하고 나무로 만든 것을 '두'라 한다. '鉶'은 鼎과 같은데 정보다 작으니, 육즙과 채소를 섞어 끓인 국을 담는 그릇이다.

9.4 孔子가 曰하사되 嗚呼哀哉라 我觀周道호니 幽厲가 傷之하니 吾가 舍魯何適矣리오 魯之郊禘가 非禮也니 周公은 其衰矣[21]로다 杞之郊也는 禹也요 宋之郊也는 契(설)也니 是天子之事를 守也라 故로 天子는 祭天地하고 諸侯는 祭社稷이니라

공자께서 말씀하셨다. "아, 슬프다. 내가 周나라의 道를 관찰하니, 〈주나라 도가 이전에 이미 미약해졌으나〉 幽王과 厲王이 손상시켰다. 그렇다면 내가 〈周公의 魯나라는 한 번 변하면 도에 이를 수 있으므로〉 노나라를 버리고 어디로 가겠는가. 그러나 노나라의 郊祭와 禘祭는 〈천자의 제사를 제후국에서 지낸 것이므로〉 예가 아니니, 주공의 가르침이 쇠했기 때문이다. 〈夏나라의 후예인〉 杞나라에서 교제를 지내는 것은 시조인 禹王이 있었기 때문이고, 〈殷나라의 후예인〉 宋나라에서 교제를 지내는 것은 시조인 契이 있었기 때문이다. 이는 천자의 〈나라인 하나라와 은나라의〉 일을 지켜오는 것이므로 천자는 하늘과 땅에 제사 지내고 제후는 사직에 제사 지내는 것이다."

字義 禘 : 큰제사 체 契 : 사람이름 설

9.5.1 祝嘏를 莫敢易其常古할새 是謂大假니라

祝辭와 嘏辭를 〈신분의 귀천을 막론하고 옛 제도를 따라야 하므로〉 감히 그 떳떳함과 옛 법을 바꾸지 못하니, 이것을 〈당연한 禮를 행하면 자연스러운 福이 있다는 의미로〉 '大嘏'라 이른다.

字義 假 : 복 가(=嘏)

9.5.2 祝嘏辭說을 藏於宗祝巫史가 非禮也니 是謂幽國이라

祝과 嘏의 辭說을 〈大宗伯이 관장해야 하는 것인데 쇠한 세상에는 禮에 태만하여〉 宗 · 祝 · 巫 · 史에 보관하는 것은 〈예에 어두워 정치를 제대로 할 수 없으므로〉 예가 아니니, 이것을 '어두운 나라(幽國)'라고 이른다.

---

21 魯之郊禘……周公其衰矣 : 진호의 주에 따르면 周公은 비록 성인이지만 신하이니, 成王이 魯나라에 천자의 예악을 하사한 것은 진실로 잘못이고, 伯禽이 이를 받은 것은 더욱 잘못이다. 주공이 예와 악을 제작하여 만세토록 바꿀 수 없는 법이 되셨으나 자손들이 이와 같으니, 이는 주공의 가르침이 자손들이 예를 참람하게 행함으로 인하여 쇠한 것이다.

9.5.3 醆斝(잔가)를 及尸君이 非禮也니 是謂僭君이라

〈夏나라의 술잔인〉 醆과 〈殷나라의 술잔인〉 斝를 〈써서 제후국 군주의 尸童인〉 尸君에게 미치는 것은 禮가 아니니, 이것을 '참람한 군주〔僭君〕'라고 이른다.

字義 醆 : 술잔 잔 斝 : 술잔 가

가斝

9.5.4 冕弁兵革을 藏於私家가 非禮也니 是謂脅君이라

〈조정의 존귀한 복식인〉 冕旒冠과 皮弁, 〈국가의〉 병기와 갑옷을 〈대부의〉 私家에 보관하는 것은 예가 아니니, 이것을 '〈강한 신하에게〉 위협받는 군주〔脅君〕'라고 이른다.

字義 脅 : 위협할 협

피변皮弁

9.5.5 大夫가 具官하며 祭器를 不假하며 聲樂을 皆具가 非禮也니 是謂亂國이라

〈거느리는 家臣 한 사람마다 몇 가지 일을 겸하게 해야 하는〉 대부가 관원을 모두 구비하며 〈대부는 제기를 다 구비하지 못하므로 빌려 써야 하는데〉 제기를 남에게 빌리지 않으며 〈대부는 군주가 하사하지 않으면 음악을 구비하지 못하는데〉 음악을 모두 구비하는 것은 〈尊卑의 등급이 없는 것이므로〉 예가 아니니, 이것을 '혼란한 나라〔亂國〕'라고 이른다.

9.5.6 故로 仕於公曰臣이요 仕於家曰僕이니 三年之喪과 與新有昏者를 期를 不使[22]하나니 以衰(최)裳入朝하며 與家僕으로 雜居齊齒호미 非禮也니 是謂君與臣이

22 三年之喪……期不使 : 진호의 주에는 "신하 중에 3년의 부모상이 있는 자와 새로 혼인한 자는 1

同國이라

그러므로 公館에서 벼슬하는 것을 '臣'이라 하고, 私家에서 벼슬하는 것을 '僕'이라 하는데, 부모의 삼년상을 치르는 자와 새로 혼인한 자에게는 그 期限 동안 부역을 시키지 않는다. 〈집에서 居喪하지 않고〉 衰服의 裳을 입고서 〈군주의 조정을 자기 집안처럼 여겨〉 조정에 들어가며, 〈경대부가 집안의 신하인〉 家僕과 〈귀천의 구별이 없이〉 뒤섞여 나란히 있는 것은 禮가 아니니, 이것을 '군주가 신하와 더불어 나라를 함께 한다.〔君與臣同國〕'라고 이른다.

字義 裳 : 치마 상 僕 : 종 복

9.5.7 故로 天子가 有田하사 以處其子孫하시며 諸侯가 有國하사 以處其子孫하시며 大夫有采하야 以處其子孫하니 是謂制度라

그러므로 천자는 〈자제 중에 功德이 있는 자를 봉하여 제후로 삼는데〉 田地를 소유하여 〈그 밖의 자손들에게 전지를 나누어주어〉 자기 자손들을 살게 하시고, 제후는 〈그 자손을 명하여 경대부로 삼고〉 나라를 소유하여 〈그 중에 공덕이 있는 자에게 采地를 하사하여〉 자기 자손들을 살게 하고, 대부는 采邑을 소유하여 〈채읍의 봉록으로〉 자기 자손들을 살게 하니, 이것을 '制度'라고 이른다.

9.5.8 故로 天子가 適諸侯하사 必舍其祖廟하시나니 而不以禮籍으로 入하면 是謂天子가 壞法亂紀니라

그러므로 천자가 제후의 나라에 가면 〈祠堂이 조정보다 높으므로〉 반드시 제후의 선

期(期年) 동안 군주가 일을 시키지 않으니, 이는 사람의 情을 체득한 것이다." 하였는데, 《禮記補註》에서는 "이 뜻은 자세하지 않다. 부모의 삼년상에 군주가 신하의 집에 이르러 신하의 이름을 부르지 않으니, 삼년상의 기한 안에 일을 시키면 예가 아니다. 새로 혼인한 자는 비록 너그럽게 봐주더라도 기년 동안 부리지 않는 것은 기간이 너무 기니, 마땅히 '期'를 '期間'으로 해석해야 할 듯하다. 喪期는 바로 3년이다. 혼례에는 신부가 시집온 지 3개월이 되어야 사당을 뵈니, 3개월은 바로 昏期이다."라는 《禮記類編》의 설을 인용하였다. 본서에서는 《예기보주》에 따라 '期'를 '期限'으로 번역하였다.

조의 사당에서 머무는데, 禮籍을 가지고 제후의 나라에 들어가지 않으면 〈廟諱와 忌日 같은 것을 알 수 없으므로〉 이것을 일러 '천자가 법을 파괴하고 기강을 어지럽힌다.'라고 하는 것이다.

字義 籍 : 문서 적 壞 : 무너질 괴

9.5.9 諸侯가 非問疾弔喪이어든 而入諸臣之家하면 是謂君臣이 爲謔이라

제후가 〈신하에게 問病하고 弔喪하는 예가 있으니〉 문병하거나 조상하는 경우가 아닌데도 諸臣의 집안에 들어가면, 이것을 '군주와 신하가 戲謔을 한다.'라고 이른다.

字義 謔 : 희롱할 학

9.5.10 是故로 禮者는 君之大柄也니 所以別嫌明微하며 儐鬼神하며 考制度하며 別仁義하나니 所以治政安君也라

이 때문에 禮는 군주의 큰 근본이다. 이로써 혐의스러운 일을 구별하고 은미한 일을 밝히며 귀신을 대접하고 〈예악 · 의복 · 度量 따위의〉 제도를 상고하여 바로잡으며 〈사랑을 위주로 삼는〉 仁과 〈결단을 위주로 삼는〉 義를 구별하는 것이니, 〈예는〉 정사를 다스리고 군주를 안정시키는 수단이다.

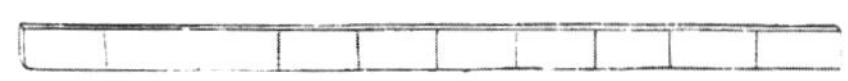

도度

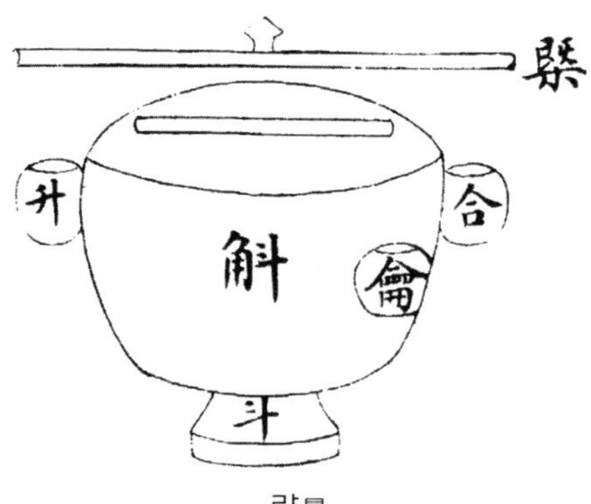

량量

字義 柄 : 권세 병 嫌 : 혐의할 혐 儐 : 대접할 빈(=擯)

9.5.11 故로 政不正하면 則君位危하고 君位危하면 則大臣이 倍하고 小臣이 竊하며 刑肅而俗敝하면 則法無常하고 法無常하면 而禮無列하나니 禮無列하면 則士不事也요 刑肅而俗敝하면 則民弗歸也니 是謂疵(자)國이라

그러므로 정사가 바르지 못하면 군주의 지위가 위태로워지고, 군주의 지위가 위태로워지면 大臣이 〈사사로운 짓을 행하며 윗사람을〉 배반하고 小臣이 도적질하며, 형벌이 嚴酷하고 풍속이 피폐해지면 법이 일정함이 없게 되고, 법이 일정함이 없게 되면 禮가 上下의 等列이 없게 되는데, 예가 상하의 등렬이 없게 되면 벼슬아치가 맡은 직책을 일삼지 않으며, 형벌이 엄혹하고 풍속이 퇴폐해지면 백성들이 돌아오지 않으니, 이것을 '병든 나라[疵國]'라고 이른다.

字義 倍 : 배반할 배(=背) 竊 : 훔칠 절 肅 : 엄숙할 숙 敝 : 피폐할 폐 疵 : 병 자

9.6 故로 政者는 君之所以藏身也니 是故로 夫政은 必本於天하야 殽以降命하나니 命降于社之謂殽地요 降于祖廟之謂仁義요 降於山川之謂興作이요 降於五祀[23]之謂制度니 此가 聖人所以藏身之固也라

그러므로 '정사'라는 것은 군주가 자기 몸을 편안히 하는 것이다. 이 때문에 정사는 반드시 하늘에 근본하여 그것을 본받아서 명령을 내리는 것인데, 명령을 사직에서 내리는 것을 〈땅의 높고 낮은 지형을 본받아 尊卑의 지위를 정할 수 있기 때문에〉 '땅을 본받음[效地]의 정사'라 이르고, 〈명령을〉 선조의 사당에서 내리는 것을 〈조상을 사모하는 마음이 무궁하나 親疏의 의리에 따라 등급을 정하기 때문에〉 '仁義의 정사'라 이르고, 〈명령을 사방 교외에 제단을 설치하고 五帝에게 제사하는〉 산천의 제사에서 내리는 것을 '興作의 정사'라 이르고, 〈명령을〉 五祀의 제사에서 내리는 것을 '制度의 정사'라 이른다. 이것은 聖人이 자기 몸을 편안히 하는 바를 견고히 하는 것이다.

9.7 故로 聖人은 參於天地하시며 竝於鬼神[24]하사 以治政也니 處其所存은 禮之序也요 玩其所樂(락)은 民之治也라 故로 天生時而地生財하며 人其父生而師가 教

---

23 五祀 : 봄에는 戶, 여름에는 竈(조), 季夏에는 中霤(중류), 가을에는 門, 겨울에는 行(길)에 제사 지내는 것으로, 이는 殷나라 때의 제도이다. (《禮記正義》〈曲禮 下〉) 周나라에서는 〈祭法〉에 따르면 천자는 七祀를 세우고, 제후는 五祀, 대부는 三祀, 士는 二祀를 세운다.

24 參於天地 竝於鬼神 : 《禮記補註》에 따르면 '參於天地'는 윗글의 '殽天', '殽地'에 호응하고, '竝於鬼神'은 '祖廟', '山川', '五祀'에 호응한다.

之하나니 四者를 君이 以正用之하시나니 故로 君者는 立於無過之地也[25]니라

그러므로 聖人이 천지에 참여하고 귀신에 병렬되어서 정사를 다스리는 것이니, 천지와 귀신이 있는 바에 거처함은 禮의 질서이고, 천지와 귀신이 즐거워하는 바를 살펴봄은 백성을 다스리는 것이다. 그러므로 하늘은 四時를 내고 땅은 재물을 내며 사람은 아버지가 낳고 스승이 가르치니, 이 네 가지는 군주가 〈자신을〉 바르게 함으로써 쓸 수 있는 것이다. 그러므로 군주는 허물이 없는 자리에 서야 하는 것이다.

9.8 故로 君者는 所(明)〔則〕也라 非(明)〔則〕人者也며 君者는 所養也라 非養人者也며 君者는 所事也라 非事人者也[26]니라 故로 君이 (明)〔則〕人則有過하고 養人則不足하고 事人則失位니 故로 百姓은 則君以自治也[27]하며 養君以自安也하며 事君以自顯也하나니 故로 禮達而分定이니 故로 人皆愛其死而患其生이니라

그러므로 군주는 〈남들이〉 본받는 대상이고 남을 본받는 사람이 아니며, 군주는 남들이 섬기는 대상이고 남을 섬기는 사람이 아니다. 그러므로 군주가 남을 본받으면 허물이 있고 남을 봉양하면 부족하고 남을 섬기면 지위를 잃게 되니, 그러므로 백성은 군주를 본받아 자신을 다스리고, 〈힘을 다하여 賦稅를 바쳐〉 군주를 봉양하여 자신을 편

---

25 天生時而地生財……立於無過之地也 : 진호의 주에 따르면 人君은 자신의 몸을 바르게 하고 덕을 닦으며 하늘의 때를 따르고 땅의 이로움을 따라 道를 裁成하고 마땅함을 輔相해서 백성을 다스려 산 사람을 봉양하고 죽은 이를 장례함에 유감이 없게 해야 한다. 그런 뒤에 庠·序·學·校의 교육 시설을 설치해서 효도하고 공경하는 도리를 거듭해서 가르치면 백성들을 富하게 하고 教導할 수가 있어서 다스리는 도가 이루어지는 것이다.

26 故君者……非事人者也 : 진호의 주에 "이것은 모두 夫子의 말씀이 아니다."라는 石梁王氏의 설을 인용하였다. 참고로, 《禮記補註》에 "人君이 지위는 비록 높으나 마땅히 賢者를 법으로 삼아 본받고 예우하여 봉양하고 높여서 섬겨야 할 것이니, 이 절의 말은 오만하며 자기 뜻대로 하고 諫하는 말을 거역하며 잘못을 거짓으로 꾸며 변명하는 인군의 마음을 열어놓은 것이기 때문에 先儒가 孔子의 말씀이 아니라고 하였다."라는 權近의 설을 소개하였다.

27 百姓則君以自治也 : 《朱子語類》 卷87 〈禮4 小戴禮 禮運〉에 혹자가 "〈禮運〉의 이 구절에 대한 정현의 주에 '則'자를 '明'자로 보았으니, 이것을 따라도 되겠습니까?"라고 묻자, 朱熹가 "다만 '明'자로 보아야 할 것이다."라고 대답하였다. 《禮記補註》에서는 "《孔子家語》에 '則君'이 또한 '明君'으로 되어 있으나, 그 주에서 모든 '明'자를 전부 '則'으로 읽었으니, 진호의 주에서 위의 세 '明'자를 고쳐서 아래의 '則'자를 따른 것은 《공자가어》의 주와 똑같다." 하였다. 본서에서는 《예기보주》의 설에 따라 번역하였다.

안하게 〈먹고 살 수 있게〉 하고, 군주를 섬겨 〈충성을 다하고 직분을 다하면 영화로운 관작을 하사받아〉 자신을 현달하게 한다. 그러므로 예가 上下에 통달하여 분수가 정해지는 것이니, 그러므로 사람들이 모두 〈의리를 지키다가〉 죽는 것을 좋아하고 〈의롭지 않게〉 사는 것을 근심하게 된다.

字義 則 : 본받을 칙 顯 : 현달할 현

9.9 故로 用人之知하고 去其詐하며 用人之勇하고 去其怒하며 用人之仁하고 去其貪[28]이니라

그러므로 〈智謀가 있는 자는 속임수를 쓰기가 쉽기 때문에〉 남의 지혜는 쓰고 그 속임수는 버리며, 〈강하고 용맹이 있는 자는 사나움에 이르기 쉬우므로〉 남의 용맹은 쓰고 그 노여움은 버리며, 남의 仁은 쓰고 그 탐욕은 버리는 것이다.

字義 知 : 지혜 지(=智) 詐 : 속일 사

9.10 故로 國有患이어든 君이 死社稷을 謂之義요 大夫가 死宗廟를 謂之變[29]이라하나니라

그러므로 나라에 患難이 있으면 군주가 사직을 위해 죽는 것을 '義'라 이르고, 대부가 〈자기의〉 종묘를 위해 죽는 것을 '變故'라 이른다.

---

28 用人之仁 去其貪 : 진호의 주에 "仁은 사랑하기만 하는 것이니, 사랑하기만 하고 義로써 제재함이 없으면 곧 事事件件을 모두 좋아하게 된다. 官爵을 좋아함도 사랑함이고 돈을 좋아함도 사랑함이니, 일마다 사랑하기만 하므로 탐하는 것이다. 그러므로 남의 仁함은 따라 쓰고 그의 탐하는 단점은 마땅히 버려야 하는 것이다."라는 朱熹의 설을 인용하였다.

29 大夫 死宗廟 謂之變 : 진호의 주에 따르면 '대부가 종묘를 위해 죽는다.〔大夫死宗廟〕'는 것은 군주의 종묘(태묘)를 호위하다가 죽음을 말한 것이다. 그러나 자기의 종묘 또한 본국에 있으니, 군주의 종묘를 버리지 않음은 바로 자기의 종묘를 버리지 않는 것이다. 舊說에 '變'은 '辨'으로 읽으니, '辨'은 '正'과 같다 하였다. 또 '그 죽음이 분변이 있으니, 죽지 않아도 되는 상황에 죽는 것이 아니다.'라는 一說을 소개하였다. 《禮記補註》에서는 "대부는 거취의 의리가 있으나 반드시 항상 종묘를 위해 죽는 것은 아니니, '종묘를 위해 죽는다.'는 것은 權變으로 하는 것이다."라는 《孔子家語》의 주를 인용하였고, 또 "종묘는 대부의 家廟를 가리킨 것이니, 대부가 이미 몸을 바칠 것을 군주에게 허락했으면 마땅히 나라를 위해 죽어야 하고 자기 집안을 위해 죽어서는 안 되니, '變'은 바른 의리에 반대되는 것이다."라는 《禮記類編》의 설을 인용하였다. 본서에서는 《예기보주》에 따라 '變'을 '變故'로 번역하였다.

9.11 故로 聖人이 耐(능)以天下爲一家하며 以中國爲一人者는 非意之也라 必知其情하야 辟(벽)於其義하며 明於其利하며 達於其患하시나니 然後에아 能爲之니라 何謂人情고 喜와 怒와 哀와 懼와 愛와 惡(오)와 欲이니 七者는 弗學而能이니라 何謂人義오 父慈하며 子孝하며 兄良하며 弟弟하며 夫義하며 婦聽하며 長惠하며 幼順하며 君仁하며 臣忠이니 十者를 謂之人義요 講信修睦을 謂之人利요 爭奪相殺을 謂之人患이라하나니 故로 聖人之所以治人七情하며 修十義하며 講信修睦하며 尙慈讓하며 去爭奪은 舍禮하고 何以治之리오

그러므로 聖人이 천하를 한 집안처럼 만들고 중국을 한 사람처럼 만드는 것은 뜻으로 억측해서가 아니다. 반드시 그 情을 알아서 義를 열어주고 이로움을 밝게 알도록 하고 환난을 훤히 알게 하시니, 그런 뒤에 능히 이렇게 할 수 있는 것이다. 무엇을 '사람의 情(人情)'이라 이르는가? 喜·怒·哀·懼·愛·惡(오)·欲이니, 이 일곱 가지는 배우지 않아도 능한 것이다. 무엇을 '사람의 義(人義)'라고 이르는가? 아버지는 사랑하고 아들은 효도하며 형은 선량하고 아우는 공경하며 남편은 의롭고 부인은 남편의 말을 따르며 어른은 은혜롭고 어린이는 순종하며 군주는 仁하고 신하는 충성하는 것이니, 이 열 가지를 '사람의 義'라 이른다. 信義를 강론하고 화목을 닦는 것을 '사람의 이로움(人利)'이라 이르고, 쟁탈하여 서로 죽임을 '사람의 환난(人患)'이라 이르니, 그러므로 성인이 사람의 일곱 가지 情을 다스리고 열 가지 義를 닦으며 신의를 강론하고 화목을 닦으며 仁慈와 謙讓을 숭상하고 爭奪을 제거하는 것은, 예를 버린다면 어떻게 다스릴 수 있겠는가.

字義 耐 : 능할 능(=能) 辟 : 열 벽

9.12 飮食男女에 人之大欲이 存焉하고 死亡貧苦에 人之大惡(오)가 存焉하니 故로 欲惡者는 心之大端也라

〈사람의 마음에 비록 일곱 가지 情이 있으나 총괄하여 말하면〉 음식과 남녀에 사람의 큰 욕구가 있고 사망과 가난과 고생에 사람의 큰 싫어함이 있으니, 그러므로 하고자 함과 싫어함은 마음의 큰 단서인 것이다.

9.13 人藏其心이라 不可測度(탁)也며 美惡가 皆在其心이라 不見(현)其色也니 欲

一以窮之인댄 舍禮하고 何以哉[30]리오

사람들이 마음을 감추기 때문에 〈그 마음을〉 측량하여 헤아릴 수 없으며, 좋아하고 싫어하는 것이 모두 마음속에 있기 때문에 〈그 마음이〉 얼굴색에 나타나지 않으니, 이 것을 일일이 연구하고자 한다면 禮를 버리고서 어떻게 하겠는가.

9.14.1 故로 人者는 其天地之德이며 陰陽之交며 鬼神之會며 五行之秀氣也[31]니라

그러므로 사람은 天地의 〈진실한 이치인〉 德이고, 陰陽의 〈변하고 합하는〉 사귐이고, 鬼神의 〈묘하게 합하여 엉긴〉 모임이고, 五行의 빼어난 기운이다.

9.14.2 故로 天이 秉陽하야 垂日星하고 地가 秉陰하야 竅(규)於山川이라 播五行於四時하야 和而後에아 月生也하나니 是以로 三五而盈하고 三五而闕[32]하나니라

그러므로 하늘은 陽을 잡아서 해와 별을 드리우고, 땅은 陰을 잡아서 〈기운이〉 산과 냇물을 통한다. 〈달의 광채는 日光에서 받은 것이므로 양과 음이 변하고 합하여〉 오행을 사시에 퍼뜨려 조화를 이룬 뒤에야 달이 생겨나니, 이 때문에 〈해와 달의 운행 도수가 조화로워 차서를 잃지 않으면〉 15일 만에 달이 차고 15일 만에 달이 이지러지는 것이다.

字義 竅 : 통할 규 播 : 퍼뜨릴 파 盈 : 찰 영 闕 : 이지러질 궐

---

30 人藏其心……何以哉 : 진호의 주에 따르면 일곱 가지의 情이 節度에 맞고 열 가지 義가 순수하고 익숙해지면 擧動이 자연히 예에 부합할 것이고, 만약 일곱 가지의 정이 어그러지고 편벽되어 인륜이 이지러지면 말과 행동이 모두 떳떳한 법도를 잃게 된다. 마음에 있는 것은 반드시 밖에 나타나니, 만약 예를 알지 못하면 情과 義의 正·不正을 동작과 威儀에서 살필 수 없다.

31 五行之秀氣也 : 공영달의 소에 따르면 이것은 사람이 오행의 매우 빼어나고 남다른 기운에 감응하여 仁·義·禮·智·信을 소유하였음을 말한 것이다.

32 天秉陽……三五而闕 : 《禮記補註》에 "하늘은 陽氣를 잡아 본디 위에 자리하였다. 그러나 象을 이루어 해와 별이 그 빛을 아래로 드리우니, 氣가 일찍이 내려오지 않은 적이 없다. 땅은 陰氣를 잡아 본디 아래에 자리하였다. 그러나 형체가 산천을 이루어 소통하는 구멍이 위로 통하니, 氣가 일찍이 오르지 않은 적이 없었다. 하늘과 땅이 서로 사귐이 이와 같으니, 이를 말미암아 陽과 陰이 변하고 합하여 水·火·木·金·土의 五行을 낳아서 春·夏·秋·冬의 四時에 분포한다. 오행의 근원이 이와 같으나, 다만 하늘과 땅, 음과 양을 보건대 어느 것 하나 할 것 없이 氣를 조화롭게 소통시켜 각각 마땅한 법칙을 따른 뒤에야 달이 밝음을 만들어내는 것이 어긋남 없이 한결같이 해의 운행 순서와 같아진다."라는 楊梧의 설을 인용하였다.

9.14.3 五行之動이 迭(질)相竭也니 五行四時十二月이 還(선)相爲本也요

오행의 운용은 번갈아 서로 마침이 되니, 오행, 四時, 12개월이 돌아가며 서로 근본이 된다.

字義 迭 : 번갈아들 질　竭 : 다할 갈　還 : 돌 선

9.14.4 五聲六律十二管이 還(선)相爲宮也[33]요

五聲, 六律, 12管(十二律의 대통)이 돌아가며 서로 宮이 된다.

9.14.5 五味六和十二食이 還(선)相爲質也[34]요

五味, 六和, 12개월의 음식이 돌아가며 서로 바탕이 된다.

---

33 五聲六律十二管 還相爲宮也 : 진호의 주에 "'五聲'은 宮·商·角·徵·羽이다. '六律'은 陽의 소리이니, 黃鍾인 子와 太簇(태주)인 寅과 姑洗(고선)인 辰과 蕤賓(유빈)인 午와 夷則(이칙)인 申과 無射(무역)인 戌이다. 陰의 소리를 '六呂'라고 하니, 大呂인 丑과 應鍾인 亥와 南呂인 酉와 林鍾인 未와 仲呂인 巳와 夾鍾인 卯이다. 육률과 육려는 모두 기후를 살피는 대통의 이름이다. '律'은 法이고 또 기술함〔述〕을 이르며, '呂'는 도움이니, 양을 도와 기운을 폄을 말한 것이다. 총괄하여 말하면 모두 '律'이라고 칭할 수 있으므로 〈月令〉에서 12개월을 모두 '율'이라고 칭하였다. '돌아가며 서로 궁이 된다.〔還相爲宮也〕'의 '宮'은 군주의 뜻이 되는데, 열두 개의 管이 黃鍾으로부터 시작하여 번갈아 서로 주인이 되니, 궁이 될 때를 당하면 五聲이 모두 갖추어지는 것이다. 황종의 제1궁은 아래로 낳은 林鍾이 徵(치)가 되고 위로 낳은 太簇가 商이 되고 아래로 낳은 南呂가 羽가 되고 위로 낳은 姑洗이 角이 되니, 나머지도 이와 같다. 임종은 제2궁이고 태주는 3이고 남려는 4이고 고선은 5이고 응종은 6이고 유빈은 7이고 대려는 8이고 이칙은 9이고 협종은 10이고 무역은 11이고 중려는 12이다. 이는 12개월의 차례가 아니고 바로 율려가 서로 낳는 차례이다." 하였다.

공영달의 소에 따르면 '六律'은 陽律이니, 양률을 거론하였으면 陰呂가 따른다는 것을 알 수 있기 때문에 12管이다. 11월은 黃鐘이 宮이 되고 12월은 大呂가 宮이 되니, 이는 돌아가며 번갈아 서로 宮이 되는 것이다.

34 五味六和十二食 還相爲質也 : 진호의 주에 따르면 '돌아가며 서로 바탕이 된다.〔還相爲質也〕'는 것은 예컨대 봄 석 달은 신 것을 바탕으로 삼고, 여름 석 달은 쓴 것을 바탕으로 삼아서 六和가 모두 서로 쓰임이 되는 것이다. 정현의 주에 따르면 '五味'는 신맛〔酸〕, 쓴맛〔苦〕, 매운맛〔辛〕, 짠맛〔鹹〕, 단맛〔甘〕이다. '조화롭게 함〔和之〕'은 봄에는 신맛의 재료가 많고 여름에는 쓴맛의 재료가 많고 가을에는 매운맛의 재료가 많고 겨울에는 짠맛의 재료가 많아 모두 조미료〔滑〕와 감미료〔甘〕가 있으니, 이것을 '六和'라고 한다.

9.14.6 五色六章十二衣가 還(선)相爲質也[35]니

五色, 六章, 12개월의 옷이 돌아가며 서로 주장이 된다.

9.15.1 故로 人者는 天地之心也[36]며 五行之端也[37]며 食味別聲被色而生者也라

그러므로 사람은 〈이치로써 말하면〉 천지의 마음이며, 〈기로써 말하면〉 오행의 단서이며, 맛있는 것을 먹고 소리를 구별하고 옷을 입고 사는 자이다.

9.15.2 故로 聖人이 作則(칙)하사되 必以天地爲本하시며 以陰陽爲端[38]하시며 以四時爲柄하시며 以日星爲紀하시며 月以爲量하시며 鬼神以爲徒[39]하시며 五行以爲質하시며 禮

---

35 五色六章十二衣 還相爲質也 : 진호의 주에 따르면 '五色'은 다섯 가지 색깔로 靑·黃·赤·白·黑이며, '六章'은 이 오색에 하늘의 검정색〔玄〕을 더한 것이다. '12개월의 옷〔十二衣〕'이라는 것은 예컨대 〈月令〉의 '봄에는 청색을 입고, 여름에는 붉은색을 입는다.'는 따위이다. '돌아가며 서로 바탕이 된다.〔還相爲質〕'는 것은 그림 그리는 일에 계절의 한 가지 색을 주로 사용하고 남은 여러 색을 간간이 섞는 것과 같다. 《禮記補註》에서는 "'六章'과 '十二衣'의 경우, 上衣에 육장을 그리니 해가 첫 번째요 달이 두 번째요 星辰이 세 번째요 산이 네 번째요 龍이 다섯 번째요 華蟲이 여섯 번째이며, 下衣에 육장을 그리니 宗彝가 첫 번째요 마름이 두 번째요 불이 세 번째요 粉米가 네 번째요 黼가 다섯 번째요 黻이 여섯 번째임을 이른다."는 楊梧의 설을 소개하고서, 양오의 설은 본주와 다르지만 만약 오성, 육률, 십이관의 예를 가지고 미루어 살펴보면 이치가 있는 말이라고 하였다. 그리고 《禮記補註》에 "'質'자가 바로 앞의 經文과 중첩되는데, 《孔子家語》에는 이 '質'자가 '主'자로 되어 있다." 하였다. 본서에서는 이에 따라 '質'자를 '主'의 의미로 번역하였다.

36 人者 天地之心也 : 진호의 주에 "예컨대 天道가 善한 이에게 福을 내리고 惡한 이에게 禍를 내리는 것이 바로 사람들이 하고자 하는 것임을 이르니, 선한 이에게는 사람들이 모두 복이 내려지기를 바라고, 악한 자에게는 사람들이 모두 화가 내려지기를 바라는 것이다."라는 주희의 설을 인용하였다.

37 五行之端也 : 공영달의 소에 따르면 '端'은 '首(으뜸)'와 같다. 만물은 모두 五行을 말미암아 생겨나는데 무엇보다도 사람이 영묘한 氣를 얻었으니, 이는 사람의 본성에 갖추어진 仁, 義, 禮, 智, 信이 오행의 으뜸이 됨을 밝힌 것이다.

38 以天地爲本 以陰陽爲端 : 《禮記補註》에 "'本'은 '體'와 같고 '端'은 '用'과 같다." 한 것을 참고하여 의미를 보충하여 번역하였다.

39 鬼神以爲徒 : 진호의 주에 "郊社, 宗廟, 山川, 五祀의 禮가 모두 政事와 서로 의지하니, 바로 앞장의 '殽地' 이하의 여러 일이다." 하였는데, 《禮記補註》에 "귀신은 사물의 본체가 되어 事事物物에 빠짐없이 존재하니, 사람이 만약 한번 나고 들며 한번 動하고 靜함에 그것을 따라 합하고 변하여 서로 떨어지지 않으면 바로 '무리〔徒〕'가 되는 것이다. 그것과 무리가 되면 모든 일에서 떳떳함을 지킬 수 있다. 진호의 주에서 귀신에게 제사 지내는 것을 政事와 조합하였으니, 이는 온

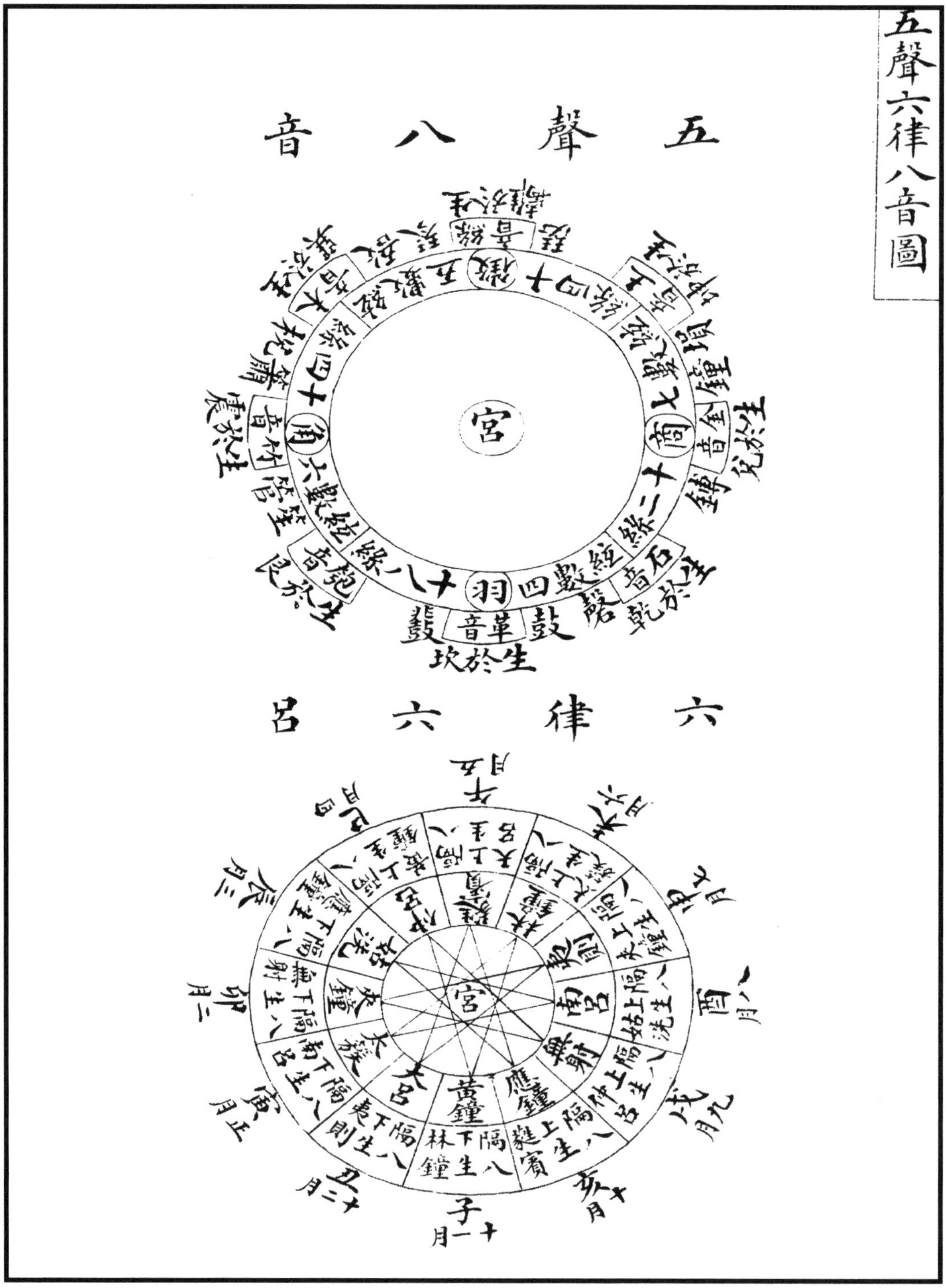

오성육율팔음도五聲六律八音圖(9.14.6)

義以爲器하시며 人情以爲田하시며 四靈以爲畜(휵)하시니 以天地爲本이라 故로 物可擧也며 以陰陽爲端이라 故로 情可睹也며 以四時爲柄이라 故로 事可勸也며 以日星爲紀라 故로 事可列[40]也며 月以爲量이라 故로 功有藝也며 鬼神以爲徒라 故로 事可守也며 五行以爲質이라 故로 事可復也며 禮義以爲器라 故로 事行有考也며 人情以爲田이라 故로 人以爲奧也며 四靈以爲畜이라 故로 飮食有由也니라

그러므로 성인이 법칙을 만드시되 반드시 천지를 근본(體)으로 삼으며 음양을 단서(用)로 삼으며 四時를 권세의 자루로 삼으며 해와 별을 벼리(기강)로 삼으며 열두 달을 限量으로 삼으며 귀신을 의지할 무리로 삼으며 오행을 바름으로 삼으며 〈농부가 쟁기와 보습을 농작물을 가꾸는 기물로 삼는 것처럼〉 예의를 기물로 삼으며 人情을 〈예의로 경작할 수 있는〉 田地로 삼으며 〈龍, 鳳凰, 麒麟, 거북〔龜〕〉 네 靈物을 가축으로 삼으셨다.

기린麒麟

천지를 근본(體)으로 삼기 때문에 물건의 이치가 거행될 수 있고, 음양을 단서(用)로 삼기 때문에 情을 볼 수가 있고, 사시를 권세의 자루로 삼기 때문에 〈해당 시기에 마땅히 해야 할〉 일을 〈하여 공적을 이루도록〉 권면할 수가 있고, 해와 별을 벼리로 삼기 때문에 열두 달에 해야 할 일을 차례대로 나열할 수가 있고, 열두 달을 한량으로 삼기 때문에 〈시기에 맞는 일을 할 수 있어서〉 功이 자라남이 있고, 귀신을 의지할 무리로 삼기 때문에 〈떳떳한〉 일을 〈오랫동안〉 지킬 수 있고, 〈1년 단위로 一周하여 다시 시작하는〉 오행을 바름으로 삼기 때문에 〈매년〉 일을 다시 〈바로잡아〉 할 수 있고, 예의를 〈일이나 행실을 가꾸는〉 기물로 삼기 때문에 일과 행실이 이루어질 수 있고, 인정을 〈예의로 가꿀 수 있는〉 전지로 삼기 때문에 〈邪僻한 情을 없애어 바른 性情을 편안한 안방으로 만들므로〉 사람들이 안방으로 삼을 수 있고, 〈본래 가축으로 기를 수 없는〉 네 영물을 〈聖人의 道에 감응하는〉 가축으로 삼기 때문에 〈다른 동물들이 우두머리인 네 영물을 따라 잘 길러지므로〉 마시고 먹을 때 쓸 것이 있는 것이다.

字義 則 : 법칙 칙　畜 : 기를 휵　藝 : 가꿀 예　奧 : 안방 오

당치 못하다."라는 楊梧의 설을 인용하였다. 본서에서는 《예기보주》에 따라 번역하였다.

40 列 : 공영달의 소에 따르면 '차례〔次第〕'라는 뜻이다.

9.16 何謂四靈고 麟鳳龜龍을 謂之四靈이라하나니 故로 龍以爲畜이라 故로 魚鮪(유)不淰(심)하며 鳳以爲畜이라 故로 鳥不獝(휼)하며 麟以爲畜이라 故로 獸不狘(월)하며 龜以爲畜이라 故로 人情을 不失[41]이니라

무엇을 '네 영물'이라 이르는가? 기린과 봉황, 거북과 龍을 '네 영물'이라 이른다. 그러므로 용을 가축으로 삼기 때문에 물고기와 참다랑어가 놀라 달아나지 않으며, 봉황을 가축으로 삼기 때문에 새들이 놀라 날아가지 않으며, 기린을 가축으로 삼기 때문에 짐승들이 달아나지 않으며, 거북을 가축으로 삼기 때문에 사람의 바른 性情을 잃지 않는 것이다.

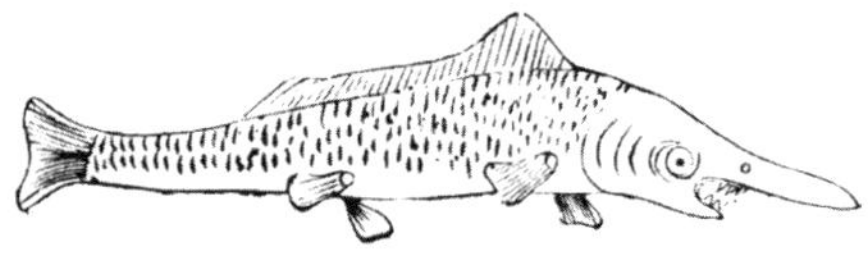

유鮪

字義 麟 : 기린 린　鳳 : 봉황 봉　龜 : 거북 귀　鮪 : 참다랑어 유　淰 : 놀라흩어질 심
獝 : 놀라날아갈 휼　狘 : 놀라달아날 월

9.17 故로 先王이 秉蓍龜하시며 列祭祀하시며 瘞(예)繒[42]하시며 宣祝嘏辭說하시며 設制度하시니 故로 國有禮하며 官有御하며 事有職하며 禮有序니라

그러므로 선왕이 蓍草와 거북껍질을 잡으며 제사를 나열하며 폐백으로 비단을 묻으며 祝嘏의 辭說을 베풀며 제도를 만드셨다. 그러므로 나라에는 禮가 있으며 관청에는 다스려짐이 있으며 일에는 맡은 직분이 있으며 예에는 차서가 있는 것이다.

字義 蓍 : 시초 시　瘞 : 묻을 예　繒 : 비단 증　御 : 다스릴 어

9.18.1 故로 先王이 患禮之不達於下也라 故로 祭帝於郊는 所以定天位也[43]요 祀

---

41 龜以爲畜 故人情不失 : 진호의 주에 따르면 위의 세 靈物은 모두 '음식에 사용함이 있다.〔飮食有由〕'는 것을 인하여 말했으나 거북의 경우 유독 介蟲의 種類가 응함을 말하지 않은 것은, 거북은 의심을 결단하는 보물이지 마시고 먹는 물건으로 例示할 수 있는 것이 아니기 때문이다.

42 瘞(예)繒 : 진호의 주에 따르면 〈祭法〉에 이르기를 '泰折에 묻음은 땅에 제사 지내는 것이다.〔瘞埋於泰折 祭地也〕' 하였다. '繒'은 '주다'는 뜻이니, 폐백을 묻고 신에게 고하는 것은 또한 신에게 주는 것이다.

43 定天位也 : 공영달의 소에 "천자의 지위가 지극히 높은데도 오히려 교외에서 상제에게 제사 지내어 신하의 예를 행하니, 이는 윗사람을 존엄하게 여기는 예가 아래에 도달하도록 하고자 한 것

社於國은 所以列地利也요 祖廟는 所以本仁也요 山川은 所以儐鬼神也요 五祀는 所以本事也니 故로 宗祝이 在廟하며 三公이 在朝하며 三老가 在學하며 王이 前巫而後史하시며 卜筮瞽侑가 皆在左右어든 王이 中하사 心無爲也[44]하야 以守至正이니라

그러므로 先王이 禮가 아래에 도달하지 않음을 걱정하셨다. 그래서 上帝를 교외에서 제사 지냄은 하늘의 지위를 정하는 것이고, 〈음식과 財貨가 모두 땅에서 나오니 땅의 신인〉 社를 國都에서 제사 지냄은 〈천하 사람들로 하여금 근본에 보답하는 예를 알게 하려고〉 땅의 이로움을 나열하는 것이고, 〈仁의 실제는 어버이를 섬기는 것이니〉 선조의 사당에서 제사 지냄은 仁에 근본을 둔 것이고, 〈산천에 지내는 제사와 五祀는 禮敎를 사방에 도달하게 하려는 것인데〉 산천에 제사 지냄은 귀신을 예로 대접하는 것이고 오사는 여러 가지 일의 근본에 제사하는 것이다. 그러므로 宗伯과 大祝은 사당에 있고 三公은 조정에 있고 三老와 五更(오경)은 太學에 있다. 왕에게는 앞에 무당이 있고 뒤에 史官이 있고, 좌우에 卜筮하는 자와 〈樂師인〉 瞽와 〈四輔인〉 侑가 있다. 그리하면 왕은 중앙에 자리하여 다른 곳에 마음 쓸 일이 없어서 지극히 바른 도를 지킬 뿐이다.

字義 儐 : 대접할 빈(=擯) 侑 : 도울 유

9.18.2 故로 禮行於郊而百神이 受職焉하며 禮行於社而百貨可極焉[45]이며 禮行於祖廟而孝慈服焉[46]이며 禮行於五祀而正法則(칙)[47]焉이니 故로 自郊社祖廟山川五祀는 義之修而禮之藏也니라

이다. 하늘이 높아서 위에 있기 때문에 '하늘의 지위를 정한다.〔定天位〕' 하였다." 하였다. 참고로, 《禮記補註》에서는 "'定天位'는 다만 하늘을 높여야 할 대상으로 보았을 뿐이니, 이는 '땅의 이로움을 나열한다.〔列地利〕'와 똑같은 것이다."는 楊梧의 설을 소개하였다.

44 王中 心無爲也 : 공영달의 소에서는 '中'자를 '心'자와 연결하여 '왕의 中心이 함이 없다.'라고 해석하였는데, 《禮記補註》에서는 진호의 주와 《孔子家語》의 주에 '中'자에서 구를 끊은 것이 더 낫다고 보았다. 본서에서는 《예기보주》에 따라 구를 끊고 번역하였다.

45 百貨可極焉 : 《예기대문언두》에는 '百貨'가 可極焉'으로 되어 있으나, 앞뒤 문맥을 살펴 수정하였다.

46 孝慈服焉 : 《예기대문언두》에는 '孝慈'가 服焉'으로 되어 있으나, 권근의 설에 의거하여 수정하였다.

47 正法則(칙) : 진호의 주에서는 '正法則'을 '법칙을 바로잡다.'로 보았는데, 《禮記補註》에서는 "'正法則'은 '효도와 사랑이 행해짐〔孝慈服〕'에 상대하므로 모두 효과를 가지고서 말한 것이니, 그 법칙을 바로잡는 것이 아니다. 이는 '바른 법〔正法〕'이 있으면 사람들이 모두 그것을 법으로 삼아 본받음을 말한 것이다."라는 權近의 설을 인용하였다. 본서에서는 권근의 설을 번역에 반영하였다.

그러므로 禮가 郊祭에 행해지면 온갖 神들이 직책을 받으며, 예가 社祭에 행해지면 온갖 재화가 지극해지며, 예가 선조의 사당에 행해지면 효도와 사랑이 행해지며, 예가 五祀에 행해지면 바른 법이 〈사람들의〉 본보기가 되니, 그러므로 교제와 사제, 선조의 사당과 산천의 신, 오사에 제사 지냄은 義를 수식하는 것이고, 예를 보관하는 것이다.

9.19.1 是故로 夫禮는 必本於大(태)一이라 分而爲天地하며 轉而爲陰陽하며 變而爲四時하며 列而爲鬼神하나니 其降曰命[48]이니 其官於天也니라

이 때문에 禮는 반드시 太一(太極)에 근본하는 것이다. 〈태일이〉 나뉘어 하늘과 땅이 되며 돌아서 음과 양이 되며 변하여 四時가 되며 나열하여 鬼와 神이 된다. 내리는 것을 '命'이라 하니, 하늘을 본받음을 주장하는 것이다.

字義 轉 : 회전할 전

9.19.2 夫禮는 必本於天[49]하야 動而之地하며 列而之事하며 變而從時하며 協於分藝하니 其居人也曰(養)〔義〕[50]라 其行之엔 以貨力辭讓飮食과 冠昏喪祭射御朝聘이니라

이 禮는 반드시 하늘에 근본을 두어서 〈땅을 본받기 위해〉 動하여 땅에 가며, 나열

---

48 降曰命 : 《禮記補註》에 "이것을 舊說에는 '본받아서 명령을 내리다.〔殽以降命〕'의 뜻이라고 하였다. 내가 생각하건대 '降'은 《書經》 〈湯誥〉의 '상제가 下民들에게 衷을 내려주다.〔上帝降衷〕'의 '降'과 같고, '命'은 《中庸》의 '하늘이 명하신 것을 성이라 이른다.〔天命謂性〕'의 '命'과 같을 듯하다. 이 절은 '本太一'부터 '列鬼神'까지 다섯 가지가 '조화가 유행하는 이치'를 말하고, '기강왈명'이라는 것은 사람과 물건에 부여함을 가지고 말하였으니, 이는 모두 하늘을 위주로 말한 것이고, 아래 절에서 비로소 사람의 일을 말하였다."는 權近의 설을 인용하였다.

49 夫禮 必本於天 : 《예기보주》에 "앞에서 하늘에 있는 것을 가지고 예를 말할 때에 '太一'이라 한 것은 이치이다. 하늘과 땅이 있기 전에 먼저 이 이치가 있었기 때문에 반드시 여기에 근본을 두어 말한 것이니, 여기의 이 말은 하늘과 땅이 있은 뒤에 사람이 있음을 말한 것이다."라는 權近의 설을 인용하였다.

50 (養)〔義〕 : 《예기보주》에 따르면 정현의 주에 "'養'은 마땅히 '義'가 되어야 하니 이는 글자가 잘못된 것이다. 〈禮는〉 아래로 내리면 教令이 되고 사람의 몸에 있으면 義가 되는 것이다." 하였는데, 공영달의 소에는 "王肅은 아래에서 말한 '穫而弗食(수확하되 먹지 않는다)', '食而弗肥(밥을 먹어도 살지지 않는다)'를 근거하여 그 글자는 마땅히 '養'이어야 한다고 하였다." 하였다. 본서에서는 정현의 주를 따라 번역하였다.

하여 〈여러 가지〉 일에 〈근본이 되는 五祀에〉 가며, 변하여 〈權柄이 되는 四時의〉 때를 따르며, 〈달마다 이루는 事功인〉 分과 〈功을 자라게 하는〉 藝에 합하니, 이것이 사람에게 있으면 '義'라 한다. 예를 행할 경우에는 재화, 근력, 辭讓, 음식 및 관례, 혼례, 상례, 제례, 활쏘기, 말몰이, 조회, 聘問으로써 한다.

字義 協 : 합할 협

9.20 故로 禮義也者는 人之大端也니 所以講信修睦하며 而固人肌膚之會와 筋骸之束也며 所以養生送死하며 事鬼神之大端也며 所以達天道하며 順人情之大竇(두)也니라 故로 惟聖人이아 爲知禮之不可以已也하시나니 故로 壞國喪家亡人이 必先去其禮하나니라

그러므로 예의는 사람의 큰 단서이니, 信義를 강론하고 화목을 닦으며, 사람의 살과 피부가 모인 곳과 힘줄과 뼈가 묶인 곳을 〈느슨해지거나 기울어지지 않도록〉 견고히 하는 것이다. 그리고 산 사람을 봉양하고 죽은 사람을 葬送하고 귀신을 섬기는 큰 단서이고, 天道를 통달하고 人情을 순하게 하는 큰 통로이다. 그러므로 오직 聖人이라야 예를 그만둘 수 없음을 안다. 이 때문에 나라를 파괴하고 집안을 잃고 몸을 망치는 사람은 반드시 먼저 禮를 버린다.

字義 筋 : 힘줄 근 骸 : 뼈 해 竇 : 구멍 두

9.21 故로 禮之於人也에 猶酒之有糵也니 君子는 以厚요 小人은 以薄이니라

그러므로 〈德을 이루는〉 사람에게 〈반드시〉 禮가 있는 것은 〈맛있는〉 술에 〈반드시〉 누룩이 있는 것과 같으니, 군자는 예로써 후해지고 소인은 예로써 박해진다.

字義 糵 : 누룩 얼

9.22.1 故로 聖王이 修義之柄과 禮之序하사 以治人情하시나니 故로 人情者는 聖王之田也니 修禮以耕之하며 陳義以種之하며 講學以耨之하며 本仁以聚之[51]하며 播樂以安之[52]니라

그러므로 聖王은 義의 權柄과 禮의 차례를 닦아서 人情을 다스린다. 그러므로 인정은 성왕의 田地이니, 예를 닦아서 밭을 갈며 의를 진열하여 씨를 뿌리며, 학문을 강론하여 김을 매며, 인에 근본하여 거두어들이며, 樂을 전파하여 편안히 한다.

字義 耨 : 김맬 누

9.22.2 故로 禮也者는 義之實也니 協諸義而協이어든 則禮雖先王이 未之有하시나 可以義起也니라

그러므로 禮는 義의 실제이니, 의에 합하여 맞으면 이 예가 비록 선왕이 예를 만들 적에 들어있지 않았더라도 의에 따라 새로운 예를 일으킬 수 있는 것이다.

9.22.3 義者는 藝之分이며 仁之節也니 協於藝하며 講於仁하야 得之者가 强이니라

義는 禮의 分限이요 仁의 節度이니, 예에 합하며 인을 講明하여 의를 얻는 자는 강해진다.

9.22.4 仁者는 義之本也며 順之體也니 得之者가 尊이니라

仁은 義의 근본이고 순함의 본체이니, 이것을 얻은 자는 높아진다.

9.22.5 故로 治國호되 不以禮면 猶無耜而耕也요 爲禮호되 不本於義면 猶耕而弗種也요 爲義而不講之以學이면 猶種而弗耨也요 講之以學而不合之以仁이면 猶耨而弗穫也요 合之以仁而不安之以樂이면 猶穫而弗食也요 安之以樂而不達

---

51 本仁以聚之 : 진호의 주에 다르면 요약하여 궁극의 한 이치에 모으는 것이니, 이는 '만 가지로 다른 것이 근본은 하나임〔萬殊一本〕'의 妙理에 나아가는 것이다. 여기에 이르면 만 가지 이치를 모아 하나의 이치를 만들어 本心의 德이 온전해지니, 이것은 곡식이 익으면 거두어들이는 것과 같다.

52 播樂以安之 : 진호의 주에 따르면 '모은다.〔聚之〕'는 것은 仁을 이롭게 여기는 일이니, 仁을 편안히 여기지는 못하는 것이다. 그러므로 반드시 읊고 노래하고 춤추고 뛰어서 德性을 도야하여 기르고, 나쁜 찌꺼기를 녹여 도덕에 和順하게 하면 자연스러운 경지에 나아가게 되니, 이는 마치 먹어서 배부른 것과 같다.

於順이면 猶食而弗肥也니

그러므로 나라를 다스리되 禮로써 하지 않으면 마치 보습 없이 밭을 가는 것과 같고, 예를 행하되 義에 근본하지 않으면 마치 밭을 갈기만 하고 씨를 뿌리지 않는 것과 같고, 의를 행하되 학문으로써 강론하지 않으면 심기만 하고 김매지 않는 것과 같고, 학문으로 강론하되 仁으로써 합하지 않으면 김매되 수확하지 않는 것과 같고, 仁으로써 합하되 樂으로 편안하게 하지 않으면 수확하되 먹지 않는 것과 같고, 樂으로써 편안히 하여 순함에 도달하지 못하면 밥을 먹어도 살찌지 않는 것과 같다.

字義 耜 : 보습 사 穫 : 거둘 확

9.22.6 四體既正하며[53] 膚革이 充盈은 人之肥[54]也요 父子가 篤하며 兄弟가 睦하며 夫婦가 和는 家之肥也요 大臣이 法하고 小臣이 廉하며 官職이 相序하며 君臣相正은 國之肥也요 天子가 以德爲車하시고 以樂爲御하시며 諸侯가 以禮相與하시며 大夫가 以法相序하며 士가 以信相考[55]하며 百姓이 以睦相守[56]는 天下之肥也니 是謂大順이니 大順者는 所以養生送死하며 事鬼神之常也니라

四體가 이미 바르고 피부가 충만한 것은 사람이 살진 것이고, 부자간이 돈독하고 형제간이 화목하고 부부간이 화합함은 집이 살진 것이다. 大臣이 법을 따르고 낮은 신하가 청렴하며 관직이 서로 질서가 있고 군주와 신하가 서로 바른 것은 나라가 살진 것이고, 천자가 德으로 수레를 삼고 樂으로 馬夫를 삼으며, 제후들이 예로써 서로 우호를 다지고 대부들이 법으로써 서로 位階를 세우며, 士들이 信으로써 서로 이루고 백성들이 화목함으로써 서로 지킴은 천하가 살진 것이다. 이것을 일러 '大順'이라 하니, 대순은 산 사람을 봉양하고 죽은 사람을 장송하고 귀신을 섬기는 떳떳한 예이다.

字義 御 : 마부 어

---

53 하며 : 《禮記大文諺讀》에는 '하면'으로 되어 있으나, 앞뒤 문맥을 살펴 토를 수정하였다.

54 肥 : 진호의 주에 따르면 풍성하여 부족함이 없다는 뜻이다.

55 以信相考 : 진호의 주에 따르면 오래된 약속을 서로 잊지 않는 것이다.

56 以睦相守 : 진호의 주에 따르면 드나들 때 서로 짝하며 지키고, 망볼 때에 서로 도우며, 질병이 있을 때에 서로 부축하는 것이다.

9.22.7 故로 事가 大積焉而不苑(울)[57]하며 竝行而不謬하며 細行而不失하며 深而通하며 茂而有間하며 連而不相及也하며 動而不相害也하나니 此順之至也라 故로 明於順한 然後에아 能守危也니라

그러므로 일이 크게 쌓여도 막히지 않으며 아울러 행하여도 어긋나지 않으며 세세히 행하여도 잘못되지 않으며 깊어도 통하며 빽빽해도 간격이 있으며 연달아 행하여도 서로 침범하지 않으며 動하여도 서로 해치지 않으니, 이는 順함이 지극한 것이다. 그러므로 順에 밝은 뒤에야 〈危亡에 이르지 않도록〉 위망의 경계를 지킬 수 있다.

字義 苑 : 막힐 울(=菀) 謬 : 어긋날 류

9.23.1 故로 禮之不同也하니[58] 不豐也와 不殺(쇄)也는 所以持情而合危也니 故로 聖王所以順이 山者를 不使居川하시며 不使渚者로 居中原하사 而弗敝也하며 用水火金木飮食호되 必時하시며 合男女하며 頒爵位호되 必當年德하시며 用民必順하시나니 故로 無水旱昆蟲之災하며 民無凶饑妖孼[59]之疾이니라

그러므로 禮는 똑같지 않으니 〈줄여야 할 때에〉 풍성하게 하지 않고, 〈풍성하게 해야 할 때에〉 줄이지 않는 것은 情을 유지하고 위태로움에서 上下를 保合하는 것이다. 그러므로 聖王이 순히 하는 것은, 산에 사는 것을 냇가에 살지 않게 하고 〈작은〉 모래섬에 사는 것을 〈넓고 평평한〉 中原에 살지 않게 하여 괴롭고 피곤하지 않게 하며, 물과 불, 쇠와 나무, 음식을 쓰되 반드시 때에 맞게 하며, 남·녀를 합하고 작위를 반포하되 반드시 나이와 덕에 걸맞게 하며, 백성을 쓰되 반드시 〈농한기의〉 때에 순하게 한다. 그러므로 水害와 旱害와 곤충의 재앙이 없으며, 백성들이 흉년과 변괴의 괴로움이 없는 것이다.

字義 渚 : 모래섬 저 頒 : 반포할 반 饑 : 흉년 기 孼 : 재앙 얼

---

57 事 大積焉而不苑(울) : 진호의 주에 "이 大順의 道로써 천하를 다스리면, 비록 큰일이 앞에 쌓여 있더라도 또한 얽매이지 않는다." 한 것에 따라 《禮記大文諺讀》에 '事大가 積焉而不苑'로 되어 있으나, 《禮記補註》에서는 "'大積'은 위의 '幷行', '細行'과 對가 되니, '事'자에서 구를 떼고 '大'자는 마땅히 '積'자와 연이어 읽어야 하므로 '大積'은 크게 쌓임을 말한 것이다. 소주의 王氏 설 또한 이와 같다." 하였다. 이에 의거하여 토를 수정하고 번역하였다.

58 하니 : 《예기대문언두》에는 '와'로 되어 있으나, 앞뒤 문맥을 살펴 '하니'로 수정하였다.

59 妖孼 : 진호의 주에 따르면 '妖'는 衣服과 歌謠와 草木의 변괴를 이르고 '孼'은 금수와 벌레의 변괴를 이른다.

9.23.2 故로 天不愛其道하며 地不愛其寶하며 人不愛其情[60]하나니 故로 天降膏露하며 地出醴泉하며 山出器車[61]하며 河出馬圖하며 鳳皇麒麟이 皆在郊棷(수)하며 龜龍이 在宮沼[62]하며 其餘鳥獸之卵胎를 皆可俯而闚也[63]니 則是無故라 先王이 能修禮以達義하시며 體信以達順故니 此가 順之實也라

그러므로 하늘은 하늘의 道를 아끼지 않으며 땅은 땅의 보물을 아끼지 않으며 사람은 사람의 情을 아끼지 않는다. 그러므로 하늘은 甘露를 내리고 땅에서는 醴泉이 나오며, 산에서는 〈천연적으로 아름다워 가공하지 않아도 되는〉 寶器와 山車가 나오고 河水에서는 龍馬가 河圖를 짊어지고 나오며, 봉황과 기린이 모두 교외의 숲에 있고 거북과 龍이 궁중의 못에 있으며, 그 나머지 새와 짐승으로서 알을 까고 胎로 낳는 것들을 모두 굽어볼 수 있으니, 이는 다른 緣故가 없다. 先王이 능히 禮를 닦아서 義에 도달하며 信을 體行하여 순함에 도달했기 때문이니, 이것이 순함의 實效이다.

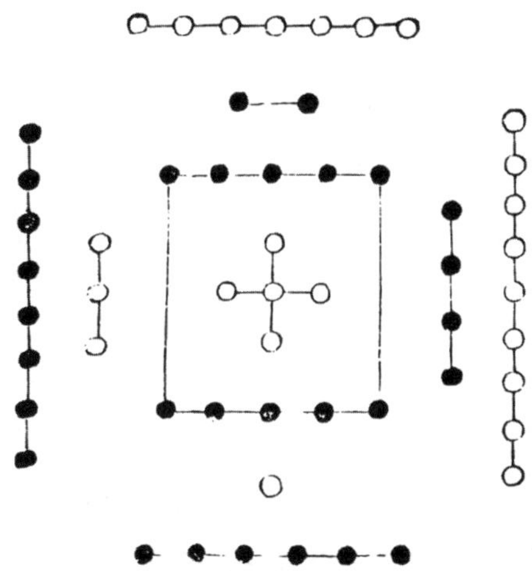

하도河圖

字義 膏 : 기름 고　皇 : 봉황의 암컷 황(=凰)　麒 : 기린 기　棷 : 수풀 수(=藪)　闚 : 엿볼 규

60　人不愛其情 : 《禮記補註》에 "이는 마음을 기울여 윗사람을 섬기고 진심으로 서로 함께함을 이른다."는 楊梧의 설을 소개하였다.

61　山出器車 : 진호의 주에 따르면 예컨대 晉나라 때에 恒山에 큰 나무가 저절로 뽑히니, 그 뿌리 아래에 구슬 70개와 圭 73개가 있었는데 모두 광채와 색깔이 정밀하고 기이하여 평범한 玉과는 달랐다. 또 예컨대 張掖郡 柳谷의 돌에 八卦와 璜, 玦의 모양이 있었다.

62　龜龍在宮沼 : 진호의 주에 따르면 龍의 변화는 측량할 수 없으므로 반드시 궁궐의 못에 있는 것은 아니다. 이 또한 지극히 順하여 감응함이 탁월함을 극단적으로 말했을 뿐이다.

63　鳥獸之卵胎 皆可俯而闚也 : 공영달의 소에 따르면 새가 사람을 두려워하지 않아 둥지를 낮은 곳에 지었으므로 사람이 머리를 숙이면 새 둥지의 알을 엿볼 수 있는 것이다. 사람이 손으로 짐승의 등을 어루만지면 짐승의 배 속에 새끼가 있는지를 알 수 있다.

禮器[1] 第十

10.1 禮는 器니 是故로 大備하니 大備는 盛德也라 禮는 釋回하고 增美質이라 措則正하고 施則行하나니 其在人也에 如竹箭之有筠也하며 如松柏之有心也하니 二者가 居天下之大端矣[2]라 故로 貫四時而不改柯易葉하나니 故로 君子有禮라 則外諧而內無怨이라 故로 物無不懷仁하며 鬼神이 饗德하나니라

禮는 몸을 닦는 기물이다. 이 때문에 크게 갖추어져야 하니, 크게 갖추어짐은 성대한 덕이다. 예는 간사함을 사라지게 하고 아름다운 자질을 더해준다. 몸에 두면 바루어지고 일에 시행하면 행해지니, 사람에게 있어서는 큰 대나무와 작은 대나무에 푸른 껍질이 있는 것과 같이 밖을 꾸밀 수 있으며 소나무와 측백나무에 속이 있는 것과 같이 안을 貞固하게 할 수 있다. 〈큰 대나무와 작은 대나무, 소나무와 측백나무〉 이 두 가지는 천하의 큰 절개가 된다. 그러므로 사계절 동안 변함없이 푸르러 가지가 바뀌지 않고 잎이 바뀌지 않는 것이니, 따라서 군자가 예를 갖추고 있기 때문에 밖에 있는 〈疏遠한〉 자들이 화합하고 안에 있는 〈친근한〉 자들이 원망하지 않는다. 그러므로 사람이 仁을 그리워하지 않음이 없고 귀신들이 덕을 흠향하는 것이다.

字義 箭 : 작은대나무 전 筠 : 푸른껍질 균 柯 : 나뭇가지 가 諧 : 화합할 해 饗 : 흠향할 향

---

1 진호의 주에 "'器'에는 두 가지 뜻이 있으니 하나는 禮를 배우는 자가 德器의 아름다움을 이루는 것이고, 하나는 예를 행하는 자가 用器의 제도를 밝히는 것이다.〔器有二義 一是學禮者成德器之美 一是行禮者明用器之制〕" 하였다.

2 如竹箭之有筠也……居天下之大端矣 : 《禮記補註》에 "주소에 '큰 대나무와 작은 대나무, 소나무와 잣나무가 천하에서 여러 물건에 비해 기운의 근본을 가장 많이 얻었다.〔竹箭松柏 居於天下 比於衆物 最得氣之本〕' 하였다. 내가 생각하건대 '居'자는 마땅히 虛字로 보아야 하니, '천하의 큰 절개가 된다.〔爲天下之大端〕'라는 말과 같다." 하였다.

10.2 先王之立禮也가 有本有文하니 忠信은 禮之本也요 義理는 禮之文也니 無本이면 不立하고 無文이면 不行하나니라

先王이 禮를 확립한 것이 근본이 있고 文飾이 있었다. 忠信은 예의 근본이고 義理는 예의 문식이니, 근본이 없으면 확립되지 못하고 문식이 없으면 행해지지 못한다.

10.3.1 禮也者는 合於天時하며 設於地財하며 順於鬼神하며 合於人心하야 理萬物者也라 是故로 天時有生也며 地理有宜也며 人官이 有能也며 物曲이 有利也니 故로 天不生하며 地不養이어든 君子가 不以爲禮하며 鬼神이 弗饗也하나니 居山호되 以魚鼈爲禮하며 居澤호되 以鹿豖爲禮를 君子가 謂之不知禮라하나니라

禮는 하늘의 때에 부합하며 땅의 재화에 베풀어지며 귀신에 순응하며 사람의 마음에 부합하여 만물을 다스리는 것이다. 그러므로 하늘의 때는 낳는 것이 있으며 땅의 이치는 마땅함이 있으며 일을 맡은 관리는 재능이 있으며 사물의 곡진함은 이로움이 있는 것이다. 따라서 하늘이 내지 않고 땅이 기르지 않았으면 군자가 예로 삼지 않으며 귀신이 흠향하지 않으니, 산에 있되 물고기나 자라를 가지고 예를 행하고 못에 있되 사슴이나 돼지를 가지고 예를 행하는 것을 군자가 '예를 알지 못한다.'고 말하는 것이다.

字義 鼈 : 자라 별

10.3.2 故로 必擧其定國之數하야 以爲禮之大經하나니 禮之大倫은 以地廣狹이요 禮之薄厚는 與年之上下라 是故로 年雖大殺(쇄)하나 衆不匡懼는 則上之制禮也가 節矣일새니라

그러므로 반드시 온 나라 賦稅의 〈거두어지는〉 수를 들어 禮의 큰 법으로 삼으니, 예의 큰 차례는 땅의 넓고 좁음을 따르고 예의 박하고 후함은 1년 농사의 풍년과 흉년을 따른다. 이 때문에 1년 농사가 비록 큰 흉년이 들더라도 백성들이 두려워하지 않는 것은 윗사람이 예를 제정함이 節度에 맞기 때문이다.

字義 狹 : 좁을 협 匡 : 두려워할 광(=恇)

10.4.1 禮는 時爲大하고 順이 次之하고 體가 次之하고 宜가 次之하고 稱이 次之하니 堯가 授舜하며 舜이 授禹하며 湯이 放桀하며 武王이 伐紂는 時也니 詩云호되 匪革(극)其猶라 聿追來孝[3]라하니라

禮는 때가 가장 크고 順함이 그 다음이고 體가 그 다음이고 마땅함〔宜〕이 그 다음이고 걸맞게 함〔稱〕이 그 다음이니, 堯임금이 〈천자의 자리를〉 舜에게 물려주시고 순임금이 禹에게 물려주시고 湯王이 桀王을 추방하고 武王이 紂王을 정벌한 것은 때를 따른 것이니, 《詩經》 〈大雅 文王有聲〉에 "그 계책을 빨리 하려는 것이 아니라 先王의 일을 따라 장래의 효를 이루려고 하는 것이다." 하였다.

字義 革 : 빠를 극(=亟) 猶 : 꾀 유(=猷)

10.4.2 天地之祭와 宗廟之事와 父子之道와 君臣之義는 倫也라 社稷山川之事와 鬼神之祭는 體也라 喪祭之用과 賓客之交는 義也라

〈王은 하늘을 아버지로 섬기고 땅을 어머니로 섬기니〉 천지의 제사와 종묘의 일과 부자간의 道와 군신간의 義는 〈자연의 차례를 順히 따르는 것이므로〉 倫이다. 사직과 산천의 제사와 귀신의 제사는 〈각각 體의 輕重에 따라 禮를 높이거나 줄이므로〉 體이다. 상례와 제례의 씀과 빈객의 사귐은 〈각각의 일에 따라 마땅함〔宜〕에 부합해야 하므로〉 義이다.

10.4.3 羔豚而祭에 百官이 皆足하며 大(태)牢而祭에 不必有餘니 此之謂稱也니 諸侯는 以龜爲寶하며 以圭爲瑞하고 家不寶龜하며 不藏圭하며 不臺門은 言有稱也라

작은 양과 작은 돼지를 가지고 제사 지내도 百官이 모두 풍족하며, 〈소 · 양 · 돼지의 희생인〉 太牢로 제사 지내도 반드시 有餘한 것은 아니니, 이것을 '걸맞음〔稱〕'이라 이른다. 〈나라를 소유한〉 제후는 〈마땅히 점을 쳐서 吉凶을 알아야 하므로〉 거북껍질을 보

3 詩云……聿追來孝 : 진호의 주에 따르면 이 내용은 文王이 豐邑을 만든 것은 애당초 자기의 계책을 이루려는 데 급했던 것이 아니고, 오직 先人의 일을 따라 장래의 孝를 지극히 하여 선대의 基業을 실추하지 않고자 하였을 뿐임을 말한 것이다. 공영달의 소에 따르면 이는 때가 그렇게 만든 것이어서 이렇게 하지 않을 수 없었던 것이다.

물로 삼고 〈公·侯·伯·子·男 각각이 천자에게 하사받은〉 圭를 〈하늘이 내려준 祥瑞처럼 여기기 때문에〉 瑞玉으로 삼으며, 대부의 집에서는 〈나라를 소유하지 않았기 때문에〉 거북을 보물로 여기지 않고 〈使臣이 되지 않으면 圭를 잡을 수 없기 때문에〉 규를 보관하지 않고 문에 〈제후가 쌓을 수 있는〉 臺를 쌓지 않으니, 이는 걸맞는 禮가 있음을 말한 것이다.

字義 寶 : 보물 보 瑞 : 상서로운 옥 서

10.5 禮有以多로 爲貴者하니 天子는 七廟요 諸侯는 五요 大夫는 三이요 士는 一이며 天子之豆는 二十有六이요 諸公은 十有六이요 諸侯는 十有二요 上大夫는 八이요 下大夫는 六이요 諸侯는 七介七牢요 大夫는 五介五牢며 天子之席은 五重이요 諸侯之席은 三重이요 大夫는 再重[4]이며 天子가 崩이어시든 七月而葬호되 五重八翣(삽)[5]이요 諸侯는 五月而葬호되 三重六翣이요 大夫는 三月而葬호되 再重四翣이니 此는 以多로 爲貴也니라

禮는 많음을 귀하게 여기는 경우가 있다. 천자는 7廟이고 제후는 5묘이고 대부는 3묘이고 士는 1묘이다. 천자는 〈초하룻날 밥을 먹을 때〉 그릇 수가 26개이고, 〈上公의〉 여

---

4 天子之席……大夫再重 : 《禮記補註》에 "'천자의 자리'는 祫祭로 말한 것이니, 5重은 莞席(관석)·藻席·次席·蒲席·熊席이다. '제후의 자리'는 서로 만나볼 때에 손님과 주인이 모두 그러한 것을 이르니, 3중은 관석·조석·포석이다. '대부'는 상대부가 빙례와 향례를 행할 때를 위주로 말한 것이니, 2중은 관석·포석이다. 《儀禮》의 例를 보면 한 개의 자리에 모두 '重'이라고 일컬었으니, 무릇 자리가 두 개 있으면 '二重'이라고 일컫는다."라는 楊梧의 설을 소개하였다.

5 五重八翣(삽) : 진호의 주에 따르면 '五重'이란 抗木과 茵(棺의 깔개)을 말한 것이다. 관의 아래에 茵을 까는데, 인은 옅은 검정색의 삼베를 사용하여 겹으로 만들되 띠풀의 하얀 이삭과 향초를 그 속에 넣어 마치 오늘날 요 속에 솜을 넣는 것처럼 한다. 세로로 두 개를 놓고 가로로 세 개를 놓은 것이 1중의 항목이 되니, 흙에서 관을 들어 실을 때 사용하는 것이다. 하관한 뒤에 이 항목을 槨의 위에 올려놓는데, 또한 가로로 세 개를 놓고 세로로 두 개를 놓으며, 그 위에 항석 세 장을 더한다. 이것이 바로 1중이 된다. 이와 같이 하기를 다섯 번 하면 5중이 된다. '翣'은 〈檀弓〉에 보인다. 《禮記補註》에서는 "'重'은 棺의 겹 수인 듯하다. 〈단궁〉에 '천자의 관은 四重이다.' 하였는데, 여기에서 '五重'이라고 말한 것은 비록 약간 다르나, 만약 물소와 외뿔소 두 가죽 관과 白楊나무 관인 杝棺(이관) 하나와 가래나무 관인 梓棺(재관) 둘을 합하여 계산하면 五重이 된다."는 《禮記類編》의 설을 인용하고서, "이것을 제후와 대부에게 적용하여 해석하지 않은 것이 흠이나 진호의 주에 茵과 抗席으로 重을 해석한 것은 옳지 않다." 하였다. 이에 따라 '五重'을 '다섯 겹으로 만든 관'으로 번역하였다.

러 공은 〈번갈아 서로 만날 때 堂 위의 그릇 수가〉 16개이고, 제후는 〈서로 만날 때 당 위의 그릇 수가〉 12개이고, 〈主國이 使臣에게 음식을 먹일 때 당 위의 그릇 수가〉 상대부는 8개이고, 하대부는 6개이다. 제후는 〈천자에게 조회할 적에〉 副使가 7명에 〈천자가 하사하는〉 太牢가 7牢이고, 대부는 부사가 5명에 태뢰가 5뢰이다. 천자의 자리는 다섯 겹이고 제후의 자리는 세 겹이고 대부는 두 겹이다. 천자가 승하하면 7개월 만에 장례를 지내되 다섯 겹으로 만든 관에 8翣(상여의 꾸밈)을 하고, 제후는 5개월 만에 장례 지내되 세 겹으로 만든 관에 6삽을 하고, 대부는 3개월 만에 장례 지내되 두 겹으로 만든 관에 4삽을 하니, 이것은 많음을 귀함으로 여기는 것이다.

字義 翣 : 불삽 삽

10.6 有以少로 爲貴者하니 天子는 無介하며 祭天에 特牲이니라 天子가 適諸侯어시든 諸侯가 膳以犢하고 諸侯가 相朝에 灌用鬱鬯호되 無籩豆之薦하며 大夫가 聘禮에 以脯醢하며 天子는 一食이요 諸侯는 再요 大夫士는 三이요 食力은 無數하며 大路는 繁(반)纓이 一就요 次路는 繁纓이 七就[6]며 圭璋은 特[7]이요 琥璜은 爵[8]이며 鬼神之

---

6 次路 繁纓七就 : 진호의 주에 "다섯 가지 색이 한 번 둘린 것을 '就'라 하니, '就'는 '成'과 같다. 繁과 纓을 모두 이 융단으로 만드니, 수레가 소박하므로 말도 꾸밈이 적은 것이다. 大路 다음에 先路와 次路가 있는데, 차로는 殷나라의 세 번째 길이니, 지위가 낮은 자와 잡역에 종사하는 자를 위한 용도로 만든 것이므로 就의 수가 많은 것이다. 〈郊特牲〉 1.2章에 '次路는 5就이다.' 하였는데 여기서는 잘못하여 7就라고 하였다." 하였다. 《禮記補註》에서는 "진호의 주에 '七就'의 '七'을 誤字라 하였으나 실제는 그렇지 않다. 〈교특생〉의 소주에 보인다." 하였다. 이에 따라 '오취'로 고치지 않고 그대로 번역하였다.

《예기보주》에서 말한 '〈교특생〉의 소주'는 저본의 소주에 인용되어 있는 長樂陳氏의 설로, "〈禮器〉와 〈교특생〉에 '大路의 繁纓이 1就이다.'라고 말한 것은 같으나 次路의 반영을 '5취'와 '7취'라고 말한 것이 같지 않은 것은 先王의 路車는 둘씩 줄어들므로 이것을 돌이켜 더 많게 하더라도 또한 둘씩 늘어날 뿐이기 때문이다. 태로는 1취이고 先路는 3취이면 차로에는 5취와 7취가 있는 것이다. 《서경》에서 차로를 말한 것이 '革路'와 '木路' 두 수레를 겸하였으니, 그렇다면 殷나라의 차로에 반영이 5취와 7취인 것이 어찌 한 수레이겠는가. 鄭氏(鄭玄)는 '7취'를 誤字라 하였으니, 이는 잘못된 의논이다."라고 보인다.

7 圭璋 特 : 진호의 주에 따르면 제후가 왕에게 조회할 때에는 圭를 사용하고, 后에게 조회할 때에는 璋을 잡는다. 옥 중에서 귀한 것은 다른 물건으로 견주지 못하기 때문에 이것을 '特'이라 이르니, 한 가지만을 사용하는 것을 말한다.

8 琥璜 爵 : 진호의 주에 따르면 琥와 璜은 圭와 璋보다 낮아서 이것만 올릴 수가 없으므로 반드시 술잔을 사용할 때를 기다린다. 천자가 제후를 연향할 때와 제후가 자기들끼리 서로 연향할 때에

祭에 單席이며 諸侯가 視朝하실새 大夫는 特이요 士는 旅之니 此가 以少로 爲貴也니라

적음을 귀하게 여기는 경우가 있으니, 천자는 〈천하를 자기 집으로 삼으니, 賓을 위하는 의리가 없으므로 빈을 보좌하는〉 介가 없고 하늘에 제사 지낼 때에 한 마리의 희생만을 쓴다.

천자가 제후국에 가면 제후가 송아지 한 마리로써 반찬을 올리고, 제후가 서로 조회할 적에는 술을 따를 때에 울창주를 사용하되 籩과 豆를 올림이 없고, 대부는 聘禮에 脯와 醢를 쓴다. 천자는 한 번만 먹고 제후는 두 번 먹고 대부와 士는 세 번 먹으며, 힘을 써서 먹고 사는 서인들은 무수히 먹는다. 大路는 말의 배띠와 가슴걸이〔繁纓〕가 1就(오색실로 한 바퀴를 돌림)이고, 〈다음 수레인〉 次路는 말의 배띠와 가슴걸이가 7취이다. 圭와 璋은 한 가지만 올리고, 〈호랑이 형상인〉 琥와 〈둥근 고리의 반쪽 형상인〉 璜은 술잔을 올릴 적에 사용한다. 〈귀신은 사람과 달라 여러 겹으로 따뜻하게 할 필요가 없으므로〉 귀신의 제사에는 깔자리가 하나뿐이다. 제후가 조회할 적에 대부들에게는 한 사람씩 모두 揖을 하고 士들에게는 〈인원의 많고 적음을 따지지 않고〉 무리에게 한 번만 읍을 하니, 이것은 적은 것을 귀하게 여기는 것이다.

백호白琥

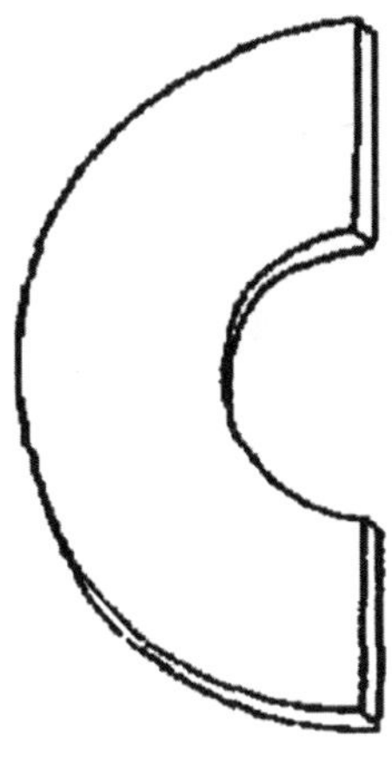
현황玄璜

字義 膳 : 반찬 선　犢 : 송아지 독　灌 : 따를 관　鬱 : 울창할 울　鬯 : 울창주 창
籩 : 제기이름 변　豆 : 제기이름 두　醢 : 젓갈 해　繁 : 배띠 반(=鞶)　纓 : 가슴걸이 영
璋 : 구슬 장　琥 : 구슬 호　璜 : 구슬 황

술을 주고 받을 경우 폐백을 가지고 권하는 술잔을 보내는데, 또 이 두 옥을 폐백으로 받들어 올리므로 이렇게 말한 것이다.

10.7 有以大로 爲貴者하니 宮室之量과 器皿之度와 棺槨之厚와 丘封之大는 此가 以大로 爲貴也[9]니라

큰 것을 귀하게 여기는 경우가 있으니, 궁실의 量과 器皿의 치수와 棺槨의 두께와 丘封(封墳)의 크기는 큰 것을 귀하게 여긴다.

字義 槨 : 관 곽

10.8 有以小로 爲貴者하니 宗廟之祭에 貴者는 獻以爵하고 賤者는 獻以散하며 尊(준)者는 擧觶(치)하고 卑者는 擧角하며 五獻之尊은 門外엔 缶요 門內엔 壺며 君尊은 瓦甒(무)니 此가 以小로 爲貴也[10]니라

작은 것을 귀하게 여기는 경우가 있으니, 종묘의 제사에 〈지위가〉 귀한 자는 〈술 두 되가 들어가는〉 爵으로 〈시동에게 술을〉 올리고 천한 자는 〈다섯 되가 들어가는〉 散으로 〈시동에게 술을〉 올리며, 〈신분이〉 높은 자는 〈서 되가 들어가는 술잔인〉 觶로 〈직접 술을〉 마시고 낮은 자는 〈너 되가 들어가는 술잔인〉 角으로 〈직접 술을〉 마신다. 〈子와 男의 饗禮에 사용하는〉 五獻의 술동이는 〈신하들이 사용하는 것으로〉 문 밖에는 질항아리〔缶〕가 있고 문 안에는 병〔壺〕이 있으며, 군주의 술동이는 〈술 다섯 말이 들어

---

9 有以大爲貴者……以大爲貴也 : 저본의 소주에 인용한 嚴陵方氏의 설에 따르면 《周官(周禮)》에 의하면 典命이 궁실을 품계의 命數로 節度를 삼아서 上公으로부터 子·男에 이르기까지 9命이나 5命으로써 각각 차등을 두었으니, 이는 궁실이 큰 것을 귀함으로 삼은 것이다. 천자의 수레를 '大路'라 하고 활을 '大弓(태궁)'이라 하고 말을 '大斗(태두)'라 하고 방을 '大房(태방)'이라 이르니, 이는 器皿이 큰 것을 귀함으로 삼은 것이다. 높은 자의 棺은 4重에 이르는데 낮은 자는 1重에 그치고 덧널(椁)을 棺에 두르니, 이는 棺과 椁이 큰 것을 귀함으로 삼은 것이다. 《주관》에 의하면 임금의 묘소를 관리하는 冢人(총인)이 작위의 등급을 가지고 丘封(墳墓)의 절도를 삼았으니, 이는 丘封이 큰 것을 귀함으로 삼은 것이다.

10 五獻之尊……以小爲貴也 : 공영달의 소에 따르면 '五獻'은 子와 男의 饗禮이다. 무릇 왕이 신하에게 향례를 베풀거나 제후들끼리 서로에게 향례를 베푸는 경우, 예를 행할 적에 술잔을 올리는 수는 각각 그 命의 수에 따르니, 子와 男은 5命이다. 그러므로 오헌이 바로 子와 男이 술동이를 진열하는 법임을 아는 것이다. '缶'는 술동이의 이름이니, 술을 담아서 문밖에 두고, '壺' 또한 술동이이니 술을 담아서 문안에 둔다. 군주의 술동이는 子와 男의 술동이이다. 子와 男은 瓦甒를 사용하여 술동이로 삼으니, 안과 밖을 말하지 않았으면 堂 위에 진열하여 두는 것이다. 작은 술동이인 瓦甒는 군주와 가까이 있고 큰 술동이인 壺와 缶는 문에 있으니, 이것은 작음을 귀함으로 삼는 것이다. 壺는 크기가 한 섬들이이고 瓦甒는 다섯 말들이이고 缶는 또 壺보다 크다

가는〉 瓦甒(질그릇 술동이)이니, 이것은 작은 것을 귀하게 여기는 것이다.

字義 尊 : 술동이 준(=樽) 觶 : 술잔 치 缶 : 질항아리 부 壺 : 병 호 甒 : 술단지 무

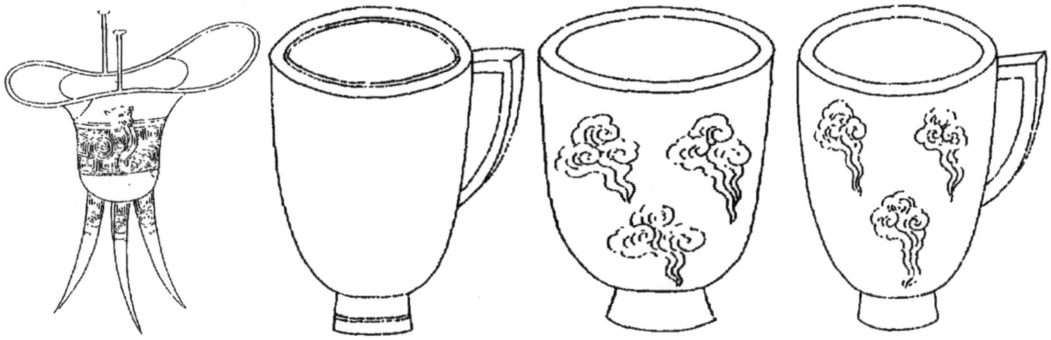

작爵 산散 치觶 각角

10.9 有以高로 爲貴者하니 天子之堂은 九尺이요 諸侯는 七尺이요 大夫는 五尺이요 士는 三尺이며 天子諸侯는 臺門[11]하나니 此는 以高로 爲貴也라

높은 것을 귀함으로 여기는 경우가 있으니, 천자의 堂은 높이가 9尺이고 제후는 7척이고 대부는 5척이고 사는 3척이며, 천자와 제후는 臺門이 있으니, 이것은 높은 것을 귀하게 여기는 것이다.

10.10 有以下로 爲貴者하니 至敬은 不壇하고 埽地而祭하며 天子와 諸侯之尊은 廢禁하고 大夫와 士는 棜(어)禁[12]하나니 此는 以下로 爲貴也라

---

11 天子諸侯 臺門 : 《禮記補註》에 "《春秋公羊傳》 何休의 주에 '천자는 門樓가 둘인 兩觀이고 제후는 臺門이다.' 하였고, 〈郊特牲〉에는 '대문을 만들고 길에 가리개를 세운다.〔臺門而旅樹〕' 하였는데, 그 주에 또한 '제후의 예이다.' 하였다. 지금 '천자와 제후는 대문이다.' 하였으니, 의심할 만하다. 아마도 나누어서 말하면 양관과 대문의 구별이 있고 통틀어 말하면 모두 대문이라 칭할 수 있는 것인가보다." 하였다.

12 天子諸侯之尊……大夫士棜(어)禁 : 진호의 주에 따르면 '禁'과 '棜'는 모두 술동이를 받치는 기물이니, 나무로 만든다. '禁'은 길이가 4척이고 너비가 2척 4촌이니, 판과 다리를 통틀어 높이가 3촌이고, 가운데는 붉은색을 칠하고 푸른 구름무늬와 菱苕華(능초화)를 그려서 꾸밈을 하며, 휘장을 추어올린 모양으로 다리를 조각한다. '棜'는 길이가 4척이고 너비가 2척 4촌이고 깊이가 5촌인데, 다리가 없고 또한 푸른 구름무늬와 능초화를 그려서 꾸민다. '棜'는 바로 바퀴가 없어 사람이 들어야 하는 수레의 이름이고, '禁'은 글자의 의미를 인하여 술의 경계로 삼은 것이다.

낮은 것을 귀하게 여기는 경우가 있다. 지극히 공경함은 〈文飾이 없기 때문에 郊祭에〉 壇을 쌓지 않고 땅을 쓸고 제사 지내며, 천자와 제후의 술동이는 禁을 없애고 대부와 사는 棜와 禁을 사용하니, 이것은 낮은 것을 귀하게 여기는 것이다.

字義 壇 : 단 단 埽 : 쓸 소 禁 : 술동이받침 금 棜 : 술동이받침 어

10.11 禮에 有以文으로 爲貴者하니 天子는 龍袞이요 諸侯는 黼요 大夫는 黻이요 士는 玄衣纁裳[13]이며 天子之冕은 朱綠藻며 十有二旒요 諸侯는 九요 上大夫는 七이요 下大夫는 五요 士는 三[14]이니 此는 以文으로 爲貴也니라

禮에 文彩를 귀하게 여기는 경우가 있으니, 천자는 龍을 그린 곤룡포를 입고 제후는 黼를 그리고 대부는 黻을 그리고 士는 검은 윗옷에 붉은 치마를 입는다. 천자의 면류관은 붉고 푸른 끈에 열두 가닥의 술이 있고 제후는 아홉 가닥이고 上大夫는 일곱 가닥이고 下大夫는 다섯 가닥이고 士는 세 가닥이니, 이것은 문채를 귀하게 여기는 것이다.

곤복袞服

字義 黼 : 수 보 黻 : 수 불 纁 : 분홍빛 훈
藻 : 꾸밈 조 旒 : 면류관끈 류

---

13 天子龍袞……士玄衣纁裳 : 周나라 제도는 해[日]와 달[月]과 星辰을 旂(기)에 그리며, 冕服의 9章은 龍과 山과 華蟲과 불[火]과 宗彝(종이) 다섯 가지를 윗옷에 그리고, 마름[藻]과 粉米와 黼와 黻 네 가지를 치마에 수놓으며, 袞冕의 9章은 龍을 첫 번째로 삼고, 鷩冕(별면)의 7章은 화충을 첫 번째로 삼고, 毳冕(취면)의 5章은 虎蜼(宗彝)를 첫 번째로 삼는다. (《書經集傳》〈虞書 益稷〉)
 공영달의 소에 따르면 제후는 비록 9장이지만 7장 이하로는 그 가운데에 黼가 있다. 대부의 絺冕(치면) 이하로는 그 가운데에 黻이 있다. 이 때문에 다만 黼와 黻을 들어 말했을 뿐이다. 《禮記補註》에는 "《周禮》에는 곤면, 별면, 취면 이외에 또 絺冕과 玄冕이 있으니, 왕의 대부는 치면을 하고 대국의 卿은 현면을 한다. 보와 불은 첫 번째로 삼는 것이 아닌데 특별히 보와 불을 말한 것은 疏의 설이 近理하다." 하였다.

14 諸侯九……士三 : 공영달의 소에 따르면 이 부분은 夏나라와 殷나라의 제도를 말한 것이다. 周나라는 면류관에 드리운 술의 가닥[旒] 수가 命의 수에 따라 각각 다르며, 또 士는 다만 爵弁을 쓰고 旒가 없었다.

10.12 有以素로 爲貴者하니 至敬이 無文하며 父黨에 無容하며 大圭는 不(琢)〔篆〕[15]하며 大(태)羹은 不和하며 大路는 素而越(활)席이며 犧尊(희준)[16]은 疏布鼏(멱)하며 樿杓(전작)이니 此는 以素로 爲貴也라

소박한 것을 귀하게 여기는 경우가 있다. 지극한 공경은 문식이 없고 아버지의 친족에게는 용모를 꾸밈이 없고 大圭는 무늬를 곱게 아로새기지 않고 太羹은 간을 맞추지 않고 〈하늘에 제사할 적에 사용하는〉 大路는 소박하게 하고서 부들자리를 깔고, 犧尊은 거친 삼베로 위를 덮고 〈술을 푸는 도구로는〉 회양목으로 만든 구기를 쓰니, 이것은 소박함을 귀하게 여기는 것이다.

字義 琢 : 쫄 탁 篆 : 새길 전 羹 : 국 갱 越 : 부들자리 활 鼏 : 솥뚜껑 멱 犧 : 희생 희
尊 : 술동이 준(=樽) 樿 : 회양목 전 杓 : 구기 작

10.13 孔子가 曰하사되 禮不可不省也니 禮不同하나 不豐不殺(쇄)라하시니 此之謂也니 蓋言稱也라

공자가 말씀하시기를 "禮를 자세히 살피지 않을 수 없으니, 예가 똑같지 않으나 풍부하게 함을 너무 지나치게 하지 않고 줄이는 것을 너무 지나치게 하지 않는다." 하셨는데, 이것을 말한 것이니, 알맞게 해야 한다는 말이다.

10.14 禮之以多로 爲貴者는 以其外心者也니 德이 發揚하야 詡(후)萬物이니 大理라

---

15 大圭不(琢)〔篆〕: 정현의 주에 "'琢'은 마땅히 '篆'자가 되어야 하는데, 글자를 잘못 기록한 것이다." 하였고, 육덕명의 음의에 "'篆'자는 또 '瑑(아로새김)'으로도 쓰니, '전〔丈轉反〕'이다." 하였다. 그리고 《禮記補註》에서는 "'瑑'은 바로 《周禮》의 '瑑·圭·璋·璧·琮'의 '瑑'이다." 하고서, 또 "옥은 무늬를 아로새기지〔瑑〕 않은 것이 있지 않으니, '瑑'을 따르는 것이 옳을 듯하다."는 徐志修의 설을 소개하였다.

16 犧尊(희준) : 진호의 주에 "犧牲 소의 모습을 조각한 술동이인데, '犧'의 음을 '娑(사)'로 읽는 것은 봉황새의 깃털이 펄럭임〔婆娑〕을 그렸기 때문이다." 하였고, 經文과 《禮記大文諺讀》에도 모두 '犧'의 음을 '莎'로 표기하였으니 뒤에도 모두 이것을 따랐다. 그러나 《禮記補註》에 "육덕명의 음의에 '「犧」는 본글자 대로 읽는다.' 하였으니, 舊說에 '음이 娑이다.'라고 한 것은 따라서는 안 된다." 하였다. 본서에서는 《예기보주》에 따라 음을 '莎'로 붙인 것을 모두 삭제하고 본 글자대로 읽었으며, 뒤에 나오는 '犧'의 음도 모두 수정하였다.

物博[17]이니 如此則得不以多로 爲貴乎아 故로 君子가 樂(락)其發也[18]니라

禮에 많음을 귀하게 여기는 것은 〈예는 덕스러운〉 마음을 밖으로 드러내는 것이기 때문이다. 〈天地의〉 덕이 〈성대하게〉 發揚되어 〈그 혜택이〉 만물에 두루 퍼지니, 이는 큰 이치여서 〈그 이치를 통해〉 물건이 넓게 이루어지는 것이다. 이와 같다면 많은 것을 귀하게 여기지 않을 수 있겠는가. 그러므로 군자가 〈덕스러운 마음이 예로〉 발양됨을 즐거워하는 것이다.

字義 詡 : 두루미칠 후

10.15 禮之以少로 爲貴者는 以其內心也니 德産之致也가 精微[19]하니 觀天下之物이 無可以稱其德者니 如此則得不以少로 爲貴乎아 是故로 君子는 愼其獨也라

예에 적음을 귀하게 여기는 것은 그 마음을 내면에 쓰기 때문이다. 〈천지의〉 덕이 〈유행하여 물건을 성대하게 이루지만 그 성대하게〉 생산하는 極致가 精微하니, 살펴보건대 〈천하의 물건을 두루 취해서 천지에 제사 지낸다 하더라도〉 천하의 물건이 그 덕에 걸맞을 만한 것이 없다. 이와 같다면 적은 것을 귀하게 여기지 않을 수 있겠는가. 이 때문에 군자는 홀로를 삼가는 것이다.

10.16.1 古之聖人은 內之爲尊하며 外之爲樂(락)하며 少之爲貴하며 多之爲美니 是故로 先王之制禮也는 不可多也며 不可寡也라 唯其稱也니라

---

17 德發揚……物博 : 《禮記補註》에는 "'大理'는 앞의 '德發揚'을 이어 받은 것이고 '物博'은 앞의 '詡萬物'을 이어받은 것이다."라는 楊梧의 설을 소개하였다.

18 君子樂(락)其發也 : 진호의 주에는 경문에서 '樂'자의 아래에 '요〔吾敎反〕'라는 음주를 달았는데, 《禮記補註》에서는 "아랫글 '外之爲樂'의 '樂'은 바로 '樂其發也'의 '樂'자이니, 두 '樂'자는 마땅히 모두 음이 '락'이어야 한다."는 권근의 설을 소개하였다. 본서에서는 《예기보주》에 따라 '樂'의 음을 '락'으로 표기하였다.

19 德産之致也精微 : 진호의 주에서는 '致'를 '緻密함'로 해석하였는데, 《禮記補註》에서는 "천지가 물건을 냄이 비록 이와 같이 성대하지만 그 극치를 연구해보면 정미하다."는 楊梧의 설과 "'致'는 바로 '極致'의 '致'이다."라는 權近의 설이 옳다고 하고서, 진호의 주는 古註를 근본으로 삼았으나 文勢가 옳지 않다고 보았다. 본서에서는 《예기보주》에 따라 번역하였다.

옛 聖人이 내면의 誠敬을 소중히 여기고 외면에 풍성하게 함을 즐거워하며, 적은 것을 귀하게 여기고 많은 것을 아름답게 여겼다. 이 때문에 先王이 禮를 만들 적에는 적게 할 것을 많게 해서도 안 되며 많게 할 것을 적게 해서도 안 되므로 오직 걸맞게 한 것이다.

10.16.2 是故로 君子가 大(태)牢而祭를 謂之禮요 匹士가 大牢而祭를 謂之攘이니라 管仲이 鏤簋[20]朱紘(굉)하며 山節藻棁(절)[21]한대 君子가 以爲濫矣라하고 晏平仲이 祀其先人호되 豚肩이 不揜豆[22]하며 澣衣濯冠으로 以朝한대 君子가 以爲隘矣라하니라

이 때문에 군자가 太牢로 제사 지내는 것을 '禮'라 이르고, 匹士가 태뢰로 제사 지내는 것을 〈신분에 맞지 않는 것을 훔친 것이기 때문에〉 '攘'이라 이른다. 〈齊나라의 대부인〉 管仲이 簋에 조각을 하고 면류관에 붉은색 끈을 사용하였으며 斗栱에 산을 새기고 동자기둥에 마름을 새기자, 군자가 그를 참람하다고 하였다. 〈제나라의 대부인〉 晏平仲이 그 先人에게 제사 지내되 작은 돼지의 어깨가 접시를 가리지 못하고 빤 옷과 씻은 冠으로 조회하자, 군자가 그를 누추하다고 하였다.

字義 攘 : 훔칠 양 鏤 : 새길 루 簋 : 제기이름 궤 紘 : 끈 굉 棁 : 동자기둥 절 濫 : 넘칠 람
揜 : 가릴 엄 澣 : 빨 한 濯 : 씻을 탁 隘 : 좁을 애

---

20 鏤簋 : 정현의 주에 "이것은 '조각하고서 장식함'을 이른다. 대부는 거북을 조각할 뿐이며, 제후는 상아로 장식하고 천자는 옥으로 장식한다." 하였는데, 공영달의 소에 "'鏤簋'와 '朱紘'은 모두 천자의 장식인데 管仲이 참람하게 사용한 것이다." 하였다. 《禮記補註》에는 "대부도 조각이 있는데 여기에서 참람하다고 이른 것은 조각에 또 장식을 더하였기 때문이다. 그러므로 정현이 '조각하고서 장식한 것이다.' 하였다. 다만 천자와 제후가 모두 장식이 있는데 이것이 무슨 장식인지 자세하지 않음에도 불구하고 소에서 천자의 일로 단정한 것은 아마도 아래의 세 가지 일이 모두 천자의 예이기 때문인 듯하다." 하였다.

21 山節藻棁(절) : 공영달의 소에 따르면 〈明堂位〉에 '기둥머리의 斗栱에 산을 새기고 들보 위의 동자기둥에 마름을 새기는 것은 천자의 사당에 하는 장식이다.〔山節藻棁 天子之廟飾〕' 하였기 때문에 이것이 천자의 예가 됨을 알 수 있다.

22 豚肩不揜豆 : 진호의 주에 "대부는 제사 지낼 적에 少牢(염소나 큰돼지)를 쓰니, 작은 돼지를 쓰는 것은 합당하지 않다." 하였다. 참고로, 《禮記補註》에서는 "작은 돼지를 쓰는 것은 士로서 田地가 없는 자가 올리는 것이다. 대부는 전지가 없어도 염소〔羔〕를 올린다." 하였다.

10.16.3 是故로 君子之行禮也는 不可不愼也니 衆之紀也라 紀散而衆亂하나니라 孔子가 曰하사되 我는 戰則(先)〔克〕[23]하고 祭則受福이라하니 蓋得其道矣[24]로다

이 때문에 군자가 禮를 행함을 삼가지 않을 수 없으니, 〈예는〉 여러 백성의 紀綱이다. 기강이 흩어지면 무리가 혼란하다. 공자께서 말씀하셨다. "'예를 아는 자〔我〕는 싸우면 이기고 제사 지내면 복을 받는다.'라고 하였으니, 이것은 마땅한 道를 터득하였기 때문이다."

10.17.1 君子가 曰[25]호되 祭祀를 不祈하며 不麾(휘)蚤하며 不樂葆(포)大하며 不善嘉事하며 牲不及肥大하며 薦不美多品이니라

군자가 말하기를 "〈제사에는 일정한 예가 있으니〉 제사를 지낼 적에 〈사사로운 福을〉 기원하지 않으며, 〈일정한 때가 있으니〉 일찍(미리) 지내는 것을 좋아하지 않으며, 〈그릇과 폐백의 크기와 길이가 본래 정해진 제도가 있으니〉 큰 것을 좋아하지 않으며, 〈관례와 혼례처럼〉 아름다운 일을 〈奠을 올려 고함에 일정한 의식이 있으니〉 좋게 여겨 다시 제사를 지내지 않으며, 〈제사마다 각각 마땅한 제물이 정해져 있으므로 모든 제사의〉 희생을 살지고 큰 것으로 하지 않으며, 〈제사에 올리는 물품은 정해진 수가 있으니〉 제수를 올릴 적에 물품이 많은 것을 아름답게 여기지 않는다." 하였다.

字義 祈 : 기원할 기 麾 : 기뻐할 휘 蚤 : 일찍 조 葆 : 클 포(=褒)

---

23 (先)〔克〕: 저본에는 '先'으로 되어 있으나, 《禮記正義》와 문맥에 의거하여 '克'으로 바로잡았다.

24 孔子曰……蓋得其道矣 : 진호의 주의 "기록한 자가 공자의 말씀을 인용하고 해석하기를 '부자가 이 두 가지에 능한 이유는 이것을 행하는 道를 터득했기 때문이다.〔夫子所以能此二者 蓋以得其行之之道也〕' 하였다."라는 것에 따라 《禮記大文諺讀》에 "孔子曰 我戰則克하고 祭則受福이라하시니 蓋得其道矣로다.'로 현토되어 있다. 그런데 《禮記補註》에서는 "'我'는 禮를 아는 자를 가리킨 것이다. '그 道를 터득하였기 때문이다.〔蓋得其道矣〕'라고 한 것은 싸우면 이기고 제사 지내면 복을 받게 되는 이유를 해석한 것이다. 군자가 힘쓰는 바는 겸허하게 행동하여 미덕을 드러내는 데에 있으니, 공자가 응당 스스로 제사 지내어 복을 받는 일을 말하지 않았을 것이기 때문에 공자가 스스로를 '나'라고 한 것이 아니고, 예를 아는 자를 '나'라고 하였음을 알 수 있다."는 주소의 설에 의거하여 이 부분은 온전히 공자의 말이라고 하였다. 이에 따라 토를 수정하고 번역하였다.

25 君子曰 : 진호의 주에 따르면 기록한 자가 스스로 말한 것이다.

10.17.2 孔子가 曰하사되 臧文仲은 安知禮리오 夏父(보)弗綦(기)가 逆祀而弗止也[26]하니라

공자께서 말씀하셨다. "臧文仲이 어찌 예를 알았겠는가? 夏父弗綦가 종묘의 제사를 순서를 바꾸어 지내는데도 저지하지 못하였다.

字義 父 : 미칭 보 綦 : 비단 기

10.17.3 燔柴於(奧)〔爨〕[27 28]하니 夫(奧)〔爨〕者는 老婦之祭也니 盛於盆하며 尊(준)於甁이니라

---

26 臧文仲……逆祀而弗止也 : 진호의 주에 "臧文仲은 魯나라 대부 臧孫辰이다. '夏父弗綦'는 인명이다. 노나라 莊公이 죽자 適子인 閔公을 세웠고 민공이 죽자 僖公을 세웠는데, 희공은 장공의 庶子이고 민공의 庶兄이다."라고 보이는데, 국가는 王統을 위주하므로 아우가 비록 먼저 왕이 되고 형이 뒤에 즉위하였더라도 아우를 先王으로 높이는 것이 예이다. 그런데 이때 노나라는 희공이 서형이라 하여, 희공의 신주를 민공의 신주 위에 올렸으므로 '순서를 바꾸어 제사했다〔逆祀〕'고 한 것이다.

27 (奧)〔爨〕 : 저본에는 '奧'로 되어 있으나, 《禮記正義》에 의거하여 '爨'으로 바로잡았다.

28 燔柴於(奧)〔爨〕 : 정현의 주에 "'奧'는 마땅히 '爨'이 되어야 하니, 이는 글자가 잘못된 것이다. 예에 시동이 식사를 마치면 饎爨(치찬)과 饔爨(옹찬)에 제사 지낸다. '老婦'는 맨 처음 밥을 지었던 자이다." 하였는데, 공영달의 소에 "이는 밥 짓는 부엌인 爨에 제사 지낼 적에 섶을 태워서는 안 된다는 뜻을 밝힌 것이다. '奧'는 여름에 부엌의 신에게 지내는 제사로, 그 예의 등급이 높으니, 여기에 노부를 함께 제사 지낼 뿐이다. 부엌의 신에게 제사 지내는 것은 먼저 奧(室의 서남쪽 모퉁이)에 음식을 올리며 주인도 있고 시동도 있는데 特牲을 써서 시동을 맞이하니, 그 이하는 대략 종묘에 제사 지내는 예와 같다. 이는 그 일이 중대하다는 것이다. '爨'은 종묘에서 제사 지낼 적에 시동이 식사를 마친 뒤에 노부에게만 지내는 제사인데, 盆에 밥을 담고 병에 술을 담았을 뿐이니, 이는 그 일이 사소하다는 것이다." 하였다.

《禮記補註》에서는 "이 네 글자를 《禮記古經》에는 윗단락에 붙였으니, 이는 장문중이 예를 알지 못한 것으로, 두 가지 일이 있음을 말한 것이다. 《孔子家語》에서는, 冉求가 장문중을 일컬어 예를 안다고 하자, 공자께서 '어찌 예를 알았겠는가.'라고 대답하고 이 두 가지 일을 들어서 밝히셨는데, 다만 '奧'가 '竈(조)'로 되어 있고 '尊於甁' 아래에 '非所柴也' 네 글자가 있을 뿐이다. 《儀禮經傳通解續》〈百神〉에는 곧바로 '공자께서 말씀하였다. 「장문중이 어찌 예를 알았겠는가. 奧에 제사 지낼 적에 섶을 태웠다.」' 하였으니, 그렇다면 이것이 장문중의 일이 됨은 의심할 것이 없다. 特牲은 士의 제사인데도 시동이 식사를 마친 뒤에 오히려 爨에 제사 지냄이 있다. 장문중은 대부이니, 아마도 그 집안에서 스스로 爨에 제사 지내면서 이처럼 섶을 태우는 잘못을 범했던 것 같다." 하였다.

《예기고경》은 한나라 정현의 주와 당나라 공영달의 소가 달린 《禮記正義》이다.

爨(찬)에 섶을 태워 제사 지냈다. '爨'이라는 것은 老婦에 대한 제사이니, 음식을 盆에 담고 술을 甁에 담을 뿐이다."

字義 燔 : 태울 번 柴 : 섶 시 奧 : 아랫목 오
爨 : 부뚜막 찬 甁 : 병 병

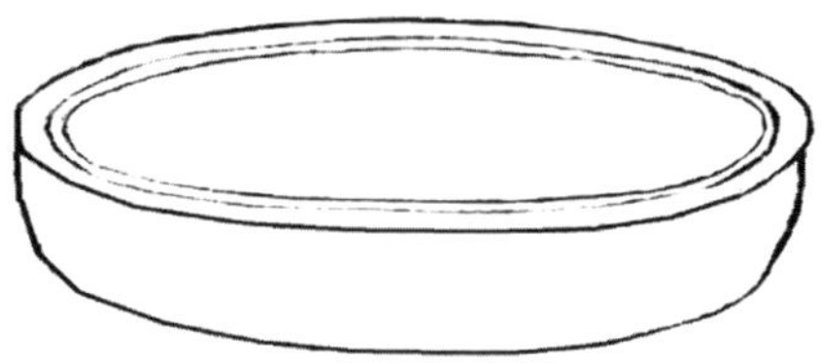
분盆

10.18 禮也者는 猶體也니 體不備면 君子가 謂之不成人이라하나니 設之不當이 猶不備也니라 禮가 有大有小하며 有顯有微하니 大者를 不可損이며 小者를 不可益이며 顯者를 不可揜이며 微者를 不可大也니라 故로 經禮三百과 曲禮三千이 其致는 一也[29]니 未有入室而不由戶者하니라

禮는 사람의 몸통과 같다. 몸통이 구비하지 못하면 군자는 온전하지 못한 사람이라고 이르니, 예를 진설함이 마땅하지 않음은 몸통이 갖추어지지 못한 것과 같다. 예는 〈귀함으로 삼는 것이 많은 것과〉 큰 것이 있고 〈적은 것과〉 작은 것이 있으며 〈높고 문채 나서〉 드러난 것이 있고 〈낮고 소박하여〉 은미한 것이 있으니, 크게 할 것을 덜어서도 안 되고 작게 할 것을 더해서도 안 되며, 드러내야 할 것을 가려서도 안 되고 은미하게 할 것을 크게 해서도 안 된다. 그러므로 經禮 3백 가지와 曲禮 3천 가지가 그 이치는 〈精誠〉 하나이니, 집에 들어가면서 문을 경유하지 않는 자는 있지 않다.

10.19.1 君子之於禮也에 有所竭情盡愼하야 致其敬而誠若하며 有美而文而誠若이니라

군자는 〈안으로 쏟는 마음에 성실하지 않음이 없어서〉 禮에 대하여 情을 다하고 삼감을 지극히 해서 공경하여 성실함을 다하는 경우가 있으며, 〈밖으로 쓰는 마음에 성

---

29 其致一也 : 진호의 주에 "禮는 敬을 근본으로 삼으니, '一'이란 敬일 뿐이다. 방안에 들어가면서 문을 경유하지 않는 자가 없으니, 어찌 예를 행하면서 敬을 따르지 않을 수 있겠는가." 하였는데, 《禮記補註》에서는 아래 章에 두 번 언급된 '誠若'에 의거하여 정현의 주에 "'一'은 誠을 이른다."라고 한 것이 옳다고 보았다. 이에 따라 번역에 '精誠'을 보충하였다.

실하지 않음이 없어서〉 아름답고 문채가 나면서도 성실한 경우가 있다.

字義 竭 : 다할 갈

10.19.2 君子之於禮也에 有直而行也하며 有曲而殺(쇄)也하며 有經而等也하며 有順而討也[30]하며 有摲(참)而播也하며 有推而進也하며 有放而文也하며 有放而不致也[31]하며 有順而摭也[32]하니라

군자가 禮에 있어서 〈어버이가 처음 돌아가셨을 때에 哭과 踊이 절도가 없는 것처럼〉 감정대로 곧바로 행하는 경우가 있으며, 〈아버지가 살아계시면 어머니 상에 기년복을 입는 것처럼〉 굽혀서 줄이는 경우가 있으며, 〈신분의 貴賤에 상관없이 누구나 부모의 상에 삼년상을 하는 것처럼〉 經常의 예를 따라 똑같이 행하는 경우가 있으며, 〈천자 이하로 매 등급이 두 등급씩 降殺되는 것처럼〉 순차적으로 제거하는 경우가 있으며, 〈제사 지낸 고기를 천한 신하들까지 나누어주는 것처럼〉 윗사람의 것을 떼어 내어서 아랫사람에게 나누어 주는 경우가 있으며, 〈夏나라와 殷나라 두 왕조의 자손이 천자의 예를 쓸 수 있는 것처럼〉 낮은 자를 밀어서 등급을 올리는 경우가 있으며, 본받아서 문채 나게 하는 경우가 있으며, 본받되 문채를 지극히 하지 않는 경우가 있으며, 높은 자의 것을 따라 취해 쓰는 경우가 있다.

字義 摲 : 벨 참　放 : 본뜰 방(=倣)　摭 : 취할 척

---

30 有順而討也 : 《禮記補註》에 따르면 예컨대 〈王制〉에서 '천자는 7廟이고 제후는 5묘이고 대부는 3묘이고 士는 1묘이다.'라고 하고 윗글에서 '公은 9介이고 侯와 伯은 7개이고 子와 男은 5개이다.'라고 하고 '천자가 승하하면 7개월에 장례를 지내고 제후는 5개월에 장례를 지내고 대부는 3개월에 장례를 지낸다.'라고 하고 '천자의 堂은 높이가 9척이고 제후는 7척이고 대부는 5척이고 士는 3척이다.'라고 한 것 등이다.

31 有放而文也 有放而不致也 : 진호의 주에 따르면 冕服과 旗幟(기치)에 있는 문장과 채색, 樽과 罍(뇌)에 있는 조각과 그림은 바로 본받아서 문식하는 것이고, 公·侯 이하의 의복에 그 문장과 채색을 천자보다 줄여서 감히 지극하게 하지 못하는 것은 바로 본받되 문장과 채색을 지극하게 하지 않는 것이다.

32 有順而摭也 : 진호의 주에 따르면 예컨대 군주의 시신은 좁쌀 뜨물로 머리를 감기는데 士의 시신 또한 좁쌀 뜨물로 머리를 감기고, 또 군주와 대부와 士가 동일한 예절이 있으니, 이는 바로 높은 자의 것을 그대로 따라서 취해 쓴 것이다.

10.20 三代之禮는 一也라 民共由之하나니 或素或青이나[33] 夏造殷因[34]이니라

〈夏나라 · 殷나라 · 周나라〉 三代의 禮가 똑같다. 백성이 함께 이를 행하니, 혹은 은나라의 흰색을 쓰고 혹은 하나라의 푸른색을 썼지만 하나라가 처음 만들고 은나라가 이를 그대로 따른 것이다.

10.21 周는 坐尸하고 詔侑가 (武)〔無〕[35]方하더니 其禮亦然하니 其道가 一也[36]니라 夏는 立尸而卒祭하고 殷은 坐尸하고 周는 旅酬六尸하니 曾子가 曰하사되 周禮는 其猶醵(거)與인저

周나라는 尸童을 앉히고 〈시동에게 威儀의 절차를 알려주는〉 詔者와 〈시동에게 음식 들기를 권하는〉 侑者가 모두 일정한 사람이 없었는데 그 예가 또한 그러하니, 그 道가 똑같은 것이다. 夏나라는 尸童을 세우고서 제사를 마쳤고, 殷나라는 〈하나라의 禮를 인습하되 加減을 하여〉 시동을 앉혔고, 周나라는 〈또 은나라의 예를 따르되 거기에 더하여〉 여섯 시동이 旅酬의 예를 행하였는데, 〈여섯 시동이 자기들끼리 昭穆의 차례에 따라 여수의 예를 균등하게 행하므로〉 증자가 말씀하였다. "주나라의 이 예는 세속의 술추렴과 같구나."

字義 酬 : 갚을 수 醵 : 추렴할 거

---

33 或素或青이나 : 《禮記大文諺讀》에 '或素或青은'으로 되어 있으나, 주소에 의거하여 토를 수정하고 번역하였다.

34 或素或青 夏造殷因 : 주소에 따르면 이는 숭상하는 바가 비록 다르지만 예는 그대로 따르고 있음을 말한 것이다. 각 왕조가 서로 주고받은 예가 비록 같지만 먼저 하나라로부터 시작하였기 때문에 '하나라가 처음 만들었다.〔夏造〕'라고 한 것이다.

35 (武)〔無〕 : '武'는 '無'의 오자이다.

36 其禮亦然 其道一也 : 진호의 주에 "'亦然'은 또한 은나라의 예와 같은 것이다. 예가 같은 것은 도의 같음에 근본을 두었기 때문에 '그 도가 똑같다.〔其道一也〕'라고 한 것이다." 하였는데, 저본의 소주에 嚴陵方氏의 설에 따르면 夏나라는 시동을 서있게 하였고 은나라는 시동을 앉게 하였다. 殷나라가 비록 시동을 앉게 하였지만 詔와 侑에 반드시 일정한 사람이 없지는 않았다. 周나라는 文이 또 구비되어 시동을 앉게 하였을 뿐만 아니라 또한 詔와 侑에 일정한 사람이 없었다. 이렇게 한 것은 다만 文이 갖추어진 일일 뿐인데, 예에 그렇게 하지 않음이 없기 때문에 '그 예가 또한 그러하다〔其禮亦然〕' 하였고, 그 道를 일찍이 따르지 않은 적이 없기 때문에 '그 도가 똑같다.〔其道一也〕' 하였다.

10.22 君子가 曰하사되 禮之近人情者[37]는 非其至者也니 郊엔 血이요 大饗엔 腥이요 三獻엔 爓[38]이요 一獻엔 孰이니라

군자가 말하였다. "禮가 사람의 情에 가까운 것은 지극한 것이 아니니, 〈예에는 제례보다 더 중한 것이 없으므로 제사를 예로 든다면 가장 높은 神에게 올리는〉 郊祭에는 피를 〈먼저〉 진설하고 〈날고기, 데친 고기, 익힌 고기를 나중에 진설하고, 종묘에서 그 다음으로 높은 신에게 祫祭 지내는〉 大饗에는 날고기를 〈피와 함께〉 진설하고, 〈그 다음으로 높은 신에게〉 술을 세 번 올리는 〈社稷과 五祀의〉 제사에는 데친 고기를 진설하고 〈피와 날고기를 나중에 진설하고,〉 술을 한 번 올리는 〈여러 작은〉 제사에는 〈피, 날고기, 데친 고기보다 사람의 情에 더 가까운〉 익힌 고기만을 진설한다."

字義 腥 : 비릴 성 爓 : 데친고기 섬 孰 : 익힐 숙(=熟)

10.23.1 是故로 君子之於禮也에 非作而致其情也라 此가 有由始也니라 是故로 七介[39]以相見也니 不然則已愨(각)이요 三辭三讓而至하나니 不然則已蹙이니라

이 때문에 군자는 禮에 대해 지나치게 작심하여 情을 지극히 하지 않는 것이다. 이것은 〈先王이 예를 제정하는 초기에 한결같이 精誠과 恭敬을 근본으로 삼아〉 옛것을 따른 것이다. 이 때문에 〈두 나라의 군주가〉 일곱 명의 介(副使)로써 〈賓主의 情을 펴서〉 서로 만나보는 것이니, 이렇게 하지 않으면 〈文采가 없어〉 너무 질박하다. 그리고 〈손님이 처음 大門 밖에 이르렀을 때와 대문에 들어왔을 때에 주인국 人君과 더불어 擯을 통해 매 문마다 한 번씩 서로 사양과 양보를 하여〉 세 번 사양하고 세 번 양보하고서

---

37 禮之近人情者 : 《禮記補註》에 "사람의 情에는 두 가지가 있으니, '道心의 정'은 性命의 바름에 근원을 둔 것으로 聖人이 情을 헤아려서 예문을 세운 것이고, '人心의 정'은 形氣의 사사로움에서 발한 것으로 성인이 정을 말미암아 경계하신 것이다. 여기에서 '인정에 가까운 것은 지극한 것이 아니다.' 한 것은 바로 음식의 욕망이니, '인심의 정'이다."라는 楊梧의 설을 소개하였다.

38 三獻爓 : 저본의 음주에는 '爓(섬)'의 음을 '潛(잠)'이라 하였는데, 《禮記補註》에 "'爓'은 육덕명의 음의에 '섬〔似廉反〕'이라 하였으니, 진호의 주와 다르다." 하였고, 또 "《古今韻會擧要》에 따르면 '爓'은 '섬〔徐廉反〕'이니, 탕에 고기를 데치는 것이다. 또한 '燅(섬)'·'燂(심)'·'𤎖(섬)'·'燖(심)'이라고도 쓴다."라는 김장생의 설을 소개하였다. 본서에서는 《예기보주》에 따라 번역하였다.

39 七介 : 진호의 주에 따르면 上公의 介는 9명이고 侯伯은 7명이고 子男은 5명이니, 여기에서 7명이라고 한 것은 그 중간을 들어 말한 것이다.

일어나니, 이렇게 하지 않으면 〈禮貌가 없어〉 너무 촉박하다.

字義 愨 : 질박할 각 已 : 너무 이 蹙 : 촉박할 축

10.23.2 故로 魯人이 將有事於上帝할새 必先有事於頖(반)宮하고 晉人이 將有事於河할새 必先有事於惡池(호타)[40]하고 齊人이 將有事於泰山할새 必先有事於配林하니 三月을 繫하고 七日을 戒하며 三日을 宿은 愼之至也니라 故로 禮有擯詔하며 樂有相步는 溫之至也니라

그러므로 魯나라 사람은 장차 상제에게 〈郊祭의〉 제사를 지내려 할 적에 반드시 먼저 〈제후의 태학인〉 반궁에서 〈后稷에게 고하는〉 제사를 지냈고, 晉나라 사람은 장차 하수에 제사 지내려 할 적에 반드시 먼저 〈黃河의 신을 從祀한 작은 하천인〉 惡池(호타)에 제사 지냈고, 齊나라 사람은 장차 태산에 제사 지내려 할 적에 반드시 먼저 〈태산의 신을 從祀한 숲인〉 배림에 제사 지냈으니, 3개월 동안 희생을 매어 두고 7일 동안 재계하고 3일 동안 齋宿하는 것은 삼감이 지극한 것이다. 그러므로 예에는 〈賓主가 서로 만나볼 때〉 예를 돕는 擯과 詔가 있고 악에는 〈앞을 보지 못하는 樂工의〉 길을 인도하는 相步가 있으니, 〈이 두 가지는〉 따뜻하게 포용하여 대우함이 지극한 것이다.

字義 頖 : 학교이름 반 惡 : 물 이름 호(=呼) 池 : 물이름 타(=沱) 繫 : 맬 계

10.24.1 禮也者는 反本修古하야 不忘其初者也니 故로 凶事에 不詔하고 朝事는 以樂(악)이니라

예는 〈하늘이 부여한〉 근본을 돌이키고 〈성인이 만든〉 옛 도를 닦아 그 원초를 잊지 않는 것이다. 그러므로 흉한 일에는 〈哭과 踊이 본심에서 저절로 발로되기 때문에〉 예

---

40 惡池(호타) : 정현의 주에 "'惡'는 '呼'로 읽어야 한다. '呼池(호타)'는 幷州의 하천이다." 하였고, 육덕명의 음의에 "'池'는 '다〔大河反〕'이다." 하였다. 《주례》 〈夏官 職方氏〉에 "正北은 병주이니, 그 鎭山은 恒山이고 그 하천은 呼池이다." 하였는데, 육덕명의 음의에 "'池'는 '다〔徒多反〕'이다." 하였다. 그리고 《禮記補註》에 "'虖池(호타)'는 바로 '滹沱河(호타하)'이니 漢나라 光武帝가 건넜던 곳이다. 《주례》 〈하관 직방씨〉의 주와 《史記》의 주와 《輿地圖》를 상고해보면 알 수 있다." 하였다.

절을 말해주지 않으며, 朝廷의 〈노인을 봉양하고 어진이를 높이는〉 일은 〈본심에서 바라고 흡족해하는 것이기 때문에〉 풍악을 울려 즐거워하는 것이다.

10.24.2 醴酒之用호되 玄酒之尙하며 割刀之用호되 鸞刀之貴하며 莞簟(완점)之安호되 而槀鞂(고갈)之設이니라

〈옛일을 닦기 위해 맛 좋은〉 醴酒를 사용하되 玄酒(정화수)를 위에 놓으며, 고기를 써는 칼을 사용하되 〈고기를 썰 때 음절을 맞추고자 해서〉 방울이 달려 있는 鸞刀를 귀하게 여기며, 〈아래에 까는〉 부들자리와 〈위에 까는〉 왕골자리를 〈함께 쓰는 것을〉 편안히 여기되 〈郊祭에 거친〉 짚을 까는 것이다.

字義 醴 : 단술 례 割 : 벨 할 鸞 : 방울 란 莞 : 부들자리 완 簟 : 왕골자리 점 槀 : 짚 고 鞂 : 거적 갈

10.24.3 是故로 先王之制禮也는 必有主也하니 故로 可述而多學也[41]니라

이 때문에 선왕이 예를 제정한 것은 〈근본을 돌이키고 옛 것을 닦기 위해〉 반드시 주장함이 있었으니, 그러므로 傳述하여 많이 배울 수 있는 것이다

10.25 君子가 曰하사되 無節於內者는 觀物弗之察矣니 欲察物而不由禮면 弗之得矣라 故로 作事不以禮면 弗之敬矣요 出言不以禮면 弗之信矣니라 故로 曰禮也者는 物之致也니라

군자가 말하였다. "흉중에 예의 節文을 통달하지 못한 자는 예를 행하는 일을 보더라도 득실을 자세히 살피지 못하니, 사물을 살피고자 하면서 예를 따르지 않으면 是非의

---

41 先王之制禮也……可述而多學也 : 진호의 주에 "'有主'는 근본을 돌이키고 옛것을 닦음을 주장하는 것이니, 다만 이 두 가지를 가지고 구하면 稱述하여 배우기를 싫어하지 않을 수 있다." 하였는데, 《禮記補註》에 "'可述'은 《논어》의 '전술하기만 하고 창작하지 않는다.〔述而不作〕'의 '述'과 뜻이 같은데, 진호의 주에 '칭술'이라 하였으니, 뜻이 부족한 듯하다."는 徐志修의 설을 소개하였다. 본서에서는 이에 따라 '述'을 '전술하다'로 번역하였다.

실제를 알지 못한다. 그러므로 일을 할 적에 예대로 하지 않으면 공경하지 않는 것이요, 말을 할 적에 예대로 하지 않으면 남들이 믿지 않는다. 그러므로 '예는 사물의 極致이다.' 한 것이다."

10.26.1 是故로 昔先王之制禮也에 因其財物하사 而致其義焉爾니 故로 作大事호되 必順天時[42]하며 爲朝夕호되 必放於日月하며 爲高호되 必因丘陵하며 爲下호되 必因川澤[43]이니 是故로 天時雨澤에 君子가 達亹亹(미미)焉[44]하나니라

그러므로 옛적에 先王이 禮를 만들 적에 〈폐백과 옥, 牲牢와 黍稷 따위의〉 財物을 인하여 그 義를 지극히 하였으니, 그러므로 〈재물은 모두 天時가 낳은 것이므로〉 제사를 지내되 반드시 天時를 순응하며, 〈大明이 동쪽에서 생기기 때문에 봄의〉 아침에 〈해에〉 제사 지내고 〈달이 서쪽에서 생기기 때문에 가을〉 저녁에 〈달에〉 제사 지내되 반드시 해와 달이 뜨는 방향을 따르며, 높은 것을 제사 지내되 반드시 구릉을 인하며, 낮은 것을 제사 지내되 반드시 川澤을 인하는 것이다. 이 때문에 天時가 비를 내리면 하늘이 힘쓰고 힘써 그치지 않음을 군자가 통달하는 것이다.

字義 放 : 따를 방 亹 : 힘쓸 미

10.26.2 是故로 昔先王이 尙有德하시며 尊有道하시며 任有能하시며 擧賢而置之하시고 聚衆而誓之하시니라 是故로 因天事天하시며 因地事地하시며 因名山하야

---

42 作大事 必順天時 : 진호의 주에 따르면 예컨대 啓蟄이 되면 郊祭를 지내고, 蒼龍星이 나타나면 雩祭를 지내고, 가을의 쌀쌀한 기운이 비로소 일어나면 嘗祭를 지내고, 벌레가 땅속으로 들어가면 烝祭를 지내는 것이다.

43 爲高……必因川澤 : 진호의 주에 "일설에 '爲高'는 圜丘에서 제사 지내는 것이고 '爲下'는 方丘에서 제사 지내는 것이라 한다." 하였다. '圜丘'는 천자가 하늘에 제를 드리는 둥근 祭天壇이다. '方丘'는 네모난 구릉으로, 역시 고대에 地祇에 제사를 지내는 단인데, 예로부터 '天圓地方'이라 하여 하늘에 제를 지내는 단은 둥글게, 땅에 제사 지내는 단은 모나게 쌓았다.

44 天時雨澤 君子達亹亹(미미)焉 : 《禮記補註》에서는 진호의 주에 '亹亹'를 '천지가 힘쓰고 힘써 그치지 않는 것이다.' 한 것은 옳지 않다고 보았고, "이것은 바로 《주역》 乾卦 〈象傳〉의 '하늘의 운행을 살펴 스스로 힘쓴다.'는 뜻이다."라는 權近의 설을 인용하고서 "성인은 재물을 인하여 義를 지극히 해서 하늘에 제사하고 땅에 제사하면 하늘과 땅 또한 때에 맞게 비를 내리니, 성인이 이에 더욱 힘쓰고 힘쓰는 마음을 통달해서 스스로 힘쓰고 쉬지 않는 것이다." 하였다.

升中于天[45]하시며 因吉土하야 以饗帝于郊하나니 升中于天而鳳皇이 降하며 龜龍이 假(격)하고 饗帝于郊而風雨가 節하며 寒暑가 時하나니 是故로 聖人이 南面而立이어시든 而天下가 大治니라

이 때문에 옛 선왕이 덕이 있는 이를 존경하고 도가 있는 이를 높이며, 재능이 있는 이에게 맡기고, 어진 이를 들어서 제자리에 앉히며, 무리들을 모아 경계하였다. 그러므로 하늘을 인하여 하늘을 섬기고, 땅을 인하여 땅을 섬기며, 名山을 인하여 마음속의 정성을 하늘에 올리고, 〈왕이 점쳐서 國都를 세운〉 吉土를 인하여 上帝를 郊外에서 祭饗하는 것이니, 마음속의 정성을 하늘에 올려 고하면 봉황이 내려오고 거북과 용이 이르며, 상제를 교외에서 제향하면 風雨가 시절에 맞고 寒暑가 때에 맞으니, 이 때문에 성인이 南面하고 서 있으면 천하가 크게 다스려지는 것이다.

字義 皇 : 봉황의 암컷 황(=凰) 假 : 이를 격(=格)

10.27 天道는 至教요 聖人이 至德이시니 廟堂之上에 罍尊(뇌준)이 在阼하고 犧尊(희준)이 在西하며 廟堂之下에 縣鼓가 在西하고 應鼓가 在東하며 君은 在阼하고 夫人은 在房하며 大明이 生於東하고 月生於西하나니 此가 陰陽之分이며 夫婦之位也라 君은 西酌犧象하시고 夫人은 東酌罍尊하사 禮交動乎上하며 樂交應乎下는 和之至也라

天道는 지극한 가르침이요 성인은 지극한 덕이시니, 〈제후의 時祭의 예는〉 廟堂의 위에 〈夏나라의 술동이로, 산과 구름을 그려 넣은〉 罍尊이 동쪽 섬돌에 있고, 〈周나라의 술동이로, 봉황의 깃을 그려 넣고 코끼리 뼈로 장식한〉 犧尊이 서쪽 계단에 있으며, 廟堂의 아래에는 〈큰북인〉 縣鼓가 서쪽에 있고 〈작은북인〉 應鼓가 동쪽에 있으며, 군주는 동쪽 섬돌에 있고 부인은 방에 있으며, 해가 동쪽에서 뜨고 달이 서쪽에서 뜨니, 이것은 음과 양의 구분이며 남편과 부인의 위치이다. 군주는 서쪽을 향하여 犧象에서

---

45 升中于天 : 진호의 주에 "'中'은 평함(平)이며 이룸(成)이다." 하였는데, 《禮記補註》에서는 "'中'은 바로 마음속의 정성을 말한 것이다."라는 權近의 설을 소개하였다. 본서에서는 이에 따라 '中'을 '마음속의 정성'으로 번역하였다.

술을 뜨고 부인은 동쪽을 향하여 罍尊에서 술을 떠서 예가 堂 위에서 서로 動하고 악이 堂 아래에서 서로 응하니, 和함의 지극한 것이다.

字義 罍 : 술독 뢰 阼 : 동쪽계단 조 酌 : 술뜰 작

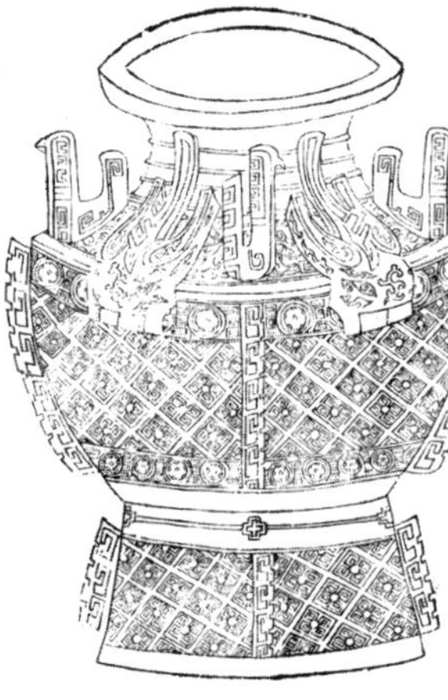

뇌罍

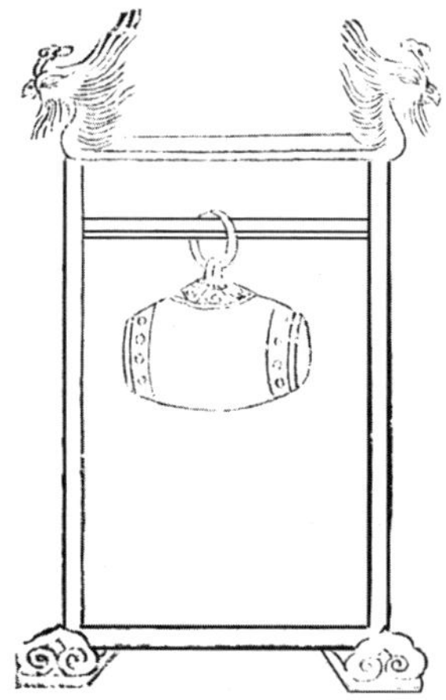

응고應鼓

10.28 禮也者는 反其所自生이요 樂(악)也者는 樂(락)其所自成이니 是故로 先王之制禮也가 以節事하며 修樂以道志니 故로 觀其禮樂而治亂을 可知也니라 蘧伯玉이 曰호되 君子之人은 達이라 故로 觀其器而知其工之巧하며 觀其發而知其人之知[46]라하나니 故로 曰호되 君子는 愼其所以與人者니라

〈만물은 하늘에 根本하고 사람은 조상에 근본하니〉 예는 〈근본에 보답하고 시작을 돌이킴을 주장하므로〉 말미암아 태어난 바를 돌이키는 것이요, 〈王者가 功이 이루어지고 다스려짐이 안정된 뒤에 악을 만드니〉 악은 스스로 〈文德이나 武功을〉 이룬 바를 즐거워하는 것이다. 이 때문에 선왕이 예를 제정하여 일을 절도있게 하며 악을 닦아서 뜻을 나타냈다. 그러므로 그 禮樂을 보면 治亂을 알 수 있는 것이다. 蘧伯玉이 말하기를

---

46 觀其發而知其人之知 : 진호의 주에는 '發'을 發動으로 보아 "군자의 마음은 밝게 통달하여 器用을 보면 工人의 공교로움과 졸렬함을 알고, 사람의 발동과 擧措를 보면 그 사람의 지혜로움과 어리석음을 안다." 하였는데, 《禮記補註》에는 "'발'은 활을 쏠 때 화살을 발사하는 것을 이른다.〔發 謂射之發矢也〕"라는 《禮記類編》의 설을 소개하였다. 본서에서는 이에 따라 '發'을 '발사하다'로 번역하였다.

“군자인 사람은 예를 통달하였다. 그러므로 기물을 보면 그 工人의 공교로움을 알며 화살을 발사하는 것을 보면 그 사람의 지혜를 안다.” 하였다. 그러므로 “군자는 사람과 교제하는 것을 삼간다.” 한 것이다.

字義 蘧 : 姓 거

10.29.1 大(태)廟之內엔 敬矣라 君이 親牽牲이어시든 大夫가 贊幣而從하며 君親制祭어시든 夫人이 薦盎하며 君親割牲이어시든 夫人이 薦酒니라

太廟의 안에서는 지극히 공경한다. 군주가 친히 〈사당 문을 나와서〉 犧牲을 〈맞이하여〉 끌고 오면 〈희생을 잡기 전에 반드시 神에게 먼저 고해야 하니〉 대부가 도와서 〈신에게 고할 때 쓸〉 폐백을 가지고 뒤따르며, 군주가 친히 간을 떼어 제사 지내면 부인이 〈잘 익어 빛깔이 하얀 술인〉 盎齊를 올리며, 군주가 친히 익은 희생을 베어 제사 지내면 부인이 술을 올리는 것이다.

字義 贊 : 도울 찬 盎 : 동이 앙

10.29.2 卿大夫는 從君하고 命婦는 從夫人하야 洞洞乎其敬也며 屬屬(촉촉)乎其忠也며 勿勿乎其欲其饗之也[47]니라

경 · 대부는 군주를 따라가고 〈경 · 대부의 아내인〉 命婦는 부인을 따라 洞洞히 공경하며 屬屬히 충성하며 勿勿히 흠향하고자 하는 것이다.

字義 屬 : 전일할 촉

10.29.3 納牲은 詔於庭하고 血毛는 詔於室하고 羹定은 詔於堂하나니 三詔가 皆不同位는 蓋道求而未之得也니라

〈犧牲이 뜰에 들어오면 폐백을 가지고 神에게 告由하므로〉 희생을 바치는 것은 뜰에

---

47 命婦從夫人……勿勿乎其欲其饗之也 : 진호의 주에 따르면 ‘洞洞’은 공경함에 안과 밖의 차이가 없는 것이고, ‘屬屬’은 성실하여 거짓이 없는 것이다. ‘勿勿’은 힘쓰고 힘써 그치지 않는 것인데, 일설에는 ‘切切(매우 간절하다)’이라고 한다.

서 告由하고, 〈희생을 잡아서 피와 털을 취하여 廟室에 들어가 신에게 고유하기 때문에〉 피와 털을 바치는 것은 묘실에서 고유하고, 〈고기를 삶고 나면 尸童을 맞이하여 묘실로 들어가려 할 때에〉 고깃국과 삶은 고기를 〈먼저 도마에 담아〉 바치는 것은 堂에서 고유하니, 세 번의 告由가 모두 자리가 똑같지 않은 것은 아마도 神을 求하여도 얻을 수 없음을 말하는 것일 듯하다.

10.29.4 設祭於堂하고 爲祊(팽)[48]乎外하나니 故로 曰호되 於彼乎아 於此乎[49]아이니라

〈날고기와 데친 고기를 올릴 때에〉 堂에 祭饌을 진설하고 사당 문 밖에서 繹祭를 지내니, 그러므로 말하기를 "이곳에 계신가? 저곳에 계신가?"라고 한 것이다.

字義 祊 : 제사 팽

10.30 一獻은 質하고 三獻은 文하고 五獻은 察하고 七獻은 神[50]이니라

1獻은 질박하고, 3헌은 문식이 있고, 5헌은 자세히 살피고, 7헌은 神으로 대하는 것이다.

10.31 大饗은 其王事與인저 三牲魚腊은 四海九州之美味也요 籩豆之薦은 四時之和氣也요 內(납)金은 示和也요 束帛加璧은 尊德也요 龜爲前列은 先知也요 金次之는 見(현)情也요 丹漆絲纊竹箭은 與衆共財也요 其餘는 無常貨요 各以其國

---

48 祊(팽) : 진호의 주에 따르면 제사한 다음 날 또다시 제례를 베풀어 어제 지냈던 제사를 이어가는 繹祭를 이른다. 또 사당 문을 '祊'이라 하니, 제찬을 사당 문 밖의 서쪽 곁에 진설하기 때문에 이렇게 칭한 것이다.

49 於彼乎 於此乎 : 진호의 주에 따르면 '신이 저곳에서 흠향하는지, 이곳에서 흠향하는지를 알지 못함'을 말한 것이다.

50 一獻質……七獻神 : 진호의 주에 따르면 '獻'은 술을 떠서 올리는 것이다. 여러 작은 제사를 지낼 경우에는 1헌을 하니 예가 질박하고 간략하며, 사직과 五祀의 제사에는 3헌을 하니 신이 약간 높기 때문에 문식이 있는 것이다. '5헌'은 사방으로 산천에 望祭를 지내는 예이고 '察'은 드러남이 성하고 자세히 나타나는 모양이다. 先公의 사당에 제사 지낼 경우에는 7헌을 하니, 예가 중하고 마음이 엄숙해서 洋洋히 신이 계신 듯이 한다.

之所有는 則致遠物也요 其出也에 (肆)〔陔〕[51]夏而送之는 蓋重禮也[52]라

종묘의 큰 제향인 祫祭는 王(천자)의 일일 것이다. 세 가지 희생과 어물, 짐승의 포는 四海와 九州의 훌륭한 음식이고, 籩·豆에 담아 올리는 음식은 四時의 조화로운 기운이 생성한 것이고, 〈제후가 朝貢으로〉 金을 바침은 〈천자에게 친히〉 和順함을 보이는 것이고, 〈군자가 德을 玉에 비유하였으므로〉 束帛에 璧玉을 더함은 덕을 높이는 것이고, 거북껍질을 앞에 진열해 놓는 것은 〈길흉을〉 먼저 알기 때문이다. 황금이 그 다음에 있는 것은 〈누구나 똑같이 원하는〉 人情을 나타낸 것이고, 丹沙와 漆, 생사와 솜, 대나무와 살대는 백성과 재물을 함께 하는 것이다. 그 나머지는 일정한 재화가 없고 각각 자기 나라의 소유에 따르는 것은 먼 지방의 물건을 바침을 보이는 것이고, 예를 마치고 나갈 적에 〈陔夏〉의 樂章으로 전송함은 예를 중하게 하는 것이다.

칠漆

字義 腊 : 포 석　內 : 들일 납(=納)　璧 : 둥근구슬 벽　漆 : 옻 칠　纊 : 솜 광　箭 : 살대 전
陔 : 樂章 이름 해

10.32 祀帝於郊는 敬之至也요 宗廟之祭는 仁之至也요 喪禮는 忠之至也[53]요 備服器는 仁之至也요 賓客之用幣는 義之至也니 故로 君子가 欲觀仁義之道인댄

---

51 (肆)〔陔〕: 진호의 주에 "정현의 주에서 '肆'를 '陔'로 읽었는데, 《周禮》에 '鍾師가 九夏를 관장하여 尸童이 나가고 들어올 때에 〈肆夏〉를 연주하고 손님이 취하여 나갈 때에 〈陔夏〉를 연주한다.' 하였기 때문에 '陔'가 됨을 안 것이다." 하였다.

52 重禮也 : 진호의 주에는 '重'을 '중대한 예'로 해석하였는데, 저본의 소주에 馬氏는 "군자가 제사 지낼 적에 끝마침을 삼가기를 처음과 같이 하여 제사가 끝나면 수량을 한정하지 않고 술을 마시는데, 또 예가 절도가 없을까 염려하므로 〈陔夏〉를 연주하여 절제해서 잔치를 편안히 즐기면서도 어지러운 지경이 되지 않게 하니, 이는 예를 중하게 하는 것이다." 하였다. 본서에서는 《禮記補註》에 "'重禮'는 예를 중하게 한다는 뜻인 듯하니, 소주의 마씨 설이 옳다." 한 것에 따라 번역하였다.

53 喪禮 忠之至也 : 정현의 주에 "상례는 곡하고 발을 구르고 袒(소매를 벗어 어깨를 드러냄)을 하고 襲을 함을 이른다." 하였고, 공영달의 소에 "친척의 상에 마음을 다해 追念하기 때문이다." 하였다.

禮其本也니라

上帝를 교외에서 〈文飾이 없이 공경을 다하여 簡素한 예로〉 제사 지냄은 공경이 지극한 것이고, 종묘의 제사는 〈죽은 분을 섬기기를 살아계신 분을 섬기듯이 하므로〉 仁이 지극한 것이고, 상례는 〈그 절차를 반드시 精誠스럽게 하고 信實하게 하므로〉 충성이 지극한 것이고, 의복과 기물을 구비함은 〈어버이를 사랑하는 誠心이 발로된 것이므로〉 仁이 지극한 것이고, 빈객이 〈朝聘과 燕享에〉 폐백을 사용함은 〈厚意를 받들어 올리는 것이므로〉 義가 지극한 것이니, 그러므로 군자가 仁義의 도를 보고자 한다면 〈예를 행하는 데에서 볼 수 있으니〉 예가 근본이다.

10.33 君子가 曰하사되 甘受和하며 白受采하나니 忠信之人이아 可以學禮니라 苟無忠信之人이면 則禮不虛道니 是以로 得其人之爲貴也[54]니라

군자가 말하였다. "〈五味 가운데 단맛은 四時의 기운을 모두 조화롭게 받는 土에 해당하므로〉 단맛이어야 조미를 받고, 〈여러 색의 바탕이 되는〉 백색이어야 채색을 받으니, 〈바탕이〉 忠信한 사람이어야 禮儀를 배울 수 있다. 만약 충신이 없는 사람이면 예가 헛되이 행해지지 않으니, 이 때문에 〈바탕이 충신한〉 사람을 얻는 것을 귀하게 여기는 것이다."

10.34 孔子가 曰하사되 誦詩三百호되 不足以一獻이며 一獻之禮가 不足以大饗이며 大饗之禮가 不足以大旅며 大旅를 具矣오도 不足以饗帝니 毋輕議禮니라

공자께서 말씀하셨다. "《시경》 300편을 외워 언어를 잘 구사할 수 있더라도 〈예를 대략적으로도 들은 것이 없으면〉 1獻을 행할 수가 없고, 1헌을 올리는 예는 〈祫祭의〉 大饗(큰 제향)을 행하기에는 〈그 예가〉 충분하지 못하고, 대향을 행하는 예는 〈五帝를 제사하는〉 大旅를 행하기에는 〈그 예가〉 충분하지 못하고, 대여의 예를 갖추어 알았더라도 상제를 제향하기에는 〈그 예가〉 충분하지 못하니, 예를 가볍게 의논하지 말아야 한다."

---

54 甘受和……得其人之爲貴也 : 《禮記補註》에 "〈禮器〉편 머리에 '충신은 예의 근본이고 의리는 예의 문채이다.〔忠信禮之本 義理禮之文〕' 하였으니, 윗글의 여러 절은 모두 의리의 문채를 드러내 밝힌 것이다. 그러므로 여기에서 또 '충신한 사람이어야 예를 배울 수 있다.〔忠信 可以學禮〕'는 뜻을 말한 것이다."라는 權近의 설을 소개하였다.

10.35.1 子路가 爲季氏宰러니 季氏祭할새 逮闇而祭호되 日不足이어늘 繼之以燭하니 雖有强力之容과 肅敬之心이라도 皆倦怠矣라 有司가 跛(피)倚以臨祭하니 其爲不敬이 大矣러라

子路가 季氏의 家臣이 되었는데 계씨가 제사 지낼 적에 동트기 전 어두울 때부터 제사 지냈으나 하루가 저물어도 충분치 못하여 촛불을 켜고 밤까지 계속하니, 비록 강하고 힘이 있는 용모와 엄숙하고 공경하는 마음이 있는 자라도 모두 태만해졌다. 有司가 한쪽 발로 기울 듯이 서서 물건에 기대고 제사에 임하니, 그 불경함이 컸다.

字義 逮 : 미칠 체 闇 : 어두울 암 倦 : 게으를 권 怠 : 게으를 태 跛 : 비스듬히 설 피
倚 : 의지할 의

10.35.2 他日에 祭할새 子路가 與러니 室事를 交乎戶[55]하며 堂事를 交乎階[56]하야 質明而始行事하야 晏朝而退한대 孔子가 聞之하시고 曰하사되 誰謂由也가 而不知禮乎[57]오

다른 날 제사 지낼 적에 자로가 참여하였는데, 〈正祭의 때에 廟室에서 尸童을 섬기는〉 室事를 방문에서 사귀고 〈正祭의 뒤에 尸童을 堂에서 인도하는〉 堂事를 계단에서 사귀어서 날이 샐 무렵에 처음 제사를 지내기 시작하여 저물녘에 물러가자, 공자께서 이를 듣고 "누가 자로를 일러 예를 알지 못한다고 하는가."라고 말씀하셨다.

字義 晏 : 저물 안

---

55 室事 交乎戶 : 진호의 주에 따르면 外人이 祭饌을 가지고 문에 이르면 안에 있는 사람이 문에서 이것을 받아 尸童의 앞에 진설하는데, 안과 밖이 서로 사귀듯이 이어받기 때문에 이렇게 표현한 것이다.

56 堂事 交乎階 : 진호의 주에 따르면 堂 아래에 있던 사람이 祭饌을 전송하여 계단에 이르면 堂 위의 사람이 계단에 나가 받아 취하니, 이것이 계단에서 사귀는 것 같으므로 이렇게 표현한 것이다.

57 誰謂由也 而不知禮乎 : 진호의 주에 "子路가 예의 마땅함을 저울질하여 번거로운 文飾을 생략하고 공경하는 마음을 온전히 갖추었으므로 공자가 좋게 여기신 것이다." 하였고, 《禮記補註》에 "공자의 이 말씀은 아마도 또한 〈檀弓 上〉의 '예가 부족하고 경이 충분함만 못하다.〔不若禮不足而敬有餘〕'라는 뜻인 듯하다."라는 楊梧의 설을 소개하였다.

郊特牲[1] 第十一

11.1.1 郊엔 特牲하고 而社稷엔 大(태)牢하며 天子가 適諸侯어시든 諸侯가 膳用犢하고 諸侯가 適天子어든 天子가 賜之禮大牢는 貴誠之義也라 故로 天子가 牲孕(잉)을 弗食也하시며 祭帝에 弗用也[2]하시나니라

〈禮에는 적은 것을 귀하게 여기는 경우가 있으므로〉 郊祭에는 〈귀한〉 特牲을 사용하고 사직의 제사에는 〈특생보다 천한 소·양·돼지의 희생인〉 太牢를 사용하며, 천자가 제후의 나라에 가면 제후가 음식을 올리되 〈암놈과 수놈의 정욕이 없는〉 송아지를 사용하고 제후가 천자의 나라에 가면 천자가 그에게 하사하는 예에 태뢰를 쓰는 것은 정성을 귀하게 여기는 뜻이다. 그러므로 천자는 새끼를 밴 희생을 먹지 않으며, 상제에게 제사 지낼 적에도 새끼를 밴 희생을 쓰지 않는 것이다.

字義 孕 : 임신할 잉

---

1 진호의 주에 "'郊'는 '하늘에 제사함'을 이르는데, 한 마리의 소를 사용하기 때문에 '特牲'이라고 한 것이다."라는 山陰陸氏의 설과 "이 편은 모두 제사하는 일을 기록하였는데 婚禮와 冠禮 두 단락이 섞여 있다."라는 石梁王氏의 설을 소개하였다. 《禮記補註》에서는 "이 편의 大旨는 대체로 앞 편과 유사하니, 그 미진한 뜻을 미루어 말했으나 簡編의 양이 많기 때문에 다시 편을 나누고 인하여 편 머리의 세 글자를 취해서 편명으로 삼은 것이다."라는 權近의 설과 "이 편은 대부분 윗편을 다시 해석한 것이다."라는 徐志修의 설을 소개하였다.

2 郊……弗用也 : 《禮記補註》에 "〈王制〉 34章에 '天地에 제사 지내는 소는 뿔이 누에고치나 밤알만한 것을 쓴다.〔祭天地之牛 角繭栗〕' 하였으니, 郊祭와 社祭에 사용하는 것이 비록 特牲와 太牢의 차이가 있으나 소를 쓸 경우 모두 송아지를 사용한다."는 權近의 설과 "特牲은 아직 암수의 욕정이 있지 않으므로 그 정성스러움을 귀하게 여겨 사용하는 것이니, 만약 새끼를 밴 희생이라면 정성이 흩어져 버린다. 새끼를 밴 희생은 천자가 먹지 않기 때문에 음식을 올릴 적에 쓰지 않으며, 상제에게 제사 지낼 적에 쓰지 않기 때문에 교제에 쓰지 않는 것이다."라는 楊梧의 설을 소개하였다.

11.1.2 大路는 繁(반)纓이 一就요 先路는 三就요 次路는 五就[3]며 郊엔 血이요 大饗엔 腥이요 三獻엔 爓이요 一獻엔 孰이니 至敬은 不饗味하고 而貴氣臭也니

천자가 타는 大路는 繁과 纓이 1就이고 先路는 3취이고 次路는 5취이다. 〈가장 높은 神에게 올리는〉 郊祭에는 희생의 피를 올리고 〈종묘에서 그 다음으로 높은 신에게 祫祭 지내는〉 大饗에는 날고기를 올리고 술을 세 번 올리는 〈사직과 五祀의〉 제사에는 데친 고기를 올리고 술을 한 번 올리는 〈여러 작은〉 제사에는 익은 고기를 올리니, 지극한 공경에는 맛있는 것을 올리지 않고 기운과 냄새를 귀하게 여기는 것이다.

字義 繁 : 배띠 반(=鞶) 纓 : 가슴걸이 영 腥 : 날고기 성 爓 : 데친고기 섬 孰 : 익힐 숙(=熟)
饗 : 드릴 향 臭 : 냄새 취

11.1.3 諸侯가 爲賓이어든 灌用鬱鬯은 灌用臭也니 大饗엔 尙腶脩而已矣[4]니라

제후가 손님이 되면 降神하되 鬱鬯酒를 사용하는 것은 강신에 냄새를 사용하는 것이

---

3 大路……五就 : 《禮記補註》에 “앞 편 〈禮器〉 6장에서 1就와 7취를 말하고 3취와 5취를 말하지 않은 것은 가장 많은 것과 가장 적은 것을 들어서 그 나머지를 포괄한 것이다. 여기에서 자세히 말하였으나 7취를 언급하지 않은 것 때문에 舊說에서는 앞 편의 ‘7’을 ‘5’의 誤字라고 하였다. 그러나 혹 위에 大路를 들어서 앞에 아직 말하지 않은 것을 낱낱이 말하였으면 ‘次路五就’의 아래에 또 ‘次路七就’란 것이 있음을 참고하여 알 수 있기 때문에 여기에서 생략한 듯하다. 아랫글의 ‘血腥爓孰’ 한 節이 또한 앞 편의 말을 인용하고 그 뜻을 해석하였으니, 이를 가지고 보면 이 절 ‘5취’의 아래에 또한 반드시 이것을 해석한 말이 있었을 것인데 지금은 사라져 없어진 것이다. 그렇다면 이에 7취를 말한 것이 아울러 佚失되었음을 또한 알 수 있다. 더구나 왕의 5路에 大路·綴路·先路·次路가 있어서 5로를 가지고 네 등렬로 나누었으니, ‘就’의 숫자 또한 반드시 이것으로 차등을 삼아서 1부터 7까지 매번 두 개씩 줄여 네 등급으로 삼았을 것이다. 그렇다면 7이 오자가 아님이 분명하다.”라는 權近의 설을 소개하였다.

4 諸侯……尙腶脩而已矣 : 《禮記補註》에 “진호의 주에서는 이 節의 ‘大饗’을 왕이 제후에게 연향하는 일로 보고 아랫글의 대향을 제후가 서로 조회할 적에 주인 나라의 군주가 손님으로 온 제후에게 연향하는 禮로 보았다. 그러나 이 절의 대향은 ‘제후가 손님이 된 것’을 이어서 말하였으니, ‘제후가 손님이 되면 降神에 울창주를 사용한다.〔諸侯 爲賓 灌用鬱鬯〕’ 한 것은 바로 앞 편의 ‘제후가 서로 조회할 적에 강신에 울창주를 사용한다.〔諸侯相朝 灌用鬱鬯〕’ 한 뜻을 풀이한 것이다. 그렇다면 이 단락 가운데에 왕이 제후에게 연향하는 뜻이 있음을 볼 수 없다. 이 두 절은 아래 단락과 함께 모두 제후가 서로 조회할 적의 예일 것이다.”라는 權近의 설을 소개하였고, “〈曲禮 下〉에 ‘부인의 폐백은 호깨나무 열매, 개암, 포, 脩, 대추, 밤이다.〔婦人之摯 椇榛脯脩棗栗〕’라고 하였는데, 진호의 주에 ‘脩는 고기를 불로 구워 다스려서 생강과 계피를 넣어 말린 것이다.〔脩 肉煆治 加薑桂乾之〕’ 하였다. 이 장에서 ‘腶脩(단수)’라고 한 것은 脩를 불로 구워 다스렸기 때문이다.” 하였다.

니, 大饗에는 腶脩를 숭상할 뿐이다.

字義 灌 : 강신제지낼 관 鬱 : 울창할 울 鬯 : 울창주 창 腶 : 약포 단 脩 : 포 수

11.2 大饗엔 君이 三重席而酢焉[5]하시고 三獻之介엔 君이 專席而酢焉하시나니 此는 降尊以就卑也[6]니라

大饗에 군주는 3중의 자리를 깔고서 권하는 술잔을 받고, 3獻의 介에게는 군주가 자리 한 개를 깔고 권하는 술잔을 받으니, 이것은 군주의 높음을 낮추어 대부의 낮은 데로 나아간 것이다.

字義 酢 : 잔돌릴 작

11.3 饗(禘)〔禴〕엔 有樂하고 而食(사)嘗엔 無樂하니 陰陽之義也라 凡飮은 養陽氣也요 凡食은 養陰氣也니 故로 春(禘)〔禴〕[7]而秋嘗하며 春饗孤子하며 秋食耆

---

5 大饗 君 三重席而酢焉 : 공영달의 소에 따르면 정현의 주에서 제후가 천자에게 조회하여 천자가 제후를 연향을 하는 것이 아님을 알고 '제후가 서로 연향함이다.〔諸侯相饗〕'라고 말한 것은 經文에서 '군주는 3중의 자리를 깔고서 권하는 술잔을 받는다.〔君三重席而酢〕'라고 말하였기 때문이다. '3중의 자리'는 제후의 예인데 또 '군주'라고 일컬었기 때문에 제후가 서로 연향하는 것임을 알 수 있다.

6 三獻之介……降尊以就卑也 : 진호의 주에 따르면 만약 제후가 卿을 보내어 빙문하게 하였으면 卿이 예법상 마땅히 3獻을 해야 하니, 그 上介는 바로 대부이다. 그러므로 이것을 '3헌의 개〔三獻之介〕'라고 이른 것이다. 대부의 자리는 비록 두 겹이지만 이제 介가 되어 한 등급을 낮추어 한 겹의 자리만 까는 것이다. 임금의 자리는 세 겹이지만 이제 두 겹을 철거하고 한 겹의 자리로 나아가 介가 권하는 잔을 받으니, 이는 國君의 높은 지위를 낮추어 대부의 낮은 지위로 나아간 것이다.

7 饗(禘)〔禴〕有樂……故春禘 : 여기서의 '禘'에 대해 정현의 주에 "'禘'는 마땅히 '禴'이 되어야 하니, 이는 글자가 잘못된 것이다." 하였는데, 공영달의 소에 따르면 周나라에서는 봄에 지내는 제사를 '祠'라 하였다. 〈王制〉에 하나라와 은나라의 예에 대해 '봄에 지내는 제사를 禴이라 한다.' 하였는데, 지금 '봄에 지내는 제사를 禘라 한다.' 하였기 때문에 '禘'가 마땅히 '禴'이 되어야 함을 아는 것이니, 이 경문에서 논한 것은 夏나라와 殷나라의 예를 이른 것이다. 《禮記補註》에서는 "〈왕제〉에 '천자와 제후가 종묘에 지내는 제사의 경우 봄에 지내는 제사를 「礿」이라 하고, 여름에 지내는 제사를 「禘」라 하고, 가을에 지내는 제사를 「嘗」이라 하고, 겨울에 지내는 제사를 「烝」이라 한다.' 하였는데, 그 주에 '이것은 아마도 하나라와 은나라의 제사 이름일 것이니, 주나라에서는 봄에 지내는 제사를 「祠」라 하고 여름에 지내는 제사를 「礿」이라 하고, 가을에 지내는 제사를 「嘗」이라 하고, 겨울에 지내는 제사를 「烝」이라 하였다.' 하였다. 여기에서 말한 '禘'는 이미 주나라에 부합하지 않고 또 〈왕제〉와 다르기 때문에 주에서 '禴'이라고 하였는데, '禴'은 바로 '礿'자이니, 이는 하나라와 은나라의 제사 이름을 따른 것이다. 〈祭義〉에 '春禘'의 '禘'에 대한 주에서도 '禴'이라

老가 其義一也(而食嘗無樂)로대[8] 飮은 養陽氣也라 故로 有樂하고 食은 養陰氣也라 故로 無聲하나 凡聲은 陽也니라

봄에 〈전사한 자의 아들인〉 孤子에게 연향을 베풀고 종묘에 禴제사를 지낼 적에는 악이 있고, 가을에 耆老에게 연향을 베풀고 종묘에 제사를 지낼 적에는 악이 없으니, 이는 陰과 陽의 뜻이다. 무릇 마심은 陽氣를 기르는 것이고, 무릇 먹음은 陰氣를 기르는 것이니, 그러므로 봄에는 禴祭를 지내고 가을에는 嘗祭를 지내며 봄에는 孤子에게 연향을 베풀고 가을에는 耆老에게 음식을 먹이는 것이 그 뜻이 똑같은데, 마심은 양기를 기르는 것이므로 악이 있고 먹음은 음기를 기르는 것이므로 악이 없으나, 무릇 소리는 陽이다.

字義 禘 : 큰제사 체 禴 : 봄제사 약 嘗 : 가을제사 상 耆 : 늙은이 기

11.4 鼎俎가 奇而籩豆가 偶는 陰陽之義也라 籩豆之實은 水土之品也니 不敢用褻味而貴多品[9]은 所以交於(旦)〔神〕[10]明之義也라

솥〔鼎〕과 도마〔俎〕는 〈牲體를 담는 것인데, 생체는 동물로 陽에 속하기 때문에〉 홀수로 놓고 대그릇〔籩〕과 나무 그릇〔豆〕은 〈식물도 포함되는데 식물은 陰에 속하기 때문

한 것이 바로 이것이다. 그러나 하나라와 은나라 두 왕조의 제사 이름이 또한 굳이 서로 똑같을 필요가 없으니, 아마도 〈왕제〉에서 말한 것은 따로 한 왕조의 예이고, 이 편과 〈제의〉에서 말한 것은 또 따로 한 왕조의 예인 듯하다." 하고서 小註의 陳氏의 설도 이와 같다고 하였다.

8 其義一也(而食嘗無樂)로대 : 저본의 원문은 "其義一也而食嘗無樂"으로 되어 있고, 《禮記大文諺讀》에 "其義一也라 而食嘗에 無樂하니"로 현토되었다. 정현의 주에 "이는 뜻은 똑같지만 음악을 쓰기도 하고 음악을 쓰지 않기도 함을 말한 것이다." 하였고, 《禮記補註》에 "정현의 주를 가지고 보면 '一也' 아래에 마땅히 '로대〔奴代〕' 토를 붙여야 하니, 《禮記大文諺讀》는 잘못된 듯하다. 그리고 《禮記類編》에는 여기에 거듭 나온 '而食嘗無樂' 다섯 글자를 '衍文'이라고 하였다." 하였다. 이에 따라 원문과 원문의 토, 그리고 번역을 수정하였다.

9 不敢用褻味而貴多品 : 공영달의 소에 따르면 神의 道는 사람과 이미 다르기 때문에 감히 사람의 입에 맛있는 음식을 쓰지 못하고 〈간을 맞추지 않아 무덤덤한 음식을 쓰고〉, 신은 많고 큰 것을 功으로 여기기 때문에 많은 물품을 귀하게 여기는 것이다.

10 (旦)〔神〕 : 저본에는 '旦'으로 되어 있으나, 저본 소주에 長樂陳氏가 "뜻을 지극히 함은 神을 사귀는 방법이고, 물건을 지극히 함은 明을 사귀는 방법이니, 先儒가 '旦'을 '神'이라고 한 말이 옳다."라고 한 것에 의거하여 '神'으로 바로잡았다.

에〉 짝수로 놓는 것은 음과 양의 뜻이다. 대그릇과 나무 그릇에 채우는 것은 물과 흙에서 생산되는 물품이니, 감히 褻味(사람의 입에 맛있는 음식)를 사용하지 못하고 많은 물품을 귀하게 여기는 것은 신명을 사귀는 뜻이다.

字義 褻 : 추잡할 설

11.5 賓이 入大門而奏肆夏[11]는 示易(이)以敬也라 卒爵而樂闋[12]을 孔子가 屢歎之하시다 奠酬而工升歌는 發德也라 歌者가 在上하고 匏竹이 在下는 貴人聲也라 樂由陽來者也요 禮由陰作者也니 陰陽이 和而萬物이 得이니라

손님이 대문을 들어오면 〈樂曲인〉 〈肆夏〉를 연주하는 것은 和樂하면서도 恭敬함을 보이는 것이다. 술을 마셔서 잔을 비우면 음악이 그치는 것을 공자께서 여러 번 감탄하셨다. 권하는 술잔을 올릴 적에 樂工이 堂 위로 올라가서 노래하는 것은 〈주인과 손님의〉 덕을 發揚하는 것이다. 노래 부르는 자가 堂 위에 있고 박과 대나무로 만든 생황이 堂 아래에 있는 것은 사람의 소리를 귀하게 여긴 것이다. 樂은 陽으로 말미암아 온 것이고, 禮는 陰으로 말미암아 만들어진 것이니, 음 · 양이 조화로우면 萬物이 마땅함을 얻게 된다.

字義 易 : 기쁠 이 闋 : 끝날 결 匏 : 박 포

11.6 旅幣無方은 所以別土地之宜하며 而節遠邇之期也요 龜爲前列은 先知也요 以鍾次之는 以和居參之也[13]요 虎豹之皮는 示服猛也요 束帛加璧은 往德也[14]라

---

11 肆夏 : 周나라 때의 궁중음악인 〈九夏〉 중의 한 곡으로, 《주례》 〈春官宗伯 鍾師〉에 나오는데, 정현의 주에 따르면 왕이 출입할 때 〈王夏〉를 연주하고, 尸童이 출입할 때 〈사하〉를 연주하고, 犧牲이 출입할 때 〈昭夏〉를 연주하고, 사방의 賓이 올 때 〈納夏〉를 연주하고, 신하가 공을 세웠을 때 〈章夏〉를 연주하고, 부인이 제사를 지낼 때 〈齊夏〉를 연주하고, 族人이 시중들 때에 〈族夏〉를 연주하고, 객이 술에 취하여 나갈 때 〈祴夏〉를 연주하고, 公이 출입할 때 〈驁夏〉를 연주한다. 여기에서 손님이 들어올 때 〈납하〉를 연주하지 않고 이것을 연주한 이유는 자세하지 않다.

12 卒爵而樂闋 : 공영달의 소에 따르면 손님이 술을 다 마시면 주인의 술잔에 술을 따라준다. 손님이 채워준 술잔을 주인이 다 비운 뒤에 주인이 公(손님)에게 술잔을 올리면 음악이 연주되며, 公이 술을 마셔서 잔을 다 비우면 음악이 멈춘다.

13 以鍾次之 以和居參之也 : 정현의 주에 따르면 鍾은 金이다. 금을 바치는 것은 기물을 만들기 위함인데 종은 그 중에 큰 것이니, 금을 가지고 庭實의 사이에 참여하게 하는 것은 조화로움을 드

폐백을 진열하되 〈그 폐백이 한 지방에서만 온 것이 아니어서〉 일정한 방위가 없게 하는 것은 〈土地의 産物이 지역마다 각기 마땅한 바가 있으므로〉 토지의 마땅함을 구별하고 〈지역의 遠近에 따라 貢物을 바치는 期日에 先後가 있으므로〉 遠近의 기일을 조절하기 위한 것이다. 물건을 진열할 적에 거북을 앞 열에 진열함은 거북이 사람의 吉凶과 禍福을 미리 알기 때문이다. 鍾이 그 다음에 있는 것은 조화로움의 뜻으로 여기에 참여되기 때문이고, 호랑이와 표범의 가죽을 올리는 것은 사나움을 복종시킴을 보이는 것이고, 〈다섯 匹을 한 묶음으로 묶은 비단인〉 束帛의 위에 璧玉을 올려놓는 것은 德이 있는 이에게 귀의하는 것이다.

字義 旅 : 진열할 려 豹 : 표범 표 猛 : 사나울 맹

11.7.1 庭燎之百은 由齊桓公始也[15]하니라

뜰에 횃불 100개를 밝혀 놓는 것은 齊나라 桓公으로부터 시작되었다.

字義 燎 : 횃불 료 桓 : 굳셀 환

11.7.2 大夫之奏肆夏也는 由趙文子始也[16]하니라

대부가 〈肆夏〉를 연주함은 趙文子로부터 시작되었다.

러낸 것이다.

14 往德也 : 공영달의 소에 따르면 玉은 德을 드러내는 것이니, 옥을 束帛의 위에 올려놓는 것은 덕이 있는 이에게 찾아가 귀의함을 드러내려고 한 것이다. 이는 주군이 덕이 있어서 그에게 찾아가 귀의함을 이른 것이다.

15 庭燎之百 由齊桓公始也 : 진호의 주에 따르면 이 글 이하는 조회와 聘禮에 禮를 잃은 일을 말하였다. '庭燎'는 뜰 가운데 횃불을 설치해서 조회 온 신하 중에 밤에 들어오는 자를 비추는 것이다. 《大戴禮》에 '천자는 횃불이 100개이고, 상공은 50개이고, 후·백·자·남은 30개이다.〔天子百燎 上公五十 侯伯子男三十〕' 하였는데, 지금 제후국이 모두 횃불 100개를 밝히는 것은 齊나라 桓公으로부터 시작된 것이다.

16 大夫之奏肆夏也 由趙文子始也 : 조문자는 춘추시대 晉나라의 대부인 趙武로, 시호가 '文' 또는 '獻文'이므로 이렇게 부른다고 한다. 진호의 주에 따르면 《儀禮》 〈大射禮〉에 '公이 堂에 올라가 자리에 나아갈 적에 〈肆夏〉를 연주한다.' 하고, 《의례》 〈燕禮〉에 '손님이 뜰에 이르렀을 적에 〈사하〉를 연주한다.' 하니, 이것은 제후의 예인데 지금 대부들이 참람하게 사용하는 것은 晉나라 대부 趙武로부터 시작된 것이다.

11.8 朝覲에 大夫之私覿이 非禮也니 大夫가 執圭而使인댄 所以申信也요 不敢私覿은 所以致敬也니 而庭實私覿을 何爲乎諸侯之庭이리오 爲人臣者가 無外交는 不敢貳君也[17]니라

〈國君이 직접〉 朝覲할 적에 대부가 〈따라가면 대부는 또 다시 자기의 물건을 가지고 사사로이 主人 나라의 군주를 뵐 수 없으므로〉 사사로이 만나보는 것은 禮가 아니다. 대부가 〈군주의〉 命圭를 잡고서 사신으로 가는 것은 信을 펴는 것이고, 감히 〈다른 나라의 군주를〉 사사로이 만나보지 못하는 것은 공경을 지극히 하는 것이니, 뜰에 여러 가지 물건을 진열하고 사사로이 만나 보는 것을 어찌 제후의 뜰에서 하겠는가. 신하 된 자가 밖으로 다른 나라의 군주와 〈사사로이〉 교제함이 없는 것은 감히 군주에게 두 마음을 품을 수 없기 때문이다.

字義 覿 : 볼 적 貳 : 두 이

11.9.1 大夫而饗君이 非禮也요 大夫가 强이어든 而君이 殺之호미 義也니 由三桓始也[18]니라

대부로서 군주를 초청하여 연향하는 것은 禮가 아니고 대부가 너무 강성하면 군주가 죽이는 것이 義이니, 이것은 三桓으로부터 시작되었다.

---

17 不敢貳君也 : 《禮記補註》에 "'君'자를 진호의 주에서 '다른 군주'라고 말하였는데, 일설에 '공경을 지극히 함은 자기의 군주에게 공경을 지극히 함을 이르니, 그렇다면 「不敢貳君」의 「君」 또한 마땅히 자기의 군주가 되어야 한다.' 하였으니, 참으로 뜻이 통한다."는 楊梧의 설을 소개하였다.

18 由三桓始也 : 진호의 주에 따르면 '三桓'은 춘추시대 魯나라의 〈세 대부의 집안인〉 三家이니, 모두 桓公의 후손이다. 이보다 앞서 成季는 莊公의 명에 따라 僖叔을 독살하였으며, 뒤에 慶父(경보)가 子般을 살해하고 또 閔公을 시해하자, 이에 또다시 경보를 죽였다. 그러므로 '삼환으로부터 시작되었다.〔由三桓始〕' 한 것이다. 《禮記補註》에 따르면 《春秋左氏傳》에 보이는 公子 慶父·公子 牙·公子 友가 모두 환공의 아들이기 때문에 그 후손을 마침내 '三桓'이라고 하였다. 지금 진호의 주에서 말한 成季가 바로 公子 友이고 僖叔이 바로 公子 牙이고 경보가 바로 公子 慶父이다. 그러므로 '대부가 너무 강성하면 군주가 죽이는 것은 삼환으로부터 시작되었다.〔大夫强 而君殺之 由三桓始也〕' 한 것이다.

'삼환'은 孟孫氏, 叔孫氏, 季孫氏인데, 이들은 환공의 후손이므로 '삼환'이라 칭한 것이다. 이들은 노나라를 넷으로 등분하였는데, 계손씨가 4분의 2를 소유하고 맹손씨와 숙손씨가 각각 4분의 1을 소유하였다.

11.9.2 天子가 無客禮는 莫敢爲主焉일새니 君適其臣하사 升自阼階는 不敢有其室也라 覲禮[19]에 天子가 不下堂而見諸侯하시나니 下堂而見諸侯는 天子之失禮也니 由夷王以下[20]니라

천자가 賓客의 예가 없는 것은 〈존귀함이 상대가 없어서〉 제후가 감히 주인이 될 수 없기 때문이고, 군주가 신하의 나라에 갔을 때 〈주인이 이용하는〉 동쪽 섬돌을 통해 올라가는 것은 신하가 감히 그 〈주인의〉 방을 소유할 수 없기 때문이다. 覲禮에 천자가 堂을 내려가 제후를 만나보지 않으니, 당을 내려가 제후를 만나보는 것은 천자가 예를 잃은 것이다. 이것은 夷王 이하로부터 시작되었다.

字義 覲 : 뵐 근

11.10.1 諸侯之宮縣而祭以白牡하며 擊玉磬하며 朱干設錫(양)하며 冕而舞大武하며 乘大路는 諸侯之僭禮也라

제후가 악기를 〈三面에 매다는 軒縣으로 하지 않고 四面에 악기를 매다는 천자의〉 宮縣으로 하고, 〈제후에 맞는 희생을 쓰지 않고 殷나라 천자가 쓰는〉 흰 희생으로 제사하며, 〈제후의 石磬을 치지 않고 천자의〉 玉磬을 치며, 붉은 방패에 금장식을 달며, 〈이것에 그치지 않고 천자의〉 면류관을 쓰고 〈大武〉에 가락을 맞추어 춤을 추며, 〈은나라가 하늘에 제사할 때 타는 수레인〉 大路를 타는 것은 제후의 참람한 예이다.

字義 牡 : 수컷 모　磬 : 경쇠 경　錫 : 방패장식 양

---

19 覲禮 : 《禮記補註》에 따르면 朝見하는 예는 봄에 하는 것을 '朝'라 하고, 여름에 하는 것을 '宗'이라 하고, 가을에 하는 것을 '覲'이라 하고, 겨울에 하는 것을 '遇'라 한다. 그렇다면 覲禮는 바로 가을에 조현하는 예이다.

20 由夷王以下 : 공영달의 소에 "康王이 昭王을 낳고, 소왕이 穆王을 낳고, 목왕이 恭王을 낳고, 공왕이 懿王을 낳았는데, 의왕이 崩御하자 그 아우 孝王이 즉위하고, 효왕이 붕어하자 의왕의 太子였던 燮이 즉위하니, 이가 바로 夷王이다." 하였다. '夷王'은 周나라의 제9대 왕으로, 이름은 姬燮이다. 의왕의 뒤를 이은 효왕이 죽자 제후들에 의해 왕이 되었는데, 제후들의 도움으로 왕이 되었다 하여 그들과 동등한 예를 갖추었으므로 훗날에 제후들이 천자를 공경하지 않는 원인을 제공하였다.(《史略》 권1 〈周〉)

11.10.2 臺門而旅樹[21]하며 反坫[22]하며 繡黼丹朱中衣[23]는 大夫之僭禮也라

〈양쪽 옆에 흙을 쌓아 臺를 만들고 대 위에 지붕을 架設하되 문이 그 가운데에 위치하게 하는〉 臺門을 만들고 길에 가리개를 세우고 反坫을 두며, 中衣에 黼를 자수로 놓고 붉은 비단을 댄 것은 〈모두 제후의 禮인데 대부가 쓰니〉 대부의 참람한 예이다.

字義 樹 : 가리개 수 坫 : 잔대 점 繡 : 수놓을 수 黼 : 도끼 문양 보

11.10.3 故로 天子가 微하면 諸侯가 僭하고 大夫가 强하면 諸侯가 脅하나니 於此에 相貴以等[24]하며 相覿以貨하며 相賂以利하야 而天下之禮가 亂矣니라 諸侯가 不敢祖天子[25]하며 大夫가 不敢祖諸侯하나니 而公廟之設於私家가 非禮也니 由三桓始也[26]니라

그러므로 천자가 미약하면 제후가 참람하고 대부가 강하면 제후가 위협을 받으니, 이에 등렬로써 제멋대로 서로 귀하게 하며, 서로 만나볼 적에 〈군주를 피하지 않고〉 재

---

21 旅樹 : 진호의 주에 따르면 다니는 길에 병풍을 세워 안팎을 가리는 것을 恭敬으로 여기니, 천자는 路門 밖의 병풍인 外屛을 하고 제후는 노문 안의 병풍인 內屛을 하고 대부는 주렴을 드리우고 士는 휘장을 드리운다.

22 反坫 : 진호의 주에 따르면 '坫'은 양 기둥 사이에 있으니, 두 나라의 人君이 友好를 다지기 위해 만날 적에 술잔을 주고받는데, 다 마시면 그 위에 술잔을 되돌려 놓으므로 '反坫'이라 한 것이다.

23 繡黼丹朱中衣 : 진호의 주에 따르면 '繡黼'는 中衣의 領(동정)을 만드는 것이고 '丹朱'는 중의의 선을 두르는 것인데, 중의는 朝服과 祭服의 속옷이니, 만드는 제도가 深衣와 같으나 다만 소매가 좁고 길 뿐이다. 冕服이 명주옷이면 중의를 흰 명주베를 사용하여 만들고, 皮弁服, 朝服, 玄端服이 삼베옷이면 중의를 삼베로 만든다.

24 相貴以等 : 공영달의 소에 따르면 이는 신하가 군주를 두려워하지 않고 등렬로써 제멋대로 서로 높이고 귀하게 함을 이른 것이다. 그러므로 庾氏(庾蔚之)가 '제멋대로 서로에게 토지를 분봉하고 작위를 수여하는 것이다.[擅相封爵]' 하였다. 참고로, 《禮記補註》에서는 "바로 戰國時代에 제후가 서로 왕이 된 일이 이것이다."라는 權近의 설을 소개하였다.

25 諸侯不敢祖天子 : 朱熹가 "제후는 감히 천자를 시조로 삼지 못한다. 그러나 魯나라에 文王의 사당이 있었으며, 《春秋左氏傳》에 '鄭나라가 厲王(주나라 10대 임금)을 시조로 삼는다.' 한 것은 어째서인가? 이는 틀림없이 周나라가 쇠약해지자 제후가 참람하고 제멋대로 행동하여 이처럼 條例와 법도를 위반하고 저촉하는 일을 행한 것이다. 그러므로 公廟가 私家에 설치된 것이다." 하였다.(《朱子語類》 卷87 〈小戴禮 郊特牲〉)

26 由三桓始也 : 《禮記補註》에 "그 근원을 推究해보면 魯나라가 文王의 사당을 세운 것을 말미암아서 三桓이 잘못을 그대로 본받은 것이니, 기록한 자가 이를 말하지 않은 것은 魯나라를 위해 숨긴 것이다."라는 楊梧의 설을 소개하였다.

화를 사용하며, 서로 이익되는 것으로써 뇌물을 주어 천하의 禮가 어지러워졌다. 제후는 감히 천자를 시조로 삼지 못하고 대부는 감히 제후를 시조로 삼지 못하니, 公廟를 私家에 설치하는 것은 예가 아니다. 이것은 三桓으로부터 시작되었다.

字義 脅 : 위협할 협 覿 : 볼 적 賂 : 뇌물줄 뢰

11.11 天子가 存二代之後는 猶尊賢也[27]시니 尊賢이 不過二代하시니라

천자가 이전 두 왕조의 후손을 보존한 것은 여전히 어진 이를 높이기 때문이니, 어진 이를 높이는 것은 〈2代를 넘게 되면 시대가 멀어서 본받기가 어렵기 때문에〉 2대를 넘지 않는다.

11.12 諸侯는 不臣寓公하나니 故로 古者에 寓公이 不繼世하니라

제후는 〈나라를 잃고 다른 나라에서 더부살이하는 제후인〉 寓公을 신하로 삼지 않으니, 〈우공이 죽으면 그 자식을 신하로 삼는다.〉 그러므로 옛날 우공은 代를 이어 계승하지 않았다.

字義 寓 : 붙어살 우

11.13 君之南鄕은 答陽之義也요 臣之北面은 答君也라

〈天道는 南方에서 내려가므로〉 군주가 남향하는 것은 〈하늘의〉 陽에 대답하는 義이고, 신하가 北面하는 것은 〈남향한〉 군주에게 대답하는 것이다.

字義 鄕 : 향할 향(=向)

---

27 天子存二代之後 猶尊賢也 : 공영달의 소에 따르면 許愼의 《五經異義》에 "《春秋公羊傳》을 전공하는 자들은 '이전 두 왕조의 후손을 보존한 것은 三統의 뜻을 통괄한 것이다.'라고 주장하고, 古文인 《春秋左氏傳》을 전공한 자들은 '周나라는 夏나라와 殷나라 두 왕조의 후예인 杞나라와 宋나라의 후손을 봉하여 上公으로 삼고, 黃帝·堯·舜의 후손을 봉하여 이를 「三恪」이라 하였다.'라고 주장한다." 하였는데, 정현이 "이전 두 왕조의 후손을 보존하였는데, 이는 명을 내려 그들로 하여금 하늘에 郊祭를 지내도록 하고, 천명을 받았던 그 왕조의 시조가 되는 천자에게 천자의 예로 제사를 지내도록 하고, 그들 스스로 그들의 正朔과 服色을 사용하도록 한 것이다. '恪'이라는 것은 공경함이니, 그 先聖을 공경하여 그 후손을 봉한 것이다. 이는 제후와 차이가 없는데, 어찌 夏나라와 殷나라의 후손에 견줄 수 있겠는가." 하였다.

11.14 大夫之臣이 不稽首는 非尊家臣이라 以辟(피)君也니라

대부의 家臣이 대부에게 머리를 조아리지 않는 것은 가신을 높여서가 아니라 진짜 군주에게 하는 예를 〈가신이 대부에게 한다면 한 나라에 두 군주가 있는 것이 되므로〉 대부에게는 피하려고 해서이다.

字義 稽 : 조아릴 계 辟 : 피할 피(=避)

11.15 大夫가 有獻이어든 弗親하며 君有賜어시든 不面拜는 爲君之答己也라

대부가 군주에게 물건을 올리는 경우에 직접 올리지 않으며, 군주가 물건을 하사하시면 〈대부가 밖에서 小臣으로 하여금 들어가 하사한 물건을 받게 하고 자신이 직접〉 대면하여 절하지 않는 것은 군주가 번거롭게 자기에게 答拜할까 염려해서이다.

11.16 鄕人이 禓(양)이어든 孔子가 朝服하사 立于阼는 存室神也[28]라

시골 사람이 굿을 하면 공자께서 朝服을 입고서 동쪽 섬돌에 서 계신 것은 廟室의 神을 보존하고자 해서였다.

字義 禓 : 굿할 양

11.17 孔子가 曰하사되 射之以樂也는 何以聽이며 何以射[29]오

공자께서 말씀하셨다. "〈살펴보건대〉 활쏘기를 악을 들으면서 하는 것은 〈매우 어려

---

28 鄕人禓(양)……存室神也 : 진호의 주에 "《논어》 〈鄕黨〉의 '시골 사람들이 굿을 할 적에 朝服을 입고 동쪽 섬돌에 서 계셨다.[鄕人儺 朝服而立於阼階]'라는 것이 바로 이 일이다. 舊說에 의하면 '禓'은 강한 귀신의 이름이니, 시골 사람들이 이 귀신을 쫓아낼 적에 공자께서 廟室의 신을 놀라게 할까 두려웠다. 그러므로 조복을 입고 묘실의 동쪽 섬돌에 서서 묘실의 신을 편안히 보존하여 신으로 하여금 자기에게 의지해 편안하게 한 것이다. 예에는 대부가 조복을 입고 제사하므로 祭服을 사용하여 신을 의지하게 한 것이다." 하였다.

29 何以聽 何以射 : 진호의 주에 따르면 그 어려움을 말하여 찬미한 것이다.

운 것인데, 활 쏘는 자가〉 어떻게 〈활 쏘는 儀容과 節度을 잃지 않으면서도〉 악의 音節을 들을 수 있겠으며, 어떻게 〈악의 음절을 들으면서도〉 활 쏘는 의용과 절도가 악의 음절과 相應할 수 있겠는가.”

11.18 孔子가 曰하사되 士가 使之射할새 不能이어든 則辭以疾은 縣弧之義也[30]라

공자께서 말씀하셨다. “士가 〈어떤 사람이 자기에게〉 활을 쏘게 할 경우 〈士가〉 활을 쏠 수 없으면 질병으로써 사양하니, 이렇게 하는 것은 태어났을 적에 활을 매달아 놓아 〈장성하면 일삼는 바가 있음을 보이는〉 뜻이다.”

字義 縣 : 매달 현(=懸) 弧 : 활 호

11.19 孔子가 曰하사되 三日齊(재)하야 一日用之라도 猶恐不敬이니 二日伐鼓는 何居[31]오

공자께서 말씀하셨다. “3일 동안 재계하고서 단 하루 동안 제사에 악을 사용하더라도 오히려 不敬을 범할까 두려운데, 〈재계하는 3일 중에〉 2일 동안이나 북을 친다면 어찌 하겠는가.”

字義 齊 : 재계할 재 伐 : 북칠 벌

---

30 縣弧之義也 : 《禮記補註》에 “활쏘기는 남자의 일이다. 그러므로 남자가 처음 태어났을 때에 문 왼쪽에 활을 매달아 놓아서 장성하면 일삼는 바가 있음을 보였다. 그런데 이제 활을 쏠 수 없으면 활을 매달아 놓았던 뜻에 부끄럽기 때문에 감히 활을 쏠 수 없다고 사양하지 못하고 질병으로써 사양하는 것이다.”라는 權近의 설을 소개하였다.

31 二日伐鼓何居 : 진호의 주에 “재계하는 자가 음악을 듣지 않는 것은 그 뜻과 생각이 산만할까 두려워해서이다. 그런데 지금 3일 사이에 2일이나 북을 치는 것에 대해 ‘그 뜻이 어디에 있는가?(其義, 何所處乎?)’ 하였으니, 그것을 괴이하게 여기는 말씀이다.” 하였다. 《禮記補註》에 따르면 정현의 주에 “‘居’는 ‘姬’로 읽으니 어조사이다.’ 하였는데, 진호의 주에서는 정현의 주를 취하지 않고, ‘글자의 본래 음대로 읽는다.’라는 音註를 달았고, 뜻도 ‘處’로 풀이하였다. 이 장의 뜻은 저본의 小註에 있는 陸氏와 方氏의 설을 마땅히 참고해 보아야 한다. ‘陸氏와 方氏의 설’은 소주의 山陰陸氏와 嚴陵方氏의 설로, 모두 ‘居’자를 새기지 않았다.

11.20 孔子가 曰하사되 繹之於庫門內하며 祊(팽)之於東方[32]하며 朝市之於西方하니 失之矣니라

공자께서 말씀하셨다. "〈繹祭는 사당 문밖의 西堂에서 해야 하는데〉 庫門의 안에서 繹祭를 지내며 〈祊祭는 사당 문밖의 西室에서 해야 하는데 사당 문밖의〉 동쪽에서 祊祭를 지내며 〈시장 안의 동쪽에서 아침 시장을 열어야 하는데〉 서쪽에서 아침 시장을 여니, 이것은 예를 잃은 것이다."

字義 繹 : 제사이름 역 祊 : 제사이름 팽

11.21.1 社는 祭土而主陰氣也니 君이 南鄕於北牖下는 答陰之義也[33]요 日用甲은 用日之始也라

社祭는 토지에 제사 지내되 음기를 주관하니, 군주가 북쪽 창문 아래에서 남향함은 陰에 응대하는 義이고, 日辰으로 〈天干의 첫 번째인〉 甲을 쓰는 것은 날짜의 시초를 쓰는 것이다.

字義 鄕 : 향할 향(=向) 牖 : 들창 유

11.21.2 天子가 大社에 必受霜露風雨는 以達天地之氣也니 是故로 喪國之社를 屋之는 不受天陽也요 薄社[34]를 北牖는 使陰明也[35]니라

---

32 繹之於庫門內 祊(팽)之於東方 : 진호의 주에 따르면 '繹'은 제사한 다음 날 또다시 제사하는 것이다. '繹'은 바로 堂 위에서 尸童을 접하는 것이고, '祊'은 바로 방안에서 신을 찾는 것이니, 모두 한때의 일이다.

33 答陰之義也 : 《禮記補註》에 "앞에서 천자가 南面한 것을 陽에 응대함으로 삼은 것은 향하는 남방을 가리켜 '陽'이라고 한 것이고, 여기서 '음에 응대한다.〔答陰〕' 한 것은 神이 음을 향한 것이니 바로 음의 자리이다."라는 楊梧의 설을 소개하였다.

34 薄社 : 진호의 주에 따르면 亳社는 周나라에게 망한 殷나라의 社인데 반드시 이것을 보존하는 것은 《白虎通》에 이른바 '王者와 諸侯가 반드시 경계하는 社를 두는 것은 存亡이 있음을 보이는 것이다.'라는 것이다.

35 北牖使陰明也 : 공영달의 소에 따르면 북쪽으로 창문을 낸 것은 양기를 끊고 음기를 통하게 함을 보인 것으로, 밝음을 음침하게 만들면 물건은 죽는다.

천자가 大社에 〈지붕을 올리지 않아서〉 반드시 서리 · 이슬 · 바람 · 비를 그대로 받게 하는 것은 천지의 기운을 통하게 하려는 것이다. 이 때문에 망한 나라의 社에 지붕을 올리는 것은 하늘의 양기를 받지 못하게 한 것이고, 〈殷나라〉 亳邑의 社에 북쪽으로 창문을 낸 것은 밝음을 음침하게 한 것이다.

字義 薄 : 땅이름 박(=亳)

11.21.3 社는 所以神地之道也라 地載萬物하고 天垂象이어든 取財於地하고 取法於天하나니 是以로 尊天而親地也니라 故로 教民美報焉이니 家主中霤而國主社[36]는 示本也니라

社는 〈큰〉 땅의 道를 神明하게 여기는 것이다. 땅은 만물을 싣고 하늘은 象을 드리우면 땅에서 재물을 취하고 하늘에서 법을 취하니, 이 때문에 하늘을 높이고 땅을 가까이 하는 것이다. 그러므로 백성에게 〈하늘과 땅에〉 보답하는 예를 아름답게 여기도록 가르치는 것이다. 卿과 대부의 집은 〈室의 서북쪽 모퉁이인〉 中霤에서 토지의 신에게 제사 지냄을 주관하고, 나라는 社에서 토지의 신에게 제사 지냄을 주관하니, 이는 땅이 근본이 됨을 보이는 것이다.

字義 霤 : 낙숫물 류

11.21.4 唯爲社事하야 單出里[37]하며 唯爲社田하야 國人이 畢作하며 唯社에 丘乘이 供粢盛[38]하나니 所以報本反始也라

---

36 家主中霤而國主社 : 진호의 주에 따르면 상고 시대에 사람들이 토굴 속에 살았기 때문에 '中霤'라는 이름이 있으니, '중류'와 '社'는 모두 토지의 신이다.

37 單出里 : 진호의 주에 따르면 25家를 '里'라 하고 '單'은 盡(전부)이니, 社에 제사할 때에는 온 마을 사람들이 다 나와서 각자의 일에 이바지하는데, 매 집마다 한 사람씩 나오는 것이다.

38 唯社 丘乘供粢盛 : 공영달의 소에 "皇氏(皇侃)가 말하였다. '만약 천자와 제후가 社에 제사 지내면 籍田의 곡식을 사용한다. 대부 이하는 적전이 없는데 만약 社에 제사 지내면 丘乘의 백성이 이를 바치니, 이는 이러한 곡식이 백성의 힘을 통해 생산된 것임을 보이는 것이다.'" 하였다. 《禮記補註》에 따르면 〈祭法〉의 주에 '王社와 侯社는 籍田에 있으니, 왕과 제후가 직접 제사 지내어 粢盛을 바친다.' 하였으니, 王社와 侯社의 제사에는 진실로 적전의 곡식을 쓰는 것이다. 太社와

오직 社祭를 위하여 온 마을 사람들이 나와서 일하며, 오직 社祭에 쓸 짐승을 잡는 田獵을 위하여 나라 사람들이 〈집에 남는 사람 없이〉 다 나오며, 오직 社祭에 丘乘이 粢盛을 바치니, 이는 근본에 보답하고 시초를 잊지 않는 것이다.

11.22 季春에 出火爲焚也하고 然後에 簡其車賦而歷其卒伍[39]하고 而君이 親誓社하야 以習軍旅호되 左之右之하며 坐之起之하야 以觀其習變也하며 而流示之禽하야 而鹽諸利하야 以觀其不犯命也니 求服其志하며 不貪其得이라 故로 以戰則克이요 以祭則受福이니라

季春에 불을 내서 잡초를 태우고 그런 뒤에 車賦(兵車)를 사열하고 卒伍(軍隊)를 점검하면 군주가 친히 社에서 군사에게 맹세하여 軍旅의 일을 익히되 왼쪽으로 가게 하고 오른쪽으로 가게 하며 앉게 하고 일어나게 해서 그 변동하는 절도를 익히는 것을 관찰하고, 〈무리에게〉 짐승들이 어지럽게 움직이는 것을 보여주어 이로움을 탐하게 해서 〈비록 몹시 탐이 나더라도〉 명령을 범하지 않는 것을 관찰하니, 〈그들의 탐하는〉 뜻을 굴복시키기를 구하고 〈군주 자신도〉 얻음을 탐하지 않는다. 그러므로 싸우면 승리하고 제사를 지내면 복을 받는 것이다.

字義 誓 : 맹세할 서　鹽 : 부러워할 염(=艶)

國社도 백성을 위해 세운 것이니, 아마도 또한 구승의 백성이 자성을 바칠 것이다. 황씨가 말한 '대부 이하가 社에 제사 지내는 것'은 '置社'를 가리킨다. 〈제법〉에 '대부 이하는 무리를 이루어 社를 세우니, 이것을 置社라 한다.' 하였는데, 정현의 주에 '置社는 지금의 里社이다.' 하였다.

'丘乘'은 '丘甸'과 같은 말로, 古代의 井田制에서 田地 및 행정 구역을 구분하던 단위이다. 9夫가 1井이 되고, 4정이 1邑이 되고, 4읍이 1丘가 되고 4구가 1甸이 되는데 甸을 또한 乘이라고도 하였다.(《周禮》〈地官 小司徒〉) 후대에는 鄕村이나 田野에 대한 범칭으로 쓰였다.

39 簡其車賦而歷其卒伍 : 저본의 소주에 嚴陵方氏의 설에 따르면 '車賦'는, 예컨대 바로 《司馬法》에서 '6척이 1보가 된다.〔六尺爲步〕'라고 한 데서부터 점점 확대하여 '10통이 1성이 되는데, 1성에서 혁거 1승을 낸다.〔通十爲成 成出革車一乘〕'라고 한 데까지의 내용에서 온 말이다. 《주례》〈地官 小司徒〉에서 그 職官을 '5인이 1오가 되고·5오가 1양이 되고 4양이 1졸이 된다.〔五人爲伍 五伍爲兩 四兩爲卒〕'라고 하였으니, '卒伍'는 군대의 법이 伍에서 확립되고 卒에서 완성되기 때문이다. '簡'은 '이로운 것과 이롭지 않은 것을 골라냄'을 말하고. '歷'은 '평탄한 것과 험난한 것을 겪어냄'을 말하니, '簡'이라 하고 '歷'이라 한 것은 또한 互言이다.

'互言'은 같은 뜻을 가진 글자를 섞어 써서 글자의 중복을 피하는 수사법이다.

11.23 天子가 適四方하사 先柴[40]하시나니라

천자가 사방의 제후국에 갈 적에는 먼저 불을 놓아 제사한다.

字義 柴 : 불놓을 시

11.24 郊之祭也는 迎長日之至也[41]니라 大報天而主日也요 兆於南郊는 就陽位也요 埽地而祭는 於其質也요 器用陶匏는 以象天地之性也니라 於郊일새 故로 謂之郊니 牲用騂은 尙赤也요 用犢은 貴誠也라 郊之用辛也는[42] 周之始郊에 日以至[43]니라

〈동지에〉 郊祭를 지냄은 〈해가 지극히 짧아졌다가 점점 길어지므로 해가 제일 긴〉 長日의 〈夏至가〉 이름을 맞이하는 것이다. 〈하늘은 陽을 잡고 해는 여러 陽의 宗主이므로〉 하늘에 크게 보답하되 해를 위주로 하고 南郊에서 祭壇을 만들고 제사함은 陽의 자리에 나아가는 것이요, 땅을 쓸고 제사함은 그 질박함을 따르는 것이요, 질그릇과 바

---

40 天子……先柴 : 저본의 소주에는 "천자가 巡狩할 적에 四嶽에 이르러 먼저 불을 놓아 하늘에 고하는 것이다."라는 延平周氏의 설과 "'사방을 오직 천자가 가는 것[四方 惟天子所適]'은 온 하늘의 아래가 왕의 땅 아님이 없기 때문이고, '가는 바에 반드시 먼저 불을 놓음[所適 必先柴]'은 昊天이 밝아서 더불어 나가고 昊天이 밝아서 더불어 놀기 때문이다."라는 金華應氏의 설을 인용하였다. 수렵에 빠져 서쪽으로 가서 돌아오길 잊었던 춘추시대 周나라 穆王과는 다른 것이다.(《春秋左氏傳》〈昭公〉)

41 郊之祭也 迎長日之至也 : 진호의 주에 "始祖로 하늘에 배향하는 것은 모름지기 冬至에 해야 하니, 一陽이 처음 생겨나는 것은 만물의 시작이고, 9월에 종묘에서 제사함은 만물이 이루어지는 때여서이다. 아버지는 나를 세상에 태어나게 한 분이고, 上帝는 生物의 시조이므로 미루어 배향하여 明堂에서 제사하니, 이 의논이 바르다."라는 주희의 설을 소개하고서 "郊祀의 한 節에 대해 先儒의 의논이 똑같지 않은 것은 子月과 寅月의 차이가 있고 周나라 禮와 魯나라 예의 구분이 있으며, 또 '郊'와 '圜丘'를 두 가지 일로 삼고, '하늘에 제사 지내는 것'과 '곡식의 풍작을 기원하는 것'을 두 가지의 郊로 삼은 경우가 있으니, 지금 모두 다시 자세하게 분변하지 않고 주자의 말씀을 定說로 삼는다." 하였다.

42 貴誠也라 郊之用辛也는 : 《禮記大文諺讀》에는 "貴誠也니 郊之用辛也는"으로 되어 있으나, 《禮記補註》에 "'郊之用辛也' 이 한 句는 마땅히 《禮記古經》을 따라서 아래 단락에 붙여야 한다."고 한 것에 의거하여 '貴誠也'에 달린 '니' 토를 '라' 토로 수정하였다. 《禮記古經》은 《禮記正義》로, "교제에 辛日을 사용함은 주나라가 처음 교제를 지냈을 적에 신일에 동지가 들었기 때문이다.[郊之用辛也 周之始郊日以至]"라고 분절되어 있다.

43 周之始郊 日以至 : 진호의 주에 따르면 周나라가 처음 郊祀를 지낼 적에 마침 동지인 辛日을 만났으니, 이후부터 동지 후 신일을 사용하였음을 이른 것이다.

가지를 사용함은 하늘과 땅의 본성의 질박함을 형상한 것이다.

郊에서 제사 지내기 때문에 그 명칭을 '郊'라고 하니, 희생으로 붉은 것을 사용함은 붉은색을 숭상하는 것이고, 송아지를 사용함은 진실함을 귀하게 여겨서이다. 교제에 辛日을 사용함은 〈어째서인가?〉 周나라가 처음 교제를 지낼 적에 〈그 날짜가〉 辛日에 동지가 들었기 때문이다.

字義 匏 : 박 포 騂 : 붉을 성 犢 : 송아지 독

11.25.1 卜郊[44]호되 受命于祖廟하며 作龜[45]于禰宮은 尊祖親考之義也라

郊祭 지낼 날짜를 점치되 〈선조의 사당에서 告由하고 行事함은 선조에게 명령을 받는 것과 같으므로〉 선조의 사당에서 명령을 받으며, 아버지 사당에서 거북점을 치는 것은 선조를 높이고 아버지를 친애하는 意義이다.

字義 禰 : 아버지사당 녜

11.25.2 卜之日에 王이 立于澤[46]하사 親聽誓命은 受教諫之義也요

점치는 날에 〈점치는 것이 끝나면〉 왕이 澤宮에 서서 有司가 〈제사하는 일을 가지고 여러 執事者들에게〉 誓戒하고 명령하는 것을 친히 듣는 것은 〈왕이〉 가르침과 간함을 받아들이는 義이다.

---

44 卜郊 : 진호의 주에 "〈曲禮〉에 '큰 祭饗에는 날짜를 점치지 않는다.' 하였으니, 이미 冬至를 썼다면 정해진 날짜가 있는 것이요, 여기에 다만 '郊祭를 점쳤다.'라고만 말했으면 날짜를 점친 것은 아니다. 아랫글에 '上帝에게 바칠 소가 길하지 않다.'고 말하였으니, 또한 이것은 犧牲을 점친 것인가? 그렇지 않으면 다른 왕조의 禮인가?" 하였다.

45 作龜 : 《禮記補註》에 따르면 《周禮》 〈春官 太卜〉 및 〈卜師〉에 모두 '命龜'·'作龜'라는 글이 있는데, 이에 대한 정현의 주에 "'명귀'는 거북에게 점칠 일을 가지고 고하는 것이다. '작귀'는 불로 거북을 구어 그 兆(갈라진 무늬)를 만드는 것이다.'" 한 것을 근거하면 진호의 주에 "'作'은 '用'과 같다." 한 것은 잘못되었다.

46 澤 : 진호의 주에 따르면 그 宮 가운데에서 활쏘기를 하여 선비를 擇하기 때문에 인하여 '澤宮'이라 하였고, 또 그 집이 水澤과 가깝기 때문에 '澤宮'이라 하였다.

11.25.3 獻命庫門之內는 戒百官也요 大廟之命은 戒百姓也라

〈王이 뭇 신하인 百官에게〉 명령할 일을 〈有司가〉 庫門의 안에서 올림은 〈소원하고 지위가 낮은〉 백관을 경계하는 것이고, 〈친하고 지위가 높은 제후들에게〉 太廟에서 명령함은 〈姓을 하사한 제후인〉 百姓들을 경계하는 것이다.

11.25.4 祭之日에 王이 皮弁하야 以聽祭報[47]는 示民嚴上也요

제사 지내는 날에 왕이 〈조정에서 입는〉 皮弁服 차림으로 제사에 관한 보고를 들음은 백성에게 윗사람을 존엄하게 대해야 함을 보이는 것이다.

11.25.5 喪者가 不哭하며 不敢凶服하며 氾埽反道하며 鄕爲田燭[48]은 弗命而民이 聽上이니라

〈왕이 제사 지내는 날에〉 喪을 당한 자는 哭하지 않고 감히 흉복을 입지 않으며, 땅에 물을 뿌려서 청소하고 〈새 흙이 위로 올라오도록〉 도로의 흙을 파서 뒤집으며, 〈왕이 날이 밝기 전에 일찍 郊로 향하실까 염려하여〉 六鄕의 백성이 밭머리에 횃불을 밝혀 놓는 일들은 〈군이〉 명령하지 않아도 백성이 윗사람의 명령을 따르는 것이다.

字義 氾 : 물뿌릴 범(=汎) 埽 : 소제할 소

11.25.6 祭之日에 王이 被袞以象天하나니 戴冕璪(조)十有二旒는 則(칙)天數也[49]요 乘素車는 貴其質也요 旂十有二旒하며 龍章而設日月은 以象天也니 天이

---

47 王皮弁 以聽祭報 : 《禮記補註》에 "이때에는 아직 祭服을 입지 않았는데, 또 褻服(平服)으로 제사를 기다릴 수 없기 때문에 조정에 나아가 정사를 볼 때 입는 皮弁服을 입는다."라는 楊梧의 설을 소개하였다.

48 鄕爲田燭 : 공영달의 소에 따르면 '鄕'은 郊內의 六鄕을 이른다.

49 則(칙)天數也 : 정현의 주에 "하늘의 큰 수는 12를 넘지 않는다.〔天之大數 不過十二〕" 하였는데, 공영달의 소에 "정현의 주에서 말한 여덟 글자는 《春秋左氏傳》 哀公 7년의 글이다." 하였다.

垂象이어든 聖人이 則(칙)之하나니 郊는 所以明[50]天道也라

기旂

제사하는 날에 왕이 곤룡포를 입어 하늘을 형상하는데, 면류관을 쓸 적에 〈면류관의 앞에 드리운 옥 장식인〉 璪에 12개의 술이 있는 것은 하늘의 수를 본받은 것이고, 〈殷나라의 木路인〉 素車를 타는 것은 그 질박함을 귀하게 여기는 것이고, 旂에 12개의 술이 있고 龍의 무늬에 해와 달을 그리는 것은 하늘을 형상한 것이다. 하늘이 象을 드리우면 聖人이 이것을 본받으니, 郊祭는 天道를 밝히는 것이다.

字義 袞 : 곤룡포 곤 戴 : 머리에쓸 대 璪 : 면류관장식 조
旂 : 기 기

11.25.7 帝牛가 不吉이어든 以爲稷牛하나니 帝牛는 必在滌三月이요 稷牛는 唯具니 所以別事天神與人鬼也라 萬物이 本乎天하고 人이 本乎祖니 此가 所以配上帝也라 郊之祭也는 大報本反始也[51]니라

上帝에게 바칠 소가 吉하지 않으면 〈郊祭에 하늘에 짝하여 제향하는〉 后稷에게 바칠 소를 대신 사용한다. 상제에게 바칠 소는 반드시 깨끗한 우리에 3개월 동안 있어야 하고 후직에게 바칠 소는 오직 신체가 온전하기만 하면 되니, 이는 天神과 人鬼를 구별하여 섬기는 것이다. 만물은 하늘에 근본을 두고 사람은 先祖에 근본을 두니, 이것이 先祖를 상제에게 配享하는 이유이다. 郊祭는 바로 근본에 크게 보답하고 시초를 잊지 않는 일이다.

字義 滌 : 청소할 척 配 : 從祀할 배

---

50 明 : 정현의 주에 따르면 이것은 天道를 본받아서 사람에게 보여줌을 이른다.

51 大報本反始也 : 공영달의 소에 "윗글에서는 社의 아래에서 단지 '근본에 보답하고 시초를 잊지 않는다.〔報本反始〕' 하였는데, 이 글에서는 天神이 높기 때문에 하나의 '大'자를 더한 것이다."라는 皇氏의 설을 소개하였다.

11.26.1 天子가 大蜡(사)가 八[52]이니 伊耆氏[53]가 始爲蜡하시니 蜡也者는 索也니 歲十二月[54]에 合聚萬物而索饗之也[55]니라

천자가 〈지내는〉 성대한 蜡祭는 〈그 대상이 되는 神이〉 여덟이니, 伊耆氏가 처음으로 사제를 만들었다. '蜡'라는 것은 찾는다는 뜻이니, 매년 12월에 만물을 모아서 그 신을 찾아 제향하는 것이다.

字義 蜡 : 납제사 사

11.26.2 蜡之祭也는 主先嗇[56]而祭司嗇也니 祭百種은 以報嗇也니라

蜡祭는 先嗇(神農氏)을 위주로 하고 司嗇(后稷)을 제향하니, 百穀의 종자를 맡은 신에게 제사 지냄은 〈백성에게〉 곡식을 심고 가꾸는 것을 가르친 功에 보답하려는 것이다.

11.26.3 饗農及郵表畷(철)禽獸는 仁之至며 義之盡也니라

---

52 天子大蜡(사)八 : 진호의 주에 따르면 '蜡'는 여덟 신에게 지내는 제사이니, '先嗇(농업을 창시한 신)'이 첫 번째이고, '司嗇(백곡의 종자를 맡은 신)'이 두 번째이고, '農(고대에 田官을 지낸 신)'이 세 번째이고, '郵表畷(農路를 맡은 신)'이 네 번째이고, '貓虎(들쥐와 멧돼지를 잡아먹는 고양이와 범의 신)'가 다섯 번째이고, '防(堤防의 신)'이 여섯 번째이고, '水庸(水路의 신)'이 일곱 번째이고, '昆蟲(곡식에 해를 끼치지 않는 곤충의 신)'이 여덟 번째이다. 《禮記補註》에서는 "진호의 주는 여덟 가지 사제의 신을 하나씩 열거하면서 한결같이 정현의 주를 따랐으나, 곤충을 한 가지로 삼고 묘와 호를 합하여 한 가지로 삼은 것은 잘못인 듯하다. 곤충은 다만 아랫글의 祝辭에서 초목과 함께 범범하게 일컬었을 뿐이고 원래 농사에 도움과 보탬이 되는 일이 없으니, 어찌 제사 지낼 수 있겠는가."라고 하여 '貓虎'를 나누어 '貓'를 다섯 번째, '虎'를 여섯 번째에 두고, '昆蟲'을 제외시켰다.

53 伊耆氏 : 정현의 주에 "伊耆氏는 고대 천자의 칭호이다."라고 하였는데, 공영달의 소에 "神農 伊耆는 한 왕대의 총괄적인 명호이니, 그 자손으로서 천자가 된 자가 처음으로 蜡祭를 지냈는데 그 선조 중에 田地를 만든 자에게 제사 지냈기 때문에 先嗇이 있는 것이다."라는 皇氏의 설을 소개하였다. 육덕명이 "바로 제요가 이 사람이다.〔卽帝堯是〕"라는 혹자의 설을 소개하였는데, 《禮記補註》에 "진호의 주에 '이기씨는 堯임금이다.' 한 것은 육덕명의 설에 근본을 둔 것이다." 하였다.

54 歲十二月 : 정현의 주에 따르면 '十二月'은 周正의 달이니, 建亥(夏正 10月)의 달을 이른다.

55 合聚萬物而索之也 : 주소에 따르면 '饗'은 그 신에게 제향하는 것이다. 제사 지낼 신의 경우 만물을 모아서 그 신들을 찾아 제향하는데, 다만 여덟 신을 위주로 할 뿐이다.

56 先嗇 : 주소에 따르면 파종하는 것을 '稼'라 하고 수확하는 것을 '嗇'이라 하는데, '稼'라 하지 않고 '嗇'이라 한 것은 '功을 이루어 거두어들인다.'는 의미를 취한 것이다.

〈고대에 田官을 지낸 신인〉 農과 〈農路를 맡은 신인〉 郵表畷, 〈들쥐와 멧돼지를 잡아 먹는 신인〉 禽獸에게 제향함은 仁이 지극하고 義가 지극한 것이다.

字義 郵 : 우편 우　畷 : 밭두둑길 철　禽 : 새 금　獸 : 짐승 수

11.26.4 古之君子가 使之인댄 必報之하나니 迎貓는 爲其食田鼠也요 迎虎는 爲其食田豕也니 迎而祭之也하나니라 祭坊與水庸은 事也라

옛날의 군자는 부렸으면 반드시 보답하였다. 고양이의 神을 맞이함은 그 밭의 쥐를 잡아먹었기 때문이고, 호랑이의 신을 맞이함은 밭의 멧돼지를 잡아먹었기 때문이니, 그 신을 맞이하여 제사하는 것이다. 〈堤坊의 신인〉 坊과 〈水路의 신인〉 水庸에 제사함은 〈제방과 수로가 모두〉 농사에 갖추어야 하는 것이기 때문이다.

字義 貓 : 고양이 묘　鼠 : 쥐 서　坊 : 제방 방(=防)　庸 : 수로 용

11.26.5 曰호되 土가 反其宅하며 水가 歸其壑하며 昆蟲이 毋作하며 草木이 歸其澤이라하나니라

〈祝願하여〉 말하기를 "흙은 〈무너질 위험이 없는〉 安定된 데로 돌아가며, 물은 〈범람할 위험이 없는〉 도랑으로 돌아가며, 〈농작물에 해를 끼치는〉 곤충은 일어나지 말며, 〈농사에 방해가 되는 잡된〉 초목은 〈농경지에 나지 않도록〉 뿌리를 〈초목이 무성한 못이나 호수의〉 藪澤으로 돌려라."라고 한다.

字義 壑 : 도랑 학　昆 : 벌레 곤

11.26.7 皮弁素服而祭하나니 素服은 以送終也요 葛帶榛杖은 喪殺(쇄)也니 蜡之祭는 仁之至며 義之盡也니라

皮弁을 쓰고 素服을 입고서 제사 지내니, 〈居喪할 때처럼〉 소복을 입는 것은 〈1년 동안의 功을〉 끝마치고 죽는 것을 葬送하려는 것이다. 칡 띠를 두르고 개암나무 지팡이

를 짚는 것은 상복을 줄인 것이니, 蜡祭는 〈功에 보답하는 제사이므로〉 仁이 지극하고 義가 극진한 것이다.

字義 榛 : 개암나무 진

11.26.8 黃衣黃冠而祭[57]는 息田夫也니 野夫가 黃冠하나니 黃冠은 草服也[58]라

〈臘祭에〉 黃衣를 입고 黃冠을 쓰고서 제사 지냄은 田夫(農夫)를 쉬게 하는 것이다. 초야에 있는 사람이 황관을 쓰니, 황관은 초야의 복식이다.

11.27.1 大羅氏[59]는 天子之掌鳥獸者也니 諸侯貢이 屬焉하니 草笠而至는 尊野服也[60]라

大羅氏는 천자의 鳥獸를 관장하는 자이다. 제후의 貢物이 대라씨의 관장에 속하니, 〈使者가〉 草笠을 쓰고 오는 것은 野人의 복장을 높이는 것이다.

字義 羅 : 벌일 라　笠 : 삿갓 립

11.27.2 羅氏致鹿與女하고 而詔客告也[61]하야 以戒諸侯曰호되 好田好女者는 亡其國이라하나니라

---

57 黃衣黃冠而祭 : 진호의 주에 "〈月令〉에 '先祖와 五祀의 신에게 蜡祭를 올리며, 농부를 위로하여 쉬게 한다.〔臘先祖五祀 勞農以休息之〕' 하였으니, 바로 이 제사이다." 하였다. 정현의 주에 "이 제사는 蜡祭를 지낸 뒤에 선조와 五祀에 지내는 臘祭이다." 하였다.

58 黃冠草服也 : 진호의 주에 따르면 황관이 草野의 복식이 되는 것에 대해서는 자세하지 않다고 하였다.

59 大羅氏 : 《禮記補註》에 따르면 '羅氏'는 《周禮》 〈夏官〉의 소속이다.

60 草笠而至 尊野服也 : 정현의 주에 따르면 제후가 천자의 蜡祭에 使者를 시켜서 초립을 쓰고 鳥獸를 바치도록 하는 것이다.

61 羅氏致鹿與女 而詔客告也 : 공영달의 소에 따르면 사슴은 사냥해서 얻은 물건이고 여자는 망한 나라의 여자로 제후가 얻은 것을 말한다. 그러므로 사슴과 여자를 주어서 분명하게 이것으로 경계를 삼게 한 것이다. 참고로, 《禮記補註》에서는 "이는 다만 제후가 만약 이 두 가지 물건(사슴과 여자)을 바치면 왕명으로 되돌려줌을 이른 것이다." 하였다.

〈貢物을 바친 使者가 장차 돌아갈 적에〉 大羅氏가 〈제후국에서 사냥해서 잡은〉 사슴과 〈전쟁에서 포로로 잡은〉 여자를 보여주고서 왕명으로 사자에게 명하여 고해서 〈본국으로 돌아가〉 제후에게 "사냥을 좋아하고 여색을 좋아하는 자는 그 나라를 망하게 한다."라고 경계하게 한다.

11.27.3 天子가 樹瓜華는 不斂藏之種也[62]라하나니라

〈또 사자에게 명하여〉 "천자가 瓜華(오이와 과일)를 심는 종자는 〈씨를〉 수렴하여 〈오래〉 보관할 수 있는 종자로 하지 않는다."라고 경계하게 한다.

11.28 八蜡以記四方하나니 四方이 年不順成이어든 八蜡가 不通은 以謹民財也요 順成之方엔 其蜡가 乃通은 以移民也라 旣蜡而收어든 民息已니 故로 旣蜡하고 君子가 不興功하나니라

八蜡로 因하여 사방의 豐凶을 기록하게 한다. 사방의 列國이 농사가 순조롭게 이루어지지 않으면 팔사가 다른 지방들과 통하여 똑같이 지내지 않음은 백성들에게 재물을 〈쓰는 것을〉 신중히 해야 함을 알도록 하려는 것이다. 〈농사가〉 순조롭게 이루어진 지방에서는 그 사제가 비로소 다른 지방들과 통하여 똑같이 지냄은 백성의 재물을 너그럽게 풀어서 쓰게 하려는 것이다. 사제를 지낸 뒤에 거두어들여 쌓고 나면 백성들이 휴식기를 가지니, 그러므로 사제를 지낸 뒤에는 군자가 토목공사를 일으키지 않는 것이다.

11.29.1 恒豆之菹(저)는 水草之和氣也요 其醢(해)는 陸産之物也요 加豆는 陸産也요 其醢는 水物也[63]니라

---

62 天子樹瓜華 不斂藏之種也 : 진호의 주에 따르면 수렴하여 오래 보관할 수 있는 물건을 심지 않는 것은 백성들과 더불어 이익을 다툼을 싫어해서이니, 이 또한 使者로 하여금 돌아가 그 군주에게 고하여 경계하게 하는 일이다.

63 恒豆之菹(저)……其醢水物也 : 공영달의 소에 따르면 여기서부터 이하는 제사에 마땅히 사용해야 하는 물품을 총괄하여 밝혔다. 《禮記補註》에서는 "《周禮》 〈天官 醢人〉에 〈아침 일찍 종묘에

〈매일 아침 식사 전에 올리는〉 恒豆의 〈시큼한 맛의 나물인〉 菹는 水草로서 和氣가 있는 것이고, 그 肉醬은 육지에서 생산된 것이다. 그리고 〈제사의 끝에 尸童이 입가심할 때 먹는〉 加豆는 육지에서 생산된 것이고 그 젓갈은 〈소라젓이나 생선젓과 같이〉 물에서 생산된 것이다.

字義 菹 : 나물이름 저 醢 : 젓갈 해

11.29.2 籩豆之薦은 水土之品也니 不敢用常褻味而貴多品은 所以交於神明之義也라 非食味之道也니라 先王之薦은 可食也而不可耆也며 卷(곤)冕路車는 可陳也而不可好也며 武壯而不可樂(락)也며 宗廟之威而不可安也며 宗廟之器可用也而不可便其利也니 所以交於神明者는 不可同於所安樂之義也니라

籩과 豆에 채우는 것은 물과 흙에서 생산되는 물품이니, 감히 평상시에 즐기는 맛있는 음식을 사용하지 않고, 여러 가지 물품을 귀하게 여김은 신명과 사귀는 義이고 맛있는 것을 먹는 道가 아니다. 선왕이 올린 것은 먹을 수는 있지만 〈질박하고 맛이 없어서〉 입을 즐겁게 할 수는 없으며, 〈尊嚴한 服飾과 物品인〉 袞冕과 路車는 진열할 수는 있지만 〈곁에 두고 즐기며〉 좋아할 수는 없다. 〈武〉는 壯勇함을 보이려는 것이니 즐거운 놀이로 삼을 수 없으며, 宗廟는 위엄이 있는 곳이니 〈잠자는 곳처럼〉 편안한 곳으로 삼을 수는 없다. 종묘의 〈禮를 행하는〉 기물은 〈예를 행할 때〉 쓸 수 있지만 편리하게 사용할 수는 없으니, 신명을 사귀는 것은 안락하게 여기는 義와 똑같이 할 수 없는 것이다.

字義 耆 : 즐길 기(=嗜) 卷 : 곤룡포 곤(=袞)

11.29.3 酒醴之美에 玄酒明水之尙은 貴五味之本也요 黼黻文繡之美에 疏布之尙은 反女功之始也요 莞簟(완점)之安에 而蒲越(활)稾鞂(갈)之尙은 明之也[64]요 大羹을 不和는 貴其質也요 大圭를 不琢은 美其質也요 丹漆雕幾之美에 素車之

지내는 제사인〉 朝事의 豆와 〈매달 초하루 아침에 종묘에 지내는 제사인〉 饋食(궤사)의 豆가 보이고 또 加豆가 보인다. 이 경문의 恒豆에 대해 疏에서는 朝事와 饋食의 豆를 겸한 것으로 여겼으니, 조사와 궤사는 모두 祭禮이다." 하였다.

64 明之也 : 정현의 주에 따르면 神明으로 여기는 것이다.

乘은 尊其樸也니 貴其質而已矣라 所以交於神明者는 不可同於所安褻之甚也니 如是而后에사 宜니라

술과 단술이 아름다운데 玄酒와 明水를 〈그것보다〉 높이는 것은 五味의 근본을 귀하게 여기는 것이다. 黼黻 무늬를 수놓은 것이 아름다운데 거친 삼베를 〈그것보다〉 높이는 것은 〈보불이 있기 전에 거친 삼베를 만든〉 女功의 시작을 잊지 않는 것이다. 왕골자리와 대자리가 편안한데 부들자리와 짚자리를 〈그것보다〉 높이는 것은 〈부들자리와 짚자리를〉 神明으로 여기는 것이다. 〈쇠고기국인〉 大羹을 간 맞추지 않음은 그 질박함을 귀하게 여기는 것이다. 大圭를 다듬지 않음은 그 질박함을 아름답게 여기는 것이다. 붉은 칠과 조각하고 옻칠한 것이 아름다운데 〈칠이나 장식을 하지 않은〉 素車를 타는 것은 질박함을 높이는 것이니, 그 질박함을 귀하게 여긴 것일 뿐이다. 신명과 사귀는 것은 심히 편안한 것과 똑같게 할 수는 없으니, 이와 같이 한 뒤에야 걸맞는 것이다.

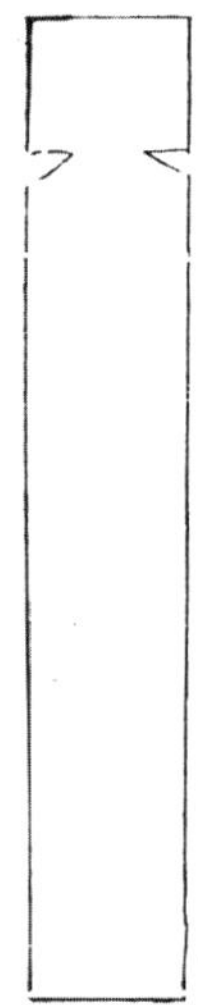

대규大圭

字義 莞 : 왕골 완　簟 : 대자리 점　越 : 부들 활　槀 : 볏짚 고　秸 : 볏짚 갈(=稭)

11.29.4 鼎俎가 奇而籩豆가 偶는 陰陽之義也라 黃目은 鬱氣之上尊(준)也니 黃者는 中也요 目者는 氣之淸明者也니 言酌於中而淸明於外也[65]니라

鼎과 俎를 홀수로 하고 籩과 豆를 짝수로 함은 陰과 陽의 뜻이다. 〈술동이의 표면에 黃金으로 눈을 새긴〉 黃目은 울창주를 담아 향기가 나는 〈祭床의〉 上位의 술동이이다. 황색은 중앙의 색깔이고 目은 기운이 淸明한 것이니, 술동이 속에서 술을 떠내면 청명한 기운이 밖으로 퍼지는 것을 말한다.

---

65 黃者中也……淸明於外也 : 저본의 소주에 嚴陵方氏의 설에 따르면 目의 精氣는 水에 해당하고 그 氣勢는 火에 해당하니, 水를 體로 삼기 때문에 기운이 맑고 火를 用으로 삼기 때문에 기운이 밝은 것이다. 중앙에 있는 울창주를 瓚(옥잔)으로 뜨니 이는 '술동이 속에서 떠낸다〔酌於中〕'는 것이고, 곧장 밖으로 도달하니 이는 '청명한 기운이 밖으로 퍼진다.〔淸明於外〕'는 것이다. 孝子가 장차 제사 지내려고 할 적에 마음속을 비워서 다스리니, 이것이 '술동이 속에서 떠낸다〔酌於中〕'는 뜻이다. 妻와 함께 자지 않고 음악을 듣지 않으며 술을 마시지 않고 매운 채소를 먹지 않는 것이 '청명한 기운이 밖으로 퍼진다.〔淸明於外〕'는 뜻이다.

11.29.5 祭天호되 掃地而祭焉은 於其質而已矣요 醯醢(혜해)之美에 而煎鹽之尙은 貴天産也요 割刀之用에 而鸞刀之貴는 貴其義也니 聲和而後에 斷也니라

하늘에 제사하되 땅을 쓸기만 하고 제사함은 질박한 데에서 〈제사를〉 하는 것일 뿐이요, 젓갈이 아름다운데 구운 소금을 〈그것보다〉 높이는 것은 천연으로 생산된 것을 귀하게 여기는 것이요, 〈고기를 자르는〉 割刀를 사용할 적에 방울이 달린 鸞刀를 귀하게 여김은 〈칼질의 소리를 조화롭게 하는 것을〉 귀하게 여기는 것이니, 소리가 조화로운 뒤에 고기를 자르는 것이다.

字義 醯 : 식혜 혜 煎 : 달일 전

11.30.1 冠義에 始冠之호되 緇布之冠也니 大(태)古에 冠布러니 齊(재)則緇之하더라 其緌(유)也는 孔子가 曰하사되 吾未之聞也로니 冠而敝之가 可也[66]라하시다

冠禮의 義에 〈三加할 때〉 처음으로 관을 씌워 줄 적에 검은 삼베로 만든 冠을 씌워 주니, 태고 시대에는 관을 베로 만들었는데 재계하게 되면 검은색으로 물들여 관을 만들었다. 아래로 늘어뜨리는 〈갓끈의 장식인〉 緌에 대해서는, 공자께서 말씀하시기를 "〈후대에 사용하지 않는 것을 관례할 때 잠시 사용하는 것은 옛날을 잊지 않기 위한 것인 듯한데〉 나는 〈緌에 대해〉 들은 적이 없으니, 관례를 하고 나면 〈더이상 사용하지 않고〉 버리는 것이 옳다." 하셨다.

字義 緇 : 검은옷 치 緌 : 갓끈 유

11.30.2 適子가 冠於阼는 以著代也요 醮於客位는 加有成也요 三加彌尊은 喩其志也[67]요 冠而字之는 敬其名也라

適子가 동쪽 섬돌에서 관례하는 것은 주인을 대신함을 드러낸 것이고, 〈室의 문과 창

---

66 冠義始冠之……冠而敝之可也 : 《禮記補註》에 "여기서부터 '살아서 爵이 없으면 죽어서 시호가 없었다.〔生無爵 死無諡〕'라고 한 데까지 모두 《儀禮》 〈士冠禮〉 뒤의 〈記〉의 글과 똑같다. 또 《孔子家語》 〈冠頌〉편의 글이 이 부분과 대체로 똑같은데 더욱 상세하니, 마땅히 참고해야 한다." 하였다.

67 適子冠於阼……喩其志也 : 진호의 주에 따르면 이는 適子의 예이니, 만약 庶子라면 방문 밖에서 南面하여 관례를 하고, 醮禮 또한 문밖에서 한다.

문 사이에 있는〉 손님의 자리에서 〈술을 따라 주기만 하고 酬酢이 없는〉 醮禮를 하는 것은 이룸이 있는 사람〔成人〕을 더 우대하는 것이고, 〈처음에는 緇布冠을 쓰게 하고 다음은 皮弁을 가하고 또 다음은 爵弁을 가하는〉 三加를 할 때 가할수록 더욱 높은 관을 씌워주는 것은 뜻을 더 높게 가져야 함을 깨우쳐주는 것이고, 관례를 하고 字를 지어줌은 그의 이름을 공경하는 것이다.

字義 醮 : 술권할 초 彌 : 더욱 미

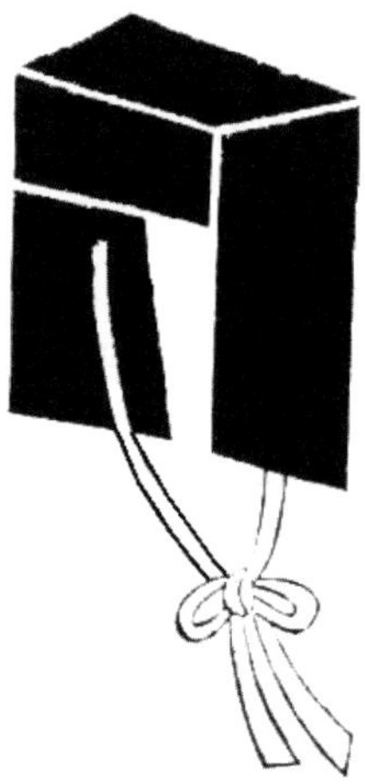

치포관緇布冠

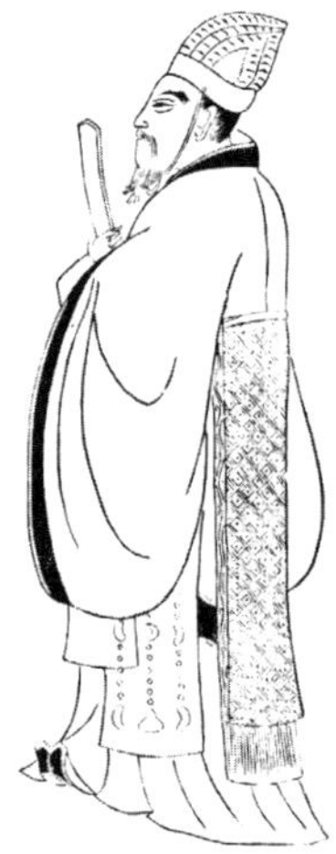

피변皮弁

작변爵弁

11.30.3 委貌는 周道也요 章甫는 殷道也요 毋追(퇴)는 夏后氏之道也[68]니 周는 弁이요 殷은 冔(후)요 夏는 收러니 三王이 共皮弁素積[69]이러라

〈三加할 때 처음 가하는 緇布冠을〉 '委貌'라 함은 周나라의 道이고, '章甫'라 함은 殷

---

68 委貌周道也……夏后氏之道也 : 진호의 주에 따르면 이는 모두 先王이 禮를 제정한 道이므로 '道'라고 이름한 것이다. '위모'는 玄冠이다. 옛말에 "'委'는 편안함이니 용모를 편안하고 바르게 하는 것을 말하고, '章'은 밝음이니 丈夫를 表明하는 것이다. '毋'는 발어사이고, '追'는 '椎'와 같으니, 그 형상을 가지고 이름하였다." 하였다. 《禮記補註》에서는 "《禮記古經》 및 《儀禮》의 주소에 모두 '追는 堆(퇴)와 같다. 그 형상을 가지고 이름하였다.〔追猶堆也 以其形名之〕' 하였으니, 지금 진호의 주에 '椎(추)'라고 한 것은 잘못된 듯하다." 하였다. 본서에서는 《예기보주》에 따라 번역하였다.

69 周弁……共皮弁素積 : 진호의 주에 따르면 옛말에 '弁'이라는 명칭은 '槃(반)'에서 나왔으니 '槃'은 큼이다. '冔'라는 명칭은 '幠(무)'에서 나왔으니 '幠'는 덮음이다. '收'는 그 머리카락을 收斂하는 것인데, 그 형상과 제도는 듣지 못하였다. '皮弁'은 흰 사슴의 가죽으로 만들고, 그 옷은 15升의 베로 만든다. 그 흰색은 冠의 색과 같고, 흰 명주로 치마를 만드는데 그 허리 가운데에 주름을 잡았다.

나라의 도이고, '毋堆'라 함은 夏后氏의 도이다. 〈두 번째로 가하는 冠을〉 주나라는 '弁'이라 하고, 은나라는 '冔'라 하고, 하나라는 '收'라 하였는데, 〈이때의 冠服은〉 三王이 공통적으로 皮弁을 쓰고 흰 명주 베로 주름을 잡은 치마를 입었다.

字義 追 : 언덕 퇴(=堆) 冔 : 관 이름 후 積 : 주름 적

11.30.4 無大夫冠禮而有其昏禮하니 古者에 五十而後에 爵이어니 何大夫冠禮之有[70]리오 諸侯之有冠禮는 夏之末造也[71]니라

〈제후와 대부의 관례를 한결같이 士의 禮와 똑같이 행하므로〉 대부의 관례는 없지만 대부의 혼례는 있다. 옛날에 50세가 된 뒤에야 〈대부의〉 爵을 받았으니, 어찌 대부의 관례가 있겠는가. 제후의 관례가 있는 것은 夏나라의 末世에 만든 것이다.

11.30.5 天子之元子가 士也[72]니 天下에 無生而貴者也니라 繼世以立諸侯는 象賢也[73]요 以官爵人은 德之殺(쇄)也[74]라 死而諡는 今也니 古者엔 生無爵이어든 死無諡[75]하더니라

---

70 無大夫冠禮……何大夫冠禮之有 : 정현의 주에 따르면 대부의 혼례가 있음은 혹 爵을 받은 뒤에 다시 장가드는 경우가 있기 때문이다.

71 諸侯之有冠禮 夏之末造也 : 정현의 주에 "하나라 초기 이전에는 제후가 비록 어린 나이로 즉위한 경우가 있더라도 여전히 士의 예로 관례를 행하였고, 또한 50세가 되어야 비로소 爵과 직임의 命을 받았음을 말한 것이다. 나라가 쇠약해진 말세에 成人이 되지 않은 군주는 찬탈과 시해를 당한 경우가 많았으니, 이에 다시 즉위하면 爵과 命을 내려 주어 군주와 신하의 관계를 바로잡아 제후의 관례가 있게 되었다." 하였고, 공영달의 소에 "이 경문은 다만 제후를 밝히고 천자를 말하지 않았는데, 또 아래에서 '천자의 원자도 오히려 士와 똑같다.'고 말한 것으로 보면 천자는 士와 다른 것이다." 하였다.

72 天子之元子 士也 : 정현의 주에 "儲君은 군주에게 버금가는데도 오히려 '士'라고 하였으니, 이는 사람이 어진 행실과 덕을 드러냄이 있어야 비로소 존귀해질 수 있음을 밝힌 것이다." 하였고, 《禮記補註》에서는 "이는 世子의 관례가 士의 禮와 같음을 밝힌 것이다."라는 《儀禮經傳通解》의 설을 소개하였다.

73 繼世以立諸侯 象賢也 : 공영달의 소에 따르면 이는 하나라 말기 이래로 제후의 관례가 있게 된 뜻을 풀이한 것이다.

74 以官爵人 德之殺(쇄)也 : 공영달의 소에 따르면 이는 대부의 관례가 없는 이유를 밝힌 것이다.

75 死而諡今也……死無諡 : 《의례경전통해》에 "周나라에 이르러 諡法이 있게 되었는데, 살아서 爵

천자의 元子는 士의 신분이니, 천하에는 태어나면서부터 귀한 자가 없는 것이다. 代를 이어서 제후를 세움은 前人의 어짊을 본받을 수 있기 때문이고, 관직으로써 사람에게 爵을 줌은 덕에 따라서 줄여야 하는 것이다. 죽으면 諡號를 짓는 것은 지금의 禮이니, 옛날에는 살아서 작이 없으면 죽어서 시호가 없었다.

11.31 禮之所尊은 尊其義也니 失其義하고 陳其數는 祝史之事也라 故로 其數는 可陳也어니와 其義는 難知也니 知其義而敬守之는 天子之所以治天下也[76]라

禮가 높은 것은 그 義를 높일 만해서이니, 義를 잃고 數만 진열함은 祝官과 史官의 일이다. 그러므로 수는 진열할 수 있으나 그 의는 알기 어려우니, 그 의를 알아서 공경히 지키는 것은 천자가 천하를 다스리는 방법이다.

11.32.1 天地合而后에야 萬物이 興焉하나니 夫昏禮는 萬世之始也며 取於異姓은 所以附遠[77]厚別也라 幣必誠하며 辭無不腆은[78] 告之以直信이니 信은 事人也며

이 있는 자는 죽으면 또 시호를 내려주었으니, 이는 또 降殺(등급에 따라 차례로 줄임)한 것이다. 上古 시대에는 백성 스스로 군주를 세웠기 때문에 살아서 爵이 없었으며, 中古 시대에는 시법이 있지 않았기 때문에 비록 爵이 있더라도 시호는 없었으니, 이것은 또 고금의 변화를 거듭 펴서 말한 것이다." 하였는데, 《예기보주》에서 "朱子의 설을 가지고 보면 殷나라 이전에는 시호가 있었다고 할 수 없다." 하였다.

76 禮之所尊……天子之所以治天下也 : 진호의 주에 "先王이 예를 제정함에 모두 精微한 이치가 있으니, 이른바 '義'라는 것인데, 예가 존귀함이 되는 까닭은 그 義가 존귀할 만하기 때문이다. 玉帛과 俎豆는 각각 많게 하고 적게 함과 厚하게 하고 薄하게 하는 수가 있는데, 수의 진열됨은 사람들이 모두 볼 수 있으나 義의 정미함은 배우지 않으면 알지 못하니, 祝과 史가 알 수 있는 것이 아니다. 《中庸》 제19장에 '郊祭와 社祭의 예와 禘祭와 嘗祭의 의를 밝게 알면 나라 다스림은 손바닥 위에 올려놓고 보는 것처럼 쉬울 것이다.〔明乎郊社之禮禘嘗之義 治國 其如示諸掌乎〕' 하였다. 이 말은 앞 장의 '冠義' 이하를 總結한 것이다." 하였다. 공영달의 소에 따르면 이 경문은 위에서 관례의 의미를 논하고 아래에서 혼례의 의미를 논하였기 때문에 기록하는 사람이 위로 말미암아 아래를 일으키고 가운데에서 禮를 중시하는 義를 말한 것이다.

77 附遠 : 진호의 주에 "반드시 異姓에게 장가드는 것은 혐의를 멀리하는 뜻을 붙인 것이다." 하였는데, 《禮記補註》에서는 '소원한 이를 붙이는 道이다.'라는 소의 설과 저본의 소주의 '먼 데에 붙이지 않으면 인정이 통할 수 없다.'라는 方氏의 설이 맞다고 하였다. 본서에서는 《예기보주》에 따라 번역하였다.

78 辭無不腆은 : '은'이 《禮記大文諺讀》에 '하며'로 되었는데, 앞뒤 문맥을 살펴 수정하였다.

信은 婦德也[79]라 壹與之齊면 終身不改하나니 故로 夫死하야도 不嫁하나니라

天地가 화합한 뒤에 萬物이 일어나니, 婚禮는 萬代의 시초이다. 異姓에게 장가드는 것은 소원한 이를 가깝게 하고 분별을 후하게 하는 것이고, 폐백을 반드시 정성스럽게 마련하며 致辭하는 말에는 '좋지 못하다(不腆)'라는 말이 없음은 정직과 誠信으로 고하려고 하는 것이다. 誠信은 사람을 섬기는 도이며 성신은 婦人이 갖추어야 할 덕이다. 〈여자가〉 한 번 지아비와 〈혼례를 하여 犧牲을 함께 먹고서 부부가 되어 尊卑의 차별이 없고〉 지위가 동등해지면 종신토록 고치지 않으니, 그러므로 지아비가 죽어도 再嫁하지 않는 것이다.

字義 腆 : 좋을 전

11.32.2 男子가 親迎할새 男先於女는 剛柔之義也니 天先乎地하며 君先乎臣이 其義一也라 執摯以相見은 敬章別也니 男女가 有別한 然後에야 父子가 親하고 父子가 親한 然後에야 義生하며 義生한 然後에야 禮作하고 禮作하며 然後에야 萬物이 安하나니 無別無義는 禽獸之道也라

남자가 親迎을 할 적에 남자가 앞서서 여자를 인도하는 것은 剛이 주도하고 柔가 따르는 의리이다. 하늘이 먼저 땅에 은택을 내리고, 임금이 먼저 신하에게 예를 행하는 것과 그 뜻이 같다. 禮物을 들고 서로 만나는 것은 공경을 행하여 분별이 있음을 밝히는 것이니, 남녀가 분별이 있은 뒤에야 父子가 서로 친하고, 부자가 서로 친한 뒤에야 義가 생겨나고, 의가 생겨난 뒤에야 禮가 일어나고, 예가 일어난 뒤에야 만물이 편안하니, 〈內外의〉 분별이 없고 〈上下의〉 의가 없는 것은 禽獸의 道이다.

字義 摯 : 폐백 지

11.32.3 壻가 親御授綏는 親之也니 親之也者는 親之也라 敬而親之는 先王之

---

79 信事人也 信婦德也 : 공영달의 소에 "'事'는 '세움(立)'이니, 부인이 자신을 세우는 도는 信이 아니면 세우지 못함을 말한 것이다. '信婦德也'는 貞信이 부인의 덕임을 말한 것이다." 하였는데, 저본의 소주에 엄릉 방씨는 "사람을 섬기려는 자는 반드시 誠信을 가지고 하는데 부인은 사람을 섬기는 것을 일삼는다. 그러므로 信이 부인의 덕이 되는 것이다." 하였다. 본서에서는 소주의 설에 따라 '事'를 '섬기다'의 뜻으로, '信'을 '誠信'의 뜻으로 보았다.

所以得天下也라 出乎大門而先하야 男帥(솔)女하고[80] 女가 從男하나니 夫婦之義가 由此始也니라 婦人은 從人者也니 幼從父兄하고 嫁從夫하고 夫死어든 從子하나니 夫也者는 夫也니 夫也者는 以知帥(솔)人者也라

신랑이 친히 신부의 수레를 몰고 수레에 오르는 끈을 신부에게 주는 것은 신부를 친애하기 위한 것이니, 신부를 친애함은 자기를 친애하게 하는 것이다. 공경하고 친애함은 先王이 천하를 얻은 방법이다. 〈신부 집의〉 대문을 나와서는 〈신랑의 수레가〉 앞장서서 남자가 여자를 인솔하고 여자가 남자를 따르니, 부부의 義가 이로부터 시작된다. 부인은 남을 따르는 자이니, 어려서는 아버지와 오라비를 따르고 시집가서는 남편을 따르고 남편이 죽으면 자식을 따른다. 남편은 丈夫라는 뜻이니, 장부는 지혜로써 남을 통솔하는 자이다.

11.32.4 玄冕齊戒는 鬼神陰陽也[81]라 將以爲社稷主며 爲先祖後니 而可以不致敬乎아

혼례에 〈제사를 지낼 때처럼 공경히〉 검은 면류관을 쓰고 재계하는 것은 陰陽(夫婦)의 도를 공경하기를 귀신을 섬기는 것과 같게 하는 것이다. 〈지금 혼례하는 남자와 여자는 제후의 경우〉 장차 社稷의 〈제사를 주관하는〉 주인이 되며 〈天下 사람일 경우〉 선조의 후계자가 될 것이니, 〈혼례에〉 공경을 다하지 않을 수 있겠는가.

11.32.5 共牢而食은 同尊卑也니 故로 婦人은 無爵이라 從夫之爵하며 坐以夫之齒[82]하나니라 器用陶匏는 尙禮然也[83]니 三王이 作牢하사되 用陶匏하시니라 厥明에

---

80 出乎大門而先하야 男帥(솔)女하고 : 《예기대문언두》에 "出乎大門而先男帥女요"로 되어 있으나, 《예기보주》에 "육덕명의 음의에 '先'자에서 句를 끊었다." 한 것에 의거하여 토를 수정하였다.

81 鬼神陰陽也 : 정현의 주에 "음양은 부부를 이른다." 하였고, 공영달의 소에 "祭服을 착용하고 재계한 뒤에 親迎하는 것은 부부의 도를 공경하기를 귀신을 섬기는 것과 같게 하는 것이다. 그러므로 '鬼神陰陽'이라고 말한 것이다." 하였다. 《禮記補註》에 "《儀禮經傳通解》 〈家禮 昏義〉에 정현의 주가 실려 있으니, 마땅히 이를 따라야 한다." 하였다.

82 坐以夫之齒 : 徐榮輔의 설에 따르면 여자 동서들 간에는 자기의 나이에 따라 서열을 정하지 않고 남편 형제간의 위아래를 따라 자리에 앉는다는 말이다.(《竹石館遺集》 冊8 〈禮記箚錄 郊特牲〉)

83 尙禮然也 : 정현의 주에 따르면 이것은 질그릇과 바가지가 太古 시대의 禮器임을 이른다.

婦가 盥饋할새 舅姑가 卒食이어든 婦가 餕(준)餘는 私之也[84]라 舅姑가 降自西階어든 婦가 降自阼階는 授之室也[85]라 昏禮에 不用樂은 幽陰之義也[86]니 樂은 陽氣也라 昏禮에 不賀는 人之序也라

희생〔牢〕을 함께 먹음은 높고 낮음을 함께 하는 것이니, 그러므로 부인은 爵이 없어서 남편의 爵을 따르며 〈자리에〉 앉을 때에는 남편의 연치를 따르는 것이다. 기물을 질그릇과 바가지를 씀은 예로부터 숭상하는 禮가 그러한 것이니, 三王이 牢를 만들었으나 혼례에는 질그릇과 바가지를 썼다. 혼례를 한 다음날 새벽에 신부가 손을 씻고 음식을 올릴 적에 시부모가 먹기를 마치면 신부가 나머지를 먹는 것은 시부모의 은혜를 고맙게 여기는 것이다. 시부모가 〈손님이 이용하는〉 서쪽 계단으로 내려오면 신부가 〈주인이 이용하는〉 동쪽 계단으로 내려옴은 집안의 일을 〈주관하는 것을 며느리에게〉 넘겨준다는 뜻이다. 혼례에 樂을 쓰지 않는 것은 〈혼례라는 것이〉 幽陰의 뜻이니, 악은 陽氣이기 때문이다. 혼례에 축하하지 않는 것은 〈혼례라는 것이〉 사람의 세대가 〈자식, 며느리가 아버지, 시어머니와 서로〉 교대하는 순서이기 때문이다.

字義 牢 : 희생 뢰 盥 : 씻을 관 饋 : 음식 올릴 궤 餕 : 남긴밥 준 賀 : 하례할 하

11.33.1 有虞氏之祭也는 尙用氣하더니 血腥爓(섬)祭는 用氣也[87]라

有虞氏의 제사는 기운을 쓰는 것을 숭상하였으니, 피, 날고기, 데친 고기로 제사하는 것은 기운을 쓰는 것이다.

字義 爓 : 데친 고기 섬

---

84 私之也 : 정현의 주에 따르면 '私'는 은혜를 고맙게 여김과 같다.

85 授之室也 : 정현의 주에 따르면 며느리가 家事를 주관하는 이가 되어야 함을 밝힌 것이다.

86 昏禮……幽陰之義也 : 저본의 소주에 인용한 嚴陵方氏의 설에 따르면 〈郊特牲〉의 경문에 '재계할 적에 검은 관을 쓰고 검은 옷을 입는 것은 陰幽의 생각을 지극히 하려는 것이다.〔齋之玄也 以陰幽思也〕' 한 것이 바로 이것이다. 徐榮輔의 설에 따르면 '昏禮'의 '昏'은 '幽陰'의 의미를 취한 것이다.(《竹石館遺集》 冊8 〈禮記箚錄 郊特牲〉)

87 有虞氏之祭也……用氣也 : 저본의 소주에 嚴陵方氏의 설에 따르면 피〔血〕, 날고기〔腥〕, 데친 고기〔爓〕 세 가지는 모두 氣運일 뿐이니, 일찍이 맛을 지극히 하지 않았으므로 '기운을 쓴다.〔用氣〕' 한 것이다. 그러나 데친 고기의 기운이 날고기의 온전함만 못하고 날고기의 기운이 피의 그윽함만 못하므로 순서가 이와 같은 것이다.

11.33.2 殷人은 尙聲하야 臭味가 未成이어든 滌蕩其聲하야 樂三闋커든 然後에야 出迎牲하더니 聲音之號는 所以詔告於天地之間也[88]라

〈모든 소리는 陽인데〉 殷나라 사람은 소리를 숭상하여 〈울창주와 犧牲의〉 냄새와 맛이 아직 이루어지기 전에 〈樂을 연주하여〉 소리를 전파하였다. 그리하여 〈陽이 3에서 이루어지기 때문에〉 악이 세 번 끝난 뒤에 나가서 희생을 맞이하였으니, 〈陽의〉 소리로 부름은 天地의 사이에 있는 〈모든 陰陽의 鬼神에게〉 고하는 것이다.

字義 滌 : 씻을 척 蕩 : 씻을 탕 闋 : 마칠 결

11.33.3 周人은 尙臭하야 灌用鬯臭하더니 鬱合鬯하야 臭陰達於淵泉하더니 灌以圭璋은 用玉氣也니 旣灌然後에 迎牲은 致陰氣也라

周나라 사람은 냄새를 숭상하여 술을 부어 降神할 적에 鬱鬯의 냄새를 사용하였으니, 〈香草인〉 鬱金에 〈검은 기장으로 빚은 술인〉 鬯酒를 합하여 〈더욱더〉 향기로운 냄새가 아래로 깊은 못에까지 도달하였다. 〈매우 귀중한 禮器인〉 圭璋으로 〈瓚의 자루를 삼아〉 강신함은 玉의 기운을 사용하는 것이니, 이미 강신한 뒤에 희생을 맞이함은 〈기운을 陰에 이르게 하여 신을 구하고자 한 것이므로〉 陰氣를 지극히 한 것이다.

11.33.4 蕭合黍稷하야 臭陽達於牆屋하나니 故로 旣奠한 然後에 焫蕭合羶薌[89]이니 凡祭에 愼諸此니라

〈降神할 적에〉 쑥에 黍稷(기장과 조)을 합하여 태워서 냄새가 올라가 담장과 지붕에

---

88 殷人尙聲……所以詔告於天地之間也 : 공영달의 소에 따르면 夏나라를 말하지 않은 것은 아마도 하나라가 有虞氏(舜임금)의 제도를 따랐기 때문일 것이다.
'聲音之號는'의 '는'이 《禮記大文諺讀》에는 '를'로 되어 있으나, 앞뒤 문맥을 살펴 수정하였다.

89 焫蕭合羶薌 : 정현의 주에 "'蕭'는 薌蒿이니, 그것을 기름으로 적시고 黍稷과 합하여 태운다. 《시경》〈大雅 生民〉에 '쑥을 가져다 기름과 합하여 태워서 降神祭를 올린다.〔取蕭祭脂〕' 하였다. '羶(전)'은 마땅히 '馨(형)'이 되어야 하니, 이는 음이 비슷해서 생긴 오류이다." 하였는데, 《禮記補註》에서는 "정현이 이미 '기름으로 적시고 태운다.' 말하고서 또 《시경》을 인용하여 기름을 쓰는 것을 증명하였는데도 '羶'을 '馨'으로 읽어야 한다고 한 것은 잘못이다. '羶'은 바로 膟膋(창자의 기름)의 냄새이고 '薌'은 바로 黍稷의 냄새이다. 〈곡례 하〉에 '기장은 薌合이라 한다.〔黍曰薌合〕' 하였으니, '薌'자에 본래 '香'이라는 뜻이 있는 것이다." 하였다. 본서에서는 《예기보주》에 따라 '羶'을 본래 음대로 두었다.

도달하게 한다. 그러므로 이미 술잔을 올린 뒤에 쑥을 태워서 기름 태운 냄새와 黍稷 태운 냄새를 합하니, 무릇 제사에 이것을 삼간다.

字義 焫 : 불태울 설 蕭 : 맑은대쑥 소 羶 : 누린내 전 薌 : 향기 향(=香)

11.33.5 魂氣는 歸于天하고 形魄은 歸于地하나니 故로 祭는 求諸陰陽之義也니라 殷人은 先求諸陽하고 周人은 先求諸陰하니 詔祝於室하며 坐尸於堂하며 用牲於庭하며 升首於室하야 直祭에 祝于主하고 索祭에 祝于祊(팽)은 不知神之所在가 於彼乎아 於此乎아 或諸遠人乎아이니 祭于祊은 尙曰求諸遠者與인저

사람이 죽으면 魂氣는 하늘로 돌아가고 形魄은 땅으로 돌아간다. 그러므로 제사는 陰과 陽에 구하는 뜻이다. 殷나라 사람은 먼저 陽에서 구하였고 周나라 사람은 먼저 陰에서 구하였으니, 祝에게 廟室에서 〈털과 피를 가지고〉 神에게 아뢰게 하며 〈익힌 고기인 羹定이 마련되면〉 尸童을 堂에 앉히며 〈사용할〉 犧牲을 뜰에서 잡으며, 희생의 머리를 묘실에 올려서 〈방안에서 지내는〉 正祭를 지낼 적에 축이 神主에 告由하고, 〈문 안에서 神靈을 찾아 지내는 제사인〉 索祭를 지낼 적에 축이 〈사당 문인〉 祊에서 고유하는 것은 신의 소재가 저기인지 여기인지 혹은 사람에게서 멀리 떠났는지 알지 못해서이니, 팽에서 제사 지냄은 〈신령이 멀리 떠났을지 모르기 때문에〉 행여 먼 데서 구한다는 뜻일 것이다.

字義 祊 : 제사이름 팽

11.33.6 祊之爲言은 倞(량)也요 肵(기)之爲言은 敬也요 富也者는 福也요 首也者는 直也[90]요 相은 饗之也요 嘏(가)는 長也며 大也요 尸는 陳也요 毛血은 告幽全[91]之

---

90 首也者 直也 : 진호의 주에는 "희생의 몸에서 머리가 앞에 있으니, 머리를 올려서 제사 지냄은 신의 자리와 서로 만남을 취한 것이다.〔牲體首在前 升首而祭 取其與神坐相直也〕" 하였고, 공영달의 소에는 "'直'은 正이니, 머리가 희생 전체의 正이 되는 것이다.〔直 正也 首爲一體之正〕" 하였는데, 본서에서는 '直'자를 진호의 주에 따라 '만나다'로 번역하였다.

91 告幽全 : 공영달의 소에 따르면 '告幽'는 고기의 속이 훌륭하고 좋음을 말한 것이고, '告全'은 희생의 털빛이 빠짐없이 갖춰짐을 말한 것이다.

物也니 告幽全之物者는 貴純之道也라

'祊'이라는 말은 멀다는 뜻이고 '肵'라는 말은 공경한다는 뜻이며, '富'라는 것은 福이고 〈犧牲의〉 머리를 올리는 것은 〈神의 자리와 서로〉 만남을 취한 것이며, '相'은 더 흠향하라는 뜻이고 '嘏'는 長久함이고 廣大함이며 '尸'는 진열함이다. 그리고 '털'과 '피'는 〈고기의〉 좋음과 〈털빛의〉 온전함을 아뢰는 물건이니, '좋음과 온전함을 아뢰는 물건'이라는 것은 純全함을 귀하게 여기는 道이다.

字義 倞 : 멀 량 肵 : 공경할 기 嘏 : 클 가

11.33.7 血祭는 盛氣也요 祭肺肝心[92]은 貴氣主也요 祭黍稷에 加肺하며 祭齊[93]에 加明水는 報陰也[94]요 取膟膋(율료)하야 燔燎하며 升首는 報陽也요 明水涗(세)齊는 貴新也니 凡涗는 新之也라 其謂之明水也는 由主人之潔著此水也라

犧牲의 피로 제사함은 기운이 盛함을 표시하는 것이고, 희생의 〈기운이 머물러있는〉 肺·肝, 心臟으로 제사함은 기운의 주인을 귀하게 여기는 것이다. 〈尸童이〉 黍稷으로 〈豆사이에 음식을 덜어내는〉 隋祭(타제)를 할 때에 肺를 가하며, 〈시동에게 올리는 正祭에〉 五齊로 제사할 때에 〈陰鑑으로 취한 달밤의 물인〉 明水를 가하는 것은 陰에 아뢰는 것이다. 그리고 〈창자의 기름인〉 膟膋를 취하여 화로에 태우며 〈陽의 體인〉 희생의 머리를 올리는 것은 〈陽의 물건을 가지고 魂氣가 되어 하늘로 올라간〉 陽에 아뢰는 것

92 祭肺肝心 : 진호의 주에 따르면 周나라는 肺로 제사하고 殷나라는 肝으로 제사하고 夏나라는 심장으로 제사하였다.

93 齊 : 고대에 술의 맑은 정도에 따라서 다섯 등급으로 구분한 五齊로, 宗廟 등의 大祭에 사용하였다. 《周禮》〈天官 酒正〉에 "주정은 술의 政令을 관장하여 술을 만드는 법식으로 쌀과 麴蘗(국얼) 등 술 재료를 酒人에게 주어 술을 만들게 한다. 公的인 일 때문에 술을 만드는 경우에 또한 이와 같이한다. 그리고 五齊의 명칭을 구분하면, 첫 번째는 泛齊이고, 두 번째는 醴齊이고, 세 번째는 盎齊이고, 네 번째는 緹齊이고, 다섯 번째는 沈齊이다." 하였는데, '범제'는 지게미가 둥둥 떠 있는 술이고, '예제'는 지게미를 거르지 않은 술이고, '앙제'는 탁주이고, '제제'는 지게미가 밑에 가라앉아 있고 빛깔이 붉은 술이고, '침제'는 탁주와 청주가 반씩 섞여 있는 술이다.

94 報陰也 : 진호의 주에 따르면 祖考의 形魄이 땅으로 돌아갔으니 陰에 속하고, 폐는 五行상 金에 속하는데, 金과 水는 陰이다. 그러므로 폐를 가하고 明水를 가하니, 이는 陰物로써 陰의 신령에게 아뢰는 것이다.

이다. 그리고 明水와 〈五齊에서〉 涚齊(맑게 한 盎齊)를 맑게 걸러냄은 새로움을 귀하게 여기는 것이니, 무릇 涚齊를 걸러냄은 새롭게 하는 것이다. '明水'라고 이르는 것은 주인의 精誠이 이 물에 깨끗하고 밝게 드러나기 때문이다.

字義 膟 : 발기름 률 膋 : 발기름 료 燔 : 불태울 번 燎 : 태울 료 涚 : 맑게할 세
潔 : 깨끗할 결

11.33.8 君이 再拜稽首하고 肉袒親割은 敬之至也라 敬之至也는 服也니 拜는 服也요 稽首는 服之甚也요 肉袒은 服之盡也라 祭稱孝孫孝子는 以其義로 稱也요 稱曾孫某는 謂國家也라 祭祀之相은 主人이 自致其敬하며 盡其嘉니 而無與讓也니라

군주가 재배하고 머리를 조아리며 〈왼쪽 옷소매를 벗는〉 肉袒을 하고 친히 犧牲을 잡는 것은 공경함이 지극한 것이다. '공경함이 지극하다'는 것은 〈어버이에게〉 복종함이니, 절하는 것은 복종함이고 머리를 조아리는 것은 복종함이 심한 것이고 육단을 하는 것은 복종함이 극진한 것이다. 〈제사는 효도를 주장하므로〉 제사에 '孝孫', '孝子'라고 칭함은 제사하는 뜻을 가지고 칭하는 것이요, 〈曾祖 이상을 사당에 모시는 제후와 대부가〉 '曾孫 아무개'라고 칭함은 〈제후의〉 나라와 〈대부의〉 집을 소유함을 이른다. 제사의 〈尸童에게 음식을 더 드실 것을 고하는〉 相은 주인이 직접 시동에게 그 공경을 다하고 그 아름다움을 다하는 것이니, 〈제사를 올리는 정성에는〉 겸양할 일이 없기 때문이다.

11.33.9 腥肆(척)爓腍(임)을 祭는 豈知神之所饗也리오 主人이 自盡其敬而已矣니라 擧斝(가)角에 詔妥尸하나니[95] 古者에 尸無事則立하고 有事而后에야 坐也하더니 尸는

95 擧斝角에 詔妥尸하나니 : 공영달의 소에 따르면 천자는 '斝(가)'라 하고 제후는 '角'이라 한다. 饋食(궤사)에 익힌 음식을 올릴 때에 尸童이 아직 들어오지 않은 상태에서 祝이 먼저 鉶(형)의 남쪽에 잔을 놓아 두면 시동이 들어와서 자리에 나아가 이 잔을 드는데, 《儀禮》〈特牲饋食禮〉의 '陰厭을 한 뒤에 시동이 들어와서 놓인 잔을 드는 것〔陰厭後 尸入擧奠焉〕'과 같다. 시동이 처음 자리에 나아가 斝와 角을 들 때에 지극히 존엄한 자리이므로 감히 스스로 편안하게 여기지 못하니, 祝이 마땅히 주인에게 고하여 시동에게 절을 하여 시동으로 하여금 자리를 편안하게 여기도록 해야 하는 것이다.

神象也요 祝은 將命也니라

〈犧牲의 통째 날고기인〉 腥體와 해체하여 발라낸 것과 데친 것과 익힌 것을 가지고 제사 지냄은 神이 어느 것을 흠향하는지를 어찌 알아서이겠는가. 주인이 스스로 그 공경을 다할 뿐이다. 〈술잔인〉 斝와 角을 들어 올리면 祝이 주인에게 고하여 尸童에게 절하고서 〈시동을〉 편히 앉게 하는데, 옛날에 시동은 일이 없으면 서 있고 일이 있은 뒤에야 앉았다. 시동은 〈제사하는 분을 상징하므로〉 神의 상징이요, 祝은 〈주인의 말을 신에게 고하고 신의 말로 주인에게 복을 내리므로〉 명령을 전달하는 자이다.

字義 肆 : 바를 척(=剔) 爓 : 데친고기 섬 腍 : 익힐 임 斝 : 술잔 가 妥 : 편안할 타
將 : 전할 장

11.33.10 縮酌用茅는 明酌也[96]라 醆酒를 涚于淸하고 汁(獻)〔沙〕[97]를 涚于醆酒하나니 猶明淸與醆酒于舊澤(역)之酒也[98]니라

醴齊를 걸러 잔에 따를 적에 띠풀을 사용하는데, 〈맑은 술인〉 明酌을 섞고 난 뒤에 거른다. 醆酒(盎齊)는 淸酒를 섞은 뒤에 거르고, 汁沙는 잔주를 섞은 뒤에 거른다. 이것

《禮記大文諺讀》에 "擧斝角하고 詔妥尸하나니"로 현토되었는데, 《禮記補註》에 "'角' 아래에 마땅히 '애〔厓〕' 토를 붙여야 하니, 《예기대문언두》는 잘못된 듯하다." 하였다. 이에 따라 토를 수정하였다.

96 縮酌用茅 明酌也 : 진호의 주에 따르면 《周禮》 〈天官 酒正〉에 세 가지 술을 말하기를 '첫 번째는 事酒이고 두 번째는 昔酒이고 세 번째는 淸酒이다.' 하였는데, '事酒'는 일을 위하여 새로 만든 것이니, 그 색깔이 깨끗하고 밝아서 '明酌'이라 이른다. 이 구절은 醴齊를 거르고자 할 때에는 먼저 이 명작을 사용하여 섞은 뒤에 띠풀을 사용하여 거름을 말한 것이다. 주소에 따르면 《周禮》 〈春官 司尊彝〉에 '醴齊는 띠풀로 거른 뒤에 잔에 따른다.〔醴齊縮酌〕' 는 것은 《예기》의 경문의 '縮酌'이 바로 예제임을 증명할 수 있는 내용이다. 또 '泛齊'를 말하지 않은 것은 예제의 경우와 똑같아서이다.

97 汁(獻)〔沙〕 : 정현의 주에 따르면 '汁獻'의 '獻'은 마땅히 '莎'가 되어야 하니, 齊 지역에서 발음이 비슷해서 생긴 오류이다. 손으로 문질러서 향긋한 즙을 추출하기 때문에 이를 '汁莎'라고 한다.

98 猶明淸與醆酒于舊澤(역)之酒也 : 진호의 주에 "세 가지의 거르는 술은 모두 천자와 제후의 禮이니, 《禮記》를 지을 때에 이 예가 이미 없어져서 사람들이 그 방법을 알지 못하였으므로 이것을 말하여 깨우쳤다. '舊'는 묵어 오래됨을 이른다. '澤'은 '醳'으로 읽으니, '醳'은 오래된 술과 단술을 섞어 빚어낸 것을 이르는데, 후세에 이것을 '醳酒'라 일렀다." 하였다. 《周禮》 〈天官 酒正〉의 '三酒'에 대한 정현의 주에 "'事酒'는 오늘날의 '醳酒'이고, '昔酒'는 이른바 '舊醳'이라는 것이다." 하였다.

은 오늘날 明酌과 淸酒와 醆酒를 舊醳의 술에 섞은 뒤에 거르는 것과 같은 것이다.

字義 縮 : 거를 축 醆 : 맑은술 잔 澤 : 진한술 역(=醳)

11.33.11 祭가 有祈焉[99]하고 有報焉[100]하며 有由辟(미)焉[101]하니라

제사에는 祈願하기 위해 지내는 제사가 있고, 보답하기 위해 지내는 제사가 있으며, 재앙과 환란을 그치게 하려고 지내는 제사가 있다

字義 辟 : 그칠 미(=弭)

11.33.12 齊(재)之玄也는 以陰幽思也니 故로 君子가 三日齊(재)하야 必見其所祭者[102]니라

재계할 적에 검은 관을 쓰고 검은 옷을 입는 것은 陰幽(고요하고 그윽함)의 생각을 지극히 하려는 것이니, 그러므로 군자가 3일 동안 재계하여 〈그 정성으로〉 반드시 제향 받는 분을 보는 것이다.

---

99 有祈焉 : 진호의 주에 따르면 《周禮》 〈春官 大祝〉에 이른바 '복과 상서로움을 기원하고 길이 正命을 얻기를 구한다.〔祈福祥 求永貞〕' 한 것과 〈춘관 籥章〉에 이른바 '田祖에게 풍년을 기원한다.〔祈年于田祖〕' 한 것과 《詩經》 〈周頌 噫嘻〉의 〈毛序〉에 '〈噫嘻〉는 봄과 여름에 곡식이 잘되기를 기원하는 시이다.〔春夏祈穀〕' 한 것과 같은 따위이다.

100 有報焉 : 진호의 주에 따르면 제례는 대부분 근본에 보답하는 뜻이 많다.

101 有由辟(미)焉 : 진호의 주에 "'辟'은 '弭'로 읽으니, 《周禮》 〈春官 小祝〉에 이른바 '재앙과 병란을 그치게 하고 죄와 병을 멀리 떠나게 한다.〔弭災兵 遠罪疾〕' 한 것과 같은 따위로, '由弭'는 이 제사를 써서 사라지고 그치게 하는 것이다." 하였다. 참고로 《禮記補註》에 "'辟'은 글자의 본래 음인 '벽'으로 읽어도 또한 '사악함과 재앙을 물리친다.'는 뜻이 되므로 굳이 고쳐서 '弭'로 적을 필요가 없다. 《禮記類編》 및 楊梧의 설도 이와 같다." 하였다.

102 齊(재)之玄也……必見其所祭者 : 저본의 소주에 嚴陵方氏의 설에 따르면 모든 물건의 이치는 陰이면 고요하고 陽이면 움직이며, 그윽하면 깊고 밝으면 얕다. 天機가 움직이는 것은 고요함을 지킬 수 없고 천기가 얕은 것은 깊음을 지극히 할 수 없는데, 슬픔과 즐거움과 좋아함과 미워함이 마음을 분산시키니, 생각을 專一하게 할 수가 없다. 그러므로 반드시 고요하고 그윽하게 함〔陰幽〕을 귀하게 여기는 것이다.

內則[1] 第十二

12.1 后王[2]이 命冢宰[3]하사 降德于衆兆民하시나니라

제후와 천자가 冢宰에게 명하여 德教를 만백성에게 내리게 한다.

字義 冢 : 산꼭대기 총

12.2.1 子가 事父母호되 鷄初鳴커든 咸盥漱(수)[4]하야 櫛縰(즐쇄)하며 笄總하고 拂

1 진호의 주에 "閨門 안의 규범이 본받을 만하기 때문에 〈內則〉이라 하였다.〔閨門之內 軌儀可則 故曰內則〕"는 공영달의 소와 "이 편은 〈曲禮〉의 義가 많다.〔此篇 於曲禮之義爲多〕"는 石梁王氏의 설을 소개하였다. 《禮記補註》에는 "정현이 말하였다. '남자와 여자가 집에 거처하며 부모 및 시부모를 섬기는 예법을 기록한 것인데, 閨門 안에서 법칙으로 삼을 만한 禮儀이기 때문에 「內則」이라고 한 것이다.' 살펴보건대 이는 틀림없이 옛날 학교에서 백성을 가르치던 책이다."라는 《儀禮經傳通解》 〈目錄〉의 내용을 소개하였다.

2 后王 : 공영달의 소에 따르면 '后'는 '제후'를 이르고 '王'은 천자를 이르니, 왕을 먼저 말하지 않은 것은 천자의 妃인 后로 오해할 여지를 없앤 것이다.

3 冢宰 : 공영달의 소에 따르면 이 〈內則〉 편에 이미 음식에 관한 내용이 있고, 또 敎令에 관한 내용이 있다. 그렇다면 經文에서 마땅히 '총재와 司徒에게 명한다.'라고 해야 하는데, 지금 오직 총재만 말하였으니, 이는 사도가 총재의 일을 겸한 것이다. 그러므로 정현의 주에서 '기록한 자가 제후에 근거해서 언급한 것이다.'라고 말한 것이다. 그런데 《예기보주》에서는 "주소에서 '제후의 司徒는 冢宰를 겸한다.' 한 것이 옳다. 다만 이 經文에서 '后王이 命함'을 말하였으니, 총재는 실로 천자의 총재일 뿐이다. 《周禮》 〈天官 太宰〉에 '태재가 제후국의 六典을 확립하여 頒行하는 것을 관장한다.〔掌建邦之六典〕' 하였는데, 〈첫 번째가 '治典'이고〉 그 두 번째가 '敎典'이니, 백성을 가르치는 것이 비록 司徒가 담당하는 것이지만 총재가 통솔하지 않는 바가 없기 때문에 그 중한 것을 가지고 말한 것이다. 제후의 경우도 천자의 宰가 제후국에 典을 시행하고, 제후가 이를 받들어 그 백성을 가르치니, 총재가 사도의 일을 겸하더라도 절로 문제될 것이 없다."는 《의례경전통해》의 설을 소개하였다.

4 盥漱(수) : 《예기보주》에 "字書에 '「盥」은 손을 씻음이고 「頮(회)」는 얼굴을 씻음이다.' 하였는데, 이 장에서 '頮'를 언급하지 않은 것은 의심스럽다. 아랫글에 '그 사이에 얼굴에 때가 있으면 쌀뜨

髦[5]하며 冠緌(유)纓하며 端韠(필)紳하며 搢笏이니라

자식이 부모를 섬기되 새벽에 닭이 처음 울거든 모두 일어나 세수하고 양치질하며, 빗질하고 머리를 싸매고 비녀를 꽂고 상투를 묶고 髦의 먼지를 털며, 관을 쓰고 관 끈을 매고서 남은 부분을 늘어뜨리며, 玄端服을 입고 蔽膝(폐슬)을 차고 큰 띠를 매며, 홀을 띠 안에 꽂는다.

字義 盥 : 씻을 관　漱 : 양치질할 수　櫛 : 빗 즐　縰 : 머리싸개 쇄　笄 : 비녀 계　總 : 묶을 총
拂 : 먼지털 불　髦 : 다팔머리 모　緌 : 갓끈 유　纓 : 갓끈 영　韠 : 폐슬 필　紳 : 큰띠 신
搢 : 꽂을 진　笏 : 홀 홀

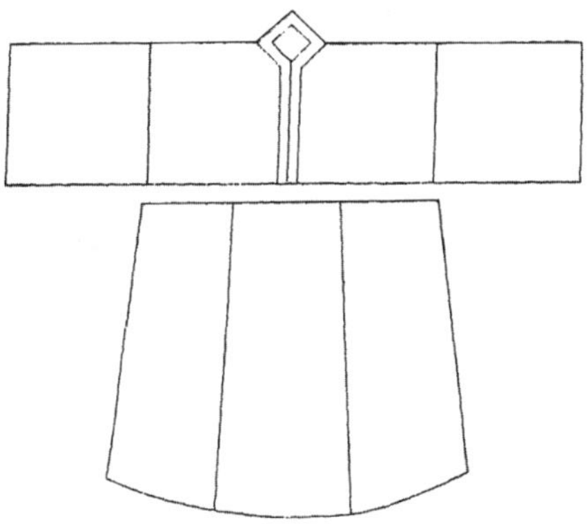

현단玄端

폐슬蔽膝

12.2.2 左右에 佩用호되 左佩紛과 帨와 刀와 礪와 小觿와 金燧[6]하고 右佩玦과 捍과 管과 遰(체)와 大觿와 木燧하며 偪하고 屨著(착)綦[7]호리라

왼쪽과 오른쪽에 사용할 물건을 차되 왼쪽에는 행주와 수건, 작은 칼과 숫돌, 작은

물을 데워 얼굴을 씻을 것을 청한다.〔其間面垢 燂潘請靧〕' 한 것을 가지고 보면, 옛사람은 비록 손은 날마다 씻더라도 얼굴은 반드시 날마다 씻지는 않았던가보다. 아니면 손을 씻음을 말했을 뿐이지만 이 안에 얼굴을 씻는 것도 포함된 것인가보다." 하였다.

5 拂髦 : 정현의 주에 "'髦'는 어릴 때 하는 '鬌(황새머리)'를 형상한 것인데, 그 제도에 대해서는 들어보지 못하였다." 하였다. 《예기보주》에 따르면 '머리털을 잘라 鬌를 만듦〔翦髮爲鬌〕'은 아랫글에 자세히 보인다.

6 左佩紛……金燧 : 공영달의 소에 "〈金燧는 햇빛을 이용해 불을 일으킬 수 있으므로〉 날씨가 맑으면 金燧를 가지고 불을 취할 수 있다. 왼쪽은 힘쓰기가 편하지 않기 때문에 작은 물건을 왼쪽에 차는 것이다."라는 皇氏(皇侃)의 설을 인용하였다.

7 右佩玦……屨著(착)綦 : 공영달의 소에 "궂은 날씨에 木燧를 가지고 불을 취한다. 오른쪽은 힘쓰기가 편하기 때문에 큰 물건을 차는 것이다."라는 皇氏(皇侃)의 설을 인용하였다.

뾸송곳과 〈불을 일으키는 쇠붙이인〉 金燧를 찬다. 그리고 오른쪽에는 〈활 쏠 때 사용하는〉 깍지와 팔찌, 필통과 칼집, 큰 뾸송곳과 〈불을 일으키는 나무인〉 木燧를 차며, 行纏(행전)을 차고, 신을 신고 신끈을 맨다.

字義 紛 : 행주 분(=帉) 帨 : 수건 세 礪 : 숫돌 려 觿 : 뾸송곳 휴 燧 : 부싯돌 수 玦 : 깍지 결
捍 : 활팔찌 한 遰 : 칼집 체 偪 : 행전 핍 屨 : 신 구 著 : 신을 착(=着) 綦 : 들메끈 기

12.3.1 婦가 事舅姑호되 如事父母호리니 鷄初鳴커든 咸盥漱하야 櫛縰하며 笄總하고 衣紳하며 左佩紛과 帨와 刀와 礪와 小觿와 金燧하고 右佩箴(침)管과 線纊호되 施縏帙(반질)[8]하며 大觿와 木燧하며 衿(금)纓綦屨하야 以適父母舅姑之所호리니

며느리는 시부모를 섬기되 부모를 섬기듯이 하니, 닭이 처음 울거든 모두 일어나 세수하고 양치질하며, 빗질하고 머리를 싸매고 비녀를 꽂고 상투를 묶고 〈士의 아내의 복식인〉 검은 옷을 입고 띠를 두른다. 왼쪽에는 행주와 수건, 작은 칼과 숫돌, 작은 뾸송곳과 金燧를 찬다. 그리고 오른쪽에는 바늘과 바늘통, 실과 솜을 차되 〈繡를 놓은 작은 주머니인〉 縏帙에 넣어 차며, 큰 뾸송곳과 木燧를 차며, 향주머니를 차고 신을 신고 신끈을 매고서 부모와 시부모가 계신 곳에 나간다.

字義 箴 : 바늘 침(=針) 線 : 실 선 纊 : 솜 광 縏 : 주머니 반 帙 : 싸개 질 衿 : 맬 금
纓 : 향주머니 영 適 : 갈 적

12.3.2 及所하야 下氣怡聲하야 問衣燠(욱)寒하며 疾痛苛癢(양)이어시든 而敬抑搔之하며 出入이어시든 則或先或後하야 而敬扶持之하며

부모가 계신 곳에 이르러 기운을 내리고 소리를 온화하게 하여 옷의 따뜻함과 추움을 여쭌다. 그리고 병 때문에 아프시고 피부 질환 때문에 가려우시거든 공경히 만져드리고 긁어드리며, 나가거나 들어오시면 혹 앞서거니 뒤서거니 하여 공경히 부축한다.

字義 怡 : 온화할 이 燠 : 따뜻할 욱 苛 : 피부병 가 癢 : 가려울 양 抑 : 누를 억 搔 : 긁을 소

---

8 縏帙(반질) : 정현의 주에 따르면 '縏'은 작은 주머니이다. 공영달의 소에는 "'帙'은 자수를 놓는 것이니, 침으로 자수를 놓아 주머니(縏囊)를 만들었기 때문에 '縏帙'이라고 하였다."라는 熊氏(熊安生)의 설을 인용하였다.

12.3.3 進盥할새 少者는 奉槃하고 長者는 奉水하야 請沃盥[9]하며 盥卒이어시든 授巾하고

세숫물을 올릴 때에 어린 자는 대야를 받들고 長者는 물을 받들어서 대야에 물을 부어 손을 씻으시기를 청하며, 세수가 끝나면 수건을 드린다.

字義 槃 : 대야 반 沃 : 물댈 옥

12.3.4 問所欲而敬進之하고 柔色以溫之니라 饘酏(전이)와 酒醴와 芼羹과 菽麥蕡稻黍粱秫을 唯所欲이니라 棗栗飴蜜以甘之하며 堇荁(근환)枌楡를 免薧(문고)[10]滫瀡[11]以滑之하며 脂膏以膏之하야 父母舅姑가 必嘗之而後에야 退호리라

드시고 싶은 것을 여쭈어 공경히 올리고, 얼굴빛을 부드럽게 해서 받들어 올린다. 된죽과 묽은 죽, 술과 단술, 〈채소를 넣은 고기국인〉 芼羹과 콩 · 보리 · 삼씨 · 벼 · 기장 · 메기장 · 차조로 만든 음식을 오직 드시고 싶은 대로 올린다. 대추와 밤, 엿과 꿀로써 달게 하며 堇과 荁, 흰느릅나무와 느릅나무를 신선한 것을 쓰거나 말린 것을 쓰되 조화롭게 하고 매끄럽게 하며, 된 기름과 묽은 기름으로 기름지게 하여 〈올리는데,〉 부모와 시부모가 반드시 그것을 맛보신 뒤에 물러간다.

근堇

字義 溫 : 받들 온 饘 : 죽 전 酏 : 묽은죽 이 芼 : 국 모 羹 : 국 갱 菽 : 콩 숙
麥 : 보리 맥 蕡 : 삼씨 분 稻 : 벼 도 黍 : 기장 서 粱 : 기장 량 秫 : 차조 출
棗 : 대추 조 飴 : 엿 이 蜜 : 꿀 밀 堇 : 풀이름 근 荁 : 풀이름 환
枌 : 흰느릅나무 분 楡 : 느릅나무 유 免 : 신선할 문 薧 : 말릴 고
滫 : 조화롭게할 수 瀡 : 미끄러울 수 滑 : 미끄러울 활 脂 : 기름 지 膏 : 기름 고

---

9 沃盥 : 저본의 소주에 嚴陵方氏의 설에 "옥관은 물을 부어서 손을 씻는 것이다.〔沃盥 以水沃之而盥也〕"라고 한 것에 따라 번역하였다.

10 免薧(문고) : 정현의 주에 따르면 '免'은 신선한 것이고, '薧'는 말린 것이다.

11 滫瀡 : 진호의 주에 "'滫'는 《說文解字》에 '오래된 쌀뜨물이다.〔久泔〕' 하였고, '瀡'는 매끄러움이니, '滫瀡'는 쌀뜨물 중에 매끄러운 것이다." 하였는데, 《禮記補註》에서는 정현의 주의 "秦나라 사람들은 溲(조화롭게 하다)를 '滫'라 하고, 齊나라 사람은 滑(매끄럽게 하다)을 '瀡'라 한다."는 내용과 육덕명의 음의에 근거하여 "조화롭게 하고 매끄럽게 한다."는 뜻으로 보았다. 본서에서는 《예기보주》에 따라 번역하였다.

12.4 男女가 未冠笄者는 鷄初鳴커든 咸盥漱하야 櫛縰하고 拂髦하며 總角하며 衿纓하야 皆佩容臭하고 昧爽而朝하야 問何食飮矣니 若已食則退하고 若未食則佐長者하야 視具호리라

아들 · 딸로서 아직 冠禮를 하지 않았거나 비녀를 꽂지 않은 자는 닭이 처음 울거든 모두 일어나 세수하고 양치질하며 빗질하고 머리를 싸매고 髦의 먼지를 털며 머리를 뿔처럼 동여매며 향주머니를 찬다. 그래서 〈몸의 악취를 부모에게 풍기지 않도록〉 모두 향기나는 물건을 차고는 동틀 무렵에 부모를 뵙고서 무엇을 드시고 마셨는지를 여쭈니, 만약 이미 드셨으면 물러가고, 아직 드시지 않았으면 長者를 도와 음식 장만하는 것을 살핀다.

12.5 凡內外[12]가 鷄初鳴커든 咸盥漱하야 衣服하고 斂枕簟(점)하며 灑(쇄)掃室堂及庭하야 布席하고 各從其事호리라[13]

무릇 안과 밖에 있는 사람들은 닭이 처음 울거든 모두 일어나 세수하고 양치질하고 옷을 입고 베개와 대자리를 거두며, 방안과 마루와 뜰에 물을 뿌리고 청소하며 자리를 펴고 각자 자기의 일에 종사한다.

字義 簟 : 대자리 점 灑 : 물뿌릴 쇄

12.6 孺子는 蚤寢晏起하며 唯所欲하며 食無時니라

어린아이는 일찍 자고 늦게 일어나며, 오직 하고 싶은 대로 하며 일정한 때가 없이 먹는다.

字義 孺 : 아이 유 蚤 : 일찍 조(=早) 晏 : 늦을 안

---

12 凡內外 : 공영달의 소에 따르면 이 經文은 자식이나 며느리 이외에 비천한 사람을 총괄하여 논하여서 僕隸 등속까지 언급한 것이다.

13 호리라 : 《禮記大文諺讀》에는 '호리니'로 되어 있으나, 문맥을 살펴 토를 수정하였다.

12.7 由命士以上은 父子가 皆異宮이니 昧爽而朝하야 慈以旨甘하고 日出而退하야 各從其事하다가 日入而夕하야 慈以旨甘이니라

命士로부터 이상은 부자간이 모두 집을 달리 해야 하니, 〈자식은〉 먼동이 틀 무렵에 〈부모의 처소에〉 가서 뵙고서 맛있는 음식을 올려 孝心을 나타낸다. 그리고 해가 뜨면 물러나서 각각 자기 일에 종사하다가 해가 지면 들어가 〈부모를〉 뵙고서 맛있는 음식을 올려 효심을 나타낸다.

12.8 父母舅姑가 將坐어시든 奉席하야 請何鄕하며 將衽(임)이어시든 長者가 奉席하야 請何趾하며 少者가 執牀與坐하여든 御者가 擧几하고 斂席與簟하며 縣衾하며 篋(협)枕하며 斂簟而襡(독)之니라

부모와 시부모가 장차 앉으려 하시거든 앉을 자리를 받들어 어느 쪽으로 향하실 것인가를 여쭈며, 장차 눕는 자리를 고치려 하시거든 長者는 자리를 받들어 발을 어느 쪽으로 뻗으실 것인가를 여쭌다. 그리고 젊은 자는 牀을 잡고 함께 모셔 앉으며, 모시는 자는 案席을 들어 올리고 자리와 대자리를 거두며, 이불을 〈횃대에〉 매달고 베개를 상자에 넣고 대자리를 걷어 포대기로 싸서 둔다.

字義 鄕 : 향할 향(=向) 衽 : 이불깔 임 趾 : 발 지 篋 : 상자 협 襡 : 갈무리할 독

12.9 父母舅姑之衣衾簟席枕几를 不傳하며 杖屨를 祗敬之하야 勿敢近하며 敦牟卮匜(대무치이)를 非餕(준)이어든 莫敢用하며 與恒食飮을 非餕이어든 莫之敢飮食이니라

부모와 시부모의 옷과 이불, 대자리와 자리, 베개와 안석을 함부로 옮겨놓지 않으며, 지팡이와 신을 공경하여 감히 가까이 하지 않는다. 그리고 〈부모나 시부모의〉 대접과 그릇, 잔과 종지는 〈부모나 시부모가〉 먹고 남긴 음식이 아니면 감히 사용하지 않으며, 항상 〈부모나 시부모가〉 드시고 마시는 것을 〈부모나 시부모가〉 남긴 음식이 아니면 감히 먹고 마시지 않는다.

字義 祗 : 공경할 지 敦 : 대접 대 牟 : 그릇 무 卮 : 잔 치 匜 : 종지 이 餕 : 대궁 준

12.10 父母가 在커시든 朝夕恒食에 子婦가 佐餕호되 既食恒餕[14]하고 父沒母存이어시든 冢子가 御食이요 群子婦가 佐餕如初[15]하며 旨甘柔滑란 孺子가 餕[16]이니라

부모가 살아 계시거든 아침저녁으로 항상 음식을 드실 적에 아들과 며느리가 권하여 드시게 하고, 드시고 남은 것을 먹되 항상 다 먹는다. 아버지가 돌아가시고 어머니가 살아 계시거든 맏아들이 어머니를 모시고 먹고, 여러 아들과 며느리가 권하여 드시게 하고, 드시고 남은 것을 먹되 아버지가 살아 계셨을 때처럼 하며, 맛있고 부드러운 음식은 어린아이가 그 남은 음식을 먹는다.

字義 冢 : 맏 총 御 : 모실 어

12.11.1 在父母舅姑之所하야 有命之어시든 應唯敬對하며 進退周旋에 愼齊하며 升降出入에 揖遊하며 不敢噦噫嚏咳(얼희체해)欠伸跛(피)倚睇(제)視하며 不敢唾洟(체)니라

부모와 시부모가 계신 곳에 있을 때 命함이 있으시거든 응답을 빨리하고 공손히 대답하며, 나아가고 물러나며 周旋할 적에 삼가고 엄숙히 하며, 오르고 내려가고 나가고 들어옴에 〈읍하는 것처럼〉 몸을 약간 숙이기도 하고 〈위로 쳐들 듯이〉 약간 젖히기도 한다. 그리고 감히 구역질하거나 트림하거나 재채기하거나 기침하거나 하품하거나 기지개 켜거나 한 발로 기울여 서고 기대거나 곁눈질하여 보지 않으며, 감히 침을 뱉거나 코를 풀지 않는다.

字義 噦 : 구역질 얼 噫 : 트림할 희 嚏 : 재채기 체 咳 : 기침 해 跛 : 비스듬히설 피
倚 : 기댈 의 睇 : 흘깃볼 제 唾 : 침뱉을 타 洟 : 코풀 체

14 既食恒餕 : 정현의 주에 따르면 먹을 적마다 드시고 남은 음식을 다 먹기 때문에 재차 차리는 일이 없는 것이다.

15 群子婦 佐餕如初 : 저본의 소주에 山陰陸氏의 설에 "'여러 아들과 며느리들이 더 드시기를 권함〔群子婦佐餕〕'은 말하고 '맏며느리〔冢婦〕'는 말하지 않은 것은 맏며느리는 관여하지 않기 때문이다." 하였고, 《禮記補註》에 "맏며느리는 늙은 시어머니를 위해 그 일을 대신하느라 권하여 드시게 하거나 드시고 남은 것을 먹을 겨를이 없다. 그러므로 오직 여러 아들과 며느리가 권하여 드시게 하거나 드시고 남은 것을 먹을 뿐이다."라는 楊梧의 설을 소개하였다.

16 旨甘柔滑 孺子餕 : 저본의 소주에 慶源輔氏의 설에 따르면 이 말에는 어린아이를 사랑한다는 의미가 있으니, 노인을 봉양하고 어린아이를 사랑하는 것이 이에 지극하게 된다.

12.11.2 寒不敢襲하며 癢不敢搔하며 不有敬事어든 不敢袒裼하며 不涉이어든 不撅(궐)[17]하며 褻衣衾을 不見(현)裏하며

추워도 감히 옷을 껴입지 않으며, 가려워도 감히 긁지 않으며, 공경할 일이 있지 않으면 감히 袒裼을 하지 않으며, 물을 건너지 않으면 치마를 걷어 올리지 않으며, 속옷과 이불은 그 속을 보이지 않게 한다.

字義 撅 : 옷걷을 궐 褻 : 속옷 설

12.11.3 父母唾洟(체)를 不見(현)하며 冠帶垢어든 和灰하야 請漱하며 衣裳이 垢어든 和灰하야 請澣(한)하며 衣裳이 綻(탄)裂이어든 紉(인)箴하야 請補綴(철)하며

부모의 침과 콧물을 남에게 보이지 않게 하며, 冠과 띠에 때가 끼었으면 잿물을 타서 〈손으로〉 빨 것을 청하며, 衣裳에 때가 끼었으면 잿물을 타서 〈발로〉 빨 것을 청하며, 衣裳이 터지고 찢어졌으면 바늘에 실을 꿰어서 깁고 꿰맬 것을 청한다.

字義 垢 : 때 구 灰 : 재 회 漱 : 빨 수 澣 : 빨 한 綻 : 터질 탄 紉 : 실꿸 닌 綴 : 꿰맬 철

12.11.4 五日則燂(섬)湯請浴하고 三日이어든 具沐호되 其間에 面垢어시든 燂潘(번)請靧(회)하고 足垢이어시든 燂湯請洗호리니 少事長하며 賤事貴호되 共帥(솔)時니라

닷새마다 물을 끓여 데워서 목욕할 것을 청하고, 사흘마다 머리 감을 것을 청하되 그

17 不有敬事……不撅(궐) : 진호의 주에 따르면 겉옷 왼쪽 소매를 걷는 '袒'과 왼쪽 소매를 걷어 裼衣를 드러내는 '裼'은 모두 禮의 공경함이다. 《禮記補註》에 "이는 尊長의 앞에 공경할 일이 있어야 비로소 감히 袒裼을 함을 말한 것이다. 공경할 일은 활쏘기를 익히는 것과 같은 따위이니, 활쏘기를 할 적에 단석을 하는 것은 바로 공경함이 된다. 만약 공경할 일이 아닌데 피로하여 싫증이 난다고 해서 단석을 하면 이는 공경하지 않는 것이다. 오직 물을 건널 경우를 만난 뒤에야 치마를 걷어 올리니, 만약 물을 건너지 않는데 치마를 걷어 올리면 공경하지 않음이 된다. 〈曲禮 上〉에 '수고로워도 袒을 하지 말며, 더워도 치마를 걷어 올리지 말아야 한다.〔勞無袒 暑無褰裳〕' 하였으니, 만약 공경할 일이 아니면 아무리 수고로워도 또한 감히 袒裼을 하지 않으며, 만약 물을 건너는 경우가 아니면 아무리 더워도 또한 감히 치마를 걷어 올리지 않는 것이다."라는 《朱子語類》〈小戴禮 內則〉의 설을 소개하였다.

사이에 얼굴에 때가 있으면 쌀뜨물을 데워 세수할 것을 청하고, 발에 때가 있으면 끓는 물을 데워 씻을 것을 청해야 하니, 젊은 사람이 어른을 섬기며 천한 자가 귀한 이를 섬기되 모두 이 禮를 따른다.

字義 燂 : 데울 섬 沐 : 머리감을 목 潘 : 쌀뜨물 번 靧 : 세수할 회 帥 : 따를 솔

12.12.1 男不言內하고 女不言外하며 非祭非喪이어든 不相授器[18]니 其相授인댄 則女가 受以篚하고 其無篚어든 則皆坐하야 奠之而后에 取之니라

남자는 집 안의 일을 말하지 않고 여자는 집 밖의 일을 말하지 않으며 제사가 아니거나 초상이 아니면 〈남자와 여자가〉 서로 그릇을 주고받지 않으니, 만일 서로 주고 받을 경우에는 여자는 광주리를 가지고 받고, 광주리가 없으면 〈남자와 여자가〉 모두 무릎 꿇고 앉아서 〈남자가〉 그릇을 땅에 놓은 뒤에 〈여자가〉 가져간다.

字義 篚 : 광주리 비 奠 : 둘 전

12.12.2 外內가 不共井하며 不共湢(핍)浴하며 不通寢席하며 不通乞假하며 男女가 不通衣裳하며 內言을 不出하며 外言을 不入하며

外內(남편과 아내)가 〈함께 물을 길을까 혐의스러워〉 우물을 함께 사용하지 않으며 〈서로 無禮할까 혐의스러워〉 浴室을 함께 사용하여 목욕하지 않으며 〈서로 親하게 될까 혐의스러워〉 잠자리를 통하지 않는다. 그리고 〈서로 왕래할까 혐의스러워〉 서로 물건을 빌리지 않으며 〈남녀의 옷이 뒤섞이는 것이 싫어서〉 남녀가 衣裳을 함께 입지 않으며 〈안이 밖과 사귀는 것이 싫어서〉 안의 말을 밖에 내지 않고 〈밖이 안과 사귀는 것이 싫어서〉 밖의 말을 안에 들이지 않는다.

字義 湢 : 욕실 핍

---

18 非祭非喪 不相授器 : 진호의 주에 따르면 제사는 엄숙한 자리가 되고 초상은 급박한 때에 해당하니, 이때에야 비로소 다른 혐의가 없기 때문이다.

12.12.3 男子가 入內하야 不嘯不指[19]하며 夜行以燭이니 無燭則止니라 女子가 出門하야 必擁蔽其面하며[20] 夜行以燭이니 無燭則止니라

남자가 안에 들어가서 휘파람 불지 않고 손가락질하지 않으며, 밤에 다닐 때에는 등불을 사용하니, 등불이 없으면 〈밝지 않기 때문에 다니는 것을〉 그만둔다. 여자가 문을 나갈 때에는 반드시 얼굴을 가리며, 밤에 다닐 때에는 등불을 사용하니, 등불이 없으면 〈밝지 않기 때문에 다니는 것을〉 그만둔다.

字義 嘯 : 휘파람불 소　擁 : 가릴 옹　蔽 : 가릴 폐

12.12.4 道路에 男子는 由右하고 女子는 由左니라

道路에서는 남자는 오른쪽으로 다니고 여자는 왼쪽으로 다닌다.

12.13.1 子婦가 孝者敬者는 父母舅姑之命을 勿逆勿怠[21]니라

아들과 며느리로서 효도하고 공경하는 자는 부모와 시부모의 명령을 거스르지 말고 게을리하지 말아야 한다.

12.13.2 若飮食(임사)之어시든 雖不耆나 必嘗而待하며 加之衣服이어시든 雖不欲이나 必服而待하며

19 不嘯不指 : 진호의 주에 따르면 소리와 모양이 평상적인 것과 달라서 남이 보고 듣고서 놀랄 수 있기 때문에 집안에서 이렇게 하지 않는 것이다.

20 하며 : 《禮記大文諺讀》에는 "하야"로 되어 있으나, 앞뒤 문맥을 살펴 수정하였다.

21 子婦……勿逆勿怠 : 진호의 주에 "아들로서 효도하면 부모가 반드시 아들을 사랑하고 며느리로서 공경하면 시부모가 반드시 며느리를 사랑한다. 그러나 오히려 그 사랑함을 믿고서 명령을 혹 어기는 바가 있을까 두려워하였으므로 거스르지 말고 태만히 하지 말라고 경계한 것이다." 하였다. 참고로 《禮記補註》에 "효도와 공경은 마땅히 아들과 며느리를 통틀어 보아야 한다."는 金長生의 설을 소개하였다.

만약 음식을 마시거나 먹게 하시면 비록 자기가 그 음식을 좋아하지 않더라도 반드시 맛보고서 〈높은 분이 살펴서 명령을 고쳐 내리기를〉 기다리며, 의복을 입혀주시면 비록 입고 싶지 않더라도 반드시 입고서 〈높은 분이 살펴서 명령을 고쳐 내리기를〉 기다린다.

字義 飮 : 마시게할 임　食 : 먹일 사　耆 : 좋아할 기(=嗜)

12.13.3 加之事요 人으로 代之어시든 己雖弗欲이나 姑與之하고 而姑使之한 而后에야 復之호리라

〈높은 분이〉 일을 〈나에게〉 시키고 〈혹 수고로울까 염려해서〉 다른 사람으로 대신하게 하시거든 자기가 비록 〈수고롭게 여기지 않고 그 사람이 하는 것이 자기의 마음에 들지 않아〉 그렇게 하고 싶지 않더라도 우선 그에게 일을 맡겨 주어서 시키다가 〈과연 잘하지 못하게 되면〉 뒤에 자기가 다시 한다.

12.13.4 子婦가 有勤勞之事어든 雖甚愛之나 姑縱之하고 而寧數(삭)休之니라

아들과 며느리가 부지런히 해야 할 일이 있으면 비록 그들을 매우 사랑하더라도 〈姑息적인 사랑을 사랑이라고 여겨 일을 일삼지 않게 해서는 안 되므로〉 우선 〈끝까지 부지런히 하도록〉 내버려 두고 차라리 그들을 자주 쉬게 하여야 한다.

字義 姑 : 우선 고　寧 : 차라리 녕　數 : 자주 삭

12.13.5 子婦가 未孝未敬이어든 勿庸疾怨이요 姑教之호되 若不可教어든 而后에야 怒之니 不可怒어든 子放婦出호되 而不表禮焉이니라

아들과 며느리가 효도하지 않고 공경하지 않거든 미워하거나 원망하지 말고 〈효도하고 공경하도록〉 우선 가르쳐야 한다. 만약 가르칠 수 없거든 그런 뒤에 노여워할 것이니, 노여워해도 반응이 없으면 아들을 내쫓고 며느리를 내쫓되 〈부모가 자식을 사랑하는 마음과 시부모가 며느리를 대하는 禮는 아들과 며느리의 허물을 가리고 보호하고자 하므로〉 그들의 실례한 잘못을 밝히지 않는다.

字義 庸 : 쓸 용

12.14 父母가 有過어시든 下氣怡色하며 柔聲以諫호되 諫若不入이어시든 起敬起孝하야 說(열)則復(부)諫호리니 不說(열)이어시든 與其得罪於鄕黨州閭론 寧孰諫이니 父母가 怒하야 不說하야 而撻之流血이라도 不敢疾怨이요 起敬起孝호리라

부모가 잘못이 있으면 기운을 내리고 얼굴색을 온화하게 하며, 부드러운 음성으로 諫하되 諫言이 만약 받아들여지지 않으면 더 공경하고 더 효도하여 부모가 기뻐하시면 다시 諫한다. 부모가 기뻐하지 않으시거든 〈諫하지 않아 어버이를 不義에 빠트려〉 鄕과 黨과 州·閭에서 죄를 얻게 하기보다는 차라리 〈자식이〉 익숙히 간해야 하니, 부모가 노여워하여 기뻐하지 않아서 〈자식의〉 종아리를 쳐서 피가 흐르더라도 감히 부모를 미워하거나 원망하지 않고 더 공경하고 더 효도하여야 한다.

字義 閭 : 마을 려 孰 : 익숙할 숙(=熟) 撻 : 종아리칠 달

12.15.1 父母가 有婢子와 若庶子庶孫을 甚愛之어시든 雖父母가 沒하시나 沒身敬之不衰호리라

부모가 여자 종을 통해 낳은 자식 및 庶子와 庶孫을 매우 사랑하시거든 비록 부모가 돌아가시더라도 몸을 마치도록 그들을 공경함이 쇠하지 않아야 한다.

字義 婢 : 여자종 비 沒 : 죽을 몰(=歿)

12.15.2 子有二妾이어든 父母는 愛一人焉하시고 子는 愛一人焉이어든 由衣服飮食과 由執事를 毋敢視父母所愛하야 雖父母가 沒하야도 不衰호리라

아들이 두 첩이 있을 적에 부모가 한 사람을 사랑하고 아들이 다른 한 사람을 사랑할 경우, 〈자기가 사랑하는 사람에게〉 의복과 음식을 주는 것과 일을 집행하는 것을 감히 부모가 사랑하는 사람에 견주지 못하니, 이는 비록 부모가 별세하더라도 쇠하지 않아야 한다.

12.15.3 子가 甚宜其妻라도 父母가 不說(열)이어시든 出하고 子가 不宜其妻라도 父母가 曰하사되 是善事我라커시든 子가 行夫婦之禮焉하야 沒身不衰니라

아들이 자기 아내를 매우 마땅하게 생각하더라도 부모가 기뻐하지 않으시면 내보내며, 아들이 자기 아내를 마땅치 않게 생각하더라도 부모가 "며느리가 나를 잘 섬긴다." 하시면 아들은 부부의 예를 행하여 종신토록 쇠하지 말아야 한다.

12.16 父母가 雖沒하시나 將爲善에 思貽父母令名하야 必果하고 將爲不善에 思貽父母羞辱하야 必不果니라

부모가 비록 별세하셨더라도 장차 善한 일을 하려 할 적에는 부모에게 좋은 명예를 끼칠 것을 생각하여 〈선한 일을〉 기필코 결행할 것이며, 장차 선하지 못한 일을 하려 할 적에는 부모에게 치욕을 끼칠 것을 생각하여 〈선하지 못한 일을〉 기필코 결행하지 않아야 한다.

字義 貽 : 끼칠 이 令 : 좋을 령

12.17.1 舅沒則姑老니 冢婦가 所祭祀賓客에 每事를 必請於姑하고 介婦는 請於冢婦니라

시아버지가 별세하면 시어머니가 연로하니, 〈시어머니가 가사 일을 맏며느리에게 전하게 되는데〉 맏며느리는 제사 지내고 賓客을 접대할 적에 매사를 시어머니에게 묻고, 작은며느리는 맏며느리에게 묻는다.

12.17.2 舅姑가 使冢婦어시든 毋怠하며 不(友)〔敢〕無禮於介婦[22]니라

---

22 不(友)〔敢〕無禮於介婦 : 저본에는 "不友無禮於介婦"로 되어 있고, 정현의 주에 "작은며느리들이 무례하면 맏며느리가 우애로 대하지 않는 것이다." 하였는데, 《儀禮經傳通解》에 "이 句의 뜻은 자세하지 않으니, 정현의 주의 설은 옳지 않은 듯하다. 아마도 '友'는 마땅히 '敢'이 되어야 할 듯하다.〔此句之義未詳 註說恐未然也 或疑友當作敢〕" 하였다. 본서에서는 《의례경전통해》에 따라 글

시부모가 맏며느리를 부리시거든 〈맏며느리는 수고로움을 자임하여〉 게을리하지 말며, 〈맏며느리는 게을리하여〉 감히 작은며느리에게 무례하게 하지 않는다.

12.17.3 舅姑가 若使介婦어시든 毋敢敵耦於冢婦하며 不敢竝行하며 不敢竝命[23]하며 不敢竝坐니라

시부모가 만약 작은며느리를 부리시거든 〈작은며느리는〉 감히 맏며느리에게 맞서지 말 것이니, 〈감히 맏며느리와〉 나란히 걷지 않으며, 〈아랫사람에게〉 감히 나란히 명령을 내리지 않으며, 감히 나란히 앉지 않는다.

字義 耦 : 맞설 우

12.17.4 凡婦가 不命適私室이어시든 不敢退하며 婦가 將有事어든 大小를 必請於舅姑하며 子婦가 無私貨하며 無私畜(축)[24]하며 無私器하며 不敢私假하며 不敢私與니라

〈집안의 일은 尊長에게 통솔을 받으니〉 모든 며느리는 사사로이 거처하는 〈자신의〉 방에 물러가라고 명하지 않으면 물러가지 않으며, 며느리가 장차 일이 있게 되면 크고 작은 일을 반드시 시부모에게 묻는다. 그리고 아들과 며느리는 사사로운 財貨가 없으며, 사사로운 貯蓄이 없으며, 사사로운 器物이 없으며, 감히 사사로이 남에게 물건을 빌려주지 않으며, 감히 사사로이 남에게 물건을 주지 않는다.

字義 適 : 갈 적　畜 : 저축할 축

자를 수정하여 번역하였다.

23 不敢竝命 : 진호의 주에 "감히 나란히 높은 자에게서 명령을 받지 못하며 감히 나란히 낮은 자에게 명령을 내리지 못하니, 작은며느리는 마땅히 맏며느리에게 명령을 청해야 한다." 하였는데, 《禮記補註》에서는 "진호의 주는 '命'을 '명령을 받는 것'과 '명령을 내리는 것'의 두 가지 일로 보았는데, 나는 마땅히 '명령을 내리는 것'으로 해석해야 할 것으로 보인다." 하였다. 본서에서는 《예기보주》에 따라 번역하였다.

24 畜(축) : 《예기보주》에 "육덕명의 음의에 '휵〔許六反〕'이고, 또 '휴〔許又反〕'이고, 또 '축〔勅六反〕'이라고 하였다. 이는 畜聚(貯蓄), 畜牧, 六畜(육축 소, 말, 양, 닭, 돼지, 개)의 세 가지 뜻을 포함하고 있는데, 무엇을 가리키는지 자세하지 않다. 《小學》에는 '蓄'으로 되어 있고, 그 주에 '蓄은 쌓아놓는 물건이다.'라고 하였다." 하였다. 본서에서는 '貯蓄'으로 번역하였다.

12.17.5 婦가 或賜之飮食과 衣服과 布帛과 佩帨와 茝(채)蘭이어든 則受而獻諸舅姑호되 舅姑가 受之則喜하야 如新受賜하고 若反賜之어시든 則辭호되 不得命이어든 如更受賜하야 藏以待乏호리라

며느리가 혹 친정 식구에게 음식과 의복, 삼베와 명주베, 차는 수건과 향초를 하사받거든 이것을 받아 시부모에게 올리되 시부모가 받으시면 기뻐하여 새로 주신 물건을 받은 것처럼 여긴다. 만약 되돌려주시면 〈돌려받는 것을〉 사양하되 〈사양함을〉 허락받지 못하면 다시 하사한 물건을 받은 것처럼 여겨 잘 보관하고 〈시부모의 물건이〉 떨어지기를 기다려야 한다.

字義 帨 : 수건 세 茝 : 향초 채 獻 : 드릴 헌 乏 : 떨어질 핍

12.17.6 婦가 若有私親兄弟라 將與之어든 則必復(부)請其故하야 賜而后에야 與之니라

며느리가 만약 친정 부모나 형제가 있어서 장차 〈전에 시부모가 받지 않아서 며느리의 사사로운 방에 보관한 물건을〉 주려 하거든 반드시 다시 그 물건을 〈친정 식구에게 주고자 한다고〉 청하고서 시부모가 주라고 하신 뒤에 〈친정 식구에게〉 준다.

12.18.1 適子庶子가 祗事宗子宗婦호되 雖貴富라도 不敢以貴富로 入宗子之家하며 雖衆車徒라도 舍於外하고 以寡約으로 入이니라

〈아버지와 조부의〉 適子(小宗)와 〈적자의 아우인〉 庶子는 〈大宗의 아들인〉 宗子와 〈그 부인인〉 宗婦를 공경히 섬기되, 비록 자기의 신분이 귀하고 부유하더라도 감히 귀함과 부유함으로써 종자의 집에 들어가지 못하며, 비록 수레와 하인이 많더라도 이들을 밖에 두고 적고 간략하게 하여 들어가야 한다.

字義 適 : 맏 적(=嫡) 祗 : 공경할 지 徒 : 하인 도

12.18.2 子弟가 猶歸器와 衣服과 裘衾과 車馬어든 則必獻其上한 而后에야 敢服用其次也니 若非所獻이어든 則不敢以入於宗子之門하며 不敢以貴富로 加於父兄宗族이니라

〈小宗의〉 자제가 만약 기물과 의복, 갖옷과 이불, 수레와 말을 선물 받았으면 반드시 그 가운데 上等의 것을 〈宗子에게〉 올린 뒤에 감히 그 다음의 것을 입고 사용해야 하니, 만약 〈종자의 신분에 걸맞지 않아서〉 올릴 수 있는 물건이 아니면 감히 그것을 가지고 종자의 집에 들어가지 못하며, 감히 귀함과 부유함으로써 父兄과 宗族에게 뽐내어서는 안 된다.

字義 裘 : 갖옷 구

12.18.3 若富어든 則具二牲하야 獻其賢者於宗子하고 夫婦가 皆齊(재)而宗敬焉하야 終事而后에 敢私祭니라

만약 부유하면 두 희생을 장만하여 그 중에 좋은 것을 宗子에게 올리고, 〈小宗의〉 부부는 모두 재계하여 〈大宗의〉 종가에 가서 공경하여 종묘의 제사를 끝마친 뒤에 감히 사사로운 제사를 지낸다.

12.19 飯은 黍稷과 稻粱과 白黍와 黃粱과 稰(서)하며 穛(착)[25]하나니라 膳은 膷(향)과 臐(훈)과 膮(효)와 (醢)[26]와 牛炙(자)이며 醢와 牛胾(자)와 醢와 牛膾며 羊炙와 羊胾와 醢와 豕炙이며 醢와 豕胾와 芥醬과 魚膾며 雉와 兔와 鶉(순)과 鴽(안)[27]이라

---

25 飯……穛(착) : 진호의 주에 "밥의 품종이 기장밥〔黃黍〕, 피밥〔稷〕, 쌀밥〔稻〕, 흰 조밥〔白粱〕, 흰기장밥〔白黍〕, 메기장 밥〔黃粱〕 여섯 가지가 있는데, 그 곡식이 다 익은 것을 수확하면 '稰(서)'라 하고 채 익지 않은 것을 수확하면 '穛(착)'이라 한다. 이는 제후의 밥이고, 천자는 또 보리밥과 菰米(고미) 밥이 있다." 하였다. 참고로 《禮記補註》에 "白黍와 黃粱은 항상 쓰는 물건이 아니고, 黍와 稷의 본래 수효 안에 섞어 쓰기도 하는 것이니, 진호의 주에서 말한 여섯 가지 종류는 마땅하지 못하다."는 《禮記類編》의 설을 소개하였다.

26 (醢) : 진호의 주에서 衍字라고 한 것에 따라 번역을 하지 않았다.

27 膳……鴽(안) : 정현의 주에 "《儀禮》 〈公食大夫禮〉에서 언급한 반찬을 가지고 비교하면 돼지고깃

밥은 기장밥과 피밥, 쌀밥과 조밥, 흰기장 밥과 메기장 밥을 쓰되 〈다 익은 것인〉 稰를 사용하기도 하며 〈채 익히지 않은 것인〉 穛을 사용하기도 한다. 요리는 〈첫 번째 줄은〉 소고깃국과 양고깃국, 돼지고깃국과 소고기 구이이다. 〈두 번째 줄은〉 젓갈과 소고기 편육과 肉醬과 소고기 회이다. 〈세 번째 줄은〉 양고기 구이와 양고기 편육과 육장과 돼지고기 구이이다. 〈네 번째 줄은〉 육장과 돼지고기 편육과 겨자장과 생선회이다. 〈이상은 下大夫의 밥상의 음식이고, 上大夫는 여기에 더하여〉 꿩과 토끼, 메추라기와 세가락메추라기가 있다.

字義 稰 : 익은곡식 서 穛 : 일찍거둔곡식 착 膷 : 쇠고깃국 향 臐 : 양고깃국 훈
膮 : 돼지고깃국 효 胾 : 저민고기 자 醬 : 장 장 鶉 : 메추라기 순
鷃 : 세가락메추라기 안

12.20 飮은 重醴에 稻醴淸糟와 黍醴淸糟와 粱醴淸糟와 或以酏(이)爲醴하며 黍酏와 漿과 水와 醷(의)와 濫(람)[28]이니라 酒는 淸과 白[29]이니라 羞는 糗餌(구이)와 粉酏[30]니라

국과 쇠고기 구이의 사이에 젓갈(醢)이 있을 수 없으니, '醢'는 衍字이다." 하였다. 이에 따라 번역에서는 이 글자를 뺐다. 《예기보주》에 "16豆 4行(항)의 배열 순서는 《의례》 〈공사대부례〉에 자세히 보이는데, 〈공사대부례〉에 또 말하였다. '上大夫를 위한 庶羞(여러 종류의 맛있는 음식)는 20豆이니, 下大夫의 것에 꿩, 토끼, 메추라기, 세가락메추라기를 더한다.'" 하였다.

28 或以酏(이)爲醴……濫(람) : 《예기보주》에 "《周禮》 〈天官 漿人〉에 '漿人은 왕에게 제공하는 六飮을 관장하니, 水(淸水)와 漿과 醴와 涼(濫 미숫가루)과 醫(酏 묽은 죽으로 빚은 醴)와 酏(黍酏 묽은 죽)이다.' 하였는데, 賈公彦의 소에 '酒正이 四飮을 변별함에 水와 涼이 없는 것은, 水는 때가 되면 그때가서 취해 쓰고 涼은 사용하게 되면 비로소 섞으니, 이 두 가지는 굳이 미리 변별할 필요가 없기 때문이다.' 하였다. 이를 가지고 보건대, 漿과 水가 각각 다른 물건임은 의심할 것이 없는데, 진호의 주는 분명하게 해석하지 않았고 《禮記大文諺讀》에서도 이 두 글자를 이어놓았으니, 잘못된 듯하다." 하였다. 이에 따라 원문에서 '漿水'의 토를 '漿과 水'로 수정하고 번역하였다.

29 酒淸白 : 진호의 주에 따르면 제사 지낼 적에 쓰는 술은 事酒와 昔酒가 모두 빛깔이 깨끗하기 때문에 '白'이라고 명명하니, 일이 있어서 마시는 것을 '事酒'라 하고, 일이 없을 적에 마시는 것을 '昔酒'라 한다.

30 羞糗餌(구이)粉酏 : 진호의 주에 "《周禮》 〈天官 籩人〉에 '羞籩에 담는 것은 糗餌와 粉餈이다.' 하였다. 이 경문의 '酏'자는 마땅히 '餈'로 읽어야 하니, 기록한 자의 잘못이다. 許愼이 '餈는 쌀떡이다.' 하였으니, 쌀로 밥을 지어 찧은 것이다. '粉餈'는 콩으로 가루를 만들어 쌀떡의 위에 뿌린 것이다." 하였다.

음료는 醴酒를 二重으로 진설하되 쌀로 만든 예주에는 맑은 것과 탁한 것이 있고, 기장으로 만든 예주에도 맑은 것과 탁한 것이 있고, 조로 만든 예주에도 맑은 것과 탁한 것이 있다. 혹은 묽은 죽으로 예주를 만들며, 기장으로 만든 묽은 죽과 식초와 淸水와 매실 음료와 미숫가루 음료가 있다. 술은 淸酒와 白酒가 있다. 맛있는 음식은 미숫가루와 인절미이다.

字義 糟 : 지게미 조 酏 : 묽은죽 이 醷 : 매실음료 의 糗 : 미숫가루 구 餌 : 음식 이

12.21.1 食(사)[31]는 蝸醢而苽(고)食엔 雉羹[32]이며 麥食엔 脯羹과 鷄羹이며 析稌(도)엔 犬羹과 兔羹이니 和糝(삼)하고 不蓼(료)니라

밥에는 소라 젓갈을 먹되 〈줄의 열매인〉 雕胡米 밥에는 꿩 고깃국이 어울리고, 보리밥에는 脯를 찢어 넣은 국과 닭 고깃국이 어울리고, 쌀을 곱게 찧어 지은 밥에는 개 고깃국과 토끼 고깃국이 어울리니, 쌀가루를 섞고 여뀌는 넣지 않는다.

字義 蝸 : 고둥 와 苽 : 줄 고 稌 : 찰벼 도 糝 : 쌀가루 삼 蓼 : 여뀌 료

12.21.2 濡(이)豚호되 包苦實蓼하고 濡(이)鷄호되 醢醬實蓼하고 濡(이)魚호되 卵(곤)醬[33]實蓼하고 濡(이)鼈호되 醢醬實蓼니라

---

31 食(사) : 정현의 주에 "군주의 燕食에 쓰이는 것을 가리킨다." 하였다. '燕食'은 고대에 제왕·대부·士·서인이 일상적으로 먹는 午餐과 晩餐을 가리킨다. 《周禮》〈天官 膳夫〉에 "왕의 연식에는 朝餐에서 남긴 희생의 고기를 올리고 왕의 食前의 제례를 돕는다.〔王燕食 則奉膳贊祭〕" 하였는데, 정현의 주에 "燕食은 正午와 저녁의 식사를 이른다." 하였다.

32 蝸醢而苽(고)食雉羹 : 공영달의 소에 "이는 소라로 젓갈을 담그고 彫胡米로 밥을 지으며 꿩고기로 국을 끓이는 것을 이르니, 세 가지 음식은 맛이 서로 어울린다." 하였는데, 《禮記補註》에 "소라 젓갈은 아마도 모든 식사 때에 전부 썼던 것 같고, 彫胡米 밥과 꿩 고깃국 이하의 음식에서 비로소 서로 어울리는 맛을 말하였다." 하였다.

33 卵(곤)醬 : 《예기보주》에 "'卵'을 '鯤'으로 읽은 것은 정현의 주이다. 공영달의 소에 '새의 알은 醬을 담그는 물건이 아니기 때문에 정현이 卵을 鯤으로 읽는다고 한 것이니, 鯤은 물고기의 알이다.' 하였다. 또 《國語》〈魯語〉에 '물고기 가운데 鯤鮞(곤이)는 잡지 못하게 하였다.〔魚禁鯤鮞〕' 하였는데, 韋昭의 주에 '鯤鮞는 아직 물고기가 되지 못하여 알이 胎中에 있는 것이다.' 하였다. 그렇다면 '鯤'은 바로 지금 세속의 魚卵을 칭한 것이다." 하였다.

돼지고기를 삶되 씀바귀로 싸고 여뀌를 배 속에 채우고, 닭을 삶되 肉醬으로 간을 맞추고 여뀌를 배 속에 채우고, 어물을 삶되 魚卵 醬으로 간을 맞추고 여뀌를 배 속에 채우고, 자라를 삶되 육장으로 간을 맞추고 여뀌를 배 속에 채운다.

字義 濡 : 삶을 이 實 : 채울 실 卵 : 곤이 곤(=鯤) 鼈 : 자라 별

12.21.3 腶(단)脩엔 蚳(지)醢요 脯羹엔 兔醢요 麋膚엔 魚醢요 魚膾엔 芥醬이요 麋腥엔 醢醬이요 桃諸(저)梅諸(저)엔 卵鹽이니라

〈두들겨서 생강과 계피를 친 포인〉 腶脩에는 개미 알 젓갈을 곁들이고, 〈소금만 쳐서 말린〉 脯를 찢어 넣은 국에는 토끼고기 젓갈을 곁들이고, 삶은 큰 사슴 고기에는 생선 젓갈을 곁들이고, 생선회에는 겨자장을 곁들이고, 삶지 않은 큰 사슴 고기에는 〈큰 사슴고기로 만든〉 肉醬을 곁들이고, 복숭아 절임과 매실 절임에는 왕소금으로 간을 맞춘다.

字義 腶 : 약포 단 蚳 : 개미알 지 麋 : 큰사슴 미 腥 : 날고기 성 諸 : 절임 저(=菹)
卵 : 굵을 란 鹽 : 소금 염

12.22.1 凡食(사)齊란 視春時하고 羹齊란 視夏時하고 醬齊란 視秋時하고 飮齊란 視冬時[34]니라

무릇 밥을 조화롭게 하는 것은 〈따뜻한〉 봄에 견주어야 하고, 국을 조화롭게 하는 것은 〈뜨거운〉 여름에 견주어야 하며, 醬을 조화롭게 하는 것은 〈시원한〉 가을에 견주어야 하고, 마실 것을 조화롭게 하는 것은 〈차가운〉 겨울에 견주어야 한다.

12.22.2 凡和는 春多酸이요 夏多苦요 秋多辛이요 冬多鹹이니 調以滑甘이니라

---

34 凡食(사)齊……視冬時 : 《禮記補註》에 "여기서부터 '魚宜苽'까지 《周禮》 〈天官 食醫〉에 보인다." 하였고, 또 "《주례》 〈천관 사의〉의 賈公彦의 소에 말하였다. 「齊」는 고르게 함〔和〕이고, 「視」는 견줌〔比〕이다.'" 하였다. 본서에서는 이에 따라 번역하였다.

무릇 간을 맞출 적에는 〈기운을 기르기 위해서〉 봄에는 〈木의〉 신맛을 많게 하고, 여름에는 〈火의〉 쓴맛을 많게 하고, 가을에는 〈金의〉 매운맛을 많게 하고, 겨울에는 〈水의〉 짠맛을 많게 하니, 〈土가 四時에 붙어 있는 것처럼 四時에 모두〉 부드럽고 단맛이 있는 것으로써 조화롭게 한다.

字義 酸 : 실 산 鹹 : 짤 함 調 : 조화로울 조 滑 : 부드러울 활

12.22.3 牛宜稌요 羊宜黍요 豕宜稷이요 犬宜粱이요 鴈宜麥이요 魚宜苽요 春宜羔豚이니 膳膏는 薌이요 夏宜腒鱐(거수)니 膳膏는 臊(조)요 秋宜犢麛(미)니 膳膏는 腥이요 冬宜鮮羽니 膳膏는 羶[35]이니라

소고기에는 쌀밥이 마땅하고, 양고기에는 기장밥이 마땅하고, 돼지고기에는 메기장밥이 마땅하고, 개고기에는 차조밥이 마땅하고, 기러기고기에는 보리밥이 마땅하고, 어물에는 雕胡米 밥이 마땅하다.

봄에는 작은 양고기와 작은 돼지고기가 마땅하니 이것은 소기름으로 요리하고, 여름에는 꿩고기 포와 어포가 마땅하니 개기름으로 요리하고, 가을에는 송아지고기와 사슴새끼고기가 마땅하니 닭기름으로 요리하고, 겨울에는 생선과 깃 달린 기러기고기가 마땅하니 양 기름으로 요리한다.

字義 雁 : 기러기 안 薌 : 소기름 향 腒 : 말린새고기 거 鱐 : 어포 수 臊 : 개기름 조
犢 : 송아지 독 麛 : 사슴새끼 미 腥 : 닭기름 성 鮮 : 생선 선 羶 : 양기름 전

---

35 春宜羔豚……膳膏羶 : 저본의 소주에 嚴陵方氏의 설에 따르면 '羔', '豚'은 양과 돼지 중에 작은 것이니, 봄에 여러 가지 물건이 작기 때문에 작은 것으로 마땅함을 삼는 것이다. '腒(거)', '鱐(수)'는 꿩고기와 어물을 말린 것이니, 여름철에 물건이 썩고 부패할 우려가 있기 때문에 말린 것을 마땅함으로 삼는 것이다. 가을에는 물건이 이루어져서 맛볼 만한 때이기 때문에 비록 송아지 고기, 사슴새끼 고기도 모두 맛볼 수가 있는 것이고, 겨울에는 물건이 많아서 올릴 수 있는 때이므로 비록 鳥類나 魚類라도 모두 올릴 수 있는 것이다. 또 소주의 王氏 설에 따르면 先王이 계절의 사라지고 자라남을 타고 이치의 가득하고 텅 빔을 따라서 음식을 절제하고 性命을 기르셨으니, 봄에는 작은 양고기와 돼지고기를 먹고 가을에는 송아지 고기와 사슴새끼 고기를 먹음은 陰陽의 中氣를 순히 한 것이고, 여름에는 꿩고기 포와 어물 포를 먹고 겨울에는 어류와 조류를 먹는 것은 음양의 正氣를 순히 한 것이다.

12.23 牛脩와 鹿脯와 田豕脯와 麋脯와 麕(균)脯며 麋鹿田豕麕이 皆有軒[36]이요 雉兎가 皆有芼하나니라 爵과 鷃(안)과 蜩(조)와 范과 芝와 栭(이)와 蔆(능)과 椇(구)와 棗와 栗과 榛과 柿(시)와 瓜와 桃와 李와 梅와 杏과 楂(사)와 梨와 薑과 桂[37]니라

〈포는〉 소고기 脩와 사슴고기 脯와 멧돼지고기 脯와 큰사슴고기 脯와 노루고기 脯이다. 큰 사슴과 사슴, 멧돼지와 노루 고기는 〈날것으로 먹을 때〉 모두 軒(콩잎 모양으로 크게 썬 것)이 있고, 꿩 고깃국과 토끼 고깃국에는 모두 나물을 섞는다. 참새와 메추라기, 매미와 벌, 木耳버섯과 쥐밤, 마름과 호깨나무 열매, 대추와 밤, 개암과 감, 오이와 복숭아, 오얏과 매실, 살구와 팥배, 배와 생강과 계피가 있다.

字義 麕 : 노루 균　軒 : 크게저민고기 헌　芼 : 나물 모　鷃 : 세가락메추라기 안　蜩 : 매미 조
范 : 벌 범　芝 : 목이버섯 지　栭 : 쥐밤 이　蔆 : 마름 릉　椇 : 호깨나무열매 구
榛 : 개암 진　楂 : 팥배 사

12.24 大夫가 燕食엔 有膾無脯하며 有脯無膾니 士는 不貳羹胾하고 庶人耆老는 不徒食이니라

대부가 燕食을 할 때에는 膾가 있으면 脯가 없고 포가 있으면 회가 없으니, 士는 〈燕食을 할 때에〉 고깃국과 편육을 두 가지 이상 놓지 않고 庶人 중에 늙은이는 〈반드시 반찬을 갖추어 먹고〉 맨밥을 먹지 않는다.

---

36 麋鹿田豕麕 皆有軒 : 공영달의 소에 따르면 여기에서 소를 말하지 않은 것은 소는 오직 잘게 썰어 膾를 만들어야 하고 크게 썰어 軒을 만들기에는 마땅하지 않기 때문이다.

37 爵鷃……薑桂 : 정현의 주에 따르면 소고기 포(牛脩)로부터 여기까지의 31가지 물건은 모두 군주가 평소 식사할 때 더 차려내는 여러 음식이다. 《주례》 〈天官 膳夫〉에 '천자는 음식에 120여 가지 물건을 쓴다.〔天子羞用百有二十品〕' 하였는데, 기록한 자가 차례로 다 기록하지 못한 것이다. '31가지 물건'에 대해 《禮記補註》에 "庾蔚은 '꽃과 잎이 없이 생장하는 것을 「芝栭」라 한다.' 하였다. 유울은 또 '정현이 이미 모두 31가지 물건이라고 말하였으니, 「芝栭」는 마땅히 한 가지 물건이어야 한다.' 하였다. 賀氏(賀瑒)는 '「栭」는 軟栗(연한 밤)이고 「芝」는 木椹(목이버섯)이다.' 하여 芝와 栭를 두 가지 물건이라 하니, 정현의 설과 다르다."는 공영달의 소를 인용하고서 "진호의 주에서 '芝'와 '栭'를 두 가지 물건으로 여겼으니, 32가지 물건이 되어야 하는데, 혹자가 말하기를 '「栭」와 「栗」이 비록 크고 작음의 차이가 있지만 두 가지 물건으로 구분해서는 안 된다.' 했다." 하였다. 본서에서는 진호의 주를 따라 32가지로 나누어 번역하였다.

12.25.1 膾에 春用蔥하고 秋用芥하며 豚엔 春用韭(구)하고 秋用蓼하며 脂는 用蔥하고 膏는 用薤(해)하고 三牲엔 用藙(의)호되 和用醯하고 獸用梅니라

〈犧牲의〉 膾는 봄에는 파를 사용하고 가을에는 겨자를 사용하며, 돼지고기에는 봄에는 부추를 사용하고 가을에는 여뀌를 사용하며, 엉긴 기름에는 파를 사용하고 묽은 기름에는 〈解毒 역할을 하는〉 염교를 사용하며, 소와 양, 돼지 세 희생은 〈殺蟲 성분이 있는〉 吳茱萸(오수유)를 쓰되 간을 맞출 적에 초를 사용하고, 짐승의 고기에는 매실을 사용한다.

字義 蔥 : 파 총　芥 : 겨자 개　韭 : 부추 구
蓼 : 여뀌 료　薤 : 염교 해　藙 : 오수유 의
醯 : 식초 혜

오수유吳茱萸

12.25.2 鶉羹과 鷄羹과 鴽(여)를 釀(양)之蓼하고 魴鱮(방서)烝과 雛燒와[38] 雉는 薌하고 無蓼니라

메추라기 고깃국과 닭 고깃국과 〈국으로 만들지 않고 찌기만 하는〉 세가락메추라기고기를 〈모두 각각〉 여뀌로 버무리고, 방어와 연어를 찐 것과 새 새끼를 구운 것과 〈구이, 찜, 국이 다 가능한〉 꿩은 〈각각 요리할 적에 모두〉 향료를 사용하고 여뀌는 사용하지 않는다.

字義 鶉 : 메추라기 순　鴽 : 세가락메추라기 여　釀 : 섞을 양　魴 : 방어 방　鱮 : 연어 서
雛 : 새새끼 추　薌 : 향초 향

치雉

---

38 魴鱮(방서)烝과 雛燒와 : 《禮記大文諺讀》에 "魴과 鱮와 烝하며 雛를 燒하며"로 되어 있으나, 진호의 주에 "魴과 鱮는 두 가지 물고기이니, 쪄서 먹는다. 그러므로 '방어와 연어는 찐다.'라고 말한 것이다.〔魴鱮二魚 烝而食之 故曰魴鱮烝〕" 하였다. 본서에서는 진호의 주에 따라 토를 수정하고 번역하였다.

12.26.1 不食은 雛鼈이요 狼去腸하고 狗去腎하고 狸去正脊하고 兔去尻(고)하고 狐去首하고 豚去腦하고 魚去乙하고 鼈去醜(추)[39]니라

먹지 않는 것은 〈아홉 가지인데, 태어나서 얼마 지나지 않은〉 새끼 자라이고, 이리는 창자를 제거하고, 개는 콩팥을 제거하고, 너구리는 등뼈를 제거하고, 토끼는 꽁무니를 제거하고, 여우는 머리를 제거하고, 돼지는 뇌를 제거하고, 물고기는 '乙'자 모양의 뼈를 〈사람 목에 걸릴 수 있기 때문에〉 제거하고, 자라는 항문을 제거한다.

字義 狼 : 이리 랑 腎 : 콩팥 신 狸 : 너구리 리 脊 : 등골뼈 척 尻 : 꽁무니 고 腦 : 골 뇌 醜 : 항문 추

12.26.2 肉曰脫之요 魚曰作之[40]요 棗曰新之요 栗曰撰(선)之요 桃曰膽之요 柤(사)梨曰攢(찬)之니라

육류를 〈다듬을 때 힘줄과 膜을 벗겨내는 것을〉 '脫'이라 하고, 어물을 〈흔들어 新鮮度를 살피는 것을〉 '作'이라 하고, 대추를 〈닦고 다듬어 신선하고 깨끗하게 하는 것을〉 '新'이라 하고, 밤을 〈벌레 먹은 것이 많아서 선별하는 것을〉 '撰'이라 하고, 복숭아를 〈털이 많으니, 수건으로 씻고 닦아 쓸개처럼 푸르고 매끄럽게 하는 것을〉 '膽'이라 하고, 아가위와 배를 〈좀먹은 곳을 도려내고 다듬는 것을〉 '攢'이라 한다.

字義 撰 : 가릴 선 膽 : 씻을 담 柤 : 아가위 사

12.27.1 牛가 夜鳴이면 則庮(유)하고 羊이 泠(령)毛而毳(취)면 羶하고 狗가 赤股而躁면

---

39 不食……鼈去醜(추) : 《禮記補註》에 "개의 경우 콩팥을 제거하는 것은 열이 있기 때문일 것이다. 토끼는 꽁무니에 아홉 개의 구멍이 있다. 여우는 죽을 때에 머리를 바로 하여 자기가 살던 언덕으로 향하니, 사람이 죽여서 그 고기를 취하면 살기가 머리에 모인다. 돼지는 머리를 아래로 숙여서 精이 뇌에 모여 있으니, 이것을 먹으면 사람의 정신을 혼미하게 만든다."라는 楊梧의 설을 소개하였다.

'不食은 雛鼈이요'는 《예기대문언두》에 "不食은 雛鼈이니"로 되어 있으나, 진호의 주와 문맥에 의거하여 토를 수정하였다.

40 魚曰作之 : 참고로 진호의 주에 "'作'은 '斮(깎다)'과 같으니 '비늘을 제거함'을 이른다."는 一說도 소개하였다.

膘(조)하고 鳥가 皫(표)色而沙鳴이면 鬱하고 豕가 望視而交睫(첩)이면 (腥)〔星〕[41]하고 馬가 黑脊而般臂면 漏하나니라

〈다음과 같은 고기는 먹을 수가 없다.〉 소가 밤에 울면 〈그 고기에서〉 나무 썩은 내가 나고, 양이 털뿌리가 성글고 털끝이 꼬여 뭉쳐 있으면 〈그 고기에서〉 누린내가 나고, 개가 넓적다리가 〈털이 벗겨져〉 붉고 움직임이 급하면 〈그 고기에서〉 누린내가 나고, 새가 깃털 색이 바래고 쉰 소리로 울면 〈그 고기에서〉 썩은 내가 나고, 돼지가 고개를 쳐들어 멀리 바라보고 눈썹이 엉켜 있으면 〈그 고기가〉 별 모양으로 뭉쳐있고, 말이 등골 부분이 검고 앞정강이 털이 얼룩덜룩하면 〈그 고기에서〉 땅강아지 냄새가 난다.

字義 庮 : 썩는냄새 유　泠 : 떨어질 령　毳 : 엉길 취　羶 : 누린내 전　股 : 넓적다리 고
躁 : 조급할 조　臊 : 누린내 조　皫 : 빛바랠 표　沙 : 목쉴 사　鬱 : 썩은냄새 울
睫 : 눈썹 첩　腥 : 뭉친살 성　般 : 얼룩무늬 반(=斑)　臂 : 정강이 비　漏 : 땅강아지 루(=螻)

12.27.2 雛尾不盈握이어든 弗食하며 舒雁翠와 鵠鴞胖(효반)과 舒鳧翠와 鷄肝과 雁腎과 鴇奧(보욱)과 鹿胃니라

새 새끼의 꼬리가 한 줌이 차지 않거든 〈너무 작으니〉 먹지 않으며, 거위〔舒雁〕의 꽁지 살과 고니·올빼미의 갈빗살과 집오리〔舒鳧〕의 꽁지 살과 닭의 간과 기러기의 콩팥과 너새의 모이주머니와 사슴의 胃는 먹지 않는다.

字義 握 : 줌 악　翠 : 꽁지살 취　鵠 : 고니 곡
鴞 : 올빼미 효　胖 : 갈빗살 반　鳧 : 오리 부
鴇 : 너새 보　奧 : 모이주머니 욱
胃 : 위장 위

보鴇

41 (腥)〔星〕: 정현의 주에 따르면 '腥'은 마땅히 '星'이 되어야 하니, 글자의 음이 비슷해서 생긴 잘못이다. '星'은 고기에 쌀알과 같은 것이 생긴 것이다. 공영달의 소에 따르면 '腥'은 고기가 별처럼 뭉친 것을 이른다. 돼지가 만약 이와 같으면 그 고기가 별 모양과 비슷하다. 본서에서는 공영달의 소를 따라 번역하였다.

12.28 肉腥細者가 爲膾요 大者가 爲軒이니 或曰호되 麋鹿魚가 爲菹요 麕이 爲辟(벽)鷄요 野豕爲軒이요 兎爲宛(원)脾[42]니 切葱若薤하야 實諸醯以柔之니라

날고기는 가늘게 썬 것이 '膾'이고, 크게 썬 것이 '軒'이니, 혹자가 말하기를 "큰사슴과 사슴, 어물이 '菹'이고 노루가 '辟鷄'이고 멧돼지가 '軒'이고 토끼가 '宛脾'인데, 〈이것들을 요리할 때에는〉 파와 염교를 썰어 〈고기와 함께〉 초에 담가 〈고기를 숙성시켜〉 부드럽게 만든다." 하였다.

字義 菹 : 절일 저 麕 : 노루 균 辟 : 다스릴 벽 宛 : 쌓일 원 脾 : 지라 비 薤 : 염교 해
醯 : 식초 혜

12.29.1 羹食(사)는 自諸侯以下至於庶人히 無等하며[43] 大夫는 無秩膳하니 大夫가 七十而有閣이니라

일반적으로 평소에 먹는 국과 밥은 제후로부터 아래로 서인에 이르기까지 차등이 없으며, 대부는 〈50세에 비로소 命을 받고 대부가 되어 아직 심하게 늙은 것은 아니므로〉 일정한 요리가 없으니, 대부는 70세가 되면 〈일정한 음식이 있으므로 음식을 넣어두는 찬장인〉 閣을 갖는다.

12.29.2 天子之閣은 左達五요 右達五니 公侯伯은 於房中에 五요 大夫는 於閣에 三이요 士는 於坫(점)에 一[44]이라

천자의 閣은 왼쪽에 夾室 다섯 개를 두고 오른쪽에 협실 다섯 개를 두는데, 公·侯·伯은 방 안에 협실 다섯 개를 두고, 대부는 閣에 협실 세 개를 두고, 士는 〈방 안에서 주방에 가까운 곳에〉 흙으로 쌓은 대〔坫〕에 협실 하나를 둔다.

---

42 麋鹿魚爲菹……兎爲宛(원)脾 : 정현의 주에 따르면 '軒'과 '辟鷄'와 '宛脾'는 모두 절임이나 肉醬인 '菹'의 종류이다.

43 하며 : 《禮記大文諺讀》에 "이어든"으로 되어 있으나, 앞뒤 문맥을 살펴 토를 수정하였다.

44 天子之閣……士於坫(점)一 : 정현의 주에 따르면 '達'은 夾室이다. 공영달의 소에 따르면 '五閣'의 '五'라는 것은 三牲의 고기와 어물, 포이고, '三閣'의 '三'이라는 것은 돼지고기, 어물, 포이다.

12.30.1 凡養老를 有虞氏는 以燕禮하고 夏后氏는 以饗禮하고 殷人은 以食(사)禮하고 周人은 脩而兼用之하니라 凡五十이란 養於鄕하고 六十이란 養於國하고 七十이란 養於學호미 達於諸侯니 八十이란 拜君命호되 一坐再至니 瞽亦如之하며 九十者는 使人受니라

무릇 노인을 봉양하는 예를 舜임금은 〈陽氣를 기르는〉 燕禮로 하였고, 夏나라는 〈양기를 기르는〉 饗禮로 하였고, 殷나라 사람은 〈음기를 기르는〉 食禮로 하였고, 周나라 사람은 정비하여 〈봄과 여름에는 연례와 향례를 행하고 가을과 겨울에는 사례를 행하여〉 겸용하였다. 50세가 되면 〈왕이 국난을 위해 죽은 자의 아버지나 할아버지를〉 향학에서 봉양하고, 60세가 되면 〈왕궁의 왼쪽에 있는〉 국도의 소학에서 봉양하고, 70세가 되면 〈도성 밖에 있는 郊의〉 태학에서 봉양하니, 〈천자와 마찬가지로〉 제후도 공통적으로 행하는 예이다. 〈노인을 봉양하는 예를 행할 때 노인이〉 80세가 되면 〈연로하여 태학에 오라고 할 수 없으므로 군주가 사람을 보내 饗食의 예를 노인의 집에 보내는데〉 군주의 명을 받을 때 절을 하되 〈원래는 두 번 절을 해야 하나〉 한 번 꿇어앉아 〈머리만〉 두 번 조아리니, 맹인도 또한 이와 같이 한다. 그리고 90세가 되면 다른 사람으로 하여금 대신 받게 한다.

字義 虞 : 나라이름 우　瞽 : 맹인 고

12.30.2 五十이어든 異粻(장)하고 六十이어든 宿肉하고 七十이어든 貳膳하고 八十이어든 常珍하고 九十이어든 飮食을 不違寢하며 膳飮을 從於遊가 可也니라

50세가 되면 곡식을 〈젊은이와 精米한 정도를〉 달리하고, 60세가 되면 고기를 〈늘 준비해두어서〉 하룻밤 묵히고, 70세가 되면 좋은 음식을 〈떨어지지 않도록〉 부차로 준비해두고, 80세가 되면 항상 진미를 준비해두고, 90세가 되면 음식이 침소를 떠나지 않게 하며 좋은 음식과 음료를 〈노인이〉 가는 곳에 들고 따르게 하는 것이 좋다.

字義 粻 : 곡식 장　貳 : 두 이

12.30.3 六十이란 歲制하고 七十이란 時制하고 八十이란 月制하고 九十이란 日脩니 惟絞紟(효금)衾冒는 死而后에 制니라

〈늙으면 장례에 쓸 물품을 미리 만들어, 대부 이하는〉 60세가 되면 1년의 시간을 들여야 만들 수 있는 〈널 같은〉 것을 준비하고, 70세가 되면 한 철의 시간을 들여야 마련할 수 있는 〈구하기 어려운 의물 같은〉 것을 준비하고, 80세가 되면 한 달의 시간을 들여야 마련할 수 있는 〈구하기 쉬운 의물 같은〉 것을 준비하고, 90세가 되면 〈위에 준비한 것들을〉 날마다 손질하니, 오직 〈옷을 묶는 布帶인〉 絞와 〈염할 때 쓰는〉 홑이불과 이불과 〈시신을 싸는 자루인〉 冒는 〈하루 이틀 만에 만들 수 있으므로〉 죽은 뒤에 만든다.

字義 絞 : 염포 효　紟 : 홑이불 금　衾 : 이불 금　冒 : 쓰개 모

12.30.4 五十에 始衰하고[45] 六十에 非肉이면 不飽하고 七十이란 非帛이면 不煖하고 八十이란 非人이면 不煖하고 九十이란 雖得人이나 不煖矣니

50세에는 쇠하기 시작하고, 60세에는 고기를 먹지 않으면 배부르지 않고, 70세에는 비단옷을 입지 않으면 따뜻하지 않고, 80세에는 사람이 옆에서 모시지 않으면 따뜻하지 않고, 90세에는 비록 사람이 모시더라도 따뜻하지 않다.

12.30.5 五十이란 杖於家하고 六十이란 杖於鄉하고 七十이란 杖於國하고 八十이란 杖於朝니 九十者는 天子가 欲有問焉이신댄 則就其室하사되 以珍從하시나니라

50세가 되면 〈자기〉 집에서 지팡이를 짚고, 60세가 되면 〈자기가 사는〉 고을에서 지팡이를 짚고, 70세가 되면 국도에서 지팡이를 짚고, 80세가 되면 조정에서 지팡이를 짚으니, 90세가 된 자는 천자가 묻고자 하는 일이 있으면 〈천자가 직접〉 그의 집으로 찾아가되 진귀한 음식을 가지고 뒤따르게 한다.

12.30.6 七十이란 不俟朝하고 八十이란 月告存하고 九十이란 日有秩이니라

〈벼슬에서 물러난 사람은〉 70세가 되면 〈군주에게 조회 왔을 때 군주가 揖을 하면 바

---

45 하고 : 《예기대문언두》에는 '하니'로 되어 있으나, 앞뒤 문맥을 살펴 수정하였다.

로 물러가서〉 조회가 끝나기를 기다리지 않고, 80세가 되면 〈군주가〉 매달 〈사람을 보내어〉 안부를 묻고, 90세가 되면 〈군주가〉 날마다 좋은 음식을 보낸다.

字義 存 : 안부물을 존 秩 : 항상 질

12.30.7 五十이란 不從力政하고 六十이란 不與服戎하고 七十이란 不與賓客之事하고 八十이란 齊喪之事가 弗及也니라

〈서인은〉 50세가 되면 〈성을 쌓거나 길을 닦는 등의〉 부역에 종사하지 않고, 60세가 되면 〈士卒로 종군하는 등의〉 병역에 참여하지 않고, 70세가 되면 빈객을 접대하는 일에 참여하지 않고, 80세가 되면 〈제사 때의〉 재계와 喪禮의 일이 미치지 않는다.

字義 戎 : 전쟁 융 與 : 참여할 여

12.30.8 五十而爵하고 六十이란 不親學하고 七十이란 致政이니 凡自七十以上은 惟衰(최)麻爲喪이니라

50세가 되면 〈대부의〉 작위를 받고, 60세가 되면 직접 배우지 않고, 70세가 되면 정사를 내놓으니, 70세 이상부터는 〈초상에〉 오직 상복을 입고 삼을 꼬아 만든 絰帶를 두르는 것으로만 거상하는 예로 삼는다.

12.30.9 凡三王이 養老호되 皆引年하시니라 八十者는 一子가 不從政하고 九十者는 其家가 不從政이니 瞽亦如之니라 凡父母가 在어시든 子가 雖老나 不坐니라

무릇 〈夏 · 殷 · 周〉 三代에 노인을 봉양하되 〈養老禮가 끝난 뒤 곧바로 戶役을 면제하는 은사를 내리기 위해 영을 내려〉 집집마다 찾아가서 나이 많은 분을 조사하도록 하였다. 80세가 된 자는 한 자식이 부역에 종사하지 않고, 90세가 된 자는 온 집안 식구가 부역에 종사하지 않으니, 맹인의 경우도 또한 그와 같다. 부모가 생존해 계시면 아들은 비록 늙었더라도 함께 앉지 않는다.

12.30.10 有虞氏는 養國老於上庠하고 養庶老於下庠하고 夏后氏는 養國老於東序하고 養庶老於西序하고 殷人은 養國老於右學하고 養庶老於左學하고 周人은 養國老於東膠하고 養庶老於虞庠하더니 虞庠은 在國之西郊하니라

有虞氏(舜임금) 때는 〈경대부로 벼슬에서 물러난 자인〉 國老를 〈태학인〉 上庠에서 봉양하고 〈士와 서인으로 관직에 있는 자인〉 庶老를 〈소학인〉 下庠에서 봉양하였으며, 夏나라는 국로를 〈태학인〉 東序에서 봉양하고 서로를 〈소학인〉 西序에서 봉양하였으며, 殷나라 사람은 국로를 〈태학인〉 右學에서 봉양하고 서로를 〈소학인〉 左學에서 봉양하였으며, 周나라 사람은 국로를 〈태학인〉 東膠에서 봉양하고 서로를 〈소학인〉 虞庠에서 봉양하였으니, 우상은 국도의 西郊에 있었다.

字義 庠 : 학교이름 상　膠 : 학교이름 교

12.30.11 有虞氏는 皇而祭하고 深衣而養老하고 夏后氏는 收而祭하고 燕衣而養老하며 殷人은 冔(후)而祭하고 縞衣而養老하며 周人은 冕而祭하고 玄衣而養老[46]하더라

순임금 때는 〈검은색 상의에 분홍색 치마를 입고 머리에는 冕의 일종인〉 皇을 쓰고 제사하였으며, 〈질박함을 숭상하여 신하들과 燕飮할 때 입는 흰색 베옷인〉 深衣를 입고 노인을 봉양하였다. 夏나라는 〈검은색을 숭상하여 상하 모두 검은색 옷을 입고 머리에는〉 收를 쓰고 제사하였으며, 〈검은색〉 燕衣를 입고 노인을 봉양하였다. 殷나라 사

46 凡養老……玄衣而養老 : 이 단락(제30장)은 〈王制〉에 보이는데, 저본의 소주에 嚴陵方氏의 설에 따르면 〈왕제〉는 나라를 위주로 삼았기 때문에 '國老를 上庠에서 봉양함〔養國老於上庠〕'을 먼저 말하였고, 三王이 노인을 봉양하되 모두 집집마다 찾아가서 나이를 따져 인견하고 '80세인 자는 아들 중 하나를 부역에 종사하게 하지 않음〔八十者 一子不從政〕'을 뒤에 말하였다. 〈내칙〉은 집안을 위주로 삼았기 때문에 三王이 노인을 봉양할 적에 모두 引年을 하되 '80세가 된 자는 한 아들을 부역에 종사하지 않음'을 먼저 말하였고, '國老를 上庠에서 봉양함'을 뒤에 말하였다.
《禮記補註》에 "'凡父母在子雖老不坐' 한 句는 〈왕제〉에는 없다. 이는 비록 평상시의 예이지만 또한 노인을 봉양하는 일을 위주로 하여 말한 것이다. 60세가 되면 國中의 小學에서 봉양을 받으나 80세나 90세의 어버이가 살아 계셔서 또한 이 잔치에 참석하였으면, 60세가 된 자식이 감히 그 어버이와 나란히 앉지 못한다."는 권근의 설과 "'坐'자는 다만 '편안히 앉음〔安坐〕'으로 뜻을 삼을 뿐이다."라는 《禮記類編》의 설을 소개하였다.

람은 〈흰색을 숭상하여 상하 모두 흰색 베옷을 입고 머리에는〉 冔를 쓰고 제사하였으며, 흰색 베옷을 입고 노인을 봉양하였다. 周나라 사람은 〈겸용하여 검은색 상의에 흰색 치마를 입고 머리에는〉 冕을 쓰고 제사하고 〈신하들과 연음할 때 입는〉 검은 옷을 입고 노인을 봉양하였다.

字義 收 : 관이름 수 冔 : 관이름 후 縞 : 흴 호

12.31 曾子가 曰하사되 孝子之養老也는 樂(락)其心[47]하고 不違其志하며 樂其耳目하며 安其寢處하고 以其飮食으로 忠養之호되 孝子之身이 終이니 終身也者는 非終父母之身이라 終其身也라 是故로 父母之所愛를 亦愛之하며 父母之所敬을 亦敬之하야 至於犬馬하야도 盡然이온 而況於人乎여

曾子가 말씀하였다. "효자가 노인을 봉양함은 〈노인의〉 마음을 편안하고 즐겁게 하여 그 뜻을 어기지 말며 귀와 눈을 즐겁게 하며 자고 거처하는 곳을 편안하게 하고 음식으로써 충성을 다해 봉양하되 효자의 몸이 죽을 때까지 하니, '몸이 죽을 때까지 한다'는 것은 부모가 죽을 때까지가 아니라 자식이 죽을 때까지이다. 이 때문에 부모가 사랑하시던 바를 또한 사랑하며 부모가 공경하시던 바를 또한 공경해서 개와 말에 이르러도 다 그러하니, 하물며 사람에게 있어서랴."

12.32 凡養老는 五帝는 憲하시고 三王은 有乞言하시니라 五帝는 憲하야 養氣體而不乞言하시고 有善則記之爲惇史하더시니 三王은 亦憲하더시니 旣養老而后에 乞言호되 亦微其禮하고 皆有惇史하더시다

무릇 노인을 봉양함에는 五帝는 그 〈노인의〉 덕행을 본받음을 위주로 하셨고, 三王은 〈노인에게〉 좋은 말을 청하는 禮가 있으셨다. 오제는 덕행을 본받아 氣體를 기르기만 하고 좋은 말을 청하지 않으셨고, 좋은 말이 있으면 기록하여 〈惇厚한 덕을 기록한〉

---

47 樂(락)其心 : 진호의 주에 "부모를 도로 깨우쳐준다.〔喩父母於道〕" 하였는데, 《예기보주》에 "공영달의 소에 '그 어버이의 마음을 편안하고 즐겁게 하는 것〔安樂其親之心〕'으로 풀이하였으니, 진호의 주는 이해할 수 없다." 하였다. 본서에서는 소의 설을 따라 번역하였다.

《惇史》를 만드셨다. 삼왕 또한 덕행을 본받으셨는데 이미 노인을 봉양한 뒤에 좋은 말을 청하되 또한 〈좋은 말을 청하는〉 예를 〈정성스럽고 간절하게 하지 않고〉 간략히 하였고, 모두 《돈사》가 있으셨다.

字義 憲 : 본받을 헌 惇 : 도타울 돈

12.33.1 淳熬(준오)는 煎醢加于陸稻上하고 沃之以膏하나니 曰淳熬[48]라

〈八珍味의 첫 번째인〉 淳熬는 달인 젓갈을 陸稻로 만든 밥 위에 얹고 기름을 부은 것이다. 이것을 '준오'라고 한다.

字義 淳 : 뿌릴 준 熬 : 볶을 오 煎 : 달일 전 醢 : 젓갈 해 稻 : 벼 도 沃 : 부을 옥

12.33.2 淳毋(준모)는 煎醢加于黍食(사)上하고 沃之以膏하나니 曰淳毋라

〈八珍味의 두 번째인〉 淳毋는 달인 젓갈을 기장밥 위에 얹고 기름을 부은 것이다. 이것을 '준모'라 하였다.

字義 毋 : 본뜰 모(=模)

12.33.3 炮(포)[49]는 取豚若將하야 刲(규)之刳(고)之하야 實棗於其腹中하고 編萑(환)以苴(저)之하고 塗之以謹塗하야 炮之호되 塗皆乾(간)이어든 擘(벽)之하고 濯手以摩之하야 去其皽(전)하고 爲稻粉하야 糔溲(수수)之以爲酏(이)하야 以付豚하야 煎諸膏호되

---

48 淳熬(준오)……曰淳熬 : 공영달의 소에 "이는 노인을 봉양함에 음식을 필요로 함을 논한 것이다." 하였다. 《禮記補註》에 "《儀禮經傳通解》에는 여기서부터 이하 아홉 조목의 경문을 〈學禮 五學〉의 '養老禮'의 끝에 두었다." 하였다. '아홉 조목의 경문'은 '淳熬'부터 '淳毋', '炮(포)', '擣珍(도진)', '漬(자)', '爲熬(위오)', '糝(삼)', '肝膋(간료)'까지와 '取稻米擧糔溲之'를 합한 조목을 이른다.

49 炮(포) : 진호의 주에는 "이는 팔진의 세 번째와 네 번째이다.〔此八珍之三四也〕" 하여, 정현의 주에 따라 '炮豚'과 '炮牂(포장)'으로 구분하였다. 《周禮》 〈天官 膳夫〉에 "珍은 여덟 가지 물건을 쓴다.〔珍用八物〕" 하였는데, 정현의 주에 "'珍'은 淳熬, 淳毋, 炮豚, 炮牂, 擣珍, 漬, 熬, 肝膋를 이른다." 하였다.

膏必滅之니 鉅鑊(확)湯하고 以小鼎薌脯於其中호되 使其湯毋滅鼎하고 三日三夜를 毋絶火니 而后에야 調之以醯醢니라

〈八珍味의 세 번째와 네 번째인〉 炮는, 작은 돼지〔豚〕와 숫양〔牂〕을 취하여 배를 가르고 창자를 다 꺼내어 그 배 속에 대추를 꽉 채우고 억새를 엮어서 이것을 싸고 진흙을 발라서 굽되, 진흙이 다 마르면 마른 흙을 떼어내고 손을 물에 담갔다가 문질러서 그 皮膜을 제거한다. 그리고 쌀가루를 만들어 물에 개어서 묽은 죽처럼 만들어 돼지고기에 묻혀서 기름에 졸이되, 반드시 기름에 고기가 푹 잠기게 하니, 큰 가마솥에 물을 끓이고는 향료를 가한 잘게 찢은 고기를 작은 솥에 담아 큰 가마솥에 넣되, 작은 솥이 끓는 물에 잠기지 않게 하고서 3일 낮, 3일 밤 동안 약한 불로 계속 가열한다. 그런 뒤에야 초와 젓갈로 調味한다.

字義 炮 : 구울 포 　將 : 숫양 장(=牂) 　刲 : 가를 규 　刳 : 팔 고 　萑 : 억새 환 　苴 : 쌀 저
謹 : 바를 근(=墐) 　塗 : 칠할 도 　乾 : 마를 간 　擘 : 나눌 벽 　摩 : 문지를 마
皽 : 박막 전 　糔 : 반죽할 수 　溲 : 반죽할 수 　酏 : 묽은죽 이 　鉅 : 클 거
鑊 : 가마솥 확 　薌 : 향초 향

12.33.4 擣珍은 取牛羊麋鹿麕之肉호되 必脄(매)하야 每物을 與牛若一하야 捶(추)反側之하야 去其餌하고 孰出之하야 去其皽하고 柔其肉이니라

〈八珍味의 다섯 번째인〉 擣珍은 소와 양, 큰 사슴과 사슴, 노루의 고기를 취하되 반드시 등심살을 취한다. 그래서 여러 가지 고기를 쇠고기와 똑같은 분량으로 장만하여 엎어놓고 짓찧고 또 옆으로 세워놓고 짓찧어서 그 힘줄을 제거한다. 그리고 익으면 꺼내어 皮膜을 제거하고 초와 젓갈로 고기를 부드럽게 한다.

字義 擣 : 찧을 도 　麋 : 큰사슴 미 　脄 : 등심 매 　捶 : 찧을 추 　餌 : 힘줄 이 　孰 : 익을 숙(=熟)

12.33.5 漬(지)는 取牛肉호되 必新殺者하야 薄切之호되 必絶其理하야 湛(침)諸美酒하야 期朝而食之호되[50] 以醢若醯醷(의)니라

---

50 호되 : 《禮記大文諺讀》에는 토 없이 다음구와 이어져있는데, 《禮記補註》에 "이 아래에 마땅히

〈八珍味의 여섯 번째인〉 漬는 쇠고기로 만들되 반드시 새로 잡은 놈으로 만들어, 얇게 썰되 반드시 결을 가로로 썰어 품질 좋은 술에 담가놓는다. 그래서 다음 날 아침에 드시게 하되 젓갈과 초와 梅漿을 곁들인다.

字義 漬 : 담글 지 湛 : 담글 침(=沈) 醷 : 매장 의

12.33.6 爲熬호되 捶之하야 去其皽하고야 編萑(환)하야 布牛肉焉하고 屑桂與薑하야 以灑(쇄)諸上而鹽之하야 乾而食之하나니 施羊에 亦如之하며 施麋施鹿施麕에 皆如牛羊이니 欲濡肉인댄 則釋而煎之以醢하고 欲乾肉인댄 則捶而食之니라

〈八珍味의 일곱 번째인〉 '熬'를 만들되 쇠고기를 짓찧어 皮膜을 제거하고서 억새를 엮어 그 위에 쇠고기를 펴놓는다. 그리고 계피와 생강을 가루 내어 그 위에 뿌리고 소금을 치고서 불에 건조하여 드시게 하니, 양고기에도 이와 같이하고 큰 사슴과 사슴, 노루 고기에도 모두 쇠고기나 양고기로 만드는 것처럼 한다. 水分이 있는 고기를 원하면 물로 고기를 불려서 젓갈로 달이고, 마른 고기를 원하면 〈마른 고기를〉 짓찧어 〈부드럽게 해서〉 드시게 한다.

字義 熬 : 볶을 오 萑 : 억새 환 濡 : 적실 유

12.33.7 糝(삼)은 取牛羊豕之肉호되 三如一하야 小切之하야 與稻米니 稻米二요 肉一이어든 合以爲餌하야 煎之니라

糝은 소와 양, 돼지고기를 취하되 세 가지를 똑같은 분량으로 하여 잘게 썰어서 찹쌀가루를 입히니, 찹쌀가루 2, 고기 1의 비율을 맞추면 〈이것을 고기와〉 배합하여 경단〔餌〕을 만들어 달인다.

字義 糝 : 쌀가루 삼 餌 : 경단 이

'호되〔乎代〕' 토를 달아야 한다." 하였다. 본서에서는 이에 따라 토를 수정하였다.

12.33.8 肝膋(료)는 取狗肝一하야 幪(몽)之以其膋하야 濡炙之하야 擧燋其膋호되[51] 不蓼니라

〈八珍味의 여덟 번째인 肝의 비계인〉 肝膋는 개의 간 하나를 취하여 비계를 뒤집어씌워 수분이 있는 상태로 구워서 비계가 〈바삭해질 때까지〉 다 굽되 여뀌를 넣지 않는다.

字義 膋 : 발기름 료 幪 : 덮어씌울 몽 燋 : 그을릴 초

12.33.9 取稻米하야 擧糔溲之하고 小切狼臅(촉)膏하야 以與稻米爲酏니라

찹쌀 가루를 취하여 모두 쌀뜨물에 개고, 이리의 가슴 부위의 비계를 작게 썰어서 찹쌀 가루와 섞어 죽을 만든다.

字義 糔 : 긁을 소 溲 : 반죽할 수 臅 : 가슴비계 촉 酏 : 죽 이

12.34.1 禮는 始於謹夫婦니 爲宮室호되 辨外內니 男子는 居外하고 女子는 居內하며 深宮固門하야 閽寺(시)守之하야 男不入하고 女不出이니라

禮는 부부의 도리를 삼가는 데서 시작되니, 宮室을 짓되 바깥채와 안채를 구별해서 남자는 바깥채에서 지내고 여자는 안채에서 지내며, 궁을 깊게 하고 문을 견고하게 해서 문지기에게 지키게 하여 남자는 안채로 들어가지 않고 여자는 바깥채로 나오지 않게 한다.

字義 閽 : 문지기 혼 寺 : 내시 시

12.34.2 男女가 不同椸枷(이가)하며 不敢縣於夫之楎(휘)椸하며 不敢藏於夫之篋笥하며 不敢共湢浴하며 夫가 不在어든 斂枕篋하며 簟席襡(독)하야 器而藏之니 少

---

51 擧燋其膋호되 : 정현의 주에 "'膋'는 창자 사이에 낀 지방이다." 하였고, 공영달 소에 "膋를 구울 적에는 전부 바삭하게 굽는 것이다." 하였는데, 《禮記大文諺讀》에는 "擧燋어든 其膋를"로 되어 있다. 본서에서는 주소에 따라 토를 수정하였다.

事長하며 賤事貴호되 咸如之니라

남자와 여자가 횃대와 시렁을 함께 쓰지 않으며, 〈여자는〉 감히 남편의 옷걸이에 옷을 걸지 않으며, 감히 남편의 상자에 물건을 보관하지 않으며, 감히 浴室을 함께 하여 목욕하지 않는다. 그리고 남편이 집에 있지 않으면 베개를 거두어 상자에 넣고 자리를 거두어 홑이불로 싸서 소중히 여겨 보관할 것이니, 젊은 사람이 어른을 섬기며 천한 이가 귀한 이를 섬길 적에도 모두 이와 같이 한다.

字義 椸 : 횃대 이　枷 : 시렁 가　楎 : 옷걸이 휘　篋 : 상자 협　笥 : 상자 사　湢 : 욕실 벽
簟 : 대자리 점　襡 : 홑이불 독

12.34.3 夫婦之禮는 唯及七十하여야 同藏無間이니 故로 妾雖老나 年未滿五十인댄 必與五日之御[52]니라 將御者는 齊(재)漱澣(한)하며 愼衣服하며 櫛縰[53]하며 笄總하며 (角)[54]하고 拂髦하며 衿纓하며 綦屨니 雖婢妾이라도 衣服飮食을 必後長者하며 妻가 不在어든 妾이 御호되 莫敢當夕이니라

부부의 예는 오직 70세가 되어야 공간을 나누지 않고 함께 거처한다. 그러므로 妾이 비록 늙었더라도 나이가 아직 50이 되지 않았으면 반드시 5일마다 모시는 禮에 참여하는 것이다. 장차 모실 자는 재계하고 옷을 빨아 입으며 의복을 삼가며 빗질하고 머리를 싸매고 비녀를 꽂고 상투를 묶고 髮의 먼지를 털며 향주머니를 차고 신의 끈을 맨다. 비록 아내와 첩이라도 의복 입는 것이나 음식 먹는 것을 반드시 長者보다 뒤에 하며 아내가 집에 있지 않으면 첩이 모시되 감히 〈아내가 담당하는〉 저녁을 담당하지 못한다.

字義 御 : 모실 어　櫛 : 빗질할 즐　縰 : 머리싸맬 쇄　總 : 묶을 총　髦 : 다팔머리 모
衿 : 맬 금　纓 : 향주머니 영　綦 : 들메끈 기

---

52 必與五日之御 : 진호의 주에 따르면 이것은 제후의 제도이니, 제후는 한 번에 아홉 여자에게 장가드는데, 부인과 두 잉첩이 있고 이들에게는 각각 함께 온 조카와 여동생이 있어서 모두 아홉 명이다. 조카와 여동생 총 여섯 사람이 3일 저녁을 담당하고 다음으로 두 잉첩이 하루 저녁을 담당하고, 다음으로 부인이 하루 저녁을 전담하니, 5일 만에 한 바퀴를 돈다. 천자의 경우, 御妻 81명은 9일 저녁을 담당하고 世婦 27명은 3일 저녁을 담당하고, 九嬪 9명이 하루 저녁을 담당하고 세 부인이 하루 저녁을 담당하고 后가 하루 저녁을 담당하니, 15일이면 한 바퀴를 돈다.

53 櫛縰 : 이 이하는 해설이 이 편의 첫머리에 보인다.

54 (角) : '衍文'이라고 한 진호의 주에 따라 번역하지 않았다.

12.35.1 妻가 將生子라 及月辰하야 居側室이어든 夫가 使人日再問之하고 作而自問之어든 妻가 不敢見(현)하고 使姆(무)하야 衣服而對하며 至于子生하야 夫가 復(부)使人日再問之니 夫가 齊(재)어든 則不入側室之門이니라

아내가 장차 아들을 낳을 경우 산달이 되어 側室에 거처하거든 남편이 사람을 시켜 하루에 두 번 경과를 물으며, 진통이 시작되어 남편이 경과를 직접 물으려고 하면 아내가 감히 뵙지 못하고 여스승을 시켜서 옷을 입고 대답하게 한다. 자식이 출생하면 남편이 다시 사람을 시켜 하루에 두 번 안부를 물으니, 남편이 齋戒할 일이 있으면 〈사람을 시켜 안부를 묻고〉 측실의 문에 들어가지 않는다.

字義 姆 : 여스승 무

12.35.2 子가 生커든 男子란 設弧於門左하고 女子란 設帨於門右하며 三日에 始負子니 男射하고 女否니라

자식이 태어나면 남자아이일 경우 문의 왼쪽에 활을 걸어두고 여자아이일 경우 문의 오른쪽에 수건을 걸어둔다. 태어난 지 3일이 되어서야 비로소 자식을 안는데, 남자아이일 경우에는 사방을 향해 활을 쏘고 여자아이일 경우에는 이렇게 하지 않는다.

字義 弧 : 활 호 帨 : 수건 세

12.36 國君世子가 生커시든 告于君하여든 接以大(태)牢호되 宰가 掌具하나니라 三日에 卜士하야 負之호되 吉者가 宿齊(재)하야 朝服寢門外하야 詩負之[55]하여든 射人이 以桑弧와 蓬矢[56]六으로 射(석)天地四方하여든 保가 受하야 乃負之하여든 宰가 醴負子하고 賜之束帛하며 卜士之妻와 大夫之妾하야 使食(사)子니라

---

55 詩負之 : 정현의 주에 "'詩'는 '받든다〔承〕'는 말이다." 하였고, 공영달의 소에 "'詩'는 잡음이고 받듦이니, 손으로 아래를 받들어 껴안음을 이른다.〔詩 持也承也 謂以手承下抱負之〕" 하였다.

56 桑弧 蓬矢 : 정현의 주에 "태고에 근본을 둔 것이다." 하였는데, 공영달의 소에 "뽕나무와 쑥은 모두 질박한 물건이기 때문에 태고에 근본을 두었음을 아는 것이다.〔以桑與蓬皆質素之物 故知本大古也〕" 하였다.

國君의 世子가 태어나시거든 군주에게 고하면 〈군주에게〉 太牢의 禮로써 〈아들을〉 접견하게 하되 宰夫가 이 禮를 갖추는 것을 관장한다. 출산한 지 3일만에 길한 士를 점쳐서 아이를 안게 하되 길한 자가 미리 재계하고 朝服을 입고서 寢門 밖에서 아이를 받아 안는다. 그런 뒤에 〈아들이 遠大한 일을 이루기를 기약하기 위해서〉 射人이 뽕나무 화살과 쑥대 화살 여섯 개를 가지고 天地와 四方에 쏘면 保母가 세자를 받아서 비로소 안는다. 宰夫가 아들을 안았던 士에게 〈그 공로에 보답하기 위해〉 醴酒를 주고 束帛을 하사하며, 사의 아내와 대부의 첩 중에 길한 자를 점쳐 그들로 하여금 세자에게 젖을 먹이게 한다.

字義 詩 : 받들 시　蓬 : 쑥 봉　醴 : 단술 례　食 : 먹일 사

12.37 凡接子호되 擇日이니 冢子則大(태)牢요 庶人은 特豚이요 士는 特豕요 大夫는 少牢요 國君世子는 大(태)牢니 其非冢子인댄 則皆降一等[57]이니라

무릇 자식을 접견하되 날짜를 가리니, 군주의 맏아들이면 太牢를 쓴다. 그리고 庶人은 特豚(돼지 한 마리)을 쓰고 士는 特豕(새끼 돼지 한 마리)를 쓰고 대부는 少牢를 쓰고 國君의 세자는 태뢰를 쓰는데, 맏아들이 아닌 경우에는 모두 한 등급씩 낮춘다.

12.38 異爲孺子室於宮中하고 擇於諸母와 與可者호되 必求其寬裕慈惠溫良恭敬愼而寡言者하야 使爲子師하고 其次란 爲慈母하고 其次란 爲保母하야 皆居子室하고 他人은 無事어든 不往이니라

어린아이의 방을 宮 가운데에 따로 만들고, 여러 첩과 스승이 될 만한 자 중에서 가리되 반드시 마음씨가 너그럽고 여유롭고 慈惠롭고 溫良하고 공경하고 謹愼하고 말이 적은 자를 구하여 〈善한 道로써 자식을 가르치는〉 자식의 스승(師)을 삼게 한다. 그 다음은 〈자식의 하고자 하는 것과 싫어하는 것을 살피는〉 慈母를 삼고, 그 다음은 〈잠자리와 거처가 편안한가를 살피는〉 保母를 삼아서 모두 자식의 방에 거처하게 하고, 다른 사람은 〈함부로 들어갈 경우 자식이 놀랄 수 있으므로〉 일이 없으면 그 방에 들어가지 않게 한다.

---

57 皆降一等 : 공영달의 소에 따르면 庶子는 이미 한 등급을 낮추므로 천자와 제후는 小牢를 쓰고 대부는 特豕를 쓰고 士는 特豚을 쓴다. 그렇다면 庶人은 전부 마땅히 희생이 없어야 하는데, 禮가 다하여 士와 동일하게 하고자 特豚을 쓴 것이다.

12.39.1 三月之末에 擇日하야 翦髮爲鬌(타)호되 男角하고 女羈니 否則男左女右[58]니라

자식이 태어난 지 3개월이 되는 월말에 날짜를 가려서 머리털을 잘라 〈다 자르지 않고 남겨둔〉 鬌를 만들되 남자는 角을 하고 여자는 羈를 하니, 이렇게 하지 않을 경우에 남자는 〈鬌를〉 왼쪽에 만들고 여자는 오른쪽에 만든다.

字義 翦 : 자를 전 鬌 : 남긴머리털 타 羈 : 머리맬 기

12.39.2 是日也에 妻가 以子로 見於父어든 貴人則爲衣服하고 由命士以下는 皆漱澣하야 男女가 夙興하야 沐浴衣服하고 具視朔食[59]하며

이 날 아내가 자식을 데리고 아버지를 뵈면, 〈대부 이상의〉 귀한 이는 의복을 갖추어 입고, 命士로부터 이하는 모두 의복을 빨아서 남녀가 일찍 일어나 목욕하고 의복을 입고 음식은 〈초하루에 먹는 성찬인〉 朔食에 견주어 장만한다.

字義 漱 : 씻을 수 澣 : 빨 한

12.39.3 夫가 入門하야 升自阼階하야 立于阼호되 西鄕이어든 妻가 抱子하야 出自房하야 當楣立東面이니라

그리고 남편이 〈남쪽을 향하고 있는 側室의〉 문에 들어가 동쪽 계단을 통해 올라가 계단에 서되 서향하여 서면 아내가 자식을 안고서 〈동쪽〉 방에서 나와 門楣에 당도해서 동향하여 선다.

字義 阼 : 동쪽계단 조 鄕 : 향할 향(=向) 抱 : 안을 포 楣 : 문미 미

---

58 三月之末……否則男左女右 : 진호의 주에 따르면 정수리 양옆의 角에 해당하는 곳의 머리털을 자르지 않고 남겨둔 것을 '角'이라 이르고, 정수리 위에 종과 횡으로 각각 한 가닥씩 남겨두어 서로 교차하게 한 것을 '羈'라 이른다.

공영달의 소에 따르면 이 글이 비록 대부와 사에 근거한 것이지만 천자와 제후의 자식 또한 마땅히 이와 같이 해야 한다.

59 朔食 : 진호의 주에 따르면 천자는 大牢이고 제후는 少牢이고 대부는 特豕이고 士는 特豚이다.

12.39.4 姆가 先相曰호되 母某는 敢用時日하야 祗見(현)孺子라하여든 夫가 對曰호되 欽有帥(솔)[60]이라하고 父가 執子之右手하야 咳(해)而名之하여든 妻가 對曰호되 記有成이라하고 遂左還(선)하야 授師하여든 子師가 辯告諸婦諸母名[61]하고 妻가 遂適寢이니라

여스승이 먼저 〈산모를〉 도와주어 말하기를 "어미 아무개는 감히 이날에 공경히 어린 아들을 〈아버지에게〉 보입니다." 하거든 남편이 대답하기를 〈여스승에게〉 "공경히 가르쳐서 선한 도를 따르게 하라."고 명한다. 그리고 아버지가 자식의 오른손을 잡고 웃으면서 이름을 지어주면 아내가 대답하기를 "잘 기억하여 〈아이의 덕을〉 이루도록 하겠습니다." 하고 마침내 왼쪽으로 돌아 〈자식을〉 스승에게 넘겨준다. 그리하면 자식의 스승이 諸婦와 諸母에게 아이의 이름을 두루 고하고, 아내가 마침내 남편의 燕寢으로 간다.

字義 姆 : 여스승 무　祗 : 공경할 지　欽 : 공경할 흠　帥 : 따를 솔　咳 : 웃을 해
記 : 기억할 기　還 : 돌 선　辯 : 두루 변(=徧)　適 : 갈 적

12.39.5 夫가 告宰名하야든 宰가 辯告諸男名하고 書曰호되 某年某月某日에 某가 生이라하야 而藏之[62]하고 宰가 告閭史하여든 閭史가 書爲二하야 其一이란 藏諸閭府하고 其一이란 獻諸州史하여든 州史가 獻諸州伯하여든 州伯이 命藏諸州府하나니 夫가 入食호되 如養禮니라

남편이 〈屬吏인〉 宰에게 아이의 이름을 일러주면 宰가 여러 남자에게 이름을 두루 고해주고, '某年 某月 某日에 아무개가 태어났다.'라고 써서 집에 보관한다. 그리고 宰

---

60 欽有帥(솔) : 진호의 주에 "'마땅히 공경히 가르쳐서 선한 도를 따르게 하라.〔當敬教之 使循善道〕'고 말한 것이다." 하였는데, 《禮記補註》에 "진호의 주는 온당하지 못하다. '欽有帥'은 아마도 '공경하여 인도함〔敬以導率〕'인 듯하다." 하였다. 본서에서는 《예기보주》에 따라 번역하였다.

61 子師辯告諸婦諸母名 : 진호의 주에 따르면 '諸婦'는 同族 가운데 낮은 자의 아내이고, '諸母'는 同族 가운데 높은 자의 아내이니, 뒤에 제모에게 고한 것은 이름을 높은 자에게서 이루고자 해서이다.

62 夫告宰名……藏之 : 진호의 주에 인용한 嚴陵方氏의 설에 따르면 이름을 두루 고하여 여러 사람에게 보여주고 책에 쓰는 것은 보관하여 오래 전하려는 것이니, 남자는 사람들이 귀중히 여기는 바이기 때문이다.

가 〈閭의 屬吏인〉 閭史에게 고해주면 여사가 두 장을 써서 하나는 閭府에 보관하고 하나는 〈州의 屬吏인〉 州史에 올리거든 주사가 州伯에게 올린다. 그리하면 州伯이 명하여 州府에 보관하게 하니, 〈측실에서 아들을 본 뒤〉 남편이 〈正室로〉 들어가 〈아내와〉 음식을 먹되 〈아내는 시집와서 처음〉 시부모에게 음식 올릴 때의 예와 똑같이 한다.

12.40.1 世子가 生커시든 則君이 沐浴朝服하시고 夫人이 亦如之하야 皆立于阼階호되 西鄕커시든 世婦가 抱子하야 升自西階어든 君이 名之하여시든 乃降[63]이니라

세자가 태어나면 군주가 목욕하고 朝服을 입으며 夫人 또한 이와 같이 〈조복을〉 입고서 모두 〈路寢의〉 동쪽 계단에 서되 서향한다. 그리하면 世婦가 세자를 안고 서쪽 계단을 통해 올라가면 군주가 이름을 지어주신다. 그리고 나면 마침내 〈世婦가 路寢에서〉 내려간다.

12.40.2 適子와 庶子가 見於外寢이어든 撫其首하고 咳而名之호되 禮帥(솔)初요 無辭니라

〈세자의 아우인〉 適子와 〈첩의 자식인〉 庶子는 外寢에서 접견한다. 그리하면 〈군주가 그 〈아이의〉 머리를 쓰다듬고 웃으면서 이름을 지어주되, 예는 처음 〈세자를 접견할 때의〉 예를 따르고 경계하는 말은 없다.

字義 撫 : 어루만질 무　帥 : 따를 솔

---

63 世子生……乃降 : 《禮記補註》에서는 "이 또한 '자식이 태어난 지 3개월의 월말'을 가리킨 것이다. 그러므로 《儀禮經傳通解》에는 이 장에서 '生' 자를 없애고, '자식이 태어난 지 3개월이 되는 월말에 날짜를 가려서 머리털을 잘라 鬌를 만들되 남자는 角을 하고 여자는 羈를 하니, 이렇게 하지 않으면 〈鬌를〉 남자는 왼쪽에 만들고 여자는 오른쪽에 만든다.〔三月之末 擇日 翦髮爲鬌 男角女羈 否則男左女右〕'의 아래에 두었다." 하고서 "군주가 세자를 접견할 때에 자식에게 이름을 지어주고 들어가 음식을 먹는 禮 또한 대략 대부·士와 똑같을 것인데, 다만 글을 기록함에 다 갖추지 못하였을 뿐이다."라는 《의례경전통해》의 설을 소개하였다.

12.41 凡名子를 不以日月[64]하며 不以國[65]하며 不以隱疾[66]이요 大夫士之子는 不敢與世子로 同名이니라

무릇 자식의 이름을 지을 적에는 〈나중에 避諱하기 어려우므로〉 干支로 짓지 않으며, 자기 나라 이름으로 짓지 않으며, 신체의 은밀한 곳에 생기는 질병으로 짓지 않고, 대부와 士의 자식은 감히 세자와 이름을 똑같게 짓지 못한다.

字義 隱 : 은밀할 은

12.42 妾이 將生子할새 及月辰하야 夫가 使人日一問之하고 子가 生三月之末에 漱澣夙齊(재)하야 見於內寢[67]이어든 禮之如始入室하며 君이 已食하고 徹焉하야[68] 使之特餕하고 遂入御하나니라

첩이 장차 자식을 낳으려고 할 적에 산달이 되면 남편이 사람을 시켜서 하루에 한 번 안부를 묻는다. 자식이 태어난 지 3개월이 되는 월말에 옷을 빨아 입고 일찍 일어나 재계하고서 〈적처의 침소인〉 內寢에서 〈자식을〉 보이면 〈남편이 첩을〉 예우하기를 처음 〈시집와서〉 방에 들어왔을 때처럼 한다. 남편이 먹은 뒤에 床을 치우고서 〈자식을 낳은 첩에게〉 남은 음식을 〈평소에 여러 첩과 함께 먹게 한 것과 달리〉 독상을 차려 먹게 하고, 마침내 들어가서 모시게 한다.

字義 徹 : 거둘 철 餕 : 남은음식 준

---

64 不以日月 : 공영달의 소에 따르면 날짜를 나타내는 甲乙 같은 干支로 이름을 짓지 않는다는 말이다. 일설에 '日'자나 '月'자로 이름을 짓지 않는 것으로 보기도 한다.

65 不以國 : 공영달의 소에 따르면 자기 나라의 이름으로 이름을 짓지 않는다는 말이며 다른 나라의 이름으로 이름을 짓는 것은 무방하다.

66 不以隱疾 : 공영달의 소에 따르면 신체상에서 겉으로 보이지 않는 곳에 생기는 질병이다. 예컨대 춘추시대 晉나라 成公의 이름을 〈볼기짝이 검다는 뜻의〉 黑臀(흑둔)으로 짓고, 楚나라 公子의 이름을 〈팔뚝이 검다는 뜻의〉 黑肱(흑굉)으로 지은 것과 같은 것이다.

67 妾將生子……見於內寢 : 진호의 주에 따르면 이는 대부·士의 첩이 자식을 낳는 예를 말한 것이다. 궁실의 제도는 앞에 路寢이 있고 다음은 군주의 燕寢이 있고 다음은 부인의 正寢이 있다. 卿大夫 이하는 앞에 適室이 있고 다음은 연침이 있고 다음은 適妻의 寢所가 있으니, 여기에 말한 '內寢'은 바로 적처의 침소를 이른다.

68 君이 已食하고 徹焉하야 : 《禮記大文諺讀》에 '君'을 君主로 높여서 "君이 已食하시고 徹焉하사"로 현토하였는데, 진호의 주에 "대부와 士의 첩이 자식을 낳을 적에 행하는 예이다." 하고, 정현의 주에 "무릇 첩이 남편을 일컬을 적에는 '君'이라고 한다." 한 것에 의거하여 토를 수정하였다.

12.43 公庶子가 生에 就側室이니 三月之末에 其母가 沐浴朝服하야 見於君이어든 擯者가 以其子로 見하여든 君이 所有賜는 君이 名之하시고 衆子란 則使有司로 名之하시나니라

公의 서자가 출생할 적에는 側室로 나아간다. 태어난 지 3개월이 되는 월말에 그 어미가 목욕하고 朝服을 입고서 자식을 군주에게 보이거든 〈여스승 등의〉 擯者가 그 자식을 데리고 군주에게 보인다. 그리하면 군주가 〈편애하여 특별히〉 하사함이 있는 첩일 경우에는 군주가 그 자식의 이름을 지어주시고, 일반 첩의 자식일 경우에는 有司에게 이름을 지어주게 하신다.

字義 擯 : 인도하는사람 빈 賜 : 하사할 사

12.44 庶人이 無側室者는 及月辰하야 夫가 出居群室[69]이니 其問之也와 與子見父之禮는 無以異也니라

서인이 側室이 없는 자는 산달에 이르러 남편이 나가서 여러 방에 거처하니, 자식을 낳는 경과를 묻는 것과 자식을 아버지에게 보이는 예는 차이가 없다.

12.45 凡父在커시든 孫이 見於祖어든 祖亦名之하시나니 禮如子見父요 無辭[70]니라

무릇 아버지가 살아계실 경우 〈아버지의 아들인〉 손자를 그 祖父에게 보이면, 조부가 또한 〈손자의〉 이름을 지어주시니, 행하는 예는 자식을 아버지에게 뵐 때와 똑같이 하고 경계하는 말은 없다.

---

69 庶人無側室者……夫出居群室 : 공영달의 소에 따르면 側室이 없어서 아내가 남편의 침소에 거처하는데 아내가 장차 자식을 낳으려고 하므로 남편이 나가서 피하는 것이다. 만약 측실이 있는 경우에는 아내가 측실에 거처한다. 저본의 소주에 嚴陵方氏의 설에 따르면 서인은 첩이 없기도 하므로 側室이 없는 자가 있는 것이다. 무릇 서인은 천하기 때문에 그 예가 소략한 것이다.

70 凡父在……無辭 : 정현의 주에 따르면 그 아이의 아버지가 살아있으면 조부가 그 아이에게 경계하는 말이 없다. 조부에게 아이의 아버지인 適子가 있는 경우에는 適孫이 없는 것이니, 조부는 그 아이를 庶子를 접견할 때와 똑같이 한다. 그 아이의 아버지가 죽어서 그 아이가 적손이라면 조부는 그 아이에게 경계하는 말을 하니, 조부는 그 아이를 冢子를 접견할 때와 똑같이 한다. 아이의 아버지가 죽었더라도 그 아이가 庶孫일 경우에는 여전히 경계하는 말이 없다.

12.46 食(사)子者가 三年而出하나니 見於公宮이어든 則劬니라

〈士의 아내이거나 대부의 첩으로서〉 자식에게 젖을 먹이는 이가 3년이 되면 〈젖 먹이는 것을 끝내고 궁에서〉 나가는데, 〈그 사람이〉 公宮에서 〈군주를〉 뵙거든 군주는 그의 수고로움을 위로한다.

字義 食 : 먹일 사 劬 : 수고로울 구

12.47 大夫之子는 有食(사)母하고 士之妻는 自養其子니라

대부의 자식은 乳母가 있고, 士의 아내는 자식을 직접 기른다.

12.48.1 由命士以上及大夫之子는 旬而見[71]이니라

命士로부터 위로 대부에 이르기까지의 자식은 열흘을 채우고서 보인다.

12.48.2 冢子가 未食而見이어든 必執其右手하고 適子庶子가 已食而見이어든 必循其首[72]니라

〈제왕의〉 冢子(맏아들)는 禮食을 하기 전에 〈아버지에게〉 보이면, 〈제왕은〉 반드시 아이의 오른손을 잡고, 適子와 庶子는 예식을 한 뒤에 보이면 〈제왕은〉 반드시 아이의 머리를 쓰다듬는다.

字義 冢 : 맏 총 循 : 어루만질 순

---

71 旬而見 : 진호의 주에 따르면 정현의 주에서는 '旬'을 '匀(均)'으로 보고서 適子와 妾子가 동시에 출생한 것이라고 하였다. 《儀禮經傳通解》에는 "'旬'은 글자의 본래 음대로 읽어야 하니, '열흘'을 이른다. 별도로 '혹 3개월이 되기를 기다리지 않는 것이다.'라는 설도 있다." 하였고, 저본에 인용된 應氏의 설에는 "자식은 진실로 예로써 아버지를 뵈어야 하니, 아버지가 때때로 자식을 만나보고자 하나 또 번거롭게 볼 수가 없으므로 열흘에 한 번 보는 것이다. 만약 庶人이면 예가 간략하여 통하기가 쉽기 때문에 굳이 열흘마다 만나볼 필요가 없다." 하였다. 본서에서는 《의례경전통해》와 응씨의 설을 따라 번역하였다.

72 冢子未食而見……必循其首 : 《의례경전통해》에 따르면 이는 윗글에 기록한 대부의 예를 이어받고, 또 冢子와 適子와 庶子의 異同을 구별한 것이다. 총자의 예는 그대로 앞 章과 똑같고, 오직 적자와 서자가 다를 뿐이다.

12.49.1 子가 能食食(식사)어든 教以右手[73]하고 能言이어든 男唯女兪하며 男鞶革이요 女鞶絲[74]니라

자식이 밥을 먹을 수 있거든 오른손으로 먹도록 가르치며, 말을 할 수 있으면 남자는 대답하기를 빨리 하도록 하고 여자는 느리게 하도록 하며, 남자는 큰 띠를 가죽으로 만들고 여자는 큰 띠를 비단으로 만든다.

字義 食 : 먹을 식, 밥 사 兪 : 대답할 유 鞶 : 큰띠 반

12.49.2 六年이어든 教之數與方名하고

6세가 되면 數와 方位의 이름을 가르친다.

12.49.3 七年이어든 男女가 不同席하며 不共食하고

7세가 되면 남녀가 자리를 함께 하지 않고 음식을 함께 먹지 않는다.

12.49.4 八年이어든 出入門戶와 及卽席飮食을 必後長者하야 始教之讓호리라

8세가 되면 門戶를 나가고 들어옴과 자리에 나아가 마시고 먹을 적에 반드시 長者보다 뒤에 하게 하여 비로소 사양하는 것을 가르친다.

---

73 子能食食(식사)教以右手 : 《禮記大文諺讀》에는 "能食이어든 食教以右手"로 되어 있으나, 앞뒤 문맥을 살펴 토를 수정하였다.
저본의 소주에 인용한 嚴陵方氏의 설에 따르면 오른손으로 가르침은 힘이 강한 쪽을 취한 것일 뿐이니, 이는 본디 남녀가 똑같은 것이다.

74 男鞶革 女鞶絲 : 진호의 주와 정현의 주에 '鞶'을 수건을 넣은 작은 주머니로 보았는데, 《禮記補註》에 "服虔과 杜預의 주에는 모두 '鞶'을 '큰 띠'라고 하였으니, 이것이 옳은 듯하다. 그리고 字書에 '鞶'은 큰 띠이고 '縏'은 작은 주머니라고 하였다. 그렇다면 큰 띠인 '鞶'은 작은 주머니인 '縏'과 본래 다른 것이니, '鞶'은 마땅히 큰 띠로 보아야 할 뿐이다." 하였다. 본서에서는 《예기보주》를 따라 '鞶'을 큰 띠로 번역하였다.

12.49.5 九年이어든 敎之數日하고 十年이어든 出就外傅하며 居宿於外하며 學書計하며 衣不帛襦(유)袴하며 禮帥(솔)初하며 朝夕에 學幼儀하며 請肄(이)簡諒이니라

9세가 되면 날짜 헤아리는 것을 가르친다. 그리고 10세가 되면 나가 바깥 스승에게 가서 바깥에서 거처하고 잠자며 六書와 계산법을 배우고, 옷은 저고리와 바지를 비단으로 〈만들어 입으면 너무 따뜻하기 때문에〉 하지 않는다. 예는 〈처음에 배우는〉 기초 예절을 따르며, 아침과 저녁에 어린이의 거동을 배우며 〈책이나 언어는〉 간략하고 진실한 것을 청하여 익힌다.

字義 帛 : 비단 백 襦 : 저고리 유 袴 : 바지 고 儀 : 거동 의 肄 : 익힐 이 諒 : 진실할 량

12.49.6 十有三年이어든 學樂하며 誦詩하며 舞勺(작)하고 成童이란 舞象하며 學射御[75]니라

13세가 되거든, 음악을 배우고 詩를 외우며, 〈勺〉시에 맞춰 춤을 춘다. 15세가 되거든 〈象〉시에 맞춰 춤을 추며, 활쏘기와 말타기를 배운다.

字義 勺 : 구기 작 御 : 말몰 어

12.49.7 二十而冠[76]하야 始學禮하며 可以衣裘帛하며 舞大夏[77]하며 惇行孝弟하며 博學不敎하며 內而不出이니라

---

75 十有三年……學射御 : 정현의 주에 “먼저 〈勺〉을 배우고 나중에 〈象〉을 배움은 文과 武의 차서이다.” 하였다. 저본의 소주에 인용한 張子(張載)의 설에 따르면 옛날에 童子를 가르칠 적에 먼저 춤을 가르친 것은 몸을 유연하게 하고자 해서이니, 마음이 가라앉으면 기운이 온화하고 기운이 온화하면 몸이 유연해지기 때문이다. 옛날에 맏아들을 가르칠 적에 반드시 樂을 가르친 것은 몸을 조화롭게 하고자 해서이니, 춤을 가르치고 악을 가르침은 조화롭게 하고자 해서이다. 배우는 자는 뜻은 세우고 몸은 조화롭고자 한다.

76 二十而冠 : 〈冠儀〉의 정현의 주에 “남자는 陽의 類이니, 20세가 되면 관례를 행함은 陰의 數로 陽을 이루는 것이다. 여자는 陰의 유이니, 15세가 되면 笄禮를 행함은 陽의 수로 陰을 이루는 것이다.” 하였다.

77 舞大夏 : 《周禮》〈春官 大司樂〉의 정현의 주에 “〈大夏〉는 禹임금의 음악이다. 우임금이 물을 다스리고 土地를 분별하여 九州를 만들었으니, 그 덕이 中國(夏)을 크게 할 수 있었음을 말한 것이다.” 하였다.

20세에 冠禮하여 처음으로 〈吉, 凶, 軍, 賓, 嘉 다섯 가지〉 禮를 배우며, 갖옷과 비단옷을 입을 수 있으며, 〈大夏〉로 춤을 추며, 〈百行의 근본인〉 孝悌를 돈독히 행하며, 널리 배우되 〈배운 바가 정밀하지 못하기 때문에〉 가르치지 않으며, 〈덕의 아름다움을 마음〉 안에 쌓아두고 〈자신의 능력을〉 표출하지 않는다.

字義 惇 : 도타울 돈　弟 : 공경할 제(=悌)

12.49.8 三十而有室하야 始理男事하며 博學無方하며 孫友視志니라

30세가 되면 아내를 두어서 비로소 남자의 일을 다스리며, 〈오직 善을 스승으로 삼을 뿐이므로〉 널리 배우되 일정한 方所가 없으며, 〈오직 善을 취할 뿐이므로〉 벗에게 공손히 하되 뜻을 살펴보아야 한다.

12.49.9 四十이어든 始仕하야 方物하야 出謀發慮하며 道合則服從하고 不可則去니라 五十이어든 命爲大夫하야 服官政하며 七十이어든 致事니 凡男은 拜尙左手[78]니라

40세가 되면 비로소 벼슬하여 사물에 대응하여 계책을 내고 생각을 내어 道에 부합하면 일하여 따르고 不可하면 떠나간다. 50세에는 〈下大夫가 되는 三命의〉 命을 받아 大夫가 되어서 〈남의 우두머리가 되어〉 邦國의 큰 일에 참여하여 일하며, 70에는 벼슬을 내놓는다. 무릇 남자는 절할 때 왼손을 위로 한다.

12.50.1 女子가 十年이어든 不出하며 姆(무)가 教婉娩(만)聽從[79]하며 執麻枲하며 治

---

78 凡男拜尙左手 : 저본의 소주에 嚴陵方氏의 설에 따르면 절할 때에 왼손을 올림은 陽의 道를 높이기 때문이다.

79 姆教婉娩(만)聽從 : 《禮記大文諺讀》에 "姆教를 婉娩聽從"으로 현토되었는데, 《禮記補註》에 "句를 끊어서 읽을 적에 '姆教'로 구를 삼는 것은 옳지 않다. '姆'자에서 구를 끊고 '教'자를 아래와 이어서 읽는 것이 옳다. 司馬溫公(司馬光)이 말하였다. '〈여스승이〉 유순한 모습으로 명령을 듣고 따르는 것과 부녀자의 일 중에 큰 것을 가르친다.〔教以婉娩聽從及女功之大者〕'"라는 金長生의 설을 소개하였다. 본서에서는 《예기보주》를 따라 토를 수정하여 번역하였다.

絲繭하며 織紝(임)組紃(조순)[80]하며 學女事하야 以共衣服하며 觀於祭祀하야 納酒漿籩豆菹醢하야 禮相助奠이니라

여자가 10세가 되면 외출하지 않으며, 여스승이 〈10세가 된 여자에게〉 유순한 모습으로 명령을 듣고 따르며, 삼과 모시를 잡아 길쌈하며, 실과 누에고치를 다스리며, 비단을 짜고 실을 짜며 여자의 일을 배워 의복을 바치며, 제사를 살펴보고서 술과 漿, 籩과 豆, 김치와 젓갈을 들여 예에 따라 〈長者를〉 도와 祭需를 올리는 것을 보조하는 것을 가르친다.

字義 婉 : 순할 완 娩 : 유순할 만 枲 : 모시 시 繭 : 고치 견 織 : 짤 직 紝 : 비단 임
組 : 짤 조 紃 : 실 순 漿 : 음료 장 籩 : 제기이름 변 菹 : 김치 저 醢 : 젓갈 해

12.50.2 十有五年而笄하고 二十而嫁호되 有故어든 二十三年而嫁호리니 聘則爲妻요 奔則爲妾[81]이니 凡女는 拜尙右手[82]니라

15세가 되면 비녀를 꽂고, 20세가 되면 시집을 가되 〈20세 때〉 부모의 喪이 있으면 23세에 시집을 간다. 聘禮를 갖추면 아내가 되고 그대로 따라가면 妾이 된다. 무릇 여자는 절할 때에 오른손을 위로 한다.

字義 尙 : 위 상

---

80 織紝(임)組紃(조순) : 진호의 주는 "'組' 또한 織(짜다)이다." 하여 "紝을 짜고 紃을 짠다."라고 풀이하였고, 공영달의 소에서는 "'紝'은 繒帛(비단)이고, '組'는 노끈 중에 얇고 넓은 것이고, '紃'은 緇(노끈)과 비슷한 것이다." 하여 "'임', '조', '순'을 짜다."라는 말로 보았는데, 《예기보주》에서는 字書와 《說文解字》 등에서 '紝'을 '짜다'로 풀이한 것을 근거로 "'조'와 '순'을 짜다."라는 말이라고 하였다. 본서에서는 《예기보주》를 따라 번역하였다.

81 聘則爲妻 奔則爲妾 : 저본의 소주에 嚴陵方氏의 설에 "'聘'은 저곳에서 이곳으로 물어옴을 말한 것이고, '奔'은 이곳에서 저곳으로 따라감을 말한 것이다.〔聘 言由彼而問此 奔 言自此而趨彼〕" 하였다.

82 凡女拜尙右手 : 진호의 주에 따르면 남자는 陽인 왼쪽을 위로 하고 여자는 陰인 오른쪽을 위로 함은 陰陽의 구별이다.

玉藻[1] 第十三

13.1.1 天子는 玉藻가 十有二旒가 前後邃(수)延[2]하고 龍卷(곤)으로 以祭하나니라

천자는 오색끈에 옥을 꿰어 장식한 12개의 술이 앞뒤에 드리워져 깊숙하고 위에는 덮개가 있는 면류관을 쓰고, 용이 그려진 곤룡포를 입고서 〈종묘에〉 제사 지낸다.

字義 藻 : 마름 조 旒 : 면류관술 류 邃 : 깊을 수 延 : 면류관덮개 연(=綖) 卷 : 곤룡포 곤(=袞)

13.1.2 玄端[3]而朝日於東門之外하시고 聽朔[4]於南門之外하시나니라

---

1 진호의 주에 "이 편은 천자와 제후의 면류관과 의복, 笏과 佩玉 등 여러 제도와 禮를 행하는 용모와 節度를 기록하였다.〔此篇 記天子諸侯服冕笏佩諸制及行禮之容節〕" 하였다. 陸德明의 音義에 따르면 정현이 "이 편은 천자가 冕服을 입는 일을 기록한 것이다. 冕의 旒(앞뒤에 드리운 술)는 藻紃(조순)으로 만들고 玉을 꿰어서 장식으로 삼으니, 이로 말미암아 명명한 것이다.〔鄭云 記天子服冕之事 冕之旒以藻紃 貫玉爲飾 因以名之〕" 하였다. '藻紃'의 '藻'는 五色으로 만든 실끈인 '雜采'를 말한다.

2 延 : 《禮記補註》에 "'延'은 '綖'과 같다." 하였다. '綖'은 冕의 위에 덮개로 올리는 장방형 목판을 가리키는데, 속은 분홍색이고 겉은 검은색 麻布를 씌운다.

3 玄端 : 진호의 주에 "'端'은 '冕'으로 읽는다." 하였는데, 이 설은 "'端'은 마땅히 '冕'이 되어야 하니, 이는 글자가 잘못된 것이다."라는 정현의 주에 근거한 것이다. 공영달의 소에 따르면 皮弁服이 높고 그 다음 높은 것은 제후의 朝服이고 또 그 다음은 玄端服인데, 제후는 피변복을 입고 초하루에 그달의 일을 듣고 조복을 입고 조회를 보니, 이는 조회를 볼 때 입는 옷이 초하루에 그달의 일을 들을 때 입는 옷보다 낮은 것이다. 지금 천자는 피변복을 입고 조회를 보니, 만약 현단복을 입고 초하루에 그달의 일을 듣는다면 이는 초하루에 그달의 일을 듣는 옷이 조회를 볼 때 입는 옷보다 낮은 것이다. 또 초하루에 그달의 일을 듣는 것은 크고 조회를 보는 것은 작으므로 '端'이 '冕'이 됨을 아는 것이니, '玄冕'을 이른다. '玄冕'은 면복 중에 낮은 것이다.

그런데 《예기보주》에서는 "'端'은 비록 소주의 方氏 설을 따라 글자의 본래 음대로 읽더라도 또한 玄端을 입고 冕을 쓰는 데에 문제될 것이 없다." 하였다. 본서에서는 《예기보주》를 따라 원문을 그대로 두고 번역하였다.

玄端에 冕을 쓰고 〈춘분에는〉 동문의 밖에서 해에 제사하며, 〈매달〉 초하루에는 남문의 밖에서 그달의 일을 듣는다.

字義 朔 : 초하루 삭

13.1.3 閏月엔 則闔門左扉하고 立于其中[5]하시나니라

윤달에는 왼쪽 문을 닫고 그 가운데에 선다.

字義 闔 : 닫을 합 扉 : 문짝 비

13.2.1 皮弁으로 以日視朝하시고 遂以食하시며 日中而餕호되 奏而食[6]하시며 日少牢하시고 朔月에 大(태)牢하시며 五飮은 上水하며 漿酒醴酏(이)[7]니라

'소주의 방씨 설'은 저본의 소주에 나오는 嚴陵方氏의 설로, "經文에 '玄冕'이라 한 것이 있고 '玄冠'이라 한 것이 있고 '玄端'이라 한 것이 있는 것은 어째서인가? 현단은 祭服과 燕服의 총칭으로, 玄衣를 입고 玄冕을 쓰면 제복이 되고, 현의를 입고 현관을 쓰면 연복이 되니, 혹 '冠'과 '冕'을 통틀어 '端'이라 이르기도 한다. 현단을 입고 해에 제사 지내면 이는 현면을 쓴 것이고, 현단을 입고 거처하면 이는 현관을 쓴 것이다. 초하루에 그달의 일을 들을 적에 현면을 쓰는 것은 초하루의 일을 공경하기를 제사와 같이 하기 때문이다." 하였다.

4 聽朔 : 《周禮》 〈春官 太史〉에 "연말이 되면 내년 12개월의 朔日(초하루)을 각 제후국에 布告한다." 하였는데, 이에 대한 賈公彦의 소에 "이 經文 및 《論語》에서 말한 '告朔(곡삭)'을 《예기》 〈옥조〉에서는 '聽朔'이라 하였고 《春秋》에서는 '視朔'이라 하였다. '視'는 군주가 사당에 들어가서 보는 것이고, '告(곡)'은 有司로 하여금 축문을 읽어서 말하게 하는 것이고, '聽'은 한 달의 政令을 들어서 다스리는 것이다." 하였다.

5 閏月……立于其中 : 진호의 주에 "천자의 사당과 路寢이 모두 明堂의 제도와 같으니, 명당은 국도의 남쪽에 있다. 매달 그 계절에 해당하는 堂(봄에는 東堂, 여름에는 南堂, 가을에는 西堂, 겨울에는 北堂)에 나아가서 초하루에 그달의 일을 듣고 일을 끝마치면 그날 하루는 돌아와 노침에서 잔다. 윤달은 정상적인 달이 아니므로 그달 초하루에 그달의 일을 명당의 문 가운데에서 듣고 그날 하루는 돌아와 노침의 문에서 거처하여 한 달 안에 들을 일이 있으면 한 달 안에 끝마치는 것이다."라는 정현의 주를 인용하고서 "'왼쪽 문을 닫는다.〔闔門左扉〕'는 것은, 왼쪽은 陽이 되고 양은 바름〔正〕이 되지만 달의 바름〔月正〕은 아니기 때문에 왼쪽을 닫고 오른쪽을 경유하는 것이다." 하였다.

6 皮弁以日視朝……奏而食 : 공영달의 소에 따르면 '餕'에도 오히려 음악을 연주하니, 아침밥을 먹을 때에도 음악을 연주함을 알 수 있다.

7 五飮上水 漿酒醴酏(이) : 《禮記補註》에 "《주례》에는 '六飮(여섯가지 음료)'으로 되어 있으니, 여기에서 '五飮'이라 한 것은 周나라의 법이 아니다."라는 공영달의 소를 인용하고서 "《주례》 〈天官 漿人〉에 '六飮은 물, 漿, 醴, 涼, 醫, 酏이다.' 하였는데, 술〔酒〕로 말하면 술에는 별도로 〈天官 酒

皮弁服 차림으로 날마다 조회를 보시고 마침내 〈피변복 차림으로 음악을 연주하고〉 음식을 드시며, 한낮에는 아침에 먹고 남은 음식을 먹되 음악을 연주하고 드시며, 매일 〈양 · 돼지의 犧牲인〉 少牢를 드시고 초하루에는 〈소 · 양 · 돼지의 희생인〉 太牢를 드시며, 다섯 가지 음료는 물을 으뜸으로 삼고 다음으로는 漿, 술, 단술, 묽은 죽의 순서이다.

字義 餕 : 남은음식먹을 준 酏 : 묽은죽 이

13.2.2 卒食하시고 玄端而居[8]하시나니 動則左史가 書之하고 言則右史가 書之하며 御瞽가 幾聲之上下하나니

식사를 끝마치시고 玄端服 차림으로 거처하시니, 〈천자가〉 동작을 하시면 왼쪽의 사관이 이것을 기록하고 〈천자가〉 말을 하시면 오른쪽의 사관이 이것을 기록하며, 〈聲音의 道는 政事와 통하므로 천자를〉 시종하는 악공이 〈政令의 得失을 알기 위해〉 음악 소리의 높고 낮음을 살핀다.

字義 御 : 모실 어 瞽 : 맹인악사 고 幾 : 살필 기

13.2.3 年不順成이어든 則天子가 素服하시고 乘素車하시며 食無樂하시나니라

年事가 순히 이루어지지 않았으면 천자가 〈凶事를 만났을 때 입는〉 素服을 입고 〈凶事를 만났을 때 타는〉 흰 수레를 타며 식사할 적에 樂을 연주하지 않으신다.

13.3.1 諸侯는 玄(端)〔冕〕으로 以祭[9]하시고 裨冕[10]으로 以朝하시며 皮弁으로 以聽朔

正〉의 '三酒'가 있으니, 《예기》의 이 經文과 다르다." 하였다.

8 卒食 玄端而居 : 진호의 주에 따르면 '玄'은 어두운 색이니, 편안히 쉬는 시간인 어두워가는 때에 입는 것이 뜻에 맞다.

9 諸侯玄(端)〔冕〕以祭 : 공영달의 소에 따르면 현단복은 피변복보다 천한데, 아랫글에 '피변 차림으로 태묘에서 초하루에 그달의 일을 듣는다.〔皮弁 以聽朔於大廟〕' 하였으니, 현단복 차림으로 先君에게 제사 지내서는 안 되기 때문에 '端'은 마땅히 '冕'이 되어야 한다.

10 裨冕 : 공영달의 소에 따르면 《儀禮》〈覲禮〉에 "천자를 조현하는 날에 侯氏(제후 개개인)는 裨冕을 한다." 하였는데, 정현의 주에 "'裨'의 뜻은 '埤(낮음)'이다. 천자는 六服인데, 그중에 大裘가 높

於大廟하시며 朝服으로 以日視朝於內朝[11] 하시나니라

제후는 玄冕 차림으로 제사 지내시고, 裨冕 차림으로 〈천자를〉 조현하시며, 皮弁 차림으로 초하루에 太廟에서 그달의 일을 들으시고, 朝服 차림으로 날마다 內朝에서 조회를 보신다.

字義 端 : 예복 단 冕 : 면류관 면 裨 : 최상급에 버금가는 예복 비

13.3.2 朝에 辨色始入이어든 君이 日出而視之하시고 退適路寢하사 聽政하시고 使人視大夫호되 大夫가 退커든 然後에야 適小寢하사 釋服하시나니라

조회할 적에 〈날이 새어〉 색깔이 구별될 무렵 〈신하가〉 비로소 들어오거든, 군주는 해가 뜨면 조회를 보시고 〈계책의 可否를 결정하기 위해〉 물러나 路寢에 가서 政事를 들으신다. 그리고 사람을 시켜 〈대부들이 있는 곳에 가서〉 대부들을 살펴보게 하되, 대부들이 물러가면 小寢(寢宮 또는 便殿)에 가서 조복을 벗으신다.

13.3.3 又朝服으로 以食하사되 特牲三俎祭肺하시며 夕엔 深衣하시고 祭牢肉하시며 朔月엔 少牢하사되 五俎四簋하시며 子卯[12]엔 稷食(사)菜羹하시나니 夫人은 與君同庖하시나니라

은 것이고 나머지는 낮은 것이다." 하였으므로 총괄하여 '裨冕'이라 한 것이다.

11 朝服 以日視朝於內朝 : 저본의 方氏의 설에 따르면 천자와 제후가 모두 세 조정이 있으니, '外朝'는 庫門의 밖에 있고 '治朝'는 路門의 밖에 있고 '內朝'는 路門의 안에 있는데, 내조를 또한 '燕朝'라고도 한다.

《禮記補註》에서는 "路寢의 문밖에 있는 조정은 바로 方氏가 말한 '治朝'인데, 이 편의 內朝 및 〈文王世子〉의 外朝에 대해 정현이 모두 路門의 밖에 있는 조정으로 해석한 것은 과연 근거한 바가 있다. 또한 내조에 상대하면 외조가 되고 외조에 상대하면 내조가 되는 것은 가운데에 위치하기 때문이다." 하고서 "진호의 주에 方氏의 설을 범범하게 인용하여 마치 이 내조가 路門 안의 燕朝인 것처럼 말하였으니, 잘못이다." 하였다.

12 子卯 : 주소에 따르면 夏나라의 마지막 군주인 桀王은 乙卯日에 죽고 殷나라의 마지막 군주인 紂王은 甲子日에 죽었으므로 군주가 이날을 疾日이라 하여 음악을 연주하지 않고 음식을 소박하게 먹는다고 한다.

또 朝服을 입고 밥을 드시되 〈한 마리의 犧牲인〉 特牲을 쓰고 〈돼지〔豕〕·물고기〔魚〕·말린 고기〔腊〕의〉 三俎를 진설하고 폐로 고수레를 하신다. 그리고 저녁밥을 드실 적에는 深衣를 입으시고 〈特牲의 남은 것인〉 牢肉으로 고수레를 하신다. 그리고 초하루에는 少牢를 쓰시되 〈三俎에 羊과 그 내장·천엽을 더한〉 五俎와 〈黍, 稷, 稻, 粱의〉 四簋의 음식을 드시며, 〈夏나라와 殷나라의 마지막 왕이 죽은 날인〉 子日과 卯日에는 기장밥에 나물국을 드시니, 부인은 〈희생을 잡지 않기 때문에〉 군주와 庖廚(주방)를 함께 사용하신다.

字義 俎 : 도마 조 簋 : 제기이름 궤 庖 : 부엌 포

13.4.1 君이 無故어든 不殺牛하시며 大夫가 無故어든 不殺羊하며 士가 無故어든 不殺犬豕니 君子는 遠庖廚하야 凡有血氣之類를 弗身踐(전)也하나니라

〈천자는 반찬으로 소, 양, 돼지, 말, 닭, 개 여섯가지 犧牲을 쓰므로 연고가 없어도 소를 잡을 수 있지만〉 제후는 〈제사, 賓客, 饗食(향사) 등의〉 緣故가 없으면 소를 잡지 않으시며, 〈천자의 대부는 緣故가 있으면 소를 잡을 수 있지만〉 제후의 대부는 緣故가 없으면 양을 잡지 않으며, 士는 緣故가 없으면 개와 돼지를 잡지 않으니, 군자는 푸줏간을 멀리해서 〈평상시에는〉 모든 혈기가 있는 종류를 몸소 잡지 않는다.

字義 廚 : 부엌 주 踐 : 벨 전(=翦)

13.4.2 至于八月不雨어든 君이 不擧하시나니라 年不順成이어든 君이 衣布搢(진)本[13]하시며 關梁을 不租하며 山澤을 列而不賦[14]하며 土功을 不興하며 大夫가 不得造車馬니라

---

13 君衣布搢(진)本 : 공영달의 소에 따르면 '搢本'의 '本'은 士의 笏을 이르니, 대나무로 만들고 상아로 아랫부분을 꾸민 것이다. 군주가 흉년을 만나면 士의 홀을 꽂기 때문에 '搢本'이라 한 것이다.

14 山澤 列而不賦 : 진호의 주에 따르면 '列'은 '迾(열)'이 되어야 하니, '막는다'는 뜻이다. 《周禮》 〈地官司徒〉에 "山虞는 울타리를 설치하고 禁令을 설행함을 관장한다.〔山虞掌其厲禁〕" 하였는데, 정현의 주에서 말한 "막아서 지킴이다.〔遮列守之〕"의 '列'이 이것이다. 흉년에 비록 산과 못의 세금을 거두지는 않지만, 반드시 채취할 때가 아닌데 채취하는 자를 막는 것이다.

〈음력 6월인〉 8월에 이르도록 비가 내리지 않으면 군주는 盛饌을 들지 않는다. 年事가 순히 이루어지지 않았으면, 군주는 삼베옷을 입으시고 〈대나무로 만들고 상아로 아랫부분을 장식한〉 士의 笏을 꽂으시며, 關門과 魚梁에 租稅를 거두지 않으며, 산과 못을 막기만 하고 세금을 거두지 않으며, 토목공사를 일으키지 않으며, 대부들은 수레와 말을 새로 만들지 못한다.

字義 搢 : 꽂을 진 關 : 관문 관 梁 : 어량 량 列 : 막을 렬(=迾) 賦 : 부세할 부

13.5 卜人이 定龜[15]하고 史가 定墨하고 君이 定體[16]니라

卜人은 거북을 정하고 史官은 墨을 정하고 군주는 〈거북점의〉 吉凶을 정한다.

字義 龜 : 거북 귀

13.6 君은 羔幦(멱)虎犆(직)하고 大夫齊(재)車는 鹿幦豹犆이요 朝車와 士의 齊車는 鹿幦豹犆이니라

---

15 卜人定龜 : 《周禮》 〈春官 龜人〉에 "귀인은 여섯 가지 거북의 등속을 관장하니, 천귀를 영속이라 하고, 지귀를 역속이라 하고, 동귀를 나속이라 하고, 서귀를 뇌속이라 하고, 남귀를 엽속이라 하고, 북귀를 약속이라 하는데, 각각 그 방위의 색과 그 體를 가지고 구분한다.〔掌六龜之屬 天龜曰靈屬 地龜曰繹屬 東龜曰果屬 西龜曰靁屬 南龜曰獵屬 北龜曰若屬 各以其方之色與其體辨之〕" 하였는데, 정현의 주에 "'屬'은 하나가 아님을 말한 것이다. 色은, 천귀는 玄色이고 지귀는 황색이고 동귀는 청색이고 서귀는 백색이고 남귀는 적색이고 북귀는 흑색임을 이른다. 거북이 머리를 떨군 것은 靈龜이고, 머리를 쳐든 것은 繹龜이고 龜甲의 앞이 긴 것은 果龜(나귀)이고 귀갑의 뒤가 긴 것은 獵龜이고 왼쪽으로 비스듬히 보는 것은 靁龜이고 오른쪽으로 비스듬히 보는 것은 若龜이니, 이것이 그 體이다. '果(과)'를 杜子春은 '贏(나)'로 읽었다." 하였다. 공영달의 소에 따르면 '정한다〔定〕'는 것은 마땅히 써야 할 바를 정하는 것이니, 하늘에 제사 지냄을 점칠 적에는 영귀를 쓰고 땅에 제사 지냄을 점칠 적에는 역귀를 쓰고 봄에 점칠 적에는 나귀를 쓰고 가을에 점칠 적에는 뇌귀를 쓰는 따위를 이른다.

16 史定墨 君定體 : 진호의 주에 따르면 '史定墨'은 龜人의 屬官인 史가 점칠 적에 墨으로 거북에 획을 그어 吉兆를 구하고, 이에 거북에 구멍을 뚫어서 그 갈라지는 바를 관찰하는 것을 이른다. 만약 墨의 획을 따라 갈라지고 그 갈라진 크기가 크면 이것을 '兆廣'이라 이른다. 만약 옆으로 갈라지고 크기가 가늘면 '璺拆(문탁)'이라 이르기도 하고 '兆璺(조문)'이라고도 한다. 韻書에 "'璺'은 음이 '問'이니, 그릇이 깨졌으나 아직 부서지지는 않은 것에 대한 명칭이다." 하였다. '定體'의 '體'는 거북을 갈랐을 때 갈라진 문양의 형체이고, '定'은 그 길흉을 결정함을 이른다.

군주는 〈齋車를〉 작은 羊의 가죽으로 軾을 덮고 범의 가죽으로 가선을 두르며, 대부의 재거는 사슴의 가죽으로 軾을 덮고 표범의 가죽으로 가선을 두르며, 〈대부의〉 朝車와 士의 재거는 사슴의 가죽으로 軾을 덮고 표범의 가죽으로 가선을 두른다.

字義 幦 : 덮개 멱 犆 : 가선 직

13.7.1 君子之居는 恒當戶요 寢은 恒東首하며

〈禮를 아는〉 군자가 거처함은 〈밝은 곳을 향하기 위해〉 항상 〈남쪽에 있는〉 문을 마주하게 하고, 잠을 잘 적에는 〈生氣를 順히 따르기 위해〉 항상 머리를 〈陽明하고 溫厚한 방위인〉 동쪽으로 둔다.

13.7.2 若有疾風迅雷甚雨어든 則必變하야 雖夜나 必興하야 衣服冠而坐니라

만약 빠른 바람과 빠른 우레와 심한 비가 있거든 〈하늘의 위엄을 공경하여〉 반드시 얼굴빛을 바꾸며 비록 밤중이더라도 반드시 일어나서 옷을 입고 관을 쓰고 앉는다.

13.7.3 日五盥하고[17] 沐稷而靧(회)粱[18]하며 櫛用樿(전)櫛하고 髮晞어든 用象櫛[19]하며 進(機)〔禨〕[20]進羞엔 工乃升歌[21]하나니라

하루에 다섯 번 손을 씻으며, 稷을 씻어낸 물로 머리를 감고 粱을 씻어낸 물로 얼굴을 씻으며, 젖은 머리를 빗질할 적에는 白理木으로 만든 빗을 사용하고 머리털이 말랐

17 하고 : 《禮記大文諺讀》에 '하야'로 되어 있으나, 《禮記補註》에 "'盥'은 손을 씻는 것이다. 《예기대문언두》의 토는 잘못된 것이니, 마땅히 '하고'가 되어야 한다." 한 것에 의거하여 토를 수정하였다.

18 沐稷而靧(회)粱 : 공영달의 소에 따르면 이는 대부의 예일 뿐이니, 군주는 머리를 감고 얼굴을 씻을 때 모두 粱을 씻어낸 물을 사용한다.

19 櫛用樿(전)櫛……用象櫛 : 진호의 주에 따르면 머리가 젖으면 매끄럽기 때문에 나무빗을 사용하고 머리가 마르면 뻣뻣하기 때문에 상아빗을 사용하는 것이다.

20 (機)〔禨〕 : 저본에는 '機'로 되어 있으나, 전후의 문맥을 살펴 '禨'로 수정하여 번역하였다.

21 進(機)〔禨〕進羞 工乃升歌 : 진호의 주에 따르면 樂工이 마침내 堂에 올라가서 거문고와 비파를 가지고 노래 부르니, 화평한 맛으로 배를 채우고 또 화평한 音을 느끼게 함은 모두 새로 머리를 감아 氣가 허약해서 허약한 기를 지극히 기르는 것이다.

으면 〈머리털이 거칠기 때문에〉 상아로 만든 빗을 사용한다. 그리고 머리를 감은 뒤에 술을 올리고 음식을 올릴 적에는 악공이 마침내 堂에 올라가서 노래를 부른다.

字義 盥 : 씻을 관   靧 : 세수할 회   粱 : 기장 량   櫛 : 빗질할 즐   樿 : 백리목 전
晞 : 마를 희   禨 : 목욕하고나서마시는술 기   羞 : 음식 수

13.7.4 浴用二巾호되 上絺(치)下綌(격)하고 出杅(우)하야 履蒯(괴)席하야 (連)〔湅〕[22] 用湯하고 履蒲席하야 衣布晞身하고 乃屨進飮[23]이니라

목욕할 적에는 두 개의 수건을 쓰되, 몸의 위쪽에는 고운 베를 사용하고 아래쪽에는 거친 베를 사용한다. 그리고 욕조에서 나와 〈거칠어서 발을 씻기에 좋은〉 蒯草로 짠 자리를 밟고서 발을 씻되 끓인 물을 사용한다. 부들자리를 밟고서 베옷을 입고 몸을 말린 다음 마침내 신을 신고 음료를 올린다.

字義 絺 : 고운베 치   綌 : 거친베 격   杅 : 욕조 우   蒯 : 기름새 괴
湅 : 씻을 련

13.8.1 將適公所할새 宿齊(재)戒하며 居外寢하야 沐浴하고 史가 進象笏하여든 書思對命[24]하며

〈大夫가〉 장차 公所에 가려고 할 적에는 미리 재계하고 外寢에 거처하고서 머리를 감고 몸을 씻는다. 그리고 〈대부의〉 史가 〈빠뜨리거나 잊어버림을 대비하기 위한 도구인〉 象牙 笏을 〈대부에게〉 올리면 〈대부는〉 군주에게 아뢰고자 생각한 일과 대답할 말과 군주가 명령한 것을 이 홀에 쓴다.

---

22 (連)〔湅〕: 저본에는 '連'으로 되어 있으나, 저본의 음주에 "'連'은 '湅'으로 읽는다.〔連讀爲湅〕"라고 한 것에 의거하여 湅으로 수정하여 번역하였다.

23 進飮 : 《예기보주》에 "머리를 감는 것에서는 음식과 음악을 겸하여 말하였는데, 목욕을 하는 것에서는 다만 '음료를 올린다.〔進飮〕'라고만 말한 것은 위에서 이미 마시는 것 가운데에 음악을 포함하고 있음을 보였기 때문이다."라는 楊梧의 설을 소개하였다.

24 書思對命 : 번역은 진호의 주를 따른 것이다. 참고로 《예기보주》에서는 "그 생각한 바를 홀에 써서 군주의 명령에 대답함을 이른다."라는 《禮記類編》의 설을 소개하였다.

13.8.2 旣服하고 習容觀玉聲코야 乃出하야 揖私朝[25]호되 煇(휘)如也하며 登車則有光矣니라

朝服 입기를 마치고 용모와 儀觀 및 佩玉의 소리를 익히고 비로소 나가면서 私朝에서 〈家臣들에게〉 揖하되 덕스러운 모습이 빛나고 수레에 오르면 덕스러운 모습이 광채가 난다.

字義 煇 : 빛날 휘

13.9 天子가 搢珽은 方正於天下也니라 諸侯가 荼(서)[26]가 前詘(굴)後直은 讓於天子也니라 大夫가 前詘後詘은 無所不讓也니라

천자가 〈네 변과 네 모서리가〉 곧은 笏을 꽂음은 천하에 方正한 도를 보이는 것이다. 제후는 〈笏인〉 荼가 윗머리가 둥그스름하고 아래의 모서리 부분이 방정한 것은 천자에게 謙讓한 것이다. 대부는 〈笏이〉 위쪽도 굽고 아래쪽도 굽은 것은 〈위로는 천자에게, 아래로는 자기의 군주에게〉 겸양하지 않는 바가 없기 때문이다.

字義 搢 : 꽂을 진 珽 : 옥이름 정 荼 : 홀이름 서 詘 : 굽을 굴

13.10.1 侍坐則必退席이니 不退인댄 則必引而去君之黨이니라

〈신하가 군주를〉 모시고 앉았을 적에는 〈만약 옆에 別席이 있으면〉 반드시 자리를 〈별석으로〉 물러나 앉으니, 〈별석이 있더라도 군주가 물러가 앉으라고 명하지 않아〉 물러날 수가 없거든 반드시 〈몸을〉 이끌고서 군주의 親黨(친족) 아래에 떨어져 앉는다.

---

25 揖私朝 : 주소에 따르면 '私朝'는 대부 자신의 집안에 있는 조정이다. 행차할 적에 家臣에게 揖하고 비로소 조정으로 간다.

26 諸侯荼(서) : 진호의 주에 "'荼'는 '더디다'는 뜻이니, 앞에 두려워하는 바가 있으면 나아감이 더딘 것이다." 하였는데, 《禮記補註》에 "'荼'는 '瑹(서)'로 통용하기도 하니, 字書에는 '아름다운 옥'이고 '笏'이라고 하였다. 그렇다면 '荼'자는 천자의 '珽'과 상대되니, 바로 홀의 명칭이다. 또 위의 경문에서 '年事가 순히 이루어지지 않았으면 군주는 베옷을 입고, 대나무로 만들고 상아로 아랫부분을 장식한 士의 홀을 꽂는다.〔年不順成 君衣布 搢本〕' 하였는데, 정현의 주에 「搢本」은 珽과 荼를 제거하고 士의 笏을 차는 것이다.' 하였고, 또 아래의 經文 '見於天子' 章의 진호의 주에 '命圭를 잡고 荼를 꽂는다.' 하였으니, '荼'를 '笏'이라고 한 것이 더욱 분명하다." 하였다. 본서에서는 《예기보주》에 따라 의미를 보충하여 번역하였다.

13.10.2 登席호되 不由前은 爲躐席[27]이라 徒坐엔 不盡席이 尺이니라 讀書食엔 則齊하니 豆가 去席이 尺[28]이니라

자리에 올라가되 앞을 따르지 않는 것은 〈예에 맞는 것이니, 올라갈 때 앞을 따르는 것은〉 자리를 뛰어넘음이 되기 때문이다. 평상시 앉았을 때에는 〈앞쪽에 구하려는 것이 없기 때문에〉 앞쪽에 자리를 1척쯤 남겨둔다. 독서를 하거나 음식을 먹을 경우에는 〈자리 앞으로 가까이 가서 자리의 테두리와〉 가지런하게 앉으니, 豆(木器)가 자리와 1척 정도 떨어져 있기 때문이다.

字義 躐 : 건너뛸 렵

13.11.1 若賜之食하시고 而君이 客之어시든 則命之祭然後에야 祭하며 先飯辯嘗羞하고 飮而俟[29]니라

---

27 登席……爲躐席 : '躐'은 '뛰어넘다〔越〕'는 뜻으로, 자리에 올라갈 때 앞으로 올라가지 말아야 하는 것은 그것이 자리를 건너뛰는 것이기 때문이다. 돗자리는 위와 아래가 있어 특별한 일이 없을 경우 아래쪽으로 올라가고 위쪽으로 내려오는데, 앞쪽을 위로 삼고 뒤쪽을 아래로 삼은 듯하다. 진호의 주에서는 '앞을 따르는 것'이 예에 맞는 것으로 해석하였는데, 주소에서는 '앞을 따르지 않는 것'이 예에 맞는 것으로 해석하였다. 《의례경전통해》에도 주소의 설을 따라 여러 사람이 한 자리에 함께 서게 될 경우 뒤에 서야 자기의 자리에 위치하기 때문에 앞을 따르지 않는 것이 예에 맞다고 하였다. 본서에서는 주소의 설을 따라 번역하였다.

28 讀書食則齊 豆去席尺 : 《禮記大文諺讀》에 "讀書食엔 則齊豆가 去席이 尺"으로 되어 있는데, 이것은 진호의 주에 "음식을 먹을 적에는 豆가 자리와의 거리가 1척 정도이니, 독서를 할 적에는 책을 두와 똑같이 여겨 또한 자리와의 거리가 1척 정도이다. 이에 '두와 자리의 거리와 똑같게 해서 자리와 1척 정도 떨어지게 한다.〔齊豆去席尺〕」고 말한 것이다.'" 한 石梁王氏의 설에 의거한 것이다. 《禮記補註》에서는 〈曲禮 上〉에 '음식을 먹는 자리에서는 앞쪽으로 바짝 다가가 앉는다.〔食坐盡前〕' 한 것에 대해 "〈玉藻〉에서 '독서를 하거나 음식을 먹을 경우에는 자리의 가와 가지런하게 앉으니, 豆가 자리와 1척 정도 떨어져 있기 때문이다.〔玉藻云 讀書食則齊 豆去席尺〕' 한 것이 바로 이것이다." 한 공영달의 소에 의거하여 "이는 독서를 하거나 음식을 먹을 경우에는 모두 앉을 적에 자리의 테두리와 가지런하게 함을 이른다." 하였다. 본서에서는 《예기보주》에 따라 토를 수정하고 번역하였다.

29 飮而俟 : 진호의 주에 "禮에 따르면 식사할 적에 밥을 물에 말기 이전에 음료를 마셔서 목구멍을 부드럽고 매끄럽게 하여 목 안이 껄끄럽거나 메지 않게 하는 것이다. 지금 군주가 아직 밥을 물에 말지 않았기 때문에 신하 또한 감히 밥을 물에 말지 못하고 먼저 음식들을 맛보는 것이니, 음식들을 맛보기를 마치고 음료를 마시고서 군주가 밥을 물에 말기를 기다렸다가 신하가 그제야 감히 밥을 물에 마는 것이다." 하였다.

만약 군주가 음식을 하사하시고 〈자기를〉 손님으로 예우하시거든 〈손님의 예로 자처하지 못하기 때문에〉 군주가 고수레할 것을 명한 뒤에 고수레한다. 그리고 〈신하가 군주를 위해서 음식 맛보는 예를 보여야 하므로〉 먼저 밥을 먹어서 음식을 두루 맛보고 음료를 마시고서 〈군주가 밥을 물에 마시기를〉 기다린다.

字義 辯 : 두루 변(=徧)

13.11.2 若有嘗羞者어든 則俟君之食然後에야 食하고 飯飮[30]而俟하야 君이 命之羞어시든 羞近者하고 命之品嘗之하신 然後에야 唯所欲이니라

만약 음식을 맛보는 자가 있거든 군주가 밥 드시기를 기다린 뒤에 밥을 먹고, 밥을 먹고 나서 음료를 마시고 기다린다. 그리하여 군주가 음식을 먹으라고 명하시거든 가까운 것을 먹고, 여러 가지 음식을 맛보라고 명하신 뒤에 먹고 싶은 대로 먹는다.

13.11.3 凡嘗遠食호되 必順近食이니라

〈손님이 되었거나 손님이 되지 않았거나 모두〉 무릇 멀리 있는 음식을 맛보되 반드시 가까운 것부터 순차적으로 먹는다.

13.11.4 君未覆手어시든 不敢飧(손)하고 君旣食이어시든 又飯飧이니 飯飧者는 三飯也[31]니 君이 旣徹이어시든 執飯與醬하야 乃出授從者니라

---

30 飯飮 : 공영달의 소에 "'飯飮'은 음료를 마시는 것이다. 비록 음식들을 맛보지 않더라도 또한 먼저 음료를 마시니, 음료를 마심은 목구멍을 부드럽고 매끄럽게 하고서 군주를 기다리는 것이다.〔飯飮者 飮之也 雖不嘗羞 亦先飮 飮則利喉以俟君也〕" 하였는데, 《예기보주》에서는 "마땅히 '이미 밥을 먹고 또 음료를 마시는 것'으로 해석해야 할 듯하다.〔竊恐當以旣飯且飮爲解〕" 하였다. 본서에서는 《예기보주》를 따라 번역하였다.

31 飯飧者 三飯也 : 《禮記補註》에 따르면, "신하가 군주에게 식사를 권함은 이렇게 해야 되는 것이다."라는 정현의 주에 의거해서 보면 군주가 식사를 마쳤을 적에 신하가 또다시 밥을 물에 마는 것은 바로 군주에게 밥을 더 드시기를 권하는 것이다.

군주가 〈식사를 하시고서〉 손을 덮어 입을 가시지 않으셨거든 감히 물에 밥을 말지 않고, 군주가 식사를 마치셨거든 〈밥을 더 드시기를 권하기 禮로〉 또다시 물에 밥을 마니, 물에 밥을 만다는 것은 세 차례에 걸쳐 밥을 물에 마는 것이다. 군주가 이미 〈식사를 끝마치고〉 상을 치우셨거든 자기가 먹던 〈음식은 자기가 마땅히 얻어야 하는 것이므로 남은〉 밥과 醬을 가지고 나와서 從者에게 준다.

字義 覆 : 덮을 부 飧 : 물에말 손 徹 : 치울 철 醬 : 장 장

13.12 凡侑食에 不盡食하며 食於人에 不飽요 唯水漿을 不祭하나니 若祭하면 爲已偞(협)卑[32]니라

무릇 음식을 더 먹을 것을 권할 적에는 〈상대가 더 먹을 수 있도록 자기가 음식을〉 다 먹지 않으며, 남에게 얻어먹을 적에는 〈상대도 배불리 먹을 수 있도록 나만〉 배불리 먹지 않는다. 그리고 오직 물과 장으로는 고수레하지 않으니, 만약 물과 장으로 고수레하면 〈상대에게 屈服을 당하여 자신을〉 너무 낮추는 것이 된다.

字義 侑 : 권할 유 漿 : 즙 장 已 : 너무 이 偞 : 낮출 협

13.13 君이 若賜之爵이어시든 則越席하야 再拜稽首受하야 登席하야 祭之하고 飮卒爵而俟君卒爵한 然後에야 授虛爵이니

군주가 만약 술잔을 내려주시거든 자리를 넘어가서 再拜하고 머리를 조아려 받고서 자기 자리로 올라와 고수레한다. 그리고 술잔의 술을 다 마시고 나서 군주가 술잔의 술을 다 마시기를 기다린 뒤에 빈잔을 준다.

13.14 君子之飮酒也는 受一爵而色洒(선)如也하고 二爵而言言(은은)斯禮已요 三爵而油油以退니 退則坐取屨호되 隱辟而后에 屨호리니 坐左하야 納右하고 坐右하야

---

32 凡侑食……爲已偞(협)卑 : 공영달의 소에 따르면 윗 문장은 군주를 모시고 식사하는 것을 밝힌 것이고, 이 한 節은 이를 말미암아 凡人 중에 신분이 대등한 자들이 함께 식사할 때의 예를 밝힌 것이다.

納左[33]니라

군자가 술을 마실 적에는 첫 번째 술잔을 받으면 얼굴빛을 밝고 엄숙히 하고, 두 번째 술잔을 받으면 온화하고 기뻐하여 이 예를 끝마치고, 세 번째 술잔을 받아 마시면 조심스러우면서도 여유롭게 물러간다. 물러갈 경우에는 무릎을 꿇고 신발을 가져오되 〈감히 남을 향하여 신을 신지 않는 것이 禮이므로〉 은벽한 곳을 찾은 뒤에 신을 신으니, 〈예에 따라〉 왼쪽 다리를 무릎 꿇고서 오른쪽 신을 신고 오른쪽 다리를 무릎 꿇고서 왼쪽 신을 신는다.

字義 洒 : 엄숙할 선 言 : 화기애애할 은(=誾) 油 : 여유로운모양 유 屨 : 신 구 隱 : 숨을 은 辟 : 숨을 벽(=僻)

13.15 凡尊(준)은 必尙玄酒니 唯君이 面尊하시며 唯饗野人에 皆酒니 大夫는 側尊用棜(어)하고 士는 側尊用禁[34]이니라

모든 술동이는 반드시 玄酒(물)를 높이니, 오직 군주만이 술동이를 향하실 수 있으며 野人에게 연향할 적에는 모두 술만 사용한다. 대부는 술동이를 옆에 둘 적에 〈술동이를 받치는 器物인〉 棜를 사용하고, 士는 술동이를 옆에 둘 적에 〈술동이를 받치는 기물인〉 禁을 사용한다.

字義 尊 : 술동이 준(=樽) 饗 : 잔치할 향 棜 : 술통받침 어 禁 : 술통받침 금

13.16 始冠緇布冠은 自諸侯下達하니 冠而敝之가 可也니라

처음 冠禮를 할 적에 緇布冠을 씀은 제후로부터 이하가 통용되니, 〈치포관은 古禮를 보존하기 위해 쓰는 것이고 당시 왕의 제도가 아니므로〉 관례를 하고 나면 폐기하여 쓰지 않는 것이 옳다.

字義 緇 : 검을 치 敝 : 버릴 폐

---

33 坐左納右 坐右納左 : 《禮記大文諺讀》에는 '坐左'와 '坐右'의 아래에 토가 모두 '어든(於等)'으로 되어 있으나, 진호의 주에 의거하여 토를 수정하였다.

34 大夫側尊用棜(어) 士側尊用禁 : '棜'와 '禁'은 모두 술동이를 받치는 기물이다. 〈禮器〉 10장의 각주 참조.

13.17 玄冠朱組纓은 天子之冠也요 緇布冠繢緌(회유)는 諸侯之冠也요 玄冠丹組纓은 諸侯之齊(재)冠也요 玄冠綦(기)組纓은 士之齊(재)冠也라

玄冠에 다홍색 갓끈을 매는 것은 천자의 〈관례할 때의〉 冠이고, 緇布冠에 여러 색깔의 비단으로 끈을 매는 것은 〈옛날 제도는 아니나 尊者의 꾸밈이므로〉 제후의 〈관례할 때의〉 冠이고, 玄冠에 붉은 갓끈을 매는 것은 제후의 〈재계할 때 쓰는〉 齋冠이고, 玄冠에 밝은 쑥색 끈으로 갓끈을 매는 것은 士의 〈재계할 때 쓰는〉 齋冠이다.

字義 組 : 끈 조 纓 : 갓끈 영 繢 : 수놓을 회 緌 : 끈 유 綦 : 들메끈 기

13.18 縞冠玄武[35]는 子姓之冠也요 縞冠素紕(비)는 旣祥之冠也라 垂緌五寸은 惰游之士也요 玄冠縞武는 不齒之服也라

〈조부가 별세하였으므로 위에는 凶함을 나타내는 흰색의〉 縞冠에 〈아버지는 살아계시므로 아래는 吉함을 나타내는〉 검은색의 武를 다는 것은 아버지가 喪中에 있을 때의 자식의 冠이고, 縞冠에 흰 명주로 선을 두른 것은 大祥祭를 마친 뒤에 쓰는 冠이다. 드리워진 갓끈의 길이가 5寸이 되게 하는 것은 〈게을러 노는 士임을 드러내기 위한 것이니〉 게을러 노는 士의 복식이고, 玄冠에 생사로 武를 하는 것은 〈士답지 않은 자에게 치욕을 주기 위한 것이니〉 士의 축에 끼지 못하는 자의 복식이다.

字義 縞 : 흴 호 武 : 冠을 묶는 띠 무 紕 : 선두를 비 惰 : 게으를 타 齒 : 나란히 설 치

13.19 居冠屬(촉)武는 自天子下達하니 有事然後에야 緌니라

집에서 한가하게 거처할 때에 武를 연결한 冠을 쓰는 것은 천자로부터 이하가 공통이니, 〈평소 일이 없을 때에는 威儀를 줄이기 위해 꾸밈을 하지 않고〉 일이 있은 뒤에야 〈꾸밈을 다하기 위해〉 갓끈을 늘인다.

字義 屬 : 이을 촉

---

35 武 : 정현의 주에 따르면 관을 묶는 띠[冠卷]이다.

13.20 五十이어든 不散送하며 親沒이어시든 不髦[36]니라

50세가 되면 〈要絰의 삼을〉 흩은 상태로 葬送을 하지 않으며, 어버이가 별세하시면 髦를 하지 않는다.

字義 髦 : 다팔머리 모

13.21 大帛은 不緌하나니 玄冠紫緌는 自魯桓公始也니라

〈白布冠인〉 大帛은 〈凶服이므로〉 갓끈을 늘여 꾸미지 않으니, 玄冠에 〈늘이는 갓끈은 正色이 아닌 자주색을 써서는 안 되는데〉 자주색의 갓끈을 늘이는 것은 魯나라 桓公으로부터 시작되었다.

字義 紫 : 자줏빛 자

13.22.1 朝玄端이요 夕深衣[37]니라

아침에는 玄端服을 입고, 저녁에는 深衣를 입는다.

13.22.2 深衣는 三袪(거)요 縫齊(자)가 倍要니 衽當旁이요 袂可以回肘니라

深衣는 〈그 허리둘레가 7尺 2寸이니, 2척 4촌인〉 소매의 세 배이고, 〈치마의〉 아랫자락을 꿰맨 부분이 〈1丈 4寸이니, 치마의 윗자락 부분인〉 허리의 〈7척 2촌보다〉 두 배이니, 옷섶은 곁에 닿게 하고 〈上衣에 연결된〉 소매는 팔뚝을 돌릴 수 있게 한다.

字義 袪 : 소매 거　縫 : 꿰맬 봉　齊 : 옷자락 자　要 : 허리 요(=腰)　衽 : 옷섶 임
袂 : 소매 몌　肘 : 팔뚝 주

---

36 親沒不髦 : 진호의 주에 따르면 '髦'는 어렸을 때 배냇머리를 잘라 황새머리의 모습을 형상한 다팔머리이니, 어버이가 살아계실 때 사용하는 것이므로 어버이가 별세하면 이 꾸밈을 제거한다.

37 朝玄端 夕深衣 : 진호의 주에 따르면 앞 章에서 '저녁에는 深衣를 입고 牢肉으로 고수레한다.〔夕深衣 祭牢肉〕' 한 것은 제후왕의 예이고, 여기서는 대부와 士가 私朝와 집안에 있을 때 아침저녁으로 입는 것을 말한다.

13.22.3 長中은 繼揜尺이요 袷(겁)이 二寸이요[38] 袪가 尺二寸이요 緣廣이 寸半이니라

〈深衣 중에 흰 명주베로 선을 두른 옷으로, 밖에 입는〉 長衣와 〈안에 입는〉 中衣는 소맷부리를 이어 덮은 것이 1척이고, 〈둥글게 생긴 옷깃인〉 曲領은 2촌이고, 소맷부리는 1척 2촌이고 선을 두른 폭은 1촌 반이다.

字義 揜 : 가릴 엄 袷 : 둥구래깃 겁 緣 : 가선 연

13.23 以帛裏布가 非禮也[39]라

명주 비단으로 삼베옷의 中衣를 만드는 것은 〈서로 걸맞지 않기 때문에〉 禮가 아니다.

字義 裏 : 가운데 리

13.24 士가 不衣織(치)하고 無君者가 不貳采[40]니라

〈신분이 낮은〉 士는 〈공력이 많이 들고 색이 중첩된 옷을 입지 않으므로〉 명주실을 물들여 짠 것으로 옷을 해 입지 않고, 〈본국의 지위를 떠나〉 군주가 없는 자는 〈衣와 裳과 冠의〉 채색을 다르게 하지 않는다.

字義 織 : 무늬있는 옷감 치 貳 : 두 이 采 : 채색 채

13.25 衣는 正色이요 裳은 間色[41]이니 非列采어든 不入公門하며 振絺綌을 不入公

---

38 長中繼揜尺 袷(겁)二寸 : 《禮記大文諺讀》에는 "長中은 繼揜이요 尺袷이 二寸이요"로 되어 있으나, 진호의 주에 의거하여 토를 수정하였다.

39 以帛裏布 非禮也 : 진호의 주에 따르면 冕服은 명주실로 만든 옷이고, 皮弁服, 朝服, 玄端服은 삼베옷인데 모두 15升의 삼베를 사용하니, 모든 안감을 각각 겉감과 같은 것으로 사용한다.

40 無君者 不貳采 : 공영달의 소에 따르면 대부와 士가 나라를 떠나면 3개월 이내에는 素衣와 素裳을 입고, 3개월 이후에는 玄端과 玄裳을 입는다.

41 衣正色 裳間色 : 진호의 주에 "正色은 靑, 赤, 黃, 白, 黑 5方의 색이다. 木의 청색이 土의 황색을 이기기 때문에 청황색인 녹색이 東方의 間色이 되고, 火의 적색이 金의 백색을 이기기 때문에 적백색인 紅色이 南方의 간색이 되고, 金의 백색이 木의 청색을 이기기 때문에 청백색의 碧色이 西方의 간색이 되고, 水의 흑색이 火의 적색을 이기기 때문에 적흑색의 紫色이 北方의 간색이 되고, 土의 황색이 水의 흑색을 이기기 때문에 황흑색인 월따말의 黃色이 중앙의 간색이

門하며 表裘를 不入公門하며 襲裘하야 不入公門[42]이니라

上衣는 正色으로 하고 치마는 間色으로 하니, 〈尊卑에 따라 색깔의 品節이 있는 朝服인〉 列采가 아니면 〈褻服이기 때문에〉 公門에 들어가지 않으며, 〈홑옷이면 몸이 보이므로〉 홑옷의 고운 갈포와 굵은 갈포를 입고서 공문에 들어가지 않으며, 〈갖옷 위에 裼衣를 입는 것이 禮이니, 석의가 없어서 갖옷이 드러나는〉 表裘를 입고서 공문에 들어가지 않으며, 〈석의를 襲衣 밖으로 드러내는 것이 예이니, 습의를 여며서 석의를 드러내지 않는〉 襲裘를 하고서 공문에 들어가지 않는다.

字義 振 : 홑겹 진(=袗) 絺 : 고운갈포 치 綌 : 거친갈포 격 裘 : 갖옷 구 襲 : 덧입을 습

13.26 纊爲繭이요 縕(온)爲袍요 襌(단)爲絅(경)이요 帛爲褶(첩)이니라

새 솜을 '繭'이라 하고, 헌솜을 '袍'라 하고, 홑옷을 '絅'이라 하고, 명주옷을 '褶'이라 한다.

字義 纊 : 솜 광 繭 : 솜옷 견 縕 : 헌솜 온 袍 : 솜옷 포 襌 : 홑옷 단 絅 : 홑옷 경 褶 : 덧옷 첩

13.27 朝服之以縞也는 自季康子始也[43]하니라

朝服을 백색 生絹으로 만든 것은 〈魯나라 대부인〉 季康子로부터 시작되었다.

된다." 하였다. 정현의 주에 "冕服에서 상의를 玄色으로 하고 하의를 纁色(훈색)으로 함을 이른다." 하였고, 공영달의 소에는 "'玄'은 하늘의 색이기 때문에 正色이 된다. '纁'은 땅의 색이니, 또한 황색이 섞였기 때문에 間色이 된다." 하였다.

42 非列采……不入公門 : 〈檀弓 下〉의 "옥을 들 때 옥을 올려두는 비단이 있으면 석의를 드러내고, 옥을 올려두는 비단이 없으면 습의를 여며서 석의를 드러내지 않는다.〔執玉 其有藉者則裼 無藉者則襲〕"에 대한 주소에 따르면 옛날에 가장 안에는 袍와 襌 같은 옷을 입고, 그 위에 겨울에는 갖옷〔裘〕, 여름에는 葛衣를 입으며, 그 위에 裼衣를 입고, 그 위에 中衣인 襲衣를 입고, 그 위에 늘 입는 深衣나 皮弁服 등의 正服을 입는다. 진호의 주에는 "갖옷 위에는 반드시 裼衣가 있어야 하는데, '表裘'는 裼衣가 없어서 갖옷이 밖으로 드러난 것이고 '襲裘'는 襲衣를 여며서 석의를 드러내지 않음을 이르니, 表裘와 襲裘가 모두 不敬함이 되므로 이러한 복장으로는 모두 公門에 들어가지 못하는 것이다." 하였다.

43 朝服之以縞也 自季康子始也 : 주소에 따르면 〈王制〉에 "殷나라 사람은 〈흰색을 숭상하여 상하 모두 흰색 베옷을 입고 머리에는〉 冔(후)를 쓰고 제사하였으며, 흰색 베옷을 입고 노인을 봉양하였다.〔殷人 冔而祭 縞衣而養老〕" 하였으니, 이것은 춘추시대 魯나라 大夫인 季康子가 殷나라 천자의 후예인 宋나라가 쓰는 예법을 僭用한 것이다.

13.28.1 孔子가 曰하사되 朝服而朝니 卒朔然後에 服之[44]니라

공자께서 말씀하셨다. "〈제후와 신하들은〉 朝服을 입고서 조회하니, 〈초하루의 일을 듣는 禮인〉 聽朔을 마친 뒤에 조복을 입는다."

13.28.2 曰國家가 未道어든 則不充其服焉[45]이니라

공자께서 말씀하셨다. "국가는 〈禮樂과 刑政이 先王의〉 道에 부합하지 않으면 의복을 성대하게 하지 않는다."

13.28.3 唯君이 有黼裘[46]하사 以誓省하시나니 大裘는 非古也[47]라

오직 군주는 黼裘가 있어서 이것을 입고 군대에 맹세하고 경작과 수확을 시찰하시니, 大裘를 입는 것은 옛날의 禮가 아니다.

字義 黼 : 천자의예복 보　誓 : 맹세할 서　省 : 살필 성

---

44 朝服而朝……服之 : 정현의 주에 "이는 제후와 신하들의 경우를 이른 것이다." 하였는데, 공영달의 소에 "윗문장에서 모두 '공문에 들어가지 않는다.〔不入公門〕'라고 하였고, 아래에서 '오직 군주는 黼裘가 있다.〔唯君有黼裘〕' 한 것과 '군주가 狐白裘를 입는다.〔君衣狐白裘〕' 한 것이 모두 제후의 예에 근거하였으므로 정현이 이 또한 제후에 근거하였음을 안 것이다." 하였다.

45 曰國家未道 則不充其服焉 : 진호의 주에 "〈몸소 검소함을 실천하여 거친 베옷인 大布衣와 두꺼운 명주실로 만든 관인 大帛冠을 쓰고서 나라를 부흥시킨〉 衛나라 文公과 같은 자를 이른다."는 정현의 주를 인용하였다. 위나라 문공이 솔선하여 검약한 생활을 하면서 백성과 함께 나라의 중흥을 위하여 노력한 내용은 《春秋左氏傳》 閔公 2년에 보인다.

46 黼裘 : 진호의 주에 "검은 양의 가죽을 가지고 狐白과 섞어 黼의 문양을 넣어 만든 갖옷이다." 하였고, 《禮記補註》에 "백색과 흑색을 '黼'라 하므로 검은 양의 가죽으로 狐白과 섞어서 黼의 문양을 만든다."라는 楊梧의 설을 소개하였다. '狐白'은 여우의 겨드랑이 밑에 흰털이 나 있는 부분을 가리킨다.

47 大裘非古也 : 진호의 주에 "'大裘'는 검은 염소의 가죽으로 만든 갖옷이니, 천자가 郊祭를 지낼 때의 예복이다. 그러므로 國君은 본디 黼裘를 입고서 군대에 맹세하고 밭갈이와 수확을 시찰할 수 있는데, 이제 참람하게 大裘를 입으니, 그 불가함을 말한 것이다. 다만 '옛날의 예가 아니다.〔非古也〕'라고 말했으면 예를 분수에 맞지 않게 행한 잘못이 저절로 드러나는 것이다." 하였다.

13.29.1 君이 衣狐白裘하시고 錦衣以裼之어시든 君之右는 虎裘요 厥左는 狼裘며 士는 不衣狐白[48]이니라

군주가 〈여우의 흰 모피로 만든 갖옷인〉 狐白裘를 입고 비단옷으로 裼衣를 삼아 입으면 〈위엄이 있고 용맹스러운 護衛를 보이기 위해〉 군주의 오른쪽에 있는 衛士는 범 가죽의 갖옷을 입고 그 왼쪽에 있는 衛士는 이리 가죽의 갖옷을 입는다. 그리고 〈여우 중에 흰 것이 드물기 때문에 신분이 낮은〉 士는 狐白으로 만든 옷을 입지 않는다.

字義 裼 : 홑옷 석 厥 : 그 궐 狼 : 이리 랑

13.29.2 君子는 狐靑裘豹褎(수)요 玄綃衣以裼之하며 麛裘靑豻(한)褎요 絞(효)衣以裼之하며 羔裘豹飾이요 緇衣以裼之하며 狐裘엔 黃衣以裼之하나니 錦衣狐裘는 諸侯之服也[49]라

〈대부와 士 신분의〉 君子는 청색 여우 갖옷에 표범 가죽으로 소매를 달고 검정색의 綃衣로 裼衣를 만들며, 사슴 새끼 갖옷에는 푸른 들개의 가죽으로 소매를 달고 〈청황색의〉 絞衣로 裼衣를 만든다. 염소 갖옷에는 표범 가죽으로 소매를 두르고 〈검정색의〉 緇衣로 裼衣를 만들며, 여우 갖옷에는 黃衣로 裼衣를 만든다. 비단옷에 여우 갖옷을

48 君衣狐白裘……士不衣狐白 : 공영달의 소에 "士는 狐白으로 만든 옷을 입지 않고, 卿과 대부는 호백으로 만든 옷을 입을 수 있는 것이다. 그러나 그 裼衣는 비단을 쓰지 않는다." 하였다. '裼'은 '襲'과 상대되는 말로 옛날에 갖옷을 입고 그 위에 윗옷을 덧입는데, 여기에 덧입는 옷을 헤쳐 이것을 보이게 함을 '裼'이라 하고 이것을 가려 보이지 않게 함을 '襲'이라 하니, 아래 經文에 보인다.

49 君子狐靑裘豹褎(수)……諸侯之服也 : 저본의 소주에 延平周氏가 "푸른 여우 가죽을 갖옷으로 사용함은 仁을 형상한 것이고, 표범 가죽을 소매로 사용함은 義를 형상한 것이고, 검은 비단으로 옷을 만듦은 道를 형상한 것이니, 안에는 여우의 푸른 가죽 갖옷을 밖에는 玄綃를 덧입는 것은 道를 드러내고 德行을 신묘하게 하는 뜻이 있다. 사슴 새끼 갖옷에 푸른 들개 가죽으로 소매를 단 것도 이와 같다. 사슴 새끼는 사랑하기를 잘하고 색깔이 희며 들개는 지키기를 잘하고 색깔이 푸르니, 사슴 새끼 갖옷은 의로우면서 능히 사랑함을 형상한 것이고 들개 가죽으로 소매를 단 것은 仁하면서 잘 지킴을 형상한 것이다. '絞'는 蒼黃의 색깔인데, '蒼'은 하늘의 도를 형상한 것이고 '黃'은 땅의 도를 형상한 것이다. 염소 갖옷은 禮를 형상한 것이고, 표범 가죽으로 꾸밈은 義를 형상한 것이고, 검은 옷은 도의 그윽함을 형상한 것이다. 黃衣는 坤의 도가 上六에 있는 때이니, 백성을 쉬게 하는 臘享祭 때 입으며 한 해를 마칠 때 입는 것이다. 염소의 색깔은 검은데 옷에 검은색을 사용하고, 여우의 색깔은 황색인데 옷에 황색을 사용함은 순일한 덕을 사용하고자 해서이다." 하였다.

입는 것은 제후의 복식이다.

字義 豹 : 표범 표 褎 : 소매 수(=袖) 綃 : 생사 초 麛 : 사슴새끼 미 豻 : 들개 한
絞 : 초록빛 효

13.29.3 犬羊之裘를 不裼하며 不文飾也엔 不裼하나니라[50]

〈庶人이 입는〉 개 갖옷과 양 갖옷에는 〈갖옷과 사람이 모두 천하므로〉 裼衣를 입지 않으며, 〈使臣이 聘問 갈 때처럼 恭敬을 드러내고〉 文飾을 하지 않을 때에는 裼衣를 입지 않는다.

13.29.4 裘之裼也는 見(현)美也니 弔則襲은 不盡飾也요 君在則裼은 盡飾也[51]니라 服之襲也는 充美也라 是故로 尸襲하고 執玉龜에 襲[52]하나니 無事則裼은 弗敢充也니라

갖옷에 裼衣를 입는 것은 〈裼衣의〉 아름다움을 드러내기 위한 것이니, 조문할 때에 襲裘를 하는 것은 꾸밈을 다하지 않는 것이다. 그리고 군주가 계신 곳에서는 〈신하가〉 裼衣를 노출시키는 것은 꾸밈을 다하는 것이다. 옷에 襲衣를 입는 것은 〈화려하고〉 아름다움을 가리는 것이다. 이 때문에 시동은 〈높아서 공경을 보일 대상이 없으므로〉 襲裘를 하고 玉과 거북을 잡을 적에 襲裘를 하니, 〈옥을 잡고 거북을 잡는 예가 끝나 군주의 처소에 있을 때〉 일이 없으면 〈아름다움을 드러내는 것을 공경으로 삼으므로〉 裼衣를 하는 것은 감히 아름다움을 가리지 못해서이다.

字義 充 : 가릴 충

---

50 犬羊之裘를……不裼하나니라 : 진호의 주에 따라 《禮記大文諺讀》에 "犬羊之裘를 不裼은 不文飾也라 不裼하나니라"로 되어 있으나, 《禮記補註》에는 "《儀禮》 〈聘禮〉에 따르면 사신이 빙문의 예를 행할 때에는 공경함을 위주로 하기 때문에 裼衣를 드러내지 않고, 享禮를 행할 때에는 문식을 위주로 하기 때문에 석의를 드러낸다."라는 공영달의 소에 의거하여 "'犬羊之裘不裼' 아래에 마땅히 '하며(爲旀)' 토를 달아야 하고, '不文飾也' 아래에 마땅히 '앤(厓隱)' 토를 달아야 한다." 하였다. 본서에서는 이에 따라 토를 수정하고 번역하였다.

51 君在則裼 盡飾也 : 정현의 주에 따르면 이는 신하가 군주의 처소에 있는 것이다.

52 執玉龜 襲 : 진호의 주에 따르면 玉을 잡는 禮는 裼衣를 할 때도 있고 襲衣를 할 때도 있는데, 거북을 잡고서 뜰에 물건을 가득히 진열하게 되면 석의를 하고 점을 치게 되면 습의를 하니, 이것은 다만 습의를 위주로 말했을 뿐이고, 옥과 거북을 잡을 때에 석의를 하는 예가 없다는 말은 아니다.

13.30.1 笏은 天子는 以球玉이요 諸侯는 以象이요 大夫는 以魚須文竹이요 士는 竹本象이 可也[53]라

笏은, 천자는 아름다운 玉으로 만들고 제후는 象牙로 만들며, 대부는 상어의 觸鬚(촉수)로 대나무를 꾸미고, 士는 대나무로 만들고 그 아랫부분을 상아로 꾸미는 것이 좋다.

字義 球 : 옥 구 須 : 수염 수

13.30.2 見於天子與射엔 無說(탈)笏이니 入太廟하야 說笏이 非禮也라 小功엔 不說笏이요 當事免(문)則說之하며 旣搢하얀 必盥이요 雖有執於朝나 弗有盥矣니라

천자를 뵙거나 활쏘기를 할 적에는 〈笏을 잡고 존경의 禮를 표해야 하므로〉 笏을 내려놓는 경우가 없으니, 太廟에 들어가서 홀을 내려놓는 것은 예가 아니다. 小功에는 〈슬퍼하는 마음이 덜하니, 일을 기록하지 않을 수 없기 때문에〉 홀을 내려놓지 않고, 〈喪의〉 일을 당하여 〈冠을 벗고 머리끈으로 머리를 묶는〉 免을 하게 되면 〈비통해하고 哭踊할 때이니, 일을 기록할 수 없으므로 笏을〉 내려놓는다. 그리고 〈笏을〉 꽂고 나서는 〈일을 집행하게 되므로〉 반드시 손을 씻고, 〈이미 손을 씻었으니 이후에는〉 비록 조정에서 일을 집행할 경우라 하더라도 손을 씻지 않는다.

字義 說 : 벗을 탈(=脫) 免 : 관벗고머리묶을 문 搢 : 꽂을 진 盥 : 씻을 관

13.30.3 凡有指畫(획)於君前이어든 用笏하고 造受命於君前하얀 則書於笏이니 笏畢用也요 因飾焉이니라

무릇 군주 앞에서 지시할 일이 있거든 〈손을 사용하면 容儀를 잃으므로〉 홀을 사용하고, 군주 앞에 나아가 명령을 받게 되면 〈명령하신 것을 작은 것 하나도 잊어서는 안 되므로〉 홀에 기록하니, 홀을 매사에 사용하고 〈등급에〉 따라 〈笏을〉 문식하는 것이다.

字義 畫 : 그을 획 畢 : 모두 필

---

53 大夫以魚須文竹 士竹本象可也 : 진호의 주에 "《爾雅》에 '물고기의 觸鬚를 須라 한다.〔魚曰須〕' 하였으니, 물고기가 몸을 움직이고 숨 쉬는 것이 촉수에 달려 있기 때문이다. 대부는 높은 분을 가까이하여 굽히기 때문에 물고기의 촉수로 대나무를 꾸미고, 士는 높은 분을 멀리하여 펴기 때문에 상아로 꾸미는 것이다."라는 應氏의 설을 인용하였다. 공영달의 소에는 "〈대부는〉 상어의 촉수로 대나무를 꾸며 문채를 이룬다.〔以鮫魚須 飾竹以成文〕" 하였다.

13.30.4 笏度는 二尺有六寸이니 其中博이 三寸이요 其殺(쇄)六分而去一이니라

笏의 〈아래위의〉 길이는 2척 6촌이니, 그 중간의 너비는 3촌이고, 〈위쪽 또는 아래쪽으로 갈수록 너비가 점점〉 줄어들어 〈천자나 제후의 홀은 맨 위쪽 너비가 2촌 반이 되고, 대부나 士의 홀은 맨 아래쪽 너비가 2촌 반이 되는데, 이것은 중간 너비의 3촌을〉 6등분하여 그중에 1등분을 제거한 너비이다.

字義 度 : 제도 도 博 : 너비 박 殺 : 줄일 쇄

13.31 天子는 素帶朱裏終辟(비)하시고 而素帶終辟[54]하고 大夫는 素帶辟垂하고 士는 練帶率(율)下辟하고 居士는 錦帶하고 弟子는 縞帶니라

천자는 〈熟絹으로 만든 帶인〉 素帶에 붉은색 안감을 대고 〈帶의〉 끝까지 가선을 두르시고, 〈제후는〉 素帶에 끝까지 가선을 두르고, 대부는 소대의 늘어진 부분에 가선을 두르고, 士는 비단 띠에 양쪽 가를 꿰매고 아래만 선을 두른다. 그리고 〈道와 藝를 익힌〉 居士는 〈文彩를 보이기 위해 비단으로 된〉 錦帶를 하고 弟子는 〈질박함을 보이기 위해 백색 生絹으로 된〉 縞帶를 한다.

字義 辟 : 가선 비(=紕) 練 : 누인비단 련 率 : 한도 율(=繂) 縞 : 흴 호

13.32 幷紐요 約을 用組三寸하나니 長齊于帶하니라 紳長制는 士는 三尺이요 有司는 二尺有五寸이니 子游가 曰호되 參分帶下하야 紳이 居二焉이라하니 紳과 韠과 結이 三齊니라

〈天子의 帶로부터 弟子의 帶에 이르기까지〉 모두 〈帶의〉 매듭을 짓고 묶는 것으로 너비 3촌의 노끈을 쓰니, 〈노끈의〉 길이는 帶와 똑같이 한다. 紳의 길이의 제도는, 士는 3척이고 有司는 〈빠르고 편하게 일처리하기 위해 5촌을 줄여〉 2척 5촌이다. 子游가 "〈사람의 신장 8尺에〉 허리 아래의 〈4척 5촌의〉 길이를 3등분해서 紳의 길이가 3분의 2를

---

54 而素帶終辟 : 진호의 주에 "'而'자 뒤에 '諸侯'자가 빠졌다." 하였다. 본서에서는 이를 따라 의미를 보충하여 번역하였다.

차지한다.〈그러므로 士는 紳의 길이가 3척이다.〉" 하였으니, 紳과 韠과 結 세 가지의 길이가 똑같다.

字義 紐 : 매듭 뉴 約 : 묶을 약 組 : 끈 조 紳 : 큰띠 신 參 : 석 삼 韠 : 폐슬 필
結 : 매듭 결

13.33.1 大夫는 大帶四寸이요 雜帶[55]는 君은 朱綠이요 大夫는 玄華요 士는 緇辟(비)二寸이니 再繚(료)면 四寸이니라

대부는 大帶의 너비가 4촌이다. 그리고 雜帶는, 군주는 위를 붉은색으로 하고 아래를 녹색으로 하며, 대부는 밖을 검은색으로 하고 안을 황색으로 하며, 士는 〈練帶의 안팎에 모두〉 검은색으로 가선을 두르되 너비가 2촌이니, 〈허리에〉 두 번 돌려 감으면 〈그 너비가〉 4촌이 된다.

字義 辟 : 가선 비(=紕) 繚 : 감을 료

13.33.2 凡帶가 有率(율)이 無箴(침)功이니라

모든 帶는 꿰맨 부분은 바느질한 흔적이 없게 한다.

字義 率 : 한도 율 箴 : 바늘 침(=針)

13.34 肆(이)束及帶를 勤者가 有事則收之하고 走則擁之니라

帶를 묶고 남은 노끈과 아래로 드리운 紳을, 일하는 자가 일이 있으면 〈일하는 데 불편하지 않도록〉 손에 거두어 잡고 〈급박한 일이 있어〉 달려갈 적에는 품에 간직한다.

字義 肆 : 남을 이(=肄) 擁 : 안을 옹

---

55 雜帶 : 정현의 주에 따르면 '雜'은 '飾(꾸밈)'과 같으니, 바로 위의 〈가선을 두른다는 뜻의〉 '辟(紕)'와 같다.

13.35 韠은 君은 朱요 大夫는 素요 士는 爵韋니 圜殺(원쇄)直은 天子는 直하고 諸侯는 前後가 方하고 大夫는 前方後挫(좌)角이요 士前後正이니라 韠이 下廣이 二尺이요 上廣이 一尺이요 長이 三尺이요 其頸이 五寸이니 肩과 革帶博이 二寸[56]이니라

韠은, 군주는 붉은색이고 대부는 흰색이고 士는 흑적색의 다룸가죽을 사용하니, 〈그 모양을〉 둥글게 하거나 줄이거나 곧게 함은, 천자는 곧고 제후는 아래와 위가 모나고, 대부는 아래는 모나고 위는 좌우의 두 모서리를 제거해 둥글게 하고, 士는 아래와 위가 곧고 바르다. 韠은, 아래의 넓이가 2척이고 위의 넓이가 1척이고 길이가 3척이며, 그 목 부분이 5촌이니, 좌우의 두 모서리 부분과 혁대의 넓이는 2촌이다

字義 韠 : 폐슬 필 爵 : 흑적색 작 挫 : 꺾을 좌 頸 : 목 경 肩 : 어깨 견

13.36 一命은 縕韍(온불)幽衡이요 再命은 赤韍幽衡이요 三命은 赤韍蔥衡[57]이니라

一命은 적황색 韍에 검은색 衡을 차고, 재명은 적색 韍에 검은색 衡을 차고, 삼명은 적색 韍에 청색 衡을 찬다.

字義 縕 : 적황색 온 韍 : 폐슬 불 幽 : 검을 유 衡 : 패옥 형 蔥 : 푸를 총

---

56 韠君朱……革帶博二寸 : 《禮記補註》에 "〈雜記 下〉에 또한 韠(蔽膝)의 제도가 있으니, 마땅히 참고해야 한다." 하고서 "'君朱'부터 '爵韋'까지는 신분에 따라 그 색을 달리함이고, '圜殺直'부터 '前後正'까지는 신분에 따라 그 모양을 달리함이고, '下廣二尺' 이하는 곧 제도의 일정함으로 윗사람과 아랫사람이 모두 똑같다. 끝부분에서 革帶를 말한 것은, 韠이 혁대에 의지하기 때문에 함께 말한 것이다."라는 楊梧의 설을 소개하였다.

57 一命縕韍(온불)幽衡……赤韍蔥衡 : 진호의 주에 "《周禮》에 따르면 公·侯·伯의 卿은 3命이고, 大夫는 2命이고, 士는 1命이다. 그리고 子·男의 卿은 2命이고, 大夫는 1命이고, 士는 命을 받지 않는다." 하였다.

정현의 주에 따르면 '韍'은 玄冕服 및 爵弁服의 韠이니, 祭服을 높여서 '韠'을 '韍'이라고 하였을 뿐이다.

저본의 소주에 嚴陵方氏의 설에 따르면 '韍'은 바로 '韠'이니, 앞에서는 천자와 제후와 조정에 있는 신하를 말하였고, 여기서는 다만 제후의 신하를 말하였으므로 바꾸어 '韍'이라 한 것이다. '縕'은 '감춘다'는 의미가 있는 赤黃의 색이다. 土는 火에서 나왔으니, 土가 나오면 火가 감추므로 그 색을 '縕'이라 한다. '一命'은 韍을 縕으로 쓰니, 비록 쌓인 바가 있으나 발현하여 밝게 드러나지 못함을 나타낸 것이다. '再命'과 '三命'은 작위가 점점 높아 충분히 발현하여 밝게 드러날 수 있기 때문에 '韍'을 적색으로 사용하는 것이다.

《禮記補註》에 따르면 '衡'은 《시경》 〈小雅 采芑〉에 "푸른 珩이 창창히 울리도다.〔有瑲蔥珩〕"라고 하여 '珩'으로 되어 있는데, 주자의 주에 "佩玉의 맨 위에 가로로 댄 玉이다." 하였다.

13.37.1 王后는 褘(휘)衣요 夫人은 揄(요)狄이요 君命은 屈(궐)狄이요 再命은 褘(국)衣요 一命은 襢(전)衣요 士는 褖(단)衣[58]니라

王后는 〈禮服으로 본래 검은색의〉 褘衣를 입고, 부인은 〈예복으로 본래 푸른색의〉 揄狄을 입고, 임금이 명한 〈子와 男의〉 부인들은 〈붉은색의〉 屈狄을 입는다. 〈子와 男의 卿인〉 再命은 〈그 아내가 황색의〉 鞠衣를 입고, 〈子와 男의 대부인〉 1명은 〈그 아내가 백색의〉 襢衣를 입고, 〈子와 男의〉 士는 〈그 아내가 흑색의〉 褖衣를 입는다.

字義 褘 : 황후의제복 휘 揄 : 새매 요(=鷂) 狄 : 꿩깃 적(=翟) 屈 : 옷이름 궐
褘 : 황색 국(=鞠) 襢 : 흴 전 褖 : 검을 단

13.37.2 唯世婦는 命於奠繭하고 其他則皆從男子[59]니라

오직 〈天子의 27명의〉 世婦는 누에를 바칠 때 命을 받고, 그 나머지는 모두 남편의 작위를 따른다.

13.38 凡侍於君에 紳垂하며 足如履齊(자)하며 頤霤하며 垂拱하며 視下而聽上하며 視帶以及袷(겁)하며 聽鄕任左니라

무릇 군주를 모실 적에 〈몸을 磬쇠처럼 90度로 꺾으면〉 紳이 아래로 드리워지며, 〈치

58 王后褘衣……士褖衣 : 진호의 주에 "'褘'는 '翬'로 읽고 '揄狄'은 '搖翟'으로 읽는데, 翬와 翟은 모두 꿩이니, 두 가지 옷 모두 비단을 재단하여 꿩 모습을 만들고 5采로 그린다. '屈'은 '闕'로 읽으니, 꿩의 모양을 재단하되 5채로 그리지 않기 때문에 '闕'이라 한 것이다. '褘'는 '鞠'으로 읽으니, '鞠衣'는 黃桑服이다. 색깔이 淡黃色의 누룩곰팡이와 같은데, 뽕잎이 처음 생겨날 때의 색을 형상한 것이다.
정현의 주에 따르면 '翟'은 꿩의 명칭이니, 伊雒(이락) 이남에서 흰색 바탕에 五色이 다 구비되어 문장을 이룬 것을 '翬'라 하고, 江淮 이남에서 청색 바탕에 五色이 다 구비되어 문장을 이룬 것을 '搖'라 한다. 가공언의 소에 따르면 정현의 이 주는 《爾雅》〈釋鳥〉의 글인데 '搖'는 본래 '鷂(요)'로 되어 있다. 六服은 하늘의 색(玄色)으로 최상을 삼고, 이어서 봄(청색)·여름(적색)·중앙(황색)·가을(백색)·겨울(흑색)의 색으로 순서를 삼는다.

59 唯世婦……其他則皆從男子 : 진호의 주에 따르면 '奠繭'은 누에고치를 바치는 것이니, 무릇 물건을 바칠 때 반드시 먼저 땅에 자리를 잡아 놓기 때문에 '獻'을 '奠'이라 한 것이다. 아내의 귀함은 남편을 따르므로 각각 남편의 命數의 예복을 입는데, 오직 世婦는 반드시 누에치기를 마치고 누에고치를 바칠 때 입으라는 명을 받은 뒤에야 비로소 예복을 입을 수 있다.

마 아랫단이 땅에 닿으므로〉 발은 옷자락을 밟는 듯하며, 〈몸을 굽히면 머리가 앞으로 쏠려〉 턱은 지붕의 처마처럼 아래로 드리우며, 〈몸을 굽히므로〉 拱手를 아래로 드리우며, 〈몸을 굽히면〉 시선을 아래로 하지만 〈반드시 측면으로 위를 향하여〉 윗사람의 말씀을 듣는다. 그리고 군주를 보는 시선은 아래로는 帶를 벗어나지 않고 위로는 〈옷깃이 겹쳐져 있는〉 袷을 넘지 않으며, 〈서 있을 때는 오른쪽을 높이고 앉아 있을 때는 왼쪽을 높이므로〉 듣고 향함은 〈앉아있는 군주의 오른쪽에서〉 왼쪽으로 향하여 듣는다.

字義 履 : 밟을 리 齊 : 옷자락 자 頤 : 턱 이 霤 : 처마 류 袷 : 옷깃 겁 鄉 : 향할 향(=向)

13.39 凡君이 召以三節이어시든 二節엔 以走요 一節엔 以趨하며 在官하얀 不俟屨하고 在外不俟車니라

무릇 군주가 〈使者를 시켜 신하를 부르실 적에〉 3개의 節로써 부르시니, 〈급한 일이 있어〉 2개의 절을 가지고 부르실 적에는 달려가고, 〈급하지 않은 일이 있어〉 1개의 절을 가지고 부르실 적에는 빠른 종종걸음으로 걸어간다. 그리고 〈조정의 일을 살피는〉 관청에 있을 적에는 〈군주가 부르시면〉 신발을 기다리지 않고, 〈자기 집이나 官府와 같이 조정의〉 밖에 있을 적에는 〈군주가 부르시면〉 수레에 멍에 하기를 기다리지 않는다.

字義 趨 : 달려갈 추 屨 : 신 구 俟 : 기다릴 사

13.40 士가 於大夫에 不敢拜迎하고 而拜送하며 士가 於尊者에 先拜進面하고 答之拜則走니라

士는 〈찾아온〉 대부에게 〈절하여 맞이하면 答拜할까 두려우므로〉 감히 절하여 맞이하지는 못하고 〈대부가 갈 때에는 주인이 절하여 전송하더라도 손님은 답배하지 않는 것이 예이므로〉 절하여 전송을 한다. 그리고 士는 높은 분을 찾아뵐 적에 먼저 〈문밖에서〉 절하고서 〈나아가〉 얼굴을 뵙고, 〈높은 분이〉 답하여 절하면 달아나 피한다.

13.41 士가 於君所에 言할새 大夫가 沒矣則稱謚若字하고 名士하며 與大夫言할새 名士하고 字大夫니라

士는 군주의 처소에서 말할 적에 대부가 죽었으면 그 대부를 칭할 때 諡號나 字를 칭하고 〈士가 죽었으면〉 그 士의 이름을 부른다. 그리고 〈士는〉 대부와 더불어 말할 적에 〈살아있는 다른 士를 칭할 때〉 그 士의 이름을 부르고 〈살아있는 다른 대부를 칭할 때〉 그 대부의 字를 부른다.

字義 諡 : 시호 시　若 : 및 약

13.42 於大夫所에 有公諱하고 無私諱하며 凡祭에 不諱하며 廟中에 不諱하며 教學臨文엔 不諱[60]니라

대부의 처소에서는 〈본국 先君의 諱와 대부의 선군의 諱인〉 公諱는 있고 〈私家의 諱인〉 私諱는 없으며, 무릇 〈여러 神에게 올리는〉 제사에서 諱하지 않으며, 사당 안에서 諱하지 않으며, 학생을 가르치고 글을 대할 적에는 諱하지 않는다.

字義 諱 : 숨길 휘　臨 : 대할 림

13.43.1 古之君子는 必佩玉하더니 右徵(치)角하고 左宮羽[61]니

옛날 군자들은 반드시 옥을 찼는데, 오른쪽에는 徵소리와 角소리가 나는 것을 차고 왼쪽에는 宮소리와 羽소리가 나는 것을 찼다.

字義 徵 : 음률이름 치　角 : 음률이름 각　宮 : 음률이름 궁　羽 : 음률이름 우

---

60 於大夫所……不諱 : 저본의 소주에 嚴陵方氏의 설에 따르면 이 1절은 〈曲禮 上〉 1.122에서 말한 것과 글은 비록 조금 다르나 뜻은 똑같다. 그런데 〈곡례〉에서는 '군주의 처소[君所]'를 말하고 여기서는 다만 '大夫'를 말한 것은 낮음을 들어 높음을 드러낸 것이다. 여기에서는 '학생을 가르침[教學]'을 말하고 저기에서는 말하지 않은 것은 詩와 書를 가지고 드러낸 것이다. '여러 신에게 올리는 제사[凡祭]'는 사당 안이 그 사이에 포함되는데 거듭해서 말한 것은 사당 안에서는 윗사람이 아랫사람을 諱하지 않아 일반적인 제사와 다르기 때문에 거듭 말한 것이다. 〈곡례〉에서 '凡祭'를 말하지 않은 것은 가까운 것을 들어 소원한 것을 드러낸 것이다. 《禮記補註》에서는 "'公諱'에 대한 진호의 주에 '본국 선군의 諱이다.' 하였는데, 아마도 본국의 선군과 대부의 선군을 겸하여 말한 듯하다."라는 楊梧의 설을 소개하였다. 본서에서는 《예기보주》를 따라 의미를 보충하여 번역하였다.

61 古之君子必佩玉……左宮羽 : 진호의 주에 따르면 '徵'는 일을 상징하고 '角'은 백성을 상징하므로 오른쪽에 있으니, 오른쪽은 동작을 하는 陽의 방위가 된다. '宮'은 군주를 상징하고 '羽'는 물건을 상징하니, 군주의 道는 고요해야 하고 물건의 도는 쌓여야 하므로 왼쪽에 있는데, 왼쪽은 일이 없는 陰의 방위이다. '商'을 말하지 않은 것은 아마도 西方의 肅殺의 음이어서 빼놓았을 것이다.

13.43.2 趨以采齊(자)요 行以肆夏하며 周還(선)中規요 折還(선)中矩하며 進則揖之하고 退則揚之하나니 然後에야 玉이 鏘鳴也니 故로 君子가 在車하야 則聞鸞和之聲하고 行則鳴佩玉이라 是以로 非辟之心이 無自入也[62]니라

〈路寢의 문 밖에서부터 應門에 이르기까지〉 趨蹌(추창)할 적에는 〈趨蹌의 節度를 맞추기 위한 樂曲인〉〈采齊〉의 節度에 맞추고 〈路寢의 문 안에서부터 堂에 이르기까지〉 걸어갈 적에는 〈걸음의 節度를 맞추기 위한 樂曲인〉〈肆夏〉에 맞추며, 두루 돌 적에는 規에 맞추고 꺾어 돌 적에는 矩에 맞추며, 나아갈 적에는 〈몸을 약간 굽혀〉 읍하는 듯하고 물러갈 적에는 〈몸을 약간 우러러〉 고개를 든다. 〈나가고 물러나고 굽히고 우러름이 모두 절도에 맞으므로〉 이러한 뒤에 옥소리가 〈들을 만하게〉 쟁쟁히 울린다. 그러므로 군자가 수레에 있으면 〈수레에 다는 방울인〉 鸞과 和의 방울소리가 들리고, 걸어가면 佩玉 소리가 울린다. 이 때문에 그르고 邪辟한 마음이 따라 들어갈 수 없는 것이다.

字義 還 : 돌 선(=旋)　規 : 그림쇠 규　矩 : 곱자 구　揖 : 읍할 읍　揚 : 쳐들 양
鏘 : 금옥소리 장　鸞 : 방울 란　辟 : 사벽할 벽(=僻)

13.43.3 君在어시든 不佩玉이니 左結佩하고 右設佩하며 居則設佩하고 朝則結佩[63]니라 齊(재)則綪(쟁)結佩而爵韠이니라

〈世子는〉 군주가 계시면 〈감히 옥과 같은 덕이 있음을 드러내지 않기 위해〉 佩玉 소

62 趨以采齊(자)……無自入也 : 진호의 주에 인용한 方氏의 설에 따르면 마음은 안에 있는데 들어감〔入〕을 말한 것은, 마음이 비록 안에 있으나 사물이 마음을 더듬어 나오게 하는데, 오래되면 사물과 함께 들어가기 때문이다. 참고로 《예기보주》에서는 "《周禮》와 《大戴禮》에 의거하면 여기의 '君子'는 오로지 人君을 말한 것이다. 다만 정현의 주에 '君子는 士 이상이다.' 하였다. 朱子는 이 내용을 《小學》〈敬身〉에 편입하였으니, 아마도 몸을 공경하는 중요한 방도가 되기 때문일 것이다." 하였다.

63 君在不佩玉……朝則結佩 : 진호의 주에 "'不佩玉'은 그것을 벗어놓는 것이 아니고 다만 왼쪽 佩玉이 달린 끈을 묶어서 玉소리가 나지 않게 하는 것인데, 옥을 덕에 견주어 감히 옥과 같은 덕이 있음을 드러내지 않음을 보이는 것이다. '右設佩'에서 '佩'는 '事佩'를 이르니, 뿔송곳과 부싯돌 같은 등속을 오른쪽에 차는 것은 일을 하여 윗사람을 받들어 섬김을 보이는 것이다." 하였다.
《禮記補註》에서는 "德佩를 제거하고 事佩를 차는 것은 덕을 피하고 일에 나아감을 보인 것이다."라는 정현의 주를 인용하고서, "'右設佩'는 패옥을 참을 이른다. '左結佩'는 진호의 주를 따른다. '朝則結佩'는 또한 오른쪽은 패옥을 차고 왼쪽은 패옥을 묶어서 소리 나지 않게 함을 이른다. 진호는 '右設佩'에 대해 '觿(뿔송곳)와 燧(부싯돌)의 따위'라 하고 '左結佩'에 대해 '패옥을 참'이라고 하였으나 '佩'자는 같은데 뜻은 다르니, 아마도 옳지 않은 듯하다."라는 《禮記類編》의 설을 소개하였다. 본서에서는 《예기유편》의 설을 따라 번역하였다.

리를 내지 않으니, 왼쪽은 佩玉을 묶어서 소리 나지 않게 하고 오른쪽은 佩玉을 찬다. 그리고 평소 거처할 적에는 〈평소대로〉 패옥을 차고 朝見(조현)할 적에는 패옥을 묶는다. 재계할 적에는 佩玉의 끈을 묶어 접어 올리고서 爵位의 색깔에 맞는 蔽膝을 찬다.

字義 綪 : 굽힐 쟁(=縡) 韠 : 폐슬 필

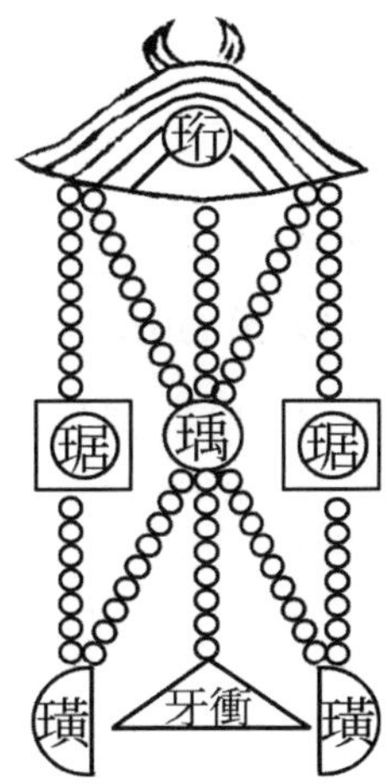

패옥佩玉

13.43.4 凡帶는 必有佩玉이니 唯喪에 否니라 佩玉이 有衝牙[64]하니 君子가 無故어든 玉不去身이니 君子가 於玉에 比德焉이니라

무릇 帶에는 반드시 佩玉이 있으니, 오직 喪事에만 佩玉을 차지 않는다. 佩玉에는 衝牙가 있는데, 군자는 연고가 없으면 몸에서 玉을 제거하지 않으니, 군자는 玉에 德을 견준다.

字義 衝 : 부딪힐 충 牙 : 어금니 아

13.43.5 天子는 佩白玉하시고 而玄組綬하시며 公侯는 佩山玄玉하시고 而朱組綬하시며 大夫는 佩水蒼玉하고 而純(치)組綬하며 世子는 佩瑜玉하고 而綦(기)組綬하며 士는 佩瓀玟(연민)하고 而縕(온)組綬니라

天子는 白玉을 차시고 〈검은색 끈인〉 玄組로 〈珠玉을〉 꿰신다. 公과 侯는 〈山처럼 검은색의 玉인〉 山玄玉을 차시고 〈붉은색 끈인〉 朱組로 〈珠玉을〉 꿰시며, 대부는 〈물처럼 푸른색의 옥인〉 水蒼玉을 차고 〈검은색 끈인〉 緇組로 〈珠玉을〉 꿰며, 世子는 〈아름다운 옥인〉 瑜玉을 차고 〈쑥색 끈인〉 綦組를 달며, 士는 〈옥돌인〉 瓀과 玟을 차고 〈적황색 끈인〉 縕組로 〈珠玉을〉 꿴다.

字義 綬 : 끈 수 純 : 검은비단 치(=緇) 瑜 : 아름다운옥 유 綦 : 무늬비단 기 瓀 : 옥돌 연
玟 : 옥돌 민 縕 : 적황색 온

---

64 佩玉有衝牙 : 공영달의 소에 따르면 모든 패옥을 찰 적에 반드시 위쪽은 衡(珩)에 달고 아래쪽은 세 가닥을 드리워 진주를 꿰고, 아래쪽 끝의 앞뒤에는 璜(황)을 달고 중앙의 아래쪽 끝에는 衝牙를 매다는데, 움직이면 충아의 앞뒤가 璜에 부딪혀 소리를 내니, 부딪히는 옥의 모양이 이빨과 같기 때문에 '衝牙'라 한 것이다. '衝牙'를 이해할 수 있도록 본문에 《詩傳大全》의 〈詩傳圖〉에 실린 〈佩玉圖〉를 삽입하였다.

13.43.6 孔子는 佩象環五寸하시고 而綦組綬[65]하시니라

孔子는 둘레가 5촌인 象牙 고리를 차시고 綦組로 〈상아의 고리를〉 꿰셨다.

13.44.1 童子之節也는 緇布衣錦緣하고 錦紳幷紐하고 錦束髮하나니 皆朱錦也라

童子의 禮節은 검은 베옷에 비단으로 가선을 두르고, 〈어버이가 계실 때에는 꾸밈을 다하기 위해〉 紳과 紐를 모두 비단으로 만들며, 비단으로 〈머리털을 묶는 總을 만들어〉 머리털을 묶는데, 〈비단은〉 모두 붉은색 비단이다.

字義 緣 : 가선 연　紐 : 매듭 뉴

13.44.2 童子는 不裘하며 不帛하며 不屨絇(구)하며 無緦服하고 聽事[66]하며 不麻니 無事則立主人之北하야 南面[67]하며 見(현)先生호되 從人而入이니라

童子는 갖옷을 입지 않으며 비단옷을 입지 않으며, 〈다닐 때의 경계를 익히지 않기 때문에〉 신의 신코를 꾸미지 않으며, 緦麻服을 입지 않고 상가에 가서 일을 들으며, 〈免(문)을 하고 深衣를 입을 적에〉 麻絰을 하지 않으니, 일이 없으면 주인의 북쪽에 서서 남향하며, 〈미천하고 어린 사람으로서 어른을 번거롭게 할 수 없으므로〉 선생을 뵐 적에는 남을 따라 들어간다.

字義 屨 : 신 구　絇 : 신코장식 구

---

65 孔子……而綦組綬 : 공영달의 소에 "공자께서 둘레가 5촌인 상아 고리를 차고 綦組로 끈을 만든 까닭은 魯나라 司寇의 직책을 잃었으므로 겸손하여 다시 德佩와 事佩를 차지 않아 자신에게 덕과 일이 없음을 보인 것이다." 하였는데, 《禮記補註》에 "이는 상아 고리를 연결하여 佩物로 삼음을 이른 것이니, 5촌은 연결된 고리의 둘레를 가리킨 듯하다. 그러나 의심스럽다." 하였다.

66 無緦服 聽事 : 진호의 주에 따르면 아버지가 생존해 계실 때는 자기가 비록 시마복을 입어야 할 친척의 상이 있더라도 다만 시마복을 입지 않고 喪家에 가서 주인이 使令하는 일을 듣는 것이다. 동자는 아직 예를 익히지 못하였고 또 시마복은 가벼운 복이기 때문에 아버지가 살아 계시면 시마복을 입지 않는 것인데, 아버지가 별세하면 본래의 상복을 어길 수 없다.

67 立主人之北 南面 : 《禮記補註》에 "이는 주소에도 분명하게 말하지 않았으니, 아마도 주인이 阼階의 아래에서 서향하고 있기 때문에 童子가 주인의 오른쪽 곁에 서서 남쪽으로 주인을 향하고 있음을 이른 듯하다." 하였다.

13.45 侍食於先生異爵者호되[68] 後祭先飯이니 客이 祭어든 主人이 辭曰不足祭也라하며 客이 飧(손)이어든 主人이 辭以疏하고 主人이 自置其醬이어든 則客이 自徹之니라

〈成人이 나이가 많은〉 선생이나 벼슬이 높은 분을 모시고 밥을 먹되, 고수레를 나중에 하고 〈존귀한 이를 위하여 먼저 맛보는 것이 예이므로〉 밥을 먼저 먹으니, 손님이 고수레를 하면 〈이것은 주인의 밥을 盛饌으로 여기기 때문인데〉 주인이 사양하기를 '고수레할 만하지 못합니다' 하고, 손님이 〈밥을 다 먹고〉 밥을 물에 말면 〈이것은 음식을 훌륭하게 여기기 때문인데〉 주인이 음식이 거칠다고 사양하고, 〈醬은 음식의 맛을 내는 주체이므로〉 주인이 직접 그 醬을 놓거든 〈예는 베풀고 보답함을 숭상하기 때문에〉 손님이 직접 치운다.

字義 飧 : 말 손 醬 : 장 장 徹 : 치울 철

13.46 一室之人이 非賓客이라 一人이 徹하고 壹[69]食之人이 一人이 徹이니 凡燕食에 婦人은 不徹[70]이니라

한 방에 함께 있는 사람들은 〈함께 살면서 일을 함께 하는 자이고〉 손님이 아니므로 〈손님과 주인의 구분이 없으니〉 젊은 사람 한 명이 상을 치우고, 함께 일하기 위해 모여서 먹는 사람들은 〈또한 손님과 주인의 구분이 없으니〉 젊은 사람 한 명이 상을 치우니, 무릇 연향하여 먹을 적에 婦人은 〈약해서 일을 감당할 수 없기 때문에〉 상을 치우지 않는다.

字義 壹 : 하나 일

---

68 侍食於先生異爵者호되 : 《禮記大文諺讀》에 "侍食於先生호되 異爵者할새"로 되어 있으나, 앞뒤 문맥을 살펴 토를 수정하고 번역하였다.

69 壹 : 정현의 주에 따르면 '壹'은 '聚(모임)'와 같다.

70 凡燕食 婦人不徹 : 번역은 진호의 주를 따른 것인데, 《예기보주》에서는 "무릇 淫泆(음탕)의 禍는 대부분 燕私에서 일어나므로 연사에 婦人은 상을 치우지 않는 것은 남녀를 구별하여서 혐의를 멀리하는 것이다."라는 楊梧의 설을 소개하였다. 여기에서 양오가 말한 '燕私'는 祭禮와 같은 정식 禮事가 아닌 慶事 등의 일로 친족이 모여 식사하는 때를 가리키는 듯하다.

13.47.1 食棗桃李호되 弗致于核[71]하며 瓜는 祭上環하고 食中하며[72] 棄所操니라

대추와 복숭아와 오얏을 먹되 씨를 땅에 버리지 않는다. 오이는 위쪽 꼭지 부분을 〈가로로〉 둥글게 절단하여 고수레하고, 중간 부분을 먹고서 손으로 잡았던 부분을 버린다.

字義 核 : 씨 핵

13.47.2 凡食果實者는 後君子[73]하고 火孰者는 先君子니라

무릇 과일을 먹는 자는 군자보다 뒤에 먹고, 〈음식을 맛보는 예에 따라〉 불로 익힌 음식은 군자보다 먼저 먹는다.

字義 孰 : 익힐 숙(=熟)

13.48 有慶이어든 非君賜면 不賀[74]니라

慶事가 있더라도 군주가 하사하는 〈爵命, 土田, 車服 등은 榮華로 여기기 때문에 축하하지만 그러한〉 경우가 아니면 축하하지 않는다.

字義 賀 : 축하할 하

---

71 弗致于核 : 주소에 따르면 禮의 恭遜을 표한 것으로, 그 씨를 품어서 땅에 버리지 않음을 이른다. 《禮記補註》에서는 "一說에는 '다만 그 과육을 먹을 뿐 씨까지 갉아먹지 않는 것이다.' 하는데, 이는 천착이다."라는 楊梧의 설과 "혹여 씨까지 다 먹어서 입을 우물거리고 소리 내며 깨물지 말아야 하니, 행동거지 바르지 못하기 때문이다. '致'는 '極至'를 이르니, '于'자를 보면 글의 조리를 알 수 있다."라는 《禮記類編》의 설을 소개하였다. 본서에서는 주소를 따라 번역하였다.

72 하며 : 《예기대문언두》에는 이 토가 없는데, 진호의 주에 의거하여 토를 보충하였다.

73 凡食果實者 後君子 : 진호의 주에 따르면 옛사람들이 약을 맛보고 음식을 맛본 것은 좋지 않은 것이 들어있어서 높은 자에게 해가 될까 두려워해서인데, 果實은 맛있게 生育한 열매이니 마땅히 높은 자로 하여금 먼저 드시게 한다.

74 有慶 非君賜不賀 : 번역은 진호의 주를 따른 것인데, 그 주에 "축하할 일이 있는데 군주가 또한 축하하면 나머지 사람들도 또한 致賀를 하고 군주가 하사함이 없으면 나머지 사람들도 치하할 필요가 없다."라는 一說도 소개하였다. 《예기보주》에서는 "관례와 혼례 따위는 다만 한 집안을 영화롭게 할 뿐 온 나라가 함께하는 바가 아니니, 경하하면 아첨함에 가깝다."라는 楊梧의 설을 소개하였다.

13.49 有憂者[75]라

근심할 것이 있다.

13.50 孔子가 食於季氏하실새 不辭하시며 不食肉而飧[76]하더시다

孔子께서는 季氏가 대접한 밥을 드실 적에 사양하지 않으셨으며, 고기를 먹지 않고 밥을 물에 마셨다.

13.51.1 君이 賜車馬어시든 乘以拜賜하고 衣服이어든 服以拜賜니라 君이 未有命이어시든 弗敢即乘服也니라

군주가 수레와 말을 하사하시면 〈문에 이름에 이미 절하여 받고 다음날 또〉 이것을 타고서 〈군주의 처소에 이르러〉 하사함에 절하여 감사하고, 의복을 하사하시면 〈문에 이름에 이미 절하여 받고 다음날 또〉 이것을 입고서 〈군주의 처소에 이르러〉 하사함에 절하여 감사한다. 〈제후국의 卿大夫가 使臣이 되어 천자국의 하사를 받아 돌아와 그 군주에게 바칠 경우〉 군주가 명령함이 있지 않으시면 〈하사받은 수레와 말이나 의복을〉 감히 곧바로 타거나 입지 않는다

13.51.2 君이 賜어시든 稽首據掌호되 致諸地니라 酒肉之賜는 弗再拜니라

군주가 〈공로에 따라 수레나 의복과 같은 물건을〉 하사하시거든 〈타거나 입고서 再拜해야 하므로〉 머리를 조아리고 왼손을 오른손 등에 얹되 〈머리와 손이〉 모두 땅에 닿

---

75 有憂者 : 진호의 주에 따르면 이 아래에 이어지는 글이 빠져있다.

76 孔子食於季氏……不食肉而飧 : 진호의 주에 따르면 客의 예는 장차 밥을 먹을 적에 반드시 일어나 사례하고, 먹게 되면 먼저 고깃점을 먹고 다음에는 뼈가 있는 부위를 먹으며, 어깨 부위에 이르러서야 비로소 '배불리 먹었다.' 하고 밥을 물에 마는 것이다. 그런데 공자가 이미 사양하지 않고 또 고기를 먹지 않고서 마침내 다만 밥에 물을 부어 '飧禮'를 하기만 하였으니, 이는 季氏가 공자에게 음식을 대접한 것이 예를 잃었기 때문이다.

게 한다. 술과 고기를 하사하는 경우에는 〈한 때의 일로 하사하는 것이므로〉 재배하지 않는다.

字義 稽 : 조아릴 계 據 : 누를 거 掌 : 손바닥 장

13.51.3 凡賜君子와 與小人을 不同日이니라

무릇 君子(벼슬아치)에게 하사하는 것과 小人(평민)에게 주는 것을 〈貴賤이 다르기 때문에〉 같은 날에 하지 않는다.

13.52.1 凡獻於君에 大夫는 使宰하고 士는 親이니 皆再拜稽首하야 送之[77]니라

무릇 군주에게 물건을 올릴 적에는 대부는 〈올린 물건을 군주가 수고롭게 예를 갖추어 받을까 염려스러워〉 膳宰에게 시키고, 士는 〈신분이 천하기 때문에〉 직접 올리니, 모두 재배하고 머리를 조아려 보낸다.

13.52.2 膳於君엔 有葷(훈)桃茢(렬)하고 於大夫엔 去茢이요 於士엔 去葷이니 皆造於膳宰니라

군주에게 아름다운 음식을 올릴 적에는 〈상서롭지 못한 물건이 혹 침범하는 것을 막기 위해서 생강과 같은 매운 냄새의 채소인〉 葷菜와 〈악귀가 두려워하는 성질이 있는〉 복숭아나무와 〈나쁜 기운을 쓸어내는〉 갈대 빗자루가 있고, 〈복숭아나무는 뺄 수 없으므로〉 대부에게는 갈대 빗자루를 빼고 士에게는 훈채를 빼니, 모두 직접 전달하지 않고 〈음식을 전달해줄〉 膳宰에게 가지고 간다.

字義 葷 : 매운채소 훈 茢 : 갈대 비 렬

---

77 凡獻於君……送之 : 《禮記補註》에 따르면 이 節과 바로 다음에 나오는 '大夫不親拜'와 '大夫拜賜而退' 세 절은 〈郊特牲〉 15장에 '대부가 군주에게 물건을 올리게 되면 직접 올리지 않으며, 군주가 물건을 하사하게 되면 군주를 대면하여 절하지 않으니, 이는 군주가 번거롭게 자기에게 답배할까 해서이다.〔大夫有獻 弗親 君有賜 不面拜 爲君之答己也〕' 한 것과 그 뜻이 똑같다.

13.52.3 大夫가 不親拜는 爲君之答己也니라

대부가 직접 절하여 올리지 않는 것은 군주가 자기에게 답배할까 염려해서이다.

13.53.1 大夫는 拜賜而退하고 士는 待諾而退니 又拜어든 弗答拜[78]니라

대부는 〈군주가〉 하사한 것에 대해 절하고서 물러가고, 士는 〈군주가〉 승낙하기를 기다려 물러가니, 〈士가〉 또다시 절하면 〈군주는 士의〉 절에 답하지 않는다.

字義 諾 : 승낙할 낙

13.53.2 大夫가 親賜士어든 士가 拜受하고 又拜於其室호되 衣服을 弗服以拜하고 敵者가 不在어든 拜於其室이니라

대부가 士에게 직접 물건을 하사하거든 士는 절하고서 받고, 또 〈대부의〉 집에 가서 절하되 〈군주의 하사품보다 낮기 때문에〉 의복인 경우는 입지 않고서 절한다. 신분이 대등한 자가 〈물건을 보냈을 적에 주인이 집에〉 있지 않았으면 〈물건을 받은 주인은〉 물건을 보낸 자의 집에 가서 절한다

字義 敵 : 대등할 적

13.54 凡於尊者에 有獻이요 而弗敢以聞[79]이니라

무릇 尊者에게 물건을 올리고서 감히 〈물건을 올림을 존자에게〉 직접 아뢰지 않는다.

---

78 大夫拜賜而退……弗答拜 : 진호의 주에 따르면 대부가 군주의 문에 가서 군주가 어제 하사한 것에 대해 절할 적에 문에 이르러 바로 小臣에게 고하며, 소신이 들어가 고하면 대부가 즉시 절한다. 대부는 절을 마치면 바로 물러가 소신이 나와 보고하기를 기다리지 않으니, 이는 군주가 자기를 불러 나오게 해서 答拜할까 염려해서이다. 군주는 士의 절에 답배하지 않기 때문에 士는 절이 끝나면 소신이 전하는 군주의 대답을 기다린 뒤에 물러가는 것이다. '또 절한다〔又拜〕'는 것은 소신이 군주의 대답을 전하러 나오면 士가 또 군주의 대답에 절하는 것이고, '답배하지 않는다〔弗答拜〕'는 것은 군주가 끝내 士의 절에 답배하지 않음을 이른다.

79 弗敢以聞 : 진호의 주에 따르면 예컨대 〈少儀〉에 '車馬의 비용을 有司에게 바칩니다.〔致馬資於有司〕' 한 것과 '從者에게 줍니다.〔贈從者〕' 한 것 같은 따위이다.

13.55 士가 於大夫엔 不承賀하고 下大夫가 於上大夫엔 承賀니라

士는 上大夫에게는 〈尊卑의 차이가 현격하니, 만약 慶事가 있더라도〉 賀禮를 받지 않고, 下大夫는 상대부에게는 〈존비의 차이가 작기 때문에〉 하례를 받는다.

13.56 親在어시든 行禮於人에 稱父하고 人或賜之어든 則稱父拜之니라

어버이가 살아 계시면 〈감히 사사로이 주지 않아야 하기 때문에〉 남에게 예를 행할 적에 아버지를 칭하며, 〈감히 사사로이 받지 않아야 하기 때문에〉 남이 혹 물건을 주면 아버지를 칭하여 절한다.

13.57 禮不盛이어든 服不充[80]이니 故로 大裘는 不裼하며 乘路車에 不式이니라

禮가 성대할 경우가 아니면 의복을 가리지 않으니, 그러므로 〈하늘에 제사 지낼 때 입는〉 大裘는 裼衣를 하지 않고 〈襲衣를 하는 것은 화려하고 아름다움을 가리고자 하는 것이고, 하늘에 제사 지낼 적에〉 路車를 탈 때에는 〈하늘을 공경하는 마음을 다른 곳에 쓸 수 없기 때문에〉 다른 사람에게 경례하지 않는다.

字義 充 : 가릴 충

13.58.1 父가 命呼어시든 唯而不諾하며 手執業則投之하고 食在口則吐之하고 走而不趨니라

아버지가 이름을 부르시면 빨리 대답하고 천천히 대답하지 않으며, 손에 일을 잡고 있으면 그것을 던지고 〈달려가며,〉 음식이 입에 있으면 뱉고 〈달려가며,〉 달려가고 종종걸음으로 가지 않는다.

字義 唯 : 빨리대답할 유 諾 : 대답할 낙

---

80 禮不盛이어든 服不充 : 《禮記大文諺讀》에는 진호의 주에 따라 "禮不盛服이어든 不充"으로 현토하였는데, 《禮記補註》에 "정현의 주에 '예가 성대한 경우에는 充(襲衣)을 입는다.〔禮盛者 服充〕' 하였는데, 《예기대문언두》에서는 '不盛服'에서 구를 뗐으니, 잘못이다." 한 것에 따라 토를 수정하고 번역하였다.

13.58.2 親老어시든 出不易方하며 復不過時하고 親瘠어시든 色容을 不盛이니 此는 孝子之疏節也라

어버이가 늙으셨거든 나갈 때에 〈어버이께 간다고 했던〉 방위를 바꾸지 않고, 돌아올 때에는 〈어버이께 약속한〉 시기를 넘기지 않으며, 어버이가 병드셨거든 얼굴빛과 용모를 盛大하게 하지 않으니, 이는 효자의 소략한 예절이다.

字義 復 : 돌아올 복 瘠 : 병들 제

13.58.3 父가 沒而不能讀父之書는 手澤이 存焉爾며 母가 沒而杯圈을 不能飮焉은 口澤之氣가 存焉爾니라

아버지가 돌아가시면 아버지가 보시던 서책을 차마 읽지 못함은 〈그 서책에 아버지의〉 手澤이 남아있기 때문이며, 어머니가 돌아가시면 〈어머니가 생전에 쓰시던〉 잔과 그릇으로 차마 마시지 못함은 어머니의 口澤의 기운이 남아있기 때문이다.

字義 杯 : 잔 배 圈 : 그릇 권

13.59.1 君이 入門이어시든 介[81]는 拂闑(얼)하고 大夫는 中棖(정)與闑之間하고 士介는 拂棖이니라

〈두 군주가 서로 만나볼 적에 손님으로 온〉 군주가 대문에 들어오시거든 〈손님으로 온 군주가 문설주와 문지방의 중앙에 있으니, 그 補佐인〉 上介는 문지방을 스치고, 〈介나 擯이 된〉 대부는 문설주와 문지방 사이의 중간에 있고, 士로서 介가 된 자는 〈서쪽이나 동쪽의〉 문설주를 스친다

字義 拂 : 스칠 불 闑 : 문지방 얼 棖 : 문설주 정

13.59.2 賓이 入不中門하며 不履閾하며 公事란 自闑西하고 私事란 自闑東이니라

---

81 介 : 《禮記補註》에 따르면 〈聘義〉에 '卿은 上擯이 되고 대부는 承擯이 되고 士는 紹擯이 된다.' 한 것에 근거하면 손님으로 온 군주의 上介 또한 틀림없이 卿이다.

〈이웃 나라에서 빙문 온 경대부〉 손님은 들어올 적에 〈약간 동쪽으로 옮겨〉 문 한 가운데를 지나지 않으며 문지방을 밟지 않으니, 〈군주의 명령을 받들어서 간〉 공적인 일에는 〈賓의 예를 따라〉 문지방의 서쪽을 통해 들어가고, 사사로운 일로 왔을 때는 〈그 나라의 신하의 예를 따라〉 문지방의 동쪽을 통해 들어간다.

字義 閾 : 문지방 역

13.60.1 君이 與尸行엔 接武하시고 大夫는 繼武하고 士는 中武하나니 徐趨를 皆用是니라

〈천자나 제후인〉 군주는 尸童과 함께 걸어갈 적에는 〈느리게 이동하므로〉 두 발의 발자국이 반이 겹쳐지도록 하고, 대부는 〈지위가 시동보다 조금 낮아 조금 더 빨리 걸어야 하므로〉 두 발의 발자국이 서로 이어지도록 하고, 士는 〈지위가 매우 낮아 시동보다 훨씬 더 빨리 걸어야 하므로〉 두 발의 발자국 사이에 한 발자국이 들어가도록 하니, 〈평소〉 천천히 걸어가거나 빠르게 걸어가는 節度는 〈군주 · 대부 · 사가〉 모두 〈시동과 함께 걸어갈 때의〉 이 예절을 따른다.

字義 接 : 겹칠 접　武 : 반보 무, 발자국 무

13.60.2 疾趨則欲發이니 而手足을 毋移니라

〈다른 일로〉 빨리 걸어가야 할 경우에는 신발의 코가 일어설 듯이 걷고자 하니, 손과 발은 〈반드시 그 일정한 節度를〉 바꾸지 말아야 한다.

字義 疾 : 빠를 질　移 : 바꿀 이

13.60.3 圈豚行엔 不擧足하여 齊(자)如流하나니 席上에 亦然이니라

발을 돌려서 땅에 끌면서 갈 적에는 발을 들지 않아 치맛자락의 끝부분이 마치 물 흐르는 것처럼 되니, 자리 위에서 〈걸을 적에도〉 또한 이와 같이 한다.

字義 圈 : 돌릴 권　豚 : 지척거릴 돈　齊 : 옷자락 자

13.60.4 端行엔 頤霤如矢하고 弁行엔 剡剡(염염)起屨[82]니라

몸을 곧게 하여 걸어갈 적에는 〈몸이 조금 굽기 때문에〉 턱을 처마의 낙수받이처럼 드리우고서 화살처럼 곧게 가며, 급하게 걸어갈 적에는 剡剡히 몸을 일으켜 신코를 일으킨다.

字義 頤 : 턱 이 霤 : 처마 류 弁 : 급할 변 剡 : 일어서는모양 염

13.60.5 執龜玉하얀 擧前曳踵하야 蹜蹜(축축)如也니라

〈귀중한〉 거북껍질과 玉을 잡았을 때에는 〈공경하고 조심해야 하므로〉 앞발을 들되 뒷발을 끌어서 보폭을 좁게 한다.

字義 曳 : 끌 예 踵 : 발꿈치 종 蹜 : 보폭좁힐 축

13.60.6 凡行容은 惕惕이니라

무릇 〈도로를〉 가는 모습은 〈몸을 돌리고 굽히면 용모를 잃으므로〉 곧게 하고 또 〈느리면 태만함에 가까우므로〉 빠르게 한다.

字義 惕 : 빠를 척

13.60.7 廟中에 齊齊하고 朝廷에 濟濟翔翔이니라

사당 안에서는 몸가짐을 엄정하게 하고, 조정에서는 威儀가 꼼꼼하게 정돈되고 〈팔을 펴서 拱手하여〉 날개를 펼친 것처럼 한다.

字義 齊 : 단정할 제 濟 : 단정할 제 翔 : 날 상

---

82 端行……剡剡(염염)起屨 : 번역은 진호의 주를 따른 것인데, 그 주에 "'端'은 玄端과 素端을 이르고 '弁'은 爵弁과 皮弁을 이르니, 걸어가는 모습을 각각 의복에 걸맞게 하고자 하는 것이다."라는 一說도 소개하였다.

13.61.1 君子之容은 舒遲니 見所尊者하고 齊(재)速이니라

군자의 용모는 여유있고 급하지 않으니, 존경할 분을 뵙고서 더욱 공손하고 삼간다.

字義 舒 : 느릴 서 遲 : 느긋할 지 齊 : 공손할 재 速 : 삼갈 속

13.61.2 足容重[83]하며 手容恭하며 目容端하며 口容止하며 聲容靜하며 頭容直하며 氣容肅하며 立容德하며 色容莊하며 坐如尸하며 燕居와 告엔 溫溫이니라

발 모양은 무겁게 하며, 손 모양은 공손하게 하며, 눈 모양은 단정하게 하며, 입 모양은 무겁게 하며, 소리 모양은 고요하게 하며, 머리 모양은 곧게 하며, 숨 쉬는 모양은 엄숙하게 하며, 서 있는 모양은 덕스럽게 하며, 얼굴 모양은 장엄하게 해야 한다. 그리고 앉았을 때에는 시동과 같이 하며, 사사로이 거처할 때와 말을 아뢸 때에는 온화하고 온화하게 한다.

13.61.3 凡祭엔 容貌顔色을 如見所祭者하고

무릇 제사에는 용모와 안색을 〈공경히〉 제사하는 분을 뵙듯이 한다.

13.61.4 喪容은 纍纍(루루)하야[84] 色容은 顚顚(전전)하며 視容은 瞿瞿(구구)梅梅하며 言容은 繭繭이니라

喪中의 용모는 파리하고 失意한 듯이 해서 얼굴빛은 근심이 깃들어있고 눈빛은 다급하고 분명치 못한 듯이 하며, 말소리는 고치실처럼 가늘고 낮게 한다.

字義 纍 : 어그러질 루 顚 : 근심하는모양 전 瞿 : 다급할 구 梅 : 희미할 매 繭 : 고치실 견

---

83 足容重 : 《禮記補註》에 "이 아래는 범범하게 군자의 一身의 容儀를 말한 것이니, 존경할 분을 뵈었을 때의 예절에 속하지 않는다."라는 楊梧의 설을 소개하였다.

84 하야 : 《禮記大文諺讀》에 "하며"로 되어 있으나, 《예기보주》의 "마땅히 다음 구절에 보이는 '戎容暨暨하야'의 예를 따라 토를 달아야 한다." 한 것에 의거하여 토를 수정하였다.

13.61.5 戎容은 暨暨하야 言容은 詻詻(액액)하며 色容이 厲肅하며 視容은 淸明이니라

軍隊에서의 모습은 과감하고 굳세어서 말하는 모습은 엄정하고, 얼굴빛은 엄숙하고, 보는 모습은 깨끗하고 분명하게 한다.

字義 戎 : 군대 융　暨 : 굳센모양 기　詻 : 엄할 액　厲 : 사나울 려　肅 : 엄숙할 숙

13.61.6 立容을 辨하야 卑毋讇(첨)하며[85] 頭頸은 必中하며 山立하며 時行하며 盛氣顚(전)實하야 揚休[86]하며 玉色[87]이니라

서 있는 모습은 분명하게 하고서 낮추되 아첨하는 것처럼 하지 말아야 하며, 머리와 목은 반드시 곧게 하며, 산처럼 조용히 서 있으며, 마땅히 걸어가야 할 때가 되면 걸어간다. 기운을 성대하게 하여 내면에 가득 차게 해서 陽氣가 물건을 아름답게 해주는 것처럼 하며, 낯빛은 옥색처럼 변함이 없게 한다.

字義 辨 : 분명할 변　讇 : 아첨할 첨　頸 : 목 경　顚 : 채울 전(=闐)　揚 : 드날릴 양
休 : 아름다울 휴

13.62 凡自稱에 天子가 曰호되 予一人이요 伯이 曰호되 天子之力臣이요 諸侯之於

---

85 立容을 辨하야 卑毋讇(첨)하며 : 진호의 주에 '辨'자 아래에 "'貶'으로 읽는다."고 표기하였다. 이에 따라 《禮記大文諺讀》에 "立容은 辨卑하여 毋讇하여"로 되어 있는데, 《禮記補註》에는 "'辨'은 '밝게 분변한다.'는 뜻이니, 여기에서 句를 떼고 '卑毋讇'이 따로 한 구가 되어야 한다."라는 《禮記類編》의 설을 소개하였다. 본서에서는 《예기유편》의 설에 따라 토를 수정하고 번역하였다.

86 盛氣顚(전)實 揚休 : 《예기보주》에 "'揚'은 '陽'으로 읽으니, 글자의 음이 비슷해서 생긴 잘못이다. 몸 안의 기운을 성대하게 하여 기운을 가득 채워 陽氣가 물건을 아름답게 하는 것처럼 한다."라는 정현의 주를 인용하고서 "진호의 주에서 '揚'을 '陽'이라고 한 것은 실로 정현의 주에 의거한 것이지만 '休'를 '煦(후)'라고 한 것은 무엇에 근거하였는지 알지 못하겠다." 하였다.

87 君子之容……玉色 : 공영달의 소에서는 '玉色' 이상을 모두 '군대에서의 모습'으로 보았는데, 《예기보주》에서는 "'言容繭繭' 이상은 모두 居喪할 적의 모습이 되고, '視容淸明' 이상은 모두 군대에서의 모습이 되며, '立容'부터 그 이하로 '玉色'까지는 또 통괄하여 말한 것이다."라는 《儀禮經傳通解》의 설을 소개하고, 또 朱熹가 지은 〈明道先生畫像贊〉의 "양기가 아름답게 해주는 것과 같고 산처럼 우뚝이 서 있으며, 옥색의 낯빛에 金聲의 목소리네.〔揚休山立 玉色金聲〕"라는 설을 소개하고서, "이 부분을 '군대에서의 모습'으로 보지 않았음을 알 수 있다." 하였다.

天子가 曰호되 某土之守臣某요 其在邊邑하얀 曰호되 某屛(병)[88]之臣某요 其於敵以下엔 曰寡人이요 小國之君은 曰孤요 擯者가 亦曰孤니라

무릇 자칭할 때 천자는 "予一人"이라 하고, 伯은 〈천자의 팔다리와 같은 중요한 신하로서 사방에 힘을 펴는 자이기 때문에〉 "천자의 力臣"이라 하고, 제후가 〈자신을〉 천자에게 칭할 때에는 "아무 땅〔某土〕을 맡은 신하 아무개"라 하고, 변방 고을에 있어서는 〈자신을 천자에게 칭할 때〉 "아무 변경〔某屛〕의 신하 아무개"라 한다. 대등한 신분 이하의 사람에게는 〈자신을 겸손하게〉 "寡人"이라 칭하고, 小國의 군주는 〈지위가 낮기 때문에 자신을 천자에게 칭할 때〉 "孤"라고 칭하며, 〈禮를 돕는〉 擯者도 〈천자에게 고할 때〉 "孤"라고 칭한다.

字義 屛 : 울타리 병　敵 : 대등할 적　擯 : 인도하는사람 빈

13.63.1 上大夫가 曰호되 下臣이라커든 擯者가 曰寡君之老라하고 下大夫가 自名커든 擯者가 曰寡大夫라하고 世子가 自名커시든 擯者가 曰寡君之適[89]이라하고 公子는 曰호되 臣孼[90]이라하고 士는 曰호되 傳遽之臣[91]이요 於大夫엔 曰外私[92]라하나니라

上大夫는 자칭하되 "下臣"이라 하는데 擯者는 〈상대부를〉 "寡君之老"라 칭한다. 下

---

88 其在邊邑 曰某屛 : 진호의 주에 따르면 '邊邑'은 먼데 '屛'이라고 한 것은 '울타리'라는 뜻이니, 안을 가리고 밖을 막아주기 때문이다.

89 上大夫曰……曰寡君之適 : 진호의 주에 "이것은 自稱하는 말과 擯者의 말이 같지 않음을 밝힌 것이다." 하였는데, 공영달의 소에서는 상대부가 '下臣'이라고 자칭하는 것과 하대부가 이름으로 자칭하는 것과 세자가 이름으로 자칭하는 것을 모두 자기의 군주를 대할 적에 하는 예로 보았고, 擯者가 '寡君之老'라고 칭하는 것과 擯者가 '寡大夫'라고 칭하는 것과 擯者가 '寡君之適'이라고 칭하는 것을 모두 다른 나라에 사신으로 갔을 때 하는 예로 보았다.

90 公子曰臣孼 : 진호의 주에 따르면 適長이 되어 代를 전하는 자를 '世子'라 이르고, 그 나머지는 '公子'라고 칭할 뿐이다. '孼(얼)'을 '枿(얼)'이라고 읽는데, 나무에 견줄 적에 곁게 난 것의 나머지와 같기 때문에 '臣孼'이라 자칭한 것이다. 공영달의 소에 따르면 이는 자기의 군주를 대면할 경우를 이른 것이다. 만약 다른 나라의 군주를 대면하면 마땅히 '外臣'이라고 칭해야 한다.

91 士曰傳遽之臣 : 공영달의 소에 따르면 이 또한 자기의 군주를 대할 경우를 이른 것이다. 皇氏(皇侃)가 '다른 나라의 군주를 대할 경우이다.' 하였는데, 이 또한 뜻이 통한다.

92 於大夫曰外私 : 진호의 주에 따르면 家臣을 '私'라 칭하는데, 이 대부는 자기가 신하가 되어 섬기는 자가 아니기 때문에 이 대부를 대하여 자기를 '外私'라 칭하는 것이다.

大夫는 스스로 이름을 칭하는데 擯者는 〈하대부를〉 "寡大夫"라 칭한다. 世子는 스스로 이름을 칭하는데 擯者는 〈세자를〉 "寡君之適"이라고 칭한다. 公子는 자칭하되 "臣孽"이라 한다. 士는 자칭하되 "傳遽之臣"이라고 하고, 대부에게는 〈자신을〉 "外私"라고 칭한다.

字義 孽 : 천할 얼 傳 : 전할 전 遽 : 역말 거

13.63.2 大夫가 私事로 使하야 私人이 擯[93]인댄 則稱名하고 公士가 擯인댄 則曰寡大夫라하며 寡君之老라하나니라

대부가 〈聘禮의 일이 아니고〉 사사로운 일로 〈이웃 나라에〉 사신을 가서 〈자기의〉 私人이 擯이 되었을 경우에는 〈정식 聘問이 아니기 때문에 上大夫와 下大夫를 막론하고 모두 낮추어〉 이름을 칭한다. 〈하대부가 聘問을 가게 되어 公家의 士인〉 公士가 擯이 되었을 경우에는 〈擯辭에 하대부를 칭하여〉 "寡大夫"라 하고, 〈상대부가 빙문을 가면 擯辭에 상대부를 칭하여〉 "寡君之老"라 한다.

13.63.3 大夫가 有所往에 必與公士爲賓也[94]니라

대부가 〈正使가 되어〉 聘問을 할 경우에는 반드시 公士와 함께 賓이 되었다.

---

93 私人擯 : 진호의 주에 따르면 대부를 수행하는 사람을 마땅히 '介'라고 해야 하는데 '擯'이라고 한 것은, 擯은 주인의 補佐인데 지금 賓의 館舍에 있으니, 주인 나라에서 예를 바치면 자기가 주인이 되기 때문이다.

94 大夫有所往 必與公士爲賓也 : 진호의 주에 따르면 '賓'은 '擯'으로 읽으니, '介'이다. 대부가 정식으로 빙례를 가게 되면 반드시 公士를 介로 삼는 것이다. 진호가 인용한 方氏의 설에는 '賓'을 본 글자대로 읽어 "擯이 賓이 되어 일을 집행하나 그 실재는 또한 公士와 함께 똑같이 손님이 되었을 뿐이므로 '公士와 함께 賓이 되었다.' 한 것이다." 하였다. 본서에서는 方氏의 설을 따라 번역하였다.

明堂位[1] 第十四

14.1 昔者에 周公이 朝諸侯于明堂之位하시니 天子負斧依하사 南鄕而立[2]이어시든 三公은 中階之前에 北面東上하고 諸侯之位[3]는 阼階之東에 西面北上하고 諸伯之國은 西階之西에 東面北上하고 諸子之國은 門東에 北面東上하고 諸男之國은 門西에 北面東上하고 九夷之國은 東門之外에 西面北上하고 八蠻之國은 南門之外에 北面東上하고 六戎之國은 西門之外에 東面南上하고 五狄之國은 北門之外에 南面東上하고 九采之國은 應門之外에 北面東上[4]하고 四塞(새)는 世告至[5]하니 此周

---

1 저본의 소주에 嚴陵方氏가 "공자께서 '문왕을 明堂에 높여 제사했다.' 하신 것은 제사하는 일이 이로써 밝혀졌기 때문이고, 맹자께서 '王政을 명당에서 행한다.' 하신 것은 政事가 이로써 밝혀졌기 때문이고, 여기에서 '제후들을 명당에서 조회 받았다.' 한 것은 조회 받는 일이 이로써 밝혀졌기 때문이다. 밝혀짐을 말한 것은 똑같으나 밝혀짐을 말한 것이 세 가지가 있으니, 여기서는 조회 받는 일의 밝혀짐을 위주로 하였으므로 명당의 '자리〔位〕'를 가지고 말한 것이다. 君臣과 上下, 尊卑와 前後가 각각 제자리가 있기 때문에 '명당위'라고 이름한 것이다.〔嚴陵方氏曰 孔子言宗祀文王於明堂 則祀事以之明故也 孟子言行王政於明堂 則政事以之明故也 此言朝諸侯於明堂 則朝事以之明故也 謂之明則一 所以謂之明 則有三焉 此主朝事之明 故以位言之 君臣上下尊卑前後 各有所位焉 故曰明堂位也〕" 하였다.

明堂은 임금이 政事와 교화를 펴는 곳으로, 조회, 제사, 褒賞, 人選, 養老, 교육의 大典을 여기에서 거행하였다.

2 昔者……南鄕而立 : 정현의 주에 "주공이 왕위를 대신했다.〔周公攝王位〕" 하고 "천자는 주공이다.〔天子周公也〕" 하였는데, 진호의 주에 石梁王氏가 "주공이 冢宰가 되었을 때에 成王의 나이가 이미 14세였으니, 攝位한 것이 아니고 攝政한 것일 뿐이다. 주공이 일찍이 천자가 되지 않았는데, 어찌 천자를 주공이라고 할 수 있겠는가. 이는 기록한 자의 잘못인데, 주에서 또한 잘못하여 이것을 따른 것이다." 하였다.

3 諸侯之位 : 공영달의 소에 따르면 여러 伯 이하를 모두 '國'이라고 하였는데 제후에게는 '位'라고 말한 이유는 제후는 여러 國의 위에 있으므로 특별히 자리를 들어 말하여 제후 이하가 모두 조회 온 자리임을 드러낸 것이다.

4 九采之國……北面東上 : 정현의 주에 "正門을 '應門'이라고 한다." 하였다. 공영달의 소에 따르면 '九采'는 九州의 牧이니 '采'라고 한 것은 해당 州의 아름다운 물건을 채취하여 천자에게 바치

公明堂之位也니 明堂也者는 明諸侯之尊卑也라

옛날 周公이 明堂의 자리에서 제후들에게 조회 받으시니, 天子가 도끼가 그려진 병풍을 등지고서 남향하고 앉으시거든, 三公은 中階의 앞에서 북향하되 동쪽을 上으로 삼고, 여러 제후의 자리〔位〕는 〈동쪽 계단인〉 阼階의 동쪽에서 서향하되 북쪽을 上으로 삼고, 여러 伯의 나라는 西階의 서쪽에서 동향을 하되 북쪽을 上으로 삼고, 여러 子의 나라는 문의 동쪽에서 북향을 하되 동쪽을 上으로 삼고, 여러 男의 나라는 문의 서쪽에서 북향을 하되 동쪽을 上으로 삼는다.

九夷의 나라는 〈東夷의 나라들이므로 그 방위를 따라〉 東門의 밖에서 서향을 하되 북쪽을 上으로 삼고, 八蠻의 나라는 〈南蠻의 나라들이므로 그 방위를 따라〉 南門의 밖에서 북향을 하되 동쪽을 上으로 삼고, 六戎의 나라는 〈西戎의 나라들이므로 그 방위를 따라〉 西門의 밖에서 동향을 하되 남쪽을 上으로 삼고, 五狄의 나라는 〈北狄의 나라들이므로 그 방위를 따라〉 北門의 밖에서 남향을 하되 〈남향은 군주의 자리로 의심받기 때문에 북향한 자와 똑같이〉 동쪽을 上으로 삼는다. 그리고 九州의 나라는 應門 밖에서 북향을 하되 동쪽을 上으로 삼고, 사방 변방의 夷狄들은 한 代에 한 번 〈來朝하여〉 내조하였음을 고한다.

이는 주공의 명당의 자리인데, 명당은 제후의 尊卑를 밝히는 곳이다.

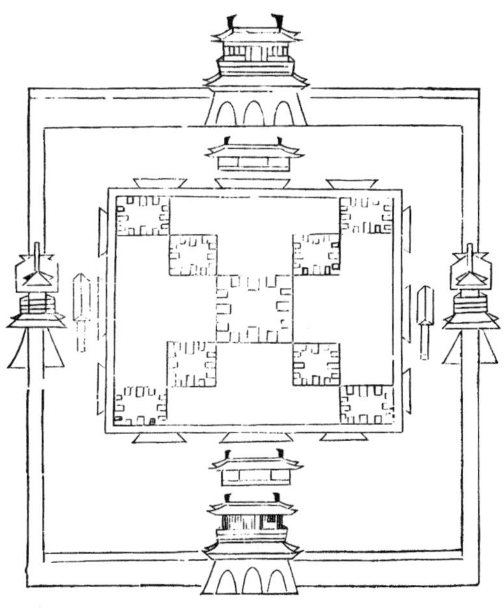

명당明堂

字義 斧 : 도끼 부　依 : 병풍 의　鄕 : 향할 향(=向)　阼 : 동쪽계단 조　蠻 : 오랑캐 만
戎 : 오랑캐 융　狄 : 오랑캐 적　塞 : 변방 새

기 때문이다. 그러므로 〈王制〉에 "천 리 밖을 '采'라 한다.〔千里之外曰采〕" 하였다.

5 四塞(새) 世告至 : 진호의 주에 따르면 '四塞'는 九州 밖의 夷狄이니, 만약 천자가 새로 즉위했거나 그 나라 군주가 代를 바꾸게 되면 모두 한 번 來朝하여 그 내조하였음을 고한다. 정현의 주에 따르면 《周禮》에 "九州의 밖을 '蕃國'이라고 하니, 한 대에 한 번 來朝한다.〔九州之外 謂之蕃國 世一見〕" 하였다.

14.2.1 昔에 殷紂가 亂天下하야 脯鬼侯[6]하야 以饗諸侯한대 是以로 周公이 相武王하사 以伐紂하시니 武王이 崩커시늘 成王이 幼弱[7]이샤 周公이 踐天子之位하야 以治天下[8]하더시니 六年에 朝諸侯於明堂하시고 制禮作樂하며 頒度量하신대 而天下가 大服이러니 七年에 致政於成王[9]하시니라

옛날 殷나라 紂王이 천하를 어지럽혀서 鬼나라 侯를 죽여 脯를 떠서 제후들에게 饗禮를 베풀었다. 〈사람을 죽여 음식을 만든 것은 惡함이 지극하기〉 때문에 周公이 武王을 도와서 주왕을 치셨으니, 무왕이 崩하셨을 적에 成王이 어려서 주공이 천자의 자리를 밟고서 천하를 다스리셨는데, 6년에 명당에서 제후들에게 조회를 받고 禮와 樂을 제정하며 度·量·衡을 반포하셨다. 그러자 천하가 크게 복종하였는데, 7년 만에 성왕에게 정권을 돌려주셨다.

字義 紂 : 주임금 주 脯 : 포 포 饗 : 잔치할 향 崩 : 죽을 붕 踐 : 밟을 천 頒 : 반포할 반 服 : 복종할 복 致 : 내줄 치

14.2.2 成王이 以周公으로 爲勳勞於天下라하사 是以로 封周公於曲阜하사되 地方七百里와 革車가 千乘하시고 命魯公하야 世世에 祀周公以天子之禮樂하라하시니 是以로 魯君이 孟春에 乘大路하며 載弧韣하며 旂十有二旒에 日月之章하고 祀帝

---

6 脯鬼侯 : 참고로 《禮記補註》에 "《史記》 〈周本紀〉에는 '귀후'가 '九侯'로 되어 있다."라는 공영달의 소를 소개하였다.

7 成王幼弱 : 《예기보주》에 따르면 王肅은 《孔子家語》의 글에 '무왕이 崩하셨을 적에 성왕이 13세였다.' 한 것을 따랐고, 鄭康成(鄭玄)은 衛宏의 설을 따라 '무왕이 崩하셨을 적에 성왕이 10세였다.' 하였다.

8 周公踐天子之位 以治天下 : 저본의 石梁王氏의 설에 따르면 《詩經》과 《書經》을 가지고 증명해 보면 주공이 단지 冢宰에 있으면서 섭정을 한 것이고, 일찍이 천자의 자리에 있지 않았음을 알 수 있다. '주공이 成王을 도와 阼階를 밟고서 천하를 다스리셨다.' 한 〈文王世子〉의 말이 옳다.

9 七年 致政於成王 : 저본의 劉氏의 설에 따르면 《書經》 〈洛誥〉편 첫머리의 '그대 밝은 군주에게 아뢴다.〔復子明辟〕'라는 말과, 그 편 끝의 '문왕과 무왕이 받드신 명을 7년 동안 크게 보전하였다.〔誕保文武受命 惟七年〕'라는 말로 인하여 이렇게 말한 듯하다. '그대 밝은 군주에게 아뢴다.'는 것은 주공이 洛邑을 경영할 적에 使者를 보내 점괘를 구할 때의 말이고, '문왕과 무왕이 받드신 명을 7년 동안 크게 보전하였다.'는 것은 史臣이 주공이 뒤에 남아 낙읍을 다스린 지 7년 만에 별세하였음을 서술한 것임을 전혀 알지 못하고 한 말이다.

于郊호되 配以后稷하니 天子之禮也[10]라

성왕이, 주공이 천하에 큰 勳勞가 있다고 여기셔서, 이 때문에 주공을 曲阜에 봉하시되 〈山川, 土田, 附庸을 합한〉 땅 사방 700리와 革車(兵車) 1,000乘을 하사하셨고, 魯公 伯禽에게 명하여 "대대로 주공을 天子의 禮樂으로 제사하라." 하셨다. 이 때문에 魯나라 군주가 孟春에 〈殷나라가 하늘에 제사할 때 탔던 木路인〉 大路를 타고 〈旌旗의 幅을 활모양으로 열어 펼치는〉 弧와 〈弧의 집인〉 韣을 실으며, 깃발 〈正幅에 다는〉 열두 개의 술〔旒〕에 해와 달의 紋章을 그리고, 郊祭에서 上帝에게 제사하되 后稷을 배향하였으니, 이는 천자의 禮이다.

字義 勳 : 공 훈 載 : 실을 재 弧 : 활모양기 호 韣 : 활집 독 旂 : 깃발 기 旒 : 깃발끈 류

14.3 季夏六月에 以禘禮로 祀周公於大廟호되 牲을 用白牡[11]하며 尊(준)을 用犧(사)[12]象[13]山罍하며 鬱尊을 用黃目하며 灌을 用玉瓚大圭하며 薦을 用玉豆雕簒(산)하며 爵을 用玉琖仍雕하며 加以璧散璧角[14]하며 俎를 用梡嶡(관궐)하며 升

---

10 成王……天子之禮也 : 저본의 소주에 新安王氏의 설에 따르면 이는 漢나라 儒者들이 과장한 말이니, 믿을 수 없다. 周公은 몸소 三公이 되고 또 동쪽 나라의 伯이 되었으니, 이를 '上公'이라 한다. 그러나 주공이 별세했으면 伯禽은 바로 魯侯이니, 列侯의 나라가 사방 700리임은 成王이 봉하지 않았을 뿐만이 아니고, 魯나라 伯禽 또한 감히 받들 수가 없는 것이다. 成王은 반드시 이렇게 하사하지 않았을 것이고, 伯禽은 반드시 받지 않았을 것이므로 이는 魯나라 사람들이 天子의 禮樂을 참람하게 쓴 것일 뿐이다. 《예기보주》에도 "〈명당위〉는 漢나라 儒者들에 의해 만들어졌는데, 한나라 유자들은 대부분 노나라 출신이다. 노나라의 참람함이 춘추시대에 시작되어 마침내 거짓으로 꾸미는 말이 생겼는데 이것이 한나라까지 유전되었고, 한나라 학자들은 이것을 그대로 따라 기술하고 고찰하지 않은 것이다."라는 《禮記淺見錄》에 실린 《黃氏日抄》의 설을 소개하였다.

11 季夏六月……用白牡 : 진호의 주에 "殷나라가 백색을 숭상하니, '白牡'는 은나라에서 쓰는 犧牲이다." 하였고, "다만 時王의 예를 쓰는 것은 제후의 일이고, 先王의 예를 쓰는 것은 천자의 일이다. 그러므로 〈郊特牲〉에 '제후가 白牡로 제사하고 大路를 타는 것은 참람한 예이다.〔諸侯祭以白牡 乘大路 謂之僭禮〕' 하였다."라는 方氏의 설을 인용하였다.

12 犧(사) : 진호의 주에 따르면 '犧'의 음을 '莎'라고 한 해석에서는 '봉황새가 사뿐사뿐 나는 것을 그렸기 때문이다.〔刻畫鳳形娑娑然〕' 하였는데, 본 글자대로 읽는다고 한 해석에서는 '소의 모습을 그려서이다.〔畫爲牛形〕' 하고, 또 '술동이가 소의 모습이어서이다.〔尊爲牛之形〕' 하였다.

13 象 : 진호의 주에 "술동이가 코끼리의 모습이다."라는 일설도 소개하였다

14 璧散璧角 : 진호의 주에 따르면 부인이 시동에게 술잔을 올릴 때 璧角을 먼저 사용하고, 이후에

歌淸廟하고 下管象하며 朱干玉戚으로 冕而舞大武하며 皮弁素積으로 裼而舞大夏하며 昧는 東夷之樂也요 任은 南蠻之樂也니 納夷蠻之樂於太廟는 言廣魯於天下也라

季夏 6월에 禘祭를 지내는 예로써 주공을 太廟에 제사하되 犧牲으로 백색 수소를 사용하였으며, 술동이는 犧樽과 〈코끼리 뼈로 술동이를 꾸민〉 象樽, 〈구름의 모습을 술동이에 새긴〉 山罍를 쓰며, 울창주 동이는 〈황금으로 바깥 부분에 눈을 새긴〉 黃目을 쓰며, 울창주를 떠서 시동에게 올리는 것으로는 〈옥으로 瓚을 꾸미고, 大圭로 玉瓚의 자루를 꾸민〉 玉瓚大圭를 쓴다.

김치와 젓갈을 올릴 적에는 〈옥으로 豆를 꾸민〉 玉豆와 〈籩의 일종으로, 자루를 조각하여 꾸민〉 雕篹을 쓰며, 술잔으로는 〈옥으로 꾸민 것으로, 술을 돌리는 그릇인〉 玉琖과 〈참새 모습을 조각하여 꾸민〉 仍雕를 쓴다. 부인이 시동에게 亞獻을 할 적에는 〈璧으로 입구를 장식한〉 璧散과 璧角을 쓰며, 俎는 〈虞나라 때 썼던 것으로, 네 발이 책상 모양의 俎인〉 梡과 〈夏나라 때 썼던 것으로, 발 중앙에 가로댄 나무가 있는 俎인〉 嶡이라는 도마를 쓴다.

〈악공이 태묘의 당상에〉 올라가서 〈周나라 文王의 덕을 노래한 《詩經》 〈周頌〉의〉 〈淸廟〉를 연주하고 당하에서는 관악기로 〈문왕의 武功을 노래한〉 〈象武〉를 연주하며, 붉은 방패와 〈자루를 옥으로 꾸민〉 옥도끼를 들고 〈주나라 때의 服制에 따라〉 冕服을 입고서 〈주나라 武王이 紂를 정벌한 것을 노래한〉 〈大武〉의 연주에 맞추어 춤을 추며, 〈三王 때의 服制에 따라〉 皮弁을 쓰고 흰 명주로 〈만들고 허리 부분에〉 주름을 잡은 치마를 입고서 裼衣를 드러내어 〈夏后氏의 음악인〉 〈大夏〉에 맞추어 춤을 춘다.

〈昧〉는 東夷의 음악이고 〈任〉은 南蠻의 음악이니, 동이와 남만의 음악을 太廟에서 연주하는 것은 〈주공이〉 노나라를 천하에 넓힌 〈성대한〉 勳業을 말한 것이다.

字義 禘 : 큰제사 체　牡 : 수소 모　尊 : 술동이 준(=樽)　犧 : 희생 희, 술그릇 사
罍 : 술독 뢰　鬱 : 향기로울 울　灌 : 따를 관　瓚 : 옥잔 찬　薦 : 올릴 천　雕 : 새길 조
篹 : 대나무제기 산　琖 : 옥잔 잔　璧 : 구슬 벽　俎 : 도마 조　梡 : 도마이름 관
嶡 : 도마이름 궐　積 : 주름 적

賓이 璧散을 사용하여 시동에게 올리는데, 여기에서 散을 먼저 말하고 角을 뒤에 말한 것은 문장을 편하게 쓴 것이다.

14.4 君이 卷(곤)冕으로 立於阼하시고 夫人이 副褘(휘)[15]로 立于房中하시며 君이 肉袒하사 迎牲于門하시고 夫人이 薦豆籩하며 卿大夫는 贊君하고 命婦[16]는 贊夫人하나니 各揚其職호되 百官이 廢職이어든 服大刑하니 而天下가 大服하니라

군주는 袞冕 차림으로 阼階에 서시고 부인은 副褘 차림으로 〈太廟의 동남쪽〉 방안에서 계시며, 군주는 〈왼쪽 소매를 벗는〉 肉袒을 하고 문에서 희생을 맞이하시고 부인은 豆와 籩을 올리며, 경대부는 군주를 돕고 命婦는 〈군주의〉 부인을 돕는데, 각자 자기 직책을 거행하되 百官이 직책을 폐하면 큰 형벌을 받으니, 천하가 〈주공의 덕에〉 크게 복종하였다.

字義 卷 : 곤룡포 곤(=袞) 褘 : 황후제복 휘 袒 : 소매걷어올릴 단 籩 : 제기이름 변
贊 : 도울 찬

14.5 是故로 夏礿(약)하며 秋嘗하며 冬烝[17]하며 春社하며 秋省而遂大蜡[18]는 天子之祭也라

이 때문에 여름에는 礿祭를 지내며, 가을에는 嘗祭를 지내며, 겨울에는 烝祭를 지내며, 〈가을에는 보답의 의미로 社에 제사 지내는데〉 봄에는 〈풍년을 기원하는 의미로〉 社에 제사를 지내며, 〈봄에는 밭 가는 것을 살펴보는데〉 가을에는 수확하는 것을 살펴보고, 마침내 크게 臘享 제사를 지내는 것은 천자의 제사이다.

字義 礿 : 여름제사 약 嘗 : 가을제사 상 烝 : 겨울제사 증 蜡 : 납향 사

---

15 副褘(휘) : 진호의 주에 따르면 '副'는 머리꾸밈이다. 《周禮》의 '追師'와 《詩經》의 '副笄六珈'의 주에 자세히 보인다. 疏에 "'褘'는 褘衣이다." 하니, 본래 王后가 입는 옷인데, 이 또한 주공을 높여 천자의 예악을 사용하기 때문에 입을 수 있는 것이다.
'부계에 여섯 곳을 옥으로 꾸민다.〔副笄六珈〕'는 《시경》 〈鄘風 君子偕老〉에 보이는데, 주희의 《集傳》에 "'副'는 祭服의 머리 꾸밈이니, 머리털을 엮어서 만든다." 하였다.

16 命婦 : 진호의 주에 따르면 궁중 안에서는 '世婦'를 이르고, 밖에서는 '경대부의 妻'를 이른다.

17 夏礿 秋嘗 冬烝 : 진호의 주에 따르면 魯나라는 東方에 있으니 혹 方岳에 조회가 있는 해에는 봄의 제사인 祠를 폐하기도 하므로 여기에서 생략한 것이다.

18 秋省而遂大蜡 : 진호의 주에 따르면 '秋省'은 가을에 수확하는 것을 살피는 것인데, 年事가 순히 이루어지지 않으면 八蜡를 통하지 않으니, 반드시 연사의 豐凶을 살펴보아 臘享 祭祀를 풍성하게 하거나 검소하게 한다.
"秋省而遂大蜡"는 《예기대문언두》에 "秋省하고 而遂大蜡"로 되어 있으나, 《禮記補註》에 "이 여섯 글자는 마땅히 한 句가 되어야 한다." 한 것에 의거하여 토를 수정하고 번역하였다.

14.6 太廟는 天子의 明堂이요 庫門은 天子의 皐門이요 雉門은 天子의 應門이라

〈魯나라는 明堂이 없으니, 노나라의〉 태묘는 천자의 명당이고, 〈천자는 문이 안에서부터 순서대로 路門, 應門, 雉門, 庫門, 皐門인데, 노나라의〉 庫門은 천자의 皐門이고, 〈노나라의〉 雉門은 천자의 應門이다.

字義 皐 : 높을 고

14.7 振木鐸於朝는 天子之政也라

조정에서 목탁을 흔들어 소리를 내는 것은 천자가 政令을 반포할 때 쓰는 것이다.

字義 鐸 : 방울 탁

14.8 山節藻梲하며 復(복)廟重檐(첨)하며 刮楹達鄕하며 反坫出尊(준)하며 崇坫康圭疏屛[19]은 天子之廟飾也라

斗栱에 산을 조각하고 동자기둥에 마름을 그리며, 사당 지붕을 이중으로 하고 처마를 이중으로 하며, 기둥을 잘 연마하고 창문을 서로 통하게 하며, 술잔을 되돌려 놓는 잔대가 술동이의 밖에 있으며, 술잔을 되돌려 놓는 잔대를 높은 곳에 두어 圭를 안전하게 하며 〈문양을 새긴〉 屛을 通하게 함은 천자의 사당을 꾸민 것이다.

字義 梲 : 동자기둥 절 檐 : 처마 첨 刮 : 문지를 괄 楹 : 기둥 영 鄕 : 창문 향
坫 : 잔대 점 尊 : 술동이 준(=樽) 康 : 편안할 강 疏 : 소통할 소

14.9 鸞車는 有虞氏之路也요 鉤車는 夏后氏之路也요 大路는 殷路也요 乘路는 周路也라

---

19 疏屛 : 저본의 소주에 長樂陳氏가 "屛은 가리는 것인데 通하게 하는 것은 神은 일정한 방소가 없어서 있지 않은 곳이 없기 때문에 통하게 한 것이다." 하였다. 정현의 주에 따르면 '屛'을 '樹'라고 하니, 지금의 桴思이다. 지금 闕에서 하는 것처럼 여기에 雲氣와 곤충과 짐승의 문양을 조각한다.

'桴思'는 본래 '罘罳(부사)'로, '浮思' 또는 '罘思'로도 적는다. 문의 밖이나 성 모퉁이의 위에 설치하는 그물 모양의 건물인데, 망을 보거나 적의 침입을 방어하는 역할을 한다.

〈鸞 방울과 和 방울이 달린 수레인〉 鸞車는 有虞氏의 수레이고, 〈앞 난간이 굽어 있는 수레인〉 鉤車는 夏后氏의 수레이고, 〈木輅인〉 大路는 殷나라의 수레이고, 〈玉輅인〉 乘路는 周나라의 수레이다.

字義 鸞 : 방울 란 虞 : 나라이름 우 路 : 수레 로(=輅) 鉤 : 굽을 구

14.10 有虞氏之旂와 夏后氏之綏(유)[20]와 殷之大白과 周之大赤이라

유우씨의 늘임과 하후씨의 깃발과 은나라의 〈백색 旗인〉 大白과 주나라의 〈적색 기인〉 大赤이다.

字義 旂 : 기 기 綏 : 기장식 유(=緌)

14.11 夏后氏는 駱(락)馬黑鬣이요 殷人은 白馬黑首요 周人은 黃馬蕃鬣[21]이니라

〈흑색을 숭상한〉 하후씨는 흰 말에 검은 갈기였고, 〈백색을 숭상한〉 은나라 사람은 흰말에 검은 머리였고, 〈적색을 숭상한〉 주나라 사람은 누런 말에 붉은 갈기였다.

字義 駱 : 가리온 락 鬣 : 말갈기 렵 蕃 : 붉을 번

14.12 夏后氏는 牲尙黑하고 殷은 白牡요 周는 騂剛이라

하후씨는 희생을 쓸 때 흑색을 숭상하였고, 은나라는 희생으로 흰 수컷을 썼고, 주나

---

20 有虞氏之旂 夏后氏之綏(유) : 진호의 주에 따르면 '旂'와 '綏'는 旌旗의 등속이다. 《周禮》에 "용 두 마리를 그린 것이 '旂'이다." 하였다. '綏'는 '緌'로 읽으니, 旄牛의 꼬리를 깃대 머리에 달아 드리운 것이다. 정현의 주에 "마땅히 '有虞氏의 緌와 夏后氏의 旂'라고 말해야 한다." 하였는데, 이는 虞나라는 夏나라보다 질박하여 오직 緌가 있을 뿐이었고, 하나라 때에 이르러 비로소 旂의 제도가 있었음을 말한 것이다.

21 夏后氏駱(락)馬黑鬣……黃馬蕃鬣 : 공영달의 소에 따르면 夏나라는 흑색을 숭상하였기 때문에 흑색 갈기를 썼다. 殷나라는 백색을 숭상하였기 때문에 백마인 것인데, 순백색은 凶事와 유사하기 때문에 흑색 머리인 것이다. 머리가 흑색인데 갈기가 백색인 것은 숭상한 바를 따른 것이다. 周나라는 적색을 숭상하였는데 황마를 쓴 것은 황색이 적색에 가까워서이고, 적색 갈기를 쓴 것은 숭상한 바를 쓴 것이다.

라는 희생으로 붉고 건장한 것을 썼다.

字義 騂 : 붉을 성

14.13 泰는 有虞氏之尊(준)也요 山罍는 夏后氏之尊也요 著(착)은 殷尊也요 犧(사)象은 周尊也[22]라

泰는 유우씨의 술동이이고, 山罍는 하후씨의 술동이이고, 著은 은나라의 술동이이고, 犧尊과 象尊은 주나라의 술동이이다.

字義 尊 : 술동이 준 罍 : 술독 뢰 犧 : 술그릇 사

14.14 爵을 夏后氏는 以琖이요 殷은 以斝(가)요 周는 以爵이니라

〈술잔인〉 爵을 하후씨는 〈玉으로 꾸민〉 琖을 썼고, 은나라는 〈벼 문양을 그려넣은〉 斝를 썼고, 주나라는 〈옥으로 꾸미고 참새 모양의 술잔인〉 爵을 썼다.

字義 琖 : 옥잔 잔 斝 : 옥잔 가

14.15.1 灌尊(준)을 夏后氏는 以鷄夷요 殷은 以斝요 周는 以黃目[23]이니라

울창주를 붓는 술동이를 하후씨는 鷄夷를 썼고, 은나라는 斝를 썼고, 주나라는 黃目

---

22 泰有虞氏之尊也……周尊也 : 진호의 주에 따르면 유우씨는 질그릇을 숭상했으니, '泰'는 질그릇으로 만든 술동이이다. '著'은 다리가 없어 바닥이 땅에 붙는 술동이이다. 나머지는 앞 3장에 보인다.

23 灌尊(준)……以黃目 : 진호의 주에 따르면 '夷'는 '彝(이)'로 읽으니 法이라는 뜻인데, 다른 술동이와 더불어 법이 되기 때문에 法이라고 칭하였고, 닭의 모습을 그 위에 새겼기 때문에 '雞彝'라고 이름한 것이다. 나머지는 윗장에 보인다. 《周禮》〈春官 司尊彝〉에 "봄에 지내는 祠祭와 여름에 지내는 禴祭에서 울창주를 따라 시동에게 올릴 적에는 鷄彝와 鳥彝를 쓴다. 가을에 지내는 嘗祭와 겨울에 지내는 烝祭에서 울창주를 따라 시동에게 올릴 적에는 斝彝와 黃彝를 쓴다." 하였다.
《禮記補註》에 "《주례》〈춘관 사준이〉의 本註에 따르면 '黃彝'는 '黃目尊'이다. 주나라의 예에 네 가지 彝를 천자가 통용한 것은 前代의 예이기 때문이다. 그리고 여기에 '울창주를 따르는 술동이〔灌尊〕를 은나라는 斝를 썼다.〔殷以斝〕' 한 것은 윗글에 '爵을 은나라는 斝를 썼다.' 한 것과 똑같지 않은데, 여기의 '斝'는 '斝彝'인 듯하고, 저기의 '斝'는 '斝爵'인 듯하니, 기물의 크기는 다르지만 벼를 조각하여 그리는 것은 똑같다." 하였다.

을 썼다.

字義 灌 : 부을 관

14.15.2 其勺[24]을 夏后氏는 以龍勺이요 殷은 以疏勺이요 周는 以蒲勺[25]이니라

술 따르는 기구를 하후씨는 龍勺을 썼고, 은나라는 疏勺을 썼고, 주나라는 蒲勺을 썼다.

字義 勺 : 구기 작 蒲 : 부들 포

용작龍勺

소작疏勺

포작蒲勺

14.16.1 土鼓와 蕢桴와 葦籥은 伊耆氏[26]之樂也라

〈아직 가죽으로 만든 북이 없었으므로〉 흙으로 만든 북과 〈아직 편리하게 나무를 깎아 만든 북채가 없었으므로〉 흙덩이로 만든 북채와 〈대나무를 정교하게 잘라 만든 피리가 없었으므로〉 갈대로 만든 피리는 伊耆氏의 樂이다.

字義 蕢 : 흙덩이 괴 桴 : 북채 부 葦 : 갈대 위 籥 : 피리 약 耆 : 늙을 기

---

24 勺 : 《禮記補註》에 "'勺'은 술을 따르는 기구이다."라는 양오의 설을 인용하였다.

25 蒲勺 : 공영달의 소에 따르면 '蒲'는 부들을 합한 것을 이르니, 勺을 오리 머리의 모양으로 조각할 때 그 입을 약간 벌려서 뿌리는 합하였으나 끝이 약간 열린 부들과 같게 하는 것이다.

26 伊耆氏 : 《禮記補註》에 "〈교특생〉 진호의 주에 이미 '伊耆氏는 堯임금이다.' 하였기 때문에 여기에서 다시 설명하지 않은 것이다. 그리고 〈교특생〉과 이 편의 공영달 疏에는 모두 이기씨를 '神農'이라고 하였는데, 정현의 주에는 '이기씨는 옛적 천자가 천하를 소유한 호칭이다. 지금 姓이 이기씨인 자가 있다.' 하였다. 이것으로 보건대 '伊耆'는 요임금의 성인 '伊祈'에 가까우니, 요임금을 이른다는 설이 옳은 듯하다." 하였다.

14.16.2 拊(부)搏[27]과 玉磬과 揩(개)擊[28]과 大琴大瑟과 中琴小瑟은 四代之樂器也라

拊와 搏과 玉磬과 揩와 擊과 大琴과 大瑟과 中琴과 小瑟은 〈虞 · 夏 · 商 · 周〉 4代의 악기이다.

字義 拊 : 악기이름 부 搏 : 악기이름 박 磬 : 경쇠 경 揩 : 타악기 이름 개 擊 : 칠 격

14.17 魯公之廟는 文世室也요 武公之廟는 武世室也[29]라

魯公 伯禽의 사당은 〈주나라가 文王을 祖로 삼아 훼철하지 않는 사당으로 삼은 것에 빗대었으니〉 문왕의 世室이고, 武公의 사당은 〈주나라가 武王을 宗으로 삼아 훼철하지 않는 사당으로 삼은 것에 빗대었으니〉 무왕의 세실이다.

14.18 米廩은 有虞氏之庠也요 序는 夏后氏之序也요 瞽宗은 殷學也요 頖宮은 周學也[30]라

---

27 拊搏 : 정현의 주에 "다룸가죽으로 만들고 겨로써 채워서 모습이 작은 북과 같다.〔以韋爲之 充之以糠 形如小鼓〕" 하여 '북의 명칭'으로 보았고, 진호의 주도 이에 따라 해설하였다.
참고로 〈樂記〉 50.2章의 "弦匏笙簧 會守拊鼓 始奏以文 復亂以武 治亂以相 訊疾以雅"라고 한 것에 대한 진호의 주에서 '拊'와 '相'을 '북을 치는 것'이라 한 것에 따라 《禮記補註》에서는 "이는 〈악기〉 50.2장의 '會守拊鼓'의 '拊'와 '治亂以相'의 '相'과 같다." 하여 여기서의 '拊'도 '북을 치는 것'으로 보아야 한다 하였다.

28 揩(개)擊 : 풍악을 시작할 때 사용하는 악기인 '柷(축)'과 끝날 때 사용하는 '敔(어)'를 이른다.

29 魯公之廟……武世室也 : 번역은 진호의 주를 따른 것인데, 참고로 《禮記補註》에는 "周公이 노나라의 太祖가 되지만 개국한 것은 실로 魯公 伯禽이니, 文王을 끌어다 견줄 수 없는 것이다. 훼철한 武公의 사당을 다시 세운 것으로 말하자면 이는 季氏가 한 것이다. 계씨가 이미 훼철한 사당을 세운 경우가 두 번 있었는데, 煬公(양공)은 아우로서 형을 계승한 자이고, 무공은 장자를 놔두고 아우를 세운 자이니, 이 두 경우는 모두 계씨가 신하 노릇을 하지 않으려고 만든 것이다. 그리하여 《春秋》에 '무공의 사당을 세움〔立武宮〕'과 '양공의 사당을 세움〔立煬宮〕'을 적어서 계씨를 폄척하였는데, 진호의 주는 그 까닭을 고찰하지 않고 마침내 '훼철하지 않는 사당〔不毁之廟〕'이라고 하였으니, 《춘추》의 본지에 매우 어긋난다."라는 양오의 설을 소개하였다.

30 米廩有虞氏之庠也……頖宮周學也 : '庠', '序', '瞽宗'은 〈文王世子〉 5장에 보이고, '頖宮'은 〈王制〉 22장에 보인다. 진호의 주에 따르면 노나라에서 粢盛米를 보관한 창고는 有虞氏의 '庠'이니,

〈魯나라가 4대의 학궁을 세웠는데〉 米廩은 유우씨의 庠이고, 序는 하후씨의 서이고, 瞽宗은 은나라의 太學이고, 頖宮은 주나라의 태학이다.

字義 廩 : 집 름　庠 : 학교 상　序 : 학교 이름 서　瞽 : 맹인 고　頖 : 학교이름 반

14.19 崇鼎과 貫鼎과 大璜과 封父(보)龜는 天子之器也요 越棘과 大弓은 天子之戎器也라

崇나라의 鼎, 貫나라의 鼎, 〈夏나라의〉 大璜, 封父나라의 거북은 천자의 기물이고, 越나라의 戟과 大弓은 천자의 兵器이다.

字義 璜 : 패옥 황　父 : 남자에 대한 미칭 보　越 : 나라이름 월　棘 : 창 극(=戟)
戎 : 병장기 융

14.20.1 夏后氏之鼓는 足이요 殷은 楹鼓[31]요 周는 縣鼓요 垂之和鍾과 叔之離磬[32]과 女媧之笙簧[33]이러라

하후씨의 북은 네 발이 있었고, 은나라는 북을 기둥으로 꿰었다. 그리고 주나라는 북을 매달았고, 垂가 만든 和鍾과 叔이 만든 離磬과 女媧의 笙簧이 있었다.

字義 媧 : 사람이름 와　笙 : 생황 생　簧 : 피리 황

이는 자성미를 學宮에 보관함을 이른 것인데, 여기에는 효도를 가르치는 뜻도 들어있다. '序'는 '활을 잘 쏜다'는 뜻이니, 활쏘기로 德을 관찰하여 先後의 차례를 두는 것이다. 樂師는 소경〔瞽矇〕들이 높이는 것이기 때문에 '瞽宗'이라 이른 것이다. '頖'은 '半'이니, 제후의 학궁을 '頖宮'이라 하는데, 천자의 학궁인 '辟雍'의 제도에 半이 되기 때문이다.

31 楹鼓 : 정현의 주에 "'楹'은 '柱'라고 하니, 북통의 가운데를 나무 기둥으로 꿰어 위로 나온 것이다." 하고서 《시경》〈商頌 那〉의 "우리의 작은 북과 큰 북을 세운다.〔置我鞉鼓〕"를 증거로 삼았다.

32 離磬 : 정현의 주에 따르면 '離'는 매다는 것을 차례 지음을 이른다. 공영달의 소에 따르면 磬을 매달 때에 磬들 사이에 공간이 있어서 서로 떨어져 있음을 말한 것이다.

33 笙簧 : 정현의 주에 따르면 '笙簧'은 '笙' 안에 '簧'이 있는 것이다. 《禮記補註》에는 "'簧'은 笙 안에 있는 金葉(쇠로 만든 얇은 떨림판)이다."라는 김장생의 설을 소개하였다.

14.20.2 夏后氏之龍簨虡(순거)와 殷之崇牙와 周之璧翣[34]이러라

〈종과 북을 매다는 틀에는〉 하후씨의 龍모양으로 꾸민 簨虡와 은나라의 〈나무를 조각하여 만들고 채색으로 꾸민〉 崇牙와 주나라의 璧翣이 있다.

字義 簨 : 악기다는틀 순　虡 : 악기다는틀 거　璧 : 구슬 벽
翣 : 불삽 삽

벽삽璧翣

14.21.1 有虞氏之兩敦(대)와 夏后氏之四璉(련)과 殷之六瑚와 周之八簋러라

〈黍稷을 담는 그릇에는〉 유우씨의 두 '敦'와 하후씨의 네 '璉'과 은나라의 여섯 '瑚'와 주나라의 여덟 '簋'가 있다.

字義 敦 : 제기이름 대　璉 : 제기이름 련　瑚 : 제기이름 호　簋 : 제기이름 궤

14.21.2 俎를 有虞氏는 以梡(관)이요 夏后氏는 以嶡이요 殷은 以椇요 周는 以房俎[35]니라

도마[俎]를 유우씨는 〈네 발이 책상 모양인〉 梡을 썼고, 하후씨는 〈발 중앙에 가로댄 나무가 있는〉 嶡을 썼고, 은나라는 椇를 썼고, 주나라는 房俎를 썼다.

字義 梡 : 도마이름 관　嶡 : 도마이름 궐　椇 : 도마이름 구

---

34 夏后氏之龍簨虡(순거)……周之璧翣 : 진호의 주에 따르면 《周禮》〈冬官〉에 "梓人이 악기를 매다는 틀인 簨虡를 만든다." 하였는데, 가로로 된 것을 '筍(簨)'이라 하고 세로로 된 것을 '虡'라 한다. 은나라 사람은 簨의 위에 崇牙를 달아서 종과 경쇠를 매달았다. 주나라 사람은 또 簨의 위에 그림이 그려진 비단으로 翣을 만들었는데, 璧을 그 위에 달고 아래에 五采의 깃을 매달아 簨의 모서리에 걸었다.

35 殷以椇 周以房俎 : 진호의 주에 "'椇'는 도마의 발 사이에 나무를 가로 대어 굽은 모습을 만들어 椇枳(호깨나무와 탱자나무)의 가지와 같게 한 것이다. '房'은 도마의 발 아래의 받침대이니, 도마의 위아래 사이가 堂이나 방과 유사함이 있음을 말한 것이다." 하고서 "옛 제도는 무엇이 옳은지 자세히 알 수 없다."라는 공영달의 소를 인용하였다.

14.21.3 夏后氏는 以楬(갈)豆요 殷은 玉豆요 周는 獻(사)豆[36]니라

〈그릇〔豆〕을〉 하후씨는 〈꾸미지 않아 질박한〉 楬豆를 썼고, 은나라는 〈옥으로 꾸민〉 玉豆를 썼고, 주나라는 〈봉황의 깃털을 새긴〉 獻豆를 썼다.

字義 楬 : 꾸밈없을 갈 獻 : 새길 사

14.22 有虞氏는 服韍(불)[37]이요 夏后氏는 山이요 殷은 火요 周는 龍章이니라

〈蔽膝은〉 유우씨는 〈祭服에 처음으로 가죽으로 된〉 폐슬을 찼고, 하후씨는 〈폐슬에〉 산을 그렸고, 은나라는 〈폐슬에〉 불을 그렸고, 주나라는 〈폐슬에〉 龍 紋章을 그렸다.

字義 韍 : 폐슬 불 紋 : 무늬 문

14.23.1 有虞氏는 祭首하고 夏后氏는 祭心하고 殷은 祭肝하고 周는 祭肺[38]하니라

〈고수레는〉 유우씨는 희생의 머리를 가지고 고수레하였고, 하후씨는 심장을 가지고 고수레하였고, 은나라는 肝을 가지고 고수레하였고, 주나라는 肺를 가지고 고수레하였다.

字義 肺 : 허파 폐

14.23.2 夏后氏는 尙明水하고 殷은 尙醴하고 周는 尙酒[39]하니라

---

36 獻(사)豆 : 진호의 주에 따르면 '獻'은 '娑'로 읽으니, '獻尊(사준)'은 봉황의 깃털을 새긴 것이다. 그렇다면 '獻豆'도 틀림없이 봉황의 깃털을 새겼기 때문에 이렇게 칭하였을 것이다.

37 有虞氏服韍(불) : 정현의 주에 따르면 '韍'은 순임금이 처음으로 만들어 祭服을 높인 것이다. 《禮記補註》에 따르면 "'服韍'은 처음으로 폐슬을 참을 이른 것이다.

38 有虞氏祭首……周祭肺 : 진호의 주에 "3代가 각각 이기는 바를 가지고 고수레하였다. 하나라는 흑색을 숭상하니 흑색은 적색을 이기기 때문에 심장을 가지고 고수레하였고, 은나라는 백색을 숭상하니 백색은 청색을 이기기 때문에 간을 가지고 고수레하였고, 주나라는 적색을 숭상하니 적색은 백색을 이기기 때문에 폐를 가지고 고수레하였다."라는 方氏의 설을 인용하였다.

39 夏后氏尙明水……周尙酒 : 진호의 주에 "《儀禮》에 술동이를 진설할 적에 玄酒를 위에 두었으니, 주나라 또한 明水를 위에 놓은 것이다. 〈禮運〉 3.5장에 '澄酒가 아래에 있다.' 하였으니, 주나라도 澄酒를 위에 두지 않았다. 그러므로 정현의 주에 '〈이는 모두 그 때의 쓰임일 뿐이니, 經文에서〉 「尙」이라고 한 것은 잘못이다.〔言尙非〕' 하였다."라는 공영달의 소를 인용하고, 또 "달 밝은

하후씨는 明水를 위에 놓았고, 은나라는 醴酒를 위에 놓았고, 주나라는 澄酒를 위에 놓았다.

字義 醴 : 단술 례

14.23.3 有虞氏는 官이 五十이요 夏后氏는 官이 百이요 殷은 二百이요 周는 三百[40]이니라

유우씨는 관원이 50명이었고, 하후씨는 관원이 100명이었고, 은나라는 200명이었고, 주나라는 300명이었다.

14.24 有虞氏之緌(유)와 夏后氏之綢(도)練과 殷之崇牙와 周之璧翣[41]이라

〈초상과 장례의 장식으로는〉 유우씨의 깃발의 늘임〔緌〕과 하후씨의 〈練(누인 명주)으로 깃대를 싸고 깃발의 술을 만든〉 綢練과 은나라의 〈비단을 잘라서 깃발의 측면을 장식한〉 崇牙와 주나라의 璧翣이 있다.

字義 緌 : 깃발 유(=緌) 綢 : 비단 도 練 : 누일 련

날에 취한 물이므로 '明水'라 하였는데 담담하여 맛이 없다. '醴酒'는 맛이 점점 더 갖추어졌고 술은 맛이 완전히 갖추어진 것이다."라는 方氏의 설을 인용하였다.

40 有虞氏官五十……周三百 : 진호의 주에 "《書經》〈周官〉에 '唐나라와 虞나라는 만든 관직이 100개였고, 하나라와 은나라는 관직이 그 보다 배였다.〔唐虞 建官惟百 夏商 官倍〕' 했는데, 先儒들이 이 기록을 믿고 《서경》을 믿지 않은 것은 참으로 옳지 않다. 또 이 글에 대해 '노나라가 4代의 예악을 쓸 수 있었기 때문에 오직 그 관직의 명호를 통용한 것이고 반드시 그 수를 다 쓴 것은 아니다.〔魯得用四代禮樂 故惟通用其官之名號 不必盡用其數〕' 하니, 이러한 말은 모두 억측이다." 하였다.

《禮記補註》에서도 "4代의 의복과 기물을 '노나라가 겸하여 사용했다〔魯兼用者〕' 한 것은 거짓말이더라도 괜찮다. 그러나 여기서 '사대의 관직을 노나라가 겸하여 사용했다.' 하였는데, 당시에 주나라가 천자의 나라였는데도 그 관직이 300개였으니, 노나라가 侯의 나라로 사대의 관직을 겸하여 사용하여 관직이 650개가 될 수 있었겠는가."라는 권근의 설을 인용하여 〈명당위〉의 내용이 노나라를 위한 과장된 기록임을 지적하였다.

41 周之璧翣 : 정현의 주에 "《周禮》에 따르면 천자는 8翣으로, 모두 璧을 위에 달고 깃을 드리운다. 제후는 6삽으로, 圭를 위에 단다. 대부는 4삽이고 士는 2삽으로, 모두 緌를 위에 단다." 하였다.

14.25 凡四代之服과 器와 官을 魯가 兼用之하니 是故로 魯는 王禮也니 天下가 傳之久矣니 君臣이 未嘗相弑也하며 禮樂刑法政俗이 未嘗相變也라 天下가 以爲有道之國이라하니 是故로 天下가 資禮樂焉[42]하니라

4代의 복식과 기물과 관직을 魯나라가 겸용하였다. 이 때문에 노나라는 천자의 예였는데 천하가 이를 전해온 지 오래되었으니, 군주와 신하가 서로 시해한 적이 없으며 예와 음악과 형벌과 법과 정사와 풍속이 일찍이 서로 변한 적이 없다. 그래서 천하가 노나라를 "道가 있는 나라이다." 하였으니, 이 때문에 천하가 노나라의 예악을 이용한 것이다.

---

42 凡四代之服……天下資禮樂焉 : 진호의 주에 "이 편은 魯나라를 과장하고 과대함을 위주하였으므로 4代의 복식과 기물과 관직을 차례로 들어서 노나라의 예악이 성함이 이와 같음을 드러냈는데, 노나라의 郊祭와 禘祭가 예가 아니니, 주공의 도가 쇠한 것임을 알지 못한 것이다." 하였고, "노나라 羽父(우보)가 隱公을 시해하고 慶父(경보)가 두 군주를 시해하였으니, 군주와 신하 사이에 시해한 일이 있었던 것이다. 夏父(하보)가 僖公의 신주를 閔公의 위에 올렸으니 예가 변한 것이다. 季氏가 八佾로 뜰에서 춤을 추었으니 음악이 변한 것이다. 僖公이 무당과 곱사등이〔巫尫〕를 불태워 죽이고자 하였으니 형벌이 변한 것이다. 宣公이 처음으로 畝에 따라 세금을 거두었으니 법이 변한 것이다. 政事가 대부에게 미쳤으니 정사가 변한 것이다. 婦人이 북상투를 하고 조문하였으니 풍속이 변한 것이다."라는 朱氏의 설을 소개하였고, 또 "이 글을 쓴 자는 《춘추》의 經만 보고 傳을 보지 못한 자이므로 '일찍이 시해한 적이 없고 일찍이 법이 변한 적이 없었다.〔未嘗相弑 未嘗變法〕' 하였으니, 이 편은 거짓이 많다."라는 石梁王氏의 설을 소개하였다.

喪服小記[1] 第十五

15.1.1 斬衰엔 括髮以麻하고 爲母하얀 括髮以麻하며 免(문)而以布니라

〈아버지를 위하여 입는〉 斬衰에는 麻(삼)로 머리를 싸매고, 어머니를 위해서는 麻로 머리를 싸매며 〈소렴 후에〉 布(삼베)를 사용하여 袒免(단문)을 한다.

字義 括 : 묶을 괄

15.1.2 齊衰엔 惡笄로 以終喪이니라

〈婦人이〉 자최복의 상일 경우에는 〈개암나무로 비녀를 만들어 머리카락을 거두는〉 惡笄로 〈중간에 변경함이 없이〉 喪期를 마친다.

字義 笄 : 비녀 계

15.1.3 男子는 冠而婦人은 笄[2]하며 男子는 免而婦人은 髽(좌)하나니 其義가 爲男子則免이요 爲婦人則髽[3]니라

---

1 진호의 주에 따르면 주희가 "〈小記〉는 바로 《儀禮》 〈喪服〉에 대한 子夏의 傳을 해석한 것이다.〔朱子曰 小記 是解喪服傳〕" 하였다. 공영달의 소에 따르면 정현의 《目錄》에 "이 편은 喪服에 대한 小義를 기록하였다." 하였다

2 男子冠而婦人笄 : 진호의 주에 따르면 길할 때에는 남자는 머리에 吉冠을 쓰고 婦人은 머리에 吉笄를 하는데, 만약 어버이가 처음 죽으면 남자는 冠을 벗고 여자는 비녀를 빼며, 아버지 상에 成服했으면 남자는 6升의 삼베로 冠을 만들고 여자는 대나무로 비녀를 만들며, 만약 어머니 상이면 남자는 7升 삼베로 冠을 만들고 여자는 개암나무로 髽를 만드는 것이다.

3 髽 : 喪을 당했을 때 평소 머리를 싸매는 길이 6尺의 머리싸개 천〔纚〕을 제거하고 상투〔髻〕를 드러내는 것을 이른다. 진호의 주에 따르면 髽에는 두 가지가 있으니, 참최의 상에는 麻(삼)로 髽를

남자는 冠을 쓰고 부인은 비녀를 꽂으며, 〈자최의 상에는〉 남자는 袒免을 하고 부인은 髽(북상투)를 하니, 그 의의는 〈남자와 여자를 분별하기 위해〉 남자이면 袒免을 하고 부인이면 髽를 한다.

字義 髽 : 북상투 좌

15.2 苴(저)杖은 竹也요 削杖은 桐也[4]라

苴杖은 대나무 喪杖이고, 削杖은 〈아래를 네모나게 깎은〉 오동나무 喪杖이다.

字義 苴 : 조악할 저

15.3 祖父가 卒커시든 而后에 爲祖母後者가 三年[5]이니라

〈適孫이 아버지가 죽고 없는데〉 조부가 죽었으면 〈조부를 위하여 삼년복을 입고, 〈조부에게 아들이 없으면 손자가 할머니의 후계자가 되므로〉 그 뒤에 조모의 後嗣가 된 자는 삼년복을 입는다.

15.4 爲父母長子하야 稽顙하며 大夫가 弔之어든 雖緦나 必稽顙하며 婦人이 爲夫與長子하야 稽顙[6]하고 其餘則否니라

만들고, 자최의 상에는 布(삼베)로 髽를 만드는데, 모두 '露紒(노개)'라 한다.

4 苴杖……桐也 : 진호의 주에 따르면 竹杖은 둥글어서 하늘을 형상하고 削杖은 네모나서 땅을 형상하니, 아버지와 어머니의 구별이다. 《禮記補註》에 "《儀禮》〈喪服〉에 다만 苴杖과 削杖을 말하기만 하고 오동나무와 대나무를 말하지 않았기 때문에 이것을 밝힌 것이다. 이 두 구는 또 《의례》〈상복〉의 傳에 있다." 하고, "삭장은 오동나무를 깎아서 아래를 네모지게 한 것이다."라는 《家禮》의 附註를 소개하였다.

5 祖父卒……三年 : 진호의 주에 "그런데 아버지가 살아계시고 할머니가 죽었으면 아버지가 살아계실 적에 어머니를 위하여 期年服을 입는 것과 같이 한다." 하였다. 공영달의 소에 따르면 만약 조부가 죽었을 때 아버지가 살아 있으면 적손은 비록 할아버지를 위하여 기년복을 입지만, 지금 아버지가 안 계시는데 할머니가 돌아가셨으면 적손은 또한 할머니를 위하여 삼년복을 입는다. 《禮記補註》에 따르면 疏의 설은 대체로 變禮를 미루어 넓혀 말한 것이다.

6 婦人爲夫與長子稽顙 : 《예기보주》에 따르면 《의례》〈상복〉에서 부인이 삼년상을 하는 것은 오직

〈지극히 무거운 상이 아니면 이마를 조아려 슬픔을 표하지 않으니,〉 부모의 長子가 되어서는 〈무거운 부모의 삼년상을 치를 때 조문객에게 拜를 하기 전에 먼저〉 이마를 조아려 슬픔을 표하며, 〈신분이 높은〉 대부가 〈신분이 낮은 士에게〉 조문을 오거든 비록 緦麻服의 〈가벼운〉 상이라도 〈높은 대부를 감히 가벼운 상의 예로 대하지 못하므로〉 반드시 대부에게 〈拜를 하기 전에 먼저〉 이마를 조아려 슬픔을 표한다. 그리고 부인은 남편과 장자를 위하여 〈무거운 삼년상을 치르므로 조문객에게 拜를 하기 전에 먼저〉 이마를 조아려 슬픔을 표하고, 나머지 〈친정 부모의 상일〉 경우에는 〈이마를 조아려 슬픔을 표하는 것을〉 하지 않는다.

字義 稽 : 조아릴 계　顙 : 이마 상

15.5 男主란 必使同姓하고 婦主란 必使異姓이니라

〈喪에는 반드시 남자 喪主가 있어서 남자 손님을 접대하고, 여자 상주가 있어서 여자 손님을 접대하는데〉 남자의 상주는 〈適子가 없으면〉 반드시 同姓의 남자를 시키고, 부인의 상주는 〈適婦가 없으면〉 반드시 〈同宗의 부인 중에서〉 다른 姓의 부인을 시킨다.

15.6 爲父後者가 爲出母하야 無服[7]하니라

아버지의 후계자가 된 適子는 쫓겨난 어머니를 위해 복이 없다.

15.7 親親호되 以三爲五하며 以五爲九하나니 上殺(쇄)하며 下殺하며 旁殺하야 而親이 畢矣[8]니라

이 두 가지 경우이다. 바로 남편을 위해서는 참최 삼년복을 입고, 장자를 위해서는 자최 삼년복을 입는다.

7 爲父後者……無服 : 공영달의 소에 따르면 어머니와 아들은 至親의 관계로 의리를 끊을 수 없으니, 아버지가 만약 살아 계시면 자식들은 모두 쫓겨난 어머니를 위하여 服을 입는다. 만약 아버지가 돌아가신 뒤라면 적자는 다시 쫓겨난 어머니를 위하여 복을 입지 못하니, 감히 私親 때문에 선조의 제사를 폐지할 수 없기 때문이다.

8 親親……親畢矣 : 진호의 주에 따르면, 자기를 기준으로 말하면 위로 아버지가 있고 아래로 자식이 있으니, 마땅히 '하나로써 셋이 된다.〔以一爲三〕' 할 것인데, 그렇게 말하지 않은 것은 부자

친척을 친애하되 셋으로써 다섯이 되고 다섯으로써 아홉이 되니, 위로 올라갈수록 복을 줄여 입고 아래로 내려갈수록 복을 줄여 입고 옆으로 旁系 친족의 상에 복을 줄여 입어 친속이 다하는 것이다.

15.8 禮에 不王이면 不禘[9]니 王者가 禘其祖之所自出호되 以其祖로 配之하야 而立四廟[10]하시나니 庶子가 王이라도 亦如之니라

禮에 王(천자)이 아니면 〈왕의 큰 제사인〉 禘제사를 지내지 않는다. 왕은 〈시조의 사당을 세우고 나서 또다시 소급하여〉 그 시조를 출생시킨 제왕에게 禘제사를 지내되 시조로 배향하여 4廟를 세우시니, 〈世子가 廢疾 때문에 즉위할 수가 없어서〉 서자가 왕이 되었더라도 〈그 禮制를〉 또한 이와 같이 한다.

字義 禘 : 큰제사 체

15.9 別子가 爲祖요 繼別이 爲宗이요 繼禰者가 爲小宗[11]이라 有五世而遷之宗하니

간이 一體여서 나눌 만한 의리가 없기 때문에 '셋으로써 다섯이 된다.〔以三爲五〕' 한 것이다. 이는 아버지를 통해 조부를 친히 하고 자식을 통해 손자를 친히 한 것이다. 또 '다섯으로써 일곱이 된다.〔以五爲七〕' 하지 않은 것은 조부를 통해 증조와 고조 두 조부를 친히 하고, 손자를 통해 증손과 현손을 친히 하니, 그 은혜가 모두 이미 소략해졌기 때문에 '다섯으로써 아홉이 되었다.〔以五爲九〕' 한 것이다. 아버지를 통해 위로 降殺하여 고조에 이르고, 아들을 통해 아래로 강쇄하여 현손에 이르니, 이것이 '위로 강쇄하고 아래로 강쇄하는 것〔上殺下殺〕'이다. 아버지의 형제이면 期年服을 입고 조부의 형제이면 大功服을 입고 증조의 형제이면 小功服을 입고 고조의 형제이면 緦麻服을 입으니, 이것이 옆으로 강쇄하는 것이다. 고조 외에는 服이 없기 때문에 '친속이 다하는 것이다.〔親畢〕' 한 것이다.

9 禮不王不禘 : 저본에는 이 다섯 글자가 15.12.2의 '妾從女君而出 則不爲女君之子服' 뒤에 錯簡되어 있으나, 《禮記大文諺讀》를 따라 수정하여 번역하였다. '禘제사'는 고대에 천자나 제후가 거행한 큰 제사로, 하늘에 대한 제사 및 종묘의 大祭와 時祭를 가리킨다.

10 立四廟 : 진호의 주에 "四廟는 고조, 증조, 祖, 아버지 四親의 사당을 이른다. 시조가 중앙에 있어 다섯이 되고 고조의 아버지와 조부를 아울러 일곱이 된다." 하였는데, 저본의 소주에 嚴陵方氏가 "천자는 7廟를 세우니, 3昭와 3穆에 太祖의 사당을 넣어 7묘가 된다. 여기에서 '王者는 4묘를 세운다.' 한 것은 매월 제사 지내는 親廟에 근거하여 말한 것이다." 하였다. 《禮記補註》에는 "王者는 天子로 7廟인데, 이 경문에서 '4廟를 세운다.' 한 것은 자세하지 않다." 하였다.

11 別子爲祖……繼禰者爲小宗 : 진호의 주에 따르면 別子는 셋이 있다. 하나는 제후의 適子의 아우이니, 正適과 구별하는 것이다. 또 하나는 異姓의 公子로 타국에서 온 자이니, 타국에서 오지

其繼高祖者也라 是故로 祖遷於上이요 宗易於下하나니 尊祖故로 敬宗이니 敬宗이 所以尊祖禰也라

別子는 〈後世와 구별하여 시조가 되는〉 祖가 되고 별자를 〈대대로〉 계승한 適長子는 〈백세토록 옮기지 않는〉 大宗이 되고, 〈祖의 庶子인〉 아버지를 계승한 자는 小宗이 된다. 〈별자의 서자가〉 5世가 되면 祧遷하는 宗이 있으니 고조를 계승한 소종이다. 이 때문에 祖는 위에서 옮겨지고, 〈손자가 된 자의 입장에서 이 祖가 이미 조천된 것으로 보면 이 小宗을 다시 宗으로 삼지 않으니〉 宗은 아래에서 바뀌어간다. 祖를 높이기 때문에 宗을 공경하니, 종을 공경하는 것이 祖와 아버지를 존경하는 것이다.

字義 禰 : 아버지사당 녜

15.10.1 庶子가 不祭祖者는 明其宗也[12]라

서자가 할아버지에게 제사 지내지 못하는 것은 종통이 따로 있음을 밝힌 것이다.

15.10.2 庶子가 不爲長子斬은 不繼祖與禰故也[13]라

서자가 장자를 위하여 참최복을 입지 못하는 것은 할아버지와 아버지를 잇지 않았기 때문이다.

않고 본국에 있던 자와 구별하는 것이다. 마지막은 여러 姓 중에 이 나라에서 立身한 자이니, 경대부가 되어 벼슬하지 않는 자와 구별하는 것이다.

12 庶子不祭祖者 明其宗也 : 공영달의 소에 따르면 〈지위가 下大夫 다음이고 中士보다 높은〉 適士는 두 개의 사당을 세울 수 있으므로 宗子는 할아버지의 사당을 세워 제사 지낼 수 있지만, 자신이 할아버지의 입장에서 庶子의 長子라면 비록 적사의 신분이라 할지라도 본인은 아버지의 사당만 세울 수 있고 할아버지의 사당을 세울 수 없다. 《禮記補註》에 "이 서자는 서자의 장자를 가리키니, 할아버지의 입장에서는 서자라고 일컫지만, 할아버지를 제사 지내는 자의 입장에서는 마땅히 從父兄弟(사촌형제)가 되어야 한다. 진호의 주에 '형과 아우 두 사람이 하나는 적자이고 하나는 서자로서 모두 적사가 되었다.〔兄弟二人 一適一庶 俱爲適士〕' 하여 적자와 서자가 친형제인 듯하나, 친형제 간에 어찌 각각 아버지의 사당을 세워 제사 지내는 이치가 있겠는가." 하였다.

13 庶子不爲長子斬 不繼祖與禰故也 : 정현의 주에 따르면 장자는 반드시 5世가 지날 필요는 없다는 것이다. 《예기보주》에 따르면 이는 자기가 할아버지와 아버지를 이은 적자이면 비록 5세에 걸쳐 承重한 경우가 아니더라도 또한 장자를 위하여 참최복을 입을 수 있음을 이른 것이다.

15.10.3 庶子가 不祭殤與無後者[14]하나니 殤與無後者는 從祖祔食이니라

서자는 〈成人이 되기 전에 죽은 자인〉 殤과 〈成人으로서 아직 혼인하지 않고 죽거나 장가를 들었어도 자식 없이 죽어서〉 후손이 없는 자를 위하여 제사하지 않으니, 殤과 후손이 없는 자는 〈宗子의 집에 있는 조부의 사당에 제사할 때〉 조부를 따라 祔食한다.

字義 殤 : 일찍죽을 상 祔 : 합사할 부

15.10.4 庶子가 不祭禰者는 明其宗也[15]라

서자가 아버지에게 제사하지 못함은 종통이 따로 있음을 밝힌 것이다.

15.11 親親과 尊尊과 長長과 男女之有別[16]은 人道之大者也라

어버이를 친애함과 높은 자를 높임과 연장자를 연장자로 대함과 남녀 사이에 구별이 있음은 人道 중에서 큰 것이다.

---

14 庶子不祭殤與無後者 : 진호의 주에 따르면 庶子가 이 두 경우를 위하여 제사할 수 없는 것은 자기는 바로 그 아버지의 서자로서 아버지의 사당을 세울 수 없기 때문에 직접 殤에게 제사하지 못하는 것이다. 만일 자기가 조부의 庶孫이면 조부의 사당을 세울 수 없으므로 후손이 없는 형제도 제사할 수 없는 것이다.

15 庶子不祭禰者 明其宗也 : 진호의 주에 따르면 서자는 아버지 사당을 세울 수 없으므로 아버지에게 제사하지 못한다. 제사는 宗子가 주관하고 사당은 반드시 종자의 집에 세워 두는 것임을 밝히기 위해서이다. 서자는 신분이 귀하더라도 희생과 제물을 장만할 수 있을 뿐이고, 그 예를 주관하지 못한다. 윗글에서처럼 서자가 조부에게 제사하지 못하더라도 아버지 사당을 세울 수 있는 것은 그가 適士가 되었기 때문이다. 그런데 여기에서 말한 서자는 적사가 아니거나 벼슬을 하지 않은 자이므로 사당을 세워 아버지에게 제사할 수 없는 것이다.

16 親親……男女之有別 : 공영달의 소에 따르면 이는 服의 降殺를 논한 것이다. '親親'은 부모를 이르고, '尊尊'은 조부와 증조, 고조를 이르고, '長長'은 형과 旁親을 이르니, 卑幼를 말하지 않은 것은 尊長을 말하였으면 卑幼를 알 수 있기 때문이다. '男女之有別'은 예컨대 아버지를 위하여 참최복을 입고 어머니를 위하여 자최복을 입으며, 고모와 자매가 시집가지 않고 집에 있으면 기년복을 입고 출가하면 대공복을 입으며, 남편을 위하여 참최복을 입고 부인을 위하여 기년복을 입는 것이다.

15.12.1 從服者는 所從이 亡則已[17]하고 屬從者는 所從이 雖沒也나 服[18]이니라

따라서 복을 입는 자는 따를 대상이 죽으면 복을 입지 않고, 혈연으로 따라서 복을 입는 자는 따를 대상이 죽었더라도 그대로 복을 입는다.

15.12.2 妾이 從女君而出인댄 則不爲女君之子하야 服[19]이니라

첩이 〈嫡妻인〉 女君을 따라 쫓겨났으면 여군의 適子를 위하여 복을 입지 않는다.

(禮不王不禘)[20]

(예에 王者가 아니면 禘祭를 지내지 않는다.)

---

17 從服者 所從亡則已 : 공영달의 소에 따르면 복을 입는 방법〔服術〕에는 여섯 가지가 있으니, 그 중 하나가 '徒從'이다. '徒'는 '공연히 입는다'는 뜻으로, 저 사람과 친속이 아닌데 공연히 이 사람을 따라 저 사람을 위해 복을 입는 것이다. 이러한 경우가 네 가지가 있으니, 첫 번째는 첩이 女君의 黨을 위하여 복을 입는 경우이고, 두 번째는 자식이 어머니를 따라 어머니의 君母를 위하여 복을 입는 경우이고, 세 번째는 첩의 아들이 군모의 黨을 위하여 복을 입는 경우이고, 네 번째는 신하가 군주를 따라 군주의 黨을 위하여 복을 입는 경우이다. 《禮記補註》에 따르면 마땅히 "복을 입는 방법에는 여섯 가지가 있으니, 그 중 하나가 '따라 복을 입는 것〔從服〕'이며, 從服에는 여섯 가지가 있으니, 그 중 하나가 '徒從'이다."라고 해야 한다. 아니면 '服術'을 '從服'으로 고치는 것도 괜찮다. 관련 내용이 〈大傳〉에 자세히 보인다.

18 屬從者……服 : 진호의 주에 따르면 '屬'은 골육으로 연결된 친척이니, '屬從'은 세 가지가 있다. 하나는 자식이 어머니를 따라서 어머니의 黨을 위하여 복을 입는 경우이고, 두 번째는 아내가 남편을 따라 남편의 黨을 위하여 복을 입는 경우이고, 세 번째는 남편이 아내를 따라 아내의 당을 위하여 복을 입는 경우이다. 이 세 가지는 따를 대상이 죽었더라도 그 친속의 복을 그대로 따라 입는다.

19 妾從女君而出 則不爲女君之子服 : 진호의 주에 따르면 妾은 女君의 조카와 동생을 이르니, 여군이 시집올 때 여군과 함께 들어왔으므로 여군의 자식을 위해 입는 복을 여군과 똑같이 입는 것이다. 만약 여군이 일곱 가지 쫓겨날 죄를 범하여 쫓겨났으면 그 첩도 따라 쫓겨나니, 자식이 죽으면 어머니는 자식을 위해 복을 입지만 첩은 그를 위하여 복을 입지 않음은 義가 끊겼기 때문이다. 《禮記補註》에 "'不爲女君之子服'은 適子를 위하여 자최복을 입지 않는다는 것이다."라는 김장생의 설을 소개하였다.

20 (禮不王不禘) : 진호의 주에 "이 구는 마땅히 15.8의 '왕은 그 조부를 출생한 분에게 제사를 한다.〔王者禘其祖之所自出〕'는 글 위에 있어야 하는데, 雜亂하여 여기에 있는 것이다."라는 石梁王氏의 설을 인용하였다.

15.13 世子가 不降妻之父母하시나니 其爲妻也가 與大夫之適子로 同[21]하니라

세자는 아내의 부모에게 降服하지 않으니, 아내를 위해서는 대부의 적자가 자신의 아내를 위해 복을 입는 것과 똑같이 한다.

15.14 父爲士요 子爲天子諸侯어든 則祭以天子諸侯하고 其尸服을 以士服이니라 父爲天子諸侯요 子爲士어든 祭以士하고 其尸服을 以士服[22]이니라

아버지가 士가 되었고 자식이 천자나 제후가 되었으면, 제사는 〈자식은 자식의 도리를 다하여〉 천자나 제후의 禮로써 하고 〈그 제사의 神을 상징하는〉 尸童의 복장은 〈아버지의 신분에 맞추어〉 士의 복장을 사용한다. 아버지가 천자나 제후가 되고 자식이 士가 되었으면, 제사는 士의 禮로써 하고 시동의 복장은 士의 복장을 사용한다.

15.15.1 婦가 當喪而出인댄 則除之니라

부인이 시부모의 상을 당했을 때 〈남편에게〉 쫓겨나면 〈은혜와 義가 끊기기 때문에 즉시〉 그대로 상복을 벗는다.

15.15.2 爲父母喪하야 未練而出인댄 則三年하고 旣練而出인댄 則已하고

친정 부모의 상을 위하여 〈期年이 되기 전인〉 練祭(小祥)를 지내기 전에 〈남편에게〉

---

21 其爲妻也 與大夫之子同 : 진호의 주에는 "세자가 아내를 위해 복 입는 것을 대부가 적자를 위해 복 입는 것과 같이 한다." 하였는데, 《예기보주》에서는 정현의 주와 공영달의 소, 《儀禮經傳通解續》〈喪服〉의 설을 근거로 "세자가 아내를 위해 복 입는 것을 대부의 적자가 아내를 위해 복 입는 것과 같이 한다."로 보았다. 본서에서는 《예기보주》에 따라 번역하였다.

22 父爲天子諸侯……其尸服以士服 : 진호의 주에 따르면 천자나 제후의 예로써 士였던 아버지에게 제사할 경우 그 禮가 펴지기 때문에 시동이 죽은 자의 복을 입는 것이 예의 바름이 된다. 그런데 士의 예로써 천자나 제후였던 아버지에게 제사할 경우 그 예가 굽혀지기 때문에 시동이 산 자의 복을 입는 것이 예의 변함이 된다. '예에 굽혀서 복을 줄이는 경우가 있다.〔禮有曲而殺〕'는 것은 이런 경우를 가리킨다.

쫓겨났으면 〈남편의 집안과 끊겼기 때문에 情을 다시 친정 부모에게 높이므로〉 삼년상의 예제를 다 마치고, 練祭를 지내고 나서 쫓겨났으면 〈자기의 기년복을 벗은 뒤이므로 居喪을〉 그만둔다.

15.15.3 未練而反인댄 則期하고 旣練而反인댄 則遂之[23]니라

〈부인이 쫓겨난 뒤에〉 친정 부모의 〈삼년상을 치르는 중에〉 練祭를 지내기 전에 남편이 다시 돌아오게 하면 기년복을 입고 〈상복을 벗으며〉, 연제를 지낸 뒤에 다시 돌아오게 하면 삼년상을 끝까지 마친다.

15.16.1 再期之喪은 三年也요 期之喪은 二年也요 九月七月之喪은 三時也요 五月之喪은 二時也요 三月之喪은 一時也니 故로 期而祭는 禮也요 期而除喪은 道也니 祭는 不爲除喪也니라

再期의 喪은 3년이고, 期年의 상은 2년이고, 大功 9월과 7월의 상은 세 철이고, 小功 5월의 상은 두 철이고, 緦麻 3월의 상은 한 철이다. 그러므로 〈再期의 상에〉 기년에 小祥祭를 지냄은 〈孝子가 때를 인하여 어버이를 그리워하는 禮를 펴는〉 禮이고, 기년에 〈衰와 絰을 벗고 練服으로 갈아입어〉 상을 벗음은 〈산 자가 때에 따라 상복을 降殺하는〉 道이니, 〈소상제와 服을 갈아입음을 비록 동시에 거행하더라도〉 練祭는 상을 벗기 위한 것이 아니다.

---

23 未練而反……則遂之 : 번역은 공영달의 소를 따른 것인데, 진호의 주에는 "남편에게 쫓겨난 뒤에 친정 부모의 상을 당해서 期年이 되기 전에 남편이 다시 돌아오라고 명하면 다만 기년복으로 상을 마치고, 돌아오라는 것이 기년 뒤에 있으면 끝내 삼년상을 마치니, 이것은 이미 형제를 따라 小祥祭를 지내서 삼년상의 복을 입었으므로 중간에 그만둘 수 없기 때문이다." 하였는데, 《禮記補註》에 "소의 설에 윗글을 이어 '먼저 친정 부모의 상을 당하고 남편에게 쫓겨났다.'라고 말한 것이 참으로 옳으니, 진호의 주는 잘못된 듯하다." 하고서 "이 조목은 마땅히 소의 설과 진호의 주를 아울러서 보아야 한다."라는 일설도 소개하였다.

15.16.2 三年而后葬者가 必再祭니 其祭之가 間不同時而除喪[24]이니라

〈孝子가 사고로 제때에 장례를 치르지 못하고 중간에 小祥祭와 大祥祭를 지낼 때에 시신의 영구가 아직 남아 있어서 상복을 벗지 못했다가〉 3년이 지난 뒤에 비로소 葬事하는 자는 반드시 〈小祥祭와 大祥祭를 각각 한 번씩 지내어 총〉 두 번 제사하니, 그 제사는 사이에 〈한 달의 간격을 두어 따로 지내고〉 동시에 지내지 않고 차례대로 상복을 벗는다.

15.16.3 大功者가 主人之喪하야 有三年者어든 則必爲之再祭하고 朋友는 虞祔而已라

大功의 친척인 자가 〈從夫兄弟로서 아내와 어린 자식만 있고 별도로 가까운 친척이 없는〉 남의 상을 주관하여 3년복을 입는 자가 있으면 반드시 〈죽은 자의 아내나 어린 자식을〉 위하여 소상제와 대상제 두 번 제사를 지내준다. 붕우간일 경우 虞祭와 祔祭를 지낼 뿐이다.

字義 虞 : 편안할 우

15.16.4 士가 妾이 有子어든 而爲之緦하고 無子則已니라

士는 첩이 자식이 있으면 〈첩을〉 위하여 시마복을 입고, 자식이 없으면 그만둔다.

---

24 其祭之 間不同時而除喪 : 번역은 진호의 주를 따른 것인데, 주소에 따르면 '除喪'은 大祥을 지냈으면 상복을 벗고 禫祭를 지내지 않는 것이다. '담제'는 본래 죽은 자를 그리워하고 생각하여 정이 깊어져서 차마 대번에 상복을 벗을 수 없기 때문에 지내는 것인데, 지금은 삼년이 지난 뒤에야 비로소 장사 지내서 애통해하는 정이 이미 다하였기 때문에 담제를 지내지 않는 것이다.

'其祭之 間不同時'는 《禮記大文諺讀》에 "其祭之間에 不同時"로 되어 있으나, 《禮記補註》에 "정현의 주에 '「間不同時」란 다른 달〔異月〕을 이른다.' 한 것은 '間'자를 아래 글에 연결하여 句를 삼은 것이다." 한 것에 의거하여 토를 수정하고 번역하였다.

15.17.1 生不及祖父母諸父昆弟어든 而父는 稅(태)喪하고 己則否[25]니라

〈다른 나라에서 태어나고〉 살아서 〈本國에 있는〉 조부모와 諸父(伯叔父)와 昆弟를 〈생존해 있을 때에〉 미처 보지 못했으면, 〈服을 입는 기간이 지난 뒤에 그 訃音을 들었을 경우〉 자기 아버지는 그 상의 追服을 입고 자기는 입지 않는다.

字義 稅 : 추복할 태

15.17.2 爲君之父母妻長子하야 君已除喪而后에야 聞喪이어든 則不稅(태)니라 降而在緦小功者어든 則稅之[26]니라

〈卿大夫는 군주의 부모와 처와 長子를 위하여 모두 服이 있으나〉 군주의 부모와 처와 장자를 위하여 군주가 이미 상복을 벗었는데, 〈지금 다른 나라에 사신을 갔거나 일 때문에 나라 밖에서 오래 머무르다가〉 뒤에 상을 들었으면 추복하지 않는다. 복을 강등하여 緦麻服이나 小功服에 있는 경우에는 추복을 입는다.

---

25 生不及祖父母諸父昆弟……己則否 : 《예기보주》에 "정현은 이에 대해 '다른 나라에서 태어나 〈이 친족들이 생존해 있을 때에〉 미처 돌아가 만나 보지 못한 경우〔在他國, 不及歸見之.〕'라고 하여 진호의 주와 똑같다." 하고서 "자기의 태어난 시기를 따져보아 이 친족들이 생존하여 있을 때에 미처 보지 못했으면 追服을 입지 않는다. 만약 이 친족들이 죽지 않았을 때 자기가 태어났으면 추복을 입는다."라는 王肅의 설을 소개하였다.

26 降而在緦小功者 則稅之 : 진호의 주에 "이 구는 '아버지가 상에 추복을 입고 자기는 입지 않는다.〔父稅喪, 己則否.〕'와 연결되는 내용인데, 잘못 여기에 있는 것이다. '降'은 正服을 줄이는 것이니, 예컨대 숙부와 適孫은 정복이 모두 不杖期이나 下殤의 죽음일 경우 모두 小功으로 降服을 한다. 예컨대 庶孫의 下殤은 大功으로 강등하여 시마복을 입고 從祖昆弟(재종형제)의 長殤은 소공으로 강등하여 시마복을 입는다. 이와 같은 경우에는 모두 追服을 한다." 하였다.

《禮記補註》에서는 "진호의 주에 '이 구절이 잘못 여기에 있다.'고 한 것은 옳지 않은 듯하다."라는 《禮記類編》의 설을 인용하고서 "진호의 주는 정현의 주에 근본을 두었는데, 그 뜻이 또한 어찌 조부모와 諸父와 昆弟의 服을 혹 강등하여 시마복이나 소공복을 입는 경우가 있어서 도리어 追服을 입는 것을 말한 것이겠는가. 다만 모두 追服에 관계되는데 윗장의 신하가 군주를 따라서 복을 입는 예에 이어지지 않기 때문에 이렇게 말한 것이다. 그러나 매 章마다 각각 별도로 뜻이 있으니, 《예기유편》에서 지적한 것 역시 옳다." 하였고, 또 "진호의 주에 '강등하여 시마복에 있다.〔降而在緦之〕' 한 것의 '시마복'은, 庶孫의 本服은 대공복인데 그 죽음이 下殤일 경우 강등하여 시마복을 입는 것과 같은 경우를 가리킨다. 그러므로 정현의 주에 「강등하여 시마복이나 소공복을 입는 경우」라고 한 것은 正服이 자최복과 대공복에 해당하는 경우를 이른다.' 한 것이다. 그 뜻이 매우 분명한데도 진호의 주는 도리어 從祖昆弟의 長殤에 소공복을 강등하여 시마복을 입는 경우를 섞어 말하였으니, 이는 잘못된 듯하다." 하였다.

15.17.3 近臣은 君이 服이어시든 斯服矣요 其餘는 從而服하고 不從而稅(태)니라

〈지위가 낮은〉 近臣은 〈君主를 따라 다른 나라에 갔다가 돌아오자 君主의 친척의 喪이 이미 服을 입는 기간이 지나서〉 군주가 追服을 입으면 자신도 추복을 입는다. 그 나머지 〈지위가 높은〉 신하는 〈이러한 경우 군주가 복을 입는 기간이 지나지 않았으면〉 군주를 따라 복을 입고 〈만일 기한이 지나 君主가 追服을 하면 군주를〉 따라 추복을 입지는 않는다.

15.17.4 君이 雖未知喪하사도 臣은 服已니라

〈本國에 喪이 있는데〉 군주가 〈다른 나라에 있어서〉 비록 본국에 상이 있는지를 알지 못한다 하더라도 〈본국에 있는〉 신하들은 〈君主가 돌아오기를 기다리지 않고〉 상복을 입는다.

15.18 虞엔 杖을 不入於室하고 祔엔 杖을 不升於堂[27]이니라

虞祭 때에는 〈슬픔은 비록 줄어들었으나 공경은 더욱 많아지니〉 喪杖을 짚고 방에 들어가지 않고, 祔祭 때에는 〈슬픔은 비록 줄어들었으나 공경은 더욱 많아지니〉 상장을 짚고 堂에 들어가지 않는다.

15.19 爲君母後者가 君母가 卒이어시든 則不爲君母之黨服이니라

〈군주의 적처인 君母가 아들이 없어서 첩의 자식을 후계자로 삼은 경우〉 君母의 후계가 된 자는 군모가 卒하시면 〈군모의 黨을 위해 복을 입는 군모의 適子와 달리〉 군모의 黨을 위하여 복을 입지 않는다.

---

27 虞……不升於堂 : 鄭經世는 "喪杖을 짚지 않는 것은 공경을 바치는 것이다. 초상에는 슬픔을 위주로 하느라고 공경에는 미치지 않는다. 그러다가 이때에 이른 다음에야 이러한 절차가 있는 것이다." 하고서 '애통함은 더욱더 줄어들고, 공경은 더욱더 많아진다.'라는 정현의 주가 간략하면서도 마땅하다고 하였다. (《愚伏集 別集》 권2 〈思問錄 禮記〉)

15.20 絰殺(쇄)는 五分而去一하나니 杖大如絰하니라

〈머리는 존귀하고 허리는 비천하니,〉 腰絰의 굵기를 줄이는 것은 〈비천한 요질은 마땅히 작게 해야 하므로 首絰에서〉 5분의 1을 제거하니, 喪杖의 굵기는 요질의 굵기와 같게 한다.

字義 殺 : 줄일 쇄

15.21 妾이 爲君之長子하야 與女君同하니라

〈正統을 중하게 여기므로〉 첩은 군주의 장자를 위하여 女君과 똑같이 복을 입는다.

15.22 除喪者는 先重者[28]하고 易服者는 易輕者[29]니라

상복을 벗는 자는 중한 것을 먼저 하고, 복을 갈아입는 자는 가벼운 것을 바꾼다.

---

28 除喪者 先重者 : 진호의 주에 "남자는 중한 것이 머리에 있고 부인은 중한 것이 허리에 있으니, 무릇 중히 여기는 것은 벗음만 있고 바꾸어 입음은 없다. 그러므로 비록 졸곡제를 지냈더라도 가벼운 복으로 바꾸어 입지 않고 곧바로 小祥에 이르러 남자는 수질을 제거하고 부인은 요질을 제거하니, 이 때문에 이렇게 말한 것이다." 하였다.

《禮記補註》에서는 "졸곡에 受服할 때에 남자는 수질과 요대를 모두 葛로 바꾸고, 오직 부인은 다만 수질을 바꿀 뿐 요대를 바꾸지 않으니, 옛 禮가 명백하여 근거할 만한데도 진호의 주에는 매번 이러한 잘못된 설이 있다. 또 아랫글의 '斬衰之葛 與齊衰之麻同' 章에 대해 진호의 주에 '머리에는 중한 상의 葛絰을 그대로 착용하고, 허리에는 마침내 가벼운 상의 마질을 착용하는 것이다.〔首仍重喪之葛 要乃輕喪之麻〕' 하였는데, 만약 남자가 졸곡에 수질을 바꾸지 않았으면 어찌 그대로 착용할 만한 갈질이 있겠는가. 대체로 진호의 주는 부득이한 곳에서 옛 禮를 따라 해설하고는 말의 앞과 뒤가 현격하게 차이 나는 것을 깨닫지 못하였으니, 참으로 탄식할 만하다." 하였다.

29 易服者 易輕者 : 진호의 주에 "'상복을 바꾸어 입는다〔易服〕'는 것은 먼저 중한 상을 만나고 뒤에 가벼운 상을 만나서 그 복을 바꾸어 입음을 이르며, '가벼운 것〔輕〕'은 남자의 요질과 부인의 수질을 이르니, 이것은 먼저 만난 참최상에 虞祭와 졸곡제를 지내서 〈苧麻로 된 수질과 요질을〉 이미 葛絰로 바꾼 것을 말한다." 하였는데, 《예기보주》에는 "禮를 가지고 말하면, 졸곡을 지내고 갈질을 바꾸는 것은 마땅히 남자의 수질과 요대와 부인의 수질이 되어야 하는데, 진호 주의 뜻은 대체로 남자의 요대와 부인의 수질을 가지고 말한 것이다. 과연 진호의 설대로 남자가 졸곡을 하고 요대만 葛로 바꾸었는데, 만약 새롭게 가벼운 상을 만나 또 葛을 麻로 바꾼다면 이는 위와 아래가 모두 麻인 것이니, 어찌 아랫글의 '斬衰之葛'에 대한 주에서 '마질과 갈질을 겸하여 착용한다고 한 것은 다만 남자를 이른 것일 뿐이다.' 한 것과 자연 서로 어그러지지 않겠는가." 하였다.

15.23 無事어든 不辟(벽)廟門하고 哭을 皆於其次니라

〈귀신은 그윽하고 어둠을 숭상하기 때문에 일이 있으면 사당 문을 열고〉 일이 없으면 사당 문을 열지 않는다. 그리고 〈朝夕의 哭과 조문 받을 때의 곡은 모두 사당 문 안의 位次에서 하고, 만약 혹 낮이나 밤에 무시로〉 곡을 하는 것을 모두 喪次에서 한다.

字義 辟 : 열 벽

15.24 復與書銘[30]은 自天子로 達於士히 其辭가 一也니 男子란 稱名[31]하고 婦人이란 書姓與伯仲호되 如不知姓則書氏[32]니라

魂을 부르고 銘旌에 쓰는 것은 천자로부터 士에 이르기까지 그 말이 똑같으니, 남자는 이름을 칭하고 부인은 姓과 伯仲(자매 중의 차례)을 쓰되 만일 姓을 알지 못하면 氏를 쓴다.

字義 復 : 초혼할 복

15.25 斬衰之葛이 與齊衰之麻로 同하며 齊衰之葛이 與大功之麻로 同하니 麻

---

30 書銘 : 《예기보주》에 따르면 《周禮》 〈司常〉에 "왕은 太常을 세우고, 제후는 旂를 세우고, 孤卿은 旜을 세우고, 大夫와 士는 物을 세운다." 하였는데, 이는 모두 평상시에 사용하던 물건(깃발)을 명정으로 세움을 이른다. 命을 받지 못한 士의 경우 평상시 사용하던 물건이 없기 때문에 검은 비단과 붉은 비단을 합하여 명정을 만들고 온필의 비단은 쓰지 못한다.

《의례》 〈士喪禮〉의 본문에 "銘旌을 만드는데 죽은 자가 각각 생전에 사용하던 물건으로 만든다. 〈命을 받지 못한 士처럼 평소에 사용하던 물건이〉 없으면 명정의 윗부분은 검은 비단으로 하는데 길이는 반폭이며, 붉은 비단으로 만든 명정의 아랫부분은 길이가 온폭이다. 폭의 너비는 3촌이다.〔爲銘 各以其物 亡則以緇 長半幅 經末 長終幅 廣三寸〕" 하였는데, 賈公彦의 소에 "《周禮》 〈春官 司常〉에 따르면 잡색 비단으로 명정의 물건을 만들어서 대부와 士가 함께 세우는데 지금 '죽은 자가 각각 생전에 사용하던 물건으로 만든다.' 하여 똑같지 않은 것은, 잡색 비단을 사용하는 것은 비록 같지만 깃대의 길이가 다르기 때문이다. '잡색 비단'이라는 것은, 진홍색 비단으로 旗를 만들고 흰색 비단으로 가선을 두른 것이다." 하였다.

31 男子稱名 : 《예기보주》에 따르면 《의례》 〈사상례〉에 "명정의 아랫부분에 이름을 쓰기를 '某氏某之柩'라고 한다." 하였는데, 가공언의 소에 "천자와 제후를 제외하고 남자는 모두 이름을 일컫는다. 이 때문에 여기에서 '모씨모지구'라고 한 것이다." 하였다.

32 如不知姓則書氏 : 진호의 주에 따르면 '姓'은 魯나라는 姬姓인데 뒤에 三家(仲孫·叔孫·季孫)가 각자 〈'仲孫氏·叔孫氏·季孫氏'라고〉 '氏'를 칭했으니, 이른바 '氏'라는 것이다. 殷나라 이전에는 6代의 친족 이외의 사람과 혼인하였으므로 부인의 姓을 알지 못하는 경우가 있었으나 주나라는 그렇지 않았다.

同커든 皆兼服之[33]니라

〈무거운 상인〉 斬衰喪에 〈졸곡 뒤의〉 葛絰은 齊衰喪에 〈처음 죽었을 때의〉 麻絰과 〈굵기가〉 같고, 〈참최상보다 가벼운〉 자최상의 〈變服의〉 갈질은 大功喪의 〈처음 죽었을 때의〉 마질과 〈굵기가〉 같으니, 〈무거운 상에 거하는 중에 가벼운 상을 만나〉 마질이 〈굵기가〉 같으면 〈마질과 갈질을〉 모두 겸하여 착용한다.

15.26 報(부)葬者는 報(부)虞니 三月而後에야 卒哭이니라

〈집이 가난하거나 다른 연고 때문에 3개월을 기다릴 수 없어서 죽으면 바로〉 급하게 장사 지낸 경우에는 〈虞祭는 神을 편안히 하는 것이어서 늦출 수 없으므로〉 급하게 虞祭를 지내니, 3개월이 지난 뒤에야 卒哭祭를 지낸다.

字義 報 : 급히할 부(=赴)

15.27 父母之喪이 偕어든 先葬者를 不虞祔하고 待後事[34]니 其葬에 服斬衰[35]니라

아버지와 어머니의 喪을 함께 만났으면 먼저 장사 지낼 분(어머니)을 虞祭와 祔祭를 지내지 않고 뒷일(아버지의 장례와 우제)을 기다려서 지내니, 〈어머니를〉 장사 지낼 적에 참최복을 입는다.

---

33 斬衰之葛……皆兼服之 : 정현의 주에 "남자는 수질은 前喪에 착용했던 葛絰을 착용하고 요대는 後喪에 착용하는 麻帶를 바꾸어 착용하며, 부인은 수질을 후상에 착용하는 麻로 바꾸어 요대의 마와 똑같으니 이전부터 착용한 요대를 그대로 착용하기 때문이다. 이는 이른바 '상복을 바꾸어 입는 경우에는 가벼운 것을 바꾼다.〔易服者 易輕者〕'라고 한 것에 해당한다. '兼服之'는 남자를 위주로 말한 것이다." 하였다.

《禮記補註》에 "이 장은 바로 윗글의 '易服者 易輕者'의 뜻을 거듭 해석한 것이다. 또 두 사람 이상의 喪이 한꺼번에 겹친 경우에 겸하여 착용하는 예절은 〈間傳〉에 더욱 자세히 갖추어져 있으니, 마땅히 참고해야 한다." 하였다.

34 父母之喪偕……待後事 : 《예기보주》에 따르면 주소에서는 "먼저 아버지에게 虞祭를 지내고 나서 어머니에게 우제를 지낸다.〔先虞父 乃虞母〕" 하였을 뿐이고, 〈曾子問〉에서도 "우제는 중한 상을 먼저 하고 가벼운 상을 뒤에 하는 것이 예이다.〔其虞也 先重後輕〕" 하였다. 이를 가지고 보면 아버지의 부제는 어머니의 우제보다 먼저 지내서는 안 되니, 〈아버지의 우제와 부제를 먼저 지내고 어머니의 우제와 부제를 지낸다고 한〉 진호의 주는 잘못되었다.

35 其葬 服斬衰 : 정현의 주에 따르면, 이렇게 말하였으면 虞祭와 祔祭에 각각 해당하는 服을 입으며 練祭와 祥祭에도 모두 이와 같이 하는데, 일을 마치고는 다시 아버지를 위한 중한 복을 입는다.

15.28.1 大夫가 降其庶子하고 其孫은 不降其父[36]니라

대부는 서자의 상에 降服을 하고, 〈할아버지의 높음이 손자를 누르지 않으므로〉 그 손자는 자신의 아버지상에 강복을 하지 않는다.

15.28.2 大夫가 不主士之喪이니라

〈士가 상을 주관할 후손이 없이 죽었을 경우, 친속 가운데 상을 주관할 만한 사람이 있더라도 지위가 대부이면 士보다 높기 때문에〉 대부는 士의 상을 주관하지 않는다.

15.29 爲慈母之父母하야 無服이니라

慈母(庶母)의 부모를 위해서는 〈은혜가 미치지 않기 때문에〉 服이 없다.

15.30 夫가 爲人後者가 其妻가 爲舅姑하야 大功이니라

남편이 남의 후계자가 된 경우, 그 아내는 남편을 낳아준 시부모를 위하여 대공복을 입는다.

15.31 士가 祔於大夫則易牲[37]이니라

士는 대부인 할아버지에게 祔하면 〈대부에 대한〉 희생으로 바꾸어 쓴다.

---

36 大夫降其庶子 其孫不降其父 : 진호의 주에 따르면 대부는 서자를 위해서 大功服을 입으나 서자의 아들은 자신의 아버지를 위하여 삼년복을 입는다. 대부는 첩을 위하여 복을 입지 않기 때문에 첩의 자식은 자신의 어머니를 위하여 대공복을 입는다.

37 士祔於大夫則易牲 : 정현의 주에 따르면 감히 신분이 낮은 자에게 해당하는 희생으로 신분이 높은 자에게 제사 지내지 못하니, 대부에 대해서는 少牢를 쓴다. 공영달의 소에 따르면 아래에서 '비천한 자는 존귀한 자에게 祔하지 못한다.〔賤不祔貴〕' 하였는데, 여기에서 '士를 대부에게 祔한다.' 한 것은 祔할 만한 士가 없으면 부득불 대부에게 祔한 경우를 말하니, 첩에게 妾祖姑가 없으면 희생을 바꾸어 女君에게 祔하는 경우와 같다. 만약 선조의 형제 중에 士인 자가 있으면 士에게 祔하는 것이 마땅하기 때문에 〈雜記上〉에 '士는 대부에게 祔하지 못한다.〔士不祔於大夫〕' 한 것이다.

15.32 繼父가 不同居也者는 必嘗同居하고 皆無主後하야[38] 同財而祭其祖禰가 爲同居[39]요 有主後者가 爲異居[40]라

繼父가 同居하지 않은 자는, 〈의붓아들과 기년복을 입는 관계가 되려면〉 반드시 일찍이 동거를 하고 〈계부와 의붓아들이〉 모두 〈상주가 될 후계자인〉 主後가 없어야 한다. 그래서 〈계부가 의붓아들과〉 재물을 함께 하여 〈의붓아들의〉 할아버지와 아버지의 사당에 제사 지낼 수 있게 한 경우는 동거가 되고, 〈계부에게〉 주후가 있는 경우에는 異居가 된다.

15.33 哭朋友者는 於門外之右[41]에 南面이니라

붕우를 위하여 哭하는 자는 寢門의 오른쪽에서 〈주인을 대신하여 북향하여 조문하는 조문객을 대접하기 위해〉 남향을 한다.

15.34 祔葬者는 不筮宅이니라

〈앞 사람을 장례할 때에 이미 점을 쳐서 길하였으므로〉 祔葬하는 경우에는 묏자리를 다시 점치지 않는다.

字義 筮 : 점칠 서

---

38 '皆無主後하야' : 《禮記大文諺讀》에 "皆無主後니"로 되어 있으나, 《禮記補註》에 "이 아래에는 마땅히 '하야(爲也)' 토를 붙여야 한다." 한 것에 의거하여 토를 수정하고 번역하였다.

39 繼父不同居也者……祭其祖禰爲同居 : 진호의 주에 따르면 어머니가 再嫁하였는데 자식이 따라 가지 않았으면 이 아들은 어머니의 繼夫와는 길거리의 타인과 같으므로 본래 服이 없는 것이다. 지금 이 아들이 大功의 친척이 없어서 어머니를 따라 갔고, 그 繼父도 대공의 친척이 없으므로 '동거를 하였고 모두 주후가 없다(同居 皆無主後)' 한 것이다. 이에 繼父가 자신의 재물을 가지고 이 의붓자식을 위해서 함께 사당을 만들어 그 선조에게 제사 지내게 하였으면 이것은 繼父가 동거한 것이니, 그 服이 期年이다.

40 有主後者爲異居 : 진호의 주에 따르면 '異居'는 세 가지가 있다. 첫 번째는 옛날에는 동거하였다가 지금은 따로 사는 것이고, 두 번째는 지금 비록 동거하더라도 재물을 함께 하지 않는 것이고, 세 번째는 계부가 본래 자식이 있으면 바로 異居가 되는 것이다. 異居하는 자는 자최 3개월을 입을 뿐이다. 여기에서 이렇게 말했으니, 이 자식에게 자식이 있는 경우 또한 '이거'가 되는 것이다.

41 哭朋友者 於門外之右 : 진호의 주에 따르면 〈檀弓 上〉 39장에 '붕우의 喪에는 내가 寢門의 밖에서 곡을 하였다.(朋友 吾哭諸寢門之外)' 하였다.

15.35.1 士大夫는 不得祔於諸侯하고 祔於諸祖父之爲士大夫者하며 其妻는 祔於諸祖姑요 妾은 祔於妾祖姑니 亡則中一以上而祔니 祔必以其昭穆[42]이니라

士와 대부는 제후에게 祔祭하지 못하고 여러 조부 중에 士와 대부인 자에게 부제를 지내며, 그 〈士와 대부의〉 아내는 여러 祖姑에게 부제를 지내고, 첩은 妾祖姑에게 부제를 지내는데, 〈조부 · 조모 代에 부제할 분이〉 없으면 한 代를 띄워 위로 올라가서 〈고조 代에서 부제할 분을 찾아〉 祔하니, 부는 반드시 그 昭穆을 따른다.

15.35.2 諸侯는 不得祔於天子요 天子諸侯大夫는 可以祔於士니라

〈지위가 낮은 손자는 지위가 높은 조부에게 祔할 수가 없으므로〉 제후는 천자에게 祔할 수가 없고, 〈자신을 높이고 조부를 낮추어서는 안 되므로〉 천자와 제후, 대부는 〈자신을 낮추어〉 士에게 祔할 수가 있다.

15.36 爲母之君母하야 母卒則不服[43]이니라

어머니의 君母(適母)를 위해 〈服을 입지만〉 어머니가 죽으면 복을 입지 않는다.

---

42 亡則中一以上而祔 祔必以其昭穆 : 공영달의 소에 "아랫글에서 '妾母에 대해서는 〈자기의 代에만 제사 지내고〉 대대로 제사 지내지 않는다.〔妾母不世祭〕' 하였으니, 첩은 사당이 없는데 지금 '祔가 〈한 대를 띄워 올라가〉 高祖에게 미친다.' 한 것은 마땅히 壇을 만들어 祔하는 것이다." 하였는데, 《禮記補註》에서는 "할아버지가 제후가 되어서 祔할 수 없으면 한 대를 걸러 위로 올라가서 고조에게 祔하니, 다만 昭穆의 같음을 취할 뿐이다."라는 《朱子語類》의 설을 소개하고, 또 "이는 여러 할아버지 중에 대부가 된 자에게도 통한다."는 《禮記類編》의 설을 인용하고서, "진호의 주에서 이 구를 다만 첩의 祔에 대해 말한 것으로 풀이한 것은 소의 설에 근거한 것이지만 아마도 옳지 않은 듯하다." 하였다. 본서에서는 《예기보주》에 따라 의미를 보충하여 번역하였다.

43 爲母之君母 母卒則不服 : 진호의 주에 따르면 어머니의 君母는 어머니의 適母이지만 어머니를 낳아준 어머니는 아니다. 그러므로 어머니가 살아 계셔서 어머니가 군모를 위하여 복을 입으면 자기도 따라서 복을 입는다. 이것이 徒從인데, 도종을 하는 경우는 따를 대상이 죽으면 그만두므로 어머니가 죽으면 복을 입지 않는 것이다.

15.37 宗子는 母在하시나 爲妻하야 禫[44]이니라

종자는 〈아버지가 돌아가시고〉 어머니가 살아 계시더라도 아내를 위하여 禫祭를 지낸다.

字義 禫 : 담제 담

15.38 爲慈母後者가 爲庶母가 可也며 爲祖庶母가 可也[45]라

慈母의 후계자가 된 자는 庶母의 후계자가 되는 것도 가하고, 祖庶母의 후계자가 되는 것도 가하다.

15.39 爲父母妻長子하야 禫[46]이니라

〈禫祭를 지내야 할 喪이 네 가지가 있으니〉 아버지와 어머니와 아내와 長子를 위해서 禫祭를 지낸다.

---

44 宗子母在 爲妻禫 : 진호의 주에 "아버지가 살아 계시면 適子가 아내를 위하여 喪杖을 짚지 않으니, 상장을 짚지 않으면 禫제사를 지내지 않고, 아버지가 돌아가시고 어머니가 살아 계시면 상장을 짚고 또한 담제사를 지낸다. 宗子는 백세토록 옮기지 않는 자이니, 종자의 높음이 그 아내를 누른다고 의심할까 염려하였으므로 '비록 어머니가 살아 계시더라도 또한 마땅히 아내를 위하여 담제사를 지내야 한다.'고 분명히 말한 것이다. 그렇다면 종자가 아닌 아들은 어머니가 살아 계시는 경우 아내를 위해 담제사를 지내지 않는다." 하였다.

그런데 《禮記補註》에서는 "아랫글에서 '아버지가 살아 계시더라도 서자는 그 처를 위하여 喪杖을 짚고서 곡하는 자리에 나아간다.〔父在 庶子爲妻以杖卽位〕' 하였으니, 상장을 짚으면 반드시 禫祭를 지낸다. 또 《儀禮》〈喪服〉의 정현 주에 '적자는 아버지가 살아계시면 처를 위하여 상장을 짚지 않으니, 아버지가 상을 주관하기 때문이다.〔適子 父在則爲妻不杖 以父爲之主也〕' 하였다. 이를 가지고 보면 아버지는 衆子婦의 상을 주관하지 않으니, 衆子는 처를 위하여 바로 상장을 짚는 것이다. 진호의 주에서 '종자가 아닌 아들은 어머니가 살아 계시는 경우 처를 위하여 담제를 지내지 않는다.'는 설을 따를 수 없다."라는 김장생의 설을 소개하였다.

45 爲慈母後者……爲祖庶母可也 : 공영달의 소에 "비록 자식으로서의 도리가 있어서 길러 준 서모〔慈庶母〕에 대해 삼년복을 입되 자기 어머니를 위하여 입는 것과 다름이 없게 하니, 大宗의 후사가 되어서 本服을 降服하는 것과는 다르다."라는 賀瑒의 설을 소개하였다.

46 爲父母妻長子 禫 : 진호의 주에 따르면 아내가 남편을 위해서도 禫祭를 지내고, 또 慈母의 상에 아버지가 살아 계시지 않으면 또한 담제를 지내는데, 이는 기록한 자가 생략한 것이다.

15.40 慈母與妾母는 不世祭也[47]니라

慈母와 妾母에 대해서는 〈자기의 代에만 제사 지내고〉 대대로 제사 지내지는 않는다.

15.41 丈夫가 冠而不爲殤하고 婦人은 笄而不爲殤이니 爲殤後者가 以其服으로 服之[48]니라

丈夫는 冠禮를 했으면 殤이 되지 않고 부인은 笄禮를 했으면 殤이 되지 않으니, 〈族人 중에 殤者와 항렬이 같은 자로서〉 殤者의 〈아버지의〉 後嗣가 된 자는 〈殤者를 위해〉 마땅히 입어야 할 〈형제간의〉 服으로써 服을 입는다.

---

47 慈母與妾母 不世祭也 : 공영달의 소에 따르면 妾母의 제사는 서자가 직접 그 어머니를 위하여 지내는 제사를 이른다.

48 丈夫……以其服服之 : 진호의 주에 "남자가 〈成年이 되기 전에〉 殤으로 죽으면 아버지가 되는 道가 없다. 그러나 20세가 되기를 기다리지 않고 冠禮한 자가 있으니, 관례를 하면 成人이다. 이 章에 殤이 되지 않는 것을 가지고 말하면 이는 마땅히 후계자를 세워야 할 자이다. 이는 바로 이미 관례를 한 자식이어서 殤의 禮로 조처할 수 없는 경우이니, 族人 중에 후계자가 되는 자는 바로 殤者의 자식이 되는 것이다. '본친의 복으로써 복을 입는다.〔以其服服之〕'는 것은 자식이 아버지를 위해 입는 복이다." 하고서 "殤者의 아버지의 자식이 되었으면 형제간의 복을 따라 이 殤의 복을 입는다.〔爲殤者父之子 而依兄弟之服 服此殤〕"라는 舊說은 잘못이라고 하였다.

《禮記補註》에는 "《예기유편》에서 〈진호의 주에서 인용한 舊說이 옳다고 하고〉 진호의 주의 '족인 중에 후사가 된 자는 바로 殤者의 자식이 된다.'라는 설을 論斥하였다. 다만 우리나라에서 〈世宗의 두 번째 서자의 아들인〉 江陽君 潚(숙)이 〈세종의 열 번째 서자인〉 潭陽君 璖(거)의 繼子가 된 것과 〈元宗의 아들이자 仁祖의 아우인〉 綾原大君이 〈宣祖의 아들인〉 義安君의 계자가 된 것과 〈인조의 셋째 아들이자 孝宗의 아우인〉 麟坪大君이 〈원종의 셋째 아들인〉 綾昌大君의 계자가 된 것은 모두 殤者의 후사가 된 경우이다. 그러나 조정의 이 법은 한때의 特命에서 나온 것으로 원래 예법에서 인정한 것은 아니다. 〈曾子問〉 23.2장에 '孔子께서 말씀하기를 「宗子가 殤이 되어 죽었으면 庶子는 그의 後嗣가 되지 않는다.」' 하였는데, 종자의 殤에 대해서도 후사가 될 수 없으니, 그 밖의 다른 것들은 알 만하다. 그렇다면 이른바 '爲殤後'는 아마도 다만 〈殤者가 지내야 할〉 후대의 제사를 이어서 받듦을 이른 것일 뿐인 듯하고, '以其服服之'은 아마도 다만 〈殤者를 위해 형제간의 복을 입어야 하고〉 父子間의 服을 입지 않음을 이른 것일 뿐인 듯하니, 진호의 주는 끝내 온당하지 못한 듯하다." 하였다.

15.42 久而不葬者는 唯主喪者가 不除[49]하고 其餘以麻終月數者는 除喪則已[50]니라

오랫동안 장사 지내지 못하는 경우에는 오직 상을 주관하는 자만 상복을 벗지 않고, 그 나머지 〈기년복 이하의 친척으로서〉 麻로 달수를 마치는 자는 상복을 벗으면 그만이다.

15.43 箭笄終喪三年이니

〈여자가 시집가기 전에 아버지상을 당하면〉 대나무로 만든 비녀로 삼년상을 마친다.

字義 箭 : 대나무이름 전

15.44 齊衰三月이 與大功同者는 繩屨니라

자최 3월이 〈9월의〉 대공과 같은 경우는 〈대공에 신는〉 繩屨(삼베 노끈으로 만든 신)를 신는다.

字義 繩 : 삼베노끈 승

15.45 練에 筮日筮尸視濯할새 皆要絰杖繩屨니 有司告具而后에 去杖하고 筮日筮尸하며 有司告事畢而后에 杖하야 拜送賓하고 大祥엔 吉服而筮尸[51]니라

---

49 主喪者不除 : 진호의 주에 따르면 자식이 아버지에 있어서와 처가 남편에게 있어서와 孤孫이 조부모에게 있어서와 신하가 군주에게 있어서 아직 장사 지내지 않았으면 衰絰을 벗을 수 없음을 이른다.

50 其餘以麻終月數者 除喪則已 : 진호의 주에 따르면 기년복 이하 시마복까지의 친척은 喪主가 아직 장사 지내지 않아 葛로 바꿀 수 없다. 그러므로 麻를 착용하고서 달수가 채워지면 벗고, 상주가 장사 지낸 뒤에 벗기를 기다리지 않는 것이다. 그러나 그 상복을 반드시 거두어 보관해서 送葬할 때를 기다린다.

51 大祥吉服而筮尸 : 공영달의 소에 따르면 大祥을 지내는 날에는 縞冠에 朝服을 입는다. 지금 장차 祥祭를 지내고자 하면, 또한 미리 대상의 복을 입고서 제사 지낼 날에 대해 시초점을 치는 일과 시동에 대해 시초점을 치는 일과 제기의 청결을 살피는 일에 임한다.

'縞冠'은 대상에 착용하는 흰색 명주로 만든 관이다. 본래 조복에는 玄冠을 착용하는데, 대상에 현관이 아닌 호관을 쓰는 것은 아직 純吉이 아니기 때문이다.

練祭(小祥)를 지낼 때 〈제사 지낼〉 날짜에 대해 시초점을 치고 시동에 대해 시초점을 치고 〈祭器의〉 청결 상태를 살필 적에, 〈상주는〉 모두 〈연제 때 사용할〉 요질을 착용하고 喪杖을 짚고 繩屨를 신으니, 有司(執事者)가 모두 갖추어졌음을 아뢰고 나면 〈장차 제사에 임하게 될 것이므로 공경을 다하기 위해〉 상장을 제거한다. 날짜에 대해 시초점을 치고 시동에 대해 시초점을 치며 〈이때 빈객이 찾아오는데,〉 유사가 시초점을 치는 일이 다 끝났다고 아뢰고 나면 〈상주가〉 상장을 짚고서 빈객을 절하여 전송한다. 그리고 大祥에는 〈縞冠에〉 吉服(朝服)을 입고 시동에 대해 시초점을 친다.

15.46.1 庶子가 在父之室하면 則爲其母하야 不禫[52]이니라

〈命을 받지 않은 士로서 첩의 자식인〉 서자가 〈士인〉 아버지의 집에 〈아버지와 함께〉 있으면, 자기 어머니를 위해 禫祭를 지내지 않는다.

15.46.2 庶子는 不以杖으로 卽位[53]니라

〈適子와 서자가 모두 부모의 상이 있는 경우 적자는 喪杖을 짚고 阼階의 곡하는 자리에 나아갈 수 있고〉 서자는 喪杖을 짚고서 곡하는 자리에 나아가지 않는다.

15.46.3 父가 不主庶子之喪이라 則孫은 以杖으로 卽位可也[54]니라

---

52 庶子在父之室……不禫 : 정현의 주에 "첩의 자식은 아버지가 살아계시면 아버지의 높음에 눌리는 것이다." 하였고, 공영달의 소에 "이것은 命을 받지 않은 士로서 아버지와 아들이 한집에 있는 경우를 이른 것이다. 만약 한집에 있지 않으면 담제를 지낸다." 하였다.

53 庶子不以杖卽位 : 《禮記補註》에 "진호의 주에서 말한 '적자와 서자'는 아마도 長子와 衆子를 이른 듯하다." 하고서 "여기의 서자는 윗장과 이어지니, 마땅히 또한 첩의 아들이 되어야 한다."라는 일설을 소개하였다.

54 父不主庶子之喪……卽位可也 : 진호의 주에 따르면 아버지는 모두 〈아버지의 높음이〉 자식을 누르기 때문에 시아버지가 適婦의 상을 주관하면 적자가 상장을 짚지 않고, 대부는 천한 첩을 위하여 복을 입지 않기 때문에 첩의 자식도 아버지의 높음에 눌려서 降服하여 자기 어머니의 상복을 입는다. 그리고 조부는 비록 존귀하나 〈조부의 높음이〉 손자를 누르지 않기 때문에 대부가 서자를 위하여 강복하더라도 손자는 자기 아버지를 위하여 강복하지 않는 것이다.

아버지는 서자의 상을 주관하지 않는다. 〈조부의 높음이 손자를 누르지 않아서 손자가 예를 모두 펼 수 있으므로 서자의 아들인〉 손자는 〈그 상에〉 상장을 짚고 곡하는 자리에 나아가도 괜찮다.

15.46.4 父在어시든 庶子가 爲妻하야 以杖으로 卽位可也니라

아버지가 살아 계실 경우 〈아버지는 庶婦의 喪을 주관하지 않아〉 서자가 〈아버지의 높음에 눌리지 않으므로 자기의〉 처를 위하여 喪杖을 짚고 곡하는 자리에 나아가도 괜찮다.

15.47.1 諸侯가 弔於異國之臣이어시든 則其君이 爲主[55]하시나니라

제후가 다른 나라의 신하에게 조문하시는 경우에는 그 나라의 군주가 상주가 되신다.

15.47.2 諸侯가 弔에 必皮弁錫衰[56]니 所弔가 雖已葬하나 主人이 必免(문)[57]이니 主人이 未喪服이어든 則君이 亦不錫衰하시나니라

제후가 〈직접 그 신하에게 조문할 때에는 素弁을 쓰고 環絰을 착용하고 錫衰를 입는

---

55 諸侯……其君爲主 : 《예기보주》에 따르면 예컨대 〈증자문〉 10.3장에 "衛나라 靈公이 魯나라에 가서 季桓子의 喪을 만났다. 위나라 군주가 조문할 것을 청하자 哀公이 상주가 되었다." 한 것이다.

56 錫衰 : 진호의 주에 따르면 '錫'은 布(삼베)를 다스려서 매끄럽고 곱게 만드는 것을 이른다.

57 所弔雖已葬 主人必免(문) : 진호의 주에 따르면 모든 免을 하는 예절은, 대공 이상은 중한 복이 되니 죽은 초기부터 장사 지낼 때까지 문을 하고 졸곡한 뒤에야 비로소 다시 문을 하지 않는다. 소공 이하는 가벼운 복이 되니 죽은 초기부터 빈을 할 때까지 문을 하고, 빈을 한 뒤에는 다시 문을 하지 않다가 장사 지낼 때 빈을 연 뒤에 문을 하였다가 졸곡 때 이르러서 죽은 초기와 같게 한다. 지금 군주가 와서 조문할 적에 비록 문을 하는 때가 아니지만 반드시 위하여 문을 하는 것은 군주를 존중하기 때문이다.

참고로 《禮記補註》에서는 "이는 죽은 초기부터 졸곡 전까지 장시간 동안 免을 할 수 있음을 이른 것이 아니다. '성복하기 전의 免'과 '殯을 한 뒤의 免'은 五服이 전부 다 똑같은데, 다만 대공 이상은 성복한 뒤에 군주가 조문하는 것과 같은 일이 있으면 또한 免을 할 수가 있다. 소공의 경우 성복한 뒤와 殯을 하기 전에 비록 일이 있더라도 免을 하지 않는다." 하였다.

데, 다른 나라의 신하에게〉 조문할 적에는 반드시 皮弁을 쓰고 석최를 입으니, 조문하는 대상이 비록 이미 장사 지냈더라도 주인은 반드시 免을 하는데, 주인이 아직 〈殯을 하지 않아〉 상복을 입지 않았으면 군주 또한 석최를 입지 않는다.

字義 錫 : 고운삼베 석

15.48 養有疾者는 不喪服하고 遂以主其喪이니 非養者는 入主人之喪인댄 則不易己之喪服하고 養尊者는 必易服하고 養卑者는 否니라

〈친속 가운데 가까운 친속이 없는〉 병자를 간호하는 자는 〈喪이 있어도 喪의 흉함을 멀리하려고〉 상복을 입지 않고, 〈이 병자가 죽었는데 상주가 없을 경우〉 마침내 그대로 그 상을 주관하니, 〈병자를〉 간호하지 않았던 자는 들어와서 다른 사람의 상을 주관하게 되면 〈입고 있던〉 자기의 상복을 〈이 사람을 위한 상복으로〉 바꾸어 입지 않는다. 그리고 〈父兄 등의〉 높은 사람을 간호하는 자는 반드시 상복을 바꾸어 입고, 〈子弟 등의〉 낮은 사람을 간호하는 자는 그렇게 하지 않는다.

15.49 妾이 無妾祖姑者는 易牲而祔於女君이 可也[58]니라

첩이 첩조고가 없는 경우에는 犧牲을 바꾸어서 〈適祖姑인〉 女君에게 祔하는 것이 괜찮다.

15.50 婦之喪에 虞卒哭을 其夫若子가 主之하고 祔則舅가 主之니라

〈適婦와 庶婦를 아우른 모든〉 부인의 상에는 〈正寢에서 하는〉 虞祭와 卒哭을 남편과 자식이 주관하고, 〈사당에서 시아버지의 어머니에게 하는〉 부제는 시아버지가 주관한다.

---

58 妾無妾祖姑者 易牲而祔於女君可也 : 공영달의 소에 “마땅히 첩의 희생을 여군의 희생으로 바꾸어 여군에게 祔해야 한다. 첩과 여군에게 사용하는 희생에 대해서는 글이 없는데, 이미 ‘희생을 바꾼다.〔易牲〕’ 하였기 때문에 〈정현의 주에서〉 ‘여군보다 한 등급 낮춘다.〔下女君一等〕’ 한 것이다. ‘여군보다 한 등급 낮춘다.’ 한 것은 만약 여군이 少牢면 첩은 特牲이고, 여군이 특생이면 첩은 特豚을 사용하는 것이다.” 하였다.

15.51 士가 不攝大夫니 士가 攝大夫는 唯宗子[59]니라

士는 〈대부의 상에〉 대부를 대신하여 상주가 될 수 없으니, 士가 대부를 대신하여 상주가 될 수 있는 경우는 오직 〈士가〉 종자일 경우이다.

字義 攝 : 대신할 섭

15.52 主人이 未除喪하야서 有兄弟自他國至커든 則主人이 不免(문)而爲主[60]니라

주인이 상복을 벗기 전에 형제가 다른 나라로부터 형제가 올 경우에는 주인이 免을 하지 않고 상주가 된다.

15.53 陳器之道는 多陳之而省(생)納之가 可也며 省(생)陳之而盡納之가 可也라

明器를 진열하는 방법은 〈붕우와 빈객이 보내온 명기는 마땅히〉 많이 진열하되 〈무덤 안에 넣는 것은 예에 일정한 수가 있기 때문에 그것을〉 줄여서 壙中에 넣는 것이 옳고, 〈주인이 만든 명기는 禮에 제한이 있기 때문에〉 줄여서 진열하고서 〈그것을〉 광중에 모두 넣는 것이 옳다.

15.54 奔兄弟之喪할새 先之墓而後之家하야 爲位而哭하고 所知之喪엔 則哭於宮[61]而後之墓니라

---

59 士不攝大夫……唯宗子 : 진호의 주에 "士의 상에 상주가 없으면 감히 대부로 하여금 대신 상주가 되게 할 수 없지만, 만약 士가 종자면 상을 주관하는 임무를 대부로 하여금 대신하게 할 수 있으니, 이는 종자가 높기 때문이다." 하고서 "대부의 상에 상주가 없으면 士가 감히 대신하여 상을 주관하지 못하지만 만약 士가 종자면 가능하다."라는 일설을 소개하였는데, 《禮記補註》에서 진호의 주에 제시한 일설이 더 타당한 설이라고 하였다. 본서에서는 일설에 따라 번역하였다.

60 主人未除喪 不免(문)而爲主 : 진호의 주에 따르면 장례 지낸 뒤에 군주가 조문하면 免을 할 때가 아닌데도 免을 하는 것은 군주를 공경하기 때문에 그 일을 새로 하는 것이다. 형제는 친속이니 친속은 질박함을 숭상하므로 免을 하지 않고 상주가 되는 것이다.

61 哭於宮 : 진호의 주에 "宮은 옛 殯宮이다." 하였는데, 《예기보주》에 "이미 장사 지냈으면 殯이 없기 때문에 진호의 주에 '옛 빈궁이다.' 한 것이다." 하였다.

〈天倫으로 맺어진〉 형제의 상에 달려갈 적에 〈情이 禮보다 급하므로〉 먼저 묘소에 가고 뒤에 집에 가서 자리를 만들어 곡하며, 〈人情으로 맺어진〉 아는 사람의 상에는 〈예가 정보다 우세하므로〉 옛 殯宮에 가서 곡하고 뒤에 묘소에 간다.

15.55 父가 不爲衆子하야 次於外니라

아버지는 〈適長子가 죽으면 거상할 적에 中門 밖에 喪次를 만드는데, 衆子가 죽으면〉 衆子를 위하여 〈中門〉 밖에 喪次를 만들지 않는다.

15.56 與諸侯로 爲兄弟者는 服斬[62]이니라

제후와 형제가 된 자는 〈그 제후가 죽으면〉 斬衰服을 입는다.

15.57 下殤小功은 帶澡麻호되 不絕本하고 詘(굴)而反하야 以報之[63]니라

---

62 與諸侯爲兄弟者服斬 : 공영달의 소에 따르면 제후가 죽었을 적에 제후와 五屬의 친족 관계가 있는 사람들은 모두 참최복을 입는 것을 이른다. '君'이라 하지 않고 '제후'라고 하였기 때문에 빈객으로 다른 나라에 있음을 안 것이다. 일찍이 본국에서 경과 대부가 되었는데 지금 다른 나라에 와서 아직 벼슬하지 않았거나, 혹 제후와 형제가 되는데 비록 다른 나라에서 벼슬하더라도 모두 옛 군주를 위하여 참최복을 입는다.

'五屬의 친족'은 참최, 자최, 대공, 소공, 시마의 복을 입는 친족을 말한다.

63 下殤小功……以報之 : 정현의 주에 "'下殤小功'은 본래 자최의 親으로, 그 絰과 帶는 麻의 뿌리를 자르지 않으며 굽혀서 허리까지 올린 다음 중간에 합쳐 꼬아서 매니, 이는 親이 중함을 밝힌 것이다. 무릇 殤에 대해서는 帶를 흩어서 드리운다.〔凡殤 散帶垂〕" 하였고, 공영달의 소에 "〈정현의 주에〉 '凡殤散帶垂'라고 한 것은 成人 대공의 喪보다 가벼운 殤을 이르니, 그 殤이 이미 가볍다. 오직 麻帶를 흩어서 드리워 아래를 향하게 하고 굽혀서 올려 꼬아서 매지 않으니, 下殤小功과 다르기 때문이다." 하여 진호의 주와 대체로 똑같다.

그런데 《禮記補註》에서는 《儀禮》 〈喪服〉 '殤大功'의 〈傳〉에 "成人의 喪에는 그 예의 형식이 번다하지만, 성인이 되지 못하고 죽은 자의 상에는 그 예의 형식이 번다하지 않기 때문에 殤의 腰絰은 허리에 묶고 남은 부분을 꼬지 않고 드리우니, 이는 성인이 되지 못하고 죽었기 때문이다.〔喪成人者其文縟 喪未成人者其文不縟 故殤之絰不樛垂 蓋未成人也〕" 한 것에 대해 "'꼬지 않고 드리운다.' 한 것은 그 帶의 드리운 것을 꼬지 않는 것이다. 《예기》 〈雜記〉에 말하였다. '대공 이상은 麻帶를 흩어 드리운다.〔大功以上散帶〕'"라는 정현의 주와 "무릇 喪을 치를 적에 小斂에 이르러 麻로 만든 것을 착용한다. 대공 이상은 帶를 흩어서 드리운 것을 成服할 때에야 꼬아서 매고,

〈기년복의 친족인데 下殤으로 죽어서 降服하여 소공을 입는〉 下殤小功의 복에는 〈두드려 다듬어서〉 표백한 삼으로 帶를 만들되 삼의 뿌리를 잘라내지 않고 함께 씻으며, 굽혀서 위로 되돌려 〈허리에서〉 합쳐 꼰다.

字義 澡 : 깨끗이할 조 詘 : 굽힐 굴

15.58 婦가 祔於祖姑할새 祖姑가 有三人이어든 則祔於親者[64]니라

며느리를 祖姑에게 祔할 경우에, 조고가 세 사람이 있으면 〈시아버지와 더〉 친한 분에게 祔한다.

15.59 其妻가 爲大夫而卒而后에 其夫가 不爲大夫라가 而祔於其妻인댄 則不易牲[65]하고 妻卒而后에 夫爲大夫라가 而祔於其妻인댄 則以大夫牲이니라

소공 이하는 처음부터 꼬아서 맨다. 지금 殤大功에 대해서는 또한 소렴에 麻로 만든 것을 착용하되 흩어서 드리우고, 성복할 때에도 흩어서 드리우고 꼬아서 매지 않아 성인과 달리 한다.〔凡喪至小斂服麻 大功以上 散帶之垂 成服乃絞 小功以下 初而絞之 今殤大功 亦於小斂服麻 散垂 至成服亦散不絞 與成人異也〕"라는 賈公彦의 소, 그리고 "이로부터 이하로 絰은 처음 소렴 때에는 꼬는데 지금 성복 때에는 그대로 착용할 뿐이다.〔自此以下, 絰初則絞之, 今仍著耳.〕"라는 《儀禮經傳通解續》〈喪服圖式 成服旁通圖〉'小功殤服' 條의 내용을 근거로 "대공의 帶는 드리움이 있기 때문에 '꼬지 않고 드리운다.' 한 것이지 '무릇 殤服의 麻는 모두 흩어서 드리운다.〔凡殤服之麻 皆散垂〕' 한 것이 아니다." 하고서, "주소와 진호의 주가 《의례》〈상복〉의 주소 및 〈상복도식〉과 어긋나니, 잘못된 듯하다." 하였다.

64 婦祔於祖姑……祔於親者 : 《禮記補註》에 "'두 사람'이라고 말하지 않고 반드시 '세 사람'이라고 말한 것은 자세하지 않다." 하고서 "祖妣가 두 사람 이상이면 친한 자에게 祔한다."라는 《家禮》'祔祭' 章의 내용을 소개하였다.

65 其妻爲大夫……不易牲 : 진호의 주에 "아내가 죽을 때에 남편이 대부가 되었다가 죽은 뒤에 남편이 퇴출당하여 마침내 죽었으면 조부의 사당이 없기 때문에 아내에게 祔廟하는 예를 단지 남편이 지금 쓸 수 있는 바의 犧牲을 따를 뿐이고, 예전의 대부의 희생으로 바꾸어 쓸 수 없는 것이다." 하고서 "이는 처음 이 나라에 와서 벼슬하여 사당이 없는 경우를 이르니, 만약 사당이 있으면 죽은 자는 마땅히 조부에게 祔해야 하고, 처에게 祔할 수 없다. 오직 종자는 다른 나라로 떠나갈 적에 사당의 신주를 모시고 간다."라는 공영달의 소를 인용하였다.

《예기보주》에서는 "이는 남편과 처를 合祀하는 제사도 '祔'라고 이름하는 것이 合葬하는 것도 '祔'라고 말하는 것과 같음을 말한 것이지, 반드시 '조부의 사당이 없음'을 이른 것은 아니다. 그 나라에 만일 사당이 없으면 마땅히 壇을 만들어 祔해야 하니, 어찌 조부의 사당이 없다고 하여

처가 〈남편이〉 대부가 되었을 때에 죽고, 그 뒤에 남편이 〈퇴출당하여〉 대부가 되지 못하였다가 〈죽어서〉 그 처에게 祔할 경우에는 희생을 〈대부의 희생으로〉 바꾸지 않는다. 그리고 처가 죽은 뒤에 남편이 대부가 되었다가 〈죽어서〉 그 처에게 祔할 경우에는 대부의 희생을 사용한다.

15.60 爲父後者는 爲出母하야 無服하니 無服也者는 喪者가 不祭故也[66]라

아버지의 後嗣가 된 자는 쫓겨난 어머니를 위하여 복이 없으니, 〈쫓겨난 어머니를 위한〉 복이 없는 이유는 상을 치르는 자는 〈그 상을 치르는 것으로 인해 자기 종묘의 선조를〉 제사하지 못하기 때문이다.

15.61 婦人이 不爲主而杖者는 姑在라도 爲夫하야[67] 杖하며 母爲長子하야 削杖[68]하며 女子子가 在室[69]하얀 爲父母하야 其主喪者가 不杖이어든 則子一人이 杖이니라

부인이 상주가 되지 않고 喪杖을 짚는 경우는 〈시어머니의 높음이 며느리를 누르지 않기 때문에 부인은〉 시어머니가 살아계시더라도 남편을 위하여 喪杖을 짚고 어머니가 장자를 위하여 〈오동나무를 깎아 만든〉 削杖을 짚으며, 〈笄禮를 하지 않은〉 딸자식

처에게 祔할 수 있겠는가."라는 《禮記類編》의 설을 소개하였다.

66 爲父後者……不祭故也 : 진호의 주에 "아버지의 後嗣가 된 자는 出母의 상복을 입지 않으니, 이는 宗祀를 중히 여기기 때문이다. 그러나 비록 〈쫓겨난 어머니의 상에〉 복은 입지 않더라도 心喪으로 자처하니, 이는 은혜 때문이다. 후사가 되지 않은 자는 〈쫓겨난 어머니의 상에〉 기년복을 입되 禫祭를 지내지 않는다." 하고서 "出母에게 아버지의 후사가 된 자가 복이 없는 것은 조부를 높이고 宗統을 공경하여 집안에 두 주인이 없는 뜻이니, 宣王이 예법을 만든 것이 정미하여 구차하지 않음이 이와 같다."라는 주희의 설을 소개하였다.

67 姑在라도 爲夫하야 : 《禮記大文諺讀》에는 "姑在커든 爲夫하야"로 현토되었는데, "시어머니의 높음이 며느리를 누르지 않기 때문이다."라는 정현의 주에 의거하여 토를 수정하였다.

68 母爲長子 削杖 : 저본의 소주에 嚴陵方氏의 설에 "削杖은 오동나무이니, 이것은 여자가 남자를 위해 服喪할 때 사용하는 도구가 아니다. 그러나 어머니가 長子를 위하여 이것을 짚는 것은 다만 〈長子가〉 나(어머니 자신)를 위해 복상할 때 사용하는 도구를 가지고 〈장자에게〉 보답한 것이다." 하였다.

69 女子子在室 : 정현의 주에 따르면 〈딸자식〉 또한 童子이다. 笄禮를 치르면 成人이 되니, 성인은 正服으로 喪杖을 짚는다.

들이 시집가지 않고 집에 있을 적에는 친정 부모를 위하여 상을 주관하는 자가 〈자식이 없어서〉 상장을 짚지 않거든 딸자식 〈중에 長女〉 한 사람이 상장을 짚는다.

15.62.1 緦小功에 虞卒哭則免(문)[70]이니라

緦麻와 소공의 상에는 虞祭와 卒哭에 免을 한다.

15.62.2 旣葬而不報(부)虞어든 則雖主人이라도 皆冠하고 及虞則皆免[71]이니라

이미 장사 지냈으나 급하게 虞祭를 지내지 않았으면 비록 주인이라도 모두 冠을 쓰고, 우제에 이르면 모두 免을 한다.

字義 報 : 급히할 부(=赴)

15.62.3 爲兄弟하야 旣除喪已하고 及其葬也하야 反服其服이니 報(부)虞卒哭則免하고 如不報(부)虞則除之[72]니라

형제를 위하여 상복을 벗고 나서 장례 때에 미쳐 다시 그 상복을 입으니, 빨리 虞祭를 지내고 卒哭祭를 지냈으면 免을 하고, 만일 빨리 虞祭를 지내지 않았으면 상복을 벗는다.

---

70 緦小功 虞卒哭則免(문) : 주소에 따르면 우제 전에 葬事를 지내니, 장사 지내는 것은 喪에 있어서 큰 일에 해당한다. 棺柩에 대해 이미 殯을 열었으면 免을 한다는 것을 알 수 있는데, 우제와 졸곡에 棺柩를 안장한 뒤에는 다시 문을 착용하지 않는다고 오해할까 염려하였기 때문에 특별히 밝힌 것이다.

71 旣葬而不報(부)虞……及虞則皆免 : 진호의 주에 따르면 이 편 26장에서 '급하게 장례한 경우에는 급하게 우제를 지낸다.〔報葬者 報虞〕' 하였는데 여기에서 '급하게 우제를 하지 않았으면〔不報虞〕'이라고 말한 것은 사고 때문에 막힌 경우를 이른다. 이미 우제를 할 수 없기 때문에 우선 冠으로 머리를 꾸미다가 우제에 이르면 주인부터 시마와 小功에 이르기까지 모두 免을 하는 것이다.

72 爲兄弟……如不報(부)虞則除之 : 정현의 주에 "이는 小功 이하에 해당한다." 하였는데, 진호의 주에 "이는 형제를 위하여 치르는 喪에 除服하는 예절과 마땅히 免을 해야 하는 예절을 말한 것이다." 하였다.

《禮記補註》에서는 "아직 장사 지내지 않았는데 除服하는 경우는 혹 소공과 시마의 경우일 수 있으므로 정현이 이와 같이 말한 듯하다. 그러나 이 장은 '久而未葬者' 章과 함께 보는 것이 옳으니, 服의 경중을 구분하지 않은 진호의 주가 옳은 듯하다." 하였다. '久而未葬者' 章은 '久而不葬者'로 시작하는 이 편 42장을 가리킨다.

15.62.4 遠葬者가 比反哭者에 皆冠하고[73] 及郊而後에야 免하야 反哭이니라

멀리 〈四郊 밖의 葬地에〉 가서 葬事 지내는 경우에는 〈장사를 마치고〉 反哭하려고 할 때에 〈도로에서 꾸밈이 없을 수 없기 때문에〉 모두 冠을 쓰고, 교외에 이른 뒤에야 免을 하여 〈사당에서〉 반곡한다.

15.62.5 君弔어시든 雖不當免(문)時也나 主人이 必免하고 不散麻하며 雖異國之君이라도 免也니 親者가 皆免[74]이니라

〈본국의〉 군주가 조문 오시거든 비록 免을 해서는 안 될 때라도 주인은 반드시 免을 하고 〈要絰을 합쳐 꼬아서〉 麻를 흩어 늘어뜨리지 않는다. 비록 다른 나라의 군주라도 〈조문을 오시면〉 免을 해야 하니, 〈다른 나라의 군주에게 공경을 표하기 위해 대공 이상의〉 친족들이 모두 〈상주를 따라〉 免을 한다.

15.63 除殤之喪者는 其祭也에 必玄이요 除成喪者는 其祭也에 朝服縞冠이니라

殤의 喪을 벗는 경우에는 〈우제와 졸곡과 練祭의 變服이 없고, 상복을 벗는〉 제사를 할 적에 〈성인의 상과 다르게 하기 위해〉 반드시 〈성인이 禫祭를 벗을 때의 복인〉 玄冠을 쓰고 玄端服을 입고, 成人의 상을 벗는 경우에는 제사할 적에 〈아직 純吉하지 않기 때문에 玄冠에 검은 옷과 흰 치마의 복장인〉 朝服을 입되 〈흰 치마 대신 누런 치마를 입고, 현관 대신 가장자리를 백색 천으로 장식한〉 縞冠을 쓴다.

字義 縞 : 흴 호

---

73 比反哭者에 皆冠하고 : 《禮記大文諺讀》에 "比反하야 哭者가 皆冠하고"로 되어 있으나, 《禮記補註》에 "소에 '장례가 끝나 反哭하려 할 때에 마침내 모두 관을 쓰는 것이다.〔葬記 臨欲反哭之時 乃皆着冠〕' 하여 '比'자를 '臨'자로 해석하였으니, '比反哭者'가 한 구가 되어야 하는데, 《예기대문언두》에는 '反'자 아래에서 구를 떼었으니 잘못되었다." 한 것에 의거하여 토를 수정하고 번역하였다.

74 雖異國之君……親者皆免 : 번역은 진호의 주를 따른 것인데, 참고로 《예기보주》에 "'친한 자는 모두 免을 한다.〔親者 皆免〕' 한 것은 오직 다른 나라의 군주를 공경할 뿐만이 아니니, 이는 본국과 다른 나라의 군주를 아울러서 말한 것이다."라는 권근의 설을 소개하고서 "이는 마땅히 윗글 '諸侯弔' 章과 참고해서 보아야 한다. '친한 자는 모두 免을 한다.' 한 것은 어쩌면 아직 장사 지내지 않았을 때를 가리키는 것인가? 아니면 아직 장사 지내지 않았을 때와 이미 장사 지냈을 때를 막론하고, 주인이 免을 하면 친한 자가 모두 따라서 免을 하는 것인가?" 하였다.

15.64 奔父之喪하얀 括髮於堂上하고 袒降踊하고 襲絰于東方하며 奔母之喪하얀 不括髮하고 袒於堂上하고 降踊하며 襲免于東方하고 絰卽位成踊하고 出門哭止니 三日而五哭三袒[75]이니라

아버지의 상에 급히 달려갈 적에는 〈殯宮의〉 당 위에서 括髮을 하고 袒을 하며 〈동쪽 계단의 동쪽으로〉 내려와서 踊을 하고, 〈堂에 올라가 東序의〉 동쪽에서 〈袒을 한 옷을 가리기 위해〉 襲을 하고 〈首絰과〉 要絰을 착용한다. 그리고 어머니의 상에 급히 달려갈 적에는 〈처음 곡할 때에는 괄발을 하였다가 도착한 다음날에 또 곡을 한 이후부터 成服 때까지 모두〉 괄발을 하지 않고 〈빈궁의〉 당 위에서 袒을 하고 〈동쪽 계단의 동쪽으로〉 내려와서 踊을 하고 〈당에 올라가 東序의〉 동쪽에서 〈袒을 한 옷을 가리기 위해〉 襲을 하고 免을 하며 〈首絰과〉 요질을 착용하고, 〈아버지의 상과 어머니의 상에 모두 동쪽 계단의 동쪽에서〉 자리에 나아가 〈다시〉 踊을 이루고 〈여막으로 나아가기 위해 빈궁의〉 문을 나오면 곡을 그치니, 〈처음 도착했을 때 한 번 곡을 하고, 다음 이틀 동안 아침저녁으로 곡을 하므로〉 3일 동안 다섯 번 곡을 하고 〈처음 도착했을 때 袒을 하고, 다음 이틀 동안 아침에 단을 하므로〉 세 번 袒을 한다.

字義 袒 : 소매벗을 단

15.65 適婦가 不爲舅姑後者[76]는 則姑가 爲之小功[77]이니라

適婦가 시부모의 後繼가 되지 못한 경우에는 시어머니가 〈적부를 위해서〉 小功服을 입는다.

---

75 奔父之喪……三日而五哭三袒 : 진호의 주에 "笄(비녀)와 纚(머리싸개)를 말하지 않은 것은 죽은 초기의 때와 다르기 때문이다." 하였다. 또 '襲絰于東方'과 '絰卽位成踊'의 '絰'을 '要絰'이라 하였는데, 《禮記補註》에 "이는 首絰과 요질을 겸하여 말한 것이다. 진호의 주에는 다만 '요질'만 말하였으니, 옳지 않다." 한 것에 따라 의미를 보충하여 번역하였다.

76 不爲舅姑後者 : 《예기보주》에 "《禮記古經》에는 '舅'자 아래에 '姑'자가 없다." 하였다.

77 適婦不爲舅姑後者 則姑爲之小功 : 진호의 주에 따르면 禮에 시부모가 適婦를 위하여 大功服을 입고 庶婦를 위하여 小功服을 입는데, 여기서 '후계가 되지 못했다[不爲後]'고 한 것은 며느리가 廢疾이 있거나 다른 연고가 있어서 重함을 전할 수 없거나, 남편이 죽고 자식이 없어서 중함을 받지 못한 경우이다. 그래서 시부모가 庶婦의 복으로 복을 입는 것이다.

大傳[1] 第十六

16.1 禮에 不王이면 不禘니 王者가 禘其祖之所自出하사 以其祖로 配之[2]하시나니라 諸侯는 及其太祖하고 大夫士는 有大事어든 省於其君하야 干祫이 及其高祖[3]니라

---

1 진호의 주에 따르면 "정현이 祖宗과 人親(어버이 및 친족)의 큰 뜻을 기록하였다.〔鄭氏日 記祖宗人親之大義〕" 하였다.

2 禮不王……以其祖配之 : 진호의 주에 "이 禘제사는 四時의 고정된 제사가 아니기 때문에 '間祀'라 하고, 시조를 출생시킨 제왕에게까지 미치기 때문에 '追享'이라 하고, 고정된 제사에 비하여 특별히 크기 때문에 '大祭'라 하고, 산 사람을 섬김에 享禮가 있는 것과 같기 때문에 '肆獻祼'이라 하니, 명칭은 비록 똑같지 않으나 통틀어 '체제사'라 이른다."라는 方氏(方慤)의 설을 소개하였다.
《禮記補註》에는 "吳斗南(吳人傑)이 말하였다. '「禮에 王이 아니면 禘제사를 지내지 못한다.〔禮不王不禘〕」 하였는데, 여기에서 말한 「王」은 「來王」의 「王」과 같다. 四夷의 군주는 한 代마다 中國(天子國)에 와서 朝見한다. 한 대의 王者가 즉위하면 저 나라가 한 번 와서 조현하기 때문에 王者(천자)가 禘禮를 행하여 대접하고, 저 나라의 군주가 한 대가 계승하여 즉위하면 또한 한 번 와서 조현하기 때문에 본국으로 돌아갈 적에 또한 체례를 행한다.' 하였으니, 이 설이 또한 일리가 있다. 《春秋》 閔公 2년에 이른바 '莊公에게 吉禘를 지냈다.' 한 것이 또한 이와 같으니, 〈여기에서 말한 '禘'는〉 '5년에 한 번 지내는 禘제사'가 아니다."라는 《朱子語類》의 설을 소개하고, 또 "趙伯循이 말하였다. '〈喪服小記〉 8장에 「왕자는 그 시조를 출생시킨 제왕에게 체제사를 지낸다.」 하고, 또 「禮에 왕자가 아니면 체제사를 지내지 못한다.」 하여 바로 〈대전〉의 이 말과 똑같으니, 제후가 禘禮를 행할 수 없음이 분명하다."라는 《儀禮經傳通解續》의 설을 소개하고서 "'시조를 출생시킨 제왕'에 대해서 〈상복소기〉 및 이 章에 대한 정현의 주는 모두 '感生帝'라고 하였는데 진호의 주는 모두 해석하지 않았으니, 이는 진호가 정현의 주를 취하지 않았기 때문일 것이고 또 분명하게 말하기가 어려웠기 때문일 것이다." 하였다.
'感生帝'는 '感帝' 또는 '感生'이라고 약칭하는데, 王者의 선조가 감응하여 태어나게 된 帝를 일컫는 말이다. 고대에는 왕자의 선조가 모두 太微垣에 있는 五方의 天帝 가운데 한 帝의 精氣에 감응하여 태어났다고 여겼기 때문에 이렇게 말한 것이다.

3 諸侯及其太祖……及其高祖 : 진호의 주에 "대부는 3廟이고 士는 2묘 혹은 1묘이니, 감히 사사로이 스스로 협제사를 거행할 수 없으므로 반드시 군주에게 여쭈어서 군주가 하사하여야 비로소 제사를 행할 수 있는데, 협제사 또한 위로 고조에게까지 미친다. '干'이라는 것은 아래로부터 위를 범한다는 뜻이다. 낮은 자로서 높은 자의 예를 행하기 때문에 이를 일러 '干祫'이라고 한 것이다." 하였다.

禮에 王(天子)가 아니면 禘제사를 지내지 못하니, 왕은 〈시조의 사당을 세우고 나서 또다시 소급하여〉 그 시조를 출생시킨 제왕에게 체제사를 지내고서 시조로 배향한다. 제후의 祫제사는 〈종묘가 2昭와 2穆에 태조까지 5廟이므로〉 그 태조에게까지 미치고, 대부와 士는 大事(협제사)가 있으면 그 군주에게 여쭈어 허락을 받아 干祫이 그 고조에게까지 미친다.

字義 祫 : 합사할 협

16.2 牧之野는 武王之大事也라 旣事而退하사 柴於上帝하시며 祈於社하시며 設奠於牧室하시고 遂率天下諸侯하사 執豆籩하야 逡奔走하야 追王大(태)王亶父(단보)와 王季歷과 文王昌하시니 不以卑로 臨尊也[4]라

牧野에서 〈紂王을〉 정벌한 것은 武王의 큰일이었다. 일을 끝마치고 물러나와 섶을 태워서 上帝에게 고하시고, 제사를 거행하여 社에 고하시며, 목야의 宮室에 〈가지고 간 신주의〉 奠을 진설하여 고하신다. 그리고 마침내 천하의 제후들을 인솔하여 豆와 籩을 잡고서 급히 행하여 太王 亶父와 王季 歷과 文王 昌에게 王(천자)의 칭호를 추가하셨으니, 이것은 〈제후의〉 낮은 칭호로써 〈천자의〉 높은 자리에 임할 수 없기 때문이었다.

字義 柴 : 섶을 태워 제사지낼 시 逡 : 빠를 준

참고로 《禮記補註》에는 "무릇 3廟는 분수에 정해진 것이지만 만약 干請(干求하고 請託함)하여 高祖에게까지 미칠 수 있다면 또 어찌 그 제도를 만드는 것을 한정하겠는가. 또한 상호간의 의리〔交義〕에 있어서도 억지로 끌어다 붙인 느낌을 지울 수가 없다. 정현의 주에 '「大事」는 敵軍이 침범하는 일이다. 「省」은 잘함〔善〕이다. 「그 군주에게 잘한다.〔省於其君〕」는 것은 큰 어려움을 면하게 함을 이른다. 「干」은 「空」과 같으니, 「空祫」은 사당이 없어서 壇과 墠에서 협제사를 지내는 것을 이른다.' 하였으니, 이 말이 이치에 거의 맞다."라는 楊梧의 설을 소개하고서 "朱子가 이 장의 글을 인용하여 사람들 모두 고조까지 제사 지낼 수 있는 뜻을 증명하였으니, 《가례》 〈時祭〉의 附註에 보인다. 진호의 주와 대체로 같으니, 진호의 주를 잘못되었다고 할 수 없다." 하였다.

4 不以卑 臨尊也 : 번역은 진호의 주를 따른 것인데, 《禮記補註》에 "진호의 주는 주소에 근본을 둔 것인데, 소주의 方氏 설과 똑같지 않으니, 어느 것이 더 나은지 알지 못하겠다." 하였다.

'방씨의 설'은 저본의 소주에 嚴陵方氏가 "이른바 '古公'과 '季歷'과 '西伯'은 모두 당시에 호칭한 것이고, '太王'과 '王季'와 '文王'은 나중에 추가한 것이다. 또한 할아버지와 아버지가 侯가 되고, 아들과 자손이 王이 되면 이는 낮은 자로서 높은 자에게 임한 것이므로 왕의 칭호를 추가하는 것은 감히 낮은 아들과 자손이 높은 할아버지와 아버지에게 임하지 못하기 때문이다. 그러므로 이렇게 말한 것이다." 한 것을 가리킨다.

16.3 上治祖禰는 尊尊也요 下治子孫은 親親也니 旁治昆弟하야 合族以食하며 序以昭繆하야 別之以禮義면 人道가 竭矣라

위로 할아버지와 아버지의 사당을 다스림은 높은 분을 높이는 것이고 아래로 아들과 손자들을 다스림은 친척을 친애함이니, 옆으로 형제들을 다스려 집안을 모으기를 음식의 예로 하고, 서열을 나누기를 昭穆의 자리로 해서, 禮義로 분별한다면 人道가 지극하게 된다.

16.4.1 聖人이 南面而聽天下에 所宜先者가 五요 民不與焉하니 一曰治親이요 二曰報功이요 三曰擧賢이요 四曰使能이요 五曰存愛[5]니 五者가 一得於天下면 民이 無不足하며 無不贍者요 五者에 一物이 紕繆(비류)[6]면 民이 莫得其死니 聖人이 南面而治天下가 必自人道始矣라

聖人이 남쪽으로 향하여 천하를 다스릴 적에 마땅히 먼저 해야 할 것이 다섯 가지이고, 백성을 다스림은 여기에 들어있지 않은데, 첫 번째는 친척을 다스림이고, 두 번째는 공로에 보답함이고, 세 번째는 어진 이를 들어 씀이고, 네 번째는 유능한 사람을 부리는 것이고, 다섯 번째는 사랑하는 마음을 살피는 것이다. 다섯 가지가 천하에 모두 맞으면 백성들이 부족한 것이 없고 넉넉하지 않은 자가 없으며, 다섯 가지 중에 한 가지가 잘못되면 백성들이 수명을 제대로 누리지 못하고 죽으니, 성인이 남쪽을 향하여 천하를 다스릴 적에 반드시 人道에서 시작하였다.

字義 存 : 살필 존　贍 : 넉넉할 섬　紕 : 잘못할 비　繆 : 어그러질 류

---

5 存愛 : 번역은 진호의 주를 따른 것인데, 정현의 주에 "仁愛하는 마음이 있는 자를 살피는 것이다." 하였고, 공영달의 소에 "미천한 사람들 가운데에서 살펴 비록 현능한 자는 아니지만 仁愛하는 마음이 있으면 또한 賞을 주어 칭찬하는 것이다." 하였다.

참고로 《禮記補註》에 "주소와 진호의 주가 각각 다른데, 두 설 모두 온당하지 못하다. 이는 단지 인애하는 마음을 항상 보존하는 것일 뿐이다. 백성을 다스리는 일에 미치지 않았으면 '백성을 다스림은 여기에 들어있지 않다.〔民不與焉〕' 한 것과 서로 妨礙되지 않으니, 소주의 嚴陵方氏의 설 역시 이러한 뜻이다." 하였다.

6 紕繆(비류) : 번역은 진호의 주를 따른 것인데, 《禮記補註》에 "《古今韻會擧要》에 '布를 짤 적에 두 가닥의 실이 하나의 이〔齒〕를 함께 하는 것을 「紕」라 한다.' 하였으니, 문란함을 말한 것이다." 라는 《예기유편》의 설을 소개하였다.

16.4.2 立權度量하며 考文章하며 改正朔하며 易服色하며 殊徽號하며 異器械하며 別衣服은 此其所得與民變革者也라 其不可得變革者則有矣니 親親也와 尊尊也와 長長也와 男女가 有別이니 此其不可得與民變革者也라

〈성인은 백성들이 편안히 여기는 바를 억지로 제거하지 않고 백성들이 싫어하는 바를 억지로 남겨두지 않으므로〉 權(무게를 다는 저울)과 度(길이를 재는 자)와 量(부피를 헤아리는 단위)을 定立하며 文章(典籍)을 고찰하며 正朔을 바꾸며 의복의 색깔을 바꾸며 깃발의 칭호를 달리 하며 禮器와 兵器를 달리 하며 의복을 구별함은 백성들과 더불어 변혁할 수 있는 것이다. 변혁할 수 없는 것이 있으니, 친척을 친애함과 높은 분을 높임과 어른을 어른으로 받드는 것과 남녀간에 분별이 있는 것이다. 이것은 백성과 더불어 변혁할 수 없는 것이다.

16.5 同姓은 從宗하야 合族屬하고 異姓은 主名[7]하야 治際會니 名著而男女가 有別[8]이니라

同姓은 大宗과 小宗을 따라 족속들을 합하고 異姓은 명칭을 주장하여 교제와 회합을 다스리니, 명칭이 드러나면 남녀가 분별이 있게 된다.

16.6 其夫가 屬乎父道者는 妻皆母道也요 其夫가 屬乎子道者는 妻皆婦道也니 謂弟之妻를 婦者인댄 是嫂를 亦可謂之母乎아 名者는 人治之大者也니 可無愼乎아

남편이 아버지의 반열에 속하는 자는 아내가 모두 어머니의 반열이고, 남편이 자식

---

7 異姓主名 : 공영달의 소에 따르면 친족들 내에서 남편이 만약 아버지의 항렬이 된다면 아내는 '어머니〔母〕'라는 명칭을 주장하고, 남편이 만약 아들의 항렬이 된다면 아내는 '며느리〔婦〕'라는 명칭을 주장하는 것이다.

8 名著而男女有別 : 정현의 주에 "〈'어머니〔母〕'와 '며느리〔婦〕'라는〉 명칭이 분명하지 못하면 인륜이 어지럽게 된다. 〈'인륜이 어지럽게 된다.'는 것은〉 예컨대 〈춘추시대〉 衛나라 宣公과 楚나라 平王이 아들의 부인으로 들인 여자를 자기의 아내로 삼았던 경우이다." 하였다.

의 반열에 속하는 자는 아내가 모두 며느리의 반열이니, 만일 "아우의 아내를 '며느리〔婦〕'라고 이른다." 한다면 이는 형수를 또한 '어머니〔母〕'라고 이를 수 있다는 말인가. 〈아우의 처를 '婦'라고 해서도 안 되고 형의 처를 '母'라고 해서도 안 되는 것이다.〉 명칭은 사람을 다스림의 큰 것이니, 삼가지 않을 수 있겠는가.

16.7 四世而緦는 服之窮也요 五世袒免(문)은 殺(쇄)同姓也[9]니 六世엔 親屬이 竭矣라 其庶姓이 別於上하고 而戚이 單於下어든 昏姻을 可以通乎[10]아 繫之以姓而弗別하며 綴之以食(사)而弗殊요 雖百世而昏姻을 不通者는 周道가 然也라

4代에 緦麻服을 입음은 복이 다한 것이고, 5대에 袒免을 함은 同姓으로 내려온 것이니, 6대에는 친속이 다한다. 庶姓이 위에서 나뉘고 친척이 아래에서 다하거든 혼인을 통할 수 있는가? 姓氏로 연계하여 구별하지 않으며 음식으로 연결하여 다르게 하지 않고, 비록 百代가 지나더라도 혼인을 통하지 않는 것은 周나라의 道가 그러한 것이다.

字義 綴 : 연결할 철

16.8 服術이 有六하니 一曰親親이요 二曰尊尊[11]이요 三曰名이요 四曰出入[12]이요

---

9 殺(쇄)同姓也 : 《禮記補註》에 따르면 이는 五代祖가 같은 자는 다만 同姓일 뿐 服은 다하였기 때문에 줄임을 이른 것이다. '姓'은 '生(낳다)'이다. 손자는 아들의 소생이기 때문에 '子姓'이라고 하니, '同姓'은 똑같이 5대조의 소생이 됨을 이른다.

10 其庶姓別於上……可以通乎 : 진호의 주에 따르면 姓을 '正姓'이라 하고 氏를 '庶姓'이라 한다. 그러므로 魯나라는 姬姓인데 3家는 각각 氏가 되었고, 춘추시대의 여러 나라가 모두 그러하였으니, 이는 서성이 별도로 上世와 다르게 된 것이다. '戚'은 친함이고, '單'은 다함이다. 4종형제는 은혜와 친함이 이미 다하여 각자 宗이 되었으니, 이는 친족이 아래에서 다한 것이다. 殷나라 사람은 5대 이후로는 서로 혼인하였으므로 기록하는 자가 가설하여 '지금 비록 주나라 때이지만 혼인을 통할 수 있는가?'라고 물은 것이다.
'3家'는 桓公의 세 庶子인 仲孫氏, 叔孫氏, 季孫氏를 가리킨다.

11 尊尊 : 진호의 주에 "'尊尊'은 군주가 첫 번째로 높일 분이 되고 다음은 공과 경과 대부이다." 하였다. 참고로, 《예기보주》에 "〈喪服小記〉 11장의 진호의 주에서 〈공영달의 소에 의거하여〉 '尊尊'에 대해 '祖와 曾祖, 高祖'라고 하였으니, 여기와는 현격하게 차이가 난다."라는 《禮記類編》의 설을 소개하였다.

12 出入 : 공영달의 소에 따르면 예컨대 여자가 시집가기 전에 집에 있으면 '入'이 되고 다른 사람에

五曰長幼요 六曰從服이니라

服을 입는 방법이 여섯 가지가 있으니, 첫 번째는 친척을 친애하는 것이고, 두 번째는 높은 분을 높이는 것이고, 세 번째는 〈백모와 숙모, 子婦, 제수, 형수와 같은〉 명칭이고, 네 번째는 出入이고, 다섯 번째는 〈成人과 殤과 같은〉 長幼이고, 여섯 번째는 따라 복을 입는 것이다.

16.9 從服이 有六하니 有屬從[13]하며 有徒從[14]하며 有從有服而無服[15]하며 有從無服而有服[16]하며 有從重而輕[17]하며 有從輕而重[18]하니라

〈성씨가 다른데〉 따라서 입는 복이 여섯 가지가 있으니, 친족을 따라 복을 입는 경우가 있으며, 공연히 따라 복을 입는 경우가 있으며, 복이 있음을 따라 복이 없는 경우가

게 시집가면 '出'이 되는 경우와 〈남자가〉 出繼하여 다른 사람의 후사가 되는 경우이다.

13 屬從 : 진호의 주에 따르면 '屬'은 親屬이니, 아들은 어머니를 따라 외가의 服을 입고, 아내는 남편을 따라 시댁의 복을 입으며, 남편은 아내를 따라 처가의 복을 입는 것이다.

14 徒從 : 진호의 주에 따르면 '徒'는 空然이니, 친속이 아니면서 공연히 그 집안의 복을 입는 것이다. 예컨대 신하가 군주를 따라 군주 집안의 상에 복을 입고, 아내가 남편을 따라 그 군주의 상에 복을 입고, 妾이 女君(嫡妻) 친정의 상에 복을 입고, 庶子가 君母(아버지의 적처)의 부모상에 복을 입고, 자식이 어머니의 君母의 상에 복을 입는 것이다.

15 從有服而無服 : 진호의 주에 따르면 예컨대 公子의 처는 부모를 위하여 기년복을 입으나 공자는 군주의 높음에 눌리는 바가 되어 장인과 장모를 위해 복을 입을 수 없다. 이는 처는 복이 있으나 공자는 복이 없는 것으로, 형에 대해서는 복이 있으나 형수에 대해서는 복이 없는 것이다.

16 從無服而有服 : 진호의 주에 따르면 예컨대 公子는 군주의 높음에 눌리는 바가 되어 外兄弟를 위하여 복을 입을 수 없으나 공자의 처는 복을 입고, 처는 남편의 형제를 위하여 복이 없으나 손아래 동서와 손위 동서를 위하여 복을 입는 것이다.

17 從重而輕 : 진호의 주에 따르면 예컨대 처가 친정 부모를 위하여 기년복을 입는 것은 중한데 남편이 처를 따라서 〈처부모를 위하여〉 3개월 동안 복을 입는 것은 가벼움이 되며, 어머니가 자기 형제의 자식을 위하여 대공복을 입는 것은 중한데 자식이 어머니를 따라서 3개월 동안 복을 입는 것은 가벼움이 되는 것이다.

18 從輕而重 : 진호의 주에 따르면 예컨대 公子는 군주의 높음에 눌리는 바가 되어 자연스럽게 그 어머니를 위하여 練冠을 쓰는 것은 가벼운데 공자의 처는 시어머니를 위하여 기년복을 입는 것은 중함이 되는 것이다.

참고로 《禮記補註》에 따르면 '從有服而無服'부터 여기까지 4개 條에 대한 진호의 주는 모두 〈服問〉의 글에 근거하여 미루어 넓힌 것이다.

있으며, 복이 없음을 따라 복이 있는 경우가 있으며, 무거움을 따라 가볍게 복을 입는 경우가 있으며, 가벼움을 따라 무겁게 복을 입는 경우가 있다.

16.10 自仁率親하야 等而上之하야 至于祖를 名曰輕이요 自義率祖하야 順而下之하야 至于禰를 名曰重이니 一輕一重이 其義然也[19]니라

仁을 써서 어버이를 따라 차등하여 올라가서 할아버지에 이르는 것을 〈은혜와 사랑이 점점 가벼워지기 때문에〉 '輕(가벼움)'이라 명명하고, 義를 써서 할아버지를 따라 순차적으로 내려와서 아버지에게 이르는 것을 〈아버지에 가까울수록 義가 점점 가벼워지고, 할아버지는 義가 중해지므로〉 '重(무거움)'이라 명명한다. 한 쪽은 가볍고 한 쪽은 무거움이 그 義가 그런 것이다.

16.11 君이 有合族之道어시든 族人이 不得以其戚으로 戚君은 位也라

군주가 친족을 화합시키는 방도가 있으신데 집안사람들이 군주가 자기의 친척이라 하여 군주를 친척으로 삼을 수 없는 것은 〈신하와 군주를 구분하는〉 지위 때문이다.

16.12.1 庶子가 不祭는 明其宗也요 庶子가 不得爲長子三年은 不繼祖也[20]라

서자가 〈선조에게〉 제사를 지내지 않음은 그 宗統을 밝히기 위한 것이고, 서자가 長子를 위하여 삼년복을 입지 못함은 할아버지를 잇지 못하기 때문이다.

16.12.2 別子가 爲祖요 繼別이 爲宗이요 繼禰者가 爲小宗이니 有百世不遷之

---

19 一輕一重 其義然也 : 공영달의 소에 "고조와 증조의 服은 본래 마땅히 緦麻와 小功이어야 하나 齊衰服으로 올렸으니 어찌 〈義로〉 尊重하기 때문에 그런 것이 아니겠는가. 至親인 부모를 期年으로 결단해야 하는데 삼년상을 치르니, 어찌 은혜가 깊기 때문이 아니겠는가." 하였다.

20 庶子不祭……不繼祖也 : 〈상복소기〉 10.1장의 각주 참조.

宗하며 有五世則遷之宗하니 百世不遷者는 別子之後也라 宗其繼別子(之所自出)[21]者는 百世不遷者也요 宗其繼高祖者는 五世則遷者也라 尊祖故로 敬宗이니 敬宗이 尊祖之義也[22]라

別子를 〈後世와 구별하여 시조가 되는〉 祖가 되고 별자를 〈대대로〉 계승한 適長子는 〈백세토록 옮기지 않는〉 大宗이 되고, 〈祖의 庶子인〉 아버지를 계승한 자는 小宗이 되는데, 〈別子를 계승하여〉 백세토록 옮기지 않는 宗이 있으며 〈별자의 서자가〉 5世가 되면 祧遷하는 宗이 있으니, 백세토록 옮기지 않는 것은 별자의 후손이다. 별자를 계승하는 것을 종으로 삼는 자는 백세토록 옮기지 않는 자이고, 고조를 계승하는 것을 宗으로 삼는 자는 5世가 되면 祧遷하는 자이다. 祖를 높이기 때문에 宗統을 공경하는 것이니, 종통을 공경함은 祖를 높이는 뜻이다.

16.13 有小宗而無大宗者하며 有大宗而無小宗者하며 有無宗亦莫之宗者하니 公子가 是也[23]니라

〈군주가 適兄弟가 없어서 庶兄弟 한 사람으로 宗을 삼아 公子를 거느리게 하면 그 禮가 또한 小宗과 같아지는 것처럼〉 소종은 있고 대종이 없는 경우가 있으며, 〈군주가 適兄弟가 있어서 그로 하여금 宗을 삼아 公子를 거느리게 하면 다시 庶兄弟를 세워 宗으로 삼을 수가 없는 것처럼〉 대종은 있고 소종이 없는 경우가 있으며, 〈公子가 한 사람뿐이고 宗이 될 만한 다른 公子가 없으면 宗이 없는 것이므로 또한 다른 公子가 자기를

---

21 (之所自出) : 《儀禮經傳通解》 권5 〈家禮五 五宗〉에 衍文이라고 한 것에 따라 번역하지 않았다.

22 別子爲祖……尊祖之義也 : 진호의 주에 따르면 別子를 계승하는 것을 宗으로 삼는 자는 백세토록 옮기지 않는 자이다. 大宗에 대해 족속 관계가 끊어진 族人은 5代 외에는 모두 대종을 위하여 자최 3월의 복을 입고, 어머니와 처도 그러하다. 小宗이 된 자는 本親의 상복으로 복을 입는다. 나머지는 〈상복소기〉 9장 참조.

23 有小宗而無大宗者……公子是也 : 번역은 진호의 주를 따른 것인데, 참고로 《禮記補註》에 "이는 公子의 宗을 말한 것이니, 풀이하면 다음과 같다. 만일 군주에게 세 아들이 있는데 적자가 한 명이고 서자가 두 명이면 서자들이 적자를 宗으로 삼으니, 이는 '대종은 있고 소종이 없는' 경우이다. 만일 모두 서자이면 庶長子를 宗으로 삼으니, 이는 '소종은 있고 대종이 없는' 경우이다. 만일 한 사람만 있을 뿐이면 宗으로 삼을 사람이 없고 자기도 宗이 되는 바가 없으니, 이는 '宗이 없고 또한 宗으로 삼을 만한 자가 없는' 경우를 이른다."라는 《朱子語類》의 설을 소개하였다.

宗으로 삼을 수 없게 되는 것처럼〉 종이 없고 또한 종으로 삼을 만한 자가 없는 경우가 있으니, 公子가 이것이다.

16.14 公子가 有宗道하니 公子之公이 爲其士大夫之庶者하야 宗其士大夫之適者하나니 公子之宗道也[24]라

公子는 宗道가 있으니, 공자의 適兄弟로서 군주가 된 자는 그 庶兄弟 중에 士와 대부가 된 자들을 위해 사와 대부가 된 適公子들을 〈宗으로 삼아서 庶兄弟들로 하여금 그를〉 높이게 하니, 이는 공자의 종도이다.

16.15 絶族은 無移服하니 親者는 屬也니라

〈3從兄弟는 高祖를 함께 하기 때문에 緦麻服을 입는데〉 족속의 인연이 끊어진 〈4從兄弟가 되는〉 친족에게는 옆으로 뻗어 나가 미치는 복이 없으니, 親이 있는 자는 〈친족의 親疏에〉 所屬되는 것이다.

16.16 自仁率親하야 等而上之하야 至于祖하며 自義率祖하야 順而下之하야 至於禰니 是故로 人道는 親親也라 親親故로 尊祖하고 尊祖故로 敬宗하고 敬宗故로 收族하고 收族故로 宗廟가 嚴하고 宗廟가 嚴故로 重社稷하고 重社稷故로 愛百姓하고 愛百姓故로 刑罰이 中하고 刑罰이 中故로 庶民이 安하고 庶民이 安故로 財用이 足하고 財用이 足故로 百志成하고 百志成故로 禮俗이 刑하고 禮俗이 刑然後에야 樂(락)하나니 詩云호되 不顯不承가 無斁(역)於人斯[25]라하니 此之謂也로다

---

24 公子有宗道……公子之宗道也 : 진호의 주에 따르면 '適'은 군주의 同母弟로서 適夫人이 낳은 자식이다. 참고로 《예기보주》에 "이는 바로 '대종은 있고 소종이 없다.〔有大宗而無小宗〕'라는 구를 해석한 것이다."라는 《주자어류》의 설을 소개하였다.

25 詩云……無斁(역)於人斯 : 진호의 주에 따르면 詩는 《시경》 〈周頌 淸廟〉이니, 이 시를 인용하여 군주가 어버이를 친애하는 도를 미루어 집안에 이르고 나라에 이르고 천하에 이르러 禮俗이 크게 이루어지게 되면, 즐거워할 만한 것들이 또한 싫증남이 없음을 말한 것이다.

仁을 써서 어버이를 따라 차등하여 올라가서 할아버지에 이르며, 義를 써서 할아버지를 따라 순차적으로 내려와서 아버지에 이른다. 이 때문에 人道는 어버이를 친애하는 것이니, 어버이를 친애하기 때문에 할아버지를 높이고, 할아버지를 높이기 때문에 宗統을 공경하고, 종통을 공경하기 때문에 종족을 수합하고, 종족을 수합하기 때문에 宗廟의 제례가 엄숙하고, 종묘의 제례가 엄숙하기 때문에 社稷을 중하게 여긴다. 그리고 사직을 중하게 여기기 때문에 백성을 사랑하고, 백성을 사랑하기 때문에 형벌이 절도에 맞고, 형벌이 절도에 맞기 때문에 서민들이 편안하고, 서민들이 편안하기 때문에 財用이 풍족하고, 재용이 풍족하기 때문에 온갖 뜻이 성취되고, 온갖 뜻이 성취되기 때문에 禮의 풍속이 이루어지고, 예의 풍속이 이루어진 뒤에야 즐거운 것이다. 그러니 《詩經》에 이르기를 '밝게 드러나지 않을까? 남에게 존경을 받지 않을까? 사람들에게 미움받음이 없다.' 하였으니, 이것을 이른 것이다.

字義 斁 : 싫어할 역

少儀[1] 第十七

17.1 聞始見(현)君子者辭호니 曰호되 某가 固願聞名於將命者호되 不得階主[2]라하며 適者는 曰호되 某가 固願見이라호되 罕見曰 聞名이요 亟(기)見曰朝夕이라하고 瞽曰聞名이라하나니라

듣건대 〈덕과 지위를 갖춘〉 군자를 처음 뵙는 자의 말은 "某는 명을 받들어 전하는 사람을 통하여 제 이름을 알리기를 굳이 원하는데, 주인에게 바로 올라갈 수 없습니다." 한다. 신분이 대등한 자인 경우에는 "某는 〈명을 받들어 전하는 사람에게〉 뵙기를 굳이 원합니다." 하는데, 오래간만에 만나 보는 경우에는 "〈명을 받들어 전하는 사람에게〉 이름을 알리기를 원합니다." 하고, 자주 만나 보는 경우에는 "아침저녁으로 뵙기를 원합니다." 한다. 맹인이 와서 뵐 때에는 〈신분의 귀천을 따지지 않고 오직〉 "〈볼 수가 없기 때문에 명을 받들어 전하는 사람에게 '만나보기를 원한다.' 하지 않고〉 이름을 알

---

1 진호의 주에 "《小學》의 支流이며 末流이다."라는 주희의 설을 인용하고, "'少'는 '幼少'의 '少'가 아니니, 이 편은 성격이 〈曲禮〉와 유사하다."라는 石梁王氏의 설을 인용하였다.
《禮記補註》에서는 "〈少儀〉는 연소한 자가 어른을 섬기는 예절을 말하였으니, 주소에서 '細小한 威儀'라고 한 것은 잘못되었다."라는 《儀禮經傳通解》 〈目錄〉의 내용을 소개하고, "이 편은 다른 사람과 더불어 교제할 때에 말하고 행동하는 예절을 기록하였으니, 다만 연소한 자만을 위하여 말한 것이 아니다. 그러므로 王氏는 '「幼少」의 「少」가 아니다.' 하였다. 그러나 또한 연소한 자가 마땅히 본받아야 할 것이므로 '少儀'라 하였으니, '幼少'의 '少'가 아니면 곧 무엇이겠는가."라는 권근의 설을 소개하였다.

2 某固願聞名於將命者호되 不得階主 : 진호의 주에 "'階'는 올라가는 것을 비유한 것이고 '主'는 주인이다. 이것은 손님이 뵙기를 청하는 말에 곧바로 주인을 가리킬 수 없음을 말한 것이다." 하였다. 《예기보주》에는 "《儀禮》 〈士相見禮〉에 '某가 뵙기를 원하였으나 통할 만한 연고가 없었습니다.〔某也願見 無由達〕'라고 한 것이 이 말의 뜻과 서로 같다. 소주의 邵氏(邵甲)의 설이 좋은 듯하니, 《禮記大文諺讀》 역시 진호의 주를 따르지 않고 소씨의 설을 따랐다. 다만 '이오〔是五〕'라는 吐는 잘못된 듯하니, 마땅히 '호되〔乎代〕'로 바꾸어야 한다." 하였다. 본서에서는 이에 따라 토를 수정하고 번역하였다.

리기를 원합니다." 한다.

字義 適 : 대등할 적 亟 : 자주 기

17.2 適有喪者하얀 曰호되 比라하고 童子는 曰호되 聽事라하고 適公卿之喪하얀 則曰호되 聽役於司徒[3]라하나니라

喪이 있는 자에게 갈 적에는 〈서로 만나보는 것을 위주로 하지 아니하니,〉 "〈某는 執事에게〉 견주기를 원합니다." 하고, 童子는 〈상이 있는 곳에 와서 주인의 喪事를 돕게 되므로〉 "〈某는 명을 받들어 전하는 사람에게〉 일을 듣기를 원합니다." 한다. 公과 卿의 상에 갈 적에는 "〈某는〉 司徒에게 일을 듣기를 원합니다."라고 말한다.

17.3 君이 將適他하실새 臣이 如致金玉貨貝於君인댄 則曰호되 致馬資於有司하노이다하고 敵者엔 曰호되 贈從者라하나니라

군주가 〈조회하는 일이 있어서〉 장차 다른 곳으로 가게 될 경우 신하가 만일 金玉과 貨貝를 군주에게 바치는 경우에는 "車馬의 비용을 有司에게 바칩니다." 하고, 신분이 대등한 자에게는 "〈거마의 비용을〉 從者에게 줍니다." 한다.

17.4 臣이 致襚於君에 則曰호되 致廢衣於賈人[4]이라하고 敵者엔 曰襚니 親者兄弟는 不以襚進이니라

신하가 군주에게 襚衣를 바칠 경우에는 "버릴 옷을 賈人에게 바칩니다." 하고, 신분

---

3 聽役於司徒 : 공영달의 소에 따르면 '司徒'는 徒役의 일을 주관하기 때문에 그 직분에 '天子의 喪에 六鄕의 衆庶를 거느려 〈천자의 靈柩를 실은 수레에〉 六引을 묶어 영구를 끄는 일을 다스린다.' 하였다. 〈檀弓 上〉 94장에 "孟獻子의 상에 사도가 〈여러 下士로 하여금〉 사방에서 賻儀로 보낸 財貨를 돌려주게 하였다." 하였는데, 《禮記隱義》에 "공과 경도 가신인 사도가 있어서 喪事를 관장한다." 하였다.

4 致廢衣於賈人 : 공영달의 소에 따르면 '賈人'은 물건값의 높고 낮음을 알아서 군주의 의복과 날마다 쓰는 器物을 주관하는 자이다.

이 대등한 자에게는 "〈명을 받들어 올리는 사람을 통하여〉 수의를 바칩니다." 하는데, 친척과 형제간에는 〈곧바로 받들어 올려 진열하므로 명을 받들어 올리는 사람을 통하여〉 수의를 바치지 않는다.

字義 襚 : 수의 수

17.5 臣이 爲君喪하야 納貨貝於君인댄 則曰호되 納甸於有司하나이다하고

신하가 군주의 상을 위하여 화패를 군주에게 바칠 경우에는 〈군주의 田邑을 받았으니〉 "京畿의 땅에서 생산되는 물건을 有司에게 바칩니다." 한다.

字義 甸 : 경기 전

17.6.1 賵馬란 入廟門하고 賻馬與其幣와 大白兵車는[5] 不入廟門이니라

賻儀로 바치는 말은 〈죽은 이를 장송하는 것이므로〉 廟門으로 들이고, 부의로 바치는 말과 폐백과 大白의 깃발과 兵車는 〈말과 폐백은 喪事의 비용을 돕는 것이고, 대백의 깃발과 병거는 장송하는 데 사용하나 본래 戰伐의 도구이기 때문에〉 묘문으로 들이지 않는다.

字義 賵 : 부의할 봉 賻 : 부의 부

17.6.2 賻者가 旣致命하고 坐委之하여든 擯者가 擧之하고 主人이 無親受也니라

부의를 전하는 자가 이미 주인의 명령을 전하고 무릎 꿇고 앉아서 부의하는 물건을 땅에 놓거든, 擯者가 그것을 들어 취하고 〈吉事와 다르기 때문에〉 주인은 직접 받지 않는다.

字義 擯 : 인도하는사람 빈

---

5 賻馬與其幣와 大白兵車는 : 《禮記大文諺讀》에 "賻馬와 與其幣大白兵車는"으로 되어 있으나, 《禮記補註》에 "'賻馬'의 아래에는 토가 없는 것이 또한 옳고, '其幣'의 아래에는 마땅히 '와(臥)' 토가 있어야 한다." 하였다. 《예기대문언두》의 토로 읽으면 '賻'자의 의미가 '馬'자까지만 걸리는 것으로 誤讀할 수 있기 때문에 《예기보주》에서 이렇게 말하였다. 본서에서는 이에 의거하여 토를 수정하였다.

17.7 受立授立에 不坐니 性之直者則有之矣[6]라

서 있는 〈높은〉 자에게 〈낮은 자가 물건을〉 받거나 서 있는 〈높은〉 자에게 〈낮은 자가 물건을〉 줄 경우에는 〈무릎 꿇고 받거나 주게 되면 높은 자가 몸을 굽혀야 하므로〉 무릎 꿇고 앉지 않으니, 감정대로 곧바로 행하는 자는 무릎 꿇는 일이 있다.

17.8.1 始入而辭할새 曰辭矣니라 卽席할새 曰可矣니라

〈손님이〉 처음 문에 들어가 사양할 적에 〈주인이 마땅히 사양해서 손님으로 하여금 먼저 들어가게 하므로 擯者가 주인에게〉 "사양하라."고 아뢴다. 〈계단에 이를 때에도 이와 같이 하고, 손님과 주인이 당에 올라〉 자리에 나아갈 때에 〈손님과 주인이 다시 서로 사양할 필요가 없으므로 擯者가〉 "앉아도 된다."고 아뢴다.

17.8.2 排闔하야 說(탈)屨於戶內者가 一人而已矣니 有尊長이 在則否니라

두 문을 열고 들어가서 신을 문 안에 벗어놓는 자는 가장 높은 사람 한 사람뿐이니, 〈만약〉 尊長이 〈먼저 堂에 있거나 방에〉 있으면 〈뒤에 들어가는 사람은 모두 문 안에서 신을 벗을 수 없으므로〉 이렇게 하지 않는다.

字義 闔 : 문짝 합　說 : 벗을 탈(=脫)

17.9 問品味할새 曰호되 子가 亟(기)食於某乎아 問道藝할새 曰호되 子가 習於某乎아 子가 善於某乎아니라

---

6 性之直者則有之矣 : 공영달의 소에 "'性'은 天性을 이른다. 이는 높은 자가 천성적으로 키가 본래 이처럼 작으면, 높은 자가 비록 서 있더라도 꿇어앉아서 물건을 받거나 주는 경우가 있음을 말한 것이다. 만약 서서 상대하면 자신의 큰 키로 높은 자에게 임하는 것이기 때문이다." 하였는데, 《禮記補註》의 "이 구의 文義는 모두 통하지 않으니, 이는 失禮를 기록한 것일 뿐인 듯하다. '性之直'은 〈檀弓 下〉 51장의 이른바 '감정대로 곧바로 행한다.[直情而徑行]' 한 것과 같을 것이다."라는 《儀禮經傳通解》의 설을 소개하였다. 본서에서는 《의례경전통해》에 따라 번역하였다.

상대방에게 특별히 좋아하는 음식을 물을 경우에는 〈사람마다 嗜好가 다르므로〉 "그대는 아무〔某〕 음식을 자주 먹습니까?" 하고, 道藝를 물을 경우에는 〈사람마다 숭상하는 것이 다르므로〉 "그대는 아무〔某〕 일을 익혔습니까?" 하거나 "그대는 아무〔某〕 일을 잘합니까?" 한다.

17.10 不疑在躬[7]하며 不度(탁)民械하며 不願於大家하며 不訾(자)重器[8]니라

〈빈객이 된 경우든, 주인이 된 경우든〉 의심스러움이 자신에게 있지 않게 하며, 〈나에게 나쁜 마음이 있다고 사람들이 비난할 수 있으므로 환란을 방지하기 위한〉 백성의 器械(兵器)의 예리함을 헤아리지 않으며, 〈참람하거나 도둑질하려는 싹이 생기지 않도록 爵位로 이룬〉 大家의 부유함을 원하지 않으며, 〈물건의 貴賤을 헤아리고자 해서는 안 되므로〉 남이 소중히 여기는 기물을 헤아리지 않는다.

字義 訾 : 헤아릴 자

17.11 氾(범)埽曰埽요 埽席前曰拚(분)이니 拚席호대 不以鬣하며 執箕膺擖[9]이니라

널리 청소하는 것을 '埽'라 하고 자리 앞을 소제하는 것을 '拚'이라 하니, 자리를 청소할 경우에는 〈항상〉 땅을 쓰는 〈더러운〉 빗자루를 사용하지 않으며, 쓰레받기를 잡고 〈청소할 적에는 쓰레기가 자기 쪽을 향하도록〉 쓰레받기의 바닥이 자신의 가슴을 향하게 한다.

字義 氾 : 널리 범 拚 : 청소할 분 鬣 : 비 렵 擖 : 키의바닥 갈

---

7 不疑在躬 : 《禮記補註》에 "자신이 행하는 것이 모두 남에게 신임을 받아서 의심할 만한 일이 〈자기 몸에〉 없는 것이니, 바로 '자신을 성실하게 함〔誠身〕'을 이른다."라는 권근의 설을 소개하였다.

8 不訾重器 : 진호의 주에 "'訾'는 하찮게 여기고 훼방하는 것이니, 소중한 기물을 전해 온은 오랫동안 보배로 여기는 것인데 도리어 훼방한다면 어찌 남의 노여움을 일으키지 않겠는가." 하였는데, 《禮記補註》에 "'訾'는 '計度(헤아림)'과 같으니, 아래 22장의 '無訾衣服成器'의 '訾'자도 이와 같다. 이는 물건의 貴賤을 헤아리고자 하지 않음을 이르니, 또한 피하여 자세히 살피지 않는 것이다."라는 《儀禮經傳通解》의 설을 소개하였다. 본서에서는 《의례경전통해》의 설에 따라 번역하였다.

9 執箕膺擖 : 《예기보주》에 "이는 〈曲禮 上〉의 '쓰레받기를 가지고 자신을 향하게 하여 먼지 따위를 쓸어 담는다.〔以箕自鄉而扱之〕'라고 한 뜻과 대체로 같으니, 마땅히 참고해야 한다." 하였다.

17.12 不貳問[10]이니 問卜筮호댄 曰호되 義與아 志與아하야 義則可問이요 志則否[11]니라

卜筮는 두 번에 걸쳐 묻지 않으니, 복서에 묻고자 하면 "마땅히 물어야 할 것을 묻는 것인가? 사사로운 뜻으로 묻는 것인가?"라고 하고서 의로운 것이면 그 일을 물을 수 있고, 사사로운 뜻이면 그 일을 물어서는 안 된다.

17.13.1 尊長이 於己에 踰等이어시든 不敢問其年하며 燕見(현)에 不將命하며 遇於道하야 見則面하고 不請所之하며 喪에 俟事하고 不犆(특)弔[12]니라

尊長이 자기보다 항렬이 높으면 감히 그 연치를 묻지 않으며, 사사로이 뵐 적에 〈이것은 賓主의 예가 아니기 때문에〉 명을 받들어 전하는 사람을 통하지 않으며, 길에서 만나게 되어 존장이 보았으면 얼굴을 뵙고 존장에게 가는 곳을 묻지 않으며, 〈높은 자의〉 상에는 〈상주가 곡하는〉 일이 있을 때를 기다려 조문하고 〈그러한 때가 아니면〉 홀로 조문하지 않는다.

字義 俟 : 기다릴 사 犆 : 홀로 특(=特)

---

10 不貳問 : 《예기보주》에 "卜筮의 법은 〈지극한 정성과 한결같은 뜻으로〉 처음 시초점을 쳐서 물으면 고해주는 것이다. 두 번 세 번 물으면 번독하게 구는 것이니, 번독하게 굴면 고해주지 않는다. 그러므로 비록 吉함을 얻지 못하였더라도 다시 물어서는 안 된다."라는 楊梧의 설을 소개하였다.

11 問卜筮……志則否 : 진호의 주에 "다른 사람이 卜筮하는 것을 보고 그 점치는 바가 무슨 일인가를 묻고자 한다면 '의로운 일입니까? 당신의 뜻입니까?'라고 말한다. '義'는 일에 마땅히 해야 하는 것이고, '志'는 마음에 숨겨놓은 꾀이다. 그러므로 의로운 것이면 그 일을 물을 수 있고, 그 사람의 뜻이면 그 일을 물을 수 없는 것이다. 일설에 '卜者가 점을 치러 온 사람에게 물어서 의로운 일이면 점을 쳐주고, 그 사람의 뜻이면 점을 쳐 주지 않는다.' 하니, 또한 뜻이 통한다." 하였다.
《禮記補註》에 "거북 껍질과 시초에게 묻는 자는 응당 마땅히 물어야 할 것인가를 살펴야 하고 사사로운 뜻을 간여시켜서는 안 된다."라는 양오의 설을 인용하고서 "양오의 설은 아마도 神明에게 물을 적에 공경하고 삼가야 함을 말한 듯하다. 진호의 주에 두 가지 설이 있는데 아래의 설은 옛 주소에서 나왔으나 모두 뜻이 통하지 않는다." 하였다. 본서에서는 양오의 설에 따라 번역하였다.

12 喪俟事 不犆(特)弔 : 번역은 진호의 주를 따른 것인데, 참고로 《禮記補註》에 "'喪'은 높은 자가 상복을 입고 있음을 이르니, 진호의 주는 분명하지 못하다." 하였다.

17.13.2 侍坐하야 弗使어시든 不執琴瑟하며 不畫地하며 手無容하며 不翣也하고 寢則坐而將命이니라

〈尊長을〉 모시고 앉았을 때에 시키지 않으면, 거문고와 비파를 잡고 타지 않으며 땅에 끄적거리지 않으며 손으로 장난하지 않으며 부채질을 하지 않는다. 〈어른이 침소에〉 누워 계실 때에는 무릎 꿇고 앉아서 명령을 전달한다.

字義 翣 : 부채질할 삽

17.13.3 侍射則約矢하고 侍投則擁矢하리니 勝則洗而以請하고 客亦如之[13]니 不角하며 不擢馬니라

〈존장을〉 모시고 활을 쏠 경우에는 화살을 한꺼번에 묶어 쥐고, 〈존장을〉 모시고 投壺할 경우에는 화살을 한꺼번에 옆에 낀다. 〈활쏘기와 투호의 예에 낮은 자인 빈객이〉 이겼으면 〈빈객이 직접〉 술잔을 씻고서 〈존장에게 술잔을 들기를〉 청하고, 빈객이 〈졌으면 존장이〉 또한 〈빈객에게〉 이와 같이 하니, 〈존장과 빈객에게는 벌주 잔으로 뿔로 만든 잔인〉 兕觥을 사용하지 않으며, 빈객이 나아가 존장의 말을 취하여 자기의 말로 삼지 않는다.

字義 擁 : 가질 옹 擢 : 뽑을 탁

17.14 執君之乘車則坐니 僕者가 右帶劍하고 負良綏하야 申之面하고 拖[14]諸幦(멱)이니 以散綏로 升하야 執轡然後步[15]니라

〈마부는〉 군주의 乘車의 고삐를 잡을 경우에 〈군주가 수레를 타기 전에 수레의 아래

---

13 勝則洗而以請 客亦如之 : 《예기보주》에 "만약 자기가 이겨서 司射가 술을 따르도록 명하면 감히 子弟로 하여금 술을 따라서 높은 자에게 벌주를 마시게 하지 못하고, 반드시 스스로 술잔을 씻고서 벌주 잔을 들기를 청하여야 한다. 만약 상대방이 이겼으면 또한 감히 그 자제로 하여금 번거롭게 술을 따라 자기에게 술을 마시게 하지 못하고, 반드시 상대방이 직접 술잔을 씻고서 자기에게 벌주를 마시기를 청하여야 한다."라는 《의례경전통해》의 설을 소개하였다.

14 拖 : 공영달의 소에 따르면 '擲'과 같다.

15 步 : 정현의 주에 따르면 '行'과 같다.

에서〉 무릎 꿇고 앉으니, 〈일반적으로 칼은 오른손으로 뽑기 편하게 왼쪽에 차는데 왼쪽에 있는 군주에게 방해되므로〉 마부는 검을 오른쪽으로 차고, 〈군주가 이용하는 정식 끈인〉 良綏를 등에 지고서 끈의 끝을 앞으로 늘어뜨려 이것을 軾의 덮개 위로 던진다. 〈마부는 자기가 이용하는 끈인〉 散綏를 잡고 수레에 오르고서 고삐를 잡은 뒤에 〈군주를 태우러〉 이동한다.

字義 綏 : 끈 수 拖 : 던질 타 幦 : 덮개 멱 轡 : 고삐 비

17.15 請見이요 不請退[16]니 朝廷曰退요 燕遊曰歸요 師役曰罷[17]니라

뵙기를 청하고 물러가기를 청하지 않으니, 朝廷에서 물러가는 것을 '退'라 하고, 잔치하고 놀다 돌아오는 것을 '歸'라 하고, 戰役에서 〈그만두고〉 돌아오는 것을 '罷'라 한다.

17.16 侍坐於君子하야 君子가 欠伸[18]하며 運笏하며 澤劍首하며 還(선)屨[19]하며 問日之蚤莫(조모)이어시든 雖請退라도 可也니라

군자를 모시고 앉아있으면서 군자가 하품하고 기지개를 켜며, 〈笏을 꽂고 일어나려고〉 홀을 움직이며, 〈생각이 다른 데 있어서〉 칼끝을 만지작거리며, 〈신발을 신으려고〉 신발을 돌려놓으며, 해가 아직 이른가 저물었는가를 물으시거든 〈이때는〉 비록 물러가기를 청하더라도 괜찮다.

字義 澤 : 윤택하게할 택 還 : 돌 선(=旋) 蚤 : 이를 조(=早) 莫 : 저물 모(=暮)

---

16 請見 不請退 : 공영달의 소에 따르면 물러감은 반드시 높은 자의 거동을 말미암는 것이기 때문에 감히 물러가기를 청하지 못하는 것이다.

17 師役曰罷 : 진호의 주에 "'罷'는 마땅히 《논어》 〈子罕〉의 '그만두고자 해도 그만둘 수 없다.〔欲罷不能〕'의 '罷'자와 같이 읽어야 한다." 하였고, 정현의 주에 따르면 '罷勞(疲勞)'의 뜻이라고 하였다. 본서에서는 진호의 주에 따라 번역하였다.

18 欠伸 : 〈曲禮 上〉 52장에 보이는데, 거기에서 진호는 氣가 부족하면 '하품을 하고〔欠〕' 몸이 피곤해지면 '기지개를 켠다〔伸〕'고 하였으며, 공영달은 뜻이 피곤해지면 하품을 하고 몸이 피곤해지면 기지개를 켠다고 하였다.

19 還(선)屨 : 공영달의 소에 따르면 높은 자는 방문 안쪽에 신을 벗어놓아 신이 항상 곁에 있기 때문에 직접 신의 방향을 돌릴 수 있는 것이다.

17.17 事君者는 量而后入하고 不入而后量이니 凡乞假於人하며 爲人從事者가 亦然하니 然故로 上無怨하며 而下遠罪也니라

군주를 섬기는 자는 〈군주로 섬길 만한 사람인지를〉 헤아린 뒤에 들어가 섬기고 들어간 뒤에는 헤아리지 않으니, 무릇 다른 사람에게 구걸하고 빌리며 다른 사람을 위하여 종사하는 경우 또한 이와 같다. 이와 같이 하기 때문에 윗사람은 원망함이 없고 아랫사람은 죄를 멀리할 수 있는 것이다.

17.18 不窺密하며 不旁狎[20]하며 不道舊故하며 不戲色[21]이니라

은밀한 곳을 엿보지 않으며, 널리 여러 사람에게 버릇없이 가깝게 굴지 않으며, 옛 친구의 잘못을 말하지 않으며, 비웃고 거만하게 구는 모습을 하지 않는다.

字義 窺 : 엿볼 규 狎 : 친압할 압 戲 : 희롱할 희

17.19 爲人臣下者가 有諫而無訕(산)하며 有亡而無疾하며 頌而無諂(첨)하며 諫而無驕하며 怠則張而相之하고 廢則埽而更之를 謂之社稷之役이니라

신하가 된 자는 〈군주에게〉 諫함은 있고 군주를 비방함은 없으며, 〈간언을 따르지 않으면 군주에게서〉 도망함은 있고 〈군주를〉 미워함은 없으며, 칭송은 하되 아첨함이 없으며, 〈군주가 자신의〉 간언을 따르더라도 〈그것을 믿고〉 교만한 마음을 가져서는 안 되며, 〈군주가 정사에〉 태만하면 〈기세를〉 떨쳐 도와야 하고, 〈정사가 이미 쓰여지지 않고〉 폐기되면 깨끗이 없애고 새롭게 바꿔야 하니, 이것을 "사직을 위하여 일한다." 하는 것이다

字義 訕 : 비방할 산 諂 : 아첨할 첨 驕 : 교만할 교

---

20 不旁狎 : 《儀禮經傳通解》 권11 〈學禮 曲禮〉에 따르면 '旁'은 널리 미침이니, 널리 남과 더불어 친압하고 익숙함은 공경하지 않는 것이다.

21 不戲色 : 《의례경전통해》 권11 〈학례 곡례〉에 따르면 '戲色'은 비웃으면서 다른 사람을 업신여기고 거만하게 구는 용모를 이른다.

17.20 毋拔來하며 毋報(부)往[22]하며 毋瀆神하며 毋循枉하며 毋測[23]未至니라

급히 오지 말며 급히 가지 말며, 신을 번독하게 하지 말며, 잘못을 인습하지 말며, 아직 이르지 않은 일을 예측하지 말아야 한다.

字義 拔 : 빨리 발 報 : 급히할 부(=赴) 瀆 : 더럽힐 독 循 : 좇을 순 枉 : 잘못 왕

17.21 士는 依於德하고 游於藝하며 工은 依於法하고 游於說[24]이니라

士는 〈어느 때나 근본인〉 덕에 의거하고 〈때때로 지엽적인〉 예에 노닐며, 工人은 〈規矩準繩과 같은 떳떳한〉 법에 의거하고 〈변통할 수 있는〉 설에 노닌다.

17.22 毋訾(자)衣服成器하며 毋身質言語[25]니라

의복과 이루어놓은 기물을 〈그 貴賤을〉 헤아리지 말며, 자신의 생각으로 언어의 의심스러운 것을 사실로 단정하지 말아야 한다.

字義 訾 : 헤아릴 자

17.23 言語之美는 穆穆皇皇이요 朝廷之美는 濟濟翔翔이요 祭祀之美는 齊齊皇皇이요 車馬之美는 匪匪翼翼이요 鸞和之美는 肅肅雍雍[26]이니라

---

22 毋拔來 毋報(부)往 : 정현의 주에 따르면 '報'는 '赴'로 읽으니, '拔'과 '赴'는 모두 '疾(급함)'이다. 《朱子語類》〈小戴禮 少儀〉에 따르면 이 두 구의 뜻은 《莊子》〈列禦寇〉의 '義에 나아가기를 목마를 때에 물을 보고 달려가듯이 하는 자는 義에서 떠나기를 뜨거운 것을 만졌을 때와 같이 한다.〔其就義若渴則其去義若熱.〕'라는 孔子의 말과 같으니, 사람이 좋은 일이 있는 것을 보고는 화급히 기뻐하여 가서 하는데, 이러한 사람은 오래 견디지 못하여 조금 지나 마음이 게을러지고 뜻이 다하면 빨리 떠남을 말한 것이다.

23 測 : 《의례경전통해》에 따르면 '測'은 '헤아림'이니, 예컨대 공자가 이른바 '남이 나를 속일 것이라고 미리 넘겨짚고, 남이 나를 믿어주지 않을 것이라고 臆測한다.' 한 따위이다.

24 游於說 : 저본의 소주에 嚴陵方氏가 "器物 같은 것은 옛날에는 이로웠으나 지금은 해롭기도 하니, 여기에는 관련된 說이 있으므로 거기에 놀고 얽매이지 않는 것이다." 하였다.

25 毋身質言語 : 주소에 따르면 '質'은 '이룸〔成〕'이니, 의심스러운 말을 듣고 자신의 생각으로 사실이라고 단정하면 잘못된 일이 생기게 되므로 이렇게 하지 말아야 한다.

26 言語之美……肅肅雍雍 : 진호의 주에 "'穆穆'은 공경하여 화함이고, '皇皇'은 바르고 아름다움이

언어의 아름다운 儀容은 穆穆하고 皇皇하게 하는 것이고, 조정의 아름다운 의용은 濟濟하고 翔翔하게 하는 것이고, 제사의 아름다운 의용은 齊齊하고 황황하게 하는 것이고, 車馬의 아름다운 의용은 匪匪하고 翼翼하게 하는 것이고, 鸞和의 아름다운 의용은 肅肅하고 雍雍하게 하는 것이다.

字義 濟 : 건널 제 翔 : 날 상 匪 : 문채날 비 翼 : 날개 익 鸞 : 방울 란 雍 : 화할 옹

17.24 問國君之子長幼어든 長이란 則曰호되 能從社稷之事矣라하고 幼란 則曰호되 能御未能御[27]라하며 問大夫之子長幼어든 長이란 則曰호되 能從樂人之事矣라하고 幼란 則曰호되 能正於樂人未能正於樂人이라하며 問士之子長幼어든 長이란 則曰호되 能耕矣라하고 幼란 則曰호되 能負薪未能負薪이니라

國君에게 그 아들이 장성했는지 어린지를 물을 경우, 〈국군은 자기의 아들이〉 장성했으면 "〈제사, 軍旅 등의〉 社稷의 일에 종사할 수 있다."고 답하고, 어리면 "일을 주관하여 다스릴 수 있다."고 답하거나 "일을 주관하여 다스릴 수 없다."고 답한다. 대부에게 그 아들이 장성했는지 어린지를 물을 경우, 장성했으면 "〈大司樂이 樂의 德, 樂의 이론 등으로써 國子를 가르치는 것과 같은〉 樂人의 일에 종사할 수 있다."고 답하고, 어리면 "악인에게 가르침을 받을 수 있다."고 답하거나 "악인에게 가르침을 받을 수 없다."고 답한다. 士에게 그 아들이 장성했는지 어린지를 물을 경우, 장성했으면 "능히 밭을 갈 수 있다."고 답하고, 어리면 "나무 섶을 질 수 있다."고 답하거나 "나무 섶을 질 수 없다."고 답한다.

며, '濟濟'는 출입의 가지런함이고, '翔翔'은 수렴과 확장의 善함이다. '齊齊'는 致齋하여 마음을 안정시킬 수 있음이고 '皇皇'은 구함이 있으나 얻지 못함이다. '匪匪'는 말이 걸어갈 적에 문채가 있음을 말하고, '翼翼'은 수레에 짐을 실을 적에 輔翼이 있음을 말한다. '肅肅'은 선창하는 자의 공경함이고, '雍雍'은 응하는 자의 화함이다."라는 方氏의 설을 인용하였다.

27 能御未能御 : 진호의 주에 따르면 御는 〈禮·樂·射·御·書·數〉 六藝의 하나이다. 정현의 주에 따르면 '御'는 일을 주관하여 다스림을 이른다. 본서에서는 정현의 주에 따라 번역하였다. 〈曲禮下〉 62장과 내용이 비슷한데, 차이가 있다.

17.25 執玉執龜筴(책)하얀 不趨하며 堂上에 不趨하며 城上不趨하며 武車[28]에 不式하며 介者는 不拜니라

옥을 잡고 거북과 시초를 잡고서는 〈중요한 기물을 파손할까 염려스러우므로〉 종종걸음으로 걷지 않으며, 〈협소한〉 당 위에서는 종종걸음으로 걷지 않으며, 〈협소한〉 城 위에서는 종종걸음으로 걷지 않으며, 武車에서는 〈용맹을 숭상하여 양보가 없어야 하므로〉 수레의 軾을 잡고 〈고개를 조금 숙여 공경을 표하는〉 예를 하지 않으며, 갑옷을 입은 자는 〈절을 하면 굽히고 펴는 것이 불편하기 때문에〉 절하지 않는다.

字義 筴 : 점대 책(=策)

17.26 婦人은 吉事에 雖有君賜나 肅拜하며 爲尸坐[29]則不手拜하고 肅拜하며 爲喪主則不手拜니라

부인은 〈머리를 숙이는 숙배를 定式으로 삼으므로〉 吉事에는 비록 군주가 하사하는 일이 있더라도 肅拜만 하며, 〈虞祭에 祖姑의〉 尸童이 되어 앉았을 경우에는 〈손으로 땅을 짚는〉 手拜를 하지 않고 숙배를 하며, 〈일반적으로 凶事에는 수배를 하는데〉 상주가 되었을 때에는 〈이마를 땅에 대고 오랫동안 있기 때문에〉 수배를 하지 않는다.

17.27 葛絰而麻帶니라

〈부인은 상을 당하면 머리의 麻絰을〉 葛絰로 바꾸고 要絰은 마질을 그대로 쓴다.

17.28 取俎進俎에 不坐니라

---

28 武車 : 〈曲禮 上〉 111장에 보이는데, 거기의 공영달의 소에 따르면 武車와 兵車는 모두 천자가 전쟁할 때나 제후국이나 사방 변방을 巡視할 때 사용하는 革輅를 이른다. 위엄과 용맹의 뜻을 취할 때에는 '무거'라 하고 창칼을 꽂은 수레라는 뜻을 취할 때에는 '병거'라 한다.

29 爲尸坐 : 공영달의 소에 따르면 周나라의 禮는 시동을 앉혔는데, 부인에 대해서는 혹 다르게 하였다고 오해할까 염려하였기 때문에 이를 밝힌 것이다.

〈도마에 1尺 높이의 받침이 있기 때문에〉 도마에서 〈고기를〉 거두거나 도마에 〈고기를〉 올릴 때에 무릎 꿇고 앉지 않는다.

17.29 執虛호되 如執盈하며 入虛호되 如有人이니라

빈 것을 집되 〈공경하기를〉 가득 찬 것을 집듯이 하며, 빈방에 들어가되 〈삼가기를〉 사람이 있는 것처럼 한다.

17.30 凡祭[30]於室中堂上에 無跣이니 燕則有之[31]니라

무릇 〈제례는 공경을 주장하므로〉 방 안과 당 위에서 제사 지낼 때에는 신발을 벗는 경우가 없으니, 燕禮에는 신발을 벗는 경우가 있다.

字義 跣 : 맨발 선

17.31 未嘗[32]이란 不食新이니라

새로운 것을 寢廟에 올리지 않았으면, 〈孝子가 차마 먼저〉 새로운 것을 먹지 못한다.

17.32 僕於君子호되 君子가 升下어든 則授綏하며 始乘則式하고 君子가 下行然後에야 還(선)立하나니

---

30 凡祭 : 진호의 주에 따르면 임금과 신하, 귀한 사람과 천한 사람의 제사를 통틀어 말한 것이다.

31 燕則有之 : 주소에 따르면《儀禮》〈燕禮〉에 "卿과 대부가 모두 당을 내려가 서쪽 계단 아래에 동향하되 북쪽을 上位로 하여 선다. 賓이 寢門 밖에서 도로 들어와 경과 대부와 함께 모두 신을 벗고 당 위로 올라가서 자리에 나아간다.〔卿大夫皆降 東面 北上 賓反入 及卿大夫皆說(탈)屨 升就席〕"라고 하였다.

32 嘗 : 번역은 정현의 주를 따른 것인데, 진호의 주에서는 '嘗은 가을 제사이다.'라는 일설도 소개하였다.

군자의 마부가 되어 군자의 수레를 몰 적에는 〈군자보다 먼저 타고 군자보다 나중에 내리는데,〉 군자가 수레에 오르거나 내릴 때 군자에게 끈을 준다. 처음 수레에 탔을 때에는 〈군자가 아직 이르지 않았으면〉 수레의 軾을 잡고 고개를 조금 숙이고서 예를 표하여 군자가 수레에 오르기를 기다린다. 군자가 수레에서 내려서 걸어가면 이후에 〈마부가 수레에서 내려와〉 수레의 둘레에 선다.

字義 僕 : 마부 복　還 : 둘레 선

17.33.1 乘貳車則式하고 佐車則否니라

〈조회와 제사에 타는 副車인〉 貳車를 탔을 경우에는 〈공경을 높이기 때문에〉 수레의 軾을 잡고 고개를 조금 숙여 예를 표하고, 〈전쟁과 사냥에 타는 副車인〉 佐車를 탔을 경우에는 〈武를 높이기 때문에 貳車를 탔을 때의〉 예를 표하지 않는다.

17.33.2 貳車者는 諸侯는 七乘이요 上大夫는 五乘이요 下大夫는 三乘이니

貳車는 제후는 7승이고 상대부는 5승이고 하대부는 3승이다.

17.34 有貳車者之乘馬服車를 不齒[33]하며 觀君子之衣服服劍乘馬하고 弗賈[34]니라

貳車를 소유한 자가 타는 말이나 수레는 감히 同列에 두지 못하며, 군자가 입는 의복과 차는 검과 타는 말을 보고는 값을 논하지 않는다.

---

33 有貳車者之乘馬服車 不齒 : 진호의 주에 "말은 늙은 것과 젊은 것이 있고, 수레는 새것과 헌것이 있는데, 모두 나이나 햇수를 따져 차서를 정해서는 안 되는 것이다." 하였는데, 《禮記補註》에 "'不齒'는 '감히 同列에 두지 못한다.'는 뜻인 듯하니, 주의 설은 옳지 않은 듯하다." 하였다. 본서에서는 《예기보주》에 따라 번역하였다.

34 觀君子之衣服服劍乘馬 弗賈 : 진호의 주에 따르면 〈曲禮 上〉 142장에서 '〈말의 힘을 살피기 위해〉 노마의 나이를 세어보면 처벌한다.〔齒路馬, 有誅.〕' 한 것처럼 이는 모두 귀한 사람을 높이는 道로, 공경을 넓히는 것이다.

17.35.1 其以乘壺酒와 束脩와 一犬으로 賜人이어나[35] 若獻人인댄 則陳酒執脩[36]하야 以將命이니 亦曰乘壺酒束脩一犬이라하며

네 병의 술과 포 10개와 개 한 마리를 낮은 사람에게 주거나 높은 사람에게 바치게 되면 술을 진열하고 포 10개를 잡고서 命을 전달하니, 또한 "네 병의 술과 포 10개와 개 한 마리입니다."라고 말한다.

字義 乘 : 넷 승 脩 : 포 수

17.35.2 其以鼎肉인댄 則執以將命하며 其禽이 加於一雙인댄 則執一雙하야 以將命이요 委其餘하며

솥에 올릴 고기를 바칠 경우에는 〈해체하여 손질한 것이기 때문에〉 고기를 잡고 명을 전달하며, 잡은 고기가 두 마리 이상일 경우에는 〈많아서 다 잡을 수 없으므로〉 두 마리만 잡고서 명을 전달하고, 나머지 고기는 문밖에 둔다.

字義 委 : 내버려둘 위

17.35.3 犬則執緤(설)이니 守犬田犬則授擯者하여든 旣受코야 乃問犬名하며 牛則執紖(진)하고 馬則執靮(적)호되 皆右之[37]하며 臣則左之[38]하며

개는 〈바칠 때〉 목줄을 잡으니, 집 지키는 개나 사냥개의 경우 擯者에게 주면 〈그 개를 기르는 자가 개의 이름을 부를 것이기 때문에〉 빈자가 받은 뒤에 비로소 개 이름을 물으며, 소는 쇠고삐를 잡고 말은 말고삐를 잡고 바치되 모두 〈길들여져 순한 동물이

---

35 이어나 : 《예기대문언두》에는 '하며'로 되어 있으나, 앞뒤 문맥을 살펴 수정하였다.

36 陳酒執脩 : 정현의 주에 따르면 '개를 진열한다.〔陳犬〕'는 것을 말하지 않았는데, 혹 포가 없을 경우 개를 끌고 가서 命을 전한다.

37 皆右之 : 공영달의 소에 따르면 만약 食用의 개라면 〈曲禮 上〉 92장에 '개를 바칠 때에는 왼손으로 끈다.〔效犬者 左牽之〕'고 한 것처럼 무는 것을 오른손으로 막기 위해서는 개를 왼손으로 끈다.

38 臣則左之 : 진호의 주에 따르면 '臣'은 정벌하여 사로잡은 포로이다. 〈곡례 상〉 90장의 "포로를 바치는 자는 포로의 오른쪽 소매를 잡는다.〔獻民虜者 操右袂〕"와 같은 뜻이다.

기 때문에 무는 것을 오른손으로 막을 필요가 없으므로〉 오른손으로 잡고 끌며, 〈정벌하여 사로잡은〉 포로를 바칠 경우에는 왼손으로 포로의 오른쪽 소매를 잡는다.

字義 緤 : 줄 설　紖 : 쇠고삐 진　靮 : 고삐 적

17.35.4 車則說(탈)綏하야[39] 執以將命하며 甲若有以前之어든 則執以將命하고 無以前之어든 則袒櫜(고)奉冑하며

수레를 바칠 경우에는 끈을 벗겨 잡고서 명령을 전달하며, 갑옷일 경우 만약 〈갑옷과 함께 바칠 다른 물건이 있어서〉 먼저 바칠 물건이 있으면 〈갑옷은 진열해두고〉 그것을 잡고서 명령을 전달하고, 먼저 바칠 물건이 없으면 纏帶를 열어 투구를 바친다.

字義 說 : 벗을 탈(=脫)　綏 : 끈 수　袒 : 열 단　櫜 : 보따리 고　冑 : 투구 주

17.35.5 器則執蓋하며 弓則以左手屈韣(독)하야 執拊(부)[40]하며

그릇을 바칠 경우에는 〈뚜껑이 가벼워 잡기 편하기 때문에〉 그릇의 뚜껑을 잡으며, 활을 바칠 경우에는 〈오른손으로 활의 끝을 잡고〉 왼손으로 활집을 굽혀서 〈손잡이까지 잡고〉 활 중앙의 줌통을 잡는다.

字義 韣 : 활집 독　拊 : 자루 부

17.35.6 劍則啓櫝하야 蓋를 襲之하고 加夫襓(요)與劍焉[41]하며 笏과 書와 脩와 苞

---

39 車則說(탈)綏하야 : 《禮記補註》에 "〈곡례 상〉 90장의 '수레와 말을 바칠 때에는 채찍과 〈수레를 오를 때 잡는〉 끈을 잡고 고한다.〔獻車馬者 執策綏〕' 한 것이 이와 같은 내용이다." 하였다. 또 《예기보주》에 "'綏'자 아래에 마땅히 '하야〔爲也〕' 토를 붙여야 한다. 《禮記大文諺讀》의 '하고' 토는 잘못되었다." 한 것에 따라 토를 수정하였다.

40 弓則以左手屈韣(독)執拊(부) : 진호의 주에 따르면 〈곡례 상〉 91장의 '오른손으로 활의 끝을 잡고 왼손으로 활 중앙의 줌통을 받들어서 준다.〔右手執簫 左手承弣〕'와 같은 내용이다.

41 蓋襲之 加夫襓(요)與劍焉 : 정현의 주에 "'襲'은 뒤집어서 합하는 것이다.〔襲 却合之〕" 하였고, 공영달의 소에는 "'却'은 '위로 향함'의 뜻으로, 뚜껑을 函의 밑바닥 아래에서 위로 향하게 하고나서 그 위에 함의 밑바닥을 올려 뚜껑과 겹쳐지도록 하는 것을 이른다. 그러므로 '襲'이라고 한 것이다."라는 皇侃의 설을 인용하였다.

苴와 弓과 茵과 席과 枕과 几와 穎(경)과 杖과 琴과 瑟과 戈有刃者를 櫝과 筴과 籥을 其執之호되 皆尙左手하며 刀却刃이요 授穎(영)[42]하며 削(소)授拊하며 凡有刺(자)刃者를 以授人인댄 則辟刃이니라

칼을 바칠 경우에는 함을 열어서 함의 뚜껑을 뒤집어 그 뚜껑에 함의 하단부를 끼우고 칼집과 칼을 함에 넣는다. 笏, 책, 포, 선물 꾸러미, 활, 요, 자리, 베개, 안석, 警枕, 지팡이, 거문고, 비파, 칼날이 있는 창을 넣은 함〔櫝〕, 시초, 피리를 잡되 모두 〈오른손으로 아래를 받들고〉 왼손으로 위를 잡는다. 칼은 칼날을 뒤로 하고 칼 고리를 상대방에게 주며, 굽은 칼은 손잡이를 상대방에게 준다. 무릇 찌르는 칼날이 있는 것을 남에게 줄 경우에는 〈칼날이 상대방을 향하지 않도록〉 칼날을 옆으로 향하게 한다.

字義 櫝 : 함 독　襓 : 칼집 요　苞 : 쌀 포　苴 : 꾸러미 저　茵 : 요 인　穎 : 경침 경, 칼고리 영
刃 : 칼날 인　筴 : 점대 책(=策)　籥 : 피리 약　却 : 반대로 각　削 : 굽은칼 소
拊 : 손잡이 부　刺 : 찌를 자　辟 : 치우칠 벽(=僻)

17.36 乘兵車하야 出先刃하고 入後刃하며 軍尙左하고 卒尙右[43]니라

兵車를 타고서 나갈 적에는 칼날이 앞을 향하게 하고 들어올 적에는 칼날이 뒤를 향하게 하며, 將軍은 왼쪽을 높이고 士卒은 오른쪽을 높인다.

17.37 賓客엔 主恭하고 祭祀엔 主敬하고 喪事엔 主哀하고 會同엔 主詡(허)하고

빈객에게는 공손함이 중요하고, 제사에는 공경함이 중요하고, 상사에는 슬퍼함이 중요하고, 회동에는 〈말을 분명하고〉 기운차게 함이 중요하다.

字義 詡 : 날래고 성할 허

---

42 穎(영) : 본서에서는 진호의 주에 위의 '穎'자를 '警枕'으로 풀이하고, 이 글자를 '刀鐶'으로 풀이한 것에 따라 번역하였다. 참고로 《禮記補註》에는 "'穎'은 영(役頂反)이다."라는 육덕명의 音義를 인용하고서 "위의 '穎'자의 음의와 같지 않다. 그리고 《儀禮經傳通解》에는 위의 '穎'자가 '熲(경)'으로 되어 있으니, 글자도 다른 것이다." 하였다.

43 軍尙左 卒尙右 : 진호의 주에 따르면 왼쪽의 장군이 尊長이 되니, 장군의 항오가 모두 왼쪽을 높이는 것은 전복되고 패전함이 없기를 바라서이다. 사졸의 항오가 오른쪽을 높임은 必死의 뜻이 있음을 보이는 것이다. 공영달의 소에 따르면 軍將의 行伍는 왼쪽을 존귀하게 여겨서 높이고, 士卒의 항오는 오른쪽을 존귀하게 여겨서 높이는 것이다.

17.38 軍旅엔 思險하고 隱情以虞니라

軍隊에서는 險阻한 요새를 〈방어할 것을〉 생각하고 〈아군의〉 정황을 숨기고 〈적군의 실정과 계책을〉 헤아려야 한다.

字義 虞 : 헤아릴 우

17.39 燕侍食於君子할새 則先飯而後已하며 毋放飯하며 毋流歠하며 小飯而亟(극)之하며 數(삭)噍하고 毋爲口容하며

평상시 군자를 모시고 밥을 먹을 경우에는 군자보다 먼저 밥을 먹고 뒤에 끝내야 한다. 그리고 밥을 절제 없이 마음껏 먹지 말며, 〈빨리 많이 먹으려 한다는 혐의가 있으므로 국이나 음료를〉 들이붓듯이 마시지 말며, 〈묻는 말에 대답할 것을 대비해야 하므로〉 밥을 적게 떠서 속히 씹어 삼키며, 자주 씹고 〈어떤 시늉을 하는 것처럼〉 입놀림을 하지 말아야 한다.

字義 歠 : 들이마실 철　亟 : 빠를 극　數 : 자주 삭　噍 : 씹을 초

17.40 客이 自徹호되 辭焉則止니라

〈다 먹고 나면〉 손님은 직접 상을 치우려고 하되, 〈주인이〉 辭絶하면 〈치우는 것을〉 그만둔다.

字義 徹 : 치울 철

17.41 客爵이 居左요 其飮은 居右[44]하며 介爵과 酢(작)爵과 僎(준)爵은 皆居右[45]니라

---

44 客爵……居右 : 공영달의 소에 "《儀禮》 〈鄕飮酒禮〉에 의하면, 〈'客爵'은〉 주인이 賓에게 권하여 따라 준 술잔으로, 賓이 그것을 받아서 觶(술잔)를 薦(脯와 醢)의 동쪽에 두니, 이것은 객작을 왼쪽에 두는 것이다. 〈여럿이 서로 술을 권하는〉 旅酬의 예법에 의하면 한 사람이 賓에게 觶를 들어 올리면 빈이 薦의 서쪽에 觶를 내려 두고, 여수를 행할 때에 賓이 薦의 서쪽의 觶를 취하여 주인에게 권하니, 이것은 마시려는 술잔을 오른쪽에 두는 것이다." 하였다.

45 介爵……皆居右 : 공영달의 소에 따르면 '介'는 손님을 돕는 자이고, '酢'은 손님이 술을 따라 다

손님의 술잔은 왼쪽에 있고 마시는 술잔은 오른쪽에 있으며, 〈손님을 돕는 자의 술잔인〉 介爵과 〈손님이 따라 다시 주인에게 답하는 술잔인〉 酢爵과 〈鄕人 중에 찾아와서 예를 살펴보고 주인을 도와주는 자의 술잔인〉 僎爵은 모두 오른쪽에 있다.

字義 酢 : 잔돌릴 작 僎 : 돕는사람 준

17.42 羞濡魚者는 進尾[46]하나니 冬엔 右腴하고 夏엔[47] 右鰭(기)하며 祭膴니라

〈일상적인 燕食에서〉 젖은 어물을 올리는 경우는 꼬리를 〈식사하는 자를 향하도록〉 올리니, 겨울에는 〈살지고 맛좋은〉 배 아래 부분을 〈먹기 편하도록〉 오른쪽으로 하고, 여름에는 〈살지고 맛좋은〉 척추뼈 부분을 〈먹기 편하도록〉 오른쪽으로 하며, 배 아래의 큰 살점을 떼어 고수레를 한다.

字義 濡 : 젖을 유 腴 : 살질 유 鰭 : 등지느러미 기 膴 : 두터울 무

17.43 凡齊는 執之以右하고 居之於左니라

무릇 〈밥과 국과 醬과 음료에 대해 간 맞추는 경우〉 간 맞추는 재료는 〈간 맞추기 편하도록〉 오른손으로 잡을 수 있게 하고 국그릇을 왼쪽에 있게 한다.

17.44 贊幣호대 自左하고 詔辭호대 自右니라

〈예를 돕는 자가 군주가〉 폐백 받는 것을 도울 때에는 〈군주의〉 왼쪽에서 받고, 〈군주의〉 辭命을 〈남에게〉 전할 때에는 〈군주의〉 오른쪽에서 전한다.

시 주인에게 답하는 것이고, '僎'은 鄕人 중에 찾아와서 예를 살펴보고 주인을 도와주는 자이다. 이 세 사람은 우대를 받지 못하기 때문에 술잔이 모두 오른쪽에 있다.

46 羞濡魚者 進尾 : 진호의 주에 따르면 젖은 고기를 발라낼 때 뒤쪽부터 발라내면 옆구리살을 뼈에서 분리하기가 쉽기 때문에 꼬리를 먹는 사람 쪽으로 향하게 하는 것이다. 만약 말린 고기일 경우 대가리를 먹는 사람 쪽으로 향하여 올린다.

47 엔 : 《예기대문언두》에는 토가 없으나, 앞뒤 문맥을 살펴 토를 보충하였다.

17.45 酌尸之僕호되 如君之僕이니 其在車인댄 則左執轡하고 右受爵하야 祭左右軌范이오야 乃飮이니라

尸童의 〈수레를 모는〉 마부에게 술을 따르되 군주의 마부에게 술을 따르는 것과 같이 하니, 〈시동의 마부가〉 수레에 있을 경우에는 왼손으로 고삐를 잡고 오른손으로 술잔을 받아서 좌우 바퀴의 끝부분과 軾의 앞쪽에 고수레하고서야 비로소 〈술을〉 마신다.

字義 轡 : 고삐 비 范 : 수레 앞턱나무 범(=軓)

17.46 凡羞가 有俎者는 則於俎內에 祭[48]니라

무릇 제수가 도마에 있는 경우 도마 둘레 안에 고수레한다.

17.47 君子가 不食圂(환)腴니라

군자는 〈곡식을 먹여 기른 개나 돼지는 내장이 사람과 유사하기 때문에〉 곡식을 먹여 기른 동물의 창자를 먹지 않는다.

字義 圂 : 가축 환 腴 : 짐승내장 유

17.48 小子는 走而不趨하며 擧爵則坐祭立飮이니라

소자는 〈감히 尊者와 예를 똑같이 행할 수가 없기 때문에〉 달려가야 하고 빠른 걸음으로 가지 말아야 하며, 술잔을 들 때에는 무릎 꿇고 앉아 고수레를 하고 나서 일어서서 마신다.

17.49 凡洗에 必盥이니라

무릇 술잔을 씻을 경우에는 〈청결함을 보이기 위해〉 반드시 손을 씻는다.

字義 盥 : 씻을 관

48 凡羞有俎者 則於俎內祭 : 진호의 주에 따르면 제수가 豆(그릇)에 있으면 두와 두 사이의 바닥에 고수레하는데, 도마는 사람의 앞에 길게 가로놓여 있으니, 도마 둘레 안에 고수레하는 것이다.

17.50 牛羊之肺를 離而不提心[49]이니라

소와 양의 폐를 떼어놓되 〈손으로 끊어내어 고수레할 수 있도록 그〉 중앙을 완전히 끊지 않는다.

字義 提 : 끊을 제

17.51 凡羞가 有湇(읍)者는 不以齊[50]니라

무릇 올린 음식에 국물이 있는 음식의 경우에는 〈국물에〉 간을 맞추지 않는다.

字義 湇 : 국물 읍 齊 : 배합할 제

17.52 爲君子하야 擇葱薤(총해)호대 則絶其本末하며

군자를 위해 파와 염교를 골라 올릴 경우에는 〈뿌리는 깨끗하지 않고 줄기의 끝부분은 시들어 말랐기 때문에〉 뿌리 부분과 줄기의 끝부분을 자른다.

字義 葱 : 파 총 薤 : 염교 해

17.53 羞首者는 進喙어든 祭耳니라

〈동물의〉 머리를 올릴 경우에는 주둥이 부분을 〈군자 가운데 尊者에게〉 올리거든 〈존자가〉 귀를 〈잘라〉 고수레한다.

字義 喙 : 주둥이 훼

---

49 牛羊之肺 離而不提心 : 진호의 주에 따르면 돼지를 말하지 않은 것은 일이 같아서 알 수 있기 때문이다. 《禮記補註》에 따르면 〈明堂位〉 23.1장에 "周나라는 폐를 가지고 고수레를 행하였다."고 하였기 때문에 여기에서 폐를 말하였을 뿐이다.

50 有湇(읍)者 不以齊 : 공영달의 소에 "만약 음식 중에 汁(국물)이 있으면 미리 소금과 매실로 간을 맞추는데, 만약 먹는 자가 다시 간을 맞추면 주인이 간을 맞춘 음식을 못마땅하게 여긴다는 혐의를 받기 때문이다."라는 庾蔚之의 설을 인용하였다.

17.54 尊(준)者는 以酌者之左로 爲上尊[51]이니라 尊壺者는 面其鼻니라

술동이를 진설하는 자는 술을 따르는 자의 왼쪽의 술동이를 높은 분의 술동이로 삼는다. 술동이와 술병을 놓는 자는 〈술이 나오는 주둥이인〉 鼻를 앞면으로 향하게 한다.

字義 尊 : 술동이 준(=樽)

17.55 飮酒者가 禨(기)者와 醮者가 有折俎어든 不坐[52]하며

술을 마시는 자의 경우 목욕하고 나서 술을 마시는 자와 冠禮하고서 술을 마시는 자는 〈희생을 자를 때 쓰는 도마인〉 折俎가 〈없을 때에는 앉을 수 있는데〉 있으면 〈禮가 성대하여〉 앉지 않는다

字義 禨 : 목욕하고 술 마실 기 醮 : 관례하고 술 마실 초

17.56 未步爵하얀 不嘗羞[53]니라

〈술잔을 한정 없이 돌리는 無算爵의 예는〉 술잔을 돌리기 전에는 음식을 맛보지 않는다.

---

51 尊者 以酌者之左 爲上尊 : 《의례경전통해》에서 이 부분은 의미가 분명하지 못하다고 하였는데, 《禮記補註》에는 술을 따르는 자의 왼쪽이 술동이를 진설하는 자의 오른쪽이 된다고 하였다.

52 有折俎 不坐 : 《禮記補註》에 "《의례》 〈鄕飮酒禮〉를 살펴보건대, '俎'는 안주 중에 귀한 것이다. 그러므로 禮가 이루어진 뒤에 주인이 賓에게 坐定하시라고 청하면 빈이 俎가 있다는 이유로 앉는 것을 사양한다. 이에 俎를 치우면 衆賓이 모두 당을 내려간다. 신을 벗고 揖讓하기를 처음처럼 하고서 당에 올라가 앉으면 이에 庶羞를 올리고 술잔을 한정 없이 돌리고〔無算爵〕 무수히 많은 음악을 연주한다.〔無算樂〕"라는 김장생의 주를 인용하였다.
'俎'는 희생을 담는 禮器로, 제사나 연회 때에 희생의 몸을 뼈마디에 따라 잘라 俎에 담아 올리는 것을 '절조'라고 한다. 의식과 희생에 따라 21체, 19체, 11체, 9체, 7체로 잘라서 사용한다.(《儀禮》 〈鄕飮酒禮〉 賈公彦 疏)

53 未步爵 不嘗羞 : 《예기보주》에 "《의례》 〈特牲饋食禮〉와 〈少牢饋食禮〉와 〈燕禮〉와 〈大射禮〉와 〈鄕飮酒禮〉와 〈鄕射禮〉에서 장차 일을 마치려고 할 때 모두 술잔을 한정 없이 돌리는 無算爵의 예가 있는데, 정현의 주에 따르면 무산작의 예는 잔을 돌리는 것에 차서가 없고 오직 뜻 가는 대로 권하여 취할 때까지 마시는 예이다." 하였다.

17.57 牛與羊魚之腥을 聶(섭)而切之[54]爲膾라 麋鹿이 爲菹요 野豕爲軒이니 皆聶而不切하고 麕(균)爲辟鷄요 兎爲宛脾(완비)니 皆聶而切之하나니 切葱(총)若薤(해)하야 實之醯하야 以柔之[55]니라

소와 양과 어물의 날고기를 저미고서 다시 잘게 썬 것을 '회'라 한다. 큰사슴과 사슴을 '菹'라 하고 멧돼지를 '軒'이라 하는데, 이 두 가지는 다 저미되 다시 잘게 썰지 않는다. 노루를 '辟鷄'라 하고, 토끼를 '宛脾'라 하는데 이것들은 모두 저미고서 다시 잘게 써니, 파와 염교를 썰어서 〈고기와 함께〉 초에 담가 〈고기를 숙성시켜〉 부드럽게 한다.

字義 腥 : 날고기 성 聶 : 저밀 섭 麋 : 큰사슴 미 菹 : 절일 저 麕 : 노루 균
宛 : 완연할 완 脾 : 지라 비 醯 : 식초 혜

17.58 其有折俎者어든 取祭와 反之에 不坐하며 燔에 亦如之니 尸則坐니라

折俎가 있는 경우에는 〈禮가 성대하므로 肺를〉 취하여 고수레할 때와 제자리에 돌려놓을 때에 앉지 않으며, 구운 고기에 대해서도 이와 같이 하는데, 尸童은 〈尊者이기 때문에 제사할 때나 되돌려 놓을 때 모두〉 앉는다.

字義 燔 : 구운고기 번

17.59 衣服이 在躬호되 而不知其名이 爲罔이라

의복은 몸에 착용하는 것인데 〈의복의 명칭의 의미는 天地의 自然에서 취하였으므로 이름이 있으면 그 뜻이 있는 것이니, 의복을 착용하고서도〉 그 명칭의 의미를 알지 못하는 것을 '無知'라고 한다.

---

54 聶(섭)而切之 : 정현의 주에 따르면 '聶'이라는 말의 뜻은 '자르다(牒)'인데, 먼저 콩잎 크기만큼 자르고, 다시 잘게 자르면 膾가 되는 것이다.

55 麋鹿爲菹……以柔之 : 〈內則〉 28장에도 보인다.

17.60 其未有燭而後至者어든 則以在者告하며 道瞽亦然이니라[56]

〈날이 이미 저물었지만〉 아직 횃불을 켜지 않았는데 뒤늦게 도착한 자가 있으면 그 자리에 있는 사람이 누구인지를 일러주며, 〈장님은 눈이 멀어 앞을 못 보기 때문에〉 맹인을 인도할 때에도 이렇게 한다.

字義 道 : 인도할 도(=導) 瞽 : 맹인 고

17.61 凡飮酒에 爲獻主[57]者가 執燭抱燋(착)[58]호되 客이 作而辭한 然後에야 以授人하며 執燭하얀 不讓하며 不辭하며 不歌[59]니라

무릇 술을 마실 적에 술잔을 올리는 주인이 된 자가 횃불을 잡아 아직 불을 붙이지 않은 홰를 안되, 빈객이 일어나서 사양한 뒤에 다른 사람에게 횃불을 주며, 횃불을 잡고 나서는 사양하지 않으며 말하지 않으며 노래 부르지 않는다.

字義 燋 : 불안켠홰 착

17.62 洗盥執食飮者[60]가 勿氣니 有問焉이어시든 則辟咡(벽이)而對니라

---

56 以在者告하며 道瞽亦然이니라 : 《禮記大文諺讀》에 "以在者告道하며 瞽亦然이니라"로 되어 있으나, 《禮記補註》에 육덕명의 음의에 "'道'는 음이 '導'이다."라고 한 것에 의거하여 "'告'의 아래에 마땅히 구를 끊어야 하니, 《예기대문언두》는 잘못되었다." 한 것에 따라 토를 수정하고 번역하였다.

57 獻主 : 진호의 주에 "獻主는 주인이다." 하였는데, 《예기보주》에 따르면 《의례》 〈燕禮〉와 〈大射禮〉 등의 예에서는 군주와 賓은 신분의 尊卑가 대등하지 않기 때문에 모두 宰夫를 주인으로 삼는다.

58 執燭抱燋(착) : 공영달의 소에 따르면 이미 빈객을 더 머물러 있게 하고자 하여 또 아직 불을 붙이지 않은 홰를 취하여 안은 것이다. 《禮記補註》에 따르면 '燭(촉)'과 '燋(착)'은 동일한 물건인데, 단지 불을 붙인 것과 불을 붙이지 않은 것의 차이가 있을 뿐이다.

59 不讓 不辭 不歌 : 진호의 주에 따르면 술 마시는 예법상 손님과 주인은 사양함이 있고, 번갈아 말하여 인사함이 있고, 각각 詩를 노래하여 뜻을 나타내는데, 지금은 어두운 밤이기 때문에 이 세 가지 일을 생략하는 것이다.

60 洗盥執食飮者 : 공영달의 소에 따르면 '洗'는 尊長에게 발 씻을 물을 드리는 것을 이르고, '盥'은 존장에게 손 씻을 물을 드리는 것을 이른다.

〈尊長에게〉 발 씻을 물과 손 씻을 물을 올리거나 음식을 들고서 올리는 경우에는 입의 기운이 곧장 존장에게 닿게 하지 말아야 하니, 존장이 물으시면 입을 〈존장 쪽으로〉 가까이 대고 대답해야 한다.

字義 辟 : 치우칠 벽 咡 : 입 이

17.63 爲人祭하고 曰호되 致福이라하고 爲已祭하고 而致膳於君子호댄 曰호되 膳이라하나니라 祔練曰告라

남을 위하여 대신 제사를 지내고 〈제사 고기를 바칠 경우에는 '제사의 福을 전달한다'는 의미로〉 '致福'이라 하고, 자기가 지내야 할 제사를 지내고 음식을 군자에게 바칠 경우에는 〈'좋은 맛'이라는 의미로〉 '膳'이라고 한다. 祔祭와 練祭에는 〈제사를 지내고 음식을 군자에게 바칠 경우에 '그 제사의 일을 아뢴다'는 의미로〉 '告'라고 한다.

字義 膳 : 음식 선

17.64 凡膳告於君子에 主人이 展之하야 以授使者于阼階之南호되 〔南〕面[61]하고 再拜稽首하야 送하며 反命하여든[62] 主人이 又再拜稽首니 其禮가 大(태)牢則以牛左肩臂臑(노)로 折九箇하며 少牢則以羊左肩七箇하며 犆(특)豕則以豕左肩五箇[63]니라

---

61 阼階之南〔南〕面 : 저본에는 '阼階之南面'으로 되어 있으나, 《禮記補註》에 "《禮記古經》과 《儀禮經傳通解》에는 '南'자의 아래에 또 '南'자가 있으니, 마땅히 보충해야 한다." 한 것에 의거하여 '南'자를 보충하였다.

62 再拜稽首하야 送하며 反命하여든 : 공영달의 소에 "머리를 조아리고 재배하여 심부름꾼을 전송하는 것이다.〔稽首拜送使者〕" 하였는데, 《禮記大文諺讀》에는 '再拜稽首하며 送反命'으로 되어 있다. 《예기보주》에 "《예기대문언두》의 토는 잘못된 듯하다. '稽首'의 아래에 '하야〔爲也〕'를 붙여야 하고 '送'의 아래에 '하며〔爲旀〕'를 붙여야 하니, 소에서 구를 끊은 것이 이와 같다." 한 것에 의거하여 토를 수정하고 번역하였다.

63 大(태)牢則以牛左肩臂臑(노)……以豕左肩五箇 : 정현의 주에 따르면 양과 돼지에 대해 '臂'와 '臑'를 말하지 않은 것은 소의 경우를 말미암아 순차적으로 따져보면 그 부위를 사용하게 됨을 알 수 있기 때문이다.

무릇 군자에게 제사 지낸 뒤에 〈맛있는 음식을 올리고 祔祭와 練祭를 지낸 뒤에〉 고할 적에는 주인이 갖춰진 상태를 살펴보고서 동쪽 계단의 남쪽에서 심부름꾼에게 주되 남향을 하고 재배하고 머리를 조아리고서 보내며, 復命을 하거든 주인이 또다시 재배하고 머리를 조아리니, 그 禮는, 太牢일 경우에는 소의 왼쪽 어깻죽지와 팔뚝과 앞다리를 썰어 아홉 토막으로 만들며, 少牢일 경우에는 양의 왼쪽 어깻죽지를 썰어 일곱 토막으로 만들며, 돼지 한 마리일 경우에는 돼지의 왼쪽 어깻죽지를 썰어 다섯 토막으로 만든다.

字義 臂 : 팔뚝 비　臑 : 팔꿈치 노　犆 : 하나 특(=特)

17.65 國家가 靡敝어든 則車不雕幾하며 甲不組縢(등)[64]하며 食器를 不刻鏤(루)하며 君子가 不履絲屨하며 馬不常秣이니라

국가가 〈전쟁이나 기근을 겪은 뒤에 재력이 소진되어 백성이〉 피폐해지면, 수레에는 조각하고 옻칠하지 않으며, 갑옷은 生絲로 꾸미거나 紟帶를 만들지 않으며, 식기를 조각하지 않는다. 그리고 군자는 생사로 만든 신을 신지 않으며, 말에게는 평소 먹이던 곡식을 주지 않는다.

字義 靡 : 쓰러질 미　雕 : 새길 조　幾 : 옻칠의경계 기　組 : 생사 조　縢 : 금대 등
鏤 : 새길 루　秣 : 꼴 말

---

64 組縢(등) : 정현의 주에 "生絲로 꾸민 것과 금대이다.〔以組飾之及紟帶也〕" 하였다.

學記[1] 第十八

18.1 發慮憲하며 求善良[2]은 足以謏(소)聞이요 不足以動衆이며 就賢하며 體遠은 足以動衆이요 未足以化民이니 君子가 如欲化民成俗인댄 其必由學[3]乎인저

사려를 다하여 법칙에 맞게 하며 〈中才의〉 선량한 사람을 찾아 등용하는 것은, 작은 명예를 이룰 수는 있으나 여러 사람을 감동시키지는 못한다. 그리고 어진 이에게 찾아가며 소원한 사람들을 꼼꼼히 살피는 것은 무리를 감동시킬 수는 있으나 백성을 교화하지는 못하니, 군자가 만일 백성을 교화하고 좋은 풍속을 이루고자 한다면 반드시 배움을 말미암아야 할 것이다.

字義 謏 : 작을 소 體 : 살필 체

18.2 玉不琢하면 不成器하고 人不學하면 不知道하나니 是故로 古之王者가 建國君民하시고 教學[4]으로 爲先하시니 兌(열)命曰호되 念終始典于學이라하니 其此之謂乎인저

---

1 진호의 주에 "六經 중에 '學'자를 말한 것은 《서경》의 〈說命〉보다 앞서는 것이 없다. 이 〈학기〉편은 '先王의 學制'와 '가르치는 자와 배우는 자의 법'을 자세히 말하지 않고 대체로 범범하게 논하였으니, 가르침은 구체적으로 무엇을 가르치는 것이고, 배움은 무엇을 배우는 것인가를 말한 〈大學〉 편만 못하다.〔六經 言學字 莫先於說命 此篇 不詳言先王學制與教者學者之法 多是泛論 不如大學篇 教是教箇甚 學是學箇甚〕"라는 石梁王氏의 설을 인용하였다.
《의례경전통해》에 따르면 〈학기〉는 옛날 학교에서 사람을 가르쳐 도를 전해주고 학업을 가르쳐 준 차례와 그 득실과 흥폐가 일어나는 것을 말하였으니, 《대학》과 《小學》을 겸한 것이다.

2 求善良 : 진호의 주에는 "어진이를 친히 하는 것이다.〔親賢也〕" 하였는데, 《禮記補註》에 "〈진호의 주는〉 아래 경문의 '현자를 찾아간다.〔就賢〕'와 저촉되니, 잘못되었다." 하였다. 본서에서는 저본의 소주에 "중등의 인재를 등용하는 것이다.〔用中材〕"라는 주희의 설에 따라 번역하였다.

3 學 : 진호의 주에 따르면 이것은 《대학》의 道이니, 덕을 밝히고 백성을 새롭게 하는 일이다.

4 教學 : 정현의 주에 따르면 안으로는 師氏와 保氏의 관직을 설치하여 가르쳐서 國子로 하여금

옥은 다듬지 않으면 귀한 옥그릇을 만들지 못하고 사람은 배우지 않으면 道를 알지 못하니, 이 때문에 옛날 王者들은 나라를 세우고 백성에게 君主 노릇하게 되고서는 가르침과 배움을 급선무로 삼으셨는데, 《서경》〈說命〉에 '생각의 終과 始를 항상 배움에 있게 하여야 한다.' 하였으니, 아마도 이것을 말할 것이다.

字義 兌 : 기뻐할 열(=說)

18.3 雖有嘉肴하나 弗食하면 不知其旨也하며 雖有至道하나 弗學이면 不知其善也하나니 是故로 學然後에야 知不足하며 教然後에야 知困[5]이니 知不足然後에야 能自反也하며 知困然後에야 能自强也라 故로 曰호되 教學이 相長也니 兌(열)命에 曰호되 學(효)는 學(학)半이라하니 其此之謂乎인저

비록 아름다운 안주가 있으나 먹지 않으면 그 맛을 알지 못하며, 비록 지극한 道가 있으나 배우지 않으면 그 좋음을 알지 못한다. 그러므로 배운 뒤에야 〈자신의〉 부족함을 알고 〈남을〉 가르친 뒤에야 〈자신의〉 곤궁함을 아니, 부족함을 안 뒤에야 자신을 돌이켜 볼 수 있으며 곤궁함을 안 뒤에야 스스로 힘쓸 수가 있다. 그러므로 '가르침과 배움이 서로 자라고 보탬이 된다.' 하였으니, 《서경》〈說命〉에 '가르침은 배움의 절반이다.' 하였으니, 아마도 이것을 말할 것이다.

字義 肴 : 안주 효 學 : 가르칠 효(=斅)

18.4.1 古之教者가 家有塾하며 黨有庠하며 (術)〔州〕有序[6]하며 國有學하더니 比年에 入學이어든 中年에 考校하야 一年에 視離經辨志하고 三年에 視敬業樂(요)群하고 五年에 視博習親師하고 七年에 視論學取友하나니 謂之小成이요 九年에 知類通達하야

배우게 하고, 밖으로는 太學과 庠·序의 관원을 두는 것을 이른다.

5 教然後知困 : 진호의 주에 따르면 남이 배우기를 원하는 것을 응하여 가르칠 수 없으면 스스로 곤궁함을 알게 되는 것이다.

6 (術)〔州〕有序 : 정현의 주에 "'術'은 마땅히 '遂'가 되어야 하니, 음이 비슷하여 잘못되었다. 500家戶를 '黨'이라 하고 12,500가호를 '遂'라 하니, 당은 鄕에 속해 있고 수는 遠郊 밖에 있다." 하였는데, 《禮記補註》에 "州에 序가 있다는 내용이 《주례》의 〈地官 州長〉에 보이니, 진호의 주에 '術'을 '州'로 읽은 것이 옳은 듯하다." 하였다. 본서에서는 진호의 주에 따라 '術'을 '州'로 번역하였다.

强立而不反이니 謂之大成이라

옛날 가르치는 자들은 〈25家戶가 사는〉 家에는 塾이 있으며 〈500가호가 사는〉 黨에는 庠이 있으며 〈1,500가호가 사는〉 州에는 序가 있으며 國都에는 太學이 있는데, 매년 입학하면 한 해를 띄어서 상고하고 비교하여, 1년에는 경서의 구두를 떼는 것과 뜻을 분별하는 것을 살펴보고, 3년에는 학업을 공경하는 것과 무리들과 어울리는 것을 살펴보고, 5년에는 널리 익히고 스승을 친애하는 것을 살펴보고, 7년에는 학문을 논하고 벗을 취하는 것을 살펴보니, 이것을 '小成'이라 한다. 그리고 9년에는 유추할 줄 알고 의리에 통달하여 행실이 굳게 확립되어 〈도리에〉 반하는 일이 없으니, 이것을 '大成'이라 한다.

字義 塾 : 글방 숙 校 : 비교할 교 樂 : 좋아할 요

18.4.2 夫然後에야 足以化民易俗하야 近者가 說(열)服하고 而遠者가 懷之니 此가 大學之道也라 記에 曰호되 蛾(의)子時術之[7]라하니 其此之謂乎인저

이렇게 한 뒤에야 백성을 교화하고 풍속을 바꾸어서 가까운 자가 기뻐하고 복종하며 멀리 있는 자가 그리워하는 것이니, 이것이 太學에서 사람을 가르치는 道이다. 옛 기록에 '개미가 때때로 흙을 물어 오는 것을 익힌다.' 하였으니, 아마도 이것을 말할 것이다.

字義 說 : 기뻐할 열(=悅) 懷 : 그리워할 회 蛾 : 개미 의(=蟻) 術 : 배울 술

18.5 大學始教에 皮弁祭菜는 示敬道也요 宵雅肄(이)三은 官其始也[8]요 入學鼓篋은 孫其業也[9]요 夏楚二物은 收其威也요[10] 未卜禘하야 不視學은 游其志也요 時觀而

7 蛾(의)子時術之 : 진호의 주에 따르면 개미는 벌레 중에 작은 것인데 때때로 흙을 물어오는 일을 배워 큰 개미 둑을 이루니, 이것을 가지고 배우는 자가 학문을 쌓아 큰 道를 이룸을 비유한 것이다.

8 宵雅肄(이)三 官其始也 : 정현의 주에 따르면 '宵'는 '小'의 뜻이고, '肄'는 익힘이다. '《시경》〈小雅〉의 세 장을 익힌다'는 것은 〈鹿鳴〉·〈四牡〉·〈皇皇者華〉를 익히는 것을 이르는데, 이 세 편은 모두 군주와 신하가 宴樂할 때 서로 노고를 위로하는 시이니, 처음 배우는 자들에게 이것을 익히게 하는 것은 관직 생활을 권면하고, 아울러 상하의 관원이 서로 조화를 이루는 뜻을 취하게 하는 것이다.

9 入學鼓篋 孫其業也 : 주소에 따르면 '鼓篋'은 북을 쳐서 무리를 일깨우고 비로소 상자를 열어 학업으로 배울 경전을 꺼내는 것이다. 이는 學士들로 하여금 경전의 학업에 恭順하도록 하기 위해

弗語[11]는 存其心也요 幼者가 聽而弗問[12]은 學不躐等也니 此七者가 敎之大倫也라 記에 曰호되 凡學은 官先事요 士先志[13]라하니 其此之謂乎인저

〈평상시에는 玄冠을 입다가〉 태학에서 처음 가르칠 때에 〈正服인〉 皮弁服을 입고 〈질박하면서 깨끗한〉 나물로 제사함은 〈先聖과 先師를〉 공경하는 도를 〈학생들에게〉 보이는 것이고, 《시경》 〈小雅〉의 세 章을 익히게 함은 처음 배우는 학생들에게 관청의 〈上下 관원들이 조화롭게 임무를 수행하는〉 일에 뜻을 두게 하는 것이다. 그리고 학교에 들어갔을 적에 북을 쳐 〈학사들을 모아〉 상자를 여는 것은 遜順한 마음으로 학업을 진전하게 하는 것이다. 개오동나무 회초리와 가시나무 회초리 두 물건은 〈학업에 게으르고 소홀히 하는 자를 경계하여 배우는〉 威儀를 점검하여 단정하게 하는 것이다. 〈5년이 되어 큰 제사인〉 禘祭를 점치기 전에 학교를 시찰하여 〈배우는 자의〉 優劣을 고찰하지 않음은 그 〈배우는〉 뜻을 여유롭게 하는 것이고, 때로 〈배우는 것의 단서를〉 보여주기만 하고 〈답을〉 말해주지 않음은 〈배우는 것을 스스로 터득하여〉 그 마음에 보존하게 하는 것이고, 어린 자는 〈의심나는 점이 있으면 공경히 長者에게 여쭈게 해서 스승의 답을〉 듣기만 하고 묻지 않음은 배움에 등급을 건너뛰어 직접 스승에게 묻게 하지 않는 것이니, 이상의 일곱 가지는 가르침의 큰 절목이다. 옛 기록에 '무릇 배움은, 관원은 일을 먼저 하고 학사는 뜻을 먼저 한다.' 하였으니, 아마도 이것을 말할 것이다.

字義 宵 : 작을 소　肄 : 익힐 이　篋 : 상자 협　孫 : 겸손할 손(=遜)
夏 : 개오동나무회초리 하(=榎)　楚 : 가시나무회초리 초　禘 : 큰제사 체
躐 : 뛰어넘을 렵

서이다.

10 夏楚二物은 收其威也요 : 《禮記大文諺讀》에 "夏楚二物을 收其威也요"로 되어 있으나, 앞뒤 문맥을 살펴 토를 수정하였다.
정현의 주에 따르면 '收'는 점검하여 단정하게 하는 것이다.

11 時觀而弗語 : 정현의 주에 따르면 학사로 하여금 애태우고 노력하게 한 뒤에 열어 주고 말해 주는 것이다. 《의례경전통해》에 따르면 '觀'은 보여줌이니, 배우는 것의 단서를 보여줌을 이른다. '語'는 알려줌이다.

12 聽而弗問 : 공영달의 소에 따르면 어린 자는 의심나는 점이 있으면 공경히 長者에게 여쭈게 해서 스승의 답을 들을 뿐이고, 등급을 건너 뛰어 직접 스승에게 물어서는 안 되는 것이다.

13 官先事 士先志 : 《禮記補註》에 따르면 張載의 《正蒙》 〈中正篇〉에 "관직이 있는 자는 먼저 일을 가르치고 아직 벼슬하지 않은 자는 그 뜻을 바르게 함을 말한 것이니, '志'는 가르침의 큰 절목으로써 말한 것이다." 하였다.

18.6.1 大學之敎也는 時敎가 必有正業하며 退息에 必有居學[14]이니 不學操縵이면 不能安弦이요 不學博依[15]면 不能安詩요 不學雜服[16]이면 不能安禮요 不興其藝[17]면 不能樂(요)學이니 故로 君子之於學也에 藏焉하며 修焉하며 息焉하며 遊焉[18]이니라

태학의 가르침은 다음과 같다.

四時의 가르침은 반드시 올바른 학업이 있으며 물러가 쉴 때에는 반드시 거처의 배움이 있으니, 〈琴과 瑟의〉 줄을 잡고 희롱하는 것을 배우지 않으면 현악기를 편안히 여기지 못하고, 시에 녹아있는 사물의 이치를 널리 구하는 것을 배우지 않으면 시를 편안히 여기지 못하고, 번다한 의복을 배우지 않으면 능히 禮에 편안하지 못하고, 〈마음이〉 六藝에 흥기하지 않으면 배움을 좋아하지 못한다. 그러므로 군자가 학문을 함에는, 학업을 마음속에 간직하며 학업을 익히며 〈일하다가 수고로우면〉 학업 속에서 쉬며 〈한가하여 일이 없으면〉 학업 속에서 논다.

字義 縵 : 악기줄 만 樂 : 좋아할 요

---

14 大學之敎也……必有居學 : 정현의 주와 공영달의 소에서는 "大學之敎也時, 敎必有正業, 退息必有居. 學."으로 구두를 끊어 해석하였는데, 《儀禮經傳通解》에 "정현의 주와 공영달의 소에 '時'자와 '居'자에서 구를 끊고 '學'자를 따로 한 구로 만들었으니, 옳지 않은 듯하다. 마땅히 '也'자와 '學'자를 구로 삼아야 하니, '時敎'는 '봄과 여름에 예와 악을 가르치고 가을과 겨울에 《詩》와 《書》를 가르친다.〔春夏禮樂 秋冬詩書〕'는 것과 같은 따위이고, '居學'은 《주역》의 '학업을 보유함〔居業〕'과 같다. 이는 평상시에 늘 익히는 것으로, 아랫글의 '操縵', '博依', '興藝', '藏修', '息遊'와 같은 따위이니, 배우는 자가 능히 배움을 편안히 여겨 道를 믿는 것이다." 하였다.

15 博依 : 번역은 진호의 주를 따른 것인데, 공영달의 소에 따르면 '博'은 넓음이고, '依'는 비유에 의지함을 이른다.

16 雜服 : 진호는 정현과 주희의 설을 따라서 "잡복은 면류관·皮弁·윗옷·치마 따위이니, 선왕이 제작할 때에 예마다 각기 복식이 있어서 지극히 번잡하다." 하였다. 《禮記補註》에는 "잡복은 물 뿌리고 청소하고 응하고 대답하며 投壺하고 손 씻을 때에 세숫물을 부어 주는 자질구레한 일이다."라는 張載의 설도 소개하였다.

17 藝 : 정현의 주에 따르면 禮·樂·射·御·書·數 六藝를 이른다.

18 藏焉……遊焉 : 정현의 주에 따르면 '藏'은 학업을 마음속에 간직하고 있음을 이르고 '修'는 익힘을 이르고, '息'은 일하다가 수고로우면 학업에서 쉬고 그침을 이르고, '遊'는 한가하여 일이 없으면 학업에서 놂을 이른다. 《儀禮經傳通解》에도 정현의 주를 따라서 '藏'·'修'·'息'·'遊'를 몸과 마음이 배움을 편안히 여겨 일상생활의 모든 일이 곧 학업이 되는 상태인 '居學'으로 보았다.

18.6.2 夫然故로 安其學而親其師하며 樂其友而信其道라 是以雖離師輔而不反也니 兌(열)命에 曰호되 敬孫務時敏이면 厥脩가 乃來라하니 其此之謂乎인저

이렇기 때문에 그 배움을 편안히 여기고 스승을 친애하며 벗들과 즐겁게 지내고 道를 믿는 것이다. 이 때문에 비록 師輔를 떠나더라도 도에 이반되지 않는 것이다. 《서경》〈열명〉에 '공경하고 遜順하여 언제 어디서나 민첩하게 배우기를 힘쓰면 학업을 닦는 공효가 〈물이 끊임없이 흘러오듯이〉 이르게 된다.' 하였으니, 아마도 이것을 이를 것이다.

18.7 今之教者는 呻其佔畢하고 多其訊호되 言及于數[19]하며 進而不顧其安하며 使人不由其誠하며 教人不盡其材[20]라 其施之也가 悖하며 其求之也가 佛하나니 夫然故로 隱其學[21]而疾其師하며 苦其難而不知其益也하야 雖終其業하나 其去之必速[22]하나니 教之不刑이 其此之由乎인저

지금 가르치는 자들은 보았던 簡牘의 문자만을 읊어 가르치고, 〈학사들에게〉 묻기를 많이 하는데 묻는 내용이 〈배우는 자들이 알지 못하는〉 刑名이나 度數에까지 미치며, 〈배우는 자들을〉 진전시키면서 그들이 편안하게 여기는가의 여부를 돌아보지 않으며, 배우는 사람으로 하여금 그 정성을 말미암게 하지 못하고, 사람을 가르치되 그 재주를 다하게 하지 못한다. 그래서 가르치는 것이 〈도리에〉 不順하게 되고 배우는 것이 〈도리에〉 어긋나게 되니, 이와 같기 때문에 〈가르치는 자가〉 학문을 숨겨 알기 어렵게 하여

---

19 言及于數 : 정현의 주에 "말로 설명을 할 때에 근본 의리를 먼저 밝히지 않고 걸핏하면 '자연계의 현상을 본받는〔法象〕 바가 있다'고 말할 뿐이다." 하였는데, 《儀禮經傳通解》에 "'數'는 刑名이나 度數를 이르니, '말이 형명과 도수에 미치는 것'은 배우는 자들이 알지 못하는 것까지 천착하고자 한 것이고 근본을 구하는 것이 아니다. 정현의 주에 '法象'이라고 해석한 것은 잘못된 듯하다." 하였다. 《禮記補註》에 따르면 진호의 주에 '數'를 '一端에 그치지 않는 것'으로 풀이한 것은 더더욱 잘못된 것이다. 본서에서는 《의례경전통해》에 따라 번역하였다.

20 使人不由其誠 教人不盡其材 : 《예기보주》에 "주소에는 '그 성을 따르지 않음〔不由其誠〕'을 가르치는 자의 誠이라고 하였으나, '不由其誠'의 '誠'과 '不盡其材'의 '材'를 모두 배우는 자의 '성'과 '재'로 본 張載의 설을 마땅히 따라야 한다." 하였다.

21 隱其學 : 《의례경전통해》에 따르면 학문을 숨겨 알기 어렵게 함을 이른다.

22 去之必速 : 정현의 주에 따르면 배우는 것이 마음속으로 이해되지 않으면 잊기 쉬운 것이다.

〈배우는 자가〉 스승을 미워하며, 〈배우는 자가〉 어려운 가르침을 괴롭게 여기고 배움의 유익함을 알지 못한다. 따라서 비록 학업을 끝마치더라도 〈배우는 자가 배운 것을〉 반드시 빨리 잊는 것이니, 가르침이 제대로 이루어지지 못함은 이 때문일 것이다.

字義 呻 : 읊조릴 신 佔 : 보고가르칠 점 畢 : 간독 필 佛 : 어길 불(=拂) 刑 : 이루어질 형

18.8 大學之法은 禁於未發之謂豫요 當其可之謂時[23]요 不陵節而施之謂孫이요 相觀而善之謂摩니 此四者가 敎之所由興也라

태학의 법은, 발하기 전에 미리 금할 것을 가르치는 것을 '豫'라 이르고, 적당한 시기에 가르치는 것을 '時'라 이르고, 절도를 넘지 않고 〈그 나이에 맞게〉 가르치는 것을 '孫'이라 이르고, 서로 〈다른 사람의 잘하는 것을〉 보고 잘할 수 있게 하는 것을 '摩'라 이르니, 이 네 가지는 가르침이 흥하는 이유이다.

18.9 發然後禁이면 則扞格(학)[24]而不勝이요 時過然後學이면 則勤苦而難成이요 雜施而不孫이면 則壞亂而不修요 獨學而無友면 則孤陋而寡聞이요 燕朋[25]은 逆其師요 燕辟(벽)[26]은 廢其學이니 此六者가 敎之所由廢也라

---

23 禁於未發之謂豫 當其可之謂時 : 정현의 주에 따르면 '未發'은 나이 15세인 때를 이르고 '可'는 나이 20세로 성인이 된 때를 이르는데, 본서에서는 《儀禮經傳通解》의 "'禁於未發'은 다만 미리 방비함을 이르는데, 방비하는 일이 똑같지 않으니, 모두 15세 때에 하는 일이라고 말할 필요는 없다. '當其可'는 고해 줄 만한 적당한 때를 이르니, 또한 마땅히 나이로 결단해서는 안 된다."라는 설에 따라 번역하였다.

24 格(학) : 진호의 주에는 '학(胡客反)'이라는 音註를 달고 "땅이 얼어서 단단하여 뚫기 어려움을 이른다.〔謂如地之凍 堅强難入也〕" 하였다. 참고로 《小學》의 〈小學書題〉에도 '扞格'이라는 단어가 보이는데, 《禮記補註》에는 〈小學書題〉에 실린 "'格'은 '백성들이 감히 막는 자가 없었다〔民莫敢格〕'의 '格'자와 같다. 본자 대로 읽으니, '拒逆한다'는 뜻이다."라는 李珥의 설을 소개하였다.

25 燕朋 : 정현의 주에 "붕우를 함부로 대하다.〔褻其朋友〕"로 풀이하였는데, 본서에서는 《의례경전통해》의 "《大戴禮記》 〈保傅〉편을 살펴보면 '좌우의 익숙한 벗이 그 스승을 거스른다.〔左右之習 反其師〕'로 되어 있으므로 '燕朋'은 '사사로이 함부로 하는 벗〔私褻之友〕'이니, 정현의 주의 설은 잘못되었다."라는 설에 따라 번역하였다.

26 燕辟(벽) : 정현의 주에 "스승의 비유를 함부로 대하다.〔褻師之譬喩〕"로 풀이하였는데, 본서에서는 《의례경전통해》의 "'燕譬'는 윗글을 가지고 미루어보면 다만 '사사로이 함부로 하는 말〔私褻之談〕'

발한 뒤에 금지하면 〈배우는 자가〉 완강하게 거부하여 가르침을 받아들이지 못하고, 적당한 때가 지난 뒤에 배우면 괴롭기만 하고 학문을 성취하기 어렵고, 여러 가지를 가르치되 절도에 맞게 가르치지 않으면 혼란하여 학업을 닦지 못하고, 홀로 배우고 벗이 없으면 고루하여 聞見이 적게 되고, 사사로이 함부로 하는 벗은 스승을 거스르게 하고, 사사로이 함부로 하는 말은 배움을 폐하게 하니, 이 여섯 가지는 가르침이 폐해지는 이유이다.

字義 格 : 얼 학(=洛)

18.10 君子가 旣知敎之所由興하고 又知敎之所由廢니 然後에야 可以爲人師也니 故로 君子之敎喩也는 道而弗牽하며 强而弗抑[27]하며 開而弗達[28]이니 道而弗牽則和요 强而弗抑則易(이)요 開而弗達則思니 和易以思면 可謂善喩矣라

군자는 가르침이 무슨 연유로 흥하는지를 알고 또 가르침이 무슨 연유로 폐해지는지를 알고 난 뒤에야 남의 스승이 될 수 있으니, 그러므로 군자의 가르치고 타이름은 誘導하기만 하고 억지로 끌고 가지 않으며, 학문을 진전시키도록 권면하기만 하고 강압하지 않으며, 실마리만 보여주고 끝까지 다 말해주지 않는다. 유도하기만 하고 억지로 끌고 가지 않으면 〈가르침과 배움이〉 和順하고, 힘쓰게 하기만 하고 억압하지 않으면 〈가르침과 배움이〉 편안하고, 실마리만 보여주고 끝까지 다 말해주지 않으면 〈배우는 자가 스스로〉 사고하게 되니, 화순하고 편안하고 스스로 사고하게 되면 '잘 가르친다.'고 이를 수 있다.

字義 喩 : 가르쳐줄 유　道 : 인도할 도(=導)　强 : 권면할 강

을 이르므로 학문에 무익하고 도리어 폐해가 있는 것이니, 정현의 주는 역시 옳지 않다."라는 설에 따라 번역하였다.

27 强而弗抑 : 《禮記補註》에 따르면 학문의 진전을 권면하더라도 재주가 미치지 못하는 경우에 억지로 시키지 않음을 말한 것이다.

28 開而弗達 : 《禮記補註》에서 "이것은 바로 《맹자》 〈盡心 上〉의 '활시위를 당기기만 하고 발사하지 않는다.〔引而不發〕'는 뜻이다."라는 권근의 설을 소개하였다. '引而不發'은 주희의 주에 따르면 사람을 가르침에 다만 그것을 배우는 원칙을 전수해 주고 그것을 터득하는 妙理는 말해주지 않는 것이다.

18.11 學者가 有四失하니 教者가 必知之니라 人之學也가 或失則多하며 或失則寡하며 或失則易(이)하며 或失則止[29]하나니 此四者가 心之莫同也라 知其心然後에야 能救其失也니 教也者는 長善而救其失者也라

배우는 자에게는 네 가지의 잘못이 있으니, 가르치는 자는 반드시 이것을 알아야 한다. 사람의 배움은 많이 배우는 잘못이 있기도 하고 적게 배우는 잘못이 있기도 하고 배움을 쉽게 여기는 잘못이 있기도 하고 배우기를 중지하는 잘못이 있기도 하니, 이 네 가지는 사람마다 마음이 똑같지 않아서이다. 그 사람의 마음을 안 뒤에 그의 잘못을 바로잡을 수 있으니, 가르친다는 것은 잘하는 것을 자라게 하고 잘못된 것을 바로잡아 주는 것이다.

18.12 善歌者는 使人繼其聲하고 善教者는 使人繼其志[30]하나니 其言也가 約而達하며 微而臧하며 罕譬而喩면 可謂繼志矣라

노래를 잘 부르는 자는 듣는 자로 하여금 그 소리를 잇게 하고 잘 가르치는 자는 배우는 자로 하여금 그 뜻을 잇게 하니, 가르치는 말이 간략한데도 〈배우는 자가〉 그 뜻을 통달하며, 〈말의 뜻이〉 은미한데도 〈배우는 자가〉 善하게 되며, 비유가 적은데도 〈배우는 자가〉 깨달으면, '뜻을 이었다.'고 이를 수 있다.

字義 臧 : 착할 장　喩 : 깨달을 유

18.13 君子가 知至學之難易하고 而知其美惡然後에야 能博喩요 能博喩然後에야 能爲師하고 能爲師然後에야 能爲長하고 能爲長然後에야 能爲君이니 故로 師也

---

29 或失則多……或失則止 : 《儀禮經傳通解》에 "남에게 인정받으려고 하면 많이 배우게 되고, 고상하고 심원한 것을 좋아하면 배움이 적어지고, 자세히 살피지 않으면 배움을 쉽게 여기고, 괴로워하고 어려워하면 배움을 그만두게 된다."라는 張載의 설을 인용하였다.

30 善歌者……使人繼其志 : 《의례경전통해》에 따르면 '소리를 잇고 뜻을 잇는다.〔繼其聲 繼其志〕'는 것은 모두 배우는 자에게 단서를 조금 보여주고 말을 끝까지 다해주지 않아서 玩索하여 스스로 터득하게 함을 이른다.

者는 所以學爲君也라 是故로 擇師는 不可不愼也[31]니 記에 曰호되 三王四代[32]가 唯其師라하니 其此之謂乎인저

〈학문은 정밀한 것과 거친 것이 있으므로〉 군자는 배움에 이르는 것의 어려움과 쉬움을 알고 〈사람의 자질은 좋은 것과 나쁜 것이 있으므로 군자는〉 자질의 아름다움과 나쁨을 안 뒤에 널리 가르칠 수 있고, 널리 가르칠 수 있어야 이후에 스승이 될 수 있고, 스승이 될 수 있어야 이후에 長이 될 수 있고, 장이 될 수 있어야 이후에 군주가 될 수 있으니, 그러므로 스승은 군주가 되는 도리를 배우는 것이다. 이 때문에 스승을 가리기를 신중히 하지 않을 수 없는 것인데, 〈옛〉 기록에 '三王과 四代가 오직 스승을 잘 가렸다.' 하였으니, 아마도 이것을 말할 것이다.

18.14 凡學之道는 嚴師가 爲難하니 師嚴然後에야 道尊하고 道尊然後에야 民知敬學하나니 是故로 君之所不臣於其臣者가 二니 當其爲尸하면 則弗臣也하며 當其爲師하면 則弗臣也하나니 大學之禮에 雖詔於天子라도 無北面은 所以尊師也라

무릇 학문하는 도는 스승을 존경하는 것이 어려우니, 스승이 엄해진 뒤에 도가 높아지고 도가 높아진 뒤에 백성들이 학문을 공경할 줄 안다. 이 때문에 군주가 자기 신하를 높여 신하로 대하지 않는 경우가 두 가지인데, 신하가 尸童이 되었으면 신하로 대하지 않으며, 신하가 스승이 되었으면 신하로 대하지 않으니, 태학의 예에 〈신하가 천자의 스승이 되었으면〉 비록 천자에게 고하더라도 北面하지 않는 것은 스승을 높이기 위한 것이다.

字義 嚴 : 존경할 엄

18.15 善學者는 師逸而功倍하고 又從而庸之하며 不善學者는 師勤而功半하고 又

---

31 師也者……不可不愼也 : 《의례경전통해》에 따르면 스승이 되어 남을 가르치면 군주가 되어 남을 다스릴 수 있는 것이다. '擇師不可不愼'은 군주 노릇을 잘하는 자를 얻기가 어렵기 때문에 신중히 가리지 않을 수 없음을 말한 것이다.

32 四代 : 정현의 주에 따르면 虞, 夏, 商, 周이다.

從而怨之하며 善問者는 如攻堅木이라 先其易者요 後其節目[33]하야 及其久也하얀 相說以解하나니 不善問者는 反此니라 善待問者는 如撞鍾이라 叩之以小者則小鳴하고 叩之以大者則大鳴하야 待其從容[34]한 然後에야 盡其聲이니 不善答問者는 反此니 此皆進學之道也라

잘 배우는 자는 스승이 편안하면서도 功效는 곱절을 얻고 또 따라서 〈그 공효를〉 스승의 공으로 돌리며, 잘 배우지 못하는 자는 스승이 수고로운데도 공효는 절반만 얻고 또 따라서 스승을 원망하며, 잘 묻는 자는 마치 견고한 나무를 다루는 것처럼 하기 때문에 다루기 쉬운 부분을 먼저 다루고 〈나무의 마디나 옹이처럼〉 다루기 어려운 곳을 나중에 다룬다. 그래서 이러한 과정을 오랫동안 축적하게 되면 서로 설명되어 깨닫게 되니, 잘 묻지 못하는 자는 이와 반대로 한다.

물음에 잘 대응하는 자는 마치 鍾을 치는 것처럼 하기 때문에 작은 것으로 칠 경우에는 작게 울려주고 큰 것으로 칠 경우에는 크게 울려준다. 그리하여 〈반드시 물은 내용의 의미에 답을 다 해주는 것처럼〉 여유롭게 다 친 뒤에 소리를 그에 맞게 다 울려주니, 물음에 잘 대답하지 못하는 자는 이와 반대로 한다. 이것은 모두 학문을 진전시키는 방도이다.

字義 撞 : 칠 당

---

33 先其易者 後其節目 : 《禮記補註》에 "잘 묻는 것에 해당될 뿐만 아니라 책을 읽어 의리를 찾는 방법도 모두 이와 같다. 어려운 곳을 버려두고 먼저 쉬운 곳을 이해하여야 하니, 쉬운 곳이 통하면 단단한 절목이 칼날에 저절로 분해될 것이다. 만약 어려운 곳을 먼저 다루면 칼날이 무뎌지고 도끼가 손상되어 끝내 나무를 다스릴 수가 없고, 비록 능히 다스린다 하더라도 공력을 허비하고 힘을 다하여 저절로 서로 증명하여 이해되는 공부가 없을 것이다."라는 《朱子語類》의 설을 소개하였다.

34 待其從容 : 《禮記補註》에 "정현의 주에 '「從」은 「舂(치다)」으로 읽는다.' 한 것은 옳지 못하다. '從容'은 바로 목소리의 여운이 여유로워 장차 다함을 말한 것이니, 반드시 물은 뜻에 다 답한 뒤에 그침을 말한 것이다."라는 《儀禮經傳通解》의 설을 소개하고 "'從容'의 訓을 진호의 주에서는 이미 정현의 주를 따르지 않았다. 그렇다면 '從'자를 마땅히 본 글자대로 읽어야 하는데 도리의 '舂'의 음을 달았으니, 잘못이다." 하였다. 본서에서는 이에 따라 번역하였다.

18.16 記問之學[35]은 不足以爲人師니 必也其聽語乎[36]인저 力不能問[37]然後에야 語之니 語之而不知면 雖舍之라도 可也니라

〈배우는 자의 질문에 대비하기 위해〉 옛 글을 기억하고 외우는 학문을 하는 자는 남의 스승이 될 수가 없으니, 반드시 질문을 받고서 설명해주어야 한다. 배우는 자가 스스로 분발하고 고심하였는데도 질문을 제대로 하지 못하면 그런 뒤에 배우는 자에게 말해주니, 말해주어도 알지 못하면 비록 버려두더라도 괜찮다.

18.17 良冶之子가 必學爲裘[38]하며 良弓之子가 必學爲箕[39]하며 始駕馬者가 反之하야 車在馬前[40]하나니 君子가 察於此三者면 可以有志於學矣리라

훌륭한 대장장이의 자식은 반드시 〈대장일보다 쉬운〉 갖옷 만드는 방법을 배우며, 훌륭한 활 만드는 사람의 자식은 반드시 〈활 만들기보다 쉬운〉 키 만드는 방법을 배우며, 당초 말에 멍에를 하는 자는 〈새끼 말이 어미 말의 수레 끄는 것을 볼 수 있도록〉 그 새끼 말을 수레 뒤쪽에 매어놓아서 수레가 새끼 말의 앞쪽에 있게 하니, 군자가 이

---

35 記問之學 : 정현의 주에 따르면 '記問'은 여러 가지 논란과 다양한 학설을 미리 외웠다가 講할 때에 배우는 자들을 위해 강론함을 이른다.

36 必也其聽語乎 : 정현의 주에 따르면 반드시 질문을 받고서 설명해주는 것이다.

37 力不能問 : 《禮記補註》에 "'不能問'의 위에 '力'자를 놓았으니, '스스로 분발하고 고심하였는데도 제대로 말하지 못한다.〔憤悱之極而不能自言〕'는 뜻임을 볼 수 있다. 어리석어서 질문을 못함을 말한 것이 아니다."라는 鄭經世의 설을 인용하였다.

38 良冶之子 必學爲裘 : 공영달의 소에 따르면 훌륭한 대장장이 집안의 자제들은 부형이 쇠를 달구거나 녹여 부드럽게 하거나 합하여 깨진 기물을 보수하는 것을 보았으므로 자제들도 대장일보다 쉬운 도포와 갖옷을 만드는 것을 배워서 짐승의 가죽을 깁고 이어서 조각조각을 서로 맞추어 완전한 갖옷을 만드는 것이다.

39 良弓之子 必學爲箕 : 공영달의 소에 따르면 '箕'는 땅버들로 만든 키이다. 활을 잘 만드는 집안은 활의 재료가 되는 나무 줄기나 뿔을 굽혀서 조화롭게 가공하여 활을 만들므로 자제들도 부형의 世業을 보고서 버드나무 가지를 가져다가 유연하게 굽혀 활 만드는 것보다 쉬운 키 만드는 것을 배우는 것이다.

40 始駕馬者……車在馬前 : 공영달의 소에 따르면 새끼 말이 처음 수레 끄는 것을 배울 때에 어미 말에 멍에를 하여 수레 앞에서 수레를 끌게 하면 새끼 말을 데리고 수레 뒤에 매어 따라가게 한다. 새끼 말이 수레를 끌어보지 않다가 만약 갑자기 멍에를 하게 되면 반드시 놀라서 달아날 것인데, 어미 말로 앞에서 수레를 끌게 하고 망아지를 수레 뒤에 매어놓아서 매일 수레가 가는 것을 보고 이것을 익히게 하면 더 이상 놀라지 않기 때문이다.

세 가지를 살펴보면 〈쉬운 것부터 시작하여 점점 어려운 것을 배워야 하는〉 학문에 뜻을 둘 수 있다.

18.18 古之學者가 比物醜類하더니 鼓無當於五聲이언마는 五聲이 弗得이면 不和하며 水無當於五色이언마는 五色이 弗得이면 不章하며 學無當於五官[41]이언마는 五官이 弗得이면 不治하며 師無當於五服[42]이언마는 五服이 弗得이면 不親이니라

옛날 배우는 자들은 사물의 유사한 점을 비교하여 알았는데, 북이 五聲에 해당되지 않지만 오성이 북을 만나지 못하면 소리가 조화롭지 못하며, 물이 五色에 해당되지 않지만 오색이 물을 만나지 못하면 색이 빛나지 않으며, 배움이 五官에 해당되지 않지만 오관이 배움을 얻지 못하면 다스려지지 못하며, 스승이 五服의 친족에 해당되지 않지만 오복의 친족이 스승의 가르침을 받지 못하면 서로 親和하지 못한다.

字義 醜 : 견줄 추

18.19 君子曰호되 大德은 不官하고 大道는 不器하고 大信은 不約[43]하고 大時는 不齊[44]니 察於此四者면 可以有志於本矣[45]리라

---

41 五官 : 진호의 주에 따르면 몸과 입과 귀와 눈과 마음이 맡고 있는 기능이다. 공영달의 소에 따르면 金·木·水·火·土를 맡아 다스리는 관원이다. 《禮記補註》에서는 "오관은 《心經》에 실려있는 退溪(李滉)의 주에는 '耳·目·口·鼻·形'이라 하여 이와 똑같지 않다."라는 金長生의 설을 소개하였다.

42 五服 : 친족에 대한 다섯 가지 복으로, 공영달의 소에 따르면 참최·자최·대공·소공·시마복이다.

43 大信不約 : 《禮記補註》에 "이는 천지와 四時가 말하지 않아도 사람들이 믿는 것과 같음을 말한 것이다."라는 《儀禮經傳通解》의 설을 인용하였다.

44 大時不齊 : 저본의 소주에 臨川吳氏가 "하늘이 四時가 있어 봄·여름·가을·겨울이 해마다 똑같은 것은 때의 작은 것일 뿐이고, 古今의 기운이 다스려지거나 어지러워짐을 '大時'라 이르니, 이것은 사시의 변화처럼 똑같이 헤아릴 있는 것이 아니다." 하였다.

45 察於此四者 可以有志於本矣 : 진호의 주에 "元化가 두루 유행함에 기운의 굽혀지고 펴지는 것을 分限을 가지고 딱 잘라 구할 수 없다. 그러므로 꽃이 막 필 때에 말라 죽는 것이 있으며 적막한 때에 번성하는 것이 있으니, 똑같지 않기 때문에 다 헤아릴 수가 없는 것이다. 무릇 이 네 가지는 모두 本原이 성대하여 體가 갖추어지지 않음이 없는 것이므로 變通하여 일정한 부분에 구애되지 않아 두루 쓰이지 않음이 없는 것이다. 군자가 이것을 살피면 학문에 뜻을 두어 근본을

군자가 말하였다. "〈聖人의〉 큰 덕은 한 가지 일만 맡을 수 있는 것이 아니고, 큰 도는 한 가지에만 국한되어 베풀어지는 것이 아니고, 큰 신의는 말단적인 맹약에만 믿음을 줄 수 있는 것이 아니고, 〈하늘의〉 큰 때는 〈四時의 변화처럼〉 똑같이 헤아릴 수 있는 것이 아니니, 이 네 가지를 살피면 근본에 뜻을 둘 수 있을 것이다."

18.20 三王之祭川也에 皆先河而後海[46]하시니 或源也며 或委也일새니 此之謂務本이라

三王이 냇물에 제사하실 적에 모두 河水를 먼저 하고 바다를 뒤에 하셨으니, 〈하수는〉 근원이고 〈바다는〉 말단이기 때문이다. 이것을 '근본을 힘쓴다.'고 하는 것이다.

키울 수 있다." 하였다.

46 先河而後海 : 《예기보주》에 "먼저 가까운 것과 작은 것을 전수해 준 뒤에 멀고 큰 것을 가르치고, 물 뿌리고 청소하고 응하고 대답함으로부터 의리를 정밀하게 연구하여 신묘한 경지에 들어간다는 뜻이다."라는 권근의 설을 소개하였다.

樂記[1] 第十九

19.1 凡音之起는 由人心生也요 人心之動은 物使之然也니 感於物而動故로 形於聲하고 聲相應故로 生變하나니 變成方을 謂之音이요 比音而樂之及干戚羽旄를 謂之樂[2]이라

무릇 音이 생겨남은, 人心이 감동함으로 말미암아 생겨나는 것이고 인심의 감동은 외물이 〈마음으로〉 하여금 그렇게 만든 것인데, 외물에 감응하여 동하기 때문에 소리에 나타나고 소리가 서로 응하기 때문에 변화가 생기니, 변화가 곡조를 이룸을 '音'이라 이르고, 음을 모아서 악기로 연주하며 방패와 도끼와 깃털과 들소 꼬리를 잡고 춤추는 것을 '樂'이라 이른다.

字義 戚 : 도끼 척 旄 : 들소 꼬리 모

---

1 저본의 소주에 臨川吳氏가 다음과 같이 말하였다. "禮經 가운데 겨우 남아있는 것으로는 지금의 《儀禮》 17편이 있고, 《樂經》은 없어졌다. 《악경》은 아마도 聲音과 樂舞의 절도가 많아서 읽고 외고 기억할 만한 글과 문구가 적었던 것 같다. 이 때문에 秦나라가 경전을 불태운 뒤에 전하지 않게 되어 諸儒가 하는 말들이 樂의 의의에 불과했던 것이다. 劉向이 얻은 〈악기〉 23편은 또 河間獻王이 撰한 24권과 똑같지 않다. 23편 가운데에서 11편을 하나로 합쳐 〈악기〉 편을 만들었는데, 이것 또한 그 안에서 버릴 것은 버리고 精要한 것만을 취한 것이고 全文은 아니다.〔禮經之僅存者 猶有今儀禮十七篇 樂經則亡矣 其經 疑多是聲音樂舞之節 少有辭句可讀誦記識 故秦火之後 無傳 諸儒不過能言樂之義而已 而劉向所得樂記二十三篇 又與河間獻王所撰二十四卷 不同 其二十三篇內之十一 合爲一篇者 蓋亦刪取要略 非全文也〕"

공영달의 소에 따르면 11편이 합하여 〈악기〉 한 편이 되었으니, 11편은 〈樂本〉·〈樂論〉·〈樂施〉·〈樂言〉·〈樂禮〉·〈樂情〉·〈樂化〉·〈樂象〉·〈賓牟賈〉·〈師乙〉·〈魏文侯〉를 이르는데, 지금의 장의 차례는 이와 조금 다르다. 나머지 12편은 그 이름이 아직 남아 있으니, 바로 〈奏樂〉·〈樂器〉·〈樂作〉·〈意始〉·〈樂穆〉·〈說律〉·〈季札〉·〈樂道〉·〈樂義〉·〈昭本〉·〈昭頌〉·〈竇公〉이다.

2 凡音之起……謂之樂 : 공영달의 소에 따르면 여기부터 제8장 '王道備矣'까지는 〈樂本〉을 논한 것이다.

19.2.1 樂者는 音之所由生也니 其本은 在人心之感於物也니라 是故로 其哀心感者는 其聲이 噍[3]以殺(쇄)하고 其樂(락)心感者는 其聲이 嘽(천)[4]以緩하고 其喜心感者는 其聲이 發以散하고 其怒心感者는 其聲이 粗以厲하고 其敬心感者는 其聲이 直以廉하고 其愛心感者는 其聲이 和以柔하나니 六者는 非性也라 感於物而后에야 動하나니라

악은 음으로 말미암아 생겨난 것이니, 〈음의〉 근본은 인심이 외물에 감동함에 달려 있다. 이 때문에 슬픈 마음이 감동된 자는 그 소리가 곤궁하여 낮고, 즐거운 마음이 감동된 자는 그 소리가 너그러워 여유가 있고, 기쁜 마음이 감동된 자는 그 소리가 발산하여 흩어지고, 노여운 마음이 감동된 자는 그 소리가 거칠어 사납고, 공경하는 마음이 감동된 자는 그 소리가 곧아서 바르고, 사랑하는 마음이 감동된 자는 그 소리가 和順하여 부드러우니, 이 여섯 가지는 본성이 아니라 외물에 감동된 뒤에 동하는 情이다.

[字義] 噍 : 곤궁한모양 초　嘽 : 너그러운모양 천

19.2.2 是故로 先王이 愼所以感之者하시니 故로 禮以道其志하고 樂以和其聲하고 政以一其行하고 刑以防其姦하니 禮樂刑政이 其極은 一也니 所以同民心而出治道也니라

이 때문에 선왕은 〈그 백성들의 마음을〉 감동시키는 바를 삼가셨다. 그러므로 예로써 그 〈백성들의〉 뜻을 인도하고, 악으로써 그 〈백성들의〉 소리를 조화롭게 하고, 정사로써 그 〈백성들의〉 행실을 통일하고, 형벌로써 그 〈백성들의〉 간악함을 막았다. 예와 악과 형벌과 정사가 그 극치는 똑같으니, 이로써 민심을 똑같게 하여 다스리는 도를 낸 것이다.

19.3 凡音者는 生人心者也니 情動於中故로 形於聲하나니 聲成文을 謂之音이니라

3　噍 : 정현의 주에 따르면 곤궁한 모양〔踧〕이다.

4　嘽(천) : 정현의 주에 따르면 너그러운 모양〔寬綽〕이다.

是故로 治世之音은 安以樂하니 其政이 和하고 亂世之音은 怨以怒하니 其政이 乖하고 亡國之音은 哀以思하니 其民이 困이니 聲音之道가 與政通矣니라

무릇 음은 인심에서 생겨난 것인데, 정이 마음속에서 동하기 때문에 소리에 나타나니, 소리가 문채를 이룬 것을 '음'이라 이른다. 그러므로 治世의 음은 편안하고 즐거우니 그 정사가 조화롭고, 亂世의 음은 원망하고 노여워하니 그 정사가 어그러지고, 亡國의 음은 슬퍼하고 그리워하니 백성들이 곤궁하다. 그러니 聲音의 도가 정사와 통하는 것이다.

19.4 宮爲君이요 商爲臣이요 角爲民이요 徵(치)爲事요 羽爲物이니 五者가 不亂하면 則無怗懘(점체)之音矣니라 宮亂則荒하나니 其君이 驕하고 商亂則陂(피)[5]하나니 其臣이 壞하고 角亂則憂하나니 其民이 怨하고 徵亂則哀하나니 其事가 勤[6]하고 羽亂則危하나니 其財가 匱니 五者가 皆亂하야 迭相陵을[7] 謂之慢이니 如此면 則國之滅亡이 無日矣니라

宮은 군주의 象이 되고, 商은 신하의 상이 되고, 角은 백성의 상이 되고, 徵는 일의 상이 되고, 羽는 물건의 상이 되니, 다섯 가지가 어지럽지 않으면 조화를 이루지 못하는 음이 없게 된다. 宮音이 어지러우면 정사가 황폐해지니 군주가 교만함을 알 수 있고, 상음이 어지러우면 한쪽으로 기울어지니 신하가 괴란됨을 알 수 있고, 각음이 어지러우면 근심스러워지니 백성들이 원망함을 알 수 있고, 치음이 어지러우면 슬퍼지니 일이 수고로움을 알 수 있고, 우음이 어지러우면 위태로워지니 재물이 고갈됨을 알 수 있다. 다섯 가지가 모두 어지러워 음끼리 서로 침범함을 '慢'이라 이르니, 이와 같다면 나라가 멸망할 날이 머지않은 것이다.

字義 怗 : 피폐할 점　懘 : 조화잃은 모양 체　陂 : 기울어질 피　匱 : 고갈될 궤

---

5 陂(피) : 정현의 주에 따르면 '기울다〔傾〕'는 뜻이다.

6 勤 : 공영달의 소에 따르면 '수고롭다〔勤勞〕'는 뜻이다.

7 皆亂하야 迭相陵을 : 《禮記大文諺讀》에 "皆亂迭하야 相陵을"로 현토되었는데, 《禮記補註》에 "《예기대문언두》에서 '迭'자 아래에서 구를 뗀 것은 잘못이다." 한 것에 따라 현토를 수정하였다.

19.5 鄭衛之音은 亂世之音也니 比於慢矣며 桑間濮(복)上之音[8]은 亡國之音也니 其政이 散하며 其民이 流하야 誣上行私而不可止也니라

鄭나라와 衛나라의 음은 亂世의 음이니, '慢'에 가깝다. 그리고 桑間과 濮上의 음은 亡國의 음이니, 정사가 흩어지며 백성들이 유리해서 윗사람을 속이고 사사로움을 행하여 그칠 수가 없었다.

字義 比 : 가까울 비　濮 : 강이름 복

19.6.1 凡音者는 生於人心者也요 樂者는 通倫理者也니 是故로 知聲而不知音者는 禽獸가 是也요 知音而不知樂者는 衆庶가 是也니 唯君子야 爲能知樂하나니

무릇 음은 인심에서 생겨나는 것이고, 악은 윤리에 통하는 것이다. 이 때문에 소리만 알고 음을 알지 못하는 것은 바로 禽獸이고, 음만 알고 악을 알지 못하는 것은 바로 庶人이니, 군자라야 악을 알 수 있는 것이다.

19.6.2 是故로 審聲以知音하고 審音以知樂하고 審樂以知政하야 而治道가 備矣니라 是故로 不知聲者는 不可與言音이요 不知音者는 不可與言樂이니 知樂則幾於禮矣[9]니라 禮樂皆得[10]을 謂之有德이니 德者는 得也라

이 때문에 소리를 살펴 음을 알고 음을 살펴 악을 알고 악을 살펴 정사를 알아서 다스리는 도가 갖추어지는 것이다. 이 때문에 소리를 알지 못하는 자와는 더불어 음을 말할 수 없고 음을 알지 못하는 자와는 더불어 악을 말할 수 없으니, 악을 알면 예에 가깝게 된다. 예와 악을 모두 얻은 것을 '덕이 있다'고 이르니, '덕'은 '얻는다'는 뜻이다.

8　桑間濮(복)上之音 : 진호의 주에 따르면 '桑間'과 '濮上'은 衛나라 땅 濮水 가의 뽕나무 숲 사이이다.

9　知樂則幾於禮矣 : 주소에 따르면 '幾'는 가까움(近)이다. 樂을 알면 군주·신하·백성·일·물건을 능히 바로잡을 수 있으므로 '예에 가깝다.(近於禮)' 한 것이다.

10　禮樂皆得 : 《禮記大文諺讀》에 "禮樂은 皆得"으로 되어 있으나, 《禮記補註》에 "《예기대문언두》에 '예악' 아래에 붙인 '은(隱)' 토는 잘못이다." 한 것에 의거하여 토를 수정하였다.

19.6.3 是故로 樂之隆이 非極音也며 食(사)饗之禮가 非致味也라 淸廟之瑟이 朱絃而疏越(활)[11]하며 壹倡而三歎하야 有遺音者矣며 大饗之禮는 尙玄酒而俎腥魚하며 大(태)羹을 不和하야 有遺味者矣니 是故로 先王之制禮樂也가 非以極口腹耳目之欲也라 將以敎民平好惡(오)而反人道之正也니라

이 때문에 〈樂은 풍속을 옮기고 바꾸는 것을 위주로 하므로〉 악의 융성함은 음을 지극히 하는 것이 아니며, 〈제사는 근본에 보답하고 시작으로 돌아가는 것을 위주로 하므로 어버이를 받들고 손님을 맞이하며 제사하는 것 등의〉 食饗의 예는 맛을 지극히 하는 것이 아니다. 〈淸廟〉를 연주할 때, 瑟은 〈탁하고 느린 음이 나도록〉 마전한 명주실로 만든 붉은 絃을 달고 밑에 구멍을 뚫었으며, 한 번 선창하면 〈음의 아름다움을 지극히 하지 않도록〉 세 사람만 화답을 하여 남은 음이 있게 한 것이다. 그리고 〈祫祭와 같은〉 종묘 大饗의 예는 〈올리는 음식의 맛을 질박하게 하기 위해〉 玄酒를 윗자리에 놓고 날생선을 俎에 놓으며 太羹을 조미하지 아니해서 남은 맛이 있게 한 것이다. 이 때문에 선왕이 예악을 제정함은 口腹과 耳目의 욕망을 지극히 하기 위한 것이 아니라 백성들로 하여금 좋아하고 미워하는 감정을 공평하게 가지게 해서 바른 人道를 회복하게 하려는 것이다.

字義 越 : 실구멍 활　腥 : 비릴 성

19.7.1 人生而靜은 天之性也요 感於物而動은 性之欲也니 物至知知하나니 然後에 好惡가 形焉이니 好惡가 無節於內하야 知誘於外하야 不能反躬[12]하면 天理滅矣니라

사람이 태어나서 고요함은 하늘의 性이 그대로 보존되어 있는 것이고, 물건에 느껴져서 動함은 性의 욕망이 나오는 것이니, 外物이 이르면 知覺이 이것을 아는 것이다. 그런 뒤에 좋아하고 미워하는 마음이 드러나는데, 좋아하고 미워하는 마음이 안에서

---

11 朱絃而疏越(활) : 《예기보주》에 "'朱絃'은 마전한 명주실로 만든 絃이고 '疏越'은 아랫면이 트인 것이다."라는 《朱子語類》의 설을 소개하였다.

12 不能反躬 : 《禮記補註》에 "'反躬'은 머리의 방향을 자기 쪽으로 돌려 자신을 성찰하는 것이다."라는 《朱子語類》의 설을 소개하였다.

절도가 없어서 지각이 외부의 유혹을 당하여 자기 자신을 반성하지 못하면 天理가 멸하게 된다.

19.7.2 夫物之感人이 無窮而人之好惡가 無節하면 則是物至而人化物也니 人化物也者는 滅天理而窮人欲者也라 於是에 有悖逆詐僞之心하며 有淫泆作亂之事하나니 是故로 强者가 脅弱하며 衆者가 暴寡하며 知者가 詐愚하며 勇者가 苦怯하며 疾病不養하며 老幼孤獨이 不得其所하나니 此가 大亂之道也라

외물이 사람을 감동시킴이 무궁하고 사람의 좋아하고 미워하는 마음이 절도가 없으면, 이는 외물이 사람에게 이름에 사람이 외물에 同化하는 것이니, 사람이 외물에 동화하는 것은 천리를 멸하고 인욕을 다하는 것이다. 그리하여 悖逆하고 속이는 마음이 있으며, 음탕하고 亂을 일으키는 일이 있는 것이다. 이 때문에 강한 자는 약한 자를 위협하며, 무리가 많은 자는 적은 자를 포악하게 대하며, 지혜로운 자는 어리석은 자를 속이며, 용맹한 자는 나약한 자를 괴롭히며, 질병에 걸린 자가 保養을 받지 못하며, 늙은이와 어린이와 고아와 독신자들이 편안히 살 곳을 얻지 못하니, 이는 크게 혼란한 道이다.

字義 悖 : 거스를 패 知 : 지혜로울 지(=智) 怯 : 나약할 겁

19.8 是故로 先王之制禮樂에 人爲之節[13]하시니 衰麻哭泣은 所以節喪紀也요 鐘鼓干戚은 所以和安樂也요 昏姻冠笄는 所以別男女也요 射鄕[14]食(사)饗은 所以正交接也니 禮節民心하며 樂和民聲하며 政以行之하며 刑以防之하야 禮樂刑政이 四達而不悖하면 則王道가 備矣니라

이 때문에 선왕이 예악을 제정하였을 적에 사람들이 모두 절제하였는데, 衰麻와 哭

13 人爲之節 : 《예기보주》에 "사람마다 모두 절제한다는 말이다."라는 《儀禮經傳通解》의 설을 소개하였다.

14 射鄕 : 정현의 주에 따르면 '射'와 '鄕'은 大射禮와 鄕飮酒禮이다.

泣의 도수를 정한 것은 喪禮를 절제한 것이고, 종과 북으로 연주하는 음악과 방패와 도끼로 추는 춤은 安樂을 조화롭게 한 것이고, 혼인과 冠禮와 笄禮는 남 · 녀를 구별한 것이고, 大射禮와 鄕飮酒禮와 〈어버이를 받들고 손님을 맞이하며 제사하는 것 등의〉 食饗은 사람 간의 사귀고 접하는 예를 바로잡은 것이다. 예는 백성의 마음을 〈지나치거나 모자람이 없도록〉 절제하게 한 것이고, 악은 백성의 소리를 〈情理에 어긋나지 않도록〉 조화롭게 한 것이며, 정사로써 〈예악의 가르침을〉 행하게 하고 형벌로써 〈예악의 도가 폐해지는 것을〉 방비한 것이다. 그래서 예와 악, 형벌과 정사 네 가지가 천하에 통행되어 어그러지지 않으면 王道가 구비된다.

19.9 樂者는 爲同이요 禮者는 爲異니 同則相親하고 異則相敬하나니 樂勝則流하고 禮勝則離라 合情飾貌者가 禮樂之事也라 禮義立하면 則貴賤이 等矣요 樂文이 同하면 則上下和矣[15]요 好惡가 著하면 則賢不肖가 別矣요 刑禁暴하고 爵擧賢하면 則政이 均矣라 仁以愛之하며 義以正之하면 如此면 則民治行矣[16]니라

악은 〈和로써〉 같게 하는 것이고 예는 〈질서로써〉 다르게 하는 것이니, 같게 하면 서로 친하고 다르게 하면 서로 공경하는 법인데, 악이 지나치면 〈방탕한 데로〉 흐르고 예가 지나치면 〈인심이〉 떠나서 배반한다. 情을 합하게 하고 모양을 꾸미는 것은 예 · 악의 일이다. 禮義가 확립되면 귀함과 천함이 등급이 매겨지고, 악의 文采(曲調)가 화합하면 윗사람과 아랫사람이 화합하고, 좋아하는 것과 미워하는 것이 明示되면 賢者와 不肖한 자가 분별되고, 형벌로 포악함을 금하고 관작으로 어진 이를 등용하면 政事가 균평해진다. 仁으로써 사랑하고 義로써 바르게 할 경우 이와 같이 하면 백성이 잘 다스려진다.

---

15 樂文同則上下和矣 : 공영달의 소에 따르면 '文'은 소리가 문채를 이룸을 이르니, 악을 연주할 때 문채가 화합하면 아랫사람과 윗사람이 각각 저절로 화목하고 우호하는 것이다.

16 樂者爲同……民治行矣 : 공영달의 소에 따르면 여기서부터 제14장 '此所與民同也'까지는 〈樂論〉이라고 하였다.

19.10 樂由中出하고 禮自外作하나니 樂由中出故로 靜하고 禮自外作故로 文[17]하니 大樂은 必易하고 大禮는 必簡하니 樂至則無怨하고 禮至則不爭이라 揖讓而治天下者가 禮樂之謂也라 暴民이 不作하며 諸侯가 賓服하야 兵革을 不試하며 五刑을 不用하며 百姓이 無患하며 天子가 不怒하니[18] 如此면 則樂이 達矣요 合父子之親하며 明長幼之序하야 以敬四海之內니 天子가 如此면 則禮行矣니라

악은 중심으로부터 나오고 예는 외면으로부터 만들어졌으니, 악은 중심으로부터 나오기 때문에 고요하고 예는 외면으로부터 만들어졌기 때문에 문채가 있는 것이다. 위대한 악은 반드시 쉽고 위대한 예는 반드시 간략하니, 악이 지극하면 원망함이 없고 예가 지극하면 다투지 않는데, 읍하고 겸양하여 천하를 다스리는 것은 예·악을 말한 것이다. 포악한 백성이 나오지 않고 제후들이 복종하여 병기와 갑옷을 쓰지 않고 五刑을 쓰지 않으며 백성들이 근심이 없고 천자가 노여워하지 않으니, 이와 같이 하면 악이 통하게 된다. 그리고 父子의 친함을 합하며 長幼의 차례를 밝혀서 사해 안의 아버지와 어른을 공경하게 하니, 천자가 이와 같이 하면 예가 행해진다.

19.11.1 大樂은 與天地同和하고 大禮는 與天地同節하니 和故로 百物이 不失하며 節故로 祀天祭地[19]하나니 明則有禮樂하고 幽則有鬼神하니 如此면 則四海之內가 合敬同愛矣니라

---

17 樂由中出……禮自外作故文 : 《禮記補註》에 "예와 악이 똑같이 사람의 마음에서 나왔는데 여기서는 안과 밖으로 상대하여 말하였다. 예는 비록 공경과 退讓의 실제에 근본하였으나 그 나가고 물러가고 周旋하고 오르내리는 節度는 모두 사람의 친·소와 귀·천, 일의 경·중과 대·소를 따라 제재하므로 외면으로부터 만들어졌다고 말한 것이고, 악의 경우 다만 마음속에 기뻐하고 좋아하는 바가 있으면 자연 외면에 흘러나와서 읊고 노래함에 발로되고 춤추고 발로 뜀에 나타나고 金·石·絲·竹의 악기로 연주하고 방패·도끼·깃털·들소 꼬리를 잡고 춤을 추는 것이 기약하지 않고도 저절로 되어 사람이 안배할 필요가 없기 때문에 중심으로부터 나왔다고 한 것이다. 예가 문채가 됨은 진실로 보기 쉽다. 그런데 악을 고요하다고 말한 것은 그 음성과 용모의 왕성함은 비록 발양하고 동탕하는 듯하나 이 가운데 도리어 저절로 雍容하고 한가롭고 심원한 의사가 있고 허다한 작위적이고 조급한 뜻이 없기 때문이다."라는 金昌協의 설을 소개하였다.

18 不怒하니 : 《禮記大文諺讀》에는 "不怒하며"로 되어 있으나, 문맥을 살펴 토를 수정하였다.

19 祀天祭地 : 《禮記補註》에 "예는 제사보다 중한 것이 없고 제사는 하늘과 땅에 대한 제사보다 중한 것이 없다."라는 양오의 설을 소개하였다.

위대한 악은 천지와 和를 함께 하고 위대한 예는 천지와 節度를 함께 한다. 화하기 때문에 온갖 물건이 본성을 잃지 않고 절도에 맞기 때문에 하늘에 제사 지내고 땅에 제사 지내는 것이니, 밝은 곳에는 〈눈에 보이는 形而下의〉 예 · 악이 있고 幽暗한 곳에는 〈눈에 보이지 않는 形而上의〉 귀신이 있다. 이와 같이 하면 사해 안의 백성이 공경을 함께 하고 사랑을 함께 하게 된다.

19.11.2 禮者는 殊事合敬者也요 樂者는 異文合愛者也니 禮樂之情이 同이라 故로 明王以相沿也하시니 故로 事與時竝[20]하며 名與功偕[21]니라

예는 일은 다르나 공경함을 함께 하고 악은 문채(곡조)는 다르나 사랑을 함께하니, 예 · 악의 실정은 똑같다. 이 때문에 明王이 서로 인습하셨으니, 그러므로 〈명왕이 나오시자〉 事業이 때와 더불어 나란하며 악의 명칭이 功과 더불어 함께 하는 것이다.

19.12 故로 鐘鼓管磬과 羽籥干戚은 樂之器也요 屈伸俯仰과 綴兆[22]舒疾은 樂之文也라 簠簋俎豆와 制度文章은 禮之器也요 升降上下와 周還(선)裼襲은 禮之文也니 故로 知禮樂之情者는 能作하고 識禮樂之文者는 能述하나니 作者之謂聖이요 述者之謂明이니 明聖者는 述作之謂也니라

그러므로 종과 북, 피리와 경쇠, 꿩깃과 피리, 방패와 도끼는 악의 기물이고, 굽히고 펴고 구부리고 우러르는 것과 춤추는 자의 자리와 그 밖의 자리를 標記하고 춤을 느리게 추고 빨리 춤은 악의 문채이다. 簠와 簋, 俎와 豆, 制度와 文章은 예의 기물이고, 올라감과 내려옴, 위와 아래, 周旋, 裼衣와 襲衣는 예의 문채이니, 그러므로 예 · 악의 실정을 아는 자는 창작할 수 있고 예 · 악의 문채를 아는 자는 傳述할 수 있는데, 창작하

---

20 事與時竝 : 진호의 주에 따르면 예컨대 唐(요임금) · 虞(순임금)의 때에는 공경히 揖을 하고 천하를 禪讓하는 일이 있었고, 夏 · 殷의 때에는 桀王을 추방하고 紂王를 정벌하는 일이 있었던 것이다.

21 名與功偕 : 진호의 주에 따르면 功이 이루어지면 음악을 짓기 때문에 역대 왕조의 음악 이름이 모두 세운 공을 인하여 지어진 것이다.

22 綴兆 : 정현의 주에 따르면 '綴'은 춤추는 자의 자리를 표기함을 이르고, '兆'는 그 밖의 영역을 표기함을 이른다.

는 자를 일러 '聖'이라 하고 전술하는 자를 일러 '明'이라고 하니, 明과 聖은 전술과 창작을 말한 것이다.

字義 簠 : 제기이름 보 簋 : 제기이름 궤

19.13 樂者는 天地之和也요 禮者는 天地之序也니 和故로 百物이 皆化하고 序故로 群物이 皆別하나니라 樂由天作하고 禮以地制[23]하니 過[24]制則亂하고 過作則暴하나니 明於天地然後에야 能興禮樂也니라

악은 천지의 조화이고 예는 천지의 질서이니, 조화롭기 때문에 온갖 물건이 모두 따라서 변화하고 질서가 있기 때문에 여러 물건이 모두 구별되는 것이다. 악은 하늘로 말미암아 제작되고 예는 땅을 따라 만들어졌다. 예를 잘못 만들면 난이 일어나고 악을 잘못 만들면 포악해지니, 천지의 이치에 밝은 뒤에 예 · 악을 일으킬 수 있는 것이다.

19.14 論倫無患은 樂之情也요 欣喜歡愛는 樂之官也라 中正無邪는 禮之質也요 莊敬恭順은 禮之制也라 若夫禮樂之施於金石하며 越於聲音하야 用於宗廟社稷하며 事乎山川鬼神은 則此가 所與民同也니라

〈雅頌의 말을〉 논할 만하고 〈律呂의 음이〉 질서가 있어서 폐해가 없는 것은 악의 실정이고, 기뻐하고 즐거워하고 사랑함은 악의 운용이다. 중정하고 간사함이 없는 것은 예의 본질이고 莊敬하고 恭順함은 예의 제재이다. 예 · 악을 금석의 기물에 베풀고 성음에 전파하여 종묘와 사직에 사용하고 산천의 귀신을 섬기는 것은 백성들과 더불어 함께 하는 것이다.

字義 越 : 널리퍼트릴 월

---

23 樂由天作 禮以地制 : 저본의 소주에 延平周氏가 "樂이 비록 천지의 조화에서 나왔으나 악은 陽이므로 하늘을 위주로 삼아 만든 것이고, 예는 비록 천지의 질서에서 나왔으나 예는 음이므로 땅을 위주로 삼아 만든 것이다." 하였는데, 《禮記補註》에서는 "하늘과 땅을 통합하여 말한 것은 이치가 같은 입장에서 말한 것이고, 하늘과 땅에 나누어 소속시킨 것은 각각의 간절한 바를 가지고 말한 것이니, 이치는 하나이나 자리가 다르고 말은 다르나 뜻이 같은 것이다."라는 楊梧의 설을 소개하였다.

24 過 : 정현의 주에 따르면 '잘못〔誤〕'이라는 뜻이다.

19.15.1 王者가 功成作樂하시고 治定制禮[25]하시나니 其功이 大者는 其樂이 備하고 其治가 辯者는 其禮가 具하니 干戚之舞가 非備樂也며 孰亨(팽)而祀가 非達禮也[26]라

王者는 공이 이루어지면 악을 만드시고 다스림이 안정되면 예를 제정하시니, 공이 큰 자에게는 〈그에 맞는〉 악이 구비되고 다스림이 두루 베풀어진 자에게는 그에 맞는 예가 갖추어지는데, 방패와 도끼의 춤은 구비된 악이 아니고, 음식을 삶아서 제사함은 통달한 예가 아니다.

字義 辯 : 두루미칠 편(=徧) 孰 : 익을 숙(=熟) 亨 : 삶을 팽(=烹)

19.15.2 五帝가 殊時라 不相沿樂하시고 三王이 異世라 不相襲禮하시니 樂(락)極則憂하고 禮粗則偏矣[27]니 及夫敦樂而無憂하며 禮備而不偏者는 其唯大聖乎인저

五帝는 각각 때가 달라서 악을 서로 인습하지 않았고, 三王은 각각 세대가 달라서 예를 서로 인습하지 않았다. 즐거움이 지극하면 근심스럽게 되고 예가 거칠면 편벽되니, 악을 돈독히 하여 근심스럽게 되는 일이 없고 예가 갖추어져 편벽되는 일이 없는 사람은 오직 위대한 聖人일 것이다.

19.16 天高地下하며 萬物이 散殊而禮制行矣요 流而不息하며 合同而化而樂이 興焉[28]하니 春作夏長은 仁也요 秋斂冬藏은 義也니 仁近於樂하고 義近於禮[29]하니라

---

25 王者……治定制禮 : 정현의 주에 따르면 공이 이루어지고 다스림이 안정되는 것은 같은 때에 이루어지는 일인데, 功은 王業을 위주로 삼은 것이고 다스림은 백성을 가르침을 위주로 삼은 것이다. 공영달의 소에 따르면 여기서부터 20장 '禮樂云'까지는 〈樂禮〉이다.

26 干戚之舞……非達禮也 : 진호의 주에 따르면 방패와 도끼의 춤은 武舞이니, 지극히 좋고 지극히 아름다운〔盡善盡美〕 韶樂(순임금의 악)만 못하므로 '구비된 악이 아니다.〔非備樂〕' 한 것이다. 犧牲을 삶고 익혀 올리는 것이 옛날에 예의 본뜻에 맞게 피가 있는 날고기로 제사한 것만 못하므로 '통달한 예가 아니다.〔非達禮〕' 한 것이다.

27 樂(락)極則憂 禮粗則偏矣 : 《禮記補註》에 "악은 사람의 뜻을 펴는 것이므로 사람들이 늘 즐거이 성대하게 하려 하지만 예는 사람의 몸과 마음을 검속하는 것이므로 사람들이 늘 세밀하게 하는 것을 괴로워한다. 이 때문에 악에서는 지극하게 하려는 것을 경계하고 예에서는 소략하게 하려는 것을 경계한 것이다. 이 또한 소략하게 하고자 하는 예를 더 세밀하게 하도록 나아가게 하고, 성대하게 하려고 하는 악을 더 줄이도록 물러나게 하는 '進反'의 뜻이다."라는 金昌協의 설을 소개하였다.

28 天高地下……興焉 : 진호의 주에 따르면 물건이 각각 물건의 성질을 부여받아 억지로 같아질 수

樂者는 敦和하야 率神而從天하고 禮者는 別宜하야 居鬼而從地하나니 故로 聖人이 作樂以應天하고 制禮以配地하시니 禮樂이 明備라 天地官矣니라

하늘이 높고 땅이 낮으며 만물이 흩어져 각각 달라 禮制가 행해지고, 〈천지의 조화가〉 유행하고 그치지 않으며 合同하고 변화하여 악이 일어나는데, 봄에 만들어지고 여름에 자람은 仁이고, 가을에 거두고 겨울에 갈무리하는 것은 義이니, 인은 악에 가깝고 의는 예에 가깝다. 악은 和함을 돈독하게 하여 〈陽의〉 神을 따라 하늘을 따르고, 예는 마땅함을 달리하여 〈陰의〉 鬼를 거두어서 땅을 따른다. 그러므로 성인이 악을 만들어 하늘의 양에 응하고 예를 만들어 땅의 음에 짝을 맞추셨으니, 예 · 악이 밝아지고 완비되기 때문에 천지가 마땅히 해야 할 직분을 주관한다.

19.17 天尊地卑하니 君臣이 定矣요 卑高가 以陳하니 貴賤이 位矣요 動靜이 有常하니 小大가 殊矣요 方以類聚하며 物以群分하니 則性命이 不同矣니 在天成象하고 在地成形하니 如此면 則禮者가 天地之別也[30]라

없는 것은 造化가 사람에게 자연의 禮制를 보여주는 것이고, 천지의 기운이 얽히고 만물이 조화롭게 엉겨 혼자만 다르게 될 수 없는 것은 조화가 사람에게 자연의 樂情을 보여주는 것이다.

29 春作夏長……義近於禮 : 진호의 주에 따르면 합하여 함께 하는 것은 봄과 여름의 仁이기 때문에 '인은 악에 가깝다.〔仁近於樂〕' 하였고, 흩어져 다른 것은 가을과 겨울의 義이기 때문에 '의는 예에 가깝다.〔義近於禮〕' 한 것이다.

30 天尊地卑……天地之別也 : 이 내용은 《주역》 〈繫辭傳 上〉 1장의 "하늘은 높고 땅은 낮으니 乾·坤이 정해지고, 낮은 것과 높은 것이 진열되니 貴·賤이 자리하고, 動하고 靜함이 떳떳함이 있으니 剛·柔가 결단된다. 방향은 類로써 모아지고 사물은 무리로써 나누어지니 吉·凶이 생기고, 하늘에 있어서는 象이 이루어지고 땅에 있어서는 형체가 이루어지니 變·化가 나타난다.〔天尊地卑 乾坤定矣 卑高以陳 貴賤位矣 動靜有常 剛柔斷矣 方以類聚 物以群分 吉凶生矣 在天成象 在地成形 變化見矣〕"는 구절과 비슷하다.

'方以類聚 物以群分'에 대해 주희의 《周易本義》에서는 "'방'은 사정의 향하는 바를 이르니, 사물의 선·악이 각기 유로써 나누어짐을 말한 것이다.〔方 謂事情所向 言事物善惡 各以類分〕" 하였는데, 진호의 주에는 "'方'은 '道'와 같고 '聚'는 '處'와 같다. 君臣·父子·夫婦·長幼·朋友가 각각의 도가 있으면 각각 그 類에 따라 대처하니, 이른바 '도는 유끼리 처한다.〔方以類聚〕'는 것이다. '物'은 일〔事〕이다. 예를 행하는 일은 바로 天理의 節文과 人事의 儀則을 이르는데, 이것을 행하는 것이 한 가지에 그치지 않고 이것을 나눌 적에 반드시 각각 그 일을 따르니, 이른바 '일은 무리끼리 나누어진다.〔物以群分〕'는 것이다." 하였다.

'性命不同'에 대해 진호의 주에 "하늘이 부여해 준 命과 사람이 받은 性이 자연히 三綱五常의 차례가 있어서 그 사이에 높고 낮고 厚하고 薄한 차등을 융합하여 동일하게 수 없기 때문에 이렇

하늘은 높고 땅은 낮으니 군주와 신하가 정해졌고, 낮은 것과 높은 것이 진열되니 귀한 자와 천한 자의 지위가 정해졌고, 動하고 靜하는 것이 떳떳한 법칙이 있으니 작은 일과 큰일이 나누어졌고, 道는 같은 類끼리 처하고 일은 무리끼리 나누어지니 性命이 똑같지 않다. 하늘에서는 象을 이루고 땅에서는 형체를 이루니, 이와 같다면 예는 하늘과 땅의 분별인 것이다.

19.18 地氣는 上齊하고 天氣는 下降하며 陰陽이 相摩하며 天地가 相蕩하며 鼓之以雷霆하며 奮之以風雨하며 動之以四時하며 煖之以日月하야 而百化가 興焉하나니 如此면 則樂者가 天地之和也라

地氣는 위로 올라가고 天氣는 아래로 내려가며 음과 양이 서로 마찰하며 하늘과 땅이 서로 뒤섞이며 우레로써 고무하고 비바람으로써 분발하게 하며 四時로써 動하게 하고 해와 달로써 따뜻하게 하여 온갖 조화가 일어나니, 이와 같다면 악은 천지의 조화인 것이다.

字義 齊 : 오를 제(=躋) 霆 : 천둥소리 정

19.19 化不時하면 則不生하고 男女가 無辨하면 則亂升[31]하나니 天地之情也라

조화가 제때 이루어지지 않으면 만물이 생성되지 못하고, 남녀가 분별이 없으면 혼란이 일어나니, 이는 천지의 실정이다.

게 말한 것이다." 하였다.

31 化不時……亂升 : 공영달의 소에 따르면 '化不時'란 천지의 조화로 길러줌이 제때에 이루어지지 못함을 이른다. 이와 같으면 물건을 낳지 못하니, 이는 악이 변화를 조화롭게 하는 까닭을 밝힌 것이다. '升'은 이룸이다. '男女無辨則亂升'은 만약 남녀가 뒤섞이고 혼란하여 분별이 없으면 혼란이 일어나니, 이는 예가 남녀를 분별하는 까닭을 밝힌 것이다.
《禮記補註》에 "남녀의 한 가지 일로 다한 것은 부부가 있은 연후에 父子와 君臣의 등급이 있기 때문이다."라는 양오의 설을 인용하고서 "《주역》〈序卦傳〉에 '남녀가 있은 뒤에 부부가 있고, 부부가 있은 뒤에 父子가 있고, 부자가 있은 뒤에 君臣이 있고, 군신이 있은 뒤에 위아래가 있고, 위아래가 있은 뒤에 禮義를 둘 곳이 있다.' 하였으니, 양오의 설은 여기에 근본한 것이다." 하였다.

19.20 及夫禮樂之極乎天而蟠乎地하며 行乎陰陽而通乎鬼神하며 窮高極遠而測深厚하얀 樂著(착)[32]太始하고 而禮居成物하니 著(저)不息者는 天也요 著不動者는 地也[33]요 一動一靜者가 天地之間也라 故로 聖人曰禮樂云이라하시니라

예 · 악이 하늘에까지 닿고 땅에도 서리며, 음 · 양에 행해져 귀신에 통하며, 높은 곳을 다하고 먼 곳을 다하여 깊음과 후함을 측량함에 미쳐서는 악은 물건이 생긴 시초에 처하고 예는 물건을 이루는 자리에 머무르니, 밝게 드러나서 쉬지 않는 것은 하늘이고, 밝게 드러나서 動하지 않는 것은 땅이고, 한 번 動하고 한 번 靜한 것은 하늘과 땅 사이의 일이다. 그러므로 성인이 예와 악을 함께 말씀하신 것이다.

字義 蟠 : 서릴 반 著 : 붙을 착(=着), 드러날 저

19.21 昔者에 舜이 作五絃之琴하사 以歌南風하야시늘 夔가 始制樂하야 以賞諸侯하니 故로 天子之爲樂也는 以賞諸侯之有德者也니 德盛而敎尊하며 五穀이 時熟然後에야 賞之以樂하더니 故로 其治民이 勞者는 其舞行(항)綴이 遠하고 其治民이 逸者는 其舞行綴이 短하나니 故로 觀其舞하고 知其德하며 聞其諡하고 知其行也[34]니라

옛날에 舜임금이 五絃의 琴을 만드시어 〈南風〉을 노래하시자, 夔가 처음으로 악을 만들어서 제후에게 상을 주었다. 그러므로 천자가 악을 만드는 것은 제후 중에 덕이 있는 자에게 상을 주고자 한 것이다. 덕이 성하고 가르침이 높으며 오곡이 제때 익은 뒤에 악으로써 상을 준다. 그래서 백성을 다스림이 수고로운 자는 〈덕이 성하여 악이 융성해져〉 춤추는 행렬이 길고, 백성을 다스림이 안일한 자는 〈덕이 박하여 악이 줄어들어〉 춤추는 행렬이 짧으니, 그러므로 그 춤을 보면 그 덕을 알고 그 시호를 들으면 그

32 樂著(착) : 정현의 주에 따르면 '著(착)'은 '처한다〔處〕'는 뜻이다.

33 著(저)不息者……地也 : 여기의 두 '著'자는, 주소에 따르면 明白하고 顯著함을 이른다.

34 昔者……知其行也 : 공영달의 소에 따르면 여기부터 '著其敎焉'까지는 〈樂施〉이다.
《禮記補註》에 "이 절은 거짓말이 많으니, 기록한 자가 덧붙였기 때문이다. 율려의 제도가 軒轅 黃帝 시대에 시작되었고 이 편의 윗글에도 '오제가 서로 악을 인습하지 않았다.〔五帝不相沿樂〕' 했는데, 여기서는 도리어 夔가 처음 악을 만들었다고 말하였으니, 잘못이다."라는 권근의 설을 소개하였다.
'治民勞者'는 진호의 주에 인용된 應氏의 설을 따라 번역하였는데, 정현의 주에서는 백성을 다스려 백성을 수고롭게 하는 자로 해석하였다.

행실을 알 수 있는 것이다.

字義 夔 : 사람이름 기 綴 : 이을 철

19.22 大章은 章之也요 咸池는 備矣요 韶는 繼也요 夏는 大也요 殷周之樂은 盡矣니라

〈堯임금의 음악인〉 〈大章〉은 덕을 크게 밝힌다는 뜻이고, 〈黃帝의 음악인〉 〈咸池〉는 덕이 구비되었다는 뜻이고, 〈舜임금의 음악인〉 〈韶〉는 요임금의 뒤를 이었다는 뜻이고, 〈禹王의 음악인〉 〈夏〉는 요임금과 순임금의 덕을 크게 했다는 뜻이고, 殷나라와 周나라의 음악은 〈湯王의 〈大濩〉와 武王의 〈大武〉인데, 人事에〉 극진하다는 뜻이다.

19.23 天地之道는 寒暑가 不時則疾하고 風雨가 不節則饑하나니 教者는 民之寒暑也라 教不時則傷世하고 事者는 民之風雨也라 事不節則無功하나니 然則先王之爲樂也는 以法治也니 善則行이 象德矣[35]니라

하늘과 땅의 도는, 추위와 더위가 때에 맞지 않으면 병이 들고, 비바람이 절도에 맞지 않으면 흉년이 든다. 가르침은 백성의 추위와 더위와 같으므로 가르침이 때에 맞지 않으면 세상을 손상하고, 일은 백성의 비바람과 같으므로 일이 절도에 맞지 않으면 공이 없으니, 그렇다면 선왕이 악을 만든 것은 〈하늘과 땅의 도를〉 본받아서 다스리기 위한 것이니, 〈악을 만든 것이〉 좋으면 〈백성들이〉 덕을 본받게 된다.

字義 饑 : 흉년들 기

19.24.1 夫豢豕爲酒는 非以爲禍也로되 而獄訟이 益繁은 則酒之流가 生禍也라 是故로 先王이 因爲酒禮호되 壹獻之禮에 賓主가 百拜하야 終日飮酒而不得

---

35 善則行 象德矣 : 진호의 주에는 "정치에 베풀어 善하지 않음이 없으면 백성의 행실이 군주의 덕을 따른다." 하였는데, 본서에서는 《禮記補註》에 "이 구절에 대한 訓은 마땅히 小註에 실린 輔氏의 설을 따라야 하니, '象德'은 아랫글에 '樂은 덕을 본받기 위한 것이다.〔樂者 所以象德〕' 한 것으로 보면 樂을 가리켜 말하였음을 알 수 있다." 한 것에 따라 번역하였다.

醉焉케하시니 此가 先王之所以備酒禍也라

돼지를 기르고 술을 빚는 것은 〈제향을 하고 어진 이를 기르기 위한 것이지〉 禍를 만들려고 한 것은 아닌데, 獄事와 訟事가 더욱 많아짐은 술의 流弊가 화를 만들어 낸 것이다. 이 때문에 선왕이 이로 인하여 술 마시는 예를 만들되 一獻에 손님과 주인이 백 번 절하고 마시는 예를 만들어 종일토록 술을 마셔도 취하지 않게 하셨으니, 이는 선왕이 술의 화를 대비하신 것이다.

字義 豢 : 기를 환

19.24.2 故로 酒食者는 所以合歡也요 樂者는 所以象德也요 禮者는 所以綴淫也니 是故로 先王이 有大事어든 必有禮以哀之하고 有大福이어든 必有禮以樂之하나니 哀樂之分에 皆以禮終하나니 樂也者는 聖人之所樂(락)也니 而可以善民心이라 其感人이 深하야 其移風易俗[36]이니 故로 先王著其教焉하시니라

그러므로 술과 밥은 즐거움을 합하기 위한 것이고, 악은 덕을 본받기 위한 것이고, 예는 음탕함을 막기 위한 것이다. 이 때문에 선왕이 〈凶한〉 大事가 있으면 반드시 예를 두어 이것을 슬퍼하고, 大福이 있으면 반드시 예를 두어 이것을 즐거워하니, 슬픈 일과 즐거운 일을 분별할 적에 모두 예로써 끝마친다. 악은 성인이 즐거워하는 바이니, 이것으로 사람들의 마음을 선하게 할 수 있다. 사람을 감동시킴이 깊어 풍속을 바꾸기가 쉬우니, 그러므로 선왕이 그 가르침을 드러내신 것이다.

字義 綴 : 중지할 철

19.25 夫民이 有血氣心知之性하고 而無哀樂喜怒之常하야 應感起物而動이라 然後에야 心術이 形焉하나니 是故로 (志)〔急〕[37]微噍殺(쇄)之音이 作하면 而民이 思

---

36 其移風易俗 : 《禮記補註》에 "마땅히 《漢書》의 내용을 바른 것으로 삼아야 한다."라는 《의례경전통해》의 설을 소개하였는데, 《한서》 권22 〈禮樂志〉에 "악은 성인이 즐거워하는 바이니, 사람들의 마음을 선하게 할 수 있다. 사람을 감동시킴이 깊어서, 풍속을 바꾸기가 쉽다.〔樂者 聖人之所樂也 而可以善民心 其感人深 其移風易俗易〕"라고 보인다. 이에 따라 번역에 '쉽다〔易〕'는 뜻을 보충하였다.

37 (志)〔急〕 : 저본에는 '志'로 되어 있으나, 진호의 주의 "'志'자는 '急'자가 되어야 할 듯하다.〔志 疑當

憂하고 嘽(천)諧慢易繁文簡節之音이 作하면 而民이 康樂하고 粗(추)厲猛起奮末廣賁之音이 作하면 而民이 剛毅하고 廉直勁正莊誠之音이 作하면 而民이 肅敬하고 寬裕肉(유)好順成和動之音이 作하면 而民이 慈愛하고 流辟邪散狄成滌濫[38]之音이 作하면 而民이 淫亂[39]이니라

사람은 血氣와 心知(마음으로 아는 것)의 性이 있고, 슬퍼하고 즐거워하고 기뻐하고 노여워함이 無常하여 외물에 의해 감동이 일어남에 따라 동한다. 그런 뒤에야 心術이 나타나니, 이 때문에 급하고 쇠미하며 윤택이 없고 줄어드는 음이 일어나면 사람들이 슬퍼하고 근심하며, 너그럽고 화하며 느리고 평이하며 문식이 많고 節奏가 적은 음이 일어나면 사람들이 편안하고 즐겁다. 그리고 거칠고 사나우며 처음에 威嚴이 있고 끝에 奮發하고 중간에 큰 怒氣가 있는 음이 일어나면 사람들이 강하고 굳세고, 청렴하고 정직하며 굳세고 바르며 엄숙하고 성실한 음이 일어나면 사람들이 엄숙하고 공경한다. 그리고 관대하며 둥근 옥처럼 원활하며 거침없이 이루어지며 조화롭게 동하는 음이 일어나면 사람들이 자애롭고, 방탕하고 간사하며 사특하고 산만하며 곡절이 매우 빠른 음이 일어나면 사람들이 음란하다.

字義 噍 : 소리의 박자가 빠를 초　嘽 : 너그러운모양 천　粗 : 거칠 추(=麤)　厲 : 사나울 려　廣 : 클 광　賁 : 성낼 분(=憤)　肉 : 둘레 유　流 : 방탕할 류　辟 : 편벽될 벽(=僻)　狄 : 멀 적(=逖)

19.26 是故로 先王이 本之情性하며 稽之度數하시며 制之禮義하시며 合生氣之和하시며 道五常之行하야 使之陽而不散하며 陰而不密[40]하며 剛氣不怒하며 柔

作急)"라는 劉氏의 설에 의거하여 '急'으로 번역하였다.

38 狄成滌濫 : 공영달의 소에 따르면 '狄成'과 '滌濫'은 모두 악의 곡절이 매우 빠르게 전개되는 것을 이른다.

39 夫民有血氣心知之性……民淫亂 : 공영달의 소에 따르면 이 단락은 人心이 無常해서 감동함에 따라 변함을 논한 것이다. 樂의 善惡이 처음은 백성의 마음을 따라 일어나나 뒤에는 마침내 합해져 樂을 이루고 樂이 또 아래로 사람을 감동시킨다. 선한 樂이 사람을 감동시키면 사람이 변하여 선해지고 나쁜 樂이 사람을 감동시키면 사람이 따라서 惡해지니, 이는 樂이 사람에게서 나와서 도리어 사람을 감동시키는 것이다. 이는 마치 비가 산에서 나와서 도리어 산에 비를 내리고 불이 나무에서 나와서 도리어 나무를 태우는 것과 같은 것이다. 여기부터 제27장 '君子賤之也'까지는 〈樂言〉이다.

40 密 : 정현의 주에 따르면 '密閉하다'는 뜻이다.

氣不慴하야 四暢交於中而發作於外하야 皆安其位而不相奪也然後에야 立之學等하야 廣其節奏하며 省其文采하야 以繩德厚하며 律小大之稱하며 比終始之序하야 以象事行하야 使親疏貴賤長幼男女之理가 皆形見(현)於樂하니 故로 曰호되 樂觀이 其深矣니라

이 때문에 선왕이 〈樂을 만들 적에〉 사람의 성정에 근본하고 음률의 度數를 詳考하고 예의로써 제정하며 〈樂으로 천지 음양의〉 生氣의 和함에 합하며 五常의 행실을 인도하셨다. 그래서 陽으로 하여금 흩어지지 않게 하고 陰으로 하여금 密閉되지 않게 하며 굳센 기운이 노여워하지 않고 유순한 기운이 두려워하지 않게 하셨다. 그리하여 〈陰、陽、剛、柔〉 네 가지가 가슴 속에 서로 暢達하고 외면에 나타나서 모두 그 자리를 편안히 하여 서로 차례를 빼앗지 않게 하셨다. 그런 뒤에 學政과 배우는 등급을 세워서 節奏를 〈익히는 바를〉 늘리고, 문채를 살펴서 〈백성들의 고유한〉 덕성을 단속하여 후하게 하며, 〈음의〉 크고 작음을 정돈하여 걸맞게 하고, 〈음률의〉 마지막과 시작을 차례에 맞게 이었다. 이것을 본받아 일을 행해서 親疏、貴賤、長幼、男女의 이치가 모두 악에 나타나게 하였으므로 옛말에 '악에서 관찰하는 바가 깊다.' 한 것이다.

字義 道 : 인도할 도(=導) 暢 : 통할 창

19.27 土敝則草木이 不長하고 水煩則魚鼈이 不大하고 氣衰則生物이 不遂하고 世亂則禮慝而樂淫하나니 是故로 其聲이 哀而不莊하며 樂而不安하며 慢易以犯節하며 流湎以忘本하야 廣則容姦하고 狹則思欲하야 感條暢之氣하고 而滅平和之德하나니 是以로 君子가 賤之也하나니라

地力이 고갈되면 초목이 자라지 못하고, 물에 〈물고기를 잡기 위해〉 그물을 자주 설치하면 물고기와 자라가 크게 자라지 못하고, 〈음양의〉 기운이 쇠하면 생물이 성숙하지 못하고, 세상이 혼란하면 예가 간특해지고 악이 음탕해지니, 이 때문에 그 소리가 슬프더라도 엄숙하지 못하며, 즐겁더라도 편안하지 못하며, 태만하고 함부로 하여 節度를 범하며, 탐닉하여 근본을 잊는다. 그리하여 넓게는 간사한 자를 용납하고 좁게는 탐욕을 생각하여 통창한 기운을 손상하고 평화로운 덕을 해치니, 이 때문에 군자가 이러한 것을 천하게 여기는 것이다.

字義 慝 : 사특할 특 湎 : 빠질 면

19.28.1 凡姦聲이 感人而逆氣應之하고 逆氣成象而淫樂이 興焉하며 正聲이 感人而順氣應之하고 順氣成象而和樂이 興焉하나니 倡和有應하야 回邪曲直이 各歸其分하야 而萬物之理가 各以類로 相動也[41]니라

무릇 간사한 소리가 사람을 감동시키면 거스르는 기운이 여기에 응하고 거스르는 기운이 象을 이루면 음탕한 악이 일어나며, 바른 소리가 사람을 감동시키면 순한 기운이 여기에 응하고 순한 기운이 상을 이루면 화락한 악이 일어나니, 선창하고 화답함에 응함이 있어서 어긋난 것과 간사한 것과 굽은 것과 곧은 것이 각기 마땅한 분수로 돌아가서 만물의 이치가 각각 종류에 따라 서로 감동하는 것이다.

19.28.2 是故로 君子가 反情하야 以和其志하고 比類하야 以成其行하야 姦聲亂色을 不留聰明하며 淫樂慝禮를 不接心術하며 惰慢邪僻之氣를 不設於身體하야 使耳目鼻口心知百體가 皆由順正하야 以行其義하나니

이 때문에 군자가 올바른 性情으로 돌아가서 뜻을 和하게 하고 선악의 종류를 분별하여 선한 행실을 이루게 한다. 그래서 간사한 소리와 어지러운 색을 귀와 눈에 머무르지 않게 하며, 음탕한 악과 간특한 예를 마음에 접하지 않게 하며, 태만하고 사벽한 기운을 신체에 베풀지 않게 한다. 그리하여 귀와 눈, 입과 코, 마음의 지혜와 온갖 몸으로 하여금 모두 순하고 바름을 말미암아 義를 행하게 하는 것이다.

19.29.1 然後에야 發以聲音而文以琴瑟하며 動以干戚하며 飾以羽旄하며 從以簫管하야 奮至德之光하며 動四氣之和하야 以著萬物之理[42]하나니

그런 뒤에 소리와 음으로 나타내고 거문고와 비파로써 문식하며, 방패와 도끼로써

---

41 凡姦聲感人……相動也 : 공영달의 소에 따르면 여기부터 제33장 '贈諸侯也'까지는 〈樂象〉이다. '回邪曲直'에 대해 《禮記補註》에서 "'길함과 흉함과 뉘우침과 부끄러움〔吉凶悔吝〕'이라는 말과 같으니, 천하의 이치가 바른 것이 항상 적고 바르지 못한 것이 항상 많은 것이다."라는 양오의 설을 인용하였다.

42 然後……以著萬物之理 : 《禮記補註》에서 "'發以聲音' 이하 다섯 구는 악이 소리와 용모의 기물을 구비한 것이고, '奮至德' 이하 세 구는 악이 하늘과 사람의 깊은 이치를 통달한 것이다."라는 양오의 설을 소개하였다.

움직여 춤을 추며, 깃털과 쇠꼬리 털로써 꾸미며, 퉁소와 피리로써 따르게 한다. 그래서 지극한 덕의 광채를 떨치고 四時의 和한 기운을 움직여 만물의 이치를 드러낸다.

19.29.2 是故로 淸明은 象天하고 廣大는 象地하고 終始는 象四時하고 周還(선)은 象風雨하니 五色이 成文而不亂하며 八風이 從律而不姦하며 百度가 得數而有常하나니 小大相成하며 終始相生하며 倡和淸濁이 迭相爲經하나니 故로 樂行而倫淸하야 耳目이 聰明하며 血氣和平하고 移風易俗하야 天下가 皆寧[43]하나니라

이 때문에 〈樂의〉 청명함은 하늘을 형상하고 〈악의〉 광대함은 땅을 형상하고 〈악의〉 終과 始는 사시를 형상하고 〈악의〉 주선함은 비바람을 형상하니, 五色이 문채를 이루어 어지럽지 않으며 八方의 바람이 律을 따라 침범하지 않으며 온갖 법도가 숫자에 맞아 떳떳함이 있는 것인데, 小와 大가 서로 이루어주며, 종과 시가 서로 낳아주며 先唱과 和答과 淸과 濁이 번갈아 서로 큰 법칙이 된다. 그러므로 음악이 행해지면 人倫이 깨끗해져 귀와 눈이 총명해지고 血氣가 화평해지며 風을 바꾸고 俗을 바꾸어서 천하가 모두 편안해진다.

19.29.3 故로 曰樂者는 樂(락)也니 君子는 樂得其道하고 小人은 樂得其欲하나니 以道制欲하면 則樂而不亂하고 以欲忘道하면 則惑而不樂하나니라

그러므로 "악은 즐겁다는 뜻인데, 군자는 〈악의〉 道를 얻음을 즐거워하고 소인은 〈악

---

43 是故淸明象天……天下皆寧 : 《예기보주》에서 "'淸明' 이하 네 구는 樂이 造化의 象을 본받은 것이고, '五色' 이하 일곱 구는 악이 常變의 妙를 다한 것이다."라는 양오의 설을 소개하였다.

진호의 주에 方氏가 "'淸明'은 樂의 소리이므로 하늘을 형상하고, '廣大'는 악의 본체이므로 땅을 형상하고, '終始'는 악의 차례이므로 四時를 형상하고, '周旋'은 악의 節度이므로 비바람을 형상한다." 하였다.

'八風從律而不姦'의 '姦'은, 《예기보주》에 "'姦'은 《한서》 〈董仲舒傳〉의 '간사한 기운이 그 사이에 침범한다.〔邪氣姦其間〕' 할 때의 '姦'과 같은 듯하니, 바로 '干犯'의 뜻이다." 한 것에 따라 번역하였다.

'倡和淸濁迭相爲經'은, 공영달의 소에 "'律'은, 먼저 소리를 발하는 것을 '倡'이라 하고 뒤에 소리에 응하는 것을 '和'라고 하며, 黃鍾부터 仲呂까지는 濁音이 되고 蕤賓부터 應鍾까지는 淸音이 된다." 하였다.

의〉 욕망을 얻음을 즐거워하니, 도로써 욕망을 제재하면 즐거워도 어지럽지 않고, 욕망으로써 도를 잊으면 〈쾌락에〉 유혹되고 즐겁지 못하다." 하였다.

19.29.4 是故로 君子는 反情하야 以和其志하고 廣樂하야 以成其教하나니 樂行而民이 鄕方이면 可以觀德矣니라

이 때문에 군자는 情을 돌이켜 뜻을 화하게 하고 악을 넓혀 가르침을 이루니, 악의 가르침이 행해져 백성들이 道로 향하면 〈군자의〉 덕을 관찰할 수 있다.

字義 鄕 : 향할 향(=向)

19.30 德者는 性之端也요 樂者는 德之華也요 金石絲竹은 樂之器也라 詩는 言其志也요 歌는 咏其聲也요 舞는 動其容也니 三者가 本於心然後에 樂器從之하나니 是故로 情深而文明하고 氣盛而化神[44]이라 和順이 積中하야 而英華發外하나니 惟樂은 不可以爲僞니라

덕은 성의 단서이고, 악은 덕의 英華이고, 쇠와 돌, 줄과 대나무는 악기이다. 詩는 뜻을 말하는 것이고 歌는 소리를 길게 읊는 것이고 舞는 용모를 움직이는 것이니, 〈시·가·무〉 세 가지가 마음에 근원한 뒤에 악기가 뒤따른다. 이 때문에 〈감동하는〉 정이 깊어 문채가 밝고, 기운이 성하여 교화가 신묘하다. 화순이 마음속에 쌓여 영화가 외면에 드러나니, 오직 악은 거짓으로 할 수 없는 것이다.

19.31 樂者는 心之動也요 聲者는 樂之象也요 文采節奏는 聲之飾也니 君子가 動其本하고 樂(요)其象하야 然後에야 治其飾하나니 是故로 先鼓以警戒하며 三步以見(현)方하며 再始以著往하며 復亂以飭歸하야 奮疾而不拔하고 極幽而不隱하니 獨

44 氣盛而化神 : 공영달의 소에 따르면 '기운이 성하다〔氣盛〕'는 것은 《毛詩》 〈大序〉에 '자신도 모르게 손으로 춤을 추고 발로 뛴다.〔不知手之舞之足之蹈之〕'고 말한 것이고, '교화가 신묘하다〔化神〕'는 것은 《모시》 〈대서〉에 '천지를 동하고 귀신을 감동시키고 부부를 다스리고 효와 경을 이룬다.〔動天地 感鬼神 經夫婦 成孝敬〕' 한 것을 이른다.

樂(요)其志[45]하고 不厭其道하며 備擧其道하고 不私其欲하나니 是故로 情見(현)而義立하며 樂終而德尊이라 君子가 以好善하고 小人이 以聽過하나니 故로 曰 生民之道는 樂爲大焉이라하니라

악은 마음이 동하여 나온 것이고 소리는 악의 형상이고 문채와 節奏는 소리를 꾸민 것이니, 군자가 본심을 동하고 〈악의〉 형상을 좋아해서 그러한 뒤에 그 꾸밈을 다스린다. 이 때문에 〈악을 시작할 때에〉 먼저 북을 쳐서 경계를 하고 세 번 발을 들어서 춤추는 방법을 보이며, 〈한 절이 끝나면〉 두 번 북을 쳐서 시작하여 나아감을 드러내고 〈춤이 모두 끝나면〉 다시 징을 쳐서 끝마쳐 돌아감을 삼간다. 그리하여 〈춤추는 용모가〉 빠르되 급하지 않으며 〈악의 道가〉 지극히 그윽하되 〈사람들에게〉 숨겨지지 않으니, 홀로 〈자기의 선한 마음이 향하는〉 뜻을 좋아하고 악의 도를 싫어하지 않으며 악의 도를 갖추어 거행하고 자기의 욕망을 사사로이 하지 않는다. 이 때문에 情이 〈악의 初章에〉 드러나서 義가 확립되고, 악이 終章에서 완성되어 덕이 높아지는 것이다. 군자는 〈악으로써〉 선을 좋아하고 소인은 〈악으로써〉 자신의 잘못을 관찰하니, 그러므로 옛말에 "백성을 기르는 도는 악이 중대하다." 한 것이다.

字義 拔 : 급할 발 聽 : 살필 청

19.32 樂也者는 施也요 禮也者는 報也[46]며 樂은 樂(락)其所自生하고 禮는 反其所自始하나니 樂은 章德하고 禮는 報情反始也하나니라

'악'이라는 것은 베푸는 것이고 '예'라는 것은 보답하는 것이며, 악은 말미암아 생겨난 바를 즐거워하는 것이고 예는 말미암아 시작한 바로 돌아가는 것이니, 악은 덕을 드러내고 예는 情에 보답하고 시작으로 돌아가는 것이다.

---

45 樂其象……獨樂其志 : 정현의 주에 따르면 '奮疾'은 춤추는 것을 이르고 '極幽'는 노래하는 것을 이른다. 《儀禮經傳通解》에 따르면 '樂其'와 '獨樂'의 '樂'는 모두 去聲(좋아할 요)이다.

46 樂也者施也 禮也者報也 : 진호의 주에 馬氏가 "악은 陽으로 말미암아 오는데 양은 文采를 발산하여 생육하는 것을 功으로 삼으므로 악은 베풂을 위주로 삼는 것이고, 예는 陰으로 말미암아 시작되는데 음은 바탕을 거두어 질박함으로 돌아가는 것을 일삼으므로 예는 보답을 위주로 삼는 것이다." 하였고, 또 應氏가 "악에는 흥성하고 動盪하는 和함이 있어서 베풀어져 밖으로 한 번 나가면 돌아올 수 없으므로 '베푼다' 하였고, 예는 교제하고 酬答하는 문채가 있어서 반복하여 안으로 돌아오므로 '보답한다'고 말한 것이다." 하였다.

19.33 所謂大輅者는 天子之車也요 龍旂九旒는 天子之旌也요 青黑緣者는 天子之寶龜也니 從之以牛羊之群하나니 則所以贈諸侯也[47]라

이른바 '大輅'는 천자의 수레이고, '龍旂(용을 그린 깃발)의 아홉 술'은 천자의 깃발이고, '〈보배로운 거북 껍질을 쌀 때에〉 청색과 흑색으로 선을 두르는 것'은 천자의 寶龜이니, 〈여기에 연향의 禮器에 올릴〉 소와 양의 무리도 붙여 주는데, 이것들은 〈천자가〉 제후에게 하사하는 물건들이다.

字義 旂 : 기 기 旒 : 깃발 류 旌 : 기 정

19.34 樂也者는 情之不可變者也요 禮也者는 理之不可易者也라 樂은 統同하고 禮는 辨異하나니 禮樂之說이 管乎人情矣[48]니라

악은 변할 수 없는 人情이고, 예는 바꿀 수 없는 事理이다. 악은 같음을 통합하고 예는 다름을 분변하니, 예 · 악의 이론이 인정을 管攝한다.

19.35 窮本知變[49]은 樂之情也요 著誠去僞[50]는 禮之經也니 禮樂이 偩天地之情하며 達神明之德하며 降興上下之神하야 而凝是精粗之體하며 領父子君臣之節하나니라

근본을 연구하여 변화를 아는 것은 악의 〈자연히 감통하는〉 情이고 진실을 드러내어 거짓을 제거함은 예의 〈마땅히 수행해야 할〉 經이니, 예 · 악은 천지의 정을 본받으며 신명의 덕을 통달하며 위아래의 신을 오르내리게 해서 정밀한 것〔道〕과 거친 것〔器〕의 體를 응집시키며 부자와 군신의 절도를 거느리는 것이다.

字義 偩 : 본뜰 부

---

47 所謂大輅者……所以贈諸侯也 : 진호의 주에 石梁王氏가 "이 여덟 구절은 오로지 예만 말하여 아래위의 다른 문장과 이어지지 않으니, 마땅히 다른 편의 錯簡일 것이다." 하였다.

48 樂也者……管乎人情矣 : 공영달의 소에 따르면 여기부터 제37.2장 '有制於天下也'까지는 〈樂情〉이다.

49 窮本知變 : 《禮記補註》에 "마치 악이 궁극적으로 本原 처에 이르러 변화가 무궁하게 생성되는 것과 같다."라는 《朱子語類》의 설을 소개하였다.

50 著誠去僞 : 《예기보주》에 "예는 성실함이 있고 거짓됨이 있으니, 모름지기 성실함로써 거짓됨을 이기면 성실함이 드러나는 것이다."라는 《주자어류》의 설을 소개하였다.

19.36 是故로 大人이 擧禮樂은 則天地를 將爲昭焉이니 天地가 訢合하야 陰陽이 相得하야 煦嫗(후구)覆育萬物然後에야 草木이 茂하며 區萌이 達하며 羽翼이 奮하며 角觡(격)이 生하며 蟄蟲이 昭蘇하며 羽者가 嫗伏(부)하며 毛者가 孕鬻하며 胎生者가 不殰(독)하며 而卵生者가 不殈(혁)하나니 則樂之道가 歸焉耳니라

이 때문에 大人(聖人)이 〈천자의 지위에 있으면서〉 예·악을 만든 것은 〈그것으로〉 천지의 〈화육하는〉 도를 밝히기 위해서이다. 천지의 和氣가 서로 합하여 음양이 조화를 이루어 만물을 따뜻하게 덮어주고 길러준 뒤에 초목이 무성하며, 굽은 새싹이 〈땅을 뚫고〉 나오며, 날개 달린 새들이 날갯짓하며, 뿔 달린 짐승이 생겨나며, 땅속에 숨어있던 벌레가 〈암흑에서〉 빛을 얻고 〈죽음에서〉 다시 살아나며, 깃 달린 새들이 알을 따뜻하게 품어주며, 털 달린 짐승들이 새끼를 배어 기르며, 胎生하는 동물들은 유산하지 않으며, 卵生하는 생물들은 알이 깨지지 않으니, 이것은 악의 도가 〈化育을 돕는 데로〉 돌아가는 것이다.

字義 訢 : 기뻐할 흔(=欣)　煦 : 따뜻하게할 후　嫗 : 따뜻하게할 구　區 : 굽을 구(=句)
觡 : 뿔 격　伏 : 알을 품을 부(=孵)　鬻 : 기를 육(=育)　殰 : 유산할 독　殈 : 알깨질 혁

19.37.1 樂者는 非謂黃鍾大呂弦歌干揚也라 樂之末節也니 故로 童者가 舞之하고 鋪筵席하며 陳尊(준)俎하며 列籩豆하고 以升降爲禮者는 禮之末節也니 故로 有司掌之하고 樂師가 辨乎聲詩故로 北面而弦하고 宗祝이 辨乎宗廟之禮故로 後尸하고 商祝[51]이 辨乎喪禮故로 後主人이니

악은 黃鐘과 大呂, 현악기와 노래, 〈춤추는 자가 잡는〉 방패와 도끼를 말한 것이 아니다. 이것들은 악의 末節이니, 그러므로 童子가 이것으로 춤을 추는 것이다. 그리고 자리를 펴고 술동이와 도마를 진열하고 籩과 豆를 진열하고서 오르내림을 예로 삼는 것은 예의 말절이니, 그러므로 有司가 이것을 관장하는 것이다. 그리고 樂師는 聲調와 詩에 밝기 때문에 〈卑賤한 자리에서〉 북향하여 현악기를 타고, 〈제사의 일을 맡은〉 宗

51 商祝 : 《의례》 〈士喪禮〉의 주에 "상축은 祝官 중에 商나라 예를 익힌 자이다. 상나라 사람은 공경을 가르쳐서 神을 접함에 마땅하다." 하였고, 소에 "비록 똑같이 周나라 축관이지만 夏나라 예를 익혔으면 夏祝이라 하고, 상나라 예를 익혔으면 상축이라 한다." 하였다.

과 祝은 종묘의 예에 밝기 때문에 〈종묘에서 공경해야 할〉 尸童의 뒤에 있고, 商祝은 喪禮에 밝기 때문에 〈상례에서 슬픔이 큰〉 주인의 뒤에 있다.

字義 揚 : 도끼 양　鋪 : 펼 포　筵 : 대자리 연　尊 : 술동이 준(=樽)　籩 : 제기이름 변
豆 : 제기이름 두

19.37.2 是故로 德成而上하고 藝成而下하며 行成而先하고 事成而後니 是故로 先王이 有上하며 有下하며 有先하며 有後然後에야[52] 可以有制於天下也니라

이 때문에 덕이 이루어지면 위로 올라가고 재주가 이루어지면 아래에 있으며, 행실이 이루어지면 앞에 있고 일이 이루어지면 뒤에 있는 것이다. 그러므로 선왕이 上이 있고 下가 있고 先이 있고 後가 있은 뒤에야 천하를 통제할 수 있는 것이다.

19.38.1 魏文侯가 問於子夏하야 曰吾가 端冕而聽古樂하면 則唯恐臥하고 聽鄭衛之音하면 則不知倦하나니라 敢問古樂之如彼는 何也며 新樂之如此는 何也[53]오

魏나라 文侯가 子夏에게 묻기를 "내 玄端服을 입고 면류관을 쓰고 古樂을 들으면 지루해서 행여 누울까 두렵고, 鄭나라와 衛나라의 음탕한 음악을 들으면 피곤함을 알지 못한다. 감히 묻건대 고악이 저와 같음은 어째서이며, 新樂이 이와 같음은 어째서인가?" 하였다.

19.38.2 子夏가 對曰하사되 今夫古樂은 進旅退旅하며 和正以廣하며 弦匏笙簧이 會守拊鼓[54]하며 始奏以文하고 復亂以武하며 治亂以相하며 訊疾以雅[55]하나니 君

---

52 有後然後에야 : 《禮記大文諺讀》에는 '有後에야 然後'로 되어 있으나, 일반적인 용례에 의거하여 수정하였다.

53 魏文侯……何也 : 공영달의 소에 따르면 여기서부터 제40.10장 '有所合之也'까지는 〈魏文侯〉이다.

54 拊鼓 : '拊'와 '鼓' 모두 북의 종류이다. 정현의 주에 따르면 《주례》 〈大師職〉에 "큰 제사에 봉사인 악사들을 거느리고 당에 올라가 노래하는데 拊를 치면 함께 노래를 시작한다. 堂 아래에서 관악기와 다른 악기가 소리를 낼 때에 작은 북을 치면 함께 연주를 시작한다.〔大祭祀 帥瞽登歌 合奏擊拊 下管播樂器 合奏鼓朄〕" 하였다.

55 雅 : 정현의 주에 따르면 이것 또한 악기로, 모양이 옻 통과 같은데 가운데에 몽치가 있다.

子가 於是에 語하야 於是에 道古하야 修身及家하야 平均天下하나니 此가 古樂之發也니이다

자하가 대답하였다.

"지금 고악은 나아갈 적에 일제히 나아가고 물러갈 적에 일제히 물러가며, 〈소리가 간사하지 않고〉 和하고 바르고 넓으며, 현악기와 박과 笙簧이 〈악을 시작하기 위해〉 모두 모여 북 치기를 기다립니다. 그리고 文(북)으로써 연주를 시작하고 다시 武(징)로써 끝마치며, 相(拊)으로써 마지막 章을 조리 있게 연주하고, 〈춤추는 자가 절도를 잃어〉 빠르게 추는 것을 雅로써 다스립니다. 군자가 〈음악이 끝나면〉 이에 〈현재를 윤리에 맞게〉 말하고서 옛날을 〈법도에 어그러지지 않게〉 말하여 몸을 닦고 집안을 가지런하게 다스려 천하를 태평하게 하니, 이것이 고악의 발현입니다.

字義 匏 : 박 포 笙 : 생황 생 簧 : 피리 황 守 : 기다릴 수 拊 : 칠 부

19.38.3 今夫新樂은 進俯退俯하며 姦聲以濫하야 溺而不止하며 及優侏儒가 獶(노)雜子女[56]하야 不知父子하나니 樂終에 不可以語[57]며 不可以道古니 此가 新樂之發也니이다

지금 新樂은 〈연주하는 행렬이 잡란하여〉 나아갈 때도 구부리고 물러갈 때도 구부리며, 간사한 소리가 넘쳐나 거기에 탐닉하여 그치지 못하며, 광대와 난장이들이 〈남·녀나 尊·卑의 구별이 없이〉 원숭이처럼 남자와 여자가 뒤섞여서 부자의 윤리를 알지 못하니, 악이 끝나면 〈현재를 윤리에 맞게〉 말할 수 없고 옛날을 〈법도에 어그러지지 않게〉 말할 수 없습니다. 이것은 신악의 발현입니다.

字義 優 : 광대 우 侏 : 난쟁이 주 儒 : 난쟁이 유 獶 : 원숭이 노

---

56 獶(노)雜子女 : 정현의 주에 따르면 '獶'는 원숭이이니, 춤추는 것이 원숭이의 놀이와 같아서 남녀의 존비를 어지럽힘을 말한 것이다.

57 樂終에 不可以語 : 《禮記大文諺讀》에 "樂終不可以語"로 되어 있으나, 문맥을 살펴 토를 보충하였다.

19.39.1 今君之所問者는 樂也요 所好者는 音也니 夫樂者는 與音相近而不同하니이다 文侯曰하사되 敢問何如오

지금 군주께서 물으신 것은 악이고 좋아하시는 것은 음이니, 대저 악은 음과 서로 비슷하나 똑같지는 않습니다."

위문후가 물었다. "감히 묻건대 어째서인가?" 하니,

19.39.2 子夏가 對曰호되 夫古者에 天地順而四時當하며 民有德而五穀이 昌하며 疾疢(진)이 不作而無妖祥하더니 此之謂大當이니 然後에야 聖人이 作爲父子君臣하야 以爲紀綱하시니 紀綱이 旣正하야 天下가 大定하니 天下가 大定然後에야 正六律하며 和五聲하며 弦歌詩頌하시니 此之謂德音이니 德音之謂樂이라 詩云호되 莫其德音[58]하시니 其德이 克明하사 克明克類하시며 克長克君하사 王此大邦하사 克順克俾하사 俾于文王하사 其德靡悔라 旣受帝祉하사 施(이)于孫子라하니 此之謂也니이다

자하가 대답하였다.

"옛날에 천지가 순하여 사시가 마땅하며 백성들이 덕이 있어서 오곡이 번성하며 나쁜 병이 나오지 않아서 요망한 것이 없었으니, 이것을 '크게 마땅하다.'라고 합니다. 그런 뒤에 성인이 부자와 군신의 예법을 만들어서 이것을 기강으로 삼으시니, 기강이 바루어지고 나서 천하가 크게 정해졌습니다. 천하가 크게 정해진 뒤에 육률을 바로잡고 오성을 和하고 《시경》의 頌을 현악기로 연주하고 목소리로 노래하였습니다. 이것을 '덕음'이라 하니, 덕음을 '악'이라고 이릅니다. 《시경》 〈大雅 皇矣〉에 '덕음을 고요하게 하시니 덕이 능히 밝으셨다. 능히 이치를 밝게 아시고 같은 종류에 통하시며, 어른 노릇 하시고 군주 노릇 하시며 이 큰 나라에서 왕 노릇 하사 능히 〈아랫사람으로 하여금〉 순히 〈복종하도록〉 하고 능히 〈상 · 하가 서로〉 친하도록 하셨다. 그래서 문왕에 이르러 그 덕에 뉘우칠 만한 점이 없으시므로 이미 上帝에게 복을 받아 〈그 복이〉 자손에게 미쳤도다.' 하였으니, 이것을 말한 것입니다.

字義 疢 : 열병 진 莫 : 고요할 막(=漠) 俾 : 친할 비(=比) 祉 : 복 지 施 : 미칠 이

---

58 莫其德音 : 《禮記補註》에 "시의 뜻은 본래 문왕의 아버지인 王季의 명성을 말한 것인데, 여기에 악의 뜻으로 인용한 것은 斷章取義한 것이다."라는 양오의 설을 소개하였다.

19.40.1 今君之所好者는 其溺音乎인저 文侯曰하사되 敢問溺音은 何從出也오

지금 군주께서 좋아하시는 것은 음탕함에 빠진 음일 것입니다."
문후가 "감히 묻건대 음탕함에 빠진 음은 어디서부터 나오는가?" 하니,

19.40.2 子夏가 對曰호되 鄭音은 好濫[59]淫志하고 宋音은 燕女溺志하고 衛音은 趨數(촉삭)煩志하고 齊音은 敖辟喬志하나니 此四者는 皆淫於色而害於德일새 是以로 祭祀에 弗用也하나니이다 詩云 肅雝和鳴이라 先祖가 是聽이라하니 夫肅肅은 敬也요 雝雝은 和也니[60] 夫敬以和면 何事를 不行이리잇고

자하가 대답하였다. "鄭나라 음은 〈다른 사람의 여자나 남자를〉 함부로 훔치는 것을 좋아해서 뜻을 방탕하게 하고, 宋나라 음은 여자와 노는 것에 뜻을 빼겨 돌아올 줄 모르게 하고, 衛나라 음은 너무 빨라서 뜻을 어지럽게 하고, 齊나라 음은 傲慢하고 邪辟하여 뜻을 교만하게 하니, 이 네 가지 음은 모두 음란한 色情에 빠트려 덕을 해치게 하기 때문에 제사에 쓰지 않는 것입니다.
《시경》〈周頌 有瞽〉에 이르기를 "엄숙하고 화락하여 화하게 울린다. 그래서 선조가 이 음을 듣는다." 하였는데, '肅肅'은 공경하는 것이고 '雝雝'은 화락한 것이니, 공경하고 화락하면 무슨 일인들 행하지 못하겠습니까.

字義 趨 : 빠를 촉 數 : 빠를 삭 喬 : 교만할 교(=驕) 雝 : 화락할 옹

19.40.3 爲人君者는 謹其所好惡而已矣니 君이 好之하면 則臣이 爲之하고 上이 行之면 則民이 從之하나니 詩云호되 誘民孔易라하니 此之謂也니이다

인군이 된 자는 자기가 좋아하고 싫어하는 바를 삼갈 뿐이다. 군주가 좋아하면 신하가 그것을 행하고 윗사람이 행하면 백성이 그것을 따르니, 《시경》〈大雅 板〉에 '〈군주

59 濫 : 정현의 주에 따르면 함부로 훔치는 것이니, 간사한 소리이다.

60 夫肅肅은 敬也요 雝雝은 和也니 : 《禮記大文諺讀》에 "夫肅은 肅敬也요 雝은 雝和也'로 되어 있으나, 문리를 살펴 토를 수정하고 번역하였다.

의 덕으로〉 백성의 마음을 밝게 열어줌이 매우 쉽다.' 하였으니, 이것을 말한 것입니다.

字義 誘 : 가르칠 유

19.40.4 然後에 聖人이 作爲鞉(도)鼓椌楬壎篪(강갈훈지)하시니 此六者는 德音之音也라 然後에 鐘磬竽瑟以和之하고 干戚旄狄以舞之하니 此가 所以祭先王之廟也며 所以獻酬酳(인)酢也며 所以官序貴賤各得其宜也며 所以示後世有尊卑長幼之序也니라

그런 뒤에 성인이 법고와 북, 椌(柷)과 楬(敔), 壎(나발)과 篪(피리)를 만드시니, 이 여섯 가지 악기의 음은 덕음의 음입니다. 그런 뒤에 종과 경쇠, 피리와 비파로써 조화롭게 하고 방패와 도끼, 들소 꼬리와 꿩 깃털로써 춤을 추었으니, 이것을 가지고 선왕의 사당에서 제사한 것이고, 〈제사 지낼 때〉 술잔을 올림과 술잔을 줌, 술로 입가심함과 받은 잔에 답함을 한 것이고, 관직의 차례와 귀천이 각각 마땅함을 얻게 한 것이고, 후세에 尊卑와 長幼의 차례가 있음을 보여주신 것입니다.

字義 鞉 : 법고 도　椌 : 악기이름 강　楬 : 악기이름 갈　壎 : 질나발 훈　篪 : 피리 지
竽 : 피리 우　旄 : 들소꼬리 모　狄 : 꿩깃 적(=翟)　酳 : 입가실 인　酢 : 술잔돌릴 작

19.40.5 鐘聲은 鏗(갱)이니 鏗以立號하고 號以立橫(광)하고 橫以立武하나니 君子가 聽鐘聲하면 則思武臣하며

종소리는 '땡' 하고 나는데, '땡' 함으로써 號令을 세우고 호령으로써 기운이 충만함을 세우고 기운이 충만함으로써 威武를 세우니, 군자가 종소리를 들으면 武臣을 생각합니다.

字義 鏗 : 금옥소리 갱　橫 : 기운충만할 광

19.40.6 石聲은 磬이니 磬以立辨하고 辨以致死하나니 君子가 聽磬聲하면 則思死封疆之臣하며

그리고 石磬의 소리는 '땅' 하고 나는데, '땅' 함으로써 분변을 세우고 분변을 세워 죽음을 바치니, 군자가 석경 소리를 들으면 국경에서 죽는 신하를 생각합니다.

字義 磬 : 경쇠소리 경

19.40.7 絲聲은 哀하니 哀以立廉하고 廉以立志하나니 君子가 聽琴瑟之聲하면 則思志義之臣하며

그리고 현악기 소리는 애처로운데, 애처로움으로써 정직함을 세우고 정직함으로써 뜻을 세우니, 군자가 거문고와 비파의 소리를 들으면 의리에 뜻을 둔 신하를 생각합니다.

19.40.8 竹聲은 濫하니 濫以立會하고 會以聚衆하나니 君子가 聽竽笙簫管之聲하면 則思畜聚之臣하며

그리고 관악기 소리는 널리 퍼져나가는 소리인데, 널리 퍼져나가는 소리로써 모음을 세우고 모음으로써 여러 사람을 모으니, 군자가 竽와 생황, 퉁소와 피리의 소리를 들으면 백성을 모으는 신하를 생각합니다.

字義 濫 : 널리퍼질 람　竽 : 관악기이름 우

19.40.9 鼓鼙之聲은 讙하니 讙以立動하고 動以進衆하나니 君子가 聽鼓鼙之聲하면 則思將帥之臣하나니

그리고 북과 작은북의 소리는 떠들썩한데, 떠들썩함으로써 동함을 세우고 동함으로써 무리를 출발하여 전진하게 하니, 군자가 북과 작은북의 소리를 들으면 將帥의 신하를 생각합니다.

字義 鼙 : 작은북 비　讙 : 시끄러울 환

19.40.10 君子之聽音은 非聽其鏗鏘而已也라 彼亦有所合之也리이다

그러니 군자가 음을 들음은 뚱땅거리는 소리를 들을 뿐만 아니라 그 음에 또한 〈마음과〉 부합하는 바가 있는 것입니다."

字義 鏗 : 금옥소리 갱 鏘 : 금옥소리 장

19.41.1 賓牟賈가 侍坐於孔子러니 孔子가 與之言及樂曰하사되 夫武之備戒之已久는 何也오 對曰호되 病不得其衆也[61]니이다

賓牟賈(빈무가)가 공자를 모시고 앉아 있었는데, 공자께서 그와 더불어 말씀하시다가 화제가 악에 미치자 말씀하시기를 "〈武〉에서 〈춤을 추기 전에〉 먼저 북을 쳐서 대비하고 경계하기를 매우 오래 하는 것은 어째서인가?" 하시자, 〈빈무가가〉 대답하기를 "〈무왕이〉 군사들의 마음을 얻지 못할까 걱정하신 것입니다." 하였다.

字義 牟 : 어두울 무

19.41.2 咏歎之淫液之는 何也오 對曰호되 恐不逮事也[62]니이다

〈공자께서〉 "소리를 길게 하여 감탄하고 성음이 이어져서 끊이지 않음은 어째서인가?" 하시자, 〈빈무가가〉 대답하기를 "〈무왕이 뒤늦게 온 제후들이〉 전쟁을 함께 하지 못할까 두려워하신 것입니다." 하였다.

---

61 賓牟賈……病不得其衆也 : 육덕명의 음의에 따르면 '牟'는 '무(亡侯反)'이다. 공영달의 소에 따르면 빈무가는 賓牟가 姓이고, 賈가 이름이다. 여기서부터 '不亦宜乎'까지는 〈賓牟賈〉로, 모두 빈무가와 공자가 서로 문답한 것을 기록하였다.

《禮記補註》에 "〈武〉의 춤을 더디게 시작하는 것은 '道를 따라 힘을 기르고 때로 감추며 하늘의 아름다운 命을 기다린다.'는 뜻이다. 당시 800명의 제후가 약속을 하지 않고도 모였으니, '군사들의 마음을 얻지 못할까 걱정하셨다.'는 빈무가의 대답은 잘못된 것이다."라는 권근의 설을 소개하였다.

62 恐不逮事也 : 《예기보주》에 "'소리를 길게 하여 감탄하고 성음이 이어져서 끊이지 않음〔咏歎之淫液之〕'은 바로 조용하여 급박하지 않은 뜻을 말한 것이다. 비록 정벌하는 중에도 무왕에게 요순 시대의 읍하고 사양하는 기상이 의연히 남아 있는 듯하니, 빈무가의 이 대답 또한 잘못된 것이다."라는 권근의 설을 소개하였다.

19.41.3 發揚蹈厲之已蚤는 何也오 對曰호되 及時事也[63]니이다

〈공자께서〉 "〈처음 춤을 출 때〉 손과 발을 發揚하고 발을 구르기를 너무 빠르게 함은 어째서인가?" 하시니, 〈빈무가가〉 대답하기를 "무왕이 〈紂를〉 때에 미쳐 정벌한 일을 형상한 것입니다." 하였다.

字義 蹈 : 발구를 도 厲 : 빠를 려

19.41.4 武坐致右憲左는 何也오 對曰호되 非武坐也[64]니이다

〈공자께서〉 "〈무〉의 舞를 추는 사람이 앉을 때에 오른쪽 무릎을 땅에 대고 왼발을 높이 드는 것은 어째서인가?" 하시니, 〈빈무가가〉 대답하기를 "〈춤출 때 무릎 꿇고 앉는 법이 없으니〉 이것은 〈무〉의 舞를 출 때 앉는 방법이 아닙니다." 하였다.

字義 憲 : 높일 헌(=軒)

19.41.5 聲淫及商[65]은 何也오 對曰호되 非武音也니이다

〈공자께서〉 "소리가 탐욕스러워 상나라를 탐하는 뜻이 있는 것은 어째서인가?" 하시니, 〈빈무가가〉 대답하였다. "이것은 〈무〉의 음이 아닙니다."

19.41.6 子曰하사되 若非武音則何音也오 對曰호되 有司가 失其傳也니 若非有司가 失其傳하면 則武王之志荒矣로소이다 子曰하사되 唯라 丘之聞諸萇弘에 亦若吾子之言하더니 是也라

---

63 及時事也 : 진호의 주에 따르면 아랫글에 공자가 '이것은 태공의 뜻이다.〔太公之志也〕' 하였으니, 이 대답은 잘못된 것이다.

64 非武坐也 : 진호의 주에 따르면 공자가 '〈무〉의 舞가 끝날 때에 모두 앉음은 周公과 召公의 文德의 다스림을 밝힌 것이다.〔武亂皆坐 周召之治也〕' 하셨으니, 이 답도 틀린 것이다.

65 聲淫及商 : 진호의 주에 인용한 일설에 따르면 '商聲'은 살벌한 소리가 되고, '淫'은 商聲이 길게 이어지는 것을 이르니, 만약 이것이 〈무〉의 소리라면 무왕이 죽임을 즐기는 마음이 있는 것이므로 뜻이 황당무계한 것이다.

〈공자께서〉 "만약 〈무〉의 음이 아니라면 무슨 음인가?" 하시니, 〈빈무가가〉 대답하였다. "〈악을 맡은〉 有司가 전하는 진실을 잃은 것이니, 만약 유사가 전하는 진실을 잃은 것이 아니라면 무왕의 뜻이 잘못된 것입니다." 공자께서 말씀하셨다. "옳다. 내 萇弘에게 들은 것도 그대의 말과 같으니, 이것이 옳다."

字義 萇 : 성씨 장

19.42.1 賓牟賈가 起하야 免席而請曰호되 夫武之備戒之已久는 則旣聞命矣어니와 敢問遲之하며 遲而又久는 何也잇고 子曰하사되 居하라 吾語汝호리라 夫樂者는 象成者也니 總干而山立은 武王之事也[66]요 發揚蹈厲는 太公之志也[67]요 武亂皆坐는 周召之治也[68]라

빈무가가 일어나서 자리를 피하여 청하기를 "〈무〉에서 먼저 북을 쳐서 대비하고 경계하기를 매우 오래 하는 것은 이미 가르침을 들었습니다만, 감히 여쭙니다. 오랫동안 춤추는 자리에 서서 더디고 더디며 또 오래 하는 것은 어째서입니까?" 하니, 공자께서 말씀하셨다. "앉거라. 내 너에게 말해 주겠다. 악은 成功을 형상한 것이니, 방패를 잡고 산처럼 우뚝이 서 있는 것은 무왕이 제후를 기다린 일을 형상한 것이고, 손과 발을 發揚하고 발을 구르기를 맹렬히 하는 것은 太公의 威武를 떨치는 뜻을 형상한 것이고, 〈무〉가 끝날 때에 모두 무릎 꿇고 앉는 것은 周公과 召公의 文德의 다스림을 형상한 것이다."

字義 總 : 잡을 총

---

66 總干而山立 武王之事也 : 《禮記補註》에 "무왕이 더디고 오래하여 차마 군대를 출동하지 못함을 말한 것이다."라는 권근의 설을 소개하였다.

67 發揚蹈厲 太公之志也 : 《禮記補註》에 "태공이 분발하고 드날려서 무왕이 天命에 급히 응하는 것을 도움을 말한 것이다."라는 權近의 설을 소개하였다.

68 武亂皆坐 周召之治也 : 《예기보주》에 "武는 陰이어서 오른쪽에 속하므로 〈무릎 꿇고 앉되〉 오른쪽 무릎을 땅에 대니, 이것은 무력을 중지하는 것이고, 文은 陽이어서 왼쪽에 속하기 때문에 〈무릎 꿇고 앉을 때〉 왼쪽 무릎을 〈땅에 대지 않고〉 드니, 이것은 문을 닦는 것이다."라는 권근의 설을 소개하였다.

19.42.2 且夫武가 始而北出하고 再成而滅商하고 三成而南하고 四成而南國을 是疆하고 五成而分하야 周公이 左하고 召公이 右하고 六成에 復綴은 以崇天子니라

또 〈무〉는 〈춤출 때에〉 처음에 북쪽으로 나가고, 두 번째 악장이 끝날 때에 상나라를 멸한 것을 형상하고, 세 번째 악장이 끝날 때에 〈무왕이 상나라를 이기고서 남쪽으로 돌아옴을 형상하여〉 남쪽으로 돌아오고, 네 번째 악장이 끝날 때에 남방의 나라를 그 경계를 확정한 것을 형상하고, 다섯 번째 악장이 끝날 때에 〈대열을 좌우로〉 나누어 주공은 왼쪽 지역에 있고 소공은 오른쪽 지역에 있는 것을 형상하고, 여섯 번째 악장이 끝날 때에 남쪽 끝의 처음 자리로 돌아옴은 〈武功이 이루어져 주나라 수도 鎬京으로 돌아오자 四海의 사람들이 모두 무왕을〉 천자로 높였음을 형상한 것이다.

字義 疆 : 구획할 강

19.42.3 夾振之而駟伐은 盛威於中國也요 分夾而進은 事蚤濟也요 久立於綴은 以待諸侯之至也[69]라

〈춤추는 자를〉 끼고 〈방울을〉 흔들어서 〈절도로 삼으면 춤추는 자가 창과 방패로써〉 네 번 치고 찌르는 것은 〈무왕의 군대가〉 중국에 위엄을 성대하게 떨친 것을 형상한 것이고, 〈춤추는 자가 각기 부분으로〉 나누어져 있으면 〈방울을 흔드는 자가 좌우에서〉 끼고 나가는 것은 〈무왕의〉 일이 일찍 이루어진 것을 형상한 것이고, 춤추는 자리에 오랫동안 서 있는 것은 〈무왕이〉 제후들이 오기를 기다린 것을 형상한 것이다.

字義 駟 : 넉 사　蚤 : 일찍 조(=早)　綴 : 춤추는자리 철

19.43.1 且女가 獨未聞牧野之語乎아 武王이 克殷하시고 反商[70]하야 未及下車而

---

69 夾振之而駟伐……以待諸侯之至也 : 《예기보주》에 "이 내용을 세 개의 절로 나눌 경우, '久立於綴'은 무왕이 제후들을 기다리는 象이니 마땅히 제1절이 되어야 하고, '分夾而進'은 무왕이 군대를 일으켜 동쪽으로 출동한 상이니 제2절이 되어야 하고, '夾振之而駟伐'은 무왕이 牧野에서 마음대로 정벌한 상이니 제3절이 되어야 한다."라는 金昌協의 설을 소개하였다.

70 武王克殷反商 : 본서에서는 《禮記補註》에 "진호의 주에서 '反'을 '及'으로 읽은 것은 정현의 주에

封黃帝之後於薊하시며 封帝堯之後於祝하시며 封帝舜之後於陳하시고 下車而封夏后氏之後於杞하시며 投殷之後於宋[71]하시며 封王子比干之墓하시며 釋箕子之囚하사 使之行商容而復其位[72]하시며 庶民을 弛政하시며 庶士를 倍祿하시고

〈공자께서 말씀하셨다.〉 "또 너는 홀로 목야의 말을 듣지 못하였는가? 무왕이 殷나라 군대를 이기시고 商나라의 虐政을 되돌려서 〈상나라 선왕의 옛 정사를 따랐고〉 미처 수레에서 내리기도 전에 黃帝의 후손을 薊나라에 봉하시고, 堯임금의 후손을 祝나라에 봉하시고, 舜임금의 후손을 陳나라에 봉하셨다. 그리고 수레에서 내려서는 夏后氏의 후손을 杞나라에 봉하시고, 은나라의 후손을 宋나라로 옮기시고, 왕자 比干의 묘를 봉분하시고, 감옥에 갇혀 있던 箕子를 석방하여 商容에게 찾아가서 그 지위를 회복하게 하시며, 서민들을 포학한 정사에서 풀어주시고, 하급 관리들의 祿을 배로 더 올려주셨다.

字義 薊 : 나라이름 계　祝 : 나라이름 축　杞 : 나라이름 기

19.43.2 濟河而西하사 馬를 散之華山之陽而弗復乘하며 牛를 散之桃林之野而弗復服하며 車甲을 衅而藏之府庫而弗復用하며 倒載干戈하고 包之以虎皮하며 名之曰建櫜(고)하며 將帥之士를 使爲諸侯[73]하시니 然後에 天下가 知武王之不復

근본하였으나 온당하지 못하다. 《孔子家語》에 '은나라를 이기고 상나라의 정사를 되돌렸다.〔克殷而反商之政〕'라고 되어 있기 때문이다. 그리고 《서경》 〈武成〉에 '이에 상나라의 정사를 되돌려서 정사는 옛 것을 따랐다.〔乃反商政 政由舊〕' 하였는데, 蔡沈의 주에 '紂王의 학정을 되돌리고 상나라 선왕의 옛 정사를 따랐다.〔反紂之虐政 由商先王之舊政〕' 한 것에 근거해보면 '反'자 그대로 읽는 것이 옳다." 한 것에 의거하여 번역하였다.

71 投殷之後於宋 : 공영달의 소에 따르면 무왕이 微子를 宋나라로 옮긴 것이다.

72 使之行商容而復其位 : 정현의 주에 "'行'은 살펴봄과 같으니 箕子로 하여금 商나라 예악의 관원을 살펴보게 하여 賢者가 은거한 경우에 모두 제자리로 돌아오게 한 것이다." 하였는데, 본서에서는 공영달의 소에 "정현의 주에 '容'을 '예악'이라 한 것은 《한서》 〈儒林傳〉에 '徐生이 容을 잘했다.' 한 것 때문에 '예악을 잘함'을 '容'이라고 한 것이다. 그러나 《서경》 〈무성〉에 '상용의 마을에 경례하였다.〔式商容閭〕' 한 것에 의거하면 상용은 사람의 이름이니, 정현은 《古文尙書》를 보지 못하였기 때문에 '예악'이라고 한 것이다." 한 것에 따라 번역하였다.

73 名之曰建櫜(고)……使爲諸侯 : 저본에는 "將帥之士 使爲諸侯 名之曰建櫜"로 되어 있으나, 진호의 주에 "문리를 살펴보건대 '名之曰建櫜' 한 句는 '虎皮'의 아래에 있어야 한다." 한 것에 의거하여 원문의 순서를 수정하고 번역하였다.

用兵也하니라

황하를 건너 서쪽으로 가셔서는 軍馬를 華山의 남쪽에 풀어주고서 다시 타지 않았으며, 소를 桃林의 들에 풀어주고서 다시 일을 시키지 않았으며, 수레와 갑옷을 피를 발라 府庫에 보관하고서 다시는 사용하지 않았으며, 창과 방패를 거꾸로 수레에 싣고 虎皮로 싸고서 이름을 '鍵櫜'라 하였으며, 군대의 장수들을 제후가 되게 하셨다. 이렇게 한 뒤에 천하 사람들은 무왕이 다시는 군대를 사용하지 않으실 것을 알게 되었다.

字義 衅 : 피칠할 흔　建 : 자물쇠 건(=鍵)　櫜 : 갑옷넣는전대 고

19.43.3 散軍而郊射호되 左射(석)은 貍首요 右射은 騶虞[74]니 而貫革之射가 息也하며 裨冕搢笏하시니 而虎賁之士가 說(탈)劍也하며 祀乎明堂하시니 而民이 知孝하며 朝覲然後에 諸侯가 知所以臣하며 耕藉然後에 諸侯가 知所以敬[75]하니 五者는 天下之大教也라

군대를 해산하고 교외의 학교에서 활쏘기를 익히되 東學에서 활을 쏘아 맞힐 적에는 〈貍首〉를 節奏로 삼고 西學에서 활을 쏠 적에는 《시경》 〈召南〉의 〈騶虞〉를 절주로 삼으니, 가죽을 관통하는 활쏘기가 종식되었다. 그리고 〈천자의 六服에서 大裘 이외의 예복인〉 裨衣를 입고 면류관을 쓰고 홀을 꽂으시니 虎賁의 용사들이 차고 있던 검을 풀어 놓았으며, 明堂에서 제사하시니 백성들이 효도할 줄을 알았으며, 朝覲을 하게 한 뒤에 제후들이 신하 노릇할 줄을 알게 되었으며, 藉田을 경작하게 한 뒤에 제후들이 〈神을〉 공경할 줄을 알게 되었다. 이 다섯 가지는 천하의 큰 가르침이다.

字義 射 : 쏠 사, 쏘아맞힐 석　貍 : 삵 리　騶 : 마부 추　賁 : 날랠 분　說 : 벗을 탈(=脫)
藉 : 임금의 논밭 자

---

74 左射(석)貍首 右射騶虞 : 〈射義〉에 "활을 쏠 때의 節奏는, 천자는 〈騶虞〉를 절주로 삼고 제후는 〈貍首〉를 절주로 삼고 경대부는 〈采蘋〉을 절주로 삼고 士는 〈采蘩〉을 절주로 삼는데, 〈추우〉는 官屬이 구비됨을 즐거워하고 〈이수〉는 때에 맞게 조회함을 즐거워하고 〈채빈〉은 법을 따름을 즐거워하고 〈채번〉은 직책을 잃지 않음을 즐거워하는 것이다."라고 보인다. 〈이수〉는 없어져서 《시경》에 전하지 않는 逸詩이다.

75 知所以敬 : 《禮記補註》에 따르면 '藉田을 경작한 것'은 제기에 담을 곡물을 바치기 위함이니, '敬'자는 마땅히 '神을 공경한다'는 뜻으로 보아야 한다.

19.43.4 食(사)三老五更於大(태)學하사되 天子가 袒而割牲하시며 執醬而饋하시며 執爵而酳하시며 冕而總干하시니 所以敎諸侯之弟也니 若此則周道가 四達하며 禮樂이 交通하나니 則夫武之遲久가 不亦宜乎[76]아

三老와 五更에게 태학에서 음식을 먹이시되 천자가 겉옷의 왼쪽 소매를 벗고 희생을 잡으시고, 醬을 잡아 음식을 대접하시고, 술잔을 잡아 술로 입을 헹구게 하시고, 면류관을 쓰고 방패를 잡으셨으니, 이는 제후들에게 공손함을 가르치신 것이다. 이와 같이 하면 주나라의 도가 사방으로 통달하고 예악이 서로 통할 것이니, 〈무〉의 춤을 더디게 시작하는 것이 또한 마땅하지 않은가

字義 饋 : 음식대접할 궤 酳 : 입가실 인

19.44 君子曰호되 禮樂은 不可斯須去身이니 致樂以治心하면 則易直子諒之心이 油然生矣요 易直子諒之心이 生則樂하고 樂則安하고 安則久하고 久則天이요 天則神이니 天則不言而信하고 神則不怒而威하나니 致樂以治心者也[77]니라

군자가 말하였다. "예 · 악은 잠시라도 몸에서 떠나서는 안 되니, 악을 지극히 하여 마음을 다스리면 평이하고 정직하고 인자하고 어진 마음이 유연히 생겨날 것이고, 평이하고 정직하고 인자하고 어진 마음이 생겨나면 즐거울 것이고, 즐거우면 편안할 것이고, 편안하면 오래 할 것이고, 오래 하면 〈본성을 체득하여〉 자연스럽게 될 것이고, 〈본성을 체득하여〉 자연스럽게 되면 〈德化가〉 신묘하여 측량할 수 없게 될 것이다. 그러니 〈본성을 체득하여〉 자연스럽게 되면 말을 하지 않아도 〈사람들이〉 믿고, 〈덕화가〉 신묘하여 측량할 수 없게 되면 노여워하지 않아도 〈사람들이〉 두려워하니, 악을 지극히 하여 마음을 다스리는 것이다.

字義 子 : 인자할 자(=慈) 諒 : 어질 량(=良)

---

76 食(사)三老五更於大(태)學……不亦宜乎 : 《예기보주》에 따르면 윗절의 '祀乎明堂'부터 이 절까지는 제후들에게 공손함을 가르친 것이다. 내용이 〈祭義〉에도 보이는데, 이 글과 조금 다르다

77 君子曰……致樂以治心者也 : '久則天 天則神'은, 《儀禮經傳通解》에 따르면 '天'은 性을 체득하여 자연스럽게 됨을 이르고, '神'은 신묘하여 측량할 수 없게 됨을 이른다.
공영달의 소에 따르면 여기부터 제50장 '可謂盛矣'까지는 〈樂化〉이다. 《예기보주》에 "이 아래 몇 절은 글의 뜻이 모두 정밀하여 이 편 머리와 서로 유사하니, 또한 공자의 문인에게서 나온 기록으로 보인다."라는 권근의 설을 소개하였다.

19.45.1 致禮以治躬하면 則莊敬하고 莊敬則嚴威하나니 心中이 斯須不和不樂하면 而鄙詐之心이 入之矣요 外貌가 斯須不莊不敬하면 而易慢之心이 入之矣[78]니라

예를 지극히 하여 몸을 다스리면 장엄하고 신중해지고, 장엄하고 신중해지면 엄하고 위엄이 있게 된다. 마음속이 잠시라도 和하지 않고 즐겁지 않으면 비루하고 속이는 마음이 들어오고, 외모가 잠시라도 장엄하지 않고 신중하지 않으면 경솔하고 태만한 마음이 들어온다.

19.45.2 故로 樂也者는 動於內者也요 禮也者는 動於外者也니 樂極和하고 禮極順하야 內和而外順하면 則民瞻其顔色而弗與爭也하며 望其容貌而民不生易慢焉하나니 故로 德煇動於內하야 而民莫不承聽하며 理發諸外하야 而民莫不承順하나니 故로 曰致禮樂之道면 擧而錯之天下가 無難矣니라

그러므로 악은 안에서 동하는 것이고 예는 밖에서 동하는 것이니, 악이 和를 지극히 하고 예가 順을 지극히 하여 안이 화하고 밖이 순하면 백성들이 그 안색을 보고서 더불어 다투지 않으며, 그 용모를 바라보고서 백성들이 경솔하고 태만한 마음을 내지 않는다. 그러므로 빛나는 덕이 안에서 동하여 백성들이 받들어 따르지 않음이 없으며, 이치가 밖에 드러나서 백성들이 받들어 순종하지 않음이 없는 것이니, 그러므로 말하기를 '예 · 악의 도를 지극히 하면 〈예 · 악의 도를〉 들어서 천하를 다스리는 데에 적용하는 것이 어렵지 않다.' 한 것이다.

字義 煇 : 빛날 휘

---

78 心中斯須不和不樂……易慢之心入之矣 : 주희의 설에 따르면 '入'자는 바로 외물의 유혹이 그렇게 만든 것이고 本心에 실로 惡이 있는 것이 아님을 나타낸 것이다. 惡이 본래 마음에 있는 것이 아니지만 악이 마음으로 들어와 본심을 빼앗아 안에서 주장이 될 수 있다면 이것도 마음인 것이다.(《朱子大全》 권50 〈答潘恭叔〉) 진호의 주에 李氏가 "和하지 않으면 비루하고 즐겁지 않으면 속이고 장엄하지 않으면 함부로 하고 공경하지 않으면 태만하니, 화하지 않고 즐겁지 않고 장엄하지 않고 공경하지 않음은 마음속에서 생기는 것이고, 비루하고 속이고 태만하고 함부로 함이 들어가는 것은 밖으로부터 들어가는 것이다." 하였다.

19.46 樂也者는 動於內者也요 禮也者는 動於外者也니 故로 禮主其減하고 樂主其盈하니 禮減而進하야 以進爲文[79]하고 樂盈而反하야 以反爲文이라 禮減而不進則銷하고 樂盈而不反則放하나니 故로 禮有報[80]而樂有反하니 禮得其報則樂(락)하고 樂得其反則安하나니 禮之報와 樂之反이 其義一也라

악은 안에서 동하는 것이고, 예는 밖에 동하는 것이다. 그러므로 예는 감쇄함을 주장하고 악은 가득 참을 주장하니, 예는 감쇄하면 증진하도록 권면하여 증진하게 됨을 아름다움으로 여기고, 악은 가득 차면 돌아오게 하여 돌아오게 됨을 아름다움으로 여긴다. 예는 감쇄하기만 하고 증진하지 않으면 쇠하고, 악은 가득 채우기만 하고 돌아오지 않으면 방탕해진다. 그러므로 예는 서로 도와 이룸이 있고 악은 돌아옴이 있는 것인데, 예가 서로 도와 이룸이 있으면 즐겁고, 악이 돌아옴을 얻으면 편안해지니, 예의 서로 도와 이룸과 악의 돌아옴은 그 뜻이 똑같다.

字義 銷 : 쇠할 소

19.47 夫樂(악)者는 樂也니[81] 人情之所不能免也라 樂은 必發於聲音하며 形於動靜하나니 人之道也라 聲音動靜에 性術之變이 盡於此矣니라 故로 人不耐(능)無樂하며 樂不耐無形하며 形而不爲道면 不耐無亂이니 先王이 恥其亂故로 制雅頌之聲하사 以道之하사 使其聲足樂而不流하며 使其文[82]足論而不息하며 使其曲直繁瘠廉肉(유)節奏[83]가 足以感動人之善心而已矣요 不使放心邪氣로 得接焉이 是先王立樂(악)之方也[84]라

---

79 文 : 정현의 주에 따르면 '아름다움' 또는 '善함'의 뜻이다.

80 報 : 진호 주의 劉氏 설에 따르면 이것은 '서로 도와 이룬다.〔相濟〕'는 뜻이다.

81 樂也니 : 《禮記大文諺讀》에는 "樂也ㅣ"로 되어 있으나, 문맥을 살펴 토를 수정하였다.

82 文 : 정현의 주에 따르면 이것은 詩篇의 가사를 가리킨다.

83 曲直繁瘠廉肉(유)節奏 : 정현의 주에 따르면 '曲直'은 노래의 曲折이다. '繁瘠廉肉'는 소리의 크고 강함과 작고 약함〔聲之鴻殺〕이다. 진호 주의 劉氏 설에 따르면 '節奏'는 그쳐서 절도가 있게 하거나 일으켜 연주함을 이른다.

84 夫樂(악)者……是先王立樂(악)之方也 : 진호의 《禮記集說》의 음주에 "'樂者'와 '立樂'의 '樂'은 본자 대로 읽고 나머지는 음이 락이다.〔樂者立樂樂 如字 餘音洛〕" 하였다. 이 음주는 《禮記集說大

악은 즐겁다는 뜻이니, 인정상 면할 수 없는 것이다. 즐거움은 반드시 성음에 발로되고 動靜에 나타나니, 이는 사람의 〈자연스럽고 떳떳한〉 道이다. 성음과 동정에서 性術(性情)의 변화가 숨김없이 다 드러난다. 그러므로 사람은 즐거운 마음이 없을 수 없고 즐거우면 나타남이 없을 수 없으며, 나타나는데 〈절도가 있는〉 도를 만들어 따르지 않으면 혼란이 없을 수 없으니, 선왕이 그 혼란을 부끄러워하였기 때문에 〈《시경》의〉 雅와 頌의 소리를 지어서 인도하여, 그 소리가 충분히 즐겁되 〈방탕한 데로〉 흐르지 않게 하며, 그 가사가 충분히 논할 만하여 〈논의를〉 쉬지 않게 하며, 노래의 曲折 · 소리의 큼과 작음 · 〈악을 전체적으로〉 절도에 맞게 그치거나 연주함이 충분히 사람의 선한 마음을 감동하게 할 뿐이요 방탕한 마음과 간사한 기운이 접할 수 없게 하였으니, 이는 선왕이 악을 만든 방법이다.

字義 耐 : 능할 능(=能) 繁 : 번성할 번 瘠 : 여윌 척 廉 : 날카로울 렴 肉 : 탁할 유

19.48 是故로 樂이 在宗廟之中하야 君臣上下가 同聽之하면 則莫不和敬하며 在族長鄕里之中하야 長幼가 同聽之하면 則莫不和順하며 在閨門之內하야 父子兄弟가 同聽之하면 則莫不和親하나니 故로 樂者는 審一以定和하며 比物以飾節[85]하며 節奏가 合以成文하나니 所以合和父子君臣하며 附親萬民也니 是先王立樂之方也라

傳》의 진호의 주에는 빠져있다.

85 審一以定和 比物以飾節 : 《禮記補註》에 "'一'은 바로 이른바 '으뜸이 되는 소리[聲氣之元]'라는 것이니, 먼저 黃鍾의 中聲을 살펴 여러 音律의 조화를 定함을 말한 것이다. '物'은 바로 金·石·絲·竹의 악기와 깃털·들소 꼬리·방패·도끼의 따위이니, 여러 기물을 섞어서 절주를 꾸밈을 말한 것이다."라는 金昌協의 설을 소개하였다.

'聲氣之元'은 소리와 氣의 근원으로 음률을 정하는 가상의 기준이다. 실제로 근원의 소리가 무엇인지 알 수 없으므로 다른 방편으로 黃鍾律을 정하게 된다. 《律呂新書》 권1 〈律呂本原〉에 "황종 율관의 分과 寸의 수가 으뜸이 되는 소리에 갖추어 있는데 알 수가 없다. 대나무를 잘라 관을 만들어 불어서 소리가 조화롭고 〈재를 넣은 관 안을〉 살펴서 기가 응하게 된 뒤에 分과 寸의 수가 비로소 드러났다.[分寸之數具於聲氣之元 不可得而見 及斷竹爲管 吹之而聲和 候之而氣應 而後數始形焉]" 하였다. 옛날에 氣의 應함을 살피기 위해 管 안에 갈대를 태운 재를 채워놓았다고 한다. 관을 땅에 세워서 묻고 관 속에 갈대 재를 채우고서 천을 덮어 두면 밤에 재가 저절로 올라와 천에 붙게 되는데, 그것을 가지고 氣의 應함을 살폈다.(《後漢書》 〈志第一 律曆志 上〉)

이 때문에 악이 종묘 안에서 연주되어 군신과 위아래가 함께 들으면 和하고 공경하지 않는 이가 없고, 族長이 있는 곳과 鄕里 안에서 연주되어 長幼가 함께 들으면 화하고 순하지 않는 이가 없고, 집안에서 연주되어 부자와 형제가 함께 들으면 화하고 친하지 않는 이가 없다. 그러므로 악은 으뜸이 되는 소리를 살펴서 〈여러 音律의〉 조화를 定하며, 악기들을 뒤섞어 연주해서 절주를 꾸며 드러내며, 절주가 소리를 화합하여 문채를 이루니, 이것이 부자와 군신을 화합하는 것이고 만민을 가까이 따르게 하는 것이다. 이는 선왕이 악을 만든 방법이다.

19.49 故로 聽其雅頌之聲하면 志意得廣焉하고 執其干戚하며 習其俯仰詘伸하면 容貌가 得莊焉하고 行其綴兆하며 要[86]其節奏하면 行(항)列이 得正焉하며 進退得齊焉하나니 故로 樂者는 天地之命이며 中和之紀라 人情之所不能免也라

그러므로 雅와 頌의 소리를 들으면 뜻이 넓어질 수 있고, 방패와 도끼를 잡고 몸을 굽어보고 우러러보며 굽히고 폄을 익히면 용모가 장엄해질 수 있고, 춤추는 자리에서 움직이며 절주를 맞추면 항렬이 바루어질 수 있고 진퇴가 가지런해진다. 그러므로 악은 천지의 教命이요 중화의 기강이니, 인정상 면할 수 없는 것이다.

字義 詘 : 굽힐 굴 綴 : 춤추는자리 철

19.50 夫樂者는 先王之所以飾喜也요 軍旅鈇鉞者는 先王之所以飾怒也니 故로 先王之喜怒皆得其儕焉[87]하사 喜則天下가 和之하고 怒則暴亂者가 畏之하니 先王之道에 禮樂이 可謂盛矣라

악은 선왕이 기쁨을 드러내 보인 것이고, 군대와 鈇鉞은 선왕이 노여움을 드러내 보

---

86 要 : 정현의 주에 "'會(부합함)'의 뜻이다." 하였는데, 본서에서는 《禮記補註》의 "'協(맞춤)'의 뜻이다."라는 양오의 설에 따라 번역하였다.

87 夫樂者……先王之喜怒皆得其儕焉 : 공영달의 소에 따르면 기쁜 일이 아니면 악을 일으키지 않으니, 이것이 바로 기쁨이 그 동류를 얻은 것이다. 노여운 일이 아니면 부월을 함부로 사용하지 않으니, 이것이 바로 노여움이 그 동류를 얻은 것이다.

인 것이다. 그러므로 선왕의 기쁨과 노여움이 모두 그 동류를 얻으시어, 기뻐하면 천하가 화합하고 노여워하면 포악하고 혼란한 자가 두려워하였으니, 선왕의 도에 예 · 악이 성대하다고 이를 만하다."

字義 儕 : 무리 제

19.51 子贛이 見師乙而問焉曰호되 賜는 聞聲歌가 各有宜也라호니 如賜者는 宜何歌也오 師乙이 曰호되 乙은 賤工也니 何足以問所宜리오 請誦其所聞호리니 而吾子가 自執焉하라 寬而静하며 柔而正者는 宜歌頌하고 廣大而静하며 疏達而信者는 宜歌大雅하고 恭儉而好禮者는 宜歌小雅하고 正直而静하며 廉而謙者는 宜歌風하고 肆直而慈愛者는 宜歌商하고 溫良而能斷者는 宜歌齊[88][89]니라

子貢이 師乙을 보고 물었다. "내 들으니 노래가 각각 마땅한 것이 있다고 하니, 나와 같은 자는 무슨 노래를 하는 것이 마땅한가?" 사을이 말하였다. "저는 천한 악공이니, 어찌 마땅한 노래를 물을 만한 자이겠습니까? 청컨대 제가 들은 바를 외어 말할 것이니, 그대가 스스로 선택하십시오. 너그러우면서도 고요하고 부드러우면서도 바른 자는 〈頌〉을 노래하는 것이 적당하고, 광대하면서도 고요하고 대범하면서도 신실한 자는 〈大雅〉를 노래하는 것이 적당하고, 공손하고 검소하면서도 예를 좋아하는 자는 〈小雅〉를 노래하는 것이 적당하고, 정직하면서도 고요하고 청렴하면서도 겸손한 자는 〈國風〉을 노래하는 것이

88 子贛……宜歌齊 : 공영달의 소에 따르면 여기부터 끝까지는 〈師乙〉이다. 《예기보주》에 "사을이 국풍을 총괄하여 말하고 二南을 따로 말하지 않았으나 이른바 '정직하면서도 고요하다〔正直而静〕'는 것은 바로 이남의 뜻이다. 13국 중에 유독 〈齊風〉을 말한 것은 〈鷄鳴〉과 〈女曰〉 등의 편이 거의 이남의 유풍이 있어서일 것이다. 아니면 혹 사을이 바로 제나라 사람이었을 것이다."라는 권근의 설을 소개하였다. '二南'은 〈周南〉과 〈召南〉으로, 周公과 昭公의 采邑의 시인데 주로 文王의 교화와 后妃와 대부 아내의 덕을 읊은 것이다. 국풍 중에서 이남은 '正風'이라 하여 바른 것을 권면하고, 나머지 13국의 列國風은 '變風'이라 하여 바르지 못한 것을 징계한 내용이다.(《詩經集傳》)

89 肆直而慈愛者……宜歌齊 : 《예기보주》에 "솔직하면서도 자애로움으로써 편벽됨을 구제한 자는 덕이 굳세고 中正한 자이다. 〈商頌〉의 음은 강하고 결단성이 있으니 어찌 〈상송〉을 노래하기에 적합하지 않겠는가. 온화하고 어질면서도 능히 결단성이 있음으로써 편벽됨을 구제한 자는 덕이 유순하고 중정한 자이다. 〈齊風〉의 음은 유순하고 느슨하니 어찌 〈제풍〉을 노래하기에 적합하지 않겠는가."라는 양오의 설을 소개하였다.

적당하고, 솔직하면서도 자애로운 자는 〈商頌〉을 노래하는 것이 적당하고, 온화하고 어질면서도 능히 결단하는 자는 〈齊風〉을 노래하는 것이 적당합니다.

字義 贛 : 줄 공(=貢)

19.52 夫歌者는 直己而陳德也니 動己而天地應焉하며 四時和焉하며 星辰이 理焉하며 萬物이 育焉하나니 故로 商者는 五帝之遺聲也니 商人이 識(지)之故로 謂之商이요 齊者는 三代之遺聲也니 齊人이 識之故로 謂之齊니 明乎商之音者는 臨事而屢斷[90]하고 明乎齊之音者는 見利而讓하나니 臨事而屢斷은 勇也요 見利而讓은 義也니 有勇有義는 非歌면 孰能保此리오

노래는 자기를 바르게 하여 덕을 펴는 것이니, 자기를 동하면 천지가 응하며 사시가 조화로우며 星辰의 운행이 조리에 맞으며 만물이 길러집니다. 그러므로 〈商頌〉은 五帝의 남은 소리인데 商나라 사람이 이것을 기억하였기 때문에 〈商〉이라 이르고, 〈齊風〉은 〈夏、殷、周〉 삼대의 남은 소리인데 齊나라 사람이 이것을 기억하였기 때문에 〈齊〉라고 이른 것인데, 〈商頌〉의 음에 밝은 자는 일에 임하여 빨리 결단하고 〈齊風〉의 음에 밝은 자는 이익을 보고서 사양하니, 일에 임하여 빨리 결단함은 용맹이고, 이익을 보고서 사양함은 義입니다. 용맹이 있고 의가 있음은, 노래로 함양하는 사람이 아니면 누가 이것을 편안히 보전할 수 있겠습니까.

19.53 故로 歌者는 上如抗하며 下如隊(추)하며 曲如折하며 止如槀木하며 倨中矩하고 句中鉤하며 纍纍乎端如貫珠하니 故로 歌之爲言也는 長言之也니 說(열)之故로[91] 言之하고 言之不足故로 長言之하고 長言之不足故로 嗟嘆之하며 嗟嘆之不足故로[92] 不知手之舞之足之蹈之也니라 子貢問樂이라

---

90 臨事而屢斷 : 정현의 주에 따르면 '屢'는 '數(삭)'의 뜻인데, '자주'의 의미가 아니라 '빨리'의 의미로 보고 이 주를 단 것으로 보인다.

91 說(열)之故로 : 《禮記大文諺讀》에는 '說之하고 故로'로 되어 있으나, 문맥을 살펴 토를 수정하였다.

92 嗟嘆之不足故로 : 《예기대문언두》에는 '故'에 토가 달려있지 않은데, 단락 내의 용례에 의거하여

그러므로 노래는 〈音聲이〉 높을 때는 드는 것과 같고 낮을 때는 땅에 떨어지는 듯하며, 굽을 때는 〈직각으로 휘어〉 꺾이는 듯하고, 그칠 때는 〈멈추어 아무런 움직임이 없는〉 마른 나무와 같으며, 약간 굽힐 때는 〈음성의 典雅함이 직각의〉 곱자에 들어맞는 것과 같고, 크게 굽힐 때에는 〈휘어진〉 갈고리에 들어맞는 것과 같으며, 음성이 연이어지는 것은 구슬을 꿰어놓은 것처럼 단정합니다. 그러므로 '노래'라는 말은 길게 말한다는 뜻이니, 기뻐하기 때문에 말하고, 말로는 부족하기 때문에 길게 말하고, 길게 말하는 것으로는 부족하기 때문에 감탄하고, 감탄으로는 부족하기 때문에 자기도 모르게 손으로 춤을 추고 발로 뛰는 것입니다."

이상은 자공이 악을 물은 내용이다.

[字義] 隊 : 떨어질 추(=墜) 槀 : 마를 고(=槁) 纍 : 이어질 루

토를 달았다.

附錄

《禮記 中》 도판 목록

|책임번역자 소개|

成百曉

忠南 禮山 出生
家庭에서 父親 月山公으로부터 漢文 修學
月谷 黃璟淵, 瑞巖 金熙鎭 先生 師事
民族文化推進會 國譯硏修院 修了
高麗大學校 教育大學院 漢文教育科 修了
韓國古典飜譯院 附設 古典飜譯教育院 名譽漢學教授(現)
傳統文化研究會 副會長(前)
海東經史研究所 所長(現)
古典國譯賞 受賞

論文 〈艮齋의 性理說小考〉〈燕岩의 學問思想研究〉
譯書 四書集註《詩經集傳》《書經集傳》《周易傳義》《古文眞寶》《牛溪集》등 다수
共譯 《宣祖實錄》《宋子大全》《茶山集》《退溪集》등 다수

|공동번역자 소개|

李霜芽

民族文化推進會(現 韓國古典飜譯院) 附設 國譯硏修院 常任研究部 卒業
成均館大學校 漢文古典飜譯 碩士課程 卒業(文學碩士)
成均館大學校 漢文古典飜譯 博士課程 卒業(文學博士)
成均館大學校 大東文化研究院 首席研究員(現)

論文 〈茶山 丁若鏞의《家禮酌儀》譯註〉〈茶山 丁若鏞의《祭禮考定》譯註〉
譯書 《無名子集7, 8,15,16》
共譯 《記言1》《日省錄》(영조,정조)《校勘學概論》《注釋學概論 1, 2》《사고전서이해의 첫걸음》등

延錫煥

慶北 奉化 出生
啓明大學校 漢文教育科 卒業
高麗大學校 一般大學院 古典飜譯協同課程學科 碩 · 博士課程 卒業
韓國古典飜譯院 研修課程Ⅰ 및 專門課程Ⅰ 卒業
海東經史研究所 研究員(現)

論文 〈晦隱 南鶴鳴의〈雜說〉研究〉〈南鶴鳴의《晦隱集》譯注〉
譯書 《無名子集7, 8,15,16》
共譯 《梅山集》,《承政院日記》,《槿域書彙》등

오서오경독본
懸吐完譯 禮記 中

2021년 8월 30일 초판 인쇄
2021년 9월 10일 초판 발행

책임번역 성백효
공동번역 이상아 연석환
기획편집 동양고전번역편집위원회
번역연구관리 남현희
윤문교정 박승주 조현석
출 판 강운숙 백준철

홍보관리 이화춘
보 급 서원영

발 행 인 박홍식
발 행 처 (사)전통문화연구회
서울시 종로구 삼일대로 428 낙원빌딩 411호
전화 : (02)762-8401 전송 : (02)747-0083
홈페이지 : juntong.or.kr
등 록 1989. 7. 3. 제1-936호

인 쇄 처 한국법령정보주식회사(02-462-3860)
총 판 한국출판협동조합(070-7119-1750)

I S B N 979-11-5794-481-1 (04140)
979-11-5794-202-2 (세트)

정 가 30,000원

전통문화연구회 도서목록

新編 基礎漢文教材

- 新編 四字小學·推句 고전교육연구실 編譯 11,000원
- 新編 啓蒙篇·童蒙先習 고전교육연구실 編譯 11,000원
- 新編 明心寶鑑 李祉坤·元周用 譯註 15,000원
- 新編 擊蒙要訣 咸賢贊 譯註 12,000원
- 新編 註解千字文 李忠九 譯註 13,000원
- 新編 原文으로 읽는 故事成語 元周用 編譯 15,000원
- 新編 唐音註解選 權卿相 譯註 22,000원

漢文讀解捷徑시리즈

- 漢文독해 기본패턴 고전교육연구실 著 15,000원
- 四書독해첩경 고전교육연구실 著 20,000원
- 한문독해첩경 文學篇 朴相水 李和春 李祉坤 元周用 著 15,000원
- 한문독해첩경 史學篇 朴相水 李和春 李祉坤 元周用 著 15,000원
- 한문독해첩경 哲學篇 朴相水 李和春 李祉坤 元周用 著 15,000원

東洋古典國譯叢書

- 大學·中庸集註 - 개정증보판 成百曉 譯註 10,000원
- 論語集註 - 개정증보판 成百曉 譯註 27,000원
- 孟子集註 - 개정증보판 成百曉 譯註 30,000원
- 詩經集傳 上·下 成百曉 譯註 各 35,000원
- 書經集傳 上·下 成百曉 譯註 各 35,000원
- 周易傳義 上·下 成百曉 譯註 各 40,000원
- 小學集註 成百曉 譯註 30,000원
- 古文眞寶 後集 成百曉 譯註 32,000원

〈五書五經讀本〉

- 論語集註 上·下 鄭太鉉 譯註 各 25,000원
- 孟子集註 上 田炳秀 譯註 30,000원
- 大學·中庸集註 李光虎·田炳秀 譯註 15,000원
- 小學集註 上·下 李忠九 外 譯註 各 25,000원
- 詩經集傳 上·中·下 朴小東 譯註 各 30,000원
- 書經集傳 上·中·下 金東柱 譯註 各 30,000원
- 周易傳義 元·亨·利·貞 崔英辰 外 譯註 各 30,000원
- 詳說古文眞寶大全後集 上·下 李相夏 外 譯註 各 32,000원
- 春秋左氏傳 上·中·下 許鎬九 外 譯註 各 36,000원~38,000원
- 禮記 上·中·下 成百曉 外 譯註 各 30,000원

東洋古典譯註叢書

〈經部〉

- 十三經注疏
  - 周易正義 1~4 成百曉·申相厚 譯註 各 30,000원~40,000원
  - 尙書正義 1~7 金東柱 譯註 各 25,000원~36,000원
  - 毛詩正義 1~3 朴小東 譯註 各 32,000원/37,000원
  - 禮記正義 中庸·大學 李光虎·田炳秀 譯註 20,000원
  - 論語注疏 1~3 鄭太鉉·李聖敏 譯註 各 25,000원~40,000원
  - 孟子注疏 1 崔彩基·梁基正 譯註 30,000원
  - 孝經注疏 鄭太鉉·姜珉廷 譯註 35,000원
  - 周禮注疏 1 金容天·朴禮慶 譯註 30,000원
- 春秋左氏傳 1~8 鄭太鉉 譯註 各 18,000원~35,000원
- 禮記集說大全 1 辛承云 譯註 25,000원
- 東萊博議 1~5 鄭太鉉·金炳愛 譯註 各 25,000원~35,000원
- 韓詩外傳 1~2 許敬震 外 譯註 各 29,000원~33,000원

〈史部〉

- 思政殿訓義 資治通鑑綱目 1~15, 17~20 辛承云 外 譯註 各 18,000원~35,000원
- 通鑑節要 1~9 成百曉 譯註 各 18,000원~40,000원
- 唐陸宣公奏議 1~2 沈慶昊·金愚政 譯註 各 35,000원~45,000원
- 貞觀政要集論 1~4 李忠九 外 譯註 各 25,000원~32,000원
- 列女傳補注 1~2 崔秉準·孔勤植 譯註 各 30,000원~38,000원
- 歷代君鑑 1~3 洪起殷·全百燦 譯註 各 32,000원~35,000원

〈子部〉

- 近思錄集解 1~3 成百曉 譯註 各 25,000원/35,000원
- 孔子家語 1~2 許敬震 外 譯註 各 35,000원/36,000원
- 老子道德經注 金是天 譯註 30,000원
- 大學衍義 1~5 辛承云 外 譯註 各 26,000원~30,000원
- 墨子閒詁 1~4 李相夏 外 譯註 各 32,000원~38,000원
- 說苑 1~2 許鎬九 譯註 各 25,000원
- 世說新語補 1~3 金鎭玉 外 譯註 各 29,000원~38,000원
- 荀子集解 1~7 宋基采 譯註 各 25,000원~38,000원
- 心經附註 成百曉 譯註 35,000원
- 顔氏家訓 1~2 鄭在書·盧暻熙 譯註 各 22,000원/25,000원
- 揚子法言 1 朴勝珠 譯註 24,000원
- 二程全書 1~3 崔錫起·姜導顯 譯註 各 36,000원~38,000원
- 莊子 1~4 安炳周·田好根 共譯 各 25,000원~30,000원
- 政經·牧民心鑑 洪起殷·全百燦 譯註 27,000원
- 韓非子集解 1~5 許鎬九 外 譯註 各 32,000원~38,000원
- 武經七書直解
  - 孫武子直解·吳子直解 成百曉·李蘭洙 譯註 35,000원
  - 六韜直解·三略直解 成百曉·李鍾德 譯註 26,000원
  - 尉繚子直解·李衛公問對直解 成百曉·李蘭洙 譯註 26,000원
  - 司馬法直解 成百曉·李蘭洙 譯註 26,000원

〈集部〉

- 古文眞寶 前集 成百曉 譯註 30,000원
- 唐詩三百首 1~3 宋載邵 外 譯註 各 25,000원~36,000원
- 唐宋八大家文抄 韓愈 1~3 鄭太鉉 譯註 各 22,000원/28,000원
- 〃 歐陽脩 1~7 李相夏 譯註 各 25,000원~35,000원
- 〃 王安石 1~2 申用浩·許鎬九 共譯 各 20,000원/25,000원
- 〃 蘇洵 李章佑 外 譯註 25,000원
- 〃 蘇軾 1~5 成百曉 譯註 各 22,000원
- 〃 蘇轍 1~3 金東柱 譯註 各 20,000원~22,000원
- 〃 曾鞏 宋基采 譯註 25,000원
- 〃 柳宗元 1~2 宋基采 譯註 各 22,000원
- 明清八大家文鈔 1 歸有光·方苞 李相夏 外 譯註 35,000원

東洋古典新譯

- 당시선 송재소·최경렬·김영죽 편역 22,000원
- 손자병법 성백효 역주 14,000원
- 장자 안병주·전호근·김형석 역주 13,000원
- 고문진보 후집 신용호 번역 28,000원
- 노자도덕경 김시천 역주 15,000원

동양문화총서

- 동양사상 해설과 원전 정규훈 外 저 22,000원
- 화합의 길 《중용》 읽기 금장태 저 20,000원
- 호설과 시장 신용호 저 20,000원

문화문고

- 경전으로 본 세계종교 그리스도교 이정배 편저 10,000원
- 〃 도교 이강수 편역 10,000원
- 〃 천도교 윤석산·홍성엽 편저 10,000원
- 〃 힌두교 길희성 편역 10,000원
- 〃 유교 이기동 편저 10,000원
- 〃 불교 김용표 편저 10,000원
- 〃 이슬람 김영경 편역 10,000원
- 논어·대학·중용 / 맹자 조수익·박승주 공역 각 10,000원
- 소학 박승주·조수익 공역 10,000원
- 십구사략 1~2 정광호 저 각 12,000원
- 무경칠서 손자병법·오자병법 성백효 역 10,000원
- 〃 육도·삼략 성백효 역 10,000원
- 〃 사마법·울료자·이위공문대 성백효 역 10,000원
- 당시선 송재소·최경렬·김영죽 편역 10,000원
- 한문문법 이상진 저 10,000원
- 한자한문전통교재 조수익·이성민 공역 10,000원
- 士小節 선비 집안의 작은 예절 이동희 편역 12,000원
- 儒學이란 무엇인가 이동희 저 10,000원
- 동아시아의 유교와 전통문화 이동희 저 13,000원
- 현대인, 동양고전에서 길을 찾다 이동희 저 10,000원
- 100자에 담긴 한자문화 이야기 김경수 저 12,000원
- 우리 설화 1~2 김동주 편역 각 10,000원
- 대한민국 국무총리 이재원 저 10,000원
- 백운거사 이규보의 문학인생 신용호 저 14,000원